中国社会科学院创新工程学术出版资助项目

归善斋《尚书》十诰章句集解
下卷

尤韶华 ○ 著

SENTENTIAL VARIORUM ON TEN ADMONISHMENT IN SHANGSHU

中国社会科学出版社

目 录

·下 卷·

周书　召诰第十四 …………………………………………… 1821
　　成王在丰，欲宅洛邑 …………………………………… 1822
　　使召公先相宅 …………………………………………… 1832
　　作《召诰》 ……………………………………………… 1835
　　《召诰》 ………………………………………………… 1839
　　唯二月既望 ……………………………………………… 1846
　　越六日乙未，王朝步自周，则至于丰 ………………… 1859
　　唯太保先周公相宅 ……………………………………… 1863
　　越若来，三月唯丙午朏。越三日戊申，
　　　　太保朝至于洛，卜宅 ……………………………… 1868
　　厥既得卜，则经营 ……………………………………… 1874
　　越三日庚戌，太保乃以庶殷攻位于洛汭；
　　　　越五日甲寅，位成 ………………………………… 1878
　　若翼日乙卯，周公朝至于洛 …………………………… 1885
　　则达观于新邑营 ………………………………………… 1891
　　越三日丁巳，用牲于郊，牛二 ………………………… 1894
　　越翼日戊午，乃社于新邑，牛一、羊一、豕一 ……… 1901
　　越七日甲子，周公乃朝，用书命庶殷侯、甸、男邦伯 … 1905
　　厥既命殷庶，庶殷丕作 ………………………………… 1913
　　太保乃以庶邦冢君出取币，乃复入 …………………… 1918

锡周公曰，拜手稽首，旅王若公 …………………………… 1933
诰告庶殷，越自乃御事 ………………………………………… 1937
呜呼！皇天上帝，改厥元子，兹大国殷之命 ……………… 1941
唯王受命，无疆唯休，亦无疆唯恤 ………………………… 1949
呜呼！曷其奈何弗敬 ………………………………………… 1953
天既遐终大邦殷之命，兹殷多先哲王在天 ………………… 1957
越厥后王后民，兹服厥命 …………………………………… 1966
厥终，智藏瘝在 ……………………………………………… 1970
夫知保抱携持厥妇子，以哀吁天，徂厥亡，出执 ………… 1973
呜呼！天亦哀于四方民，其眷命用懋 ……………………… 1977
王其疾敬德，相古先民有夏 ………………………………… 1981
天迪从子保，面稽天若；今时既坠厥命 …………………… 1995
今相有殷 ……………………………………………………… 1999
天迪格保，面稽天若 ………………………………………… 2002
今时既坠厥命 ………………………………………………… 2006
今冲子嗣，则无遗寿耇 ……………………………………… 2009
曰其稽我古人之德，矧曰其有能稽谋自天 ………………… 2015
呜呼！有王虽小，元子哉，其丕能诚于小民今休 ………… 2019
王不敢后，用顾畏于民碞 …………………………………… 2027
王来绍上帝，自服于土中 …………………………………… 2031
旦曰，其作大邑，其自时配皇天 …………………………… 2040
毖祀于上下，其自时中乂 …………………………………… 2046
王厥有成命治民，今休 ……………………………………… 2050
王先服殷御事，比介于我有周御事 ………………………… 2054
节性，唯日其迈 ……………………………………………… 2065
王敬作所不可不敬德 ………………………………………… 2069
我不可不监于有夏，亦不可不监于有殷 …………………… 2076
我不敢知曰，有夏服天命，唯有历年 ……………………… 2086
我不敢知曰，不其延，唯不敬厥德，乃早坠厥命 ………… 2089
我不敢知曰，有殷受天命，唯有历年 ……………………… 2093

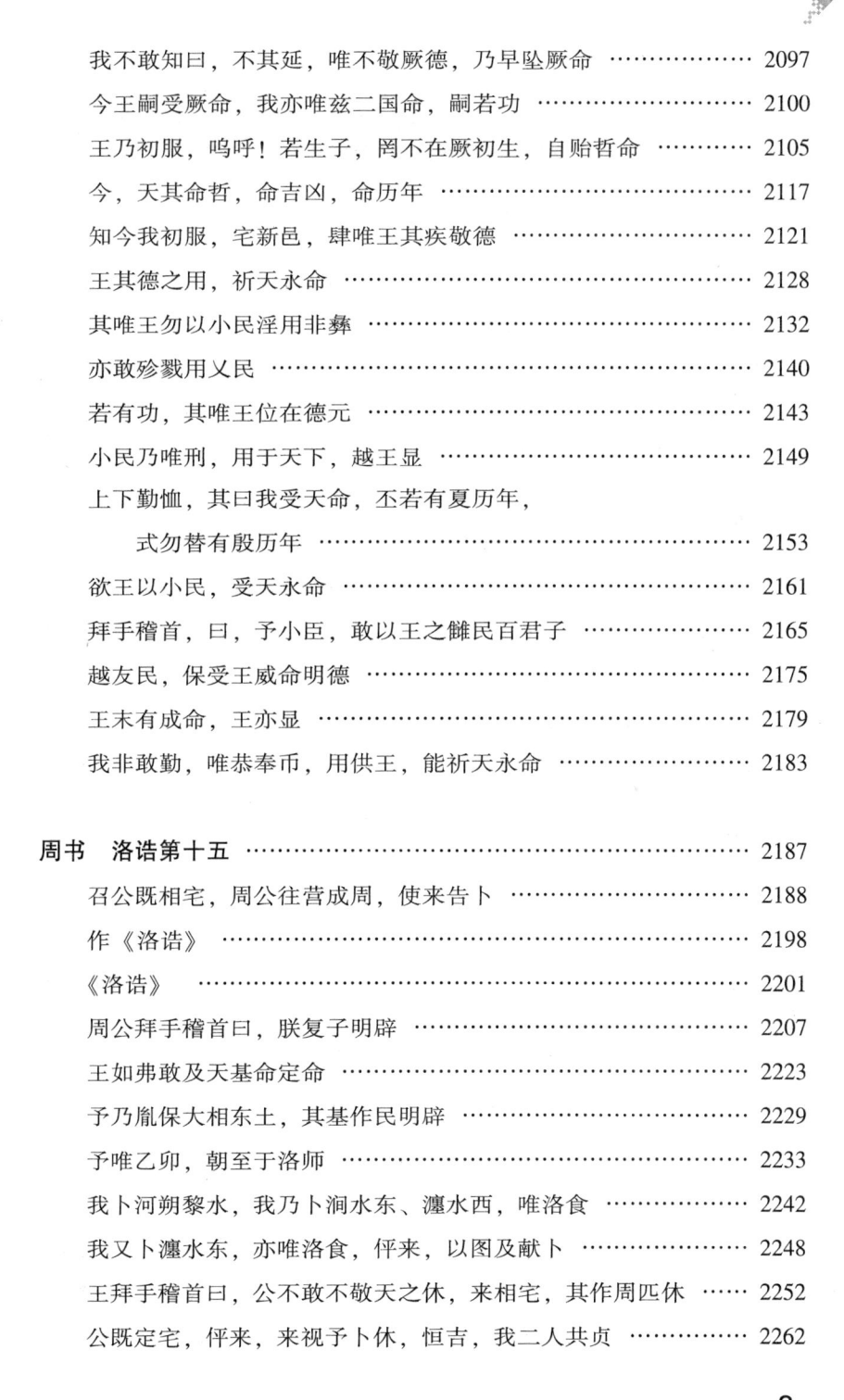

| 我不敢知曰，不其延，唯不敬厥德，乃早坠厥命 | 2097 |

我不敢知曰，不其延，唯不敬厥德，乃早坠厥命 …………… 2097
今王嗣受厥命，我亦唯兹二国命，嗣若功 …………………… 2100
王乃初服，呜呼！若生子，罔不在厥初生，自贻哲命 ……… 2105
今，天其命哲，命吉凶，命历年 ……………………………… 2117
知今我初服，宅新邑，肆唯王其疾敬德 ……………………… 2121
王其德之用，祈天永命 ………………………………………… 2128
其唯王勿以小民淫用非彝 ……………………………………… 2132
亦敢殄戮用乂民 ………………………………………………… 2140
若有功，其唯王位在德元 ……………………………………… 2143
小民乃唯刑，用于天下，越王显 ……………………………… 2149
上下勤恤，其曰我受天命，丕若有夏历年，
　　式勿替有殷历年 …………………………………………… 2153
欲王以小民，受天永命 ………………………………………… 2161
拜手稽首，曰，予小臣，敢以王之雠民百君子 ……………… 2165
越友民，保受王威命明德 ……………………………………… 2175
王末有成命，王亦显 …………………………………………… 2179
我非敢勤，唯恭奉币，用供王，能祈天永命 ………………… 2183

周书　洛诰第十五 …………………………………………… 2187
　召公既相宅，周公往营成周，使来告卜 …………………… 2188
　作《洛诰》 …………………………………………………… 2198
　《洛诰》 ……………………………………………………… 2201
　周公拜手稽首曰，朕复子明辟 ……………………………… 2207
　王如弗敢及天基命定命 ……………………………………… 2223
　予乃胤保大相东土，其基作民明辟 ………………………… 2229
　予唯乙卯，朝至于洛师 ……………………………………… 2233
　我卜河朔黎水，我乃卜涧水东、瀍水西，唯洛食 ………… 2242
　我又卜瀍水东，亦唯洛食，伻来，以图及献卜 …………… 2248
　王拜手稽首曰，公不敢不敬天之休，来相宅，其作周匹休 …… 2252
　公既定宅，伻来，来视予卜休，恒吉，我二人共贞 ……… 2262

3

公其以予万亿年，敬天之休 ………………………………… 2266
拜手稽首诲言 ………………………………………………… 2270
周公曰，王，肇称殷礼，祀于新邑，咸秩无文 …………… 2274
予齐百工，伻从王于周，予唯曰，庶有事 ………………… 2295
今王即命曰，记功，宗以功作元祀 ………………………… 2300
唯命，曰汝受命笃弼，丕视功载，乃汝其悉自教工 ……… 2306
孺子其朋，孺子其朋，其往 ………………………………… 2313
无若火始焰焰；厥攸灼叙，弗其绝 ………………………… 2319
厥若彝，及抚事，如予，唯以在周工 ……………………… 2323
往新邑，伻向即有僚，明作有功，惇大成裕，汝永有辞 … 2330
公曰，已！汝唯冲子，唯终 ………………………………… 2335
汝其敬识百辟享，亦识其有不享；享多仪，仪不及物，唯曰
　　不享 ………………………………………………………… 2346
唯不役志于享，凡民唯曰不享，唯事其爽侮 ……………… 2352
乃唯孺子，颁朕不暇听，朕教汝于棐民彝 ………………… 2356
汝乃是不蘉，乃时唯不永哉 ………………………………… 2366
笃叙乃正父，罔不若予，不敢废乃命 ……………………… 2369
汝往，敬哉，兹予其明农哉，彼裕我民，无远用戾 ……… 2374
王若曰，公！明保予冲子 …………………………………… 2378
公称丕显德，以予小子扬文武烈 …………………………… 2396
奉答天命，和恒四方民，居师 ……………………………… 2400
惇宗将礼，称秩元祀，咸秩无文 …………………………… 2404
唯公德明光于上下，勤施于四方 …………………………… 2409
旁作穆穆，迓衡不迷，文武勤教 …………………………… 2416
予冲子，夙夜毖祀 …………………………………………… 2420
王曰，公功棐迪笃，罔不若时 ……………………………… 2423
王曰，公！予小子其退，即辟于周，命公后 ……………… 2431
四方迪乱，未定于宗礼，亦未克敉公功 …………………… 2440
迪将其后，监我士师工 ……………………………………… 2445
诞保文武受民，乱为四辅 …………………………………… 2450

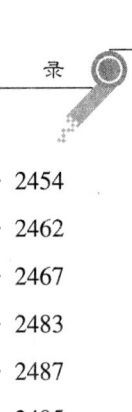

王曰，公定，予往已，公功肃，将祗欢	2454
公无困哉，我唯无斁其康事，公勿替刑，四方其世享	2462
周公拜手稽首曰，王命予来承保乃文祖受命民	2467
越乃光烈考武王，弘朕恭	2483
孺子来相宅，其大惇典殷献民	2487
乱为四方，新辟，作周恭先	2495
曰，其自时中乂，万邦咸休，唯王有成绩	2499
予旦以多子，越御事，笃前人成烈，答其师，作周孚先	2503
考朕昭子刑，乃单文祖德，伻来毖殷，乃命宁	2510
予以秬鬯二卣，曰明禋，拜手稽首，休享	2520
予不敢宿，则禋于文王、武王	2526
惠笃叙，无有遘自疾，万年厌于乃德，殷乃引考	2531
王伻殷乃承叙万年，其永观朕子怀德	2536
戊辰，王在新邑	2541
烝祭岁，文王骍牛一，武王骍牛一。王命作册，逸祝册，唯告周公其后	2554
王宾，杀禋，咸格，王入太室，裸	2559
王命周公后，作册逸诰	2564
在十有二月，唯周公诞保文武受命，唯七年	2569

周书　康王之诰第二十五 … 2576

康王既尸天子	2577
遂诰诸侯，作《康王之诰》	2588
《康王之诰》	2592
王出，在应门之内	2594
太保率西方诸侯入应门左，毕公率东方诸侯入应门右	2609
皆布乘黄朱	2614
宾称奉圭兼币，曰，一二臣卫，敢执壤奠	2617
皆再拜稽首。王义嗣德，答拜	2622
太保暨芮伯咸进，相揖，皆再拜稽首	2626

曰，敢敬告天子，皇天改大邦殷之命 …………………… 2636

唯周文、武诞受羑若，克恤西土 …………………… 2641

唯新陟王，毕协赏罚，戡定厥功，用敷遗后人休 …… 2645

今王敬之哉 ……………………………………………… 2652

张皇六师，无坏我高祖寡命 ……………………………… 2655

王若曰，庶邦侯、甸、男、卫 …………………………… 2659

唯予一人钊报诰 …………………………………………… 2670

昔君文、武丕，平富，不务咎 …………………………… 2674

底至齐信，用昭明于天下 ………………………………… 2680

则亦有熊罴之士，不二心之臣，保乂王家 …………… 2683

用端命于上帝，皇天用训厥道，付畀四方 ……………… 2687

乃命建侯树屏，在我后之人 ……………………………… 2691

今予一二伯父，尚胥暨顾，绥尔先公之臣，服于先王 … 2696

虽尔身在外，乃心罔不在王室 …………………………… 2701

用奉恤厥若，无遗鞠子羞 ………………………………… 2704

群公既皆听命，相揖趋出 ………………………………… 2708

王释冕，反丧服 …………………………………………… 2720

·下 卷·

周书 召诰第十四

《尚书句解》卷八《周书·召诰第十四》

(元) 朱祖义撰

召诰第十四(此篇乃成王欲宅洛邑,使召公相宅,因作诰以进戒成王也)。昔武王克商,迁九鼎于洛邑,是时欲都洛,而卒不果迁。至成王、周公乃成武王之志,建都洛邑。而所营洛有二所,瀍水之西则建以为都而居九鼎,谓之郏鄏。又谓之东都,又谓之王城,取其天下之中,四方朝贡道里均焉。瀍水之东,则以迁顽民,谓之成周,又谓之东郊,取其密迩王室,可以驯服其心焉。然则,洛邑既成,成王果都此乎?曰,成王,实都镐京,特来往朝诸侯,祀清庙于此。《诗·鱼藻》刺幽王曰"王在在镐",是幽王犹居镐京,则成王实都镐可知矣。宣王《车攻》之诗曰"复会诸侯于东都",宣王于此会诸侯,则成王亦于此会诸侯可知矣。及平王东迁,乃都洛邑。而洛邑成于成王。周公复辟,在营洛之后。召公欲成王知所以谨其始故作此篇(召,邵)。

成王在丰，欲宅洛邑

1.《尚书注疏》卷十四《周书》

（汉）孔氏传，（唐）陆德明音义，（唐）孔颖达疏

序，成王在丰，欲宅洛邑。

传，武王克商，迁九鼎于洛邑，欲以为都，故成王居焉。

疏，正义曰，成王于时在丰，欲居洛邑，以为王都。

传，正义曰，桓二年《左传》云，昔武王克商迁九鼎于洛邑。服虔注云，今河南有鼎，《中观》云九鼎者，按宣三年《左传》王孙满云，昔夏之方有德也，贡金九牧，铸鼎象物。然则九牧贡金为鼎，故称九鼎，其实一鼎。按《战国□》颜率说，齐王云，昔武王克商迁九鼎，鼎用九万人，则以为其鼎有九，但游说之辞，事多虚诞不可信用。然鼎之上备载九州岛，山川异物，亦又可疑，未知孰是，故两解之。

《尚书注疏》卷十四《考证》

《召诰》序"成王在丰，欲宅洛邑"传，武王克商，迁九鼎于洛邑，欲以为都，故成王居焉。

臣召南按，宅洛之意，始于武王。《史记·周本纪》载，武王言"南望三涂，北望岳鄙。顾詹有河，粤詹洛伊，毋远天室。营周居于洛邑而后去"。又有成王使召公复营洛邑，如武王之意。以《左传》臧哀伯言"武王迁九鼎于洛邑"，王孙满言，成王定鼎于郏鄏，证之似确有此事。其初曰"迁"，其后曰"定"，次第秩然。但《史记》言营周居，其说可疑。若武王已有成规，周、召二公何须再卜乎？杜预曰，武王迁九鼎时，但营洛邑，未有都城。至周公乃卒营洛邑，谓之王城。故传曰成王定鼎于郏鄏，可谓确解。正义曰戎衣大定之日，自可迁置西周，乃从九鼎处于洛邑，故知本意欲以为都，则尤确矣。惜颖达不移彼疏以解此传也。

疏，故称九鼎，其实一鼎。

臣召南按，既曰九鼎，岂一鼎乎？颖达疏桓二年《左传》，谓其鼎有

九，故称九鼎。何其同说一事，而彼此矛盾也。

2.《书传》卷十三《周书·召诰第十四》

（宋）苏轼撰

成王在丰

文王都丰。

丰，在京兆鄠县东。

欲宅洛邑，使召公先相宅，作《召诰》。

武王克商，迁九鼎于洛，则已有都洛之意。而周公、成王成之，且以殷余顽民为忧，故营洛而迁焉。太史公曰，洛邑，武王营之，成王使召公卜居，居九鼎焉。而周复都丰镐，至犬戎败幽王，周乃东迁洛邑，所谓周葬于毕，在郭东南杜中，明成王虽营洛，而不迁都，盖尝因巡狩而朝诸侯于洛邑云。

3.《尚书全解》卷三十《周书·召诰》

（宋）林之奇撰

成王在丰，欲宅洛邑，使召公先相宅，作《召诰》。

《召诰》。

周自后稷，在唐虞之际，以播种百谷教民稼穑之故，始封于邰。《生民》之诗曰"即有邰家室"是也。稷之子不窋，当夏后政衰，去稷不务，以故失其官，自邰出奔于戎狄之间。公刘者不窋之孙也，虽奔于戎狄之间，能修后稷之业，勤恤爱民，民咸归之。于是始立国于豳。《公刘》诗曰"豳居允荒"是也。太史公曰公刘子庆节立国于豳，误矣。公刘虽立国于豳，然其地西近戎，北近狄，故其十世孙太王嗣立，狄人侵之。太王不忍残其民以自存，于是去豳，逾梁山而邑于岐山之下。《绵》之诗曰"至于岐下，聿来胥宇"是也。文王之立，初由居岐，及其既已克崇而有之，于是自岐而迁于丰。文王《有声》之诗曰"作邑于丰"是也。武王之立，又自丰而迁于镐。文王《有声》诗曰"宅是镐京"是也。邰，即汉之右扶风邰县。豳者，汉之右扶风栒邑县豳乡是也。岐者，汉右扶风美阳县岐山是也，即《禹贡》所谓"导岍及岐"，其邑在岐山之下。丰者，汉右扶风鄠县丰水是也，即《禹贡》所谓"东会于沣"，其邑在丰水之西。镐者，汉长安西南有昆明池，北镐陂是也。岐，在邠之西北无百里，豳又在岐西北四百里余。是公刘自邰而西徙于豳，太王自豳而东徙于岐也。丰，在岐山东南二百余里。镐，去丰二十五里，皆是自西而东也。武王既克殷，迁九鼎于洛之郏鄏，其意已欲宅洛矣。《史记·周本纪》载武王之言曰"我南望三涂，北望岳鄙，顾詹有河，粤詹洛伊，毋远天室"。营周居于洛邑，而后去是宅洛者，武王之本志也。武王虽有宅洛之志，然其克商也，天下未集而遽即世。成王以幼冲嗣立，而周公摄政。管、蔡、武庚，肆其不轨之谋，以间王室。周公方兴师讨叛，左枝右梧之不暇，宅洛之事未能为也。至其摄政七年，周公制礼作乐已致太平，将归政于成王，故营洛邑以卒武王之志，而后归政也。《史记》曰武王在丰，使召公复营洛，如武王之意，周公复申卜视，卒营筑，居九鼎焉。《左传》亦曰"成王定鼎于郏鄏"，是其宅洛者，以卒武王之志也。《周礼》曰"以土圭之法，测土深，正日景，以求地中。日南则景短，多暑；日北则景长，多寒；日东则景夕，多风；日西则景朝，多阴。日至之景，尺有五寸，谓之地中，天地之所合也；四时之所交也；风雨之所会也；阴阳之所和也。然则，百物阜安，乃建王国焉。然则，武王有宅洛之意，而周公、成王成之者，诚以洛为地中，五服诸侯之朝觐贡赋道里为均，故建以为都，以居九鼎，而会诸侯于此焉。篇内有曰"王来绍上帝，自服于土中"。而《车攻》之诗美宣王复会诸侯于东都，而其诗谓之复古，则自宣王之前，其会诸侯盖皆于此，而万乘之君则当在于镐，以宗庙社稷之所在，而王业之所本故也，不独此也。周之西土，迫近边徼，故虽其前世积德累仁，而常有夷狄之患。太王以来，至为之迁都去国以避之。自豳而岐，又自岐而之丰、镐皆自西而东。周公犹以为未也，又东营洛邑，以逆为后世之备。及犬戎之乱，平王卒迁而居之，虽其孱弱，无以绍文武成康之绪，而其所以迁者，是亦周公之意也。娄敬曰，成王即位，周公之属傅相焉，乃营成周居洛，以为此天下中，诸侯四方纳贡献道里均矣。有德则易以王，无德则易以亡。夫人之爱其子孙，天下之常情也。先王之奄有天下，以传之子孙，固宜绵绵延延于万年而不绝。唯其子孙之贤不肖，历祚之短长，不可得而必。然其创业垂统，深根固蒂，为不可拔之势，以遗之者，未尝不尽也。乃谓周公之心，苟其无德，则欲其易以亡，必无此理。当三监之难，虽其元恶渠魁皆已歼夷，而其党奸同恶之人，其顽梗未能遽革，将使之密迩王室，以驯服其心。而洛之地距妹邦不远，则不难于迁居，故其宅洛也。瀍水之西，则建以为都，而居九鼎，谓之郏鄏，亦谓之东都，亦谓之王城。瀍水之东，则以居殷顽民而迁之，谓之成周。《汉地里志》有曰河南郡河南县，注云，故郏鄏地，成王迁九鼎，周公致太平营以为都，是为王城。至平王居之洛阳县，注云，周公迁殷民，是为成周。《春秋》昭公三十二年，晋合诸侯于狄泉，以其地大成周之城，居敬王。盖王城之与成周，虽已营之，而未之都也。幽王有犬戎之祸，平王始迁王城。至敬王与王子朝争国，子朝之党多居王城，敬王始都成周。成周之地，自敬王以前，未建以为都，至敬王始居之。此晋所以合诸侯而城之也。王城、成周，虽皆洛之地，然王城在西，周城在东。故子朝在王城，谓之西王；而敬王谓之东王也。是则周自太王至敬王，其迁都建国，皆是自西而东也。说者乃谓周公之营洛邑，即自镐还而居之。此说太史公已辨之矣。其言曰"学者皆称周伐纣以营洛邑，其实不然。武王营之，成王使召公卜居九鼎焉"。而周复都丰镐，至犬戎败幽王，周乃东迁于洛邑，则成王未尝都洛也，明矣。《周官》曰"归于宗周"；《毕命》曰"王朝步自宗周"。宗周，镐京也，岂得为成王都洛也哉。说者又谓幽王之前，盖有自洛而迁于镐，故幽王之败，而平王东迁，此事虽无所经见，而周之迁徙，皆自西而东，盖其势然也。未有自洛，而迁于镐者也。成王当是时，在于丰地，欲居于洛邑以为东都，使召公先往相其所居之居，因卜而营之。王与周公继至，召公乃于"庶殷丕作"之时，取币以锡周公，因告王以历年享国之长短，无不自己求之者。时周公欲成洛邑而后归政于王，王将总万几而治天下，故欲王戒慎恐惧，以祈天永命。此《召诰》所以作也。《清庙》之诗曰"周公既成洛邑，朝诸侯，率以祀文王焉"，是时周公尚摄，则宅洛者，周公也。而此序乃言成王焉，正与《康诰》序言"既伐管叔蔡叔"同义。

4.《尚书讲义》卷十五

(宋) 史浩撰

成王在丰,欲宅洛邑,使召公先相宅,作《召诰》。

周自大王去邠,邑于岐山之下,文王迁于丰,《诗》称"既伐于崇,作邑于丰"是也。武王迁于镐,"考卜维王,宅是镐京"是也。成王至是,欲谋都洛。洛当天地之中,四方贡赋道里适均,而武王克商,迁九鼎居之,已有意都洛矣。成王所以继先志也。其曰"在丰",自镐至丰,款文王之故都,告文王之清庙也。其曰"相宅",将营宫室,必相其阴阳,所谓辨方正位,以建国也。镐京,谓之宗周;而洛,谓之成周。成周,东都也。即是朝诸侯焉。其后宣王中兴,复会诸侯于东都,有以见成王营此,所以朝诸侯也。说者谓成王实未尝迁幸,至平王避犬戎之祸,始居于洛,谓之东周,而镐京始废。《黍离》之诗序曰"周大夫行役至于宗周,过故宗庙宫室,尽为禾黍"。于是镐京为犬戎所残,始为丘墟。扬雄乃谓,太和在成周。信如说者之言,成周乃平王所都,而谓太和之世,未之详也。然书序今言"欲宅洛邑",欲者,未定之辞。窃意周公知洛为天地之中,故欲营治以为王都,因迁商顽民而自治之,则平王东迁之应,已兆于此矣。

5.《尚书详解》卷十九《周书·召诰》

(宋) 夏僎撰

成王在丰,欲宅洛邑,使召公先相宅,作《召诰》。

丰,文王所都,文王之庙在焉。时成王将作洛,故往丰告文王庙。既告庙,乃使召公先周公而往洛,相所居。周自成王既立时,周公摄政已七年,意将营此洛邑,之后即归政于成王。召公谓王将亲总万几,欲其戒慎恐惧,以祈天永命,故告王以历年享国之长短,无不自己求之意。其书作于召公,故谓之《召诰》。然序止言"成王在丰,欲宅洛邑,使召公先相宅,作《召诰》",而不及于告成王之意。盖序言其略故也。作洛者,周公之意,而曰成王者,犹封康叔作《康诰》者,周公亦曰成王。盖臣之举事,不可不引而归于君也。林少颖谓,周自后稷封于邰。诗《生民》

"即有邰家室"是也。其子不窋窜于戎狄。至公刘能修后稷之业，民皆归之。于是始国于豳。《诗·公刘》"豳居允荒"是也。太史公谓，公刘子庆节国于豳，误矣。公刘虽国于豳，然其地，西近戎，北近狄，故其十世孙太王，为狄所侵。太王不忍残其民，于是去邠，逾梁山而邑于岐。《诗·绵》"至于岐下"是也。文王初犹居岐，及其克崇，乃始迁丰。《诗》文王《有声》"作邑于丰"是也。文王又自丰迁于镐，《诗》文王《有声》"宅是镐京"是也。邰，在汉右扶风邰县；豳，在扶风栒县豳乡；岐，在扶风美阳县岐山；丰，在扶风鄠县丰水；镐，在长安西南昆明池，即镐陂也。岐在邰西北五百里，豳又在岐西北四百余里，丰在岐东南三百余里，镐在丰二十五里，皆是自西而东。武王既克商，迁九鼎于洛郏鄏。其意不欲宅镐矣。《史记》载武王言谓"我南望三涂，北望岳鄙，顾詹有河，粤詹洛伊，毋远天室"。周居于洛邑，而后去是，宅洛者，武王之本意也。武王虽有宅洛之志，然其克商也，天下未集，而遽即世。成王以幼冲嗣位，而周公摄政，三监肆其不轨，以间王室，周公方兴师讨叛，左枝右梧之不暇，宅洛之事未能为矣。至其摄政七年，周公制礼作乐，以致太平，将归政于成王，故营洛以卒武王之志，而后归政也。然周公虽营洛邑，特居九鼎，而会诸侯于此。至万乘之君，则常在镐京。《诗·车攻》美宣王复会诸侯于东都，则是自宣王之前，其会诸侯实在于此也。至幽王为犬戎所杀，平王乃始东迁洛邑，而居之。太史公谓学者皆称周伐纣都洛邑者，其实不然，武王营之，成王使召公卜居九鼎，而周复都丰镐。至犬戎败幽王，周乃东迁于洛。是作于成王之时，而都者自平王始也。然周公作洛有二所，瀍水之西则建以为都，而居九鼎，谓之郏鄏，亦谓东都，亦谓之王城。瀍水之东，则以迁顽民，使密迩王室，以驯服其心，谓之成周。《汉地理志》河南郡河南县，注云，故郏鄏地，武王迁九鼎，周公致太平营，以为都，是为王城。至平王居之洛阳县，注云，周公迁殷顽民是为成周。《春秋》昭公三十二年，晋会于狄泉，以其地大成周之城，居敬王。盖王城之与成周，虽已营而未之都也。幽王有犬戎之祸，平王始迁于王城。至敬王与王子朝争国，子朝之党多居王城，故敬王始都成周之地。自敬王以前未建为都，至敬王始居之此。晋所以合诸侯而成之也，王城、成周虽皆洛地，然王城在西，成周在东，故子朝在王城，谓之西王，而敬王在成周，谓之东王也。

6. 《增修东莱书说》卷二十二《周书·召诰第十四》

（宋）吕祖谦撰，（宋）石𤁋增修

成王在丰，欲宅洛邑，使召公先相宅，作《召诰》。

丰者，旧都，宗周之地也。洛邑之宅，一以道里之均，受四方之朝会；一以迁有商之民；一以定周鼎。此国家之大事也。成王重其事，使召公大臣先往相宅，建作洛之规摹，故召公因作诰，使成王知艰难之理。

7. 《尚书说》卷五《周书·召诰》

（宋）黄度撰

成王在丰，欲宅洛邑，使召公先相宅，作《召诰》。

王都在镐，而文武庙在丰，王出入则诰。丰镐相去二十五里。武王欲营洛，成王述而成之。周虽都镐，而巡守会同，则于是与宗周对称东、西都。今河南府是也。召公既相宅作诰于王，若公告庶殷。

8. 《絜斋家塾书钞》卷十一《周书·召诰》

（宋）袁燮撰

成王在丰，欲宅洛邑，使召公先相宅，作《召诰》。

宅洛之举，盖以洛邑天下之至中也。上可以应天道，下可以便四方诸侯之朝贡。当时，实未尝迁于洛，但为行都，使往来其中。平居则在镐京，或朝会诸侯，则至于洛。此意甚好。唐自太宗以下，明皇以上，建都长安，而往来于东都，盖深得周召营洛之遗意也。然周、召营洛，而不遂都于洛者，何故？盖洛邑虽天地之中，而论其形势，则不若镐京。镐京与关中壤地相接。关中，天下之至险，所谓其以下兵于诸侯，譬犹居高屋之上，建瓴水也。自古建都莫如关中。汉唐所以强盛，只为据得关中形势之地尔。唯宋朝都汴，形势无足恃，遂以兵为险，而养兵之害，不可胜言。至仁宗末年，国用匮乏，英宗之立，已有变更之意。然不四年而升遐。神庙践阼，辅以荆公，于是新法等事，皆因养兵之故，财用不足，所以至此。太祖尝幸洛阳，见其山川盛丽，曾有留都之意，使其当时果能都洛，岂复用养兵。然当时太祖都汴,犹有榆塞方田之险,足以限戎马之来。自后尽伐榆木,方田亦坏,于是敌人荡然无所禁矣。

9.《书经集传》卷五《周书·召诰》

(宋)蔡沈撰

(归善斋按,未解)

10.《尚书精义》卷三十六《周书·召诰》

(宋)黄伦撰

成王在丰,欲宅洛邑,使召公先相宅,作《召诰》。

唯二月既望,越六日乙未,王朝步自周,则至于丰。唯太保先周公相宅。越若来,三月唯丙午朏。越三日戊申,太保朝至于洛,卜宅。厥既得卜,则经营。越三日庚戌,太保乃以庶殷攻位于洛汭。越五日甲寅,位成。

无垢曰,言成王至丰,遣召公先周公相宅也。宅洛之事,召公营之,周公定之。以此一事付召公,平昔思虑周密,智意精深可知矣。

又曰,召公顺成王之命,以来相洛。二月癸卯晦,三月甲辰朔,三日丙午也。其夜月方出而明生,故谓之"朏"。言朏,则知其为三日矣。太保自二月乙未,受成王卜洛之命,至三月戊申初五日晨朝至于洛而卜宅。自乙未至戊申自丰至洛凡十四日也。此皆史官暗存历法于中,使后世步日推筮有所考也。

又曰:于戊申又三日,是庚戌乃三月七日也,其日太保乃以庶殷攻治郊庙、社稷、朝市之位于洛水之北。在汉谓之河南城。于庚戌又五日,是甲寅,是三月十一日,是日攻治郊庙、朝市之位已定矣。攻之为言,以为去蓄翳,定向背,量阔狭,画疆畔,而未及架造也。

胡彦时曰,卜宅而得卜,攻位而位成者,召公也。达观新邑之所营,分侯、伯以役事者,周公也。王者所欲而一先一后,将与悉力以成之。此所以为周、召欤。王朝至于丰,在于二月之乙未。太保朝至于洛,在于三月之戊申。其相距至于旬有四日之近,盖上倡下应,若是其速也。攻位于庚戌,位成于甲寅,其成在五日之间,盖百工庶民,趋事赴功,如是其急也。

11. 《尚书详解》卷三十二《周书·召诰》

(宋)陈经撰

成王在丰,欲宅洛邑,使召公先相宅,作《召诰》。

文王都丰,武王都镐。丰、镐相去二十五里。文王之庙在丰。成王以宅洛之事,告于文王。故"成王在丰,欲宅洛邑",是建都于此,而终不果迁也。"使召公先相宅",是时周公摄政,故召公先周公而往。"相宅"者,相其高下、厚薄、燥湿之宜,与其宗庙、社稷之位。召公以成王即政之始,故因而进戒,而《召诰》之所以作也

12. 《融堂书解》卷十二《周书·召诏》

(宋)钱时撰

《召诰》。

成王在丰,欲宅洛邑,使召公先相宅,作《召诰》。

此书作于甲子"庶殷丕作"以后,周公复辟定论之初也。而序独云"使召公先相宅作《召诏》"者,盖相宅、作诰,实一事之始末,举其端,则可以概见矣。如《洛诰》一书,止遣使来告卜,亦此例也。

13. 《尚书要义》

(宋)魏了翁撰

(归善斋按,原缺)

14. 《书集传或问》卷下《召诰》

(宋)陈大猷撰

(归善斋按,未解)

15. 《尚书详解》卷八《周书·召诰第十四》

(宋)胡士行撰

成王在丰(旧都宗周,文王庙在焉),欲宅洛邑(土中,受四方朝会,道里均),使召公先相(视)宅,作《召诰》。

后稷封邰；公刘迁豳，岐西北四百里；大王迁岐，邠西五百里；文王都丰，岐东南三百余里；武王都镐，丰二十五里。《史记》武王克商，迁九鼎于洛邑。其言曰"我南望三涂，北望岳鄙，顾詹有河，粤詹洛伊，毋远天室"。营周居于洛邑，而后去是宅洛，武王本意而未成者也。至周公相成王致太平，将归政，遂营洛邑以居九鼎，会诸侯。而王都则常在镐。平王东迁，始都洛，而镐为禾黍矣。

周公作洛有二：

瀍水西，郏鄏，为都定鼎，曰王城，曰东都；瀍水东，迁顽民，曰下都。成周、王城，在西；下都，在东。《春秋》王子朝在王城，曰西土；敬王在《成周》，曰东土。或云成周，王城、下都总名。

16.《书纂言》卷四上《周书·召诰》

（元）吴澄撰

（归善斋按，未解）

17.《书集传纂疏》卷五《朱子订定蔡氏集传·周书·召诰》

（元）陈栎撰

（归善斋按，未解）

18.《读书丛说》卷六《召诰》

（元）许谦撰

（归善斋按，未解）

19.《书传辑录纂注》卷五《周书·召诰》

（元）董鼎撰

（归善斋按，未解）

20.《尚书句解》卷八《周书·召诰第十四》

（元）朱祖义撰

成王在丰（丰，文王所都，文王之庙在焉。时成王所以在丰者），欲宅洛邑（以欲居洛邑，告文王庙以宅洛之意）。

21.《尚书日记》卷十二《周书·召诰》

（明）王樵撰

（归善斋按，未解）

22.《日讲书经解义》卷八《周书·召诰》

（清）库勒纳等撰

（归善斋按，未解）

使召公先相宅

1.《尚书注疏》卷十四《周书》

（汉）孔氏传，（唐）陆德明音义，（唐）孔颖达疏

使召公先相宅。

传，相所居而卜之，遂以陈戒。

音义，召，诗照反。相，息亮反，下注同。

疏，使召公先往相其所居之地，因卜而营之。王与周公从后而往，召公于庶殷大作之时，乃以王命取币以赐周公，因告王宜以夏殷兴亡为戒。

正义曰：孔以序言"相宅"，于经意不尽，故为传以助成之。召公相所居而卜之，及其经营大作，遂以陈戒，史录陈戒为篇。其意不在相宅，序以经具，故略之耳。言"先相宅"者，明于时周公摄政，居洛邑是周公之意，周公使召公先行，故言"先"，以见周公自后往也。

2. 《书传》卷十三《周书·召诰第十四》

（宋）苏轼撰

（归善斋按，见"成王在丰，欲宅洛邑"）

3. 《尚书全解》卷三十《周书·召诰》

（宋）林之奇撰

（归善斋按，见"成王在丰，欲宅洛邑"）

4. 《尚书讲义》卷十五

（宋）史浩撰

（归善斋按，见"成王在丰，欲宅洛邑"）

5. 《尚书详解》卷十九《周书·召诰》

（宋）夏僎撰

（归善斋按，见"成王在丰，欲宅洛邑"）

6. 《增修东莱书说》卷二十二《周书·召诰第十四》

（宋）吕祖谦撰，（宋）石㵉增修

（归善斋按，见"成王在丰，欲宅洛邑"）

7. 《尚书说》卷五《周书·召诰》

（宋）黄度撰

（归善斋按，见"成王在丰，欲宅洛邑"）

8. 《絜斋家塾书钞》卷十一《周书·召诰》

（宋）袁燮撰

（归善斋按，见"成王在丰，欲宅洛邑"）

9. 《书经集传》卷五《周书·召诰》

(宋)蔡沈撰

(归善斋按,未解)

10. 《尚书精义》卷三十六《周书·召诰》

(宋)黄伦撰

(归善斋按,见"成王在丰,欲宅洛邑")

11. 《尚书详解》卷三十二《周书·召诰》

(宋)陈经撰

(归善斋按,见"成王在丰,欲宅洛邑")

12. 《融堂书解》卷十二《周书·召诏》

(宋)钱时撰

(归善斋按,见"成王在丰,欲宅洛邑")

13. 《尚书要义》

(宋)魏了翁撰

(归善斋按,原缺)

14. 《书集传或问》卷下《召诰》

(宋)陈大猷撰

(归善斋按,未解)

15. 《尚书详解》卷八《周书·召诰第十四》

(宋)胡士行撰

(归善斋按,见"成王在丰,欲宅洛邑")

16. 《书纂言》卷四上《周书·召诰》

(元)吴澄撰

(归善斋按,未解)

17.《书集传纂疏》卷五《朱子订定蔡氏集传·周书·召诰》

(元) 陈栎撰

(归善斋按，未解)

18.《读书丛说》卷六《召诰》

(元) 许谦撰

(归善斋按，未解)

19.《书传辑录纂注》卷五《周书·召诰》

(元) 董鼎撰

(归善斋按，未解)

20.《尚书句解》卷八《周书·召诰第十四》

(元) 朱祖义撰

使召公先相宅（乃使召公先周公而往洛相视所居）。

21.《尚书日记》卷十二《周书·召诰》

(明) 王樵撰

(归善斋按，未解)

22.《日讲书经解义》卷八《周书·召诰》

(清) 库勒纳等撰

(归善斋按，未解)

作《召诰》

1.《尚书注疏》卷十四《周书》

(汉) 孔氏传，(唐) 陆德明音义，(唐) 孔颖达疏

作召诰。

疏，正义曰，史叙其事作召诰。

正义曰，武王既崩，周公即摄王政，至此已积七年，将归政成王，故经营洛邑，待此邑成，使王即政。召公以成王将新即政，恐王不顺周公之意，或将惰于政事，故因相宅以作诰也。作诰之时，王未即政，周公作《洛诰》，为反政于成王，召公陈戒，为即政后事，故传言"新即政"也。

（归善斋按，见"成王在丰，欲宅洛邑"）

2.《书传》卷十三《周书·召诰第十四》

（宋）苏轼撰

（归善斋按，见"成王在丰，欲宅洛邑"）

3.《尚书全解》卷三十《周书·召诰》

（宋）林之奇撰

（归善斋按，见"成王在丰，欲宅洛邑"）

4.《尚书讲义》卷十五

（宋）史浩撰

（归善斋按，见"成王在丰，欲宅洛邑"）

5.《尚书详解》卷十九《周书·召诰》

（宋）夏僎撰

（归善斋按，见"成王在丰，欲宅洛邑"）

6.《增修东莱书说》卷二十二《周书·召诰第十四》

（宋）吕祖谦撰，（宋）石澜增修

（归善斋按，见"成王在丰，欲宅洛邑"）

7.《尚书说》卷五《周书·召诰》

（宋）黄度撰

（归善斋按，见"成王在丰，欲宅洛邑"）

8. 《絜斋家塾书钞》卷十一《周书·召诰》

（宋）袁燮撰
(归善斋按，见"成王在丰，欲宅洛邑")

9. 《书经集传》卷五《周书·召诰》

（宋）蔡沈撰
(归善斋按，未解)

10. 《尚书精义》卷三十六《周书·召诰》

（宋）黄伦撰
(归善斋按，见"成王在丰，欲宅洛邑")

11. 《尚书详解》卷三十二《周书·召诰》

（宋）陈经撰
(归善斋按，见"成王在丰，欲宅洛邑")

12. 《融堂书解》卷十二《周书·召诰》

（宋）钱时撰
(归善斋按，见"成王在丰，欲宅洛邑")

13. 《尚书要义》

（宋）魏了翁撰
(归善斋按，原缺)

14. 《书集传或问》卷下《召诰》

（宋）陈大猷撰
(归善斋按，未解)

15.《尚书详解》卷八《周书·召诰第十四》

（宋）胡士行撰
（归善斋按，见"成王在丰，欲宅洛邑"）

16.《书纂言》卷四上《周书·召诰》

（元）吴澄撰
（归善斋按，未解）

17.《书集传纂疏》卷五《朱子订定蔡氏集传·周书·召诰》

（元）陈栎撰
（归善斋按，未解）

18.《读书丛说》卷六《召诰》

（元）许谦撰
（归善斋按，未解）

19.《书传辑录纂注》卷五《周书·召诰》

（元）董鼎撰
（归善斋按，未解）

20.《尚书句解》卷八《周书·召诰第十四》

（元）朱祖义撰
作《召诰》（召公遂作此书，以告成王）。

21.《尚书日记》卷十二《周书·召诰》

（明）王樵撰
（归善斋按，未解）

22.《日讲书经解义》卷八《周书·召诰》

（清）库勒纳等撰

（归善斋按，未解）

《召诰》

《尚书注疏》卷十四《周书》

（汉）孔氏传，（唐）陆德明音义，（唐）孔颖达疏

《召诰》。

传，召公以成王新即政，因相宅以作诰。

疏，传，正义曰，武王既崩，周公即摄王政，至此已积七年，将归政成王，故经营洛邑。待此邑成，使王即政，召公以成王将新即政，恐王不顺周公之意，或将惰于政事，故因相宅以作诰也。作诰之时，王未即政。周公作《洛诰》，为反政于成王，召公陈戒，为即政后事，故传言新即政也。

《书经集传》卷五《周书·召诰》

（宋）蔡沈撰

《召诰》。

《左传》曰，"武王克商，迁九鼎于洛邑"。《史记》载武王言，"我南望三途，北望岳鄙，顾詹有河，粤詹洛伊，毋远天室"。营周居于洛邑，而后去则宅洛者，武王之志。周公、成王成之。召公实先经理之。洛邑既成，成王始政。召公因周公之归，作书致告，达之于王。其书拳拳于历年之久近，反复乎夏商之废兴，究其归则以诚小民，为祈天命之本；以"疾敬德"，为诚小民之本。一篇之中，屡致意焉。古之大臣其为国家长远虑，盖如此。以召公之书，因以《召诰》名篇。今文、古文皆有。

《尚书详解》卷三十二《周书·召诰》

(宋)陈经撰

《召诰》。

此篇,乃成王欲宅洛,使召公相宅。因而作诰,以进戒成王也。昔武王克商,迁九鼎于洛邑。是时欲都于洛,而卒不果迁,至成王乃成。武王之意,建都于洛邑,盖取其天下之中,四方朝贡道里均焉,亦因是以迁商民于此。然则,洛邑既成,成王果都于此乎?曰成王实都镐京,特来往朝诸侯于此,祀清庙于此。则镐京为正都,洛邑为东都。《诗·鱼藻》刺幽王曰"王在在镐"。至幽王时,犹都镐京,则成王实都镐可知矣。宣王《车攻》之诗曰"复会诸侯于东都"。宣王以此会诸侯,则成王亦于此会诸侯可知。及幽王为犬戎所杀,平王东迁,乃都洛。东都之成,实始于成王也。周公摄政七年,复辟于成王,盖在于营洛之后,召公欲成王知所以谨其始,故此篇先述作洛之由,后述进戒敬德之说,使成王因营洛有所感悟,召公太保之官,王公之职,古之所谓论道经邦,于此可见。

《书纂言》卷四上《周书·召诰》

(元)吴澄撰

《召诰》。

《春秋左氏传》曰,"武王克商,迁九鼎于洛邑"。《史记》载武王之言曰,"我南望三途,北望岳鄙,顾詹有河,粤詹洛伊,毋远天室"。营周居于洛邑,然则,武王固欲宅洛矣。周公相成王,成武王之志。此时,召公先至经始,周公继至成终。庶殷之民,旧迁在洛者,诸侯之民新来赴役者,同力输作。营洛功毕,周公归镐,而召公率诸侯作书致诰,以答周公。甲子诰治之辞,并以告庶殷、御事,俾与闻之。所谓公事公言之也。而因周公之归,以达于王,召公所诰故曰《召诰》。蔡氏曰,其书拳拳于历年之久近,反复乎夏商之废兴,以诫小民,为祈天命之本;疾敬德,为诫小民之本。一篇之中,屡致意焉。古之大臣其为国家长远虑,盖如此。

《书集传纂疏》卷五《朱子订定蔡氏集传·周书·召诰》

（元）陈栎撰

《召诰》。

《左传》曰，"武王克商，迁九鼎于洛邑"。《史记》载武王言，"我南望三途，北望岳鄙，顾詹有河，粤詹洛伊，毋远天室"。营周居于洛邑，而后去则宅洛者，武王之志。周公、成王成之。召公实先经理之。洛邑既成，成王始政。召公因周公之归，作书致告，达之于王。其书拳拳于历年之久近，反复乎夏商之废兴，究其归则以诫小民，为祈天命之本；以"疾敬德"，为诫小民之本。一篇之中，屡致意焉。古之大臣其为国家长远虑，盖如此。以召公之书，因以《召诰》名篇。今文、古文皆有。

纂疏：

陈氏大猷曰，成王实都镐，特往来朝诸侯，祀清庙于洛，故镐京谓之"宗周"，以为天下所宗也；洛邑，谓之"成周"。又云，东都，以周道成于此也。洛邑天下之至中，镐京天下之至险。于洛定鼎，以朝诸侯，所以承天地冲和之气，宅土中，以莅四海，其示天下也。公于镐定都，以壮基本，所以据天下形势之地，处上游，以制六合，其虑天下也远。汉唐并建两京，其亦识形势之所在，而有得于成王、周公之遗意欤。

愚谓，宅洛之事，武王志之，成王述之。上告祖庙，迭咨大臣，一日而建千万年宅中图大之基，谨重如此。周公自洛归镐，召公因作书诰王，其忠爱尤在此。盖以宅中图大，固难；保大定功，尤难。王之在丰，召之相宅，固见宅中图大之难矣。召公拳拳以敬德永命戒王。敬不敬之异效，凡七言之至，谓不敬德，则必坠厥命，其词甚危，见保大定功之尤难也。序略不言，非矣。

林氏曰，丰，在鄠县东丰水；镐，在长安西南昆明池，所谓镐池也。镐在丰东二十五里。

《书传辑录纂注》卷五《周书·召诰》

（元）董鼎撰

《召诰》。

《左传》曰，"武王克商，迁九鼎于洛邑"。《史记》载武王言，"我南望三途，北望岳鄙，顾詹有河，粤詹洛伊，毋远天室"。营周居于洛邑，而后去则宅洛者，武王之志。周公、成王成之。召公实先经理之。洛邑既成，成王始政。召公因周公之归，作书致告，达之于王。其书拳拳于历年之久近，反复乎夏商之废兴，究其归则以诫小民，为祈天命之本；以"疾敬德"，为诫小民之本。一篇之中，屡致意焉。古之大臣其为国家长远虑，盖如此。以召公之书，因以《召诰》名篇。今文、古文皆有。

纂注：

王氏曰，洛者，天下之中，以天事言，止道里均焉。见下自叙土中传非特如此而已。惩三监之难，愍殷顽民迁以自近洛，距妹邦为近，则易使之迁作王都焉，则易以镇服也。虽然镐京宗庙社稷、官府宫室具在不可迁也，故于洛邑会诸侯而已。

陈氏大猷曰，成王实都镐京，特往来朝诸侯，祀清庙于洛。故，镐京，谓之"宗周"，以其为天下所宗也。洛邑，谓之东都，又谓之"成周"，以周道成于此也。洛邑，天下之至中；丰、镐，天下之至险。成王于洛邑定鼎，以朝诸侯，所以承天地冲和之气；宅土中以莅四海，其示天下也。公于镐京定都，以壮基本，所以据天下形胜，处上游，以制六合，其虑天下也远。汉唐并建两京，盖亦深识形势之所在，而有得于周公、成王之遗意欤。

林氏曰，周自后稷始封于邰，在汉右扶风邰县。夏后政衰，稷之子不窋出奔于戎狄之间。至孙公刘，始立国于豳，在栒邑豳乡。十世至太王，避狄人，迁于岐山之下，在姜阳县岐山。文王迁于丰，在鄠县东丰水。武王迁于镐，在长安西南昆明池，所谓镐池也。岐在邰西北无百里，豳又在岐西北四百余里，丰在岐山东南二百余里，镐在丰东二十五里。

新安陈氏曰，宅洛之事，武王志之，成王述之，上告祖庙，迭咨大臣，一日而建千万年宅中图大之基，谨重如此。以至于召公，因周公之归而作诰，以告王。序不及之何也？宅中图大，固难；保大定功，尤难。王之在丰，召之相宅，固见宅中图大之难矣。召公拳拳以敬德永命戒王，敬不敬之异效，凡七言之至。谓不敬德则必坠厥命，其辞甚危，见保大定功之尤难也。

愚按，《书说》中有朱子集解《召诰》及《洛诰》之半，其闲闲出己说，文义及分节处，与蔡氏多异，盖未定本也。蔡已掇取之其余，尚有当采者，今各入辑录、纂注，以备参考。

《尚书句解》卷八《周书·召诰第十四》

（元）朱祖义撰

《召诰》（竹简标题）。

《尚书日记》卷十二《周书·召诰》

（明）王樵撰

《召诰》（附定殷作洛年月日谱）。

成王三年，三监、武庚叛，命周公东征诛武庚，致辟管叔于商，囚蔡叔于郭邻，降霍叔于庶人，封微子于宋。

成王初即位，周公摄政，三叔流言。周公居东二年，其秋，王感天变，迎周公归，三监、武庚遂叛，详见金縢。是时，奄与淮夷、徐戎皆叛（奄、淮夷与三监同叛，见《大诰》。鲁征淮夷、徐戎当在此时，蔡氏以为在再叛时）。

四年东伐淮夷，遂践奄，王来自奄，迁殷民于洛邑。

《多士》篇曰"昔朕来自奄，予大降尔四国民命，我乃明致天罚，移尔遐逖，比事臣我宗多逊"。

七年二月乙未，王自周至于丰，以宅洛告庙。

《汉志》曰周公摄政七年二月乙亥朔，十六日庚寅。望十七日辛卯，十八日壬辰，十九日癸巳，二十日甲午，二十一日乙未，二十二日丙申，二十三日丁酉，二十四日戊戌，二十五日己亥，二十六日庚子，二十七日辛丑，二十八日壬寅，二十九日癸卯。

三月太保相宅。

周公至洛。

《汉志》云，三月甲辰朔（按，此则前月小尽），二日乙巳，三日丙午朏，四日丁未，五日戊申太保朝至洛，六日己酉，七日庚戌攻位，八日辛亥，九日壬子，十日癸丑，十一日甲寅位成，十二日乙卯周公至洛。

《洛诰》曰"予唯乙卯朝至于洛师，我卜"（周公遣使者告卜，在此时）。十三日丙午，不言事，将有事于郊社，而斋戒也。十四日丁巳郊，十五日戊午社，十六日己未"四方和会，周公咸勤"。二十一日甲子，书命殷庶，召公作诰，"旅王若公"。十有二月王在新邑，烝于文、武，命周公其后。

八年三月，周公初于新邑，告商多士。

命蔡仲。

奄与淮夷又叛，灭奄，归告四国多方。

《日讲书经解义》卷八《周书·召诰》

（清）库勒纳等撰

《召诰》。

武王克商，迁九鼎于洛邑，欲以为都。至成王时，始命周公、召公经理之。洛邑既成，召公因周公之归，作书陈戒于王。史臣因以《召诰》名篇。

《书蔡氏传旁通》卷五《周书·召诰》

（元）陈师凯撰

武王克商，迁九鼎于洛邑。

见《左传》桓二年，又宣三年，云，王孙满对楚子曰，昔夏之方有德也，远方图物，贡金九牧，铸鼎象物，以承天休。桀有昏德，鼎迁于商，载祀六百。商纣暴虐，鼎迁于周，成王定鼎于郏鄏，卜世三十，卜年七百，天所命也。

《史记》载武王言"我南望三途（史作涂），北望岳鄙，顾詹有河，粤詹洛伊，毋远天室"。营周居于洛邑，而后云。《史记》索隐云杜预曰，三涂山，名大行、镮辕、崤黾也，在陆浑县南岳，盖河北太行山。鄙，都鄙，谓近岳之邑。愚谓，"顾詹有河"，谓回视河水在后也。

"粤詹洛伊，毋远天室"。《史记正义》谓，"粤"者，审慎之辞，言审慎。詹洛、伊二水之阳，无远离，此为天室也。愚谓，"粤"与"越"同，及也。及视洛、伊二水之傍，若天室之所在，宜为王者之都，毋舍此

而远去也。天室,犹天府也。

《尚书考异》卷五《召诰》

(明)梅鷟撰

"向于时,下夏弗克庸帝,大淫屑,有辞",马本如此。时字绝句。屑,过也,晋人作佚,又作佾。

《尚书疑义》卷五《召诰》

(明)马明衡撰

《召诰》。

此因营洛之事,召公训成王之辞。古人因事纳谏,况亲政之始,宅中图大之大事耶。周家以镐京为根本,屹然不动。建洛邑于土中,以临诸侯,是洛邑者,乃其施政之地。自武王、周公规模久定,特自今日始成之耳。蔡氏谓,周公本欲成王迁都洛邑,而成王则未欲舍镐京,而废祖宗之旧。此说,非也。然营洛,虽周公之规模,专董其役者,召公也。想周公摄政事大,其至于洛,只是祭告、颁书命即归,故召公因其归,而即陈戒耳。取币者,盖当时庶邦冢君,以宅洛大事,而至用币为享,而召公奉以达王,故末云唯恭奉币也。

《召诰》《洛诰》之文,周、召告君之言也。缠绵恺切,蕴蓄渌至。特其文古奥,非熟读静味,则古人之精神不出。若能于熟诵之后,往复再四,遂觉古人微气渌息,皆拂拂从言外遇之,真绝世文字也。

《召诰》中言"敬"者七,言"祈天永命"者三,始终以此意组织成文。又其中言"坠厥命"者四,曰民喦,曰雠民,言天命民心之可畏如此,真老臣诚主之言,古人忠爱之忱,无时不然。因卜洛之初,而偶发之耳。

《尚书大传》卷三《召诰传》

(清)孙之騄辑

乃社于新邑,羊一、牛一、豕一。侯、甸、任、卫作国伯(谓殷也)。大社,唯松;东社,唯柏;南社,唯梓;西社,唯栗;北社,唯槐。

(《白虎通》引《尚书》)

唯二月既望

1.《尚书注疏》卷十四《周书》

（汉）孔氏传，（唐）陆德明音义，（唐）孔颖达疏

唯二月既望。

传，周公摄政七年二月十五日，日月相望，因纪之。

疏，正义曰，唯周公摄政七年二月十六日，其日为庚寅，既日月相望矣。

传，正义曰，《洛诰》云"周公诞保文武受命，唯七年"。《洛诰》是摄政七年事也。《洛诰》周公云"予唯乙卯，朝至于洛师"，此篇云"乙卯，周公朝至于洛"，正是一事，知此二月，是周公摄政七年之二月也。望者，于月之半月，当日冲光照月光圆满，面响相当，犹人之相望，故名"望"也。治历者，必先正望朔，故史官因纪之。将言望后之事，必以望纪之。将言朏后之事，则以朏纪之。犹今人将言日，必先言朔也。"望"之在月十六日，为多大率。十六日者四分之三，十五日者四分之一耳。此年入戊午蔀五十六岁。二月小，乙亥朔。孔云十五日即为望，是己丑为望。言已望者，谓庚寅十六日也。且孔云望与生魄、死魄，皆举大略而言之，不必恰依历数。又算术前月大者，后月二日月见可十五日望也。顾氏亦云，十五日望，日月正相望也。

2.《书传》卷十三《周书·召诰第十四》

（宋）苏轼撰

唯二月既望，越六日乙未，王朝步自周，则至于丰。

王自镐至丰，以营洛之事，告文王庙。镐，在上林昆明北，有镐池，去丰二十五里。

3. 《尚书全解》卷三十《周书·召诰》

（宋）林之奇撰

唯二月既望，越六日乙未，王朝步自周，则至于丰。唯太保先周公相宅。越若来，三月唯丙午朏。越三日戊申，太保朝至于洛，卜宅。厥既得卜，则经营。越三日庚戌，太保乃以庶殷攻位于洛汭，越五日甲寅，位成。若翼日乙卯，周公朝至于洛，则达观于新邑营。越三日丁巳，用牲于郊，牛二。越翼日戊午，乃社于新邑，牛一、羊一、豕一。越七日甲子，周公乃朝，用书命庶殷侯、甸、男邦伯，厥既命殷庶，庶殷丕作。

《后汉律历志》曰，"日月相推，日舒月速，当其同，谓之合朔"，"相与为衡，分天之中，谓之望"。望者，于月之半，月当日冲，日光照月，光圆满而相向，当犹人之相望也。《汉志》曰周公摄政七年二月乙亥朔，庚寅。望后六日得乙未，故《召诰》曰"唯二月既望，越六日乙未"。又其三月甲辰，朔，三日丙午，《召诰》曰"唯三月丙午，朏"。《月采》篇曰"三日曰朏"。此篇记成王之至丰，以二月之乙未；召公之至洛，以三月之戊申，而必先言"二月既望"，"三月唯丙午朏"者，唐孔氏曰，治历者，必先正朔望，故史官因纪之，将言望后之事，必以望纪之；将言朏后之事，必以朏纪之。犹今之人将言日，必先言朔是也。三月之朏，丙午也。于丙午之后，戊申之日，以"越三日"言之，则知二月之乙未。言"越六日"，既望之为庚寅可知矣。周，谓宗周，镐京也。成王以乙未之旦，行自镐京，则至于丰，以营洛之事告文王之庙，示不敢专也。镐，丰去二十五里，故朝发镐京则可以，至于丰，不待淹日也。文王都丰，故丰有文王庙，必至于丰，而后使召公相宅，则其为告文王庙必矣。既告庙矣，则使太保先周公而行，往洛水之傍，而相视其可居之处也。"越若来"者，林子和薛博士，皆以为召公顺周公之谋以来。陈少南，则以为顺王命以行。使此诸家以"越若来"为绝句，则以"若"为顺，周公与顺王命犹可也。今既能依先儒以"越若来三月唯丙午朏"为绝句，则其说不通矣。盖即所谓哉生明月之三日也。朏，以纪历耳，而上曰"越若来"，安得以为顺周公与王命哉？此只当从先儒之说，以二月之后，依顺而来，次三月也。戊申三月之五日也，乙未二月之二十一日，其月小尽，故三月得甲辰朔，五日为戊申。太保以戊申之旦至于洛，盖十四日而至也。既至洛矣，即以其日卜之龟□，以谋所居也。《周官·太卜》"国大迁，大师则贞龟"。盘庚之迁亳，大王之迁岐，卫文公之迁楚丘，未尝不卜也。召公之卜也，其至诚之所感召，可以通天地神明，故其应也如响，此其所以得吉卜也。"我卜河朔黎水，我乃卜涧水东、瀍水西，我又卜瀍水东"，所谓宅卜也。"唯洛食"，所谓得吉卜也。《洪范》曰，"谋及乃心，谋及卿士，谋及庶人，谋及卜筮"。营洛之谋，成王君臣既有定议矣，于是谋及卜筮也。太王之迁岐，"聿来胥宇"，而后"爰契我龟"；文公之迁楚丘，"望楚与堂"而后"卜云其吉"，皆此类也。卜既吉矣，则人谋、鬼谋，无有差忒，此所以经之营之。而规度其朝市、宗庙、郊社之位，于戊申之三日庚戌，三月之七日，太保乃以众殷民，治其位于洛水之北；于庚戌之五日甲寅，三月之十一日，朝市、宗庙、郊社之位，其规模皆成也。《禹贡》导河，"东过洛汭"；而导洛，"东北入于河"，则洛汭为洛水之北也可知。《禹贡》曰导洛"东北会于涧、瀍"，则涧、瀍皆在洛之北。而王城，在瀍之西。成周，在瀍之东。虽涧在瀍之西，而涧、瀍皆在洛之北，故位于洛汭也。周公则以位成之明日，三月之十二日其旦，至于洛，则遍观新邑所营之位。方是时，周公摄政营洛之事，周公主之，召公则与之，相为先后而成之。故卜宅攻位者，召公也。周公则达观之，而遂以命殷庶也。"若翼日"者，亦与"越若来"之"若"同。"位成"，而周公适观之，则将命庶殷诸侯以工役之事。于是先告祭于天地、社稷也。"越三日丁巳，用牲于郊，牛二"，告祭于天地也。郊，祭天之名也。而用"牛二"者，先儒以为后稷配故也，不如王博士曰"昊天有成命"，郊祀天、地也。盖祭亦可以郊言之，唯郊于天地，故用"牛二"也。丁巳者，乙卯之三日，三月十四日也。"越翼日戊午，乃社于新邑，牛一、羊一、豕一"，告祭于社、稷也。"牛一、羊一、豕一"，用太牢也。叶博士曰，《记》曰"社稷太牢"，古之祭，未有社而不及稷者，载芟，春籍田，而祈社稷；良耜，秋报社稷。盖祭社而稷，从之其来尚矣。此说是也。既告祭于天地社稷矣，周公乃以戊午之七日，三月之二十一日甲子之旦，册书以命众殷民，及侯、甸、男服之邦伯，使兴功也。古者有大工役，必以赋功属役之事著于书。规模既定，然后役兴焉。苏氏引《春秋传》士弥牟营成周，计丈数，揣高卑，度厚薄，仞沟洫，物土方，议远迩，量事期，计徒庸，虑财用，书糇粮，以令役于诸侯，属役赋丈，书以授师，而效诸刘子，以此为书是也。如宣公十一年，楚令尹蒍艾猎城沂，使封人虑事，以授司徒量功命日，分财用，平版干，称畚筑，程土物，议远迩，略基址，具糇粮，度有司，事三旬而成，不愆于素，是亦用书之遗意也。邦伯，先儒谓即州牧也。特言"邦伯"者，王氏曰，公以书命邦伯。而邦伯以公命，命诸侯也。"厥既命殷庶，庶殷丕作"者，言周公既用书以命庶殷，役之以土木之事，而庶殷之民莫不大作，趋事赴功，唯恐不及也。夫成王之民营洛，盖以殷民之顽将迁之以自近也。今日召公率之以攻位而位成，周公命之以书而丕作。虽顽民之难化者犹然，则其说以使民可知，夫孰以为厉己哉。召公之经营洛邑，自戊午距甲寅，凡七日而后成；周公继至，自乙卯达观于新邑营，距甲子凡十日，而"用书命殷庶，庶殷大作"，周、召之规模，其敏如此。总而计之自成王之至丰，乙未之日，距甲子，凡一月耳。万年之业，成于一月之间，此岂后世可得而及哉。

4.《尚书讲义》卷十五《周书·召诰》

（宋）史浩撰

唯二月既望，越六日乙未，王朝步自周，则至于丰。唯太保先周公相宅。越若来，三月唯丙午朏。越三日戊申，太保朝至于于洛，卜宅。厥既得卜，则经营。越三日庚戌，太保乃以庶殷攻位于洛汭，越五日甲寅，位成。若翼日乙卯，周公朝至于洛，则达观于新邑营。越三日丁巳，用牲于郊，牛二。越翼日戊午，乃社于新邑，牛一、羊一、豕一。越七日甲子，周公乃朝，用书命庶殷侯、甸、男邦伯，厥既命殷庶，庶殷丕作。

《召诰》之作，召公复命之辞也，而此载行幸作役告成之月日。意者，圣人定书取史氏之纪冠于首也。于是周公辅成王七年矣，二月朔后六日，成王自周至丰周，即镐京。成王所都丰，有文王之庙，以营洛告也。三月丙午，正三日也。朏者，生明之名。又三日，而召公至，既得卜矣，则经之营之。又三日，则庶民攻之。庶殷者，以见殷民之多，虽顽而即工也。水北曰汭。攻者，治其险秽。位者，朝市、宗庙、郊社之位也。位成矣，周公始来遍观，乃以丁巳用牲于郊，告天也。牛二者，上帝而以后稷配。翼日，社于新邑告地也。牛一、羊一、豕一者，天子社稷皆太牢，用牛其是矣。附以羊豕，群小祀从也。稷不与者，以配天而致告也。庶殷，吾雠也，犹有子来之心，则周民可知矣。天地至神也，犹申告成之祀，则祖宗可知矣。迁都之意幽明已白，周公乃朝，用书命庶殷侯、甸、男邦伯者，周公以书告商民与诸侯，所以遵王命也。盖周有天下，九夷八蛮尚皆驯服，独有商民不能革化，昧天命之所归，故谓之"顽"。成王、周公安得奠枕。今于此举所以感商民之心，而镇服商民之乱也。"庶殷丕作"，大尽力役，亦既听命矣，复何患哉？然则，非周公无以经始，召公无以成终。成王之致隆平，师保之力也。

5.《尚书详解》卷十九《周书·召诰》

（宋）夏僎撰

《召诰》。

唯二月既望，越六日乙未，王朝步自周，则至于丰。唯太保先周公相宅。越若来，三月唯丙午朏。越三日戊申，太保朝至于洛，卜宅。厥既得卜，则经营。越三日庚戌，太保乃以庶殷攻位于洛汭；越五日甲寅，位成。若翼日乙卯，周公朝至于洛，则达观于新邑营。越三日丁巳，用牲于郊，牛二。越翼日戊午，乃社于新邑，牛一、羊一、豕一。越七日甲子，周公乃朝，用书命庶殷侯、甸、男邦伯，厥既命殷庶，庶殷丕作。

此《召诰》二字，竹简旧所标之题也。按《汉志》，周公摄政七年二月乙亥朔，庚寅望日，六日得乙未，即《召诰》所谓"唯二月既望，越六日乙未"是也。又其三月甲辰朔，三日丙午，即《召诰》所谓"丙午朏"是也。盖古者，月之三日，谓之"朏"，谓明生之日也。此书本纪成王至丰，以二月乙未召公，至洛以三月戊申。而必先言"望"与"朏"者，唐孔氏谓，治历者必先正朔、望，故史官将言"望"后事，必先以"望"记之；将言"朏"后事，必先以"朏"记之，犹今人将言日，必先言朔也。盖周公摄政七年二月乙亥朔，十六日既望，实得庚寅；越六日，是月之二十一日，实得乙未。此日成王乃早朝行自镐京，则至于丰。所以

"至丰"者，文王之庙在焉。将营洛邑，故至丰告其事。丰，去镐二十五里，故朝发镐京，则可以至丰，不待淹日也。成王既至丰告庙，于是太保召公，乃先周公而行往于洛邑，相视其所居之处。"越若来，三月唯丙午朏。越三日戊申，太保朝至于洛，卜宅"者，谓召公既以二月二十一日离丰，于是依顺而来，谓迤逦而来，中间更无留滞。至三月初三日丙午，月生明之日，又三日，是月之五日，其辰得戊申，太保乃旦至于洛，是太保自二十一日离丰，历十四日乃至洛也。太保既至于洛，乃即用龟卜其所居，如《洛诰》所谓"我卜河朔黎水，我乃卜涧水东、瀍水西，我又卜瀍水东"，即此所谓"卜宅"也。卜之既吉，于是乃始经营，规度其朝市、宗庙、郊社之位。至于三日，乃月之七日其辰，得庚戌，太保乃以众殷民，治其所经营之位于洛水之北。必用庶殷者，以洛在东，去殷地为迩，故在迩而用之也。攻之五日，乃月之十一日，其辰得甲寅，而所攻之位，其规模皆成。既成之，明日乃十二日也，其辰得乙卯，周公乃以其旦至于洛，《洛诰》所谓"予唯乙卯，朝至于洛师"是也。周公既至于洛，乃遍观于新邑之所营，即太保所营之位也。周公既遍观之后，越三日，乃月之十四日，其辰得丁巳，于是用牲于郊。其牲用二牛者，郊以礼天地也。既祀天地，其明日戊午，乃月之十五日，于是又祭于社，其牲用一牛、一羊、一豕。盖太牢之礼也。此皆告以营洛之事也。作洛之事，召公既先相之，又攻治其位，而规模皆成。周公既达观之，告于天地社稷。于是既七日，乃月之二十一日，其辰得甲子，周公乃早朝，用册书命殷庶之侯、甸、男邦伯，盖作洛时，殷地之众诸侯，各率其徒以至，以待役使。故周公于是以书命之，使赴功也。邦伯，即州牧，掌诸侯者也。王氏谓，公以书命邦伯，邦伯即以公命诸侯。其说有理。周公既以命殷众，故殷之众皆大作以赴功。此盖周公之诚，有以感动之也。林少颖谓，成王营洛，盖以殷民之顽，将迁以密迩王室。今也，召公率之以攻位而位成。周公命以册书而丕作，虽殷民之难化犹然，则其说以使民可知也，夫孰以为厉己哉。召公之经营，自戊申距甲寅，凡七日。周公继至，自乙卯距甲子，凡十日。总而计之，自成王以乙未至丰，距甲子凡一月尔。历年之业，成于一月之间，此岂后世可及哉。

6. 《增修东莱书说》卷二十二《周书·召诰第十四》

（宋）吕祖谦撰，（宋）石澜增修

唯二月既望，越六日乙未，王朝步自周，则至于丰。唯太保先周公相宅。

唯二月既望之后，史官以月纪日之法也。周公摄政之七年二月十五日，越六日，二十一日乙未也。王自宗周镐京，以至于丰。丰，文武庙在焉，于庙中命召公往洛先周公以相宅。

7. 《尚书说》卷五《周书·召诰》

（宋）黄度撰

《召诰》

唯二月既望，越六日乙未，王朝步自周，则至于丰。唯太保先周公相宅。

成王七年二月也，于是成王将营洛，自周行至丰告庙，先遣太保相宅。成王是年冠，必以十一月周岁，首行礼见庙矣。

8. 《絜斋家塾书钞》卷十一《周书·召诰》

（宋）袁燮撰

《召诰》。

唯二月既望，越六日乙未，王朝步自周，则至于丰。唯太保先周公相宅。越若来，三月唯丙午朏。越三日戊申，太保朝至于洛，卜宅。厥既得卜，则经营。越三日庚戌，太保乃以庶殷攻位于洛汭；越五日甲寅，位成。若翼日乙卯，周公朝至于洛，则达观于新邑营。越三日丁巳，用牲于郊，牛二。越翼日戊午，乃社于新邑，牛一、羊一、豕一。越七日甲子，周公乃朝，用书命庶殷侯、甸、男邦伯，厥既命殷庶，庶殷丕作。

周，镐京也。文王都丰，至武王迁于镐京。镐京去丰二十五里。朝发而暮至丰，乃文武之庙在焉。成王欲营洛，故至于丰告庙也。古者，作大事则必卜。"经营"者，如何处为朝，何处为市。宗庙在何所；社稷在何所，所谓经之营之是也。"攻位"者，治其位也。水北曰汭。五日而位成，所谓庶民攻之，不日成之者欤。然亦未必屋宇皆完具，但其规模定尔。太保经营其纤悉，周公特总其大纲，故位，既成周公特至洛观焉。用牲于郊，祭天也。社于新邑，祭地也。庶殷，自妹邦迁于洛者，侯、甸、男邦伯。盖古者，王朝作大事，则诸侯之国，皆遣人来助役。周公以书命庶殷，而庶殷鼓舞踊跃，以趋事赴功，故谓之"丕作"。言"庶殷"且"丕作"，则周人可知矣。如前所谓，太保乃以庶殷攻位于洛汭，皆举殷以见周也。夫以妹土之民，周家一旦迁之于洛，使其离乡井，远坟墓，而乍到新邑，凡室庐器用之类，皆未便，亙必相与咨嗟，以怨其上。今朝廷有大役，而彼皆竭力尽心，无一人有异志，此果何道以致之这般处景象。要看在后世无此等事，大抵人心亦不难感。只看在我所以区处其事者，如何以圣贤之道德，固已足以丕变人心，于不言之表。况古者作事，凡人稍众，便以军法从事，盖不如是，不能整齐。《周礼》以军礼同邦国，而曰"大役之礼，任众也"。所谓五、两、足、旅、军、师，其法皆与军礼同。如凡起徒役，无过一家一人之类，想当时必皆用此法，特书中不详言尔。观此处，亦可以考古人之役法。

9.《书经集传》卷五《周书·召诰》

（宋）蔡沈撰

唯二月既望，越六日乙未，王朝步自周，则至于丰。

日月相望，谓之望。既望十六日也。乙未二十一日，周，镐京也去丰二十五里，文王庙在焉。成王至丰，以宅洛之事，告庙也。

10.《尚书精义》卷三十六《周书·召诰》

（宋）黄伦撰

（归善斋按，见"成王在丰，欲宅洛邑"）

11.《尚书详解》卷三十二《周书·召诰》

（宋）陈经撰

唯二月既望，越六日乙未，王朝步自周，则至于丰。唯太保先周公相宅。越若来，三月唯丙午朏。越三日戊申，太保朝至于洛，卜宅。厥既得卜，则经营。越三日庚戌，太保乃以庶殷攻位于洛汭；越五日甲寅，位成。

此作史者，叙述作洛之由，纪其日月历法。以月起故纪其朔望。或先事而书朔，或先事而书望，使后世之历有所考也。"唯二月既望"，即周公摄政七年二月十五日也。《洛诰》是摄政七年之事，"周公曰予唯乙卯朝至于洛师"，与此篇"乙卯周公朝至于洛"，实同此一日也。于既望后之六日乙未，"王朝步自周"，则至于丰周，即镐京也。天下所尊谓之宗周，成王自镐行至于丰，以宅洛之事告文王之庙。既毕，则命太保先周公而来相宅。周公后往也。"越若来"，召公于是顺成王之命而来。"三月唯丙午朏"，朏者，明生之日，即三月初三日也。又于朏后三日，戊申之日，太保始至。太保以三月初六日，自镐京来，经十四日而后至洛。既至则卜宅，卜之于鬼神。迁都国之大事，当谋之鬼神，不敢以己意也。厥既得吉卜，方始经营。其成，定其左宗庙，右社稷，前朝后市之位。又于经营之，三日庚戌太保，乃以庶商之顽民，攻治其位于洛水之北。既于戊申经营曷为？至三日后始攻治其位，以此见古人之处事，必深思熟计，不轻发，待其规模既定，而后为之言。庶殷者，周人服其教化已久，其趋事赴功，不待言矣，唯庶殷于此亦乐于从事，可以见圣贤阴有以感悟其心。故下文亦言周公"命殷庶，庶殷丕作"。"越五日甲寅位成"，于攻位之后五日甲寅，其宗庙、社稷、朝市之位皆成其规模。自太保卜宅，至于甲寅，才七日尔，而其位已成，何古人成其事如此之速也。观文王之为台沼也，"经始勿亟，庶民子来"，"经之营之，不日成之"，则召公之营洛也，岂非"四方之民大和会"，故其成之易欤？

12.《融堂书解》卷十二《周书·召诰》

（宋）钱时撰

唯二月既望，越六日乙未，王朝步自周，则至于丰。唯太保先周公相宅。越若来，三月唯丙午朏。越三日戊申，太保朝至于洛，卜宅。厥既得卜，则经营。越三日庚戌，太保乃以庶殷攻位于洛汭；越五日甲寅，位成。若翼日乙卯，周公朝至于洛，则达观于新邑营。越三日丁巳，用牲于郊，牛二。越翼日戊午，乃社于新邑，牛一、羊一、豕一。越七日甲子，周公乃朝，用书命庶殷侯、甸、男邦伯，厥既命殷庶，庶殷丕作。

　　自"旅王若公"以后方是诰辞。此一节乃史氏纪营洛次第，以明召诰之所由作也。洛邑乃周公建议，而序云成王，何哉？盖宅洛，非周公一己之谋，实周家一代宗祀之计，亦犹黜殷命、伐管、蔡，而例书成王，皆所以明周公之心也。丙午越三日戊申，戊申越三日庚戌，庚戌越五日甲寅。乙卯越三日丁巳，戊午越七日甲子，皆连本日算。与《武成》书法不同。必先书"既望"者，朔、望，乃一月之纲，领先书"既望"，而后月亦先书"朏"，史氏纪日之法也。用牲于郊，以告天。牛二者，以后稷配，故礼有郊牛，有稷牛。祭社于新邑，以告地，牛一、羊一、豕一者，备物礼之也。郊，亦新邑。举社，则郊可知。《康诰》言五服，此所命止侯、甸、男之邦伯者，岂采卫地远，故役不及之欤。是役也，专用殷民从事，极有深意。四国作乱，殷民沉迷梗化，使之奔走服役，庶几，视仪听唱，调服于圣人之化，乖戾自应潜消，此最见措置之妙。

13.《尚书要义》

（宋）魏了翁撰

（归善斋按，原缺）

14.《书集传或问》卷下《召诰》

（宋）陈大猷撰

（归善斋按，未解）

15.《尚书详解》卷八《周书·召诰第十四》

（宋）胡士行撰

《召诰》。

唯二月既望（十五），越六日乙未（二十一日），王朝（早）步（行）自周（镐），则至于丰（告文王庙）。唯太保（召公）先周公相宅。越（于）若（顺王命）来（行），三月唯丙午朏（初三），越三日戊申（初五），太保朝至于洛，卜宅。厥既得卜（吉），则经营（规度朝市、宗庙、郊社之位）。

1855

太保二月二十一日离丰，三月六日至洛。丰至洛不必半月，经涉之久者，在道审定规模，至洛举而行之耳。

16.《书纂言》卷四上《周书·召诰》

（元）吴澄撰

唯二月既望，越六日乙未，王朝步自周，则至于丰。唯太保先周公相宅。

二月，成王十七年之二月。日月相望，谓之望。或十五日或十六日，或十四日。既望，望后一日也。若十六日既望，则乙未二十一日也。周，镐京也。丰去镐二十五里，文、武庙在焉。王至丰，以宅洛之事告庙也。太保，召公也。告庙，召公乃先周公往洛以相宅。

17.《书集传纂疏》卷五《朱子订定蔡氏集传·周书·召诰》

（元）陈栎撰

唯二月既望，越六日乙未，王朝步自周，则至于丰。

日月相望，谓之望。既望十六日也。乙未二十一日，周，镐京也去丰二十五里，文王庙在焉。成王至丰，以宅洛之事，告庙也。

纂疏：

王氏曰，以朏、望、明魄，纪月；以甲子，纪日，书法也。

林氏曰，《汉书》云，周公摄政七年二月乙亥，朔；庚寅，既望。

18.《读书丛说》卷六《召诰》

（元）许谦撰

（归善斋按，未解）

19.《书传辑录纂注》卷五《周书·召诰》

（元）董鼎撰

唯二月既望，越六日乙未，王朝步自周，则至于丰。

日月相望，谓之望。既望十六日也。乙未二十一日，周，镐京也去丰二十五里，文王庙在焉。成王至丰，以宅洛之事，告庙也。

辑注：

丰、镐，去洛邑三百里，长安所管六百里，王畿千里，亦有横长处，非若今世画图之为方也。恐井田之制，亦是此类此。不可执画方之图以定之。

或问，周都丰、镐，则王畿之内，当有西北之戎，如此则稍甸县，都如之，何其可为也？先生曰，《周礼》一书，圣人作为一代之法尔，到不可用法处，圣人须别有权变之道。并《格言》。

纂注：

王氏曰，以朏、望、明魄，纪月；以甲子，纪日，书法也。

林氏曰，《汉志》曰，周公摄政七年二月乙亥，朔；庚寅，既望。

20.《尚书句解》卷八《周书·召诰第十四》

（元）朱祖义撰

唯二月既望（周公摄政七年二月乙亥，朔；十六日既望，实得庚寅）。

21.《尚书日记》卷十二《周书·召诰》

（明）王樵撰

唯二月既望，越六日乙未，王朝步自周，则至于丰。

步，辇行也，说见《武成》。镐京，去丰不远。故每用辇行。周家自后稷居邰，公刘居豳，大王邑岐，而文王则迁于丰，武王又居于镐，皆以民归日众，地不能容故也。王虽在镐，而宗庙不徙，故凡有大事，皆至丰告焉。本朝南京太庙，似仍当存。盖不知神之在彼乎，在此乎？孔氏曰，周公摄政七年二月，望后六日，二十一日。成王朝行，从镐京则至于丰，以迁都之事，至文王庙告文王，则告武王可知。以祖见考。

正义曰：《洛诰》云"周公诞保文武受命，唯七年"，《洛诰》是摄政七年事也。《洛诰》周公云"予唯乙卯朝至于洛师"，此篇云"乙卯周公朝至于洛"，正是一事，知此二月，是周公摄政七年之二月也。望者，于月之半月，当日冲光照月光，圆满相望，故名"望"也。治历者，必先正望、朔,故史官因纪之,将言望后之事,必以望纪之,将言朏后之事,必以朏纪之,亦与《武成》先纪"旁死魄"例同。

22.《日讲书经解义》卷八《周书·召诰》

(清) 库勒纳等撰

唯二月既望,越六日乙未,王朝步自周,则至于丰。唯太保先周公相宅。越若来,三月唯丙午朏。越三日戊申,太保朝至于洛,卜宅。厥既得卜,则经营。

此二节书,是史臣记召公承王命而相洛也。既望,十六日也。步,步辇也。周,镐京也。太保,即召公。"越若"发语辞。"朏"者,初三日,月始生之名。史臣曰,唯二月十六日,后又六日乙未,王于是日之朝步,自周京至于丰,以宅洛之事,告于文王、武王之庙。所以承先志也。于是遣太保召公,先周公而行相视洛邑。召公于丰起行,自三月三日丙午,至五日戊申之朝,至于洛邑。以定都大事,必稽之于卜,所以验天心,于是用龟卜宅都之地。卜既得吉,乃经营规度,何地为城郭,何地为郊庙、朝市,而定作邑之大势焉。其君臣始事之敬也如此。

《书蔡氏传旁通》卷五《周书·召诰》

(元) 陈师凯撰

既望,十六日也,乙未二十一日也。

林氏曰,《汉志》曰,周公摄政七年二月乙亥朔,庚寅既望,故二十一日为乙未。

《五诰解》卷三《召诰》

(宋) 杨简撰

唯二月既望,越六日乙未,王朝步自周,则至于丰。唯太保先周公相宅。越若来,三月唯丙午朏。越三日戊申,太保朝至于洛,卜宅。厥既得卜,则经营。越三日庚戌,太保乃以庶殷攻位于洛汭;越五日甲寅,位成。若翼日乙卯,周公朝至于洛,则达观于新邑营。越三日丁巳,用牲于郊,牛二。

《郊特牲》后稷配天，不用羊、豕祀天无杂。

《尚书通考》卷九《召诰》

（元）黄镇成撰

二月既望。

三月丙午朏。

越六日乙未，王朝步自周，则至于丰

1. 《尚书注疏》卷十四《周书》

（汉）孔氏传，（唐）陆德明音义，（唐）孔颖达疏

越六日乙未，王朝步自周，则至于丰。

传，于已望后六日，二十一日，成王朝行从镐京，则至于丰以迁都之事，至文王庙告文王，则告武王可知，以祖见考。

音义，镐，胡老反。见，贤遍反，下"不见"同。

疏，正义曰，于已望后六日乙未，为二月二十一日，王以此日之朝行自周之镐京，则至于丰，以迁都之事告文王之庙。

传，正义曰，于已望后六日，是为二十一日也。步，行也。此云"王朝行"，下太保与周公言"朝至"者，君子举事，贵早朝，故皆言"朝"也。宗周者，为天下所宗，止谓王都也。武王已都于镐，故知宗周是镐京也。文王居丰，武王未迁之时，于丰立文王之庙，迁都而庙不毁，故成王居镐京，则至于丰，以迁都之事告文王庙也。大事告祖，必告于考。此经不言告武王，以告文王，则告武王可知，以告祖见考也。告庙当先祖后考，此必于丰告文王，于镐京告武王也。

《尚书注疏》卷十四《考证》

王朝步自周。

臣召南按，孔传但训"步"为"行"。《周本纪》注引郑康成曰，步，行也。堂下谓之步。丰镐异邑，而言步者，告武王庙，即行出庙，入庙不

以远为父恭也,是"步"为"步行"之"步"矣。

2. 《书传》卷十三《周书·召诰第十四》

(宋)苏轼撰
(归善斋按,见"唯二月既望")

3. 《尚书全解》卷三十《周书·召诰》

(宋)林之奇撰
(归善斋按,见"唯二月既望")

4. 《尚书讲义》卷十五

(宋)史浩撰
(归善斋按,见"唯二月既望")

5. 《尚书详解》卷十九《周书·召诰》

(宋)夏僎撰
(归善斋按,见"唯二月既望")

6. 《增修东莱书说》卷二十二《周书·召诰第十四》

(宋)吕祖谦撰,(宋)石澜增修
(归善斋按,见"唯二月既望")

7. 《尚书说》卷五《周书·召诰》

(宋)黄度撰
(归善斋按,见"唯二月既望")

8. 《絜斋家塾书钞》卷十一《周书·召诰》

(宋)袁燮撰
(归善斋按,见"唯二月既望")

9. 《书经集传》卷五《周书·召诰》

（宋）蔡沈撰
（归善斋按，见"唯二月既望"）

10. 《尚书精义》卷三十六《周书·召诰》

（宋）黄伦撰
（归善斋按，见"成王在丰，欲宅洛邑"）

11. 《尚书详解》卷三十二《周书·召诰》

（宋）陈经撰
（归善斋按，见"唯二月既望"）

12. 《融堂书解》卷十二《周书·召诏》

（宋）钱时撰
（归善斋按，见"唯二月既望"）

13. 《尚书要义》

（宋）魏了翁撰
（归善斋按，原缺）

14. 《书集传或问》卷下《召诰》

（宋）陈大猷撰
（归善斋按，未解）

15. 《尚书详解》卷八《周书·召诰第十四》

（宋）胡士行撰
（归善斋按，见"唯二月既望"）

16. 《书纂言》卷四上《周书·召诰》

（元）吴澄撰

（归善斋按，见"唯二月既望"）

17. 《书集传纂疏》卷五《朱子订定蔡氏集传·周书·召诰》

（元）陈栎撰

（归善斋按，见"唯二月既望"）

18. 《读书丛说》卷六《召诰》

（元）许谦撰

（归善斋按，未解）

19. 《书传辑录纂注》卷五《周书·召诰》

（元）董鼎撰

（归善斋按，见"唯二月既望"）

20. 《尚书句解》卷八《周书·召诰第十四》

（元）朱祖义撰

越六日乙未（过六日，是二十一日乙未），王朝步自周（成王早朝行，自镐京），则至于丰（丰至镐京二十五里，故朝发镐京，则可至丰，不待淹日也。文王宗庙在丰，时营洛邑，故至丰告其事）。

21. 《尚书日记》卷十二《周书·召诰》

（明）王樵撰

（归善斋按，见"唯二月既望"）

22.《日讲书经解义》卷八《周书·召诰》

(清) 库勒纳等撰
(归善斋按,见"唯二月既望")

《五诰解》卷三《召诰》

(宋) 杨简撰
(归善斋按,见"唯二月既望")

《书经衷论》卷三《周书·召诰》

(清) 张英撰

自乙未告庙,以至于甲子用书,周公召公之营洛,止三十日耳。中间行道之日月,祭告之礼仪,大而都邑之规模,小而卜筮之详密,无不备具,固周、召趋事之勤敏,亦可见成周之制度,犹崇朴近古。不似秦汉以来,宫室之侈大繁重,经数载而后成也。尝观殷世五迁其都,而国未甚病,使如后世宫殿、宗庙、城郭之高大,而一迁再迁,民何以堪,国何以支乎?由此言之,商周之际,犹不改虞夏以来,土阶茅茨之风。今读《公刘》之诗曰"削屡平平",是以土筑墙,只如今庶民家耳。犹曰,此"草昧之初"。读《斯干》《灵台》之诗,其规模亦大略可见。但止于"风雨攸除,鸟鼠攸去"而已。至秦楚时,始有章华骊山之巨丽。汉唐以来,渐就华侈耳。古人尚有峻宇凋墙之戒,何后人之日增月盛而未有已也。

唯太保先周公相宅

1.《尚书注疏》卷十四《周书》

(汉) 孔氏传,(唐) 陆德明音义,(唐) 孔颖达疏
唯太保先周公相宅。
传,太保,三公官名,召公也。召公于周公前,相视洛居,周公

后往。

音义,先,悉荐反,又如字。

疏,正义曰,此日王唯命太保召公先周公往洛水之旁,相视所居之处。

2.《书传》卷十三《周书·召诰第十四》

(宋)苏轼撰

唯太保先周公相宅。越若来,三月唯丙午朏。

朏,明也,月三日,明生之名。

3.《尚书全解》卷三十《周书·召诰》

(宋)林之奇撰

(归善斋按,见"唯二月既望")

4.《尚书讲义》卷十五

(宋)史浩撰

(归善斋按,见"唯二月既望")

5.《尚书详解》卷十九《周书·召诰》

(宋)夏僎撰

(归善斋按,见"唯二月既望")

6.《增修东莱书说》卷二十二《周书·召诰第十四》

(宋)吕祖谦撰,(宋)石澜增修

(归善斋按,见"唯二月既望")

7.《尚书说》卷五《周书·召诰》

(宋)黄度撰

(归善斋按,见"唯二月既望")

8. 《絜斋家塾书钞》卷十一《周书·召诰》

（宋）袁燮撰
（归善斋按，见"唯二月既望"）

9. 《书经集传》卷五《周书·召诰》

（宋）蔡沈撰

唯太保先周公相宅。越若来，三月唯丙午朏。越三日戊申，太保朝至于洛，卜宅。厥既得卜，则经营。

朏，敷尾反。戊，音茂。

成王在丰，使召公先周公行，相视洛邑。越若来，古语辞，言召公于丰，迤逦而来也。朏，孟康曰，月出也，三日明生之名。戊申，三月五日也。卜宅者，用龟卜宅都之地。既得吉卜，则经营规度其城郭、宗庙、郊社、朝市之位。

10. 《尚书精义》卷三十六《周书·召诰》

（宋）黄伦撰
（归善斋按，见"成王在丰，欲宅洛邑"）

11. 《尚书详解》卷三十二《周书·召诰》

（宋）陈经撰
（归善斋按，见"唯二月既望"）

12. 《融堂书解》卷十二《周书·召诏》

（宋）钱时撰
（归善斋按，见"唯二月既望"）

13. 《尚书要义》

（宋）魏了翁撰
（归善斋按，原缺）

14. 《书集传或问》卷下《召诰》

（宋）陈大猷撰

（归善斋按，未解）

15. 《尚书详解》卷八《周书·召诰第十四》

（宋）胡士行撰

（归善斋按，见"唯二月既望"）

16. 《书纂言》卷四上《周书·召诰》

（元）吴澄撰

（归善斋按，见"唯二月既望"）

17. 《书集传纂疏》卷五《朱子订定蔡氏集传·周书·召诰》

（元）陈栎撰

唯太保先周公相宅。越若来，三月唯丙午朏。越三日戊申，太保朝至于洛，卜宅。厥既得卜，则经营。

成王在丰，使召公先周公行，相视洛邑。越若来，古语辞，言召公于丰，迤逦而来也。朏，孟康曰，月出也，三日明生之名。戊申，三月五日也。卜宅者，用龟卜宅都之地。既得吉卜，则经营规度其城郭，宗庙、郊社、朝市之位。

18. 《读书丛说》卷六《召诰》

（元）许谦撰

（归善斋按，未解）

19. 《书传辑录纂注》卷五《周书·召诰》

（元）董鼎撰

唯太保先周公相宅。越若来，三月唯丙午朏。越三日戊申，太保朝至于洛，卜宅。厥既得卜，则经营。

　　成王在丰，使召公先周公行，相视洛邑。越若来，古语辞，言召公于丰，迤逦而来也。朏，孟康曰：月出也，三日明生之名。戊申，三月五日也。卜宅者，用龟卜宅都之地。既得吉卜，则经营规度其城郭，宗庙、郊社、朝市之位。

纂注：

林氏曰，《汉志》曰三月甲辰朔，三日丙午。

元城刘氏曰，"越若"发语声。"来三月"，犹言，明三月也。

息斋余氏曰，"越若"，朱子既采刘说，见《集解》中，宜从之，不必言召公迤逦而来也。

20.《尚书句解》卷八《周书·召诰第十四》

（元）朱祖义撰

唯太保先周公相宅（唯太保召公，乃先周公而行往洛地，相视所居之地）。

21.《尚书日记》卷十二《周书·召诰》

（明）王樵撰

"唯太保先周公相宅"至"厥既得卜，则经营"。

周、召二公，同受营洛之命于丰，而召公先行。"越若"语辞。"来"，太保自丰而来也。朏，明也，月三日，明生之名。至洛卜宅者，卜其地之吉。即所谓"涧水东、瀍水西"，又"瀍水东"是也。"得卜"，是已得其地，即所谓"唯洛食者"也。卜以戊申，而周公至以乙卯，乃云"我卜"者，二公同心同谋，召公之卜，即周公之卜也。"伻来，以图及献卜"，即献此戊申之卜也。或言乙卯日，周公再卜者，非。"厥既得卜则经营"，观此句，则决无再卜之事矣。若容再卜，则召公不待周公之至，而即经营，不为匆遽。召公已经营，而周公又卜不为繁复乎。

既得其地，则规度其某处为城郭，某处为郊社、宗庙、朝市、民□。此所谓经营也。经营，乃经始之事。《诗》云"经之营之，庶民攻之"。经营定，才攻之。故三日庚戌，始以庶殷攻位也。越三日庚戌至甲寅，位成。位成，基趾成也。是时四方民未集，而殷民已迁在洛，故就役之。

22.《日讲书经解义》卷八《周书·召诰》

（清）库勒纳等撰

（归善斋按，见"唯二月既望"）

《五诰解》卷三《召诰》

（宋）杨简撰

（归善斋按，见"唯二月既望"）

越若来，三月唯丙午朏。越三日戊申，太保朝至于洛，卜宅

1.《尚书注疏》卷十四《周书》

（汉）孔氏传，（唐）陆德明音义，（唐）孔颖达疏

越若来，三月唯丙午朏。越三日戊申，太保朝至于洛，卜宅。

传，朏，明也。月三日明生之名，于顺来三月丙午朏，于朏三日三月五日，召公早朝至于洛邑，相卜所居。

音义，朏，芳尾反，又普没反，徐又芳愤反。

疏，正义曰，太保即行。其月小，二十九日癸卯晦。于二月之后顺来三月唯三日丙午朏，而月生明。于朏三日戊申，即三月五日，太保乃以此朝旦，至于洛，即卜宅。

传，正义曰，《说文》云，朏月未盛之明，故为明也。《周书·月令》云，三日粤朏。"朏"字从月出，是入月三日，明生之名也。于顺来者，于二月之后，依顺而来，次三月也。二月乙未而发丰，历三月丙午朏，又于朏三日，是三月五日，凡发丰至洛，为十四日也。召公早朝至于洛邑，相卜所居，当以至洛之日即卜也。

《尚书注疏》卷十四《考证》

三月唯丙午朏。

《汉书·律历志》引此作"唯三月丙午朏"。

疏,《周书·月令》云,三日粤朏。

臣照按,王应麟曰,《律历志》引古文《月采》篇曰三日曰朏。颜注曰,说月之光采。愚以《书》正义考之,"采"字疑当作"令"。今按"令"字无义。此当从《律历志》改,不当据此以改《律历志》也。

"越三日戊申太保朝至于洛"疏,凡发丰至洛,为十四日也。

顾炎武曰,古者吉行日五十里,故召公营洛,乙未自周,戊申朝至于洛,凡十有四日。师行日三十里,故武王伐纣,癸巳自周,戊午师渡孟津,凡二十有五日。《汉志》以为三十一日误。

2.《书传》卷十三《周书·召诰第十四》

(宋)苏轼撰

(归善斋按,另见"唯太保先周公相宅")

越三日戊申,太保朝至于洛,卜宅。厥既得卜,则经营。越三日庚戌,太保乃以庶殷攻位于洛汭;越五日甲寅,位成。

庶殷,凡殷民也。位,朝市、宗庙、郊社之位。洛汭,洛水北。

3.《尚书全解》卷三十《周书·召诰》

(宋)林之奇撰

(归善斋按,见"唯二月既望")

4.《尚书讲义》卷十五《周书·召诰》

(宋)史浩撰

(归善斋按,见"唯二月既望")

5.《尚书详解》卷十九《周书·召诰》

(宋)夏僎撰

(归善斋按,见"唯二月既望")

6.《增修东莱书说》卷二十二《周书·召诰第十四》

(宋)吕祖谦撰,(宋)石澜增修

越若来,三月唯丙午朏。越三日戊申,太保朝至于洛,卜宅。厥既得卜,则经营。

"唯三月丙午朏",三月初一日也,初三日戊申,召公乃侵晨至洛,卜其所居。太保于二十一日,受成王命而行初五日至,夫自丰至洛不必半月。经涉如此者,圣贤举事详审顾定,故以半月在道审定规摹,及至于洛举而行之。况道涂顿敝,精神未定,故三日之后,诚敬既存,方往洛邑卜宅。至则即卜,非可以跋履之精神临之也。卜者,古人举事必用稽疑,召公见至公之理甚明,所以不敢自私自用,必往卜之卜之。既吉,乃经营作洛之事。

7.《尚书说》卷五《周书·召诰》

(宋)黄度撰

越若来,三月唯丙午朏。越三日戊申,太保朝至于洛,卜宅。厥既得卜,则经营。越三日庚戌,太保乃以庶殷攻位于洛汭;越五日甲寅,位成。

于二月顺来其次三月。朏,月三日也。攻,治郊社、宗庙、朝市之位。水北曰汭。

8.《絜斋家塾书钞》卷十一《周书·召诰》

(宋)袁燮撰

(归善斋按,见"唯二月既望")

9.《书经集传》卷五《周书·召诰》

(宋)蔡沈撰

(归善斋按,见"唯太保先周公相宅")

10. 《尚书精义》卷三十六《周书·召诰》

(宋）黄伦撰
(归善斋按，见"成王在丰，欲宅洛邑"）

11. 《尚书详解》卷三十二《周书·召诰》

(宋）陈经撰
(归善斋按，见"唯二月既望"）

12. 《融堂书解》卷十二《周书·召诰》

(宋）钱时撰
(归善斋按，见"唯二月既望"）

13. 《尚书要义》

(宋）魏了翁撰
(归善斋按，原缺）

14. 《书集传或问》卷下《召诰》

(宋）陈大猷撰
(归善斋按，未解）

15. 《尚书详解》卷八《周书·召诰第十四》

(宋）胡士行撰
(归善斋按，见"唯二月既望"）

16. 《书纂言》卷四上《周书·召诰》

(元）吴澄撰

越若来，三月唯丙午朏。越三日戊申，太保朝至于洛，卜宅。厥既得卜，则经营。

"越若"，发语辞，"来"，犹来年、来日之来，承上二月而言。故云

"来三月丙午",三月三日也。月三日明生,始出西方,谓之"朏"。戊申五日也。"卜宅",用龟卜宅都之地也。"得卜",卜而吉也。"经营",规度城郭、涂巷、庙社、朝市、寝室之位也。

17.《书集传纂疏》卷五《朱子订定蔡氏集传·周书·召诰》

(元)陈栎撰

(归善斋按,见"唯太保先周公相宅")

18.《读书丛说》卷六《召诰》

(元)许谦撰

(归善斋按,未解)

19.《书传辑录纂注》卷五《周书·召诰》

(元)董鼎撰

(归善斋按,见"唯太保先周公相宅")

20.《尚书句解》卷八《周书·召诰第十四》

(元)朱祖义撰

越若来(于是顺成王之命而来),三月唯丙午朏(三月初三日丙午,月生明之日。朏,斐)。越三日戊申(过三日,是月之五日,其辰得戊申),太保朝至于洛,卜宅(召公乃早朝至于洛,用龟卜其所居,是太保自二十一日离丰,历十四日,至洛卜宅)。

21.《尚书日记》卷十二《周书·召诰》

(明)王樵撰

(归善斋按,见"唯太保先周公相宅")

22.《日讲书经解义》卷八《周书·召诰》

(清)库勒纳等撰

(归善斋按,见"唯二月既望")

《五诰解》卷三《召诰》

(宋)杨简撰

(归善斋按,见"唯二月既望")

《书蔡氏传旁通》卷五《周书·召诰》

(元)陈师凯撰

戊申,三月五日也。

《汉志》曰,三月甲辰朔,三日丙午。

愚按,二月小尽,故三月得甲辰;朔五日得戊申。

规度其城郭、宗庙、郊社、朝市之位。

《周礼》匠人营国,方九里,旁三门。国中九经九纬,经涂九轨。左祖,右社,面朝,后市。市朝一夫。王宫门阿之制五雉;宫隅之制七雉;城隅之制九雉。经涂九轨,环涂七轨,野涂五轨。旁三门,则四面,通十二门也。国中,城内也;九经,直路九条也;九纬,横路九条也。涂,路也。九轨,言路之广也。轨,车辙也。乘车之辙,六尺六寸,两旁加各七寸,通八尺。九轨之广,七十二尺也。左祖,宗庙,在王宫之东也。右社,社稷坛,在西也。面朝者,面犹向也,布政之朝廷,在王宫之前也。后市,市在后也。市朝一夫,市与朝各方百步也。阿,栋也。高一丈,长三丈,谓之一雉。王宫之门,屋崎高五丈也。隅者,角上浮思也。疏云,浮思,小楼也。上刻画云气、虫兽。宫隅之制。七雉者,王宫之四角,高七丈也。城隅之制九雉者,城角高九丈也。环涂者,绕城下路也。七轨,广五丈六尺也。野涂,国外之路也,五轨广四丈也。

又按,《周书·作雒》云周公将致政,乃作大邑成周于土中,城方千七百二十丈,郛十七里,南系于洛水,北因于郏山,以为天下凑。乃设丘兆于南郊,以祀上帝,配后稷。

愚按，以六尺为步算之，则九里之城，计方一千六百二十丈。《汲书》云七百者。古本字讹耳。郏山，即"郏鄏"之"郏"。《史记正义》云，郏山，名鄏，邑名。《括地志》云，故王城，一名河南城，本郏鄏，周公新筑，在洛州河南县北九里苑内也。

《尚书疑义》卷五《召诰》

（明）马明衡撰

"越若来"三字，盖有难晓。蔡注亦未是。既以此例《尧典》，曰若则是助语之辞，而又解云"迤逦而来"，何其相矛盾耶。古注作于顺来三月，是亦随字而解。古人"越"字，"若"字，常用。下文"若翼日乙卯"，"若"字，想亦是助语之辞。今会其意，上文云二月，此云"越若来三月"，是即此年之三月，非下年之三月也。大抵此等处，皆不可执泥，必求字字训释，则凿矣。

厥既得卜，则经营

1. 《尚书注疏》卷十四《周书》

（汉）孔氏传，（唐）陆德明音义，（唐）孔颖达疏

厥既得卜，则经营。

传，其已得吉卜，则经营规度城郭、郊庙、朝市之位处。

音义，度，待洛反。朝，直遥反。处，昌虑反。

疏，正义曰，其已得吉卜，则经营之。规度其城郭、郊庙、朝市之位处。

传，正义曰，经营者，《考工记》所云"匠人营国，方九里，左祖，右社，面朝后市"是也。下有"丁巳郊"，故知规度城郭、郊庙、朝市之位处也。《匠人》不言"郊"，以不在国内也。《匠人》王城方九里，如《典命》文。又以公城方九里，天子城十二里。郑玄两说，孔无明解，未知从何文也。郊者，《司马法》百里为郊。郑注《周礼》云，近郊五十

里。《礼记》祭天于南郊，祭地于北郊，皆谓近郊也。其庙，按《小宗伯》云，建国之神位，右社稷，左宗庙。郑注《朝士职》云，库门内之左右，其朝者。郑云，外朝一在库门之外，皋门之内，是询众庶之朝。内朝二者，其一在路门外，王每日所视，谓之治朝。其一在路门内，路寝之朝。王每日视讫退适路寝，谓之燕朝，或与宗人图私事。顾氏云，市处王城之北。朝为阳，故在南。市为阴，故处北。今按《周礼》内宰职，佐后立市，然则，后既主阴，故立市也。

《尚书注疏》卷十四《考证》

"厥既得卜则经营"传，经营规度城郭、郊庙、朝市之位处。疏，《匠人》王城方九里，如《典命》文。又以公城方九里，天子城十二里。

臣召南按，洛邑规模，《逸周书·作雒》篇略载其事，言城方千七百二十丈，郭十七里，南系于洛水，北因于郏山，以为天下凑。《后汉·州郡志》注引《博物志》曰，王城方七百二十丈，郭一十里，数稍不同。至《周礼·典命》原无明文。言王城十二里，唯《考工记·匠人》则营国方九里，凿凿言之。《天官》序官体国经野即引司农"营国九里九经九纬"之说，是固以《匠人》为正解矣。至注《典命》则曰，公之城，盖方九里。"盖"者，疑辞。故不直言王之城十二里也。

2.《书传》卷十三《周书·召诰第十四》

（宋）苏轼撰
（归善斋按，见"越三日戊申，太保朝至于洛，卜宅"）

3.《尚书全解》卷三十《周书·召诰》

（宋）林之奇撰
（归善斋按，见"唯二月既望"）

4.《尚书讲义》卷十五《周书·召诰》

（宋）史浩撰
（归善斋按，见"唯二月既望"）

5. 《尚书详解》卷十九《周书·召诰》

（宋）夏僎撰

（归善斋按，见"唯二月既望"）

6. 《增修东莱书说》卷二十二《周书·召诰第十四》

（宋）吕祖谦撰，（宋）石𬘡增修

（归善斋按，见"越若来三月，唯丙午朏"）

7. 《尚书说》卷五《周书·召诰》

（宋）黄度撰

（归善斋按，见"越三日戊申，太保朝至于洛，卜宅"）

8. 《絜斋家塾书钞》卷十一《周书·召诰》

（宋）袁燮撰

（归善斋按，见"唯二月既望"）

9. 《书经集传》卷五《周书·召诰》

（宋）蔡沈撰

（归善斋按，见"唯太保先周公相宅"）

10. 《尚书精义》卷三十六《周书·召诰》

（宋）黄伦撰

（归善斋按，见"成王在丰，欲宅洛邑"）

11. 《尚书详解》卷三十二《周书·召诰》

（宋）陈经撰

（归善斋按，见"唯二月既望"）

12.《融堂书解》卷十二《周书·召诰》

（宋）钱时撰
（归善斋按，见"唯二月既望"）

13.《尚书要义》

（宋）魏了翁撰
（归善斋按，原缺）

14.《书集传或问》卷下《召诰》

（宋）陈大猷撰
（归善斋按，未解）

15.《尚书详解》卷八《周书·召诰第十四》

（宋）胡士行撰
（归善斋按，见"唯二月既望"）

16.《书纂言》卷四上《周书·召诰》

（元）吴澄撰
（归善斋按，见"越若来三月，唯丙午朏"）

17.《书集传纂疏》卷五《朱子订定蔡氏集传·周书·召诰》

（元）陈栎撰
（归善斋按，见"唯太保先周公相宅"）

18.《读书丛说》卷六《召诰》

（元）许谦撰
（归善斋按，未解）

19. 《书传辑录纂注》卷五《周书·召诰》

（元）董鼎撰

（归善斋按，见"唯太保先周公相宅"）

20. 《尚书句解》卷八《周书·召诰第十四》

（元）朱祖义撰

厥既得卜（其卜既吉），则经营（于是经营规划其朝市、宗庙、郊社之位）。

21. 《尚书日记》卷十二《周书·召诰》

（明）王樵撰

（归善斋按，见"唯太保先周公相宅"）

22. 《日讲书经解义》卷八《周书·召诰》

（清）库勒纳等撰

（归善斋按，见"唯二月既望"）

《五诰解》卷三《召诰》

（宋）杨简撰

（归善斋按，见"唯二月既望"）

越三日庚戌，太保乃以庶殷攻位于洛汭；越五日甲寅，位成

1. 《尚书注疏》卷十四《周书》

（汉）孔氏传，（唐）陆德明音义，（唐）孔颖达疏
越三日庚戌，太保乃以庶殷攻位于洛汭；越五日甲寅，位成。

传，于戊申三日庚戌，以众殷之民治都邑之位，于洛水北，今河南城也。于庚戌五日，所治之位皆成，言众殷，本其所由来。

音义，汭，如锐反。

疏，正义曰，于戊申三日庚戌，为三月七日，太保乃以众所受于殷之民，治都邑之位于洛水之汭，谓洛水北也。于庚戌五日，为三月十一日甲寅，而所治之位皆成矣。

传，正义曰，于戊申后三日，庚戌，为三月七日也。水内曰汭，盖以人南面望水，则北为内，故洛汭为洛水之北。郑云，隈曲中也。《汉书·地理志》河南郡治在洛阳县。河南城别为河南县治。都邑之位于洛北，今于汉河南城是也。所治之位皆成，布置处所定也。治位乃是周人，而言众殷者，本其所由来，言本是殷民，今来为我周家役也。庄二十九年《左传》发例云，凡土功，水昏正而栽，日至而毕。此以周之三月农时，役众者。彼言寻常土功，此则迁都事大，不可拘以常制也。

《尚书注疏》卷十四《考证》

"太保乃以庶邦冢君出取币"传，王与周公俱至，文不见王无事。

朱子曰，以下篇卜事观之，孔传恐不然。又曰，公至洛，皆书日以谨之，不应详臣略君如此也。臣召南按，朱子说是。若王与周公，并以乙卯日至，则书王更重于周公，且丁巳之郊、戊午之社，王当身临，何云王无事也。若王以郊社之后至，尤当书某日王至于新邑。庶邦冢君觐王，召公作书当直诰于王，何必取币锡周公，而言旅王及公哉。孔传此义一误，下文遂不可解。孔疏于下篇告卜已疑成王之必未至，乃于此文则不复纠正传违。

"用顾畏于民碞"传，碞，僭也。疏，碞即岩也。

苏轼曰，碞，险也。水能载舟，亦能覆舟。物无险于民者矣。

用乂民（句）。

古读如此。蔡沈传，用乂（句），"民"字连下，若有功读。

"敢以王之雠民百君子"传，言民在下，自上匹之。

苏轼曰，雠民，殷之顽民欤，即与三监叛者。友民，周民也。百君子，殷周之贤士大夫也。薛季宣曰，雠民先于友民者，作洛以镇静商人为先也。王应麟曰，商之泽深矣，民之思商不衰。《梓材》谓之"迷民"，《召诰》谓之"雠民"，不敢有忿疾之心焉。盖皆商之忠臣义士也。

2.《书传》卷十三《周书·召诰第十四》

（宋）苏轼撰
(归善斋按，见"越三日戊申，太保朝至于洛，卜宅")

3.《尚书全解》卷三十《周书·召诰》

（宋）林之奇撰
(归善斋按，见"唯二月既望")

4.《尚书讲义》卷十五

（宋）史浩撰
(归善斋按，见"唯二月既望")

5.《尚书详解》卷十九《周书·召诰》

（宋）夏僎撰
(归善斋按，见"唯二月既望")

6.《增修东莱书说》卷二十二《周书·召诰第十四》

（宋）吕祖谦撰，（宋）时澜增修

越三日庚戌，太保乃以庶殷攻位于洛汭；越五日甲寅，位成。若翼日乙卯，周公朝至于洛，则达观于新邑营。

既得吉卜，后三日庚戌，召公乃以所迁殷民，筑洛之基址，工筑之事方兴也。又五日甲寅而位成。位者，社稷、宗庙之位也。基址既成，大纲皆定。翼日之朝，周公于是来洛遍观召公之经营，周公总大体而已。召公既役，周公乃观上，相之体当然，古人为治之体统也。

7.《尚书说》卷五《周书·召诰》

（宋）黄度撰
(归善斋按，见"越三日戊申，太保朝至于洛，卜宅")

8. 《絜斋家塾书钞》卷十一《周书·召诰》

（宋）袁燮撰
（归善斋按，见"唯二月既望"）

9. 《书经集传》卷五《周书·召诰》

（宋）蔡沈撰
越三日庚戌，太保乃以庶殷攻位于洛汭；越五日甲寅，位成。

庶殷，殷之众庶也。用庶殷者，意是时，殷民已迁于洛，故就役之也。位成者，左祖、右社、前朝、后市之位成也。

10. 《尚书精义》卷三十六《周书·召诰》

（宋）黄伦撰
（归善斋按，见"成王在丰，欲宅洛邑"）

11. 《尚书详解》卷三十二《周书·召诰》

（宋）陈经撰
（归善斋按，见"唯二月既望"）

12. 《融堂书解》卷十二《周书·召诰》

（宋）钱时撰
（归善斋按，见"唯二月既望"）

13. 《尚书要义》

（宋）魏了翁撰
（归善斋按，原缺）

14. 《书集传或问》卷下《召诰》

（宋）陈大猷撰
（归善斋按，未解）

15.《尚书详解》卷八《周书·召诰第十四》

（宋）胡士行撰

越三日庚戌（初七），太保乃以庶殷（所迁殷民）攻（治）位（所经营之基地）于洛汭；越五日甲寅（十一），位成。若翼日乙卯（十二），周公朝至于洛，则达（遍）观于新邑营。

既得卜一日，乃攻位者，相视筹度而后兴工筑也。五日位成者，庶民攻之不日成之，亦见其不穷奢侈，不待旷日持久也。

16.《书纂言》卷四上《周书·召诰》

（元）吴澄撰

越三日庚戌，太保乃以庶殷攻位于洛汭；越五日甲寅，位成。

庚戌七日也，庶殷，殷之众，纣都之民迁在洛者就役之也。攻，治也。甲寅，十一日也。位成，左祖、右社、前朝、后市等位置已定也。召公之攻位，但用殷民，不用周民何也？盖洛邑畿内之民，不征其力，诸侯四方之民又未至洛，唯殷民迁在洛者可役，而攻位之攻，力亦省，且易故也。

17.《书集传纂疏》卷五《朱子订定蔡氏集传·周书·召诰》

（元）陈栎撰

越三日庚戌，太保乃以庶殷攻位于洛汭；越五日甲寅，位成。

庶殷，殷之众庶也。用庶殷者，意是时，殷民已迁于洛，故就役之也。位成者，左祖、右社、前朝、后市之位成也。

纂疏：

叶氏曰，攻位者，辟荆棘，平高下，以定所经营之位也。庶殷，所已迁殷民也，雠民为役，则友民不言可知。

林氏曰，盘庚迁亳，太王迁岐，卫文迁楚丘，皆卜。今君臣既定议，至洛乃卜。《洪范》所以先乃心，士民而后卜筮也。太王"聿来胥宇"而后"爰契我龟"，卫文"望楚与堂"而后"卜云其吉"皆是。

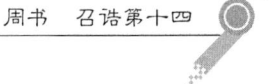

18.《读书丛说》卷六《召诰》

(元)许谦撰
(归善斋按,未解)

19.《书传辑录纂注》卷五《周书·召诰》

(元)董鼎撰

越三日庚戌,太保乃以庶殷攻位于洛汭;越五日甲寅,位成。

庶殷,殷之众庶也。用庶殷者,意是时,殷民已迁于洛,故就役之也。位成者,左祖、右社、前朝、后市之位成也。

纂注:

唐孔氏曰,庚戌,三月七日;甲寅,三月十一日也。

叶氏曰,攻位者,辟荆棘,平高下,以定所经营之位也。庶殷,所迁殷民也。雠民为役,则友民可知。

林氏曰,盘庚之迁亳,太王之迁岐,卫文之迁楚邱,未尝不卜。然君臣既有定议,故至洛乃卜。《洪范》所以先乃心,卿士庶民,而后卜筮也。太王"聿来胥宇"而后"爰契我龟",卫文"望楚与堂"而后"卜云其吉"皆此类也。

20.《尚书句解》卷八《周书·召诰第十四》

(元)朱祖义撰

越三日庚戌,太保乃以庶殷攻位于洛汭(召公乃以众殷民,治其所经营之位于洛水之汭);越五日甲寅,位成(攻之五日,乃月之十一日,其辰甲寅,所攻之位,其规模皆成)。

21.《尚书日记》卷十二《周书·召诰》

(明)王樵撰

"越三日丁巳"至"羊一、豕一"。

此盖即洛邑新立之郊社,以告作洛于天地。不告庙者,在丰已告也。时,洛邑宗庙未成,故至十二月始烝祭宗庙也。郊不曰新邑者,郊在国外，社在国内故也。

郊、社大事，周公以人臣行之可乎？盖因事祭告，奉王册命以行事，非常祭之比也。

孔氏曰，告立郊位于天，以后稷配，故牛二。

正义曰，非常祭之月，而特用牲祭天，知是郊。位既定，使知后常以此处祭天也。礼，郊用特牲，不应用二牛，以后稷配，故牛二也。《郊特牲》及《公羊传》皆云"养牲必养二，帝牛不吉，以为稷牛"。按《秦誓》篇，蔡氏云，郊祭天，社祭地。至此又曰，郊祭天地，故用二牛前后不合。

汉儒说社稷有二，左氏说社稷唯祭句龙、后稷人神而已。是孔氏之所用《孝经》说，社为土神，稷为谷神。句龙、后稷配食，是郑玄之所依。按，社者土地之神，稷者五谷之神，人非土不立，非谷不食，故王者立社稷为天下求福报功。句龙、后稷皆人鬼。以句龙有平水土之功，故配社祀之；后稷有播种之功，故配稷祀之，非即祀以为社为稷也。

正义曰，经有社无稷，稷是社类，知其同告。

左氏称句龙为后土，后土为社，本与犁为祝融等，皆以五行之，官死配五行之神。武王告于皇天、后土，本不当引此为说。不然是共工氏之子，而与皇天并尊矣。《武成》孔氏注云，后土，社也。以后土为地，社即祭地，却是祭法。王为群姓立社，曰大社；王自为立社，曰王社。张子曰，大社，祭天下之地祇；王社，祭京师之地祇。此二语最分明，以此知天也，不合祭，亦别无北郊，以祭地也。

唯天子祭天地，有郊，有大社是也。诸侯为百姓立社，曰国社；自为立社，曰侯社。大夫以下立社，曰置社；各以所主而祭。

正义曰，礼，庙成则衅之。此其衅之礼，与庙有土木之功，故郊社先成而衅之。

己未至癸亥五日不言事。将用书命，此五日中必会集臣庶，计丈数，揣高卑，等役书一定，然后甲子朝颁布之。《洛诰》脱简之在《康诰》者曰，三月哉生魄，即是三月十六日己未。四方和会，周公咸勤，皆在此时。至甲子用书命，即"洪大诰治"也。

22.《日讲书经解义》卷八《周书·召诰》

（清）库勒纳等撰

越三日庚戌，太保乃以庶殷攻位于洛汭；越五日甲寅，位成。

此一节书，是记召公营洛之始事也。庶殷，殷之众民。攻，犹治也。洛汭，洛水之汭。位，社稷、宗庙之位。史臣曰，宅洛之事，召公既相卜经营，于是自五日戊申之后，又越三日庚戌，召公乃以殷民之已迁于洛者，使之攻治郊社、朝庙之基于洛之汭，辟荆棘，平高下，定广狭。又五日甲寅，规模大定，而基址成矣。验之于卜，而天心顺；役之于民，而民心悦。此功之所以成也。

若翼日乙卯，周公朝至于洛

1.《尚书注疏》卷十四《周书》

（汉）孔氏传，（唐）陆德明音义，（唐）孔颖达疏

若翼日乙卯，周公朝至于洛。

传，周公顺位成之明日，而朝至于洛汭。

疏，正义曰，顺位成之明日乙卯，三月十二日也。周公以此朝旦至于洛。

传，正义曰，周公以顺位成之明日，而朝至，则是三月十二日也。其到洛汭，在召公之后七日，不知初发镐京以何日也。成王盖与周公俱来。郑云，史不书王往者，王于相宅无事也。

2.《书传》卷十三《周书·召诰第十四》

（宋）苏轼撰

若翼日乙卯，周公朝至于洛，则达观于新邑营。

遍观所营也。

3. 《尚书全解》卷三十《周书·召诰》

（宋）林之奇撰

（归善斋按，见"唯二月既望"）

4. 《尚书讲义》卷十五

（宋）史浩撰

（归善斋按，见"唯二月既望"）

5. 《尚书详解》卷十九《周书·召诰》

（宋）夏僎撰

（归善斋按，见"唯二月既望"）

6. 《增修东莱书说》卷二十二《周书·召诰第十四》

（宋）吕祖谦撰，（宋）石澜增修

（归善斋按，见"越三日庚戌，太保乃以庶殷攻位于洛汭"）

7. 《尚书说》卷五《周书·召诰》

（宋）黄度撰

若翼日乙卯，周公朝至于洛，则达观于新邑营。越三日丁巳，用牲于郊，牛二。越翼日戊午，乃社于新邑，牛一、羊一、豕一。

郊社位定，乃用特牛告天地；用太牢告社稷。牛二，合祭也。郊，类祭新国，故用事郊社焉。

8. 《絜斋家塾书钞》卷十一《周书·召诰》

（宋）袁燮撰

（归善斋按，见"唯二月既望"）

9. 《书经集传》卷五《周书·召诰》

（宋）蔡沈撰

若翼日乙卯，周公朝至于洛，则达观于新邑营。

周公至则遍观新邑所经营之位。

10.《尚书精义》卷三十六《周书·召诰》

（宋）黄伦撰

若翼日乙卯，周公朝至于洛，则达观于新邑营。越三日丁巳，用牲于郊，牛二。越翼日戊午，乃社于新邑，牛一、羊一、豕一。

无垢曰，"若"助辞也，今甲寅明日，乃乙卯是三月十二日。周公此日朝至于洛，不及息肩，则便四达观览于新邑营建之处也。

又曰，于乙卯又三日乃丁巳，是三月十四日也，于是日以牛祭天，告定郊天之位于此也。告天而用二牛，则并后稷而告之矣。盖周公郊祀后稷以配天，故有帝牛，有稷牛。《礼》曰"帝牛不吉，以为稷牛"。帝牛必在涤三月。稷牛唯具，所以别事天神与人鬼也。

又曰，于丁巳之明日，是为戊午，三月十五日也。是日，以牛、羊、豕，祭社，告定社稷之位于此也。祭天用犊，贵诚也。祭社稷以备，所以羊、牛、豕俱备也。礼有少为贵者，祭天是也；礼有多为贵者，祭社稷是也社。稷，自古勾龙、后稷为配而已。《礼》曰，郊特牲，而社稷太牢，二神共一太牢也。夫国外曰郊，此所以不言新邑。社在国中，此所以言新邑也。言郊，则祭地可知。言社，则祭稷可知。然而，祭天必以冬至；祭地必以夏至。今此之祭，异于常典，特告定郊社之位耳。此所以于三月，而不以冬夏，同一日，而不俟他日也。圣贤以义起礼，于此可见。然而达观三日即郊祭，郊祭明日即告社，何仆？仆而不少休也。又古人之制祭也，三日斋，七日戒。今何为如此汲汲也。曰事有常，有变。常，则当守典彝；变则当循义理。义理所安，则急亦可，缓亦可。此所以为大儒之学也。学不至于变，何以为学。孔子曰"可与立，未可与权"。权，即吾所谓变，谓权轻重，而御变也。

叶祖祫曰，经之者，肇其始；营之者，成其终。达观于新邑营，则经之者可知矣。召公得卜，则经营之。周公至洛，则位即成矣。达观于新邑营而已。

胡氏曰，位成之时，唯有事于郊社是也。祀天，唯用一牛，而此之用牲于郊，牛二者，兼祭地而言之也。"昊天有成命"，曰郊祀天地也。盖祭地，亦可以郊言之，若其所郊之方异矣。故事天之郊在南，祭地之郊在北。至于言社于新邑，则非可与天地之神等也。故有事于社，则飨焉。

张氏曰，始则考卜于洛。得卜，然后经营，经营然后位成，位成然后有事于天地，固宜也。

11.《尚书详解》卷三十二《周书·召诰》

（宋）陈经撰

若翼日乙卯，周公朝至于洛，则达观于新邑营。越三日丁巳，用牲于郊，牛二。越翼日戊午，乃社于新邑，牛一、羊一、豕一。

于甲寅之明日乙卯，"周公朝至于洛达观"者，遍历观之也。周遍而观新邑之所营。夫召公先相宅，不待周公之至而已定其位。周公既至，不改召公之规模，而遂达观。何二人之谋如此之合也，以此知周、召二人其心同，故其为谋，亦不约而同。越三日丁巳，用牲于郊，用牲以告天立郊位于此也。牛二者，帝牛、稷牛也。祭天用特牲，而后稷配天，故复用一牛，曰牛二。越翼日戊午之日，乃祭社，告其立社稷之位也。郊不曰"新邑"，郊在国外，社在国内故也。社稷用太牢，故牛、羊、豕，各一。言郊，则祭地可知。言社，则祭稷可知。社者，五土之神。勾龙能平水土，祀以为社。稷者，五谷之神，后稷能植百谷，故祀以为稷。先王之礼，有当用少者，有当用多者。天神至尊，故以特牲。社稷人事，故牛、羊、豕皆备，此所以别天神与人神，有多寡隆杀之异也。既祭天地社稷，而不祭宗庙者，盖成王在丰，则告于文武之庙已毕。至十二月戊辰，烝祭岁，则亦未始不祭宗庙也。

12.《融堂书解》卷十二《周书·召诰》

（宋）钱时撰

（归善斋按，见"唯二月既望"）

13.《尚书要义》

（宋）魏了翁撰

（归善斋按，原缺）

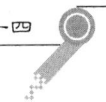

14.《书集传或问》卷下《召诰》

（宋）陈大猷撰
(归善斋按，未解)

15.《尚书详解》卷八《周书·召诰第十四》

（宋）胡士行撰
(归善斋按，见"越三日庚戌，太保乃以庶殷攻位于洛汭")

16.《书纂言》卷四上《周书·召诰》

（元）吴澄撰

若翼日乙卯，周公朝至于洛，则达观于新邑营。越三日丁巳，用牲于郊，牛二。越翼日戊午，乃社于新邑，牛一、羊一、豕一。

若，发语辞。翼，在身旁，故在旁之日，谓之翼。甲寅之次日乙卯也。达观，遍观也。召公已成位，周公至则遍观新邑所营之位。丁巳十四日，用牲于郊，祭告天也。郊用特牲，配以后稷，故牛二。戊午十五日，社于新邑，祭告地也。祭社用太牢，故牛、羊、豕各一。此盖就洛邑新立之郊社，为成王告作洛于天地，而周公摄行其事。告毕，然后兴功也。不告先王者，王已在丰告庙矣。于时，洛邑宗庙未成，故至十二月始烝祭宗庙也。遣使告卜于王，疑在祭告天地之后。

17.《书集传纂疏》卷五《朱子订定蔡氏集传·周书·召诰》

（元）陈栎撰

若翼日乙卯，周公朝至于洛，则达观于新邑营。
周公至则遍观新邑所经营之位。

纂疏：
苏氏曰，按后篇是日再卜，乙卯十二日也。
吕氏曰，召公已成位，周公方来观上，相之体然也

18. 《读书丛说》卷六《召诰》

（元）许谦撰
（归善斋按，未解）

19. 《书传辑录纂注》卷五《周书·召诰》

（元）董鼎撰
若翼日乙卯，周公朝至于洛，则达观于新邑营。
周公至则遍观新邑所经营之位。
纂注：
唐孔氏曰，乙卯十二日也。
苏氏曰，按后篇是日再卜。
吕氏曰，召公已成位，周公方来观上，相之体然也。

20. 《尚书句解》卷八《周书·召诰第十四》

（元）朱祖义撰
若翼日乙卯（明日乃十二日乙卯），周公朝至于洛（周公早朝至洛）。

21. 《尚书日记》卷十二《周书·召诰》

（明）王樵撰
（归善斋按，另见"越三日庚戌，太保乃以庶殷攻位于洛汭"）
若翼日乙卯，周公朝至于洛，则达观于新邑营。
盖达观之后，即遣使献图及卜图，即新邑营之图也。

22. 《日讲书经解义》卷八《周书·召诰》

（清）库勒纳等撰
若翼日乙卯，周公朝至于洛，则达观于新邑营。
此一节书，是记周公始来相洛也。达观，谓周遍观览营所经营也。史臣曰，召公经营之位既成，于是甲寅之次日乙卯，周公以其日之朝至于洛，于召公所经营新邑之位，凡郊社、朝庙、王城、下都，皆遍观焉。相其形胜，审其向背。盖宅洛大事，不可不致敬慎如此也。

《五诰解》卷三《召诰》

（宋）杨简撰

（归善斋按，见"唯二月既望"）

则达观于新邑营

1. 《尚书注疏》卷十四《周书》

（汉）孔氏传，（唐）陆德明音义，（唐）孔颖达疏

则达观于新邑营。

传，周公通达观新邑所营，言周遍。

疏，正义曰，则通达而遍观于新邑，所经营其位处，皆无所改易。

2. 《书传》卷十三《周书·召诰第十四》

（宋）苏轼撰

（归善斋按，见"若翼日乙卯，周公朝至于洛"）

3. 《尚书全解》卷三十《周书·召诰》

（宋）林之奇撰

（归善斋按，见"唯二月既望"）

4. 《尚书讲义》卷十五

（宋）史浩撰

（归善斋按，见"唯二月既望"）

5. 《尚书详解》卷十九《周书·召诰》

（宋）夏僎撰

（归善斋按，见"唯二月既望"）

6. 《增修东莱书说》卷二十二《周书·召诰第十四》

(宋)吕祖谦撰,(宋)石澜增修

(归善斋按,见"越三日庚戌,太保乃以庶殷攻位于洛汭")

7. 《尚书说》卷五《周书·召诰》

(宋)黄度撰

(归善斋按,见"若翼日乙卯,周公朝至于洛")

8. 《絜斋家塾书钞》卷十一《周书·召诰》

(宋)袁燮撰

(归善斋按,见"唯二月既望")

9. 《书经集传》卷五《周书·召诰》

(宋)蔡沈撰

(归善斋按,见"若翼日乙卯,周公朝至于洛")

10. 《尚书精义》卷三十六《周书·召诰》

(宋)黄伦撰

(归善斋按,见"若翼日乙卯,周公朝至于洛")

11. 《尚书详解》卷三十二《周书·召诰》

(宋)陈经撰

(归善斋按,见"若翼日乙卯,周公朝至于洛")

12. 《融堂书解》卷十二《周书·召诏》

(宋)钱时撰

(归善斋按,见"唯二月既望")

13.《尚书要义》

（宋）魏了翁撰

（归善斋按，原缺）

14.《书集传或问》卷下《召诰》

（宋）陈大猷撰

（归善斋按，未解）

15.《尚书详解》卷八《周书·召诰第十四》

（宋）胡士行撰

（归善斋按，见"越三日庚戌，太保乃以庶殷攻位于洛汭"）

16.《书纂言》卷四上《周书·召诰》

（元）吴澄撰

（归善斋按，见"若翼日乙卯，周公朝至于洛"）

17.《书集传纂疏》卷五《朱子订定蔡氏集传·周书·召诰》

（元）陈栎撰

（归善斋按，见"若翼日乙卯，周公朝至于洛"）

18.《读书丛说》卷六《召诰》

（元）许谦撰

（归善斋按，未解）

19.《书传辑录纂注》卷五《周书·召诰》

（元）董鼎撰

（归善斋按，见"若翼日乙卯，周公朝至于洛"）

20. 《尚书句解》卷八《周书·召诰第十四》

（元）朱祖义撰

则达观于新邑营（乃遍观新邑太保之所营）。

21. 《尚书日记》卷十二《周书·召诰》

（明）王樵撰

（归善斋按，见"越三日庚戌，太保乃以庶殷攻位于洛汭"，另见"若翼日乙卯，周公朝至于洛"）

22. 《日讲书经解义》卷八《周书·召诰》

（清）库勒纳等撰

（归善斋按，见"若翼日乙卯，周公朝至于洛"）

《五诰解》卷三《召诰》

（宋）杨简撰

（归善斋按，见"唯二月既望"）

越三日丁巳，用牲于郊，牛二

1. 《尚书注疏》卷十四《周书》

（汉）孔氏传，（唐）陆德明音义，（唐）孔颖达疏

越三日丁巳，用牲于郊，牛二。

传，于乙卯三日，用牲告立郊位于天，以后稷配，故二牛。后稷贬于天，有羊豕，羊豕不见可知。

疏，正义曰，于乙卯三日丁巳三月十四日也，用牲于郊，告立祭天之位。牛二，天与后稷所配，各用一牛。

传，正义曰，于乙卯三日用牲，知此用牲，是告立郊位于天者。此郊

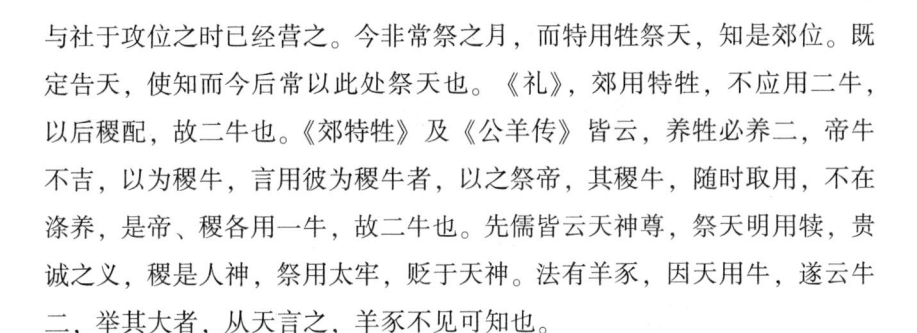

与社于攻位之时已经营之。今非常祭之月，而特用牲祭天，知是郊位。既定告天，使知而今后常以此处祭天也。《礼》，郊用特牲，不应用二牛，以后稷配，故二牛也。《郊特牲》及《公羊传》皆云，养牲必养二，帝牛不吉，以为稷牛，言用彼为稷牛者，以之祭帝，其稷牛，随时取用，不在涤养，是帝、稷各用一牛，故二牛也。先儒皆云天神尊，祭天明用犊，贵诚之义，稷是人神，祭用太牢，贬于天神。法有羊豕，因天用牛，遂云牛二，举其大者，从天言之，羊豕不见可知也。

2. 《书传》卷十三《周书·召诰第十四》

（宋）苏轼撰

越三日丁巳，用牲于郊，牛二。

帝及配者，各一牛。

3. 《尚书全解》卷三十《周书·召诰》

（宋）林之奇撰

（归善斋按，见"唯二月既望"）

4. 《尚书讲义》卷十五

（宋）史浩撰

（归善斋按，见"唯二月既望"）

5. 《尚书详解》卷十九《周书·召诰》

（宋）夏僎撰

（归善斋按，见"唯二月既望"）

6. 《增修东莱书说》卷二十二《周书·召诰第十四》

（宋）吕祖谦撰，（宋）石澜增修

越三日丁巳，用牲于郊，牛二。越翼日戊午，乃社于新邑，牛一、羊一、豕一。

郊天祭地也。周公既已达观新邑，乃用工起宫室，欲坐明堂，以朝诸侯,为无穷之计,先祭天地,而后用工也。

7.《尚书说》卷五《周书·召诰》

(宋)黄度撰

(归善斋按,见"若翼日乙卯,周公朝至于洛")

8.《絜斋家塾书钞》卷十一《周书·召诰》

(宋)袁燮撰

(归善斋按,见"唯二月既望")

9.《书经集传》卷五《周书·召诰》

(宋)蔡沈撰

越三日丁巳,用牲于郊,牛二。越翼日戊午,乃社于新邑,牛一、羊一、豕一。

郊,祭天地也,故用二牛。社,祭用太牢,礼也,皆告以营洛之事。

10.《尚书精义》卷三十六《周书·召诰》

(宋)黄伦撰

(归善斋按,见"若翼日乙卯,周公朝至于洛")

11.《尚书详解》卷三十二《周书·召诰》

(宋)陈经撰

(归善斋按,见"若翼日乙卯,周公朝至于洛")

12.《融堂书解》卷十二《周书·召诏》

(宋)钱时撰

(归善斋按,见"唯二月既望")

13.《尚书要义》

（宋）魏了翁撰

（归善斋按，原缺）

14.《书集传或问》卷下《召诰》

（宋）陈大猷撰

（归善斋按，未解）

15.《尚书详解》卷八《周书·召诰第十四》

（宋）胡士行撰

越三日丁巳（十四），用牲于郊（天），牛二（后稷配）。越翼日戊午（十五），乃社（五土之神）于新邑，牛一、羊一、豕一（礼有以少为贵者）。越七日甲子（二十一），周公乃朝，用书（赋功属役册书）命庶殷侯、甸、男（服）邦伯（方伯），厥既命殷庶，庶殷丕（大）作（起赴功）。

达观之后三日而祭天，明日而祭地，又七日而命役。迁延十余日者，事愈大，则动愈迟，反复经营，规模全备。用之后，不愆于素。盖不于斧斤纷纭之时，始有商议也。庶殷，雠民也，而"丕作"，"绥来动和"之妙如此。

16.《书纂言》卷四上《周书·召诰》

（元）吴澄撰

（归善斋按，见"若翼日乙卯，周公朝至于洛"）

17.《书集传纂疏》卷五《朱子订定蔡氏集传·周书·召诰》

（元）陈栎撰

越三日丁巳，用牲于郊，牛二。越翼日戊午，乃社于新邑，牛一、羊一、豕一。

郊，祭天地也，故用二牛。社，祭用太牢，礼也，皆告以营洛之事。

纂疏：

丁巳十四日，戊午十五日。

孔氏曰，郊以后稷配，故牛二。唐孔氏曰，《记》及《公羊》皆曰"养牲必养二，帝牛不吉，以为稷牛"。

吕氏曰，郊，祭天；社，祭地。

陈氏经曰，郊不曰新邑，郊在国外，社在国内也。

王氏曰，先祭告郊社，然后用工。

陈氏大猷曰，此盖即洛邑新立之郊社，以告作洛于天地，不告庙者，在丰已告也。时，洛邑宗庙未成。

愚按《诗》序言，郊祀天地时，传非之，谓合祭天地于圜丘，古未有此渎乱庞杂之礼。则谓郊祭天地，用二牛，异于《诗》传矣。二孔说是。兼《泰誓》传言郊，祭天；社，祭地，与此自异。

18.《读书丛说》卷六《召诰》

（元）许谦撰

（归善斋按，未解）

19.《书传辑录纂注》卷五《周书·召诰》

（元）董鼎撰

越三日丁巳，用牲于郊，牛二。越翼日戊午，乃社于新邑，牛一、羊一、豕一。

郊，祭天地也，故用二牛。社，祭用太牢，礼也，皆告以营洛之事。

纂注：

唐孔氏曰，《记》及《公羊》皆曰"养牲必养二，帝牛不吉，以为稷牛"。

吕氏曰，郊，祭天；社，祭地。

孔氏曰，社稷共牢。马氏曰，言社，则稷在其中。

陈氏曰，郊不曰新邑者，郊在国外，社在国内故也。

王氏曰，于尊以简为诚；于卑以丰为贵。故郊特牲，而社稷太牢。先祭告于郊社，然后用工。

陈氏大猷曰，此盖即洛邑新立之郊社，以告作洛于天地。不告庙者，在丰已告也。时，洛邑宗庙未成，故至十二月始烝祭宗庙也。

20.《尚书句解》卷八《周书·召诰第十四》

（元）朱祖义撰

越三日丁巳（过三日，乃月之十四日丁巳），用牲于郊（用牲于郊，以礼天地告营洛之事），牛二（牲用牛二）。

21.《尚书日记》卷十二《周书·召诰》

（明）王樵撰

（归善斋按，见"越三日庚戌，太保乃以庶殷攻位于洛汭"）

22.《日讲书经解义》卷八《周书·召诰》

（清）库勒纳等撰

越三日丁巳，用牲于郊，牛二。越翼日戊午，乃社于新邑，牛一、羊一、豕一。越七日甲子，周公乃朝，用书命庶殷侯、甸、男邦伯，厥既命殷庶，庶殷丕作。

此三节书，是记周公营洛之事也。祭天地为郊，祭后土为社。书，役书也。邦伯，统率侯、甸、男服之诸侯也。丕，大也。史臣曰，周公既来遍观新邑，又以宅洛大事告于天地神明。盖新邑之郊社已有定位，于是自乙卯，又越三日丁巳，祭告于新邑之郊。其牲用牛二，盖事尊以简为诚也。又越一日戊午，祭告于新邑之社，其牲用牛一、羊一、豕一，盖事卑以丰为贵也。告神之礼，既毕，工作之役将兴，于是以营洛之事，载之于书。凡规模之详备，程限之月日，财用之经费，皆具焉。自戊午越七日甲子，周公乃朝以役书，命殷民之众，使知所趋。又命侯、甸、男服之邦伯，使之布其命于诸侯。公既命此殷民，维时殷民咸欢欣鼓舞，大从事于工役，则一时民心之悦，又可知矣。按，营洛大事也，召公之始，至七日而经营位成，周公之继，至十日而庶殷丕作。盖断制不疑，足以见二公之明；趋事赴功，足以见二公之敏。自成王告丰之日，至甲子，凡一月耳，而万世之业已定。其中上观天意，下察民心，又极其制度之周详。此皆圣贤举事可为后世法者也。

《书蔡氏传旁通》卷五《周书·召诰》

(元) 陈师凯撰

郊，祭天地也，故用二牛。社祭，用太牢，礼也

孔氏云，郊以后稷配，故二牛。疏云，《记》及《公羊》皆曰"养牲必养二，帝牛不吉，以为稷牛"。

吕氏曰，郊，祭天；社，祭地。

愚按上三说，皆是也。古者无天地合祭之礼，所以郊用二牛者，一为上帝之牛，一为配帝后稷之牛。蔡传谓祭天地，故用二牛，此说诚误。社，为土神，即祭地之礼。朱子言之详矣，蔡氏不用何也？《王制》曰，天子社稷皆太牢。

《读书管见》卷下《召诰》

(元) 王充耘撰

丁巳用牲于郊。

用牲于郊，牛二。传云，祭天地，故用二牛，非也。盖社即祭地，安得又合祭天地乎？其用二牛者，祀天以稷配，各一牛也。《礼》云"帝牛不吉，以为稷牛"是其证也。郊社，大事也。周、召以人臣行之，可乎？盖因事祭告，奉王册命以行事，非常祭之比也。

《尚书疑义》卷五《召诰》

(明) 马明衡撰

"用牲于郊"者，想只是周公摄行之，盖此时，洛邑未成，成王未至洛也。至《洛诰》戊辰，王始在新邑烝祭岁。先儒林氏谓，召公营洛，自戊申至甲寅，七日而位成；周公继至，自乙卯至甲子十日，而用书庶殷丕作，以为自成王至丰距甲子，凡一月，而成万年之业，周、召规模，其敏若此，非后世可及。以愚观之，岂有是理。"厥既命殷庶，庶殷丕作"，此下更有许多事始成，古书不书，不尽载也。岂有作一大邑城，而一月可

办，其忙逼劳伤，圣人气象大不然也。虽云不日成之，此只见文王得人心之至。读者正不可以文害词也。

《五诰解》卷三《召诰》

（宋）杨简撰

（归善斋按，见"唯二月既望"）

越翼日戊午，乃社于新邑，牛一、羊一、豕一

1.《尚书注疏》卷十四《周书》

（汉）孔氏传，（唐）陆德明音义，（唐）孔颖达疏

越翼日戊午，乃社于新邑，牛一、羊一、豕一。

传，告立社稷之位，用太牢也。共工氏子曰句龙，能平水土，祀以为社；周祀后稷能殖百谷，祀以为稷，社、稷共牢。

音义，共，音恭。句，故侯反。

疏，正义曰，于丁巳明日戊午，乃祭社于新邑，用太牢牛一、羊一、豕一。

传，正义曰，《诗·颂·我将》祀文王于明堂，云唯羊，唯牛。又《月令》云，以太牢祠于高禖，皆据配者有羊豕也。经有社无稷，稷是社类，知其同告之。告立社稷之位，其祭用太牢，故牛、羊、豕各一也。句龙能平水土，祀之以为社，后稷能殖百谷，祀以为稷。《左传》《鲁语》《祭法》皆有此文。汉世儒者，说社稷有二。左氏说，社稷，唯祭句龙、后稷人神而已。是孔之所用。《孝经》说社为土神，稷为谷神，句龙、后稷配食者，是郑之所从。而《武成》篇云"告于皇天、后土"，孔以后土为地。言后土，社也者，以《泰誓》云类于上帝，宜于冢土，故以后土为社也。小刘云，后土与皇天相对，以后土为地。若然，《左传》云句龙为后土，岂句龙为地乎？社亦名后土，地名后土，名同而义异也。社、稷共牢，经无明说。《郊特牲》云社稷太牢，二神共言太牢，故传言社、稷

共牢也。此经上句言于郊，此不言于社；此言社于新邑，上句不言郊于新邑；上句言用牲，此言牛羊豕，不言用；告天，不言告地；告社，不言告稷，皆互相足，从省文也。《洛诰》云王在新邑烝祭，王入太室祼，则洛邑亦立宗庙，此不云告庙，亦从省文也。

2. 《书传》卷十三《周书·召诰第十四》

（宋）苏轼撰

越翼日戊午，乃社于新邑，牛一、羊一、豕一。
用太牢也。

3. 《尚书全解》卷三十《周书·召诰》

（宋）林之奇撰
（归善斋按，见"唯二月既望"）

4. 《尚书讲义》卷十五

（宋）史浩撰
（归善斋按，见"唯二月既望"）

5. 《尚书详解》卷十九《周书·召诰》

（宋）夏僎撰
（归善斋按，见"唯二月既望"）

6. 《增修东莱书说》卷二十二《周书·召诰第十四》

（宋）吕祖谦撰，（宋）石𤐣增修
（归善斋按，见"越三日丁巳，用牲于郊，牛二"）

7. 《尚书说》卷五《周书·召诰》

（宋）黄度撰
（归善斋按，见"若翼日乙卯，周公朝至于洛"）

8. 《絜斋家塾书钞》卷十一《周书·召诰》

(宋）袁燮撰

(归善斋按，见"唯二月既望"）

9. 《书经集传》卷五《周书·召诰》

(宋）蔡沈撰

(归善斋按，见"越三日丁巳，用牲于郊，牛二"）

10. 《尚书精义》卷三十六《周书·召诰》

(宋）黄伦撰

(归善斋按，见"若翼日乙卯，周公朝至于洛"）

11. 《尚书详解》卷三十二《周书·召诰》

(宋）陈经撰

(归善斋按，见"若翼日乙卯，周公朝至于洛"）

12. 《融堂书解》卷十二《周书·召诰》

(宋）钱时撰

(归善斋按，见"唯二月既望"）

13. 《尚书要义》

(宋）魏了翁撰

(归善斋按，原缺）

14. 《书集传或问》卷下《召诰》

(宋）陈大猷撰

(归善斋按，未解）

15.《尚书详解》卷八《周书·召诰第十四》

（宋）胡士行撰

（归善斋按，见"越三日丁巳，用牲于郊，牛二"）

16.《书纂言》卷四上《周书·召诰》

（元）吴澄撰

（归善斋按，见"若翼日乙卯，周公朝至于洛"）

17.《书集传纂疏》卷五《朱子订定蔡氏集传·周书·召诰》

（元）陈栎撰

（归善斋按，见"越三日丁巳，用牲于郊，牛二"）

18.《读书丛说》卷六《召诰》

（元）许谦撰

（归善斋按，未解）

19.《书传辑录纂注》卷五《周书·召诰》

（元）董鼎撰

（归善斋按，见"越三日丁巳，用牲于郊，牛二"）

20.《尚书句解》卷八《周书·召诰第十四》

（元）朱祖义撰

越翼日戊午（过明日戊午，月之十五日），乃社于新邑（乃祭社于新邑，告以营洛之事），牛一、羊一、豕一（牲各用一）。

21.《尚书日记》卷十二《周书·召诰》

（明）王樵撰

（归善斋按，见"越三日庚戌，太保乃以庶殷攻位于洛汭"）

22.《日讲书经解义》卷八《周书·召诰》

（清）库勒纳等撰
（归善斋按，见"越三日丁巳，用牲于郊，牛二"）

《五诰解》卷三《召诰》

（宋）杨简撰

越翼日戊午，乃社于新邑，牛一、羊一、豕一。

《祭法》厉山氏之有天下也，其子曰，农能殖百谷，夏之衰也，周弃继之，故祀以为稷。共工氏之霸九有也，其子曰，后土能平九州岛，故祀以为社。《郊特牲》云，社稷太牢。孔安国云，社稷共牢，而《王制》云，天子社、稷各一牛。而此社于新邑，牛一、羊一、豕一，先儒谓，祭社必及稷。荀子曰，社，祭社；稷，祭稷。《王制》，虽汉儒所成，当亦有所据依，岂古昔自有异礼欤。

越七日甲子，周公乃朝，用书命庶殷侯、甸、男邦伯

1.《尚书注疏》卷十四《周书》

（汉）孔氏传，（唐）陆德明音义，（唐）孔颖达疏

越七日甲子，周公乃朝，用书命庶殷侯、甸、男邦伯。

传，于戊午七日甲子，是时诸侯皆会，故周公乃昧爽，以赋功属役书，命众殷侯、甸、男服之邦伯，使就功。邦伯，方伯，即州牧也。

音义，属，音烛。

疏，正义曰，于戊午七日甲子，二十一日也，周公乃以此朝旦，用□书命众殷在侯、甸、男服之内诸国之长，谓命州牧，使告诸国就功作。

传，正义曰，《康诰》云"周公初基，作新大邑于东国洛，四方民大和会，侯、甸、男邦、采、卫，百工播民和，见士于周"，与此一事也，

故知是时，诸侯皆会。故周公乃昧爽以赋功属役书，命众殷在侯、甸、男服之邦伯，使就筑作功也。《康诰》五服，此唯三服者，立文有详略耳。昭三十二年，晋合诸侯，城成周，《左传》称命役书于诸侯属役赋文，此传言赋功属役，其意出于彼也。赋功，谓赋敛诸侯之功，科其人夫多少。属役，谓付属役之处，使知得地之尺丈也。邦伯，诸国之长，故为方伯州牧。《王制》云，千里之外设方伯，即州牧也。周公命州牧，使州牧各命其所部。

2.《书传》卷十三《周书·召诰第十四》

（宋）苏轼撰

越七日甲子，周公乃朝，用书命庶殷侯、甸、男邦伯。

《春秋传》曰，士弥牟营成周，计丈数，揣高卑，度厚薄，仞沟洫，物土方，议远迩，量事期，计徒庸，虑财用，书糇粮，以令役于诸侯，属役赋丈，书以授帅，而效诸刘子，此之谓书。

3.《尚书全解》卷三十《周书·召诰》

（宋）林之奇撰

（归善斋按，见"唯二月既望"）

4.《尚书讲义》卷十五

（宋）史浩撰

（归善斋按，见"唯二月既望"）

5.《尚书详解》卷十九《周书·召诰》

（宋）夏僎撰

（归善斋按，见"唯二月既望"）

6.《增修东莱书说》卷二十二《周书·召诰第十四》

（宋）吕祖谦撰，（宋）石澜增修

越七日甲子，周公乃朝，用书命庶殷侯、甸、男邦伯，厥既命殷庶，庶殷丕作。

祭之七日，周公方以书命殷之众、诸侯，使来助役。作洛，国家之大事也。古者王室有大事，诸侯莫不赴役。既命殷民，殷民皆趋事赴功。大抵古人作事规摹（模），自有次序。召公二十一日受命，初五日至洛，何以延滞半月？乍至之初，精神未定，未可告神明也。既卜之后，不即营治，必三日庚戌，方以殷众作基址者卜，既得吉，相视筹度，某处可筑，某处可造，故三日而后工筑兴也。既筑之后，五日位成。又何以能成位于五日之间，先王仁恩浃洽，"经之营之，庶民攻之，不日成之"，乐事赴功，故其功速，亦见古之建都邑，不穷奢侈。上栋下宇，以待风雨，非若后人规摹（模）广大，经年而不成也。况古人为学，精粗通贯。作洛之事，召公谙练精熟，计预事果，不费疑滞。五日即成也。规摹（模）既成。周公乃观。既观之矣，三日而祭天，明日而祭地，又七日而命赴役之民用工。周公又何以迁延至十二日也，古人举事其事，愈大其动愈迟。十二日之间，反复经营，规摹全备，用工之后，不愆于素。盖不于斤斧纷纭之时，始有商议也。"庶殷丕作"者，周公命殷庶，其至未一，庐舍未定，乃能欣然而大兴作，非圣人"绥之斯来，动之斯和"，何以感其"丕作"也。夫侯、甸、男邦伯，趋事赴功可也。至于雠民丕作，乃见周公感人之深。史官书此，其意深矣。

7.《尚书说》卷五《周书·召诰》

（宋）黄度撰

越七日甲子，周公乃朝，用书命庶殷侯、甸、男邦伯，厥既命殷庶，庶殷丕作。

用赋役之书，命庶殷，侯、甸、男诸侯，使其长率之。长，即周公东伯也。《康诰》有采卫，远不供役，来享而已。丕，大也。

8.《絜斋家塾书钞》卷十一《周书·召诰》

（宋）袁燮撰

（归善斋按，见"唯二月既望"）

9.《书经集传》卷五《周书·召诰》

(宋)蔡沈撰

越七日甲子，周公乃朝，用书命庶殷侯、甸、男邦伯。

书，役书也。《春秋传》曰，士弥牟营成周，计丈数，揣高低，度厚薄，仞沟洫，物土方，议远迩，量事期，计徒庸，虑材用，书糇粮，以令役于诸侯，亦此意。王氏曰，邦伯者，侯、甸、男服之邦伯也。庶邦冢君咸在，而独命邦伯者，公以书命邦伯，而邦伯，以公命，命诸侯也。

10.《尚书精义》卷三十六《周书·召诰》

(宋)黄伦撰

越七日甲子，周公乃朝，用书命庶殷侯、甸、男邦伯，厥既命殷庶，庶殷丕作。

无垢曰，言命殷庶者，盖周民服周之化久矣，号令自如；殷民染纣之习，最难号令，今命殷庶，而"庶殷丕作"，则是众心齐一，众力协同，无有咨嗟怠惰之意也。何以使之然哉，必有以感其心也。

张氏曰，古者，赋功属役，必有书。周公用书命庶邦侯、甸、男邦伯者，命之以功役之事也。当是时，四方民大和会，侯、甸、男邦、采、卫咸在。故周公用书而命之，"厥既命殷庶，庶殷丕作"者，言庶殷之乐于趋事也。谓之丕作，则其所作者不一也。夫庶殷，雠民也。雠民犹且丕作，则侯、甸、男邦可知矣。

11.《尚书详解》卷三十二《周书·召诰》

(宋)陈经撰

越七日甲子，周公乃朝，用书命庶殷侯、甸、男邦伯，厥既命殷庶，庶殷丕作。太保乃以庶邦冢君出取币，乃复入，锡周公曰，拜手稽首，旅王若公，诰告庶殷，越自乃御事。

周公于祭社稷后七日之久，始以书命庶殷侯、甸、男邦伯，亦是周公计虑之深，不欲骤发也。书，当如《左氏传》士弥牟营成周，书以授帅之书同，所以载其高卑，厚薄，财用，糇粮之数也。夫以营筑工役之细事，而周公无不知其纤悉曲折如此，以是知古人之学，不务为空言。凡微细工役之贱，皆是学也。观周公所以命庶殷之书，意其必曰度用工若干，用财若干，某日而成，不愆于素，于此可见，不然旋用焉而旋经画之，岂周公所以处事者哉。庶殷，即顽民也。侯服、甸服、男服之邦伯，即诸侯之长也。周公以其书授之，邦伯诸侯之长，又以督其下也。"厥既命殷庶，庶殷丕作"，即《康诰》所谓"百工播民和，见士于周"是也。独言"庶殷丕作"，而不言侯、甸诸侯者，盖仇民既服从，则友民可知。以商之顽民不服周家之化，而一旦能如此，自非圣人绥斯来、动斯和之效，何以能然？

太保于"庶殷丕作"之后，乃以庶邦之冢君出，而取其币帛，盖诸侯之来也，必有币帛以为贽。出者，取所奠币帛以入献，当周公在洛时，召公与诸侯入而见周公，与之商度其事。既出则取币以复入也。当是时，周公欲归镐京，召公因营洛而作诰，以戒成王，故取诸侯所献之币入而与周公，使周公达之于王。因以召公所以作诰之意，并达之王也。"拜手稽首"，召公致恭尽礼。旅，陈也，以其诚意陈于成王与周公之前，言所以诰告庶殷与其诰御事之臣之意。当时，诸侯皆在，而独曰御事之臣，讬之于御事也。论召公之本意，一篇之中，皆是告成王之事。而此言告庶殷、御事者，盖其意则并告庶殷、御事，而其事则皆成王之事。言庶殷、御事，则成王可知矣。先儒言成王实在洛邑，而经文但言成王在丰，太保相宅而已。又《洛诰》篇曰"伻来，以图及献卜，则成王实不在洛邑。戊辰，王在新邑，乃是十二月烝祭之时也。"当以经文为正。

12.《融堂书解》卷十二《周书·召诰》

（宋）钱时撰

（归善斋按，见"唯二月既望"）

13.《尚书要义》

（宋）魏了翁撰

（归善斋按，原缺）

14. 《书集传或问》卷下《召诰》

（宋）陈大猷撰

（归善斋按，未解）

15. 《尚书详解》卷八《周书·召诰第十四》

（宋）胡士行撰

（归善斋按，见"越三日丁巳，用牲于郊，牛二"）

16. 《书纂言》卷四上《周书·召诰》

（元）吴澄撰

越七日甲子，周公乃朝，用书命庶殷侯、甸、男邦伯，厥既命殷庶，庶殷丕作。

甲子，二十一日也。用书命庶殷者，《多士》之书是也。命侯、甸、男邦伯者，《梓材》之书是也。《梓材》言五服，此言三服者，省文互见也。伯，州牧也。庶邦冢君咸在，而统于伯也。"丕作"言皆趋事赴功也。殷之雠民且乐于效力，周之友民可知矣。悦以使民，民忘其劳，其斯之谓与。或问，至此始言"庶殷丕"作何也？曰，周公未至洛之前，召公以庶殷攻位，用其力者，五日矣。及周公至洛，而诸侯之民皆至。考之前篇，自"哉生魄"而基作，凡治城郭宫室，盖四方太和之民少休，殷民之力至此，亦已五日。故于其朝，用书命殷庶，既命而遂丕作。自是之后，在洛之民与四方之民同输力役，以至于毕功。其劳逸之均也如此。

17. 《书集传纂疏》卷五《朱子订定蔡氏集传·周书·召诰》

（元）陈栎撰

越七日甲子，周公乃朝，用书命庶殷侯、甸、男邦伯。

书，役书也。《春秋传》曰，士弥牟营成周，计丈数，揣高低，度厚薄，仞沟洫，物土方，议远迩，量事期，计徒庸，虑材用，书糇粮，以令役于诸侯，亦此意。王氏曰，邦伯者，侯、甸、男服之邦伯也。庶邦冢君咸在，而独命邦伯者，公以书命邦伯，而邦伯，以公命，命诸侯也。

纂疏：

甲子，二十一日也。自王乙未至丰，到此凡三十日。

18.《读书丛说》卷六《召诰》

（元）许谦撰

（归善斋按，未解）

19.《书传辑录纂注》卷五《周书·召诰》

（元）董鼎撰

越七日甲子，周公乃朝，用书命庶殷侯、甸、男邦伯。

书，役书也。《春秋传》曰，士弥牟营成周，计丈数，揣高低，度厚薄，仞沟洫，物土方，议远迩，量事期，计徒庸，虑材用，书糇粮，以令役于诸侯，亦此意。王氏曰，邦伯者，侯、甸、男服之邦伯也。庶邦冢君咸在，而独命邦伯者，公以书命邦伯，而邦伯，以公命，命诸侯也。

纂注：

唐孔氏曰，甲子，二十一日也。书，赋功属役之书也。侯、甸、男服之邦伯，不遍举五服者，文略耳。邦伯，州牧也。

叶氏曰，不及采、卫者，不以远役众也。

20.《尚书句解》卷八《周书·召诰第十四》

（元）朱祖义撰

越七日甲子（过七日，乃月之二十一日甲子），周公乃朝，用书命庶殷（公乃早朝，用册书命殷地之众）侯、甸、男邦伯（及侯、甸、男之邦。伯，诸侯之长）。

21.《尚书日记》卷十二《周书·召诰》

（明）王樵撰

越七日甲子，周公乃朝，用书命庶殷侯、甸、男邦伯。

孔氏曰，于戊午七日，甲子。是时，诸侯皆会，故周公，乃昧爽，以赋功属役书，命众殷，侯、甸、男服之邦伯，使就功。邦伯，方伯，即州牧也。按，庶殷，殷民也。侯、甸、男邦，诸侯也。孔说误。下正义同。

正义曰，《康诰》云，"周公初基，作新大邑于东国洛，四方民大和会，侯、甸、男邦、采、卫，百工播民和，见士于周"，与此一事也。故知是时，诸侯皆会，故周公，乃昧爽以赋功属役，书命众殷，与侯甸男服之邦伯，使就筑作功也。《康诰》五服，此唯三服者，立文有详略耳。赋功，谓赋敛诸侯之功，科其人夫多少。属役，谓付属所役之处，使知得地之丈尺也。

王氏曰，公以书命邦伯，而邦伯以公命，命诸侯也。

22.《日讲书经解义》卷八《周书·召诰》

（清）库勒纳等撰

（归善斋按，见"越三日丁巳，用牲于郊，牛二"）

《书蔡氏传旁通》卷五《周书·召诰》

（元）陈师凯撰

《春秋传》曰，士弥牟营成周。见昭公十二年，即周敬王十年。

揣高低，仞沟洫，物土方。度高曰揣，度深曰仞。物，相也，相取土之方面也。

邦伯者，侯、甸、男服之邦伯也。邦伯，诸侯之长也。

《五诰解》卷三《召诰》

（宋）杨简撰

越七日甲子，周公乃朝，用书命庶殷侯、甸、男邦伯，厥既命殷庶，庶殷丕作。太保乃以庶邦冢君出取币，乃复入，锡周公曰，拜手稽首，旅王若公，诰告庶殷，越自乃御事。呜呼！皇天上帝，改厥元子，兹大国殷之命，唯王受命，无疆唯休，亦无疆唯恤。呜呼！曷其奈何弗敬？

冢君，即邦伯。言冢君，则诸侯不皆用币。礼从长伯耳，礼不主于货。"锡周公"者，以公摄政也。"曰，拜手稽首，旅王若公"。东坡云，旅，如"庭实旅百"之"旅"。孔安国云，召公指戒成王，而以众殷、诸侯,"自乃御事",为辞谦也。《周礼》太祝辨九拜,注云,空首即拜,手头至手;稽首,头至地。又有顿首,头叩地。简思顿首,有至意;稽,有久义。若拜手不至地,于心未尽敬。顿首,至地;稽首至地久也。越,及也。"自御事"而上包言公卿、大夫矣。元子,谓天子,指纣也。敬之一言,实为治道之大。尧、舜曰"钦哉",禹曰"克艰",汤则"栗栗",文王则"翼翼",武王则"夙夜祗惧"周公曰"无逸",皋陶曰"兢兢业业",益曰"儆戒无虞",伊尹曰"钦厥止",又曰"其难其慎"。召公与周公熟讲治道,唯此一言而已矣。人心即道心,唯放逸则失之以敬。治道,心为治之大。

厥既命殷庶,庶殷丕作

1.《尚书注疏》卷十四《周书》

(汉)孔氏传,(唐)陆德明音义,(唐)孔颖达疏

厥既命殷庶,庶殷丕作。

传,其已命殷众,众殷之民大作,言劝事。

疏,正义曰,其已命殷众,众殷皆欢乐劝事,而大作矣。

传,正义曰,云已命殷众者,上云周公朝用书命庶殷者,周公自命之。其事不由王也。

2.《书传》卷十三《周书·召诰第十四》

(宋)苏轼撰

厥既命殷庶,庶殷丕作。

言殷人悦而听命也。

3.《尚书全解》卷三十《周书·召诰》

(宋)林之奇撰

(归善斋按,见"唯二月既望")

4.《尚书讲义》卷十五《周书·召诰》

(宋)史浩撰
(归善斋按,见"唯二月既望")

5.《尚书详解》卷十九《周书·召诰》

(宋)夏僎撰
(归善斋按,见"唯二月既望")

6.《增修东莱书说》卷二十二《周书·召诰第十四》

(宋)吕祖谦撰,(宋)石澜增修
(归善斋按,见"越七日甲子,周公乃朝,用书命庶殷侯、甸、男邦伯")

7.《尚书说》卷五《周书·召诰》

(宋)黄度撰
(归善斋按,见"越七日甲子,周公乃朝,用书命庶殷侯、甸、男邦伯")

8.《絜斋家塾书钞》卷十一《周书·召诰》

(宋)袁燮撰
(归善斋按,见"唯二月既望")

9.《书经集传》卷五《周书·召诰》

(宋)蔡沈撰
厥既命殷庶,庶殷丕作。

丕作者,言皆趋事赴功也。殷之顽民,若未易役使者,然召公率以攻位,而"位成";周公用以"书命",而"丕作"。殷民之难化者,犹且如此,则其悦以使民,可知也。

10. 《尚书精义》卷三十六《周书·召诰》

(宋）黄伦撰
(归善斋按，见"越七日甲子，周公乃朝，用书命庶殷侯、甸、男邦伯"）

11. 《尚书详解》卷三十二《周书·召诰》

(宋）陈经撰
(归善斋按，见"越七日甲子，周公乃朝，用书命庶殷侯、甸、男邦伯"）

12. 《融堂书解》卷十二《周书·召诏》

(宋）钱时撰
(归善斋按，见"唯二月既望"）

13. 《尚书要义》

(宋）魏了翁撰
(归善斋按，原缺）

14. 《书集传或问》卷下《召诰》

(宋）陈大猷撰
(归善斋按，未解）

15. 《尚书详解》卷八《周书·召诰第十四》

(宋）胡士行撰
(归善斋按，见"越三日丁巳，用牲于郊，牛二"）

16. 《书纂言》卷四上《周书·召诰》

(元）吴澄撰
(归善斋按，见"越七日甲子，周公乃朝，用书命庶殷侯、甸、男邦伯"）

17.《书集传纂疏》卷五《朱子订定蔡氏集传·周书·召诰》

（元）陈栎撰

厥既命殷庶，庶殷丕作。

丕作者，言皆趋事赴功也。殷之顽民，若未易役使者，然召公率以攻位，而"位成"；周公用以"书命"，而"丕作"。殷民之难化者，犹且如此，则其悦以使民，可知也。

纂疏：

陈氏大猷曰，言庶殷，则诸侯可知。

愚谓，观此则殷民之迁，在未作洛之前，明矣。读此篇，当参看《洛诰》。《洛诰》曰"予唯乙卯，朝至于洛师，我卜河朔黎水"云云。此云"乙卯，周公朝至于洛"，其日同，但《洛诰》言是日再卜耳。乙卯至甲子，十日。乙卯日，卜及观新营。丙辰，不言事。盖丁巳、戊午将行郊社大礼，前一日养精神而无为也。己未至癸亥，五日又不言事，乃将用书"丕作"，竭精神以有为也。此五日中，必会集臣庶，如"计丈数"至"调粮粮"，等役书一定，然后甲子朝颁布之。《洛诰》脱简之在《康诰》者曰"唯三月哉生魄，周公初基"至"乃洪大诰治"，即是三月十六日己未，戊午祭社后一日也。曰"大诰治"，即用书命"丕作"也。细考之。吻合无间焉。谁谓残编断简中不可考，见圣人经理之微密哉。

18.《读书丛说》卷六《召诰》

（元）许谦撰

（归善斋按，未解）

19.《书传辑录纂注》卷五《周书·召诰》

（元）董鼎撰

厥既命殷庶，庶殷丕作。

丕作者，言皆趋事赴功也。殷之顽民，若未易役使者，然召公率以攻位，而"位成"；周公用以"书命"，而"丕作"。殷民之难化者，犹且如此，则其悦以使民，可知也。

纂注：

孔氏曰，大作，言劝事。

陈氏大猷曰，独言"庶殷丕作"，则诸侯可知。

新安胡氏曰，观此，则殷民之迁，在未作洛之前，必矣。

林氏曰，召公营洛，自戊申至甲寅，七日而成。周公继至，自乙卯距甲子，十日，而用书"庶殷丕作"，周、召之规模。其敏如此。总而计之。自成王至丰距甲子，凡一月耳。万年之业，成于一月之间，此岂后世可及哉。

新安陈氏曰，读此，当参看《洛诰》。《洛诰》曰"予唯乙卯，朝至于洛师。我卜河朔黎水"云云。此云"乙卯，周公朝至于洛"，其日同。但《洛诰》言是日再卜，此不言者，周公之吉卜，不殊召公之吉卜也。兼《洛诰》自详之。此可略也。乙卯至甲子，十日。乙卯日，卜及达观新营；丙辰不言事，盖丁巳、戊午，将行郊社大礼，前一日养精神，以无为也。己未至癸亥，五日，又不言事，乃将用书命"丕作"，竭精神以有为也。此五日中，必会集臣庶，计大数，揣高卑，等事役书一定，然后甲子朝颁布之。《洛诰》脱简之在《康诰》者曰"唯三月哉生魄，周公初基"止"乃洪大诰治"，即是三月十六日己未，戊午祭社后一日也。曰"大诰治"，即用书命"丕作"也。细而考之，吻合无间，谁谓残编断简，不可考，见圣人经理之微密哉。

20.《尚书句解》卷八《周书·召诰第十四》

（元）朱祖义撰

厥既命殷庶（其既命殷地之众），庶殷丕作（殷地之众，皆大作以赴功。周公忠诚感动之也）。

21.《尚书日记》卷十二《周书·召诰》

（明）王樵撰

厥既命殷庶，庶殷丕作。

言趋事也。言庶殷，则诸侯可知。殷民若未易使，然召公率以攻位，而"位成"；周公用以书命而"丕作"，悦以使民可知。

林氏曰，召公营洛，自戊申至甲寅，七日而"位成"。周公继至，自乙卯距甲子，十日而"丕作"。周、召之规模，其敏如此。总而计之，自成王至丰，距甲子，凡一月尔。万年之业成于一月之间，此岂后世可及。

周、召二公，相继以终事。卜宅、经营、攻位、位成者，召公也。观营、祭告、命殷、殷作者，周公也。位者，定其作之规模；作者成其位之功绪。

22.《日讲书经解义》卷八《周书·召诰》

（清）库勒纳等撰

（归善斋按，见"越三日丁巳，用牲于郊，牛二"）

《五诰解》卷三《召诰》

（宋）杨简撰

（归善斋按，见"越七日甲子，周公乃朝，用书命庶殷侯、甸、男邦伯"）

太保乃以庶邦冢君出取币，乃复入

1.《尚书注疏》卷十四《周书》

（汉）孔氏传，（唐）陆德明音义，（唐）孔颖达疏

太保乃以庶邦冢君出取币，乃复入。

传，诸侯公卿并觐于王，王与周公俱至，文不见王，无事。召公与诸侯出取币，欲因大会显周公。

音义，复，扶又反。

疏，正义曰，太保召公，乃以众国大君诸侯，出取币，乃复入。

传，正义曰，庶殷既已大作，诸侯公卿乃并觐君王。其时盖有行宫，

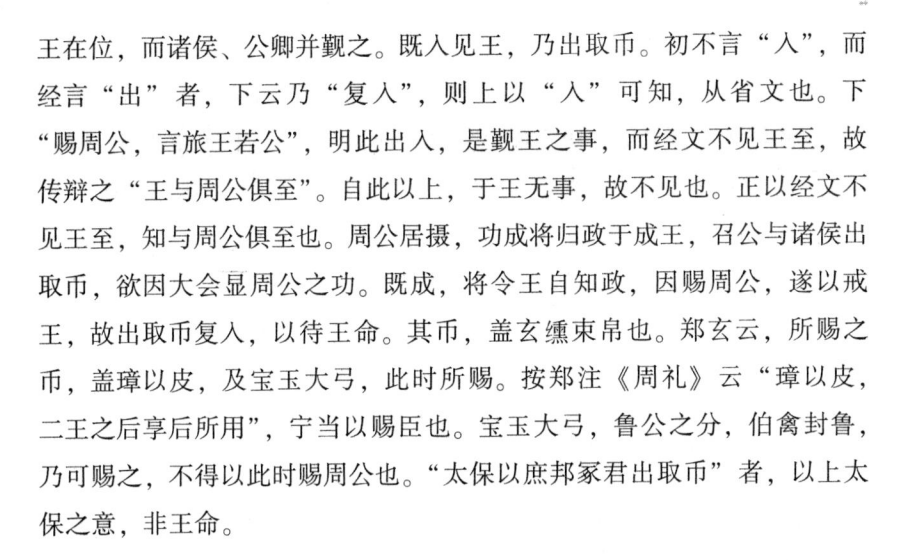

王在位，而诸侯、公卿并观之。既入见王，乃出取币。初不言"入"，而经言"出"者，下云乃"复入"，则上以"入"可知，从省文也。下"赐周公，言旅王若公"，明此出入，是觐王之事，而经文不见王至，故传辩之"王与周公俱至"。自此以上，于王无事，故不见也。正以经文不见王至，知与周公俱至也。周公居摄，功成将归政于成王，召公与诸侯出取币，欲因大会显周公之功。既成，将令王自知政，因赐周公，遂以戒王，故出取币复入，以待王命。其币，盖玄纁束帛也。郑玄云，所赐之币，盖璋以皮，及宝玉大弓，此时所赐。按郑注《周礼》云"璋以皮，二王之后享后所用"，宁当以赐臣也。宝玉大弓，鲁公之分，伯禽封鲁，乃可赐之，不得以此时赐周公也。"太保以庶邦冢君出取币"者，以上太保之意，非王命。

2.《书传》卷十三《周书·召诰第十四》

（宋）苏轼撰

太保乃以庶邦冢君出取币，乃复入，锡周公曰，拜手稽首，旅王若公。

"旅"读如"庭实旅百"之"旅"。诸侯之币旅王，而及公者，尊周公也。

3.《尚书全解》卷三十《周书·召诰》

（宋）林之奇撰

太保乃以庶邦冢君出取币，乃复入，锡周公曰，拜手稽首，旅王若公。诰告庶殷，越自乃御事。呜呼！皇天上帝，改厥元子，兹大国殷之命，唯王受命，无疆唯休，亦无疆唯恤。呜呼！曷其奈何弗敬？天既遐终大邦殷之命，兹殷多先哲王在天。越厥后王后民，兹服厥命。厥终，智藏瘝在。夫知保抱携持厥妇子，以哀吁天，徂厥亡，出执。呜呼！天亦哀于四方民，其眷命用懋。王其疾敬德。

周之兴也，自武王，以其聪明齐圣，应天顺人，不忍斯民坠于涂炭之中，亲以干戈伐纣克商，而后斯民有更生之望。虽民心之归于周者，如水之就下，兽之走圹，然武王即位未几而遽即世，成王以幼冲嗣立，而三叔挟武庚以间王室，周之世盖岌岌矣。当是时，安危存亡之机，间不容发，幸而周公摄政，既引兵东征，诛伐暴乱，以靖四方；而又制礼作乐；建立法度，粉泽王业，七年之间，政无不举，而事无不兴。民心之归于周者，日益固而不可解，而周之根本，盖有泰山之安矣。虽周公归政，而成王总万几，以临群臣，可以无虑也，然武王欲营洛邑，以定九鼎之志未之成也，周公不可以不成武王之志，而后归政焉，故当摄政之七年，大营洛邑，以其一为定九鼎，会诸侯之地；以其一为迁殷顽之地，如此，则周公之规模计虑，以恢我国家者尽于此矣，可以归政也。召公之意以谓，夹辅成王以措天下于太平者，周公之功；卜宅于洛以卒武王之志者，亦周公之功，故率诸侯致礼于周公，而归功焉。然成王将自此发号施令，以君临万国，一号一令，其得失善恶，实治乱兴衰之所系，不可以不慎也，故因诸侯之咸在，而遂诰王以天命之无常，戒惧之不可怠也。周公以工役之书，命庶殷，而庶殷之顽，莫不丕作，则周公之所以推其诚信，以感斯民者至矣。

洛邑之成，盖不日也，故召公于是率侯、甸、男服之众国大君，出取币，乃复入，以锡周公而致礼焉。必以币者，所以将见其厚意也。《孟子》曰："□敬者，币之未将者也。□敬而无实，君子不可虚拘。"故古者，宾主交际之礼，虽有□敬之心，必有币以将之也。"拜手稽首，旅王若公"者，先儒曰，召公称成王命以赐，周公曰，敢拜手稽首。陈王所宜顺周公之事，盖以"若"训"顺"也。召公之所陈者，谓成王将总万几，戒以天命之难谌，戒惧之心不可须□离，岂陈所宜顺周公之事哉。

王氏曰，陈成王欲宅洛之意，顺周公用书命庶殷邦伯之事，则以此一句分而为二。其说又不如先儒。唯苏氏曰"旅"读如"庭实旅百"之"旅"，诸侯之币旅王及公者，尊周公也，此说为胜说者。又谓，营洛邑者，召公相宅而攻位，周公则达观新邑营，而用书以命之。召公之至洛，以三月之五日戊申；周公之至洛，以三月之十二日乙卯；成王则唯在镐京也。然此篇既言"旅王"，则王亦在洛可知矣。唯召公之至洛，所以卜宅而攻位；周公之至洛，所以达观而用书，故记载其至之之日；成王无事，故不载其至之之日也。说者又谓，召公之作诰戒，以诰庶殷及御事而已。使王在洛而诰之，则不宜斥王为冲子。又曰有王虽小，又曰王乃初服，君臣之分，不应如是也。此又不然。周召居师保之官，以夹辅成王，其于成王，不独君臣之分也，盖有师保之礼焉，故可以冲子言之。《洛诰》篇，周公以冲子呼成王，《召诰》篇，召公以冲子呼成王，夫何不可哉。《召诰》《洛诰》一体也，周、召盖亦一体也。诰告"庶殷越自乃御事"者，先儒曰，召公所陈戒王，云我为言诰以告汝庶殷之诸侯，下自汝御事，欲令君臣皆听之，其实指以戒王，诸侯皆在，讬以为言也。此说是也。大国，即殷也；元子，指纣也。殷自汤以来，传世三十有一，奄有四海，普天之下莫不臣服，岂非大国乎？纣者，帝乙之适子，故以元称之。元，长也。微子与纣，俱帝乙之子。《微子之命》，既以微子为元子矣，此又以纣为元子者，《吕氏春秋》云，纣之母生微子，尚为妾；已而为妻后生纣。纣父欲立启为太子，太史据法而争之曰有妻之子，不可立妾之子，故纣为后。自其长少之序言之，故微子为元子；自其适庶之分而言之，故以纣为元子，各有所当也。此言天命之无常。苟无其德，虽纣之元子而有此大国，元子则其分为正，大国则其势为强。皇天上帝亦改其命，而命有德者以代之也。天既以纣之无德，而改其命。当是时也，唯周世世修德，可以上当天意，而膺其景命，此武王所以自诸侯而为天子。成王继武王而受命作君也。王之受命，盖欲其子子孙孙，绵绵延延，席龟鼎之业，虽千万世而不绝，则其休可谓无疆矣。然其休无疆，则其忧亦无疆也。盖有一日之休，则亦有一日之恤；有一岁之休；则亦有一岁之恤；有无疆之休，则亦有无疆之恤。《无逸》曰，"无皇曰，今日耽乐。乃非民攸训，非天攸若时人丕则有愆。"一日之耽乐宜若无害也，而天下后世之祸，或萌于此。故有无疆之恤，乃能保其无疆之休也。无疆唯休，亦无疆唯恤。正犹所谓一则以喜，一则以惧也。唐太宗时，突厥请入朝，帝谓侍臣曰，向日突厥之强，凭陵中夏，用是骄恣，以失其民。今自请入朝，非困穷，肯如是乎？朕闻之且喜且惧。何则？突厥衰，则边境安，故喜。然朕或失道，他日亦将如突厥，能无惧乎？又尝谓侍臣曰，朕有二喜一惧。比年丰稔，长安斗粟直三四钱，一喜也。北虏久服，边鄙无虞二喜也，治安则骄侈易生，骄侈则危亡立至，此一惧也。召公所谓无疆唯休，亦无疆唯恤，太宗其深知之矣。盖唯其惧于未然，故所以卒无惧。贞观之治，岂无所自哉。唯其无疆之恤，乃能保无疆之休，故嗟叹而言曰，何其奈何不敬乎。盖欲其造次颠沛，唯敬是行也。有一言可以尽畏天之道者，敬而已。敬天之怒，无敢戏豫；敬天之渝，无敢驰驱，则天岂庸释，我哉敬之。群臣进戒嗣王之诗曰，敬之敬之，天唯显思，命不易哉。凡以人君能敬以事天，则天之眷顾于我，无有穷已也。使纣诚知敬之是行而行之，则周安得而有之耶？此召公所以戒王不可不敬也。

天既遐终大邦殷之命者，前既略言天之改殷家之命矣，此又详言纣不能席先王之余庆，致其敬以畏天，而使不仁者在高位，播其恶于众，此民之所以怨咨，而天遂遐终其命也。遐终者，唐孔氏曰，言其去而不复反也。此殷家多有先哲王，虽既死矣而其精神在天，故其余庆，有以庇覆其后世之王及其民，皆得以服天命而不替先哲王，所以享国者唯敬之故也。殷先哲王虽在天，而后王后民，藉其余庆以复天命者，亦唯敬之故也。《酒诰》曰，在昔殷先哲王，迪畏天显小民。唯兹殷先哲王之天显之为可畏，则其敬可知矣。此所为精神在天而其余庆，有以保佑后人，使不失其敬，以服天命也。殷家自汤至于武丁，贤圣之君六七作，故曰多先哲王也。人之死也，虽体魄则降，魂气在上，然非哲王则不能在天也。朱子发内翰曰，太史儒者不言鬼神，而言有物，何也？曰，人之死，各反其根。体魄，阴也，故降而在下。魂气，阳也，故升而在。上升则无不之矣。今也，魄降而气不化，非物而何？故圣人死曰神；贤人之死曰鬼；众人死曰物。圣人清明在躬，气志如神，故五帝配上帝。傅说上比列星，贤人得其所归。众人则知富贵生死而已，其思虑不出于心腹之间，衽席之上，夸张于世，自以为利焉，物欲蔽之，不能自反其初，故谓之物。以此观之，则精神之在天，必哲王也。观《盘庚》之篇言，高后丕乃崇降罪疾。又曰，故有爽德，自上其罚汝。盖以殷之先哲王在天故也。

厥终，指纣也。商家之祚，至纣而终也。故商之君，自帝乙以前，皆能兢兢业业，直内以敬，而天命之所眷顾。《多士》曰，自成汤至于帝乙，罔不明德恤祀，亦唯天丕建，保乂有殷。殷王亦罔敢失帝，罔不配天，其泽是也。唯纣其谓已有天命，谓敬不足行，而商家之业自此终矣。纣既不敬，以失天之意，故其在位、在职者，无非小人也。观殷家之所谓贤人君子，可以助相国家者，莫如三人。故微子则遁于荒野；箕子则佯狂而为之奴；比干则直谏而遭剖心之祸。则当世之所谓智者，莫不藏于山泽之间也。智者既藏，则其在位、在职岂有利泽加于百姓哉，唯病民而已。盖其四方之多罪逋逃，是崇是长，是信是使，是以为大夫卿士，俾暴虐于百姓，则是病于民者在也。唯其在位、在职者，为民之病，故民皆有离散之心。夫人皆知保抱其子，携持其妇，以哀痛乎天。其意盖谓我何罪于天，而至此哉？既呼天矣，于是往而出亡，又见囚执也。夫上下之势，聚则为君臣，散则为仇雠。有以得民之心，则民相与归之，虽欲却而挥之不可得也。无以得民之心，则民相与叛之，虽欲劫而留之，不可得也。纣既聚群不逞于朝，以播其恶于众，既失民心矣，则民之往而出亡，乃其所也。纣又从而囚执之，此非徒不足以威民，而使之畏，乃重失民之心也。天之心不忍斯民困于淫刑峻罚，不自聊生，亦恻然而哀之，故监于下土，有能勉力以行敬者，则眷顾而命之，以伐纣而有天下。周之兴，自后稷、公刘以来，积德累功；而文武之圣，正当纣之世，此天之所以眷命而作周也。王既继文武而有天下，则其于敬德也，不可不疾，唯恐不及也。盖使王之敬德于文武，则福禄之来方兴而未艾，与天地相为长久。使其不敬，则亦是纣而已矣，非文武在天之意也。舜之告禹曰，天之历数在尔躬，允执其中，四海困穷，天禄永终。夫敬德者，允执其中之谓也。天之历数，无修短，允执其中，则虽至于万年可也。苟四海困穷，则天禄永终矣。此正召公所以戒成王之意也。

4.《尚书讲义》卷十五

（宋）史浩撰

太保乃以庶邦冢君出取币，乃复入，锡周公曰，拜手稽首，旅王若公。诰告庶殷，越自乃御事。呜呼！皇天上帝，改厥元子，兹大国殷之命，唯王受命，无疆唯休，亦无疆唯恤。呜呼！曷其奈何弗敬？天既遐终大邦殷之命，兹殷多先哲王在天。越厥后王后民，兹服厥命。厥终，智藏瘝在。夫知保抱携持厥妇子，以哀吁天，徂厥亡，出执。呜呼！天亦哀于四方民，其眷命用懋。王其疾敬德。

（归善斋按，原缺）

5. 《尚书详解》卷十九《周书·召诰》

（宋）夏僎撰

太保乃以庶邦冢君出取币，乃复入，锡周公曰，拜手稽首，旅王若公。诰告庶殷，越自乃御事。呜呼！皇天上帝，改厥元子，兹大国殷之命，唯王受命，无疆唯休，亦无疆唯恤。呜呼！曷其奈何弗敬？天既遐终大邦殷之命，兹殷多先哲王在天。越厥后王后民，兹服厥命。厥终，智藏瘝在。夫知保抱携持厥妇子，以哀吁天，徂厥亡，出执。呜呼！天亦哀于四方民，其眷命用懋。

太保既见周公以书命庶殷，而庶殷丕作，喜其忠诚感人如此，乃挟庶邦冢君以出，而取其币帛，既取已，乃自外复入，以其币帛锡周公。拜手稽首，致敬于周公也。林少颖谓，武王克商未几即世，成王冲幼嗣位，而三叔挟武庚以间王室，周之势盖岌岌矣。幸而周公摄政，既东征，即制礼作乐，建立法度，七年之间，政无不举，而民心归周者益固，周之根本，始有太山之安。当此之时，虽周公归政，而成王总万几，可以无虑，然周公谓以武王有宅洛定鼎之志未遂，不可不卒武王之志，而后归政焉，故至七年，然后大营洛邑，以其一为定鼎会诸侯之地，以其一为迁殷顽民之所，于是始归政焉。召公之意谓，夹辅成王以安天下者，周公之功；宅洛以卒武王之志；亦周公之功，故率诸侯而致礼于周公，以归功焉。此说是也。召公既以币锡周公，而拜手稽首以致其敬，乃陈说成王，今日亦当顺周公诰告庶殷之意，而敬慎其志。以率先天下，自治事之臣始，故曰旅王若公。诰告庶殷，越自乃御事，盖庶民至顽者也。作洛至大事也，以至大之事，役至顽之民，而周公一用书告，乃能使之丕作以就功，此非其平日至诚敬慎之德，有以大感于人，岂能遽至于此。故召公于是所以特陈说成王，今日当顺周公此诰告庶殷之意，敬慎其德，以率先天下自治事之臣也。以《洛诰》告之周公以乙卯日至洛，乃卜河朔与涧瀍之间。既得卜则遣使献卜于王，是王于正营洛之时，实在镐京，未尝至洛也。未尝至洛而召公言旅王者，非谓陈之于王前也。盖召公在洛陈说，王今日当如此，以其书献于镐京王所也。如《洛诰》前一篇，自"周公至拜手稽首曰，朕复子明辟"，至"伻来，以图及献卜"，乃周公在洛，使使告卜，以是言告于王所，是其言亦陈于洛地，而献于王所。今即其书读之叮咛恳切，亦若陈于王前也。召公既谓成王当顺周公此诰告之意，自今日始故，自叹而言曰，皇天上帝改厥元子，兹大国殷之命。元子，谓纣也。纣虽非长子，然微子是庶，纣是嫡子，故亦可谓之元子。召公谓上天改纣此大国殷家之天命，天命久属殷，今改为周也。天既改纣天命，而今王实受之，观殷之所以兴，与其所以亡，则今日可谓有无穷之休美，亦有无穷之忧恤矣。唯其所美者如此，而所忧者亦如此。故召公于是又叹而言曰，呜呼。曷其，当音"基"。曷，何也。"曷其"，当如《礼记》言"何居"，《诗》言子曰"何其"，犹言"何哉"。盖召公叹曰，何哉，人君奈何弗敬乎？殷王受以弗敬之，故天既远绝大邦殷之命矣，其可不敬哉。召公既言商纣失天命由于不敬。故又言，商先哲王，精爽在天，其德泽深远，故其后王、后民，谓纣之身与纣之民，所以能服受其天命。奈何其终，不能克敬于为君，斥退君子，而智者至于藏匿；信任小人，而病民者至于在位，天下之民，弗忍荼毒。夫人乃知保抱其子，携持其妇，以哀苦呼告于上天，而纣又往其所亡出之地而拘执之，纣之酷虐，故天亦哀矜于四方之民，而眷顾之命，以其勉力于敬德者，谓我周家也。此盖召公特深明前言"天既遐终大邦殷之命"之意，以见殷先哲王德泽虽深，纣为不敬，不能救其亡也。

6.《增修东莱书说》卷二十二《周书·召诰第十四》

（宋）吕祖谦撰，（宋）石澜增修

太保乃以庶邦冢君出取币，乃复入，锡周公曰，拜手稽首，旅王若公。诰告庶殷，越自乃御事。

此一章诸儒之说不同。一说成王不在洛，止告周公。谓王不在洛，则可谓告周公，则一篇无告周公之辞也。又一说，谓终篇戒成王，成王在洛，告周公与告成王同。使成王果在洛，召公以天下诸侯取币来献者，何以不即归之成王，而归之周公。序言成王在丰，不闻在洛。史官言使太保先相宅，本非自来也。盖洛邑事毕，周公欲归宗周，召公乃取天下诸侯贽见币物献之周公，使达之王，召公欲陈戒于成王，故与周公言，曰拜手稽首，陈于公及王。虽与周公言，乃欲周公以诸侯之币，与召公之戒，并达于王也。召公谓今洛邑已成,欲归诰告,殷民根本,乃自于御事,皆不敢指成王,故谓之御事,如今称人为足下执事之谓也。

7.《尚书说》卷五《周书·召诰》

(宋)黄度撰

太保乃以庶邦冢君出取币,乃复入,锡周公曰,拜手稽首,旅王若公。诰告庶殷,越自乃御事。

周公作洛,将归政,召公率诸侯以礼见周公,陈周公摄政,王能顺周公,成周道之事,诰告庶殷君臣,使咸知之。币,玄纁帛。取币称"庶邦冢君",四方诸侯咸在也,特诰告庶殷。自伐三监至此,事始定,且遂将迁殷民也。

8.《絜斋家塾书钞》卷十一《周书·召诰》

(宋)袁燮撰

太保乃以庶邦冢君出取币,乃复入,锡周公曰,拜手稽首,旅王若公。诰告庶殷,越自乃御事。

此一段,诸儒之说多不同。东莱以为周公欲归,召公取天下诸侯贽见币物献之周公,与召公之戒,一并转达于王。其说信美矣。然以礼观之,亦恐未必然。此只是成王曾来洛,召公面陈此戒,谓营洛大事也。召公既先相宅,周公又达观于新邑营,其后,成王又必来看一次。不应国家举此大事,而王者不亲来。观东莱之意,盖谓序书只言成王在丰,使召公先相宅,不曾在洛,然不可如此论。当时孔子序书岂能一一具载,亦只举其大纲尔。且如《仲虺之诰》序,不过曰,汤归自夏,至于大坰,仲虺作诰,未尝说成汤有惭德也。若无此篇书,何以知因有惭德而作。只以《洛诰》观之,召公既相宅,周公往营成周,使来告卜。序只以为使来告卜尔,然自王拜手稽首以下,皆周公成王面相答问之言,序亦何尝及此哉?然则,《洛诰》所谓使来告卜,只到"伻来,以图及献卜"。《召诰》所谓使召公先相宅,只到庶殷丕作。自是以下,皆成王在洛,召公亲对成王告戒,无可疑者。又况,古人告戒人主,非如后世作一篇书,进之于君,不是当面亲说。如《太甲》三篇、《说命》三篇,皆言于人主之前,史官编之成书尔，便如《立政》等书，也只是面说。观其中，尝有周公曰"呜呼"之言，如此则史官之辞也。盖唯是当面陈说，方能感动。若使召公作书达之于王，则何缘称成王为冲子。然则，成王在洛，断可知矣。旅王若公，庭实旅王之旅也，陈列币帛，以旅王并及周公焉。夫旅王而及公，分明待周公以王者之礼。盖当时，周、召虽一等是大臣，然周公事体自别，观其朝诸侯于明堂之位，抱成王以朝诸侯，与夫朕复子明辟，唯周公诞保文武，受命七年。当时，摄政七年，分明有王者之象，所以流言有"不利于孺子"等语，若使形迹无可疑，安得如此说。只观号为周公，便可见"周"国号也，不敢以为一国之公而系之，以"周"明其为天下之公也。是以旅王而及公，盖与王者敌体矣。"诰告庶殷，越自乃御事"，御事只是治事之臣，后所言"王先服殷御事"可见，盖这许多言语，亦欲众人皆闻之也。

9.《书经集传》卷五《周书·召诰》

（宋）蔡沈撰

太保乃以庶邦冢君出取币，乃复入，锡周公曰，拜手稽首，旅王若公。诰告庶殷，越自乃御事。

吕氏曰，洛邑事毕，周公将归宗周。召公因陈戒成王，乃取诸侯贽见币物，以与周公，且言其拜手稽首，所以陈王及公之意。盖召公虽与周公言，乃欲周公联诸侯之币与召公之诰，并达之王，谓洛邑已定，欲诰告殷民，其根本乃自尔御事，不敢指言成王，谓之御事，犹今称人为执事也。

10.《尚书精义》卷三十六《周书·召诰》

（宋）黄伦撰

太保乃以庶邦冢君出取币，乃复入，锡周公曰，拜手稽首，旅王若公。诰告庶殷，越自乃御事。

无垢曰，成王既至洛邑，庶邦既丕作，故太保与庶邦诸侯朝王。既朝，太保乃率诸侯出取币，乃复入朝。其复出何意也，欲于大朝会，显明周公复辟之意，使当时人心上下，安定无复生疑。后世人臣，知天位之不可妄处，神器之不可私窃，又使后世人臣有大勋劳如周公者，终身止当在臣子之位而已，不当有丝发之心可望侥幸也。既纳币已，乃曰我将陈忠言于成王，顺周公之本意矣。周公之意何意也？欲成王之修敬德也。召公此篇所陈于王者，正在此事，非顺周公之意而何。又曰，呜呼！召、周之言天下之言也，非一人之私言也。此诰王，意在修敬德耳。上而天子，下而御事，皆当修敬德也。天子不敬，不保四海；诸侯不敬，不保社稷；卿大夫，不敬不保宗庙；士庶人不敬，不保四体。顾唯"敬"之一字，岂非天下之公言乎？非召公有天下之高识，其能因告王而下及于御事乎？其用也广矣大矣。

吕氏曰，此一段诸儒之说不同。一说成王不在洛，只告周公，言不在洛却是以为告周公，一篇却无告周公之辞。又有一说终篇只戒成王，成王在洛邑，才告周公，便与告成王一般。成王在洛，召公以天下诸侯以币来献者，何故不便归之成王，却归之周公。序书言，成王在丰，又不闻在洛。史官言太保来相宅，不是自来，此是洛邑事毕，周公要归宗周。

11.《尚书详解》卷三十二《周书·召诰》

（宋）陈经撰

（归善斋按，见"越七日甲子，周公乃朝，用书命庶殷侯、甸、男邦伯"）

12.《融堂书解》卷十二《周书·召诰》

（宋）钱时撰

太保乃以庶邦冢君出取币，乃复入，锡周公曰，拜手稽首，旅王若公。诰告庶殷，越自乃御事。呜呼！皇天上帝，改厥元子，兹大国殷之命，唯王受命，无疆唯休，亦无疆唯恤。呜呼！曷其奈何弗敬？天既遐终大邦殷之命，兹殷多先哲王在天。越厥后王后民，兹服厥命。厥终，智藏瘝在。夫知保抱携持厥妇子，以哀吁天，徂厥亡，出执。呜呼！天亦哀于四方民，其眷命用懋。王其疾敬德。

"诰告庶殷，越自乃御事"，句法与《盘庚》"教于民，由乃在位"同。详观此书，专以敬德为主，始终无非警戒成王，而云"诰告庶殷，越自乃御事"，何耶？召公当庶殷丕作之后，历陈夏商兴亡之故，与今王祈天永命之实，正将开释群疑，慰答众望，虽主为成王而发，亦因以普告庶殷，使之莫不晓然明白洞达也。知得此意，方识一书大旨。成王在丰，不闻至洛，而此书"旅王"则又似在洛矣。先儒往往疑焉。及观成王有谓"公不敢不敬天之休来相宅"，周公亦曰"孺子来相宅"，正是营洛之始，若不皆在洛中，何以谓之"来"也。即曰"来"矣，而又有"往新邑"，"汝往敬哉"之语，复将安往乎？币者，诸侯之贽；旅者，"庭实旅伯"之"旅"；锡，犹"师锡帝曰"之"锡"。周公既命殷庶，而庶殷丕作，此时庶邦冢君皆已入见在王所矣。召公乃率之，以出取所贽币乃复入，与周公曰，敢拜手稽首，旅王及公，仍以所诰告于庶殷，越自乃御事，始此数语乃召公将陈告，辞先自叙其大旨如此也。礼，诸侯朝王于庙，既毕，出复束帛加璧入享，谓之币。既致于王毕，复奉束帛以请觌，大夫之私相见也，亦谓之币。周公摄政，与常礼不同，故特先告之，而又与王同时并旅。然必旅王而后及公者，是则君臣之大分也。"越自乃殷之御事"，"乃"者，指殷而言，由殷御事，以达殷民也。看得殷民难化，御事实倡之，"乃自御事"，甚得其要。故后又有"王先服殷御事"之言。

"唯休""唯恤"此二语，正是为后面兴亡之变张本，总提一书之纲领也。天既遐终而下，又申言天所以改殷命，与今王所不可不敬之旨。遐终，即永终也。前止言"奈何弗敬"，而此言敬德，方是指成王实用力处。召公于此，著一"疾"字，警□极有力。昔告武王，首言"慎德"；今告成王，专言"敬德"，敬，既慎也。于慎德，则曰"夙夜罔或不勤"；于敬德，则曰"疾"，此召公平时进学日用自得之妙，凡书二篇，无非此旨，可想见其人之诚笃矣。

13.《尚书要义》

（宋）魏了翁撰

（归善斋按，原缺）

14.《书集传或问》卷下《召诰》

（宋）陈大猷撰

（归善斋按，未解）

15.《尚书详解》卷八《周书·召诰第十四》

（宋）胡士行撰

太保乃以庶邦冢君出取币（贽见之币），乃复入，锡（予）周公曰，拜手稽首，旅（陈）王若（及）公，诰告（教）庶殷，越自（根本在）乃御事（周御事一云如所谓敢告仆夫不敢斥王也）。

洛事毕，周公将归，召公以戒王之辞，使周公转达之王。告殷自御事，此旅王大意，下文乃申言之。

16.《书纂言》卷四上《周书·召诰》

（元）吴澄撰

太保乃以庶邦冢君出取币，乃复入，锡周公。

作洛功成，周公将归宗周，召公与庶邦君咸在公所。出，谓自公所出外；复入，谓自外入至公所也。锡，与也。召公率诸侯出而取币，复入而与周公，因公归以献于王，盖以庆洛邑之成也。

17.《书集传纂疏》卷五《朱子订定蔡氏集传·周书·召诰》

（元）陈栎撰

太保乃以庶邦冢君出取币，乃复入，锡周公曰，拜手稽首，旅王若公。诰告庶殷，越自乃御事。

吕氏曰，洛邑事毕，周公将归宗周。召公因陈戒成王，乃取诸侯贽见币物，以与周公，且言其拜手稽首，所以陈王及公之意。盖召公虽与周公言，乃欲周公联诸侯之币，与召公之诰，并达之王，谓洛邑已定。欲诰告殷民，其根本乃自尔御事，不敢指言成王，谓之御事，犹今称人为执事也。

纂疏：

王氏曰，庶邦冢君，诸侯会于洛者。洛邑成而献币，所以为礼且致庆也。

愚谓，作洛之急务在化殷人，而化殷之大本在于王身，下文遂详言

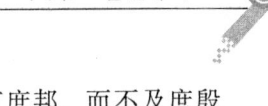

之。此召公纳忠之大者币，特恭敬之寓耳。取币独言庶邦，而不及庶殷者，盖用书命丕作，无间于庶殷，而取币旅王，不及于庶殷欤。篇末奉币供王之币，即此出取之币，前后相照应。

18.《读书丛说》卷六《召诰》

（元）许谦撰
（归善斋按，未解）

19.《书传辑录纂注》卷五《周书·召诰》

（元）董鼎撰

太保乃以庶邦冢君出取币，乃复入，锡周公曰，拜手稽首，旅王若公。诰告庶殷，越自乃御事。

吕氏曰，洛邑事毕，周公将归宗周，召公因陈戒成王，乃取诸侯赘见币物，以与周公，且言其拜手稽首，所以陈王及公之意。盖召公虽与周公言，乃欲周公联诸侯之币与召公之诰，并达之王，谓洛邑已定。欲诰告殷民，其根本乃自尔御事，不敢指言成王，谓之御事，犹今称人为执事也。

辑录：
据《召诰》文只说召公先至洛，而周公继至，不说成王亦来也。然召公出取币，入锡周公，乃曰旅王若公，其辞又多是戒成王，未知如何？先生曰，此盖因周公以告于王耳。《答潘子善》。

纂注：
王氏曰，庶邦冢君，诸侯会于洛者。洛邑成而献币，所以为礼且致变也。

新安陈氏曰，作洛之急务，在化殷人；而化殷之大本，在于王身。下文遂详言之。此召公纳忠之大者币，特恭敬之寓焉耳。取币独言庶邦而不及庶殷者，盖用书命丕作无间于庶殷，而取币陈王不及庶殷欤。

20.《尚书句解》卷八《周书·召诰第十四》

（元）朱祖义撰

太保乃以庶邦冢君出取币（召公乃挟众邦大君以出，取其币帛），乃复入（由外复入。复，扶又反）。

21.《尚书日记》卷十二《周书·召诰》

（明）王樵撰

"太保乃以庶邦冢君出取币"至"越自乃御事"。

庶邦冢君，诸侯会于洛者。洛邑成而献币，所以为礼且致庆也。周公将归，召公因公以陈戒于王。旅，陈也。陈王及公，兼币与诰两意。但诰边重其辞，曰陈王及公，而其意欲因公以达之王也。对周公言之，则其辞不得不如此尔。诰告庶殷，盖殷民虽迁，而向化之心未纯，当有告教以开导之。然其根本则在王身，故曰自乃御事。此召公旅王及公之大旨也，实管摄一篇之意。篇中"王先服殷御事"，与"雠民百君子，""保受威命明德"，即诰告庶殷之意。敬德，即自乃御事之意。敬德、雠民、祈天永命，何莫不自乃御事哉。御事，或以称大臣，或以称天子，犹汉人称朝廷为县官也。

22.《日讲书经解义》卷八《周书·召诰》

（清）库勒纳等撰

太保乃以庶邦冢君出取币，乃复入，锡周公曰，拜手稽首，旅王若公。诰告庶殷，越自乃御事。

此一节书，是召公陈戒于王，言君身为化民之本也。币，洛邑既成，诸侯来朝会所献之币帛也。锡，与也。旅，陈也。御事，左右治事之臣。史臣记曰，营洛之事将成，周公先归镐京，召公欲以陈戒之词，藉周公以达于王。是时，庶邦冢君，礼有币，以献于王。召公乃以庶邦冢君出，取币复入，以与周公，欲其以庶邦之币、陈戒之词，并达之王也。其告周公之言曰，我之所以拜手稽首而告于王与公者，盖洛邑初营，正殷民观法之始，今日欲化其顽梗之习，革其枯侈之风，莫大于告戒之。然君身为万姓之倡宸，修为出令之本，故诰告庶殷，必自乃御事始也，岂徒以语言为化导哉？称御事者，指成王而未敢斥言耳。将开成周之治，而首陈忠爱之谟，二语虽发端，实一篇之要领也。

《五诰解》卷三《召诰》

（宋）杨简撰

（归善斋按，见"越七日甲子，周公乃朝，用书命庶殷侯、甸、男邦伯"）

锡周公曰，拜手稽首，旅王若公

1.《尚书注疏》卷十四《周书》

（汉）孔氏传，（唐）陆德明音义，（唐）孔颖达疏

锡周公曰，拜手稽首，旅王若公。

传，召公以币入，称成王命，赐周公曰，敢拜手稽首，陈王所宜，顺周公之事。

疏，正义曰，称成王命，以赐周公曰，我敢拜手稽首，以戒王陈说，王所宜顺周公之事。

传，正义曰，币既入，即云赐周公者，下言召公不得赐周公，知召公既以币入，乃称成王命以赐周公。于时政在周公，成王未得赐周公也。但召公见周公功成作邑，将反王政，欲尊王，而显周公，故称成王之命，以赐周公。郑玄云召公见众殷之民大作，周公德隆功成，有反政之期，而欲显之，因大戒天下，故与诸侯出取币，使戒成王立于位，以其命赐周公。王肃云，为戒成王，赐周公是也。"曰拜手稽首"者，召公自言己与冢君等，敢拜手稽首，陈王所宜顺周公之事。宜顺之事，自此以下皆是也。

2.《书传》卷十三《周书·召诰第十四》

（宋）苏轼撰

（归善斋按，见"太保乃以庶邦冢君出取币，乃复入"）

3.《尚书全解》卷三十《周书·召诰》

(宋)林之奇撰
(归善斋按,见"太保乃以庶邦冢君出取币,乃复入")

4.《尚书讲义》卷十五

(宋)史浩撰
(归善斋按,原缺)

5.《尚书详解》卷十九《周书·召诰》

(宋)夏僎撰
(归善斋按,见"太保乃以庶邦冢君出取币,乃复入")

6.《增修东莱书说》卷二十二《周书·召诰第十四》

(宋)吕祖谦撰,(宋)石澜增修
(归善斋按,见"太保乃以庶邦冢君出取币,乃复入")

7.《尚书说》卷五《周书·召诰》

(宋)黄度撰
(归善斋按,见"太保乃以庶邦冢君出取币,乃复入")

8.《絜斋家塾书钞》卷十一《周书·召诰》

(宋)袁燮撰
(归善斋按,见"太保乃以庶邦冢君出取币,乃复入")

9.《书经集传》卷五《周书·召诰》

(宋)蔡沈撰
(归善斋按,见"太保乃以庶邦冢君出取币,乃复入")

10.《尚书精义》卷三十六《周书·召诰》

(宋)黄伦撰

(归善斋按,见"太保乃以庶邦冢君出取币,乃复入")

11.《尚书详解》卷三十二《周书·召诰》

(宋)陈经撰

(归善斋按,见"越七日甲子,周公乃朝,用书命庶殷侯、甸、男邦伯")

12.《融堂书解》卷十二《周书·召诰》

(宋)钱时撰

(归善斋按,见"太保乃以庶邦冢君出取币,乃复入")

13.《尚书要义》

(宋)魏了翁撰

(归善斋按,原缺)

14.《书集传或问》卷下《召诰》

(宋)陈大猷撰

(归善斋按,未解)

15.《尚书详解》卷八《周书·召诰第十四》

(宋)胡士行撰

(归善斋按,见"太保乃以庶邦冢君出取币,乃复入")

16.《书纂言》卷四上《周书·召诰》

(元)吴澄撰

曰拜手稽首,旅王若公。

此召公与庶邦冢君言也。旅,陈也,犹"庭实旅百"之"旅",盖赞之,拜送币而陈献于王与公也。

17.《书集传纂疏》卷五《朱子订定蔡氏集传·周书·召诰》

(元)陈栎撰

(归善斋按,见"太保乃以庶邦冢君出取币,乃复入")

18.《读书丛说》卷六《召诰》

(元)许谦撰

(归善斋按,未解)

19.《书传辑录纂注》卷五《周书·召诰》

(元)董鼎撰

(归善斋按,见"太保乃以庶邦冢君出取币,乃复入")

20.《尚书句解》卷八《周书·召诰第十四》

(元)朱祖义撰

锡周公(以币帛予周公)曰(遂致词于公,述其忠诚,感动庶殷之意),拜手稽首(手至地为拜,手首至地为稽首,以致敬于公)。

21.《尚书日记》卷十二《周书·召诰》

(明)王樵撰

(归善斋按,见"太保乃以庶邦冢君出取币,乃复入")

22.《日讲书经解义》卷八《周书·召诰》

(清)库勒纳等撰

(归善斋按,见"太保乃以庶邦冢君出取币,乃复入")

《尚书疑义》卷五《召诰》

(明)马明衡撰

入锡周公,"锡"字,与《尧典》"师锡帝曰"之"锡"同,非徒以

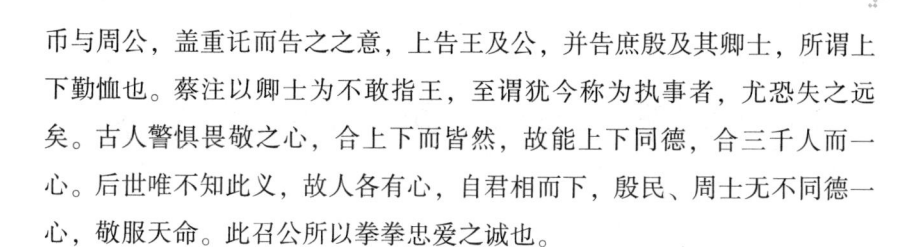

币与周公，盖重托而告之之意，上告王及公，并告庶殷及其卿士，所谓上下勤恤也。蔡注以卿士为不敢指王，至谓犹今称为执事者，尤恐失之远矣。古人警惧畏敬之心，合上下而皆然，故能上下同德，合三千人而一心。后世唯不知此义，故人各有心，自君相而下，殷民、周士无不同德一心，敬服天命。此召公所以拳拳忠爱之诚也。

《五诰解》卷三《召诰》

（宋）杨简撰

（归善斋按，见"越七日甲子，周公乃朝，用书命庶殷侯、甸、男邦伯"）

诰告庶殷，越自乃御事

1.《尚书注疏》卷十四《周书》

（汉）孔氏传，（唐）陆德明音义，（唐）孔颖达疏

诰告庶殷，越自乃御事。

传，召公指戒成王，而以众殷诸侯，于自乃御治事，为辞谦也，诸侯在，故托焉。

疏，正义曰，召公所陈戒王，宜顺周公之事，云，我为言诰，以告汝庶殷之诸侯，下自汝御事，欲令君臣皆听之。其实指以戒王，诸侯皆在，故以为言也。

2.《书传》卷十三《周书·召诰第十四》

（宋）苏轼撰

诰告庶殷，越自乃御事。呜呼！皇天上帝，改厥元子，兹大国殷之命，唯王受命，无疆唯休，亦无疆唯恤。呜呼！曷其奈何弗敬？

庶殷诸侯皆在，故召公托为逊辞曰，诰告汝御事以下也，言殷尝以元子嗣位，而帝改其命，以授周。今王受命，虽无疆之福，亦无疆之忧，其

可不敬乎？

3.《尚书全解》卷三十《周书·召诰》

（宋）林之奇撰

（归善斋按，见"太保乃以庶邦冢君出取币，乃复入"）

4.《尚书讲义》卷十五

（宋）史浩撰

（归善斋按，原缺）

5.《尚书详解》卷十九《周书·召诰》

（宋）夏僎撰

（归善斋按，见"太保乃以庶邦冢君出取币，乃复入"）

6.《增修东莱书说》卷二十二《周书·召诰第十四》

（宋）吕祖谦撰，（宋）石澜增修

（归善斋按，见"太保乃以庶邦冢君出取币，乃复入"）

7.《尚书说》卷五《周书·召诰》

（宋）黄度撰

（归善斋按，见"太保乃以庶邦冢君出取币，乃复入"）

8.《絜斋家塾书钞》卷十一《周书·召诰》

（宋）袁燮撰

（归善斋按，见"太保乃以庶邦冢君出取币，乃复入"）

9.《书经集传》卷五《周书·召诰》

（宋）蔡沈撰

（归善斋按，见"太保乃以庶邦冢君出取币，乃复入"）

10. 《尚书精义》卷三十六《周书·召诰》

（宋）黄伦撰
（归善斋按，见"太保乃以庶邦冢君出取币，乃复入"）

11. 《尚书详解》卷三十二《周书·召诰》

（宋）陈经撰
（归善斋按，见"越七日甲子，周公乃朝，用书命庶殷侯、甸、男邦伯"）

12. 《融堂书解》卷十二《周书·召诰》

（宋）钱时撰
（归善斋按，见"太保乃以庶邦冢君出取币，乃复入"）

13. 《尚书要义》

（宋）魏了翁撰
（归善斋按，原缺）

14. 《书集传或问》卷下《召诰》

（宋）陈大猷撰
（归善斋按，未解）

15. 《尚书详解》卷八《周书·召诰第十四》

（宋）胡士行撰
（归善斋按，见"太保乃以庶邦冢君出取币，乃复入"）

16. 《书纂言》卷四上《周书·召诰》

（元）吴澄撰
诰告庶殷，越自乃御事。
此召公与殷之长民者言也。御事，商之旧臣，长其民而同迁于洛者。

此篇召公陈戒之辞，盖与庶邦君同辞以答前日周公命书之意，因公归以达于王，而俾迁洛之殷人与闻之，故曰"诰告庶殷，越自乃御事"，谓告殷民而又自其长以达于民也。

17.《书集传纂疏》卷五《朱子订定蔡氏集传·周书·召诰》

（元）陈栎撰

（归善斋按，见"太保乃以庶邦冢君出取币，乃复入"）

18.《读书丛说》卷六《召诰》

（元）许谦撰

（归善斋按，未解）

19.《书传辑录纂注》卷五《周书·召诰》

（元）董鼎撰

（归善斋按，见"太保乃以庶邦冢君出取币，乃复入"）

20.《尚书句解》卷八《周书·召诰第十四》

（元）朱祖义撰

旅王若公，诰告庶殷（召公乃以书陈说于镐京王所，今日亦当顺周公，诰告庶殷之意，而敬谨其德，率先天下），越自乃御事（于是自汝治事之臣）。

21.《尚书日记》卷十二《周书·召诰》

（明）王樵撰

（归善斋按，见"太保乃以庶邦冢君出取币，乃复入"）

22.《日讲书经解义》卷八《周书·召诰》

（清）库勒纳等撰

（归善斋按，见"太保乃以庶邦冢君出取币，乃复入"）

《五诰解》卷三《召诰》

（宋）杨简撰

（归善斋按，见"越七日甲子，周公乃朝，用书命庶殷侯、甸、男邦伯"）

呜呼！皇天上帝，改厥元子，兹大国殷之命

1. 《尚书注疏》卷十四《周书》

（汉）孔氏传，（唐）陆德明音义，（唐）孔颖达疏

呜呼！皇天上帝，改厥元子，兹大国殷之命。

传，叹皇天改其大子。此大国殷之命，言纣虽为天所大子，无道犹改之，言不可不慎。

传，正义曰，《释诂》云，皇，君也。天地尊之大，故皇天、后土皆以君言之也。乃曰，呜呼！有皇天上帝，改去其大子所受者，即此大国殷之王命也，以其无道，故改命有德。改其大子，谓改天子之位与他姓，即此大国殷之命，谓纣也。言纣虽为天所大子，无道犹改之，不可不慎也。以托戒诸侯，故言天子虽大，犹改之，况已下乎？《释诂》云，元，首也。首是体之大，故传言大子。郑云言首子者，凡人皆云天之子，天子为之首耳。

2. 《书传》卷十三《周书·召诰第十四》

（宋）苏轼撰

（归善斋按，见"诰告庶殷，越自乃御事"）

3. 《尚书全解》卷三十《周书·召诰》

（宋）林之奇撰

（归善斋按，见"太保乃以庶邦冢君出取币，乃复入"）

4.《尚书讲义》卷十五

（宋）史浩撰

（归善斋按，原缺）

5.《尚书详解》卷十九《周书·召诰》

（宋）夏僎撰

（归善斋按，见"太保乃以庶邦冢君出取币，乃复入"）

6.《增修东莱书说》卷二十二《周书·召诰第十四》

（宋）吕祖谦撰，（宋）石澜增修

呜呼！皇天上帝，改厥元子，兹大国殷之命，唯王受命，无疆唯休，亦无疆唯恤。呜呼！曷其奈何弗敬？

已上皆告成王之辞，因周公以达王也。元者，长也，代天作子，乃天之长子也。商本天之长子，后世失道，天即换易，而商之命亦转而为周之命矣。皇天之无亲如此。今王受命，奄有四方，盖有无穷之休矣。然而遗大投艰天下之责在一身，所可忧者盖亦无穷。呜呼！王其若之何，天以元子之责改与成王，王何以当之，其可不敬乎？辞之恳恻，感动之至深也。

7.《尚书说》卷五《周书·召诰》

（宋）黄度撰

呜呼！皇天上帝，改厥元子，兹大国殷之命，唯王受命，无疆唯休，亦无疆唯恤。

元子，大子。纣为天元子，无道，天改此大国殷之命而授周。今王继文武受命，固唯无穷之美，而亦唯无穷之忧。祈天永命，兢兢业业，忧岂有已乎。

8.《絜斋家塾书钞》卷十一《周书·召诰》

（宋）袁燮撰

呜呼！皇天上帝，改厥元子，兹大国殷之命，唯王受命，无疆唯休，亦无疆唯恤。呜呼！曷其奈何弗敬。

殷王，天之元子也。今天不以殷为子，而以周为子。今日之天命，即前日大国殷之命也。唯王受命无疆唯休，亦无疆唯恤。试观此处，玩其辞气，以想其用心。古大臣，所以感动人主者为如何？夫当成王承文武积累之业，营建洛邑，四方民大和会，致治之美无以复加，可谓有无边无限之休也，然亦有无边无限之忧。百姓有过，在予一人，盖圣人此心，真以天下为忧，而不以位为乐也。夫享崇高富贵之极。岂使之自安逸。其身有大安逸，其富贵即有大、艰难大烦恼随之。后世人主但知其为无疆之休矣，不知其为无疆之恤也。既是责任如此之重，则安可以不敬。曰曷其奈何弗敬，言其苟念及此，如之何而可以不敬也，言之恳切如此。

9.《书经集传》卷五《周书·召诰》

（宋）蔡沈撰

呜呼！皇天上帝，改厥元子，兹大国殷之命，唯王受命，无疆唯休，亦无疆唯恤。呜呼！曷其奈何弗敬？

此下皆告成王之辞，托周公达之王也。曷，何也；其，语辞。商受嗣天位为元子矣。元子不可改。而天改之；大国未易亡，而天亡之。皇天上帝，其命之不可恃如此。今王受命，固有无穷之美，然亦有无穷之忧。于是叹息言，王曷其奈何弗敬乎？盖深言不可以弗敬也。又按此篇，专主敬。言敬，则诚实无妄，视、听、言、动，一循乎理，好恶用舍，不违乎天，与天同德，固能受天明命也。人君保有天命，其有要于此哉。伊尹亦言，皇天无亲克敬。唯亲敬，则天与我一矣，尚何疏之有。

10.《尚书精义》卷三十六《周书·召诰》

（宋）黄伦撰

呜呼！皇天上帝，改厥元子，兹大国殷之命，唯王受命，无疆唯休，亦无疆唯恤。呜呼！曷其奈何弗敬？

无垢曰，皇天上帝，纣之父也。纣，皇天上帝之元子也。然天帝以有敬德者为子。纣为不敬，此天帝所以改厥元子纣，而以文武为元子。武王既没，以成王为元子，受此大国殷之命也。大国殷者，合四海九州岛而有之也。其大如此，一旦为周家所有，大之不足恃也，明矣。

又曰，恤，忧也。今成王虽受天命为天元子，代天牧民，然而不可保也。贵为天子，富有天下，若美事也。桀为天元子，一旦放于南巢；纣为天元子，一旦献于白旗，其可忧如此。呜呼！人主其奈何不以敬为事乎？是敬，则有无疆之休；不敬，则有无疆之恤矣。盖方其敬时，万理皆著，百邪不生。于内，则耳目聪明，血气和平；于外，则正其衣冠，尊其瞻视，俨然如天帝在上，临北极，而拱众星。为天子而气象如此，其受无疆之休也，亦奚疑哉。

11.《尚书详解》卷三十二《周书·召诰》

（宋）陈经撰

呜呼！皇天上帝，改厥元子，兹大国殷之命，唯王受命，无疆唯休，亦无疆唯恤。呜呼！曷其奈何弗敬？

此以下皆召公作诰之辞也。人臣将进戒于君，不以祖宗，必以天，盖君之尊莫与为敌。苟非以其尊且畏者耸动之，则何以感悟人主之听。故召公于此言皇天上帝，天以形体言；帝以主宰言。改厥元子，人主代天作子，是为天下之长子也。前言元子之责在纣，故其命在纣。今已改其元子，兹大国殷之命，则命不在商，而在周。唯王受命无疆唯休，言成王所受之命，正此元子之任也。知其有无穷之美者，必当有无穷之忧。能忧畏，则是美可保；不知忧畏，泰然以是美自居，则是美不可保矣。然则，所谓无疆之恤安在哉，亦曰敬而已矣。曷其奈何弗敬，言敬不可以不行。此篇之大意，只欲成王敬德而已。戒谨不睹恐惧不闻，不敢纵乎逸乐，常持不息之诚者，是乃所以为敬也。

12.《融堂书解》卷十二《周书·召诰》

（宋）钱时撰

（归善斋按，见"太保乃以庶邦冢君出取币，乃复入"）

13. 《尚书要义》

（宋）魏了翁撰

（归善斋按，原缺）

14. 《书集传或问》卷下《召诰》

（宋）陈大猷撰

（归善斋按，未解）

15. 《尚书详解》卷八《周书·召诰第十四》

（宋）胡士行撰

呜呼！皇天上帝，改厥元子（纣为天子，而天换易之），兹大国殷之命（转为周），唯王（成王）受命，无疆（穷）唯休（美），亦无疆唯恤（忧责之大）。呜呼！曷其（若之何）奈何弗敬？天既遐（弃）终（绝）大邦殷之命，兹殷多先哲王在天。（若可凭借）越厥后王（纣）后民（纣之民），兹服（受）厥命。厥（其）终，（后）智（明智之人）藏（退休）瘝（病民之人）在（在朝）。夫（受害之民）知保抱携持厥妇子，以哀吁（呼）天，徂（往）厥亡（逃纣虐），出（方出）执（纣已拘执之）。呜呼！天亦哀（怜）于四方民（被纣虐），其（故）眷命（周）用懋（笃）。王其疾（速）敬德。

敬天德也。

16. 《书纂言》卷四上《周书·召诰》

（元）吴澄撰

呜呼！皇天上帝，改厥元子，兹大国殷之命，唯王受命，无疆唯休，亦无疆唯恤。呜呼！曷其奈何弗敬？

此下皆召公与周公言，而以告王也。殷纣，嗣天位为元子。殷大国也，元子非可废，大国未易亡，而天改其命矣。我周王今受其命，此莫大之美，亦莫大之忧也。故叹而言曰，曷其奈何弗敬乎？甚言不可以不敬也。此篇专主"敬"字，而言敬，则此心常存，动循乎理。我不违天，而天亦不违我矣,所以能保有天命也。

17.《书集传纂疏》卷五《朱子订定蔡氏集传·周书·召诰》

(元)陈栎撰

呜呼!皇天上帝,改厥元子,兹大国殷之命,唯王受命,无疆唯休,亦无疆唯恤。呜呼!曷其奈何弗敬?

此下皆告成王之辞,托周公达之王也。曷,何也。其,语辞。商受嗣天位,为元子矣。元子不可改,而天改之;大国未易亡,而天亡之。皇天上帝,其命之不可恃如此。今王受命,固有无穷之美,然亦有无穷之忧。于是叹息言,王曷其奈何弗敬乎?盖深言不可以弗敬也。又按此篇专主敬,言敬,则诚实无妄,视、听、言、动,一循乎理,好恶用舍,不违乎天,与天同德,固能受天明命也。人君保有天命,其有要于此哉。伊尹亦言,皇天无亲,克敬唯亲。敬,则天与我一矣,尚何疏之有。

纂疏:

朱子《召诰集解》曰,此数句者一篇之大指也,下文至篇中反复推衍,此数句意耳。

真氏曰,《诗》云,天位殷适,使不挟四方,亦改厥元子大国殷命之意。

愚谓,此"元子"字当与后"元子哉"对观。元子,天之元子,即大君者,吾父母宗子之意。此元子,谓殷纣;后元子,谓成王。天命靡常,人君所以保天命,唯敬耳。殷王元子,尝受天命矣。天竟改其命,而王受之,固有无穷之美,然今日之受,安知不为他日之改,是亦无穷之忧也。何可以不敬乎。始末两言,呜呼,所以深警上心也。

18.《读书丛说》卷六《召诰》

(元)许谦撰

(归善斋按,未解)

19.《书传辑录纂注》卷五《周书·召诰》

（元）董鼎撰

呜呼！皇天上帝，改厥元子，兹大国殷之命，唯王受命，无疆唯休，亦无疆唯恤。呜呼！曷其奈何弗敬？

此下皆告成王之辞，托周公违之王也。曷，何也。其，语辞。商受嗣天位，为元子矣。元子不可改，而天改之；大国未易亡，而天亡之。皇天上帝，其命之不可恃如此。今王受命，固有无穷之美，然亦有无穷之忧。于是叹息言，王曷其奈何弗敬乎，盖深言不可以弗敬也。又按此篇专主敬，言敬，则诚实无妄，视、听、言、动，一循乎理，好恶用舍不违乎天，与天同德，固能受天明命也。人君保有天命，其有要于此哉。伊尹亦言，皇天无亲，克敬唯亲。敬，则天与我一矣，尚何疏之有。

辑录：

此数句者，一篇之大旨也。元子者，天之元子也。《书说》。

纂注：

新安胡氏曰，下文以至终篇，不过反复敷演此数句之意耳。

吕氏曰，人君代天作子，是为天之长子。

真氏曰，《大明》诗云，天位殷适，使不挟四方，亦改厥元子大国殷命之意。

新安陈氏曰，此"元子"字，当与下文"元子哉"对观。元子，天之元子，即大君者，吾父母宗子之意。此元子，谓殷纣；后元子，谓成王。天命靡常，人君所以保天命，唯有敬耳。昔殷元子，尝受天命矣。天竟改其命，而王受之，固有无穷之美，然今日之受，安知不为他日之改，是亦有无穷之忧也，何可以不敬哉。此一节始曰呜呼！末又曰呜呼！元老大臣，拳拳忠爱，嗟叹以深警上心，不能自己之至情也。

20.《尚书句解》卷八《周书·召诰第十四》

（元）朱祖义撰

呜呼（始嗟叹而言）！皇天上帝，改厥元子（皇天之上帝改其长子纣），兹大国殷之命（此大国殷家之天命）。

21.《尚书日记》卷十二《周书·召诰》

（明）王樵撰

"呜呼！皇天上帝，改厥元子"至"曷其奈何弗敬"。

《大明》诗曰，天位殷适（音的），俾不挟四方，言纣所居之尊，则天位所传之正，则殷嫡一旦失道，虽欲挟四方而有之，有所不能。此与《召诰》同意。殷嫡，即元子也。天位，即大邦也。元子不可改，而天改之；大国未易亡，而天亡之。其命之不常如此。故今王受命，固有无疆之美，亦有无疆之忧。所以美者，以嗣为元子，抚有大国也；所以忧者，以此美一旦或改而之他也。无疆，是言其大，非言其久。唯恤，即在唯美之中。所以然者，以敬则得之，不敬则失之尔。故复叹息而曰，曷其奈何弗敬。曰"奈何"，又曰"曷其"，深言不可以不敬也。朱子曰，此数句一篇之大旨也。下文反复推衍此意尔。"敬"字重看实一篇之要领，其原自皇天无亲，克敬唯亲。蔡氏谓，敬；则视、听、言、动，一循乎理，好恶用舍，不违乎天，可谓得其旨矣。

22.《日讲书经解义》卷八《周书·召诰》

（清）库勒纳等撰

呜呼！皇天上帝，改厥元子，兹大国殷之命，唯王受命，无疆唯休，亦无疆唯恤。呜呼！曷其奈何弗敬？

此一节书，是召公陈戒于王之词，欲其以敬而保命也。元子，长子也。无疆，言无穷也。恤，忧也。召公曰，靡常者，天命；而有主者，君心。呜呼！今日所代者，非有殷之天命哉。殷当未坠厥绪之时，固天之元子，而抚有大国者也。元子宜为天心之所爱，大国宜为天眷之所钟。乃一不修德，而皇天上帝，竟改厥元子，而易大国殷之命，其靡常也如此。今王受命，当天心之眷顾，固有无疆之休美，念天位之维艰，亦有无疆之忧恤。总之，难恃者天，而唯敬可以格之；难信者命，而唯敬可以凝之。呜呼！曷其奈何弗敬哉？从古保治之道，莫大于敬。盖敬，则嗜欲偏私不敢萌，起居出入不敢忽。发号施令时，存详审之心；用人听言，常厪壅蔽之虑。君身自无过举，天命即以凝。承此百王之大法，而召公特揭以告成王者与。

《五诰解》卷三《召诰》

(宋)杨简撰

(归善斋按,见"越七日甲子,周公乃朝,用书命庶殷侯、甸、男邦伯")

唯王受命,无疆唯休,亦无疆唯恤

1. 《尚书注疏》卷十四《周书》

(汉)孔氏传,(唐)陆德明音义,(唐)孔颖达疏

唯王受命,无疆唯休,亦无疆唯恤。

传,所以戒成王,天改殷命,唯王受之,乃无穷;唯美,亦无穷,唯当忧之。

疏,正义曰,唯王受得此命乃无穷,唯美亦无穷,唯当忧之。

2. 《书传》卷十三《周书·召诰第十四》

(宋)苏轼撰

(归善斋按,见"诰告庶殷,越自乃御事")

3. 《尚书全解》卷三十《周书·召诰》

(宋)林之奇撰

(归善斋按,见"太保乃以庶邦冢君出取币,乃复入")

4. 《尚书讲义》卷十五

(宋)史浩撰

(归善斋按,原缺)

5.《尚书详解》卷十九《周书·召诰》

(宋)夏僎撰

(归善斋按,见"太保乃以庶邦冢君出取币,乃复入")

6.《增修东莱书说》卷二十二《周书·召诰第十四》

(宋)吕祖谦撰,(宋)石澜增修

(归善斋按,见"呜呼!皇天上帝,改厥元子,兹大国殷之命")

7.《尚书说》卷五《周书·召诰》

(宋)黄度撰

(归善斋按,见"呜呼!皇天上帝,改厥元子,兹大国殷之命")

8.《絜斋家塾书钞》卷十一《周书·召诰》

(宋)袁燮撰

(归善斋按,见"呜呼!皇天上帝,改厥元子,兹大国殷之命")

9.《书经集传》卷五《周书·召诰》

(宋)蔡沈撰

(归善斋按,见"呜呼!皇天上帝,改厥元子,兹大国殷之命")

10.《尚书精义》卷三十七《周书·召诰》

(宋)黄伦撰

(归善斋按,见"呜呼!皇天上帝,改厥元子,兹大国殷之命")

11.《尚书详解》卷三十二《周书·召诰》

(宋)陈经撰

(归善斋按,见"呜呼!皇天上帝,改厥元子,兹大国殷之命")

12. 《融堂书解》卷十二《周书·召诰》

（宋）钱时撰

（归善斋按，见"太保乃以庶邦冢君出取币，乃复入"）

13. 《尚书要义》

（宋）魏了翁撰

（归善斋按，原缺）

14. 《书集传或问》卷下《召诰》

（宋）陈大猷撰

（归善斋按，未解）

15. 《尚书详解》卷八《周书·召诰第十四》

（宋）胡士行撰

（归善斋按，见"呜呼！皇天上帝，改厥元子，兹大国殷之命"）

16. 《书纂言》卷四上《周书·召诰》

（元）吴澄撰

（归善斋按，见"呜呼！皇天上帝，改厥元子，兹大国殷之命"）

17. 《书集传纂疏》卷五《朱子订定蔡氏集传·周书·召诰》

（元）陈栎撰

（归善斋按，见"呜呼！皇天上帝，改厥元子，兹大国殷之命"）

18. 《读书丛说》卷六《召诰》

（元）许谦撰

（归善斋按，未解）

19. 《书传辑录纂注》卷五《周书·召诰》

(元) 董鼎撰

(归善斋按,见"呜呼！皇天上帝,改厥元子,兹大国殷之命")

20. 《尚书句解》卷八《周书·召诰第十四》

(元) 朱祖义撰

唯王受命(唯王受殷之命),无疆唯休(有无穷之休美),亦无疆唯恤(亦有无穷忧恤)。

21. 《尚书日记》卷十二《周书·召诰》

(明) 王樵撰

(归善斋按,见"呜呼！皇天上帝,改厥元子,兹大国殷之命")

22. 《日讲书经解义》卷八《周书·召诰》

(清) 库勒纳等撰

(归善斋按,见"呜呼！皇天上帝,改厥元子,兹大国殷之命")

《书义断法》卷五《周书·召诰》

(元) 陈悦道撰

唯王受命,无疆唯休,亦无疆唯恤。呜呼！曷其奈何弗敬？

诞膺天命者,必怀深长之忧；忠爱其君者,必致深长之意。今王受命固有无穷之美,而亦有无穷之忧也。唯命不于常,善则得之；不善则失之。及于此,则凡所以格君之心,而勉君以敬者,其意岂有穷哉。唯于敬德,则诚实无妄,视听一循乎理,好恶用舍不违乎天,而天命长保矣。然此未易言,故召公叹息其辞以言之,而又反其辞以明之也。周公《无逸》之书,凡七"呜呼"；《召诰》之书凡五"呜呼",其旨深矣。

《书经衷论》卷三《周书·召诰》

（清）张英撰

《召诰》首言，唯王受命，无疆唯休，亦无疆唯恤。此言天命之不可恃也。下即举夏商而畅言之，归重于"顾畏民碞"，末乃结之曰"欲王以小民受天永命"。此以诫民为永命之本，示以天人合一之理也。诫民之道若何，曰不可不敬德，王其疾敬德。又曰，知今我初服。此又以敬德为诫民永命之本也。言似叠出，而意则一贯，勤勤恳恳，如往如复，老臣诫主之诚如此。

《五诰解》卷三《召诰》

（宋）杨简撰

（归善斋按，见"越七日甲子，周公乃朝，用书命庶殷侯、甸、男邦伯"）

呜呼！曷其奈何弗敬

1.《尚书注疏》卷十四《周书》

（汉）孔氏传，（唐）陆德明音义，（唐）孔颖达疏

呜呼！曷其奈何弗敬？

传，何其奈何不忧敬之，欲其行敬。

疏，正义曰，既忧之无穷，呜呼！何其奈何不敬乎？欲其长行敬也。告庶殷者，告诸侯也。庶殷通尊卑之辞。故民与诸侯同云庶殷，皆谓所受于殷之众也。

2.《书传》卷十三《周书·召诰第十四》

（宋）苏轼撰

（归善斋按，见"诰告庶殷，越自乃御事"）

3.《尚书全解》卷三十《周书·召诰》

(宋)林之奇撰

(归善斋按,见"太保乃以庶邦冢君出取币,乃复入")

4.《尚书讲义》卷十五

(宋)史浩撰

(归善斋按,原缺)

5.《尚书详解》卷十九《周书·召诰》

(宋)夏僎撰

(归善斋按,见"太保乃以庶邦冢君出取币,乃复入")

6.《增修东莱书说》卷二十二《周书·召诰第十四》

(宋)吕祖谦撰,(宋)石澜增修

(归善斋按,见"呜呼!皇天上帝,改厥元子,兹大国殷之命")

7.《尚书说》卷五《周书·召诰》

(宋)黄度撰

呜呼!曷其奈何弗敬?天既遐终大邦殷之命,兹殷多先哲王在天。越厥后王后民,兹服厥命。厥终,智藏瘝在。夫知保抱携持厥妇子,以哀吁天,徂厥亡,出执。呜呼!天亦哀于四方民,其眷命用懋。

何其奈何不敬,言何为而敢不敬也。天已远终殷命,此殷多先哲王,精神在天。后王,纣也;后民,纣之民也。方纣之君民,凭借先王遗烈,兹服厥命矣。至其终,沉酗昏迷,智识隐藏,诸病尽在暴虐傲慢、淫荒无度也。故其民始离,唯知保护抱负,□持其妻子,哀号呼天,告愬无辜。往而逃亡,越出而又见执杀。民穷甚矣,天亦哀四方民之至于此极,为之择主,其眷命用勉于德者。殷先哲王岂不欲救纣,民心既去,天命随之。孟子曰,三代之得天下也,得其民也。其失天下也,失其民也。此"祈天永命"真切之论。

8.《絜斋家塾书钞》卷十一《周书·召诰》

（宋）袁燮撰
（归善斋按，见"呜呼！皇天上帝，改厥元子，兹大国殷之命"）

9.《书经集传》卷五《周书·召诰》

（宋）蔡沈撰
（归善斋按，见"呜呼！皇天上帝，改厥元子，兹大国殷之命"）

10.《尚书精义》卷三十七《周书·召诰》

（宋）黄伦撰
（归善斋按，见"呜呼！皇天上帝，改厥元子，兹大国殷之命"）

11.《尚书详解》卷三十二《周书·召诰》

（宋）陈经撰
（归善斋按，见"呜呼！皇天上帝，改厥元子，兹大国殷之命"）

12.《融堂书解》卷十二《周书·召诰》

（宋）钱时撰
（归善斋按，见"太保乃以庶邦冢君出取币，乃复入"）

13.《尚书要义》

（宋）魏了翁撰
（归善斋按，原缺）

14.《书集传或问》卷下《召诰》

（宋）陈大猷撰
（归善斋按，未解）

15.《尚书详解》卷八《周书·召诰第十四》

（宋）胡士行撰

（归善斋按，见"呜呼！皇天上帝，改厥元子，兹大国殷之命"）

16.《书纂言》卷四上《周书·召诰》

（元）吴澄撰

（归善斋按，见"呜呼！皇天上帝，改厥元子，兹大国殷之命"）

17.《书集传纂疏》卷五《朱子订定蔡氏集传·周书·召诰》

（元）陈栎撰

（归善斋按，见"呜呼！皇天上帝，改厥元子，兹大国殷之命"）

18.《读书丛说》卷六《召诰》

（元）许谦撰

（归善斋按，未解）

19.《书传辑录纂注》卷五《周书·召诰》

（元）董鼎撰

（归善斋按，见"呜呼！皇天上帝，改厥元子，兹大国殷之命"）

20.《尚书句解》卷八《周书·召诰第十四》

（元）朱祖义撰

呜呼（召公所以又叹而言）！曷其奈何弗敬（何哉人君奈何不敬乎？曷其，当如《礼记》言"何居"，《诗》言"子曰何其"）？

21.《尚书日记》卷十二《周书·召诰》

（明）王樵撰

（归善斋按，见"呜呼！皇天上帝，改厥元子，兹大国殷之命"）

22.《日讲书经解义》卷八《周书·召诰》

(清)库勒纳等撰
(归善斋按,见"呜呼!皇天上帝,改厥元子,兹大国殷之命")

《五诰解》卷三《召诰》

(宋)杨简撰
(归善斋按,见"越七日甲子,周公乃朝,用书命庶殷侯、甸、男邦伯")

《书义断法》卷五《周书·召诰》

(元)陈悦道撰
(归善斋按,见"唯王受命,无疆唯休,亦无疆唯恤")

天既遐终大邦殷之命,兹殷多先哲王在天

1.《尚书注疏》卷十四《周书》

(汉)孔氏传,(唐)陆德明音义,(唐)孔颖达疏
天既遐终大邦殷之命,兹殷多先哲王在天。
传,言天已远终殷命,此殷多先智王,精神在天,不能救者,以纣不行敬故。
音义,瘝,工顽反。
疏,正义曰,更述改殷之事。天既远终大国殷之王命矣,此殷多有先智之王,精神在天,不能救纣,以纣不行敬故也。
传,正义曰,天既远终殷命,言其去而不复反也。说天终殷之命而言智王在天者,言先智王虽精神在天,而不能救纣者,以纣不行敬故也。戒王使行敬。

2.《书传》卷十三《周书·召诰第十四》

（宋）苏轼撰

天既遐终大邦殷之命，兹殷多先哲王在天。越厥后王后民，兹服厥命。厥终，智藏瘝在。夫知保抱携持厥妇子，以哀吁天，徂厥亡，出执。呜呼！天亦哀于四方民，其眷命用懋。王其疾敬德。

此所谓无疆之忧也。殷虽灭，其先哲王固在天也。其后王后民，至于今，兹犹服用其福禄，其心终不忘报怨以复国也。如武庚蓄谋以伺隙者多矣。其智藏于中，其病则在也。夫，夫人也，犹曰人人也。各抱持其妇子，以哀痛呼天。徂，往，其逃亡，解出其囚执以叛我者，盖有之矣。王其可不大畏乎？天其哀我民，其亦眷命于勉德者。王其速敬德，定天命也。召公之诰王也，庶殷皆在而出此言，亦如《微子之命》有"上帝时歆，万邦作式"之语。古之人，无所忌讳，忠厚之至也。

3.《尚书全解》卷三十《周书·召诰》

（宋）林之奇撰
（归善斋按，见"太保乃以庶邦冢君出取币，乃复入"）

4.《尚书讲义》卷十五

（宋）史浩撰
（归善斋按，原缺）

5.《尚书详解》卷十九《周书·召诰》

（宋）夏僎撰
（归善斋按，见"太保乃以庶邦冢君出取币，乃复入"）

6.《增修东莱书说》卷二十二《周书·召诰第十四》

（宋）吕祖谦撰，（宋）石澜增修

天既遐终大邦殷之命，兹殷多先哲王在天。越厥后王后民，兹服厥命。厥终，智藏瘝在。夫知保抱携持厥妇子，以哀吁天，徂厥亡，出执。

呜呼！天亦哀于四方民，其眷命用懋。王其疾敬德。

以大邦之殷，一失厥道，天即弃绝其命。堂堂大邦，既为天所弃绝，今当如何。且商家贤圣之君六七作，在天之先哲王可以凭借扶持者多矣，若可世享天命。自今观之，皆不可凭借扶持矣。则成王，安可尽凭借太王、王季、文武也。商之厥后子孙，不称天意，多见远识者，则使之藏隐；而留于王朝者，皆瘝病多害之人，以此治民，故父母冻饿，兄弟妻子离散，皆保抱携持其妇子，以号呼于天，欲奔亡而避恶政，出则为纣所执，以此见商之亡，非弱也。其威令尚行于国中，其法度尚严密。出奔者，即就拘执。民果不能如纣何，而纣果能胜天下矣。然其所以终于亡者，纣之力能胜百姓，而不能胜天。民之奔亡者，纣即执之，固在威虐之中。至天哀于四方民纣之威虐，亦无所用人力，岂可以胜天哉。今王受天之眷命，必当懋勉用力，疾速于敬德可也。召公之言，至此尤切。

7.《尚书说》卷五《周书·召诰》

（宋）黄度撰

（归善斋按，见"呜呼！曷其奈何弗敬"）

8.《絜斋家塾书钞》卷十一《周书·召诰》

（宋）袁燮撰

天既遐终大邦殷之命，兹殷多先哲王在天。越厥后王后民，兹服厥命。厥终，智藏瘝在。夫知保抱携持厥妇子，以哀吁天，徂厥亡，出执。呜呼！天亦哀于四方民，其眷命用懋。王其疾敬德。

天虽终殷之命，然自成汤之下，诸先哲王其英灵犹在天。《诗》所谓"三后在天"是也。越后王、后民，言其后以服厥命。厥终，是说纣忠智之士隐藏不出，而在位者，无非瘝病之人。所谓君子在野，小人在位。民皆携持出亡，而纣又执之，使之在此受其残虐。天悯吾民如此，亦甚哀矣。今眷命用懋，王可不疾敬德乎？精神全在"疾"字上，更无等待，更无迟疑，只今便下手。观此一字，古人言语，直是各别。

9.《书经集传》卷五《周书·召诰》

(宋)蔡沈撰

天既遐终大邦殷之命,兹殷多先哲王在天。越厥后王后民,兹服厥命。厥终,智藏瘝在。夫知保抱携持厥妇子,以哀吁天,徂厥亡,出执。呜呼!天亦哀于四方民,其眷命用懋。王其疾敬德。

后王、后民,指受也。此章语多难解,大意谓,天既欲远绝大邦殷之命矣。而此殷先哲王,其精爽在天,宜若可恃者,而商纣受命,卒致贤智者退藏,病民者在位,民困虐政,保抱携持其妻子,哀号呼天,往而逃亡,出见拘执,无地自容。故天亦哀民,而眷命用归于勉德者。天命不常如此,今王其可不疾敬德乎?

10.《尚书精义》卷三十七《周书·召诰》

(宋)黄伦撰

天既遐终大邦殷之命,兹殷多先哲王在天。越厥后王后民,兹服厥命。厥终,智藏瘝在。夫知保抱携持厥妇子,以哀吁天,徂厥亡,出执。呜呼!天亦哀于四方民,其眷命用懋。

无垢曰,天于殷,本欲远其历数,而末世有纣,不知以敬存心,徇目前之欲,故远见之士,所以韬晦而在野,快一己之乐;故虐民之贼,所以得志而在位。夫神器之重,所以能负荷者,以人主心存于敬,而众智助之经营也。今愚暗,酷虐在位,而众智退藏,安得不取覆亡乎。又曰,天以民为心,四方民以哀呼天,则天亦哀于四方民矣。此自然之理,天之哀也。如之何眷顾改命四方勉于敬德者,付之以牧斯民之任焉。于时,四方勉于敬德者,唯周文武父子而已。

朱子发曰,太史公曰,儒者不言鬼神,而言物何也。曰,人之死,各反其根。魄体,阴也,故降而在下;魂气,阳也,故升而在上,则无不之矣。今也,魄降而气下之,非物而何,故圣人死曰神,贤人死曰鬼,众人死曰物。圣人清明在躬,气志如神,故五帝配上帝,傅说上比列星,圣人得其所归。众人则知富贵生死而已,其心德不出于心腹之间,衽席之上,夸张之势,自以为利焉。物欲蔽之,不能自反其初,故谓之物。以此观之，则精神之在天者，哲王也。

宋齐愈曰，智藏，言君子在野；瘝在，言小人在位。"夫知保抱携持厥妇子，以哀吁天，徂厥亡，出执"，言明弃不保。夫君子在野，小人在位，民弃不保，此有苗所以亡也。而况于王乎。纣维如此，故天亦哀于四方，其眷命用懋，此周所以代殷而王也。智，以言其明；瘝，以言其病。智者，明于爱民；而愚者，则唯病民而已。以"智"对"瘝"，则知瘝者，乃其愚民之所以吁天徂亡而见执于王者，非独王之罪，乃唯小人之所助故也。使智者在位，则民其有相亡者乎？皋陶曰，知人则哲。子曰，知人者智，有智明。言哲王，则其知人可知矣；言智藏瘝在，后王非哲也。然则，知人所以穷理，自知所以尽性。此称"殷先哲王"，而又言"智藏瘝在"，则知召公导王以穷理之事也。

11.《尚书详解》卷三十二《周书·召诰》

（宋）陈经撰

天既遐终大邦殷之命，兹殷多先哲王在天。越厥后王后民，兹服厥命。厥终，智藏瘝在。夫知保抱携持厥妇子，以哀吁天，徂厥亡，出执。呜呼！天亦哀于四方民，其眷命用懋。王其疾敬德。

此言祖宗之凭借扶持者不可恃也。遐，远也。终，久也。天之所以久远其商之命者，以商家多先哲王，精神在天，有以助佑其子孙，故其后代之王，自汤而后，如大戊、武丁是也。后民，后代之贤，如伊陟、巫咸之流是也。然则，能服其天命而不替，"服"如"服事"之"服"，所以事天也。然则，商家祖宗在天之灵如此，又岂知其终也。如纣之世，贤智之士隐藏不出，瘝病之人显而在位，而遂至于失其天命乎。贤者隐，而不肖者自然皆虐政而无善政。夫人皆知保抱其子，携持其妇，以哀而呼天，愬其无辜于上天矣。当此之时，纣不知因民心之怨而自反诸己，方且往其逃亡，谓有逃亡者，必穷极于其所往也，出必见执，谓执而杀之，使不得出也。其逃亡者，既穷其所往，其欲亡而出者，又执之使无所容其身，民以其哀而告天，故天亦以其哀而矜恤民。天之所以眷顾佑命者，必求四方之能勉于德者，故弃商而命周也。孰谓商家祖宗之凭借扶持者有足恃乎？今成王即政之初，是虽周自后稷至文王，积功累仁，成王亦不得恃此，当求之己可也。求之己，则疾敬德可也。德者在己之德，疾敬之则兴起敏速，而为之、发之以勇，而可以悠久也。

12.《融堂书解》卷十二《周书·召诰》

（宋）钱时撰

（归善斋按，见"太保乃以庶邦冢君出取币，乃复入"）

13.《尚书要义》

（宋）魏了翁撰

（归善斋按，原缺）

14.《书集传或问》卷下《召诰》

（宋）陈大猷撰

（归善斋按，未解）

15.《尚书详解》卷八《周书·召诰第十四》

（宋）胡士行撰

（归善斋按，见"呜呼！皇天上帝，改厥元子，兹大国殷之命"）

16.《书纂言》卷四上《周书·召诰》

（元）吴澄撰

天既遐终大邦殷之命，兹殷多先哲王在天。越厥后王后民，兹服厥命。厥终智藏瘝在。夫知保抱携持厥妇子，以哀吁天，徂厥亡，出执。呜呼！天亦哀于四方民，其眷命用懋。王其疾敬德。

遐，远也。终，绝也。后王，谓纣；后民，纣之民也。后王服天命，以有其民，后民服天命，以戴其君。厥终，纣之末年也。疾，犹速也。殷亡十有余年，天既久绝其命矣。殷先世多有哲王，殁而精神在天，子孙宜若可恃其佑助。而纣之末年，贤智隐藏，唯病民者在位，民困虐政，保抱扶持其妻子，哀号呼天，逃亡而出，则又往其亡出之地拘执之，无地可容。故天亦哀此民，而眷命其用懋德者，以代殷，此周文武所以兴也。天命唯归于德。今王其可以不疾敬德乎？

17.《书集传纂疏》卷五《朱子订定蔡氏集传·周书·召诰》

（元）陈栎撰

天既遐终大邦殷之命，兹殷多先哲王在天。越厥后王后民，兹服厥命。厥终智藏瘝在。夫知保抱携持厥妇子，以哀吁天，徂厥亡，出执。呜呼！天亦哀于四方民，其眷命用懋。王其疾敬德。

后王、后民指受也。此章语多难解，大意谓，天既欲远绝大邦殷之命矣。而此殷先哲王，其精爽在天，宜若可恃者，而商纣受命，卒致贤智者退藏，病民者在位，民困虐政，保抱携持其妻子，哀号呼天，往而逃亡，出见拘执，无地自容。故天亦哀民，而眷命用归于勉德者。天命不常如此，今王其可不疾敬德乎？

纂疏：

孔氏曰，殷先哲王，精神在天，不能救者，以纣不行敬故。

唐孔氏曰，夫，犹人也，言人人皆然。

愚谓，当如左氏"故夫致死焉"之"夫"。殷祖宗之难凭藉如此，言外之意，谓成王今岂可尽恃太王、王季、文王也。盖言天命不可恃，祖宗不可恃，唯敬德，庶可凝固天命，而迓续祖德耳。敬德而言"疾"最有力，盖人心操则存，舍则亡，必紧著精神，汲汲用工，则庄敬日强而能敬。苟悠悠玩忽，则安肆日偷而不能敬矣。后又言，肆唯王其疾敬德，一篇纲领在"敬"字，而"敬"字工夫，又在"疾"字。

18.《读书丛说》卷六《召诰》

（元）许谦撰

（归善斋按，未解）

19.《书传辑录纂注》卷五《周书·召诰》

（元）董鼎撰

天既遐终大邦殷之命，兹殷多先哲王在天。越厥后王后民，兹服厥命。厥终智藏瘝在。夫知保抱携持厥妇子，以哀吁天，徂厥亡，出执。呜呼！天亦哀于四方民，其眷命用懋。王其疾敬德。

后王、后民指受也。此章语多难解，大意谓，天既欲远绝大邦殷之命矣。而此殷先哲王，其精爽在天，宜若可恃者，而商纣受命，卒致贤智者退藏，病民者在位，民困虐政，保抱携持其妻子，哀号呼天，往而逃亡者，出见拘执，无地自容，故天亦哀民，而眷命用归于勉德者。天命不常如此，今王其可不疾敬德乎？

纂注：

孔氏曰，殷多先哲王，精神在天，不能救者，以纣不行敬故。

汉上朱氏曰，人之死各返其根。体魄，阴也，故降而在下；魂气，阳也，故升而在上，则无不之矣。众人物欲蔽之，故魂散而气不能升，唯圣人清明在躬，志义如神，故其死也，精神在天，与天为一。

叶氏曰，"智藏瘝在"，言至纣而愚，其智则藏，而独病民之心存也。吁，和也，祈和于天也。

唐孔氏曰，夫，犹"人"也，言人人皆然。

新安胡氏曰，当如《传》所谓"故夫致死焉"之"夫"。

袁氏曰，疾敬德者，更无等待迟疑，只今便下手。

新安陈氏曰，祖宗之不可凭借如此，言外之意盖谓，成王今日安可尽恃太王、王季、文武也。此章言天命不可恃，祖宗不可恃，唯敬德庶可凝固天命，而迓续祖德尔。敬德而言"疾"最有力，盖人心操则存，舍则亡，必紧著精神，汲汲用工，则庄敬日强而能敬。苟悠悠玩愒，则安肆日偷而不能敬矣。后又言，肆唯王其疾敬德，一篇纲领在"敬"字，而敬之工夫又在"疾"字。

20.《尚书句解》卷八《周书·召诰第十四》

（元）朱祖义撰

天既遐终大邦殷之命（天既远绝大邦殷之命矣），兹殷多先哲王在天（然商家多有在先明哲之王，精爽在天，其德泽深远）。

21.《尚书日记》卷十二《周书·召诰》

(明) 王樵撰

"天既遐终大邦殷之命"至"王其疾敬德"。

孔氏曰,言天已远终商命,此商多先哲王,精神在天,不能救者,以纣不行敬故也。

正义曰,遐终者,言其一去不复返也。

方殷之未亡,即今日之休也。而厥命遐终于灭德之纣。兹殷多先哲王在天,不能下为其子孙之庇,纣以暴其民甚而自亡。我文武以勉德而受眷命,此见天命之不常,而无疆之忧乃在。于方休之日,知忧其忧,而疾敬其德,则休可常保。不然天命已改而不知,犹谓我生不有命在天,纣即不敬德之明监也。至是纣虽欲悔过而已后矣。敬德岂可以不疾乎?

袁氏曰,疾敬德者,更无等待迟疑,只今便下手。

按后王,唯谓祖宗可恃,则谓今日耽乐未害,而不能疾敬其德。故召公极言以殷先哲王之多累世基业之厚,宜若未易动,而纣一失道,大命遂一去而不复返。可见天命无常,而祖宗不可恃。故王当疾敬其德。盖监于亡殷,自凝新命,正在此时,少缓则后矣。所谓心存,则有以审夫得失之几。得失之几,唯见之蚤,则戒慎恒先于事。敬德,岂容于不疾乎?

22.《日讲书经解义》卷八《周书·召诰》

(清) 库勒纳等撰

天既遐终大邦殷之命,兹殷多先哲王在天。越厥后王后民,兹服厥命。厥终智藏瘝在。夫知保抱携持厥妇子,以哀吁天,徂厥亡,出执。呜呼!天亦哀于四方民,其眷命用懋。王其疾敬德。

此一节书,是召公举殷之所以亡,而以疾敬警成王也。遐,远也。终,绝也。后王,后民指纣言。瘝,解作病。吁,呼号也。徂,往也。懋,勉也。疾者,急速之意。召公曰,天既远绝殷之命,使之一失而不可复返。此岂殷先王之德无可恃者乎?自成汤以后,世有令主,其灵爽在天,宜若有能眷顾之者,但因其后王受命以来,不能敬德用贤,卒使贤智之人退藏于野,病民之人反在上位。小民不能胜其残虐,咸保抱其子,携持其妻，以哀恸号呼于天，出而逃亡，又见拘执。民之可哀甚矣。呜呼！天心仁爱，不忍此四方之民，重罹荼毒，于是眷顾申命勉德之文武，而使之有天下。虽殷先王在天之灵，其亦无如之何矣。王其可不监于此，而敏皇以自敬其德乎。勿谓世德之可凭，而不加勉也。前言敬德，而此言疾敬，盖使之直下承担。便以圣帝贤王自期；而不安于世主，便以天命人心为畏，而不狃于晏安，去其疑贰姑待之心，作其奋发果敢之气。篇中反复申明，皆此意也。

《五诰解》卷三《召诰》

（宋）杨简撰

天既遐终大邦殷之命，兹殷多先哲王在天。越厥后王后民，兹服厥命。

殷先哲王及厥后王后民，皆服天命无违，皆言不为无道，故不违天。

越厥后王后民，兹服厥命

1.《尚书注疏》卷十四《周书》

（汉）孔氏传，（唐）陆德明音义，（唐）孔颖达疏

越厥后王后民，兹服厥命。

传，于其后王后民，谓先智王之后，继世君臣，此服其命，言不忝。

疏，正义曰，于其智王之后人，谓继世之君及其时之人，皆服行其君之命，由其亦能行敬，故得不忝其先祖。

传，正义曰，先智王之后继世君臣，谓智王之后，纣以前，能守位不失者。经言"后王后民"，传言"君臣"者，见民内有臣民，于此皆服行君之命，言不忝辱父祖也。

2.《书传》卷十三《周书·召诰第十四》

（宋）苏轼撰

（归善斋按，见"天既遐终大邦殷之命，兹殷多先哲王在天"）

3.《尚书全解》卷三十《周书·召诰》

(宋)林之奇撰
(归善斋按,见"太保乃以庶邦冢君出取币,乃复入")

4.《尚书讲义》卷十五

(宋)史浩撰
(归善斋按,原缺)

5.《尚书详解》卷十九《周书·召诰》

(宋)夏僎撰
(归善斋按,见"太保乃以庶邦冢君出取币,乃复入")

6.《增修东莱书说》卷二十二《周书·召诰第十四》

(宋)吕祖谦撰,(宋)石𬭎增修
(归善斋按,见"天既遐终大邦殷之命,兹殷多先哲王在天")

7.《尚书说》卷五《周书·召诰》

(宋)黄度撰
(归善斋按,见"呜呼!曷其奈何弗敬")

8.《絜斋家塾书钞》卷十一《周书·召诰》

(宋)袁燮撰
(归善斋按,见"天既遐终大邦殷之命,兹殷多先哲王在天")

9.《书经集传》卷五《周书·召诰》

(宋)蔡沈撰
(归善斋按,见"天既遐终大邦殷之命,兹殷多先哲王在天")

10.《尚书精义》卷三十七《周书·召诰》

（宋）黄伦撰

（归善斋按，见"天既遐终大邦殷之命，兹殷多先哲王在天"）

11.《尚书详解》卷三十二《周书·召诰》

（宋）陈经撰

（归善斋按，见"天既遐终大邦殷之命，兹殷多先哲王在天"）

12.《融堂书解》卷十二《周书·召诏》

（宋）钱时撰

（归善斋按，见"太保乃以庶邦冢君出取币，乃复入"）

13.《尚书要义》

（宋）魏了翁撰

（归善斋按，原缺）

14.《书集传或问》卷下《召诰》

（宋）陈大猷撰

（归善斋按，未解）

15.《尚书详解》卷八《周书·召诰第十四》

（宋）胡士行撰

（归善斋按，见"呜呼！皇天上帝，改厥元子，兹大国殷之命"）

16.《书纂言》卷四上《周书·召诰》

（元）吴澄撰

（归善斋按，见"天既遐终大邦殷之命，兹殷多先哲王在天"）

17.《书集传纂疏》卷五《朱子订定蔡氏集传·周书·召诰》

（元）陈栎撰

（归善斋按，见"天既遐终大邦殷之命，兹殷多先哲王在天"）

18.《读书丛说》卷六《召诰》

（元）许谦撰

（归善斋按，未解）

19.《书传辑录纂注》卷五《周书·召诰》

（元）董鼎撰

（归善斋按，见"天既遐终大邦殷之命，兹殷多先哲王在天"）

20.《尚书句解》卷八《周书·召诰第十四》

（元）朱祖义撰

越厥后王后民，兹服厥命（谓纣之身与纣之民，所以能服受其天命）。

21.《尚书日记》卷十二《周书·召诰》

（明）王樵撰

（归善斋按，见"天既遐终大邦殷之命，兹殷多先哲王在天"）

22.《日讲书经解义》卷八《周书·召诰》

（清）库勒纳等撰

（归善斋按，见"天既遐终大邦殷之命，兹殷多先哲王在天"）

《五诰解》卷三《召诰》

（宋）杨简撰

（归善斋按，见"天既遐终大邦殷之命，兹殷多先哲王在天"）

厥终，智藏瘝在

1. 《尚书注疏》卷十四《周书》

（汉）孔氏传，（唐）陆德明音义，（唐）孔颖达疏

厥终，智藏瘝在。

传，其终，后王之终，谓纣也。贤智隐藏，瘝病者在位，言无良臣。

疏，正义曰，其此后王之终，谓纣之时，贤智者隐藏，瘝病者在位，言其时无良臣，多行无礼暴虐。

传，正义曰，既言后王，又复言其终，知是后王之终，谓纣也。以瘝从病类，故言瘝病也。郑、王皆以"瘝"为"病"，小人在位，残暴在下，故以病言之。

2. 《书传》卷十三《周书·召诰第十四》

（宋）苏轼撰

（归善斋按，见"天既遐终大邦殷之命，兹殷多先哲王在天"）

3. 《尚书全解》卷三十《周书·召诰》

（宋）林之奇撰

（归善斋按，见"太保乃以庶邦冢君出取币，乃复入"）

4. 《尚书讲义》卷十五

（宋）史浩撰

（归善斋按，原缺）

5. 《尚书详解》卷十九《周书·召诰》

（宋）夏僎撰

（归善斋按，见"太保乃以庶邦冢君出取币，乃复入"）

6. 《增修东莱书说》卷二十二《周书·召诰第十四》

（宋）吕祖谦撰，（宋）石澜增修

（归善斋按，见"天既遐终大邦殷之命，兹殷多先哲王在天"）

7. 《尚书说》卷五《周书·召诰》

（宋）黄度撰

（归善斋按，见"呜呼！曷其奈何弗敬"）

8. 《絜斋家塾书钞》卷十一《周书·召诰》

（宋）袁燮撰

（归善斋按，见"天既遐终大邦殷之命，兹殷多先哲王在天"）

9. 《书经集传》卷五《周书·召诰》

（宋）蔡沈撰

（归善斋按，见"天既遐终大邦殷之命，兹殷多先哲王在天"）

10. 《尚书精义》卷三十七《周书·召诰》

（宋）黄伦撰

（归善斋按，见"天既遐终大邦殷之命，兹殷多先哲王在天"）

11. 《尚书详解》卷三十二《周书·召诰》

（宋）陈经撰

（归善斋按，见"天既遐终大邦殷之命，兹殷多先哲王在天"）

12. 《融堂书解》卷十二《周书·召诏》

（宋）钱时撰

（归善斋按，见"太保乃以庶邦冢君出取币，乃复入"）

13. 《尚书要义》

（宋）魏了翁撰

（归善斋按，原缺）

14. 《书集传或问》卷下《召诰》

（宋）陈大猷撰

（归善斋按，未解）

15. 《尚书详解》卷八《周书·召诰第十四》

（宋）胡士行撰

（归善斋按，见"呜呼！皇天上帝，改厥元子，兹大国殷之命"）

16. 《书纂言》卷四上《周书·召诰》

（元）吴澄撰

（归善斋按，见"天既遐终大邦殷之命，兹殷多先哲王在天"）

17. 《书集传纂疏》卷五《朱子订定蔡氏集传·周书·召诰》

（元）陈栎撰

（归善斋按，见"天既遐终大邦殷之命，兹殷多先哲王在天"）

18. 《读书丛说》卷六《召诰》

（元）许谦撰

（归善斋按，未解）

19. 《书传辑录纂注》卷五《周书·召诰》

（元）董鼎撰

（归善斋按，见"天既遐终大邦殷之命，兹殷多先哲王在天"）

20.《尚书句解》卷八《周书·召诰第十四》

（元）朱祖义撰

厥终,智藏瘝在（奈何其终不能敬于为君,斥退君子,而智者至于藏匿;信任小人,而病民者至于在位。瘝,音官）。

21.《尚书日记》卷十二《周书·召诰》

（明）王樵撰

（归善斋按,见"天既遐终大邦殷之命,兹殷多先哲王在天"）

22.《日讲书经解义》卷八《周书·召诰》

（清）库勒纳等撰

（归善斋按,见"天既遐终大邦殷之命,兹殷多先哲王在天"）

《五诰解》卷三《召诰》

（宋）杨简撰
厥终,智藏瘝在。
贤知者隐藏,瘝病者在位。谓之瘝者,今俗言人有不善,曰有病痛。

夫知保抱携持厥妇子,以哀吁天,徂厥亡,出执

1.《尚书注疏》卷十四《周书》

（汉）孔氏传,（唐）陆德明音义,（唐）孔颖达疏
夫知保抱携持厥妇子,以哀吁天,徂厥亡,出执。
传,言困于虐政,夫知保抱其子,携持其妻,以哀号呼天,告冤无辜,往其逃亡,出见执杀,无地自容,所以穷。
音义,夫知,并如字,注同。吁,音喻,呼也。号,户高反。
疏,正义曰,于时之民,困于虐政。夫知保抱携持其妇子,以哀号呼

天，告冤枉无辜，往其逃亡，出见执政，言无地自容，以困穷也。

传，正义曰，"夫知保抱携持"者，言困于虐政，抱子携妻，欲去之。夫犹人人，言天下尽然也。"保"训"安"也。王肃云，匹夫知欲安其室，抱其子，携其妻，以悲呼天也。

2.《书传》卷十三《周书·召诰第十四》

（宋）苏轼撰

（归善斋按，见"天既遐终大邦殷之命，兹殷多先哲王在天"）

3.《尚书全解》卷三十《周书·召诰》

（宋）林之奇撰

（归善斋按，见"太保乃以庶邦冢君出取币，乃复入"）

4.《尚书讲义》卷十五

（宋）史浩撰

（归善斋按，原缺）

5.《尚书详解》卷十九《周书·召诰》

（宋）夏僎撰

（归善斋按，见"太保乃以庶邦冢君出取币，乃复入"）

6.《增修东莱书说》卷二十二《周书·召诰第十四》

（宋）吕祖谦撰，（宋）石𣿰增修

（归善斋按，见"天既遐终大邦殷之命，兹殷多先哲王在天"）

7.《尚书说》卷五《周书·召诰》

（宋）黄度撰

（归善斋按，见"呜呼！曷其奈何弗敬"）

8. 《絜斋家塾书钞》卷十一《周书·召诰》

(宋)袁燮撰
(归善斋按,见"天既遐终大邦殷之命,兹殷多先哲王在天")

9. 《书经集传》卷五《周书·召诰》

(宋)蔡沈撰
(归善斋按,见"天既遐终大邦殷之命,兹殷多先哲王在天")

10. 《尚书精义》卷三十七《周书·召诰》

(宋)黄伦撰
(归善斋按,见"天既遐终大邦殷之命,兹殷多先哲王在天")

11. 《尚书详解》卷三十二《周书·召诰》

(宋)陈经撰
(归善斋按,见"天既遐终大邦殷之命,兹殷多先哲王在天")

12. 《融堂书解》卷十二《周书·召诰》

(宋)钱时撰
(归善斋按,见"太保乃以庶邦冢君出取币,乃复入")

13. 《尚书要义》

(宋)魏了翁撰
(归善斋按,原缺)

14. 《书集传或问》卷下《召诰》

(宋)陈大猷撰
(归善斋按,未解)

15. 《尚书详解》卷八《周书·召诰第十四》

（宋）胡士行撰

（归善斋按，见"呜呼！皇天上帝，改厥元子，兹大国殷之命"）

16. 《书纂言》卷四上《周书·召诰》

（元）吴澄撰

（归善斋按，见"天既遐终大邦殷之命，兹殷多先哲王在天"）

17. 《书集传纂疏》卷五《朱子订定蔡氏集传·周书·召诰》

（元）陈栎撰

（归善斋按，见"天既遐终大邦殷之命，兹殷多先哲王在天"）

18. 《读书丛说》卷六《召诰》

（元）许谦撰

（归善斋按，未解）

19. 《书传辑录纂注》卷五《周书·召诰》

（元）董鼎撰

（归善斋按，见"天既遐终大邦殷之命，兹殷多先哲王在天"）

20. 《尚书句解》卷八《周书·召诰第十四》

（元）朱祖义撰

夫知保抱携持厥妇子（天下之民，弗忍荼毒。夫人皆知保抱其子，携持其妇），以哀吁天（以哀苦呼告上天。吁，音喻），徂厥亡，出执（而纣又往其所往出之地，而拘执之）。

21. 《尚书日记》卷十二《周书·召诰》

（明）王樵撰

（归善斋按，见"天既遐终大邦殷之命，兹殷多先哲王在天"）

22.《日讲书经解义》卷八《周书·召诰》

（清）库勒纳等撰
（归善斋按，见"天既遐终大邦殷之命，兹殷多先哲王在天"）

《五诰解》卷三《召诰》

（宋）杨简撰

夫知保抱携持厥妇子，以哀吁天，徂厥亡，出执。呜呼！天亦哀于四方民，其眷命用懋。王其疾敬德。

夫，意谓皆也。夫人皆知保抱携持其妇子，哀痛呼天，其徂往亡逃而出境者，则执之。用懋，谓太王、王季、文王、武王。懋。即敬德。周公行即归政，故召公勉成王敬德。

呜呼！天亦哀于四方民，其眷命用懋

1.《尚书注疏》卷十四《周书》

（汉）孔氏传，（唐）陆德明音义，（唐）孔颖达疏

呜呼！天亦哀于四方民，其眷命用懋。

传，民哀呼天，天亦哀之，其顾视天下有德者，命用勉敬者，为民主。

疏，正义曰，天亦哀矜于四方之民，其眷顾天下，选择贤圣，命用勉力行敬者，以为民主。故王今得之也。

2.《书传》卷十三《周书·召诰第十四》

（宋）苏轼撰

（归善斋按，见"天既遐终大邦殷之命，兹殷多先哲王在天"）

3.《尚书全解》卷三十《周书·召诰》

（宋）林之奇撰

（归善斋按，见"太保乃以庶邦冢君出取币，乃复入"）

4.《尚书讲义》卷十五

（宋）史浩撰

（归善斋按，原缺）

5.《尚书详解》卷十九《周书·召诰》

（宋）夏僎撰

（归善斋按，见"太保乃以庶邦冢君出取币，乃复入"）

6.《增修东莱书说》卷二十二《周书·召诰第十四》

（宋）吕祖谦撰，（宋）石𤀆增修

（归善斋按，见"天既遐终大邦殷之命，兹殷多先哲王在天"）

7.《尚书说》卷五《周书·召诰》

（宋）黄度撰

（归善斋按，见"呜呼！曷其奈何弗敬"）

8.《絜斋家塾书钞》卷十一《周书·召诰》

（宋）袁燮撰

（归善斋按，见"天既遐终大邦殷之命，兹殷多先哲王在天"）

9.《书经集传》卷五《周书·召诰》

（宋）蔡沈撰

（归善斋按，见"天既遐终大邦殷之命，兹殷多先哲王在天"）

10. 《尚书精义》卷三十七《周书·召诰》

（宋）黄伦撰

（归善斋按，见"天既遐终大邦殷之命，兹殷多先哲王在天"）

11. 《尚书详解》卷三十二《周书·召诰》

（宋）陈经撰

（归善斋按，见"天既遐终大邦殷之命，兹殷多先哲王在天"）

12. 《融堂书解》卷十二《周书·召诰》

（宋）钱时撰

（归善斋按，见"太保乃以庶邦冢君出取币，乃复入"）

13. 《尚书要义》

（宋）魏了翁撰

（归善斋按，原缺）

14. 《书集传或问》卷下《召诰》

（宋）陈大猷撰

（归善斋按，未解）

15. 《尚书详解》卷八《周书·召诰第十四》

（宋）胡士行撰

（归善斋按，见"呜呼！皇天上帝，改厥元子，兹大国殷之命"）

16. 《书纂言》卷四上《周书·召诰》

（元）吴澄撰

（归善斋按，见"天既遐终大邦殷之命，兹殷多先哲王在天"）

17.《书集传纂疏》卷五《朱子订定蔡氏集传·周书·召诰》

（元）陈栎撰

（归善斋按，见"天既遐终大邦殷之命，兹殷多先哲王在天"）

18.《读书丛说》卷六《召诰》

（元）许谦撰

（归善斋按，未解）

19.《书传辑录纂注》卷五《周书·召诰》

（元）董鼎撰

（归善斋按，见"天既遐终大邦殷之命，兹殷多先哲王在天"）

20.《尚书句解》卷八《周书·召诰第十四》

（元）朱祖义撰

呜呼（嗟叹）！天亦哀于四方民，其眷命用懋（纣酷虐如此，故天亦哀念四方之民，其眷顾之命于是别用能勉力于敬德者，以为王）。

21.《尚书日记》卷十二《周书·召诰》

（明）王樵撰

（归善斋按，见"天既遐终大邦殷之命，兹殷多先哲王在天"）

22.《日讲书经解义》卷八《周书·召诰》

（清）库勒纳等撰

（归善斋按，见"天既遐终大邦殷之命，兹殷多先哲王在天"）

《五诰解》卷三《召诰》

（宋）杨简撰

（归善斋按，见"夫知保抱携持厥妇子"）

王其疾敬德，相古先民有夏

1.《尚书注疏》卷十四《周书》

（汉）孔氏传，（唐）陆德明音义，（唐）孔颖达疏

王其疾敬德，相古先民有夏。

传，言王当疾行敬德，视古先民有夏之王，以为法戒之。

疏，正义曰，既言皇天眷顾命用勉敬者，为人主，故戒王言，其疾行敬德，视古先民有夏之君，取大禹以为法，戒禹以能敬之。

传，正义曰，劝王疾行敬德，乃言天道安夏，知夏禹能行敬德。

2.《书传》卷十三《周书·召诰第十四》

（宋）苏轼撰

相古先民有夏。天迪从子保，面稽天若；今时既坠厥命。今相有殷，天迪格保，面稽天若；今时既坠厥命。今冲子嗣，则无遗寿耇，曰其稽我古人之德，矧曰其有能稽谋自天。

从子，与子也。尧舜与贤禹与子面向也。言我观夏殷之世，天之迪夏也，迪其与子而保安之；其迪殷也，迪其能用伊尹，格天之臣，而保安之。夏殷之哲王皆能向天之所顺，以考其意，而其后王，皆以失道而坠厥命矣。今王其无弃老成人，以考古人之德，况能博谋于众，以求天心乎？

（归善斋按，另见"天既遐终大邦殷之命，兹殷多先哲王在天"）

3.《尚书全解》卷三十《周书·召诰》

（宋）林之奇撰

相古先民有夏。天迪从子保，面稽天若；今时既坠厥命。今相有殷，天迪格保，面稽天若；今时既坠厥命。今冲子嗣，则无遗寿耇，曰其稽我古人之德，矧曰其有能稽谋自天。呜呼！有王虽小，元子哉，其丕能诚于小民今休。王不敢后，用顾畏于民碞。王来绍上帝，自服于土中。旦曰，

其作大邑，其自时配皇天。毖祀于上下，其自时中乂。王厥有成命治民，今休。

前既言纣以不敬之故，不能席其先哲王之余庆，以服天命，聚小人于朝，俾之肆其暴虐，以残害于尔百姓。天既哀四方之民无辜而罹其凶害，已剿绝其命，而改命我周邦矣，则周王固不可不以商为监，而勉行敬德者。然周之所继者商也，周固当以商为监；商之所继者，夏也，商其可不以夏为监乎？《诗》曰殷监不远，在夏后之世。则周之监，其在殷之世也，明矣。天以禹之圣德，而眷命有夏，复以桀之不敬，而坠其命。坠夏之命，则商以敬德而伐之纣，复以不敬而天坠其命。周之伐殷，正如殷之伐夏，使王不能战战兢兢以尽其寅畏之诚而敬德不赞，则天坠其命亦将如殷矣。此所以又兼夏商以为言也。相，视也。古先民有夏，指禹也。禹贵为天子而谓之先民者，胡博士曰，古者先昔曰先民，言古先民者，甚久之辞也，言我视古先民有夏之君如禹者，其所行之敬德，未尝以须臾废，故天道而从之，视之如子而保之，此夏之所以享天休命，而君天下也。天于有夏之君道而从之，视之如子而保之，则天之于我其仁爱也至矣。而有夏之君又能面考天意而顺之，夫天意之所在唯敬德者则佑之也。面考天意而顺之，不过勉行敬德以达天之休而已。今是桀不能行禹所以顺天之道，故天以坠其王天下之命也。今复相视有殷之君如汤者，其所行之敬德，亦未尝以须□废，故天道而保格之，有殷之君亦能面考天意而顺之。今是纣不能行汤所以顺天之道，故天以坠其王天下之命也。予唯相视夏殷之君，其始也，"迪从子保"，"迪格保"，非天私之也，以其敬德故也；其终也，皆非其命，唯天偏疾之也，以其不敬德故也。大抵天之降灾祥，唯视德之所在。德则与，否则亡，如影响焉，无有毫厘之差也。当禹、汤以其圣德，克当天心，宜其天意之眷顾，不容释也，然使一日不敬德，则命不可恃。故禹、汤未尝以天命之所佑助，而有骄怠，其云为动作，未尝不顺天也。盖使禹、汤不知所以顺天，则其坠厥命，不至于桀、纣之世；使桀、纣而知敬德，则"天迪从子保""格保"将千万年而不替也。以是知天之于禹、汤、桀、纣，非有好恶于其间也，唯视其敬德与不敬德而已矣。有夏，言"古先民有夏"，有殷不言者，蒙上文也。

苏氏以"从子"为"与子"，谓我观夏、殷之世，天之迪夏也，迪其

"与子"而保安之；其迪殷也，迪其能用伊尹，格天之臣而保安之。其意谓，尧以天下传之舜，舜以天下传之禹，皆不私其子，而传之贤至。禹始以其子启为可以托天下，故传之子，所以迪夏则言"从子"也。夫以"从子"为"与子"，言迪其"与子"而保之，虽非经之本义，犹为可说也。至于以"格"为用伊尹格天之臣，此则不可。夫经之言，"格"之一字，苏氏既以为"格天"，又以"格天"为伊尹，又以汤能用伊尹格天之臣，其蔓衍附会，一至于此，则何说之不可为哉。故此只当从王氏说。夏言"从子"，殷言"格"之至相备尔，与夏言服天命，殷言受天命同意。此盖史官经纬其文，以成述作之体。书之内如此类多矣。不可以一一为之说也。唐孔氏曰，此说二代兴亡，其意同也。于禹言从而子安之，则天于汤亦子安之，故于汤因上文直言格保，此正王氏之意。盖"格"与唯"帝降格于夏"之"格"同。

天既以纣之不敬厥德坠其命而改命周邦，今成王以幼冲之资，而继武王之大业，故其措天下于泰山之安，以无忝乃祖考者，宜如何哉？唯于寿耇之人无所遗矣，则可以保天之命也。古之圣王尊礼黄发属任以政者，盖以其更历天下之事，练习为治之体故也。昔鬻熊年九十余，见文王，文王曰老矣。熊曰，君若使臣捕虎，臣已老矣；使臣坐而□国事，臣年尚未也。盖非老成之人，则不能深谋远虑，以辅成人主之德。然年少未更事者，于老成之人，则狎侮之者多矣。秦穆公贤君也，其于蹇叔，犹曰尔何知中寿尔，墓之木拱矣，而况于他人乎？故成王冲子嗣位，尤不可以遗寿耇者，谓其欲以稽考古人之德故也。古人尝以是而兴者，吾必因之；尝以是而败者，吾必改之。然非老成之人，多识前言往行，则我虽欲稽于古人，其道无由，故考稽古人之德者，必有寿耇为吾之股肱心膂，而后可稽古人之德，固为善矣。况能稽谋于天，则其善又如何哉？盖道之大，原出于天，古人之所为，亦唯法天，而禹、汤以敬德之故，而"天迪从子保""格保"；桀、纣以不敬德之故，而既坠厥命，其善可法，其恶可鉴。稽古人之德者，不可不知也。然幼冲之人，何自而知之，此所以必有赖于寿耇者也。稽古人之德，固当以禹、汤之遗范为吾之楷，则然禹、汤之所以成其德者，亦唯"面稽天若"故也。治天下必欲无一不合于禹、汤，斯可也。然又能无一不合于天，则其德无以加矣。

成王，武王长子也，故又嗟叹曰，王虽幼冲，乃元子也。其大能以至诚感于小民，则于今为美。欲感于小民，则王当不敢后，用顾畏民嵒也。先儒及王氏，皆以"民嵒"为僭言，民有僭而不信者，不可不省顾而畏慎之也。其说不如苏氏曰"嵒险"也。民犹水也，水能载舟，亦能覆舟。物无险于民者矣，唯民之从违无常，而有险之道，则王者顾之而不忘畏之，而不忽所不当后而用之也。盖无先于此者矣。先于此，则可以诚于小民故也。

　　王之来此洛邑，继上帝之命，而有事于此天地之中者，盖以周公之言，其建为大邑于此，其使成王自是以配皇天也。言"王来绍上帝"，则当是时，成王在洛可知矣。而说者以成王唯在丰镐，未尝来也，其误亦明矣。君前臣名，故召公称周公之言以为"旦曰"也。栾针，栾书之子也，在君之前虽其父名，亦称之，盖以君臣之分，不可以父子之私而废之也。况于周召乎。天与帝，一也。苟言及覆焘高明之德者，皆可指而称之，非有异义也，故书之所记，盖多有连称天与帝者，此但变文而已。《益稷》曰"以昭事上帝，天其申命用休"，《洪范》曰，"帝乃震怒，不畀洪范九畴"，"天乃锡禹洪范九畴"，《泰誓》曰"天佑下民，作之君，作之师，唯其克相上帝"，康诰曰"我西土唯时怙冒闻于上帝，帝休，天乃大命文王殪戎殷"，此篇曰"王来绍上帝"，又曰"其自时配皇天"，若此之类皆变文也，"绍上帝"，即"配皇天"也。必欲从而为之说，则凿矣。王氏曰，帝天德而绍之者王。王，人道也；皇，天道也。唯道为能建中；唯建中为能配天道。中天而宅之，建中以配天道，非特"绍上帝"而已。"来绍上帝"者，王之事也；"配皇天"者，皇之事也。此凿说也。《汉郊祀志》曰，其神尝以夜东方来，若雄雉，其声殷殷，如野鸡夜鸣。颜师古曰。上言雄雉，下言野鸡，史驳文也。书之先言帝，而后言天者，颜师古所谓"驳文"也。

　　夫天下之中，天地之所合也，四时之所交也，风雨之所会也，阴阳之所和也，故宅中土，则可以祀天地而神歆之矣。盖欲配皇天，则于上下之祀，不可不慎。慎于祀天地神祇，然后可以治民也，故周公谓作大邑于此，以举祭祀之典，而后能配皇天，又当于此土中致其治也。《洛诰》曰"王肇称殷礼"，又曰"称秩元祀"，又曰"夙夜毖祀"，即毖祀于上下也。

作邑之事，今王既有成命矣，使召公相宅，卜吉也，则攻位而位成，周公又达观之而用书以命庶殷，此王有成命也。唯能于此治民，则于今为美矣。召公之戒成王，大意谓，天命之无常，桀以不敬厥德而坠禹之命；纣以不敬厥德而坠汤之命。欲成王体夫禹、汤所以顺天之道，以祈天永命而已。既而所言，唯欲王之诚于小民，又欲王之治民，则皆以为今休者，盖天之聪明，虽无所不闻，无所不见，而其视听，则本于斯民。民之所归，天未有不佑之也；民之所弃，天未有不祸之也。成王之能诚于小民，能治民，则信为美矣。所谓敬德无大于此，天岂容释之哉。苟为不然，诞慢矫诈以欺斯民，般乐怠傲以困斯民，则虽宅土中而祀于上下，天命岂私之哉。

（归善斋按，另见"太保乃以庶邦冢君出取币，乃复入"）

4.《尚书讲义》卷十五

（宋）史浩撰

相古先民有夏。天迪从子保，面稽天若；今时既坠厥命。今相有殷，天迪格保，面稽天若；今时既坠厥命。今冲子嗣，则无遗寿耇，曰其稽我古人之德，矧曰其有能稽谋自天。呜呼！有王虽小，元子哉，其丕能诚于小民今休。王不敢后，用顾畏于民碞。王来绍上帝，自服于土中。

相，考也。先民，古圣人也。面，向也。考古圣人，有夏曰禹，天顺其与子而保民，禹亦面考天道而顺之也；有商曰汤，天顺其格天而保民，汤亦面考天道而顺之也。今皆既坠厥命，岂禹、汤之罪哉。桀、纣废弃而失之也。今幼冲之子成王，嗣文武之业，无遗寿耇之人，周公为之师，召公为之保也。考古人之德，知文武畀付之意，亦若禹、汤之望其后嗣也。矧又能考谋自天。其都洛之举，非人谋也，考之于天亦能面考天道而顺之也。顺天矣，若小民不诚，亦何贵于君乎？故召公又曰，有王虽小，实武王之元子也，大能诚感于小民。今有休美矣。夫使诸侯及庶殷大作以听命，非有以感于民心，其能若是，皆周公，召公归美之辞也。王不敢后者，不敢不敬天也。用顾畏于民碞者，不唯畏天，亦畏民心之险也。上而钦天，而天予下而畏民，而民从则来绍上帝，荷上帝之歆，以宅土中，享四方之归，岂不宜哉。

5.《尚书详解》卷十九《周书·召诰》

(宋)夏僎撰

相古先民有夏。天迪从子保,面稽天若;今时既坠厥命。今相有殷,天迪格保,面稽天若;今时既坠厥命。今冲子嗣,则无遗寿耇,曰其稽我古人之德,矧曰其有能稽谋自天。

太保既言纣以不敬之故,虽席先哲余庆,犹不能永保天命,故又言成王诚不可以敏于敬德。欲其敏敬德,故又举夏商存亡以为监戒。相,视也。先民,犹言古先之人,谓我尝相视古之先民,有夏之君谓禹也。禹唯敬德,故天启迪之,使之以子而保天下,而禹亦能面考天意所顺。谓天使之与子,而禹则顺之而与子也。今乃其孙桀,不能敬德,则虽以禹之余庆,亦不能救,故陨坠其天命。夏之事既然矣。今又相视有殷,谓汤也。汤能敬德,故天启迪之,使以格天之功保天下,而汤亦能面考天意所顺,谓使之以格天之功有天下,而汤亦顺之而以格天之功有天下也。一说以此"格"字为此"革"字,谓古字多通用。谓自尧舜多禅位于贤,至禹,天始迪使与子。自尧舜禹,皆揖逊而兴,至汤,天始迪之使革命,此极有理。第"格""革"二字未见通用明说,故未敢决从。要之,远胜前说也。

召公此意,天之于禹、汤非固爱之;天之于桀、纣非固恶之,唯在敬德与不敬而已。欲成王知所监戒也。召公既言夏商以敬德兴,以不敬德亡,故言今成王以冲子嗣立,则不可遗失有寿而老者,盖老成之人多识前言往行,可以稽考古人之德,而又明天理,故可以稽谋猷于天,此召公所以言"则无遗寿耇,曰其稽我古人之德,矧曰其有能稽谋自天"也。盖谓老成之人非特可以考古道,况可以考天理也。

6.《增修东莱书说》卷二十二《周书·召诰第十四》

(宋)吕祖谦撰,(宋)时澜增修

相古先民有夏。天迪从子保,面稽天若;今时既坠厥命。今相有殷,天迪格保,面稽天若;今时既坠厥命。今冲子嗣,则无遗寿耇,曰其稽我古人之德,矧曰其有能稽谋自天。

我相古先王有夏，传之于子，从而导迪保佑之，而夏能保天意而顺若。天于夏如此；夏先王于天如此，非不可为后世凭借扶持，以今观之，既坠其命矣。又相有殷天之所以导迪保佑者，亦非不尽其至，而汤亦能稽顺天意，以今观之，亦坠其命矣。然则前人诚不可倚也。今王以幼冲而继嗣，必无遗老成人，询以事天治国之理。王果能不遗老成人，我方谓王能稽古人之德，况谓庶几能稽谋自天，言咨询老成，方庶几尔。

7.《尚书说》卷五《周书·召诰》

(宋) 黄度撰

相古先民有夏。天迪从子保，面稽天若；今时既坠厥命。今相有殷，天迪格保，面稽天若；今时既坠厥命。今冲子嗣，则无遗寿耇，曰其稽我古人之德，矧曰其有能稽谋自天。

疾，敏速也。天之去就如是，王必敏速敬德。相视先民有夏若禹盛德，天启迪之，顺从之，保之如子；禹亦面稽天而顺之，今天既坠其命矣。"面稽"言"若"，对面稽察之也。今又相视有殷若汤盛德，格至天，亦启迪之，至保之，汤亦面稽天而顺之，今天亦坠其命矣，天之难谌如此。文王受天命，今冲子嗣，必当无遗寿耇，指谓周公。盖曰，将于此老成人稽考古人之德遵行之，况曰更有能稽谋自天乎，言周公有天德，苟有图谋，皆可稽参，则亦"面稽天若"也。此"旅王若公"本意。"从子保""格保"意同，文变无别义。

（归善斋按，另见"天既遐终大邦殷之命，兹殷多先哲王在天"）

8.《絜斋家塾书钞》卷十一《周书·召诰》

(宋) 袁燮撰

相古先民有夏。天迪从子保，面稽天若；今时既坠厥命。今相有殷，天迪格保，面稽天若；今时既坠厥命。今冲子嗣，则无遗寿耇，曰其稽我古人之德，矧曰其有能稽谋自天。呜呼！有王虽小，元子哉，其丕能诚于小民今休。

有夏传子，故天从之，保之。"面稽天若"，考天之意向而顺之也。"天迪格保"，盖言以诚意格天，天从而保之，此是形容疾敬德之意。"天迪从子保""天迪格保"是天向我之意也。故夏、商之君，必考天意之所向而顺之。今之眷命用懋，犹前日之"天迪从子保""天迪格保"也，则王之疾敬德，亦当如夏、商之君"面稽天若"可也。夏、商之君，其能顺天之意如此，其后犹坠厥命，今王不能疾敬德，窃恐天命又转而之他。然则，王当如之何，亦曰"无遗寿耇"而已矣。寿耇之人，能稽古人之德，又能稽谋自天，是可违乎？"稽谋自天"，即"面稽天若"之意也。今须看召公告成王以敬德，何故须首先说"无遗寿耇"，这便见古人告君一句是一句，如良医用药，直是下得的当。且向者，成王疑周公，其不能敬信寿耇也，亦甚矣。于寿耇之人而遗之，何有乎敬德。当时不特周公，如毛毕之徒，皆文武旧臣，国家元老，成王若能听信此等人，安得而不敬厥德。告之以敬德，又下一"疾"字，至言所谓敬德者，则又首及"无遗寿耇"，其的当如此。王今年虽尚幼，然既居天子之位，任了这般职事，如何却说得小，故召公说与成王，王不可以我为小，今为天子矣，须是大能以诚信之道感动其民，使只今便"休"，始得看这"丕"字与"今"字。古人告君，直是与后世不同，盖些少诚信，亦不能感动。要须无一念之不诚，无一事之不诚，大能以诚信动其民，使目下便见这"休"乃可，此即疾敬德之意也。

（归善斋按，另见"天既遐终大邦殷之命，兹殷多先哲王在天"）

9.《书经集传》卷五《周书·召诰》

（宋）蔡沈撰

相古先民有夏，天迪从子保，面稽天若；今时既坠厥命。今相有殷，天迪格保，面稽天若；今时既坠厥命。

"从子保"者，从其子而保之，谓禹传之子也。面，向也。视古先民有夏，天固启迪之，又从其子而保佑之，禹亦面考天心，敬顺无违，宜若可为后世凭借者，今时已坠厥命矣。今视有殷，天固启迪之，又使其格正夏命，而保佑之，汤亦面考天心，敬顺无违宜亦可为后世凭借者，今时已坠厥命矣。以此知天命诚不可恃以为安也。

（归善斋按，另见"天既遐终大邦殷之命，兹殷多先哲王在天"）

10. 《尚书精义》卷三十七《周书·召诰》

（宋）黄伦撰

王其疾敬德，相古先民有夏，天迪从子保，面稽天若；今时既坠厥命。今相有殷，天迪格保，面稽天若。今时既坠厥命。

无垢曰，夫敬德者，则天眷命；不敬者，则天改命，其祸福晓然如此。成王今嗣位，可不疾行敬德乎？夫行敬者，不可缓，不可急。缓则几于舍苗而不耘；急则几于揠苗而助长。今言敬德，而使疾行可乎？曰读书者，不以文害辞，不以辞害意。召公方言不敬则改天命，故使成王急行敬德，以答天命也。其疾也，对不敬言之耳。若夫行敬之道，其间又自有造化焉。如孟子所谓"必有事焉而勿正，心勿忘，勿助长也"。必有事焉者，非缓也；而勿正，非急也；心勿忘，即衍必有事之义；勿助长，即衍勿正之义，此又行敬之要道也。

黄氏曰，处天下之至变者，必有以破天下之阴谋。彼其胸中之郁郁将发而为乱者，吾昭昭既暴白之矣，则其势必沮。沮则折，折则虽欲为而有所不能也。召公之营洛也，商人有在焉。召公明言之曰，王其疾钦德哉，今商已亡矣。其民固已服命于周矣，然其智则藏于中，而周之病固在也。彼保抱携持厥妇子以哀吁天，其欲为商而亡，固不翅，徂往其逃亡而解出其囚执也。夫夏之亡，非商亡之也，夏自亡也。商之亡，非周亡之也，商自亡也，唯不用德故也王。其鉴于夏、商而疾钦德，则商人虽欲叛，其如周何哉？夫暴扬商人之情，足以解散其阴谋，而勉成王之德于营洛之始也。是以镇压天下之心，而为传世久远之道。上焉以事君，而下焉以防乱，吾以知召公忧天下之深也。

11. 《尚书详解》卷三十二《周书·召诰》

（宋）陈经撰

相古先民有夏。天迪从子保，面稽天若；今时既坠厥命。今相有殷，天迪格保，面稽天若；今时既坠厥命。今冲子嗣，则无遗寿耇，曰其稽我古人之德，矧曰其有能稽谋自天。

此言天命之眷佑者不可以恃也。相视古之先民有夏，先民者，古昔之称也。"天迪从子保"者，言天之眷禹也。迪者，开导之；从者，顺从之；子，爱之；保，安之，皆天之所以为命禹如此。禹不以天之命己也为己足，又能面稽考其天所顺，凡天意所顺者，禹则向之而不背，稽之而不敢违。及其后也，桀弃禹之所为，则天于是坠其命。又相视有商之朝，"天迪格保"，言天之眷汤也。既迪之及格之，又保之。格者，极至也，皆天所以命汤如此汤，不以天之命己为已足，又能面稽其天意之所顺。及其后也，纣弃汤之所为，则天于是坠其命。曰"天迪从子保"，曰"天迪格保"者，是皆天所以爱君之意，有加无已之辞。天之爱君者，无所不尽其至；而君之奉天者，不敢自恃其至。后世子孙，犹且不能守，谁谓天命于此而可恃乎？今成王即政，不可恃在天之命，亦求诸己可也。求之己则莫若"无遗寿耇"者。寿耇，老成人，所更者已详，所历者已熟。召公恐成王有自尊自大之心，易至于轻忽老成人，则必曰无遗弃其寿耇，王能如此，我方敢言其能稽古人之德矣。又何况其能稽谋自天乎？古人之德，亦不过用老成之人，与之共政而已。成王而无遗寿耇，岂非有稽考于古人之德乎？天之谋亦不过与老成之人同是谋而已，盖天佑生贤佐，贤者能知天命。成王无遗寿耇，岂非能稽谋自天乎？成王不敢自用，一用老成之人，而遂能合古人之心，合天之心，然则寿耇，其可遗之哉？遗之，是违古人也，是违天也。

（归善斋按，另见"天既遐终大邦殷之命，兹殷多先哲王在天"）

12.《融堂书解》卷十二《周书·召诰》

（宋）钱时撰

相古先民有夏。天迪从子保，面稽天若；今时既坠厥命。今相有殷，天迪格保，面稽天若；今时既坠厥命，今冲子嗣，则无遗寿耇，曰其稽我古人之德，矧曰其有能稽谋自天。呜呼！有王虽小，元子哉，其丕能诚于小民今休。王不敢后，用顾畏于民碞。王来绍上帝，自服于土中。旦曰，其作大邑，其自时配皇天。毖祀于上下，其自时中乂。王厥有成命治民，今休。王先服殷御事，比介于我有周御事，节性，唯日其迈，王敬作所不可不敬德。

上节既明休、恤之两端，专提殷之所以亡，以勉成王疾敬德矣，此节又兼提夏商兴亡之变，以明今日宅洛致休之道，而复归宿于成王之敬德也。首独及禹者，盖唐虞禅不可以世代兴废言，至禹而后传诸其子，此世代相传之始也。故曰"迪从子保面稽天若"，面面稽考，天无不顺。汤不传子而传孙，故不言"从子"，而但言"天迪格保"。格，至也，开迪而保佑之者甚至也。今成王更无他说，则唯在乎无遗弃老成人之言而已。盖曰老成之人，其稽考于我者，实古人之德，言能以古人之德，责望于我也。况曰有能稽考其谋本之于天者乎？元子，上帝之元子也，与"改厥元子"同。其"作大邑"下三个"其"字，当是将营洛时，有此议，是周公定论如此，正所谓寿耇之言也，可遗弃乎？人主者，卿大夫之仪表，比介于我周御事，固甚善，而本源之地，则又在成王，当敬为之所可也。其所如何，唯不可不敬德而已。

（归善斋按，另见"太保乃以庶邦冢君出取币，乃复入"）

13.《尚书要义》

（宋）魏了翁撰

（归善斋按，原缺）

14.《书集传或问》卷下《召诰》

（宋）陈大猷撰

（归善斋按，未解）

15.《尚书详解》卷八《周书·召诰第十四》

（宋）胡士行撰

相（视）古先民（古之人）有夏。（禹）天迪（启）从（顺）子（传之子）保，面（禹仰）稽（考）天（意）若；（顺）今时（此）既坠厥命。今相有殷（汤），天迪格（至）保，面稽天若；今时既坠厥命。今冲子嗣（位），则无遗（忘）寿耇（老成人，多识前言往行），曰其（庶能）稽（考）我古人之德，矧曰其有能稽谋自天（天道）。

夏、殷之与天一如此，今皆坠命，命其可常乎，前人其可恃乎？唯有老成，不特可以考古道，况可以明天道，则庶几可以永保天命也。

(归善斋按,另见"天既遐终大邦殷之命,兹殷多先哲王在天")

16.《书纂言》卷四上《周书·召诰》

(元)吴澄撰

相古先民有夏。天迪从子保,面稽天若;今时既坠厥命。今相有殷,天迪格保,面稽天若;今时既坠厥命。

今相有殷,天迪格保,面稽天若,今时既坠厥命。夏去周之时已远,故曰相古先民,天迪从子保,谓夏为天所开,导从其传与子而保佑之。面稽天若,谓所向能考知天意之如此也。殷去周之时为近,故曰今相天迪格保,谓殷为天所开导,使之格正夏罪而保佑之。禹、汤受天眷命,不违天意;而其后,皆坠厥命,见,天命之无常也。

(归善斋按,另见"天既遐终大邦殷之命,兹殷多先哲王在天")

17.《书集传纂疏》卷五《朱子订定蔡氏集传·周书·召诰》

(元)陈栎撰

相古先民有夏。天迪从子保,面稽天若;今时既坠厥命。今相有殷,天迪格保,面稽天若;今时既坠厥命。

从子保者,从其子而保之,谓禹传之子也。面,向也。视古先民有夏,天固启迪之,又从其子而保佑之;禹亦面考天,心敬顺无违,宜若可为后世凭借者,今时已坠厥命矣。今视有殷,天固启迪之,又使其格正夏命,而保佑之。汤亦面考天心,敬顺无违,宜亦可为后世凭借者,今时已坠厥命矣。以此知天命诚不可恃以为安也。

纂疏:

林氏曰,"格"与"唯帝降格"之"格"同,降格而保佑之,谓下临之也。

愚谓,从其子而保之,即"天与子,则与子"之意。开万世传子之端自禹始,故于夏言"从子保",于商只言"格保"蒙上文也。两"面稽天若",即对越在天之意,此盖谓天与祖宗皆不可恃也。

(归善斋按,另见"天既遐终大邦殷之命,兹殷多先哲王在天")

18. 《读书丛说》卷六《召诰》

（元）许谦撰

（归善斋按，未解）

19. 《书传辑录纂注》卷五《周书·召诰》

（元）董鼎撰

相古先民有夏。天迪从子保，面稽天若；今时既坠厥命。今相有殷，天迪格保，面稽天若；今时既坠厥命。

从子保者，从其子而保之，谓禹传之子也。面，向也。视古先民有夏，天固启迪之，又从其子而保佑之；禹亦面考天心，敬顺无违，宜若可为后世凭借者，今时已坠厥命矣。今视有殷，天固启迪之，又使其格正夏命而保佑之；汤亦面考天心，敬顺无违，宜亦可为后世凭借者，今时已坠厥命矣，以此知天命诚不可恃以为安也。

辑录：

此一节间，有不可晓处。《书说》。

纂注：

林氏曰，"格"与"唯帝降格于夏"之"格"同。天启迪之。又降格而保佑之。降格。谓下临之也。

新安陈氏曰，从其子而保之，即孟子"天与子，则与子"之意。开万世传子之端自禹始，故于夏言"从子保"，而于商只言"格保"蒙上文也。两"面稽天若"，即"对越在天"之意。此一节，盖谓天与祖宗皆不可恃也。

（归善斋按，另见"天既遐终大邦殷之命，兹殷多先哲王在天"）

20. 《尚书句解》卷八《周书·召诰第十四》

（元）朱祖义撰

王其疾敬德（今成王不可不敏于敬修其德），相古先民有夏（王亦尝相视古之先民有夏之君乎，先民犹言古先之人谓禹也）。

21.《尚书日记》卷十二《周书·召诰》

（明）王樵撰

相古先民有夏。天迪从子保，面稽天若；今时既坠厥命。今相有殷，天迪格保，面稽天若；今时既坠厥命。

"今相有殷，天迪格保，面稽天若；今时既坠厥命"，既言商事，又并举夏、商言之。"天迪从子保，面稽天若"，夏尝如今日之休矣。今时既坠厥命；"天迪格保，面稽天若"，商尝如今日之休矣，今时既坠厥命。祖考之休，难为后世凭借如此，则疾敬其德，王亦自求所以面稽于天者可也。

天迪，谓启迪其德；从子保，谓禹传子天，即从其子而保之；格保，谓格正夏命。然太甲克终允德，则亦从子保也。呜！从子保者，天也；改厥元子者，亦天也。孰谓天与祖宗可恃哉？

禹、汤受命皆天启，故并言天迪。但尧舜传贤，之后传子，自禹始；革命自汤始。故于禹，言"从子保"；于汤，言格保，皆以前此所未有也。而圣人所为，即天心所顺，其无间乃如此。"面稽天若"，非召公洞见天人之际，不能言也。

（归善斋按，另见"天既遐终大邦殷之命，兹殷多先哲王在天"）

22.《日讲书经解义》卷八《周书·召诰》

（清）库勒纳等撰

相古先民有夏。天迪从子保，面稽天若；今时既坠厥命。今相有殷，天迪格保，面稽天若；今时既坠厥命。

此一节书，是召公述夏、商二代之兴废，以见天命之不可恃也。相，视也。先民，犹言古人；从子，谓顺从其传子也。面，向也。格，正也。召公曰，天命无常，归于有德。以观古人，若禹之有夏，天既启迪之，使有祗承之德矣，又从其子而保佑之，俾继世之贤，克承其道，天之眷夏如此，唯禹亦仰考天心，敬顺不违，以懋厥德。凡所为，凝天命以贻子孙者，无所不至，宜若可为后世之凭借矣。乃其子孙不能敬德，今时已坠失厥命，而以商代之。天命其可恃乎？以观近日，若汤之有殷，天既启迪之，锡以智勇之德矣，又使其格正夏命而保佑之，俾缵禹之服以有天下。天之眷殷如此，唯汤亦仰考天心，敬顺不违，以懋厥德。凡所为，奉天命以贻子孙者，无所不至，宜若可为后世之凭借矣，乃其子孙不能敬德，今时已坠失厥命，而以我周代之天命，其可恃乎？天命之去留，唯在君心之敬，肆人主可不修德永命，而徒以祖宗积累之业，为可长享哉。

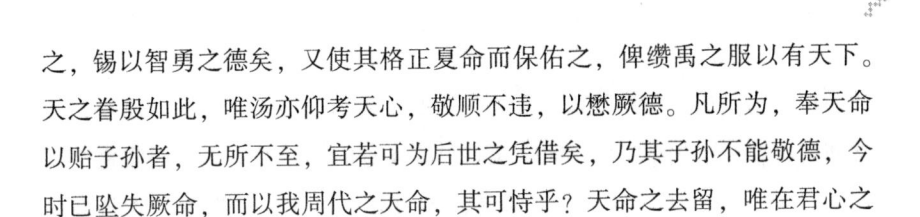

（归善斋按，另见"天既遐终大邦殷之命，兹殷多先哲王在天"）

《五诰解》卷三《召诰》

（宋）杨简撰

相古先民有夏，天迪从子保，面稽天若；今时既坠厥命。今相有殷，天迪格保，面稽天若；今时既坠厥命。今冲子嗣，则无遗寿耇，曰其稽我古人之德，矧曰其有能稽谋自天。

迪，行也，行则通；不行，则阻碍而不通。天行从顺，如爱其子而保安之也。夏、殷哲王，面观天象，思所以顺若之；天因乎人，人君顺天，故天所子，曰天子。格，至也，来也。行之，使无屯蹇；又来，保安之。"天迪格保"，即"从子保"更易其辞尔，其义同也。既用老成人，又稽古人之德，况曰其有能稽诸天，盖言思谋顺天，则法天道而行，则不识不知，纯诚清明，大矣哉。

（归善斋按，另见"夫知保抱携持厥妇子"）

天迪从子保，面稽天若；今时既坠厥命

1.《尚书注疏》卷十四《周书》

（汉）孔氏传，（唐）陆德明音义，（唐）孔颖达疏

天迪从子保，面稽天若；今时既坠厥命。

传，夏禹能敬德天道，从而子安之，禹亦面考天心而顺之。今是桀弃禹之道，天已坠其王命。

疏，正义曰，故天道从而子安之。禹能面考天心而顺以行敬。今是桀

弃禹之道，已坠失其王命矣。

传，正义曰，天道从而子安之，天既子爱禹，禹亦顺天心。郑云"面犹回向也"，则"面"为"向"义。禹亦志意向天，考天心而顺安之，言能同于天心也。禹兴夏，而桀灭之，知天道子保者，是禹也。既坠厥命者，是桀也。今桀废禹之道，已坠失其王命矣。

2.《书传》卷十三《周书·召诰第十四》

（宋）苏轼撰

（归善斋按，见"王其疾敬德，相古先民有夏"）

3.《尚书全解》卷三十《周书·召诰》

（宋）林之奇撰

（归善斋按，见"王其疾敬德，相古先民有夏"）

4.《尚书讲义》卷十五

（宋）史浩撰

（归善斋按，见"王其疾敬德，相古先民有夏"）

5.《尚书详解》卷十九《周书·召诰》

（宋）夏僎撰

（归善斋按，见"王其疾敬德，相古先民有夏"）

6.《增修东莱书说》卷二十二《周书·召诰第十四》

（宋）吕祖谦撰，（宋）石澜增修

（归善斋按，见"王其疾敬德，相古先民有夏"）

7.《尚书说》卷五《周书·召诰》

（宋）黄度撰

（归善斋按，见"王其疾敬德，相古先民有夏"）

8. 《絜斋家塾书钞》卷十一《周书·召诰》

(宋)袁燮撰

(归善斋按,见"王其疾敬德,相古先民有夏")

9. 《书经集传》卷五《周书·召诰》

(宋)蔡沈撰

(归善斋按,见"王其疾敬德,相古先民有夏")

10. 《尚书精义》卷三十七《周书·召诰》

(宋)黄伦撰

(归善斋按,见"王其疾敬德,相古先民有夏")

11. 《尚书详解》卷三十二《周书·召诰》

(宋)陈经撰

(归善斋按,见"王其疾敬德,相古先民有夏")

12. 《融堂书解》卷十二《周书·召诰》

(宋)钱时撰

(归善斋按,见"王其疾敬德,相古先民有夏")

13. 《尚书要义》

(宋)魏了翁撰

(归善斋按,原缺)

14. 《书集传或问》卷下《召诰》

(宋)陈大猷撰

(归善斋按,未解)

15. 《尚书详解》卷八《周书·召诰第十四》

（宋）胡士行撰

（归善斋按，见"王其疾敬德，相古先民有夏"）

16. 《书纂言》卷四上《周书·召诰》

（元）吴澄撰

（归善斋按，见"王其疾敬德，相古先民有夏"）

17. 《书集传纂疏》卷五《朱子订定蔡氏集传·周书·召诰》

（元）陈栎撰

（归善斋按，见"王其疾敬德，相古先民有夏"）

18. 《读书丛说》卷六《召诰》

（元）许谦撰

（归善斋按，未解）

19. 《书传辑录纂注》卷五《周书·召诰》

（元）董鼎撰

（归善斋按，见"王其疾敬德，相古先民有夏"）

20. 《尚书句解》卷八《周书·召诰第十四》

（元）朱祖义撰

天迪从子保（禹唯敬德故天开导之，顺从之，以如子而爱之，保安之），面稽天若（禹又能面向稽考天意所顺向之，不背稽之不违）；今时既坠厥命（今是其孙桀不能敬德而阴坠其天命矣）。

21. 《尚书日记》卷十二《周书·召诰》

（明）王樵撰
（归善斋按，见"王其疾敬德，相古先民有夏"）

22. 《日讲书经解义》卷八《周书·召诰》

（清）库勒纳等撰
（归善斋按，见"王其疾敬德，相古先民有夏"）

《五诰解》卷三《召诰》

（宋）杨简撰
（归善斋按，见"王其疾敬德，相古先民有夏"）

今相有殷

1. 《尚书注疏》卷十四《周书》

（汉）孔氏传，（唐）陆德明音义，（唐）孔颖达疏
今相有殷。
传，次复观有殷。
疏，正义曰，更复视有殷之君，取成汤以为法，戒汤以能敬之。

2. 《书传》卷十三《周书·召诰第十四》

（宋）苏轼撰
（归善斋按，见"王其疾敬德，相古先民有夏"）

3. 《尚书全解》卷三十《周书·召诰》

（宋）林之奇撰
（归善斋按，见"王其疾敬德，相古先民有夏"）

4.《尚书讲义》卷十五

(宋)史浩撰

(归善斋按,见"王其疾敬德,相古先民有夏")

5.《尚书详解》卷十九《周书·召诰》

(宋)夏僎撰

(归善斋按,见"王其疾敬德,相古先民有夏")

6.《增修东莱书说》卷二十二《周书·召诰第十四》

(宋)吕祖谦撰,(宋)石㵎增修

(归善斋按,见"王其疾敬德,相古先民有夏")

7.《尚书说》卷五《周书·召诰》

(宋)黄度撰

(归善斋按,见"王其疾敬德,相古先民有夏")

8.《絜斋家塾书钞》卷十一《周书·召诰》

(宋)袁燮撰

(归善斋按,见"王其疾敬德,相古先民有夏")

9.《书经集传》卷五《周书·召诰》

(宋)蔡沈撰

(归善斋按,见"王其疾敬德,相古先民有夏")

10.《尚书精义》卷三十七《周书·召诰》

(宋)黄伦撰

(归善斋按,见"王其疾敬德,相古先民有夏")

11.《尚书详解》卷三十二《周书·召诰》

(宋)陈经撰
(归善斋按,见"王其疾敬德,相古先民有夏")

12.《融堂书解》卷十二《周书·召诏》

(宋)钱时撰
(归善斋按,见"王其疾敬德,相古先民有夏")

13.《尚书要义》

(宋)魏了翁撰
(归善斋按,原缺)

14.《书集传或问》卷下《召诰》

(宋)陈大猷撰
(归善斋按,未解)

15.《尚书详解》卷八《周书·召诰第十四》

(宋)胡士行撰
(归善斋按,见"王其疾敬德,相古先民有夏")

16.《书纂言》卷四上《周书·召诰》

(元)吴澄撰
(归善斋按,见"王其疾敬德,相古先民有夏")

17.《书集传纂疏》卷五《朱子订定蔡氏集传·周书·召诰》

(元)陈栎撰
(归善斋按,见"王其疾敬德,相古先民有夏")

18. 《读书丛说》卷六《召诰》

（元）许谦撰
（归善斋按，未解）

19. 《书传辑录纂注》卷五《周书·召诰》

（元）董鼎撰
（归善斋按，见"王其疾敬德，相古先民有夏"）

20. 《尚书句解》卷八《周书·召诰第十四》

（元）朱祖义撰
今相有殷（今又相视有殷之汤）。

21. 《尚书日记》卷十二《周书·召诰》

（明）王樵撰
（归善斋按，见"王其疾敬德，相古先民有夏"）

22. 《日讲书经解义》卷八《周书·召诰》

（清）库勒纳等撰
（归善斋按，见"王其疾敬德，相古先民有夏"）

《五诰解》卷三《召诰》

（宋）杨简撰
（归善斋按，见"王其疾敬德，相古先民有夏"）

天迪格保，面稽天若

1. 《尚书注疏》卷十四《周书》

（汉）孔氏传，（唐）陆德明音义，（唐）孔颖达疏
天迪格保，面稽天若。

传,言天道所以至于保安汤者,亦如禹。

疏,正义曰,故天亦从而子安之,天道所以至于保安汤者,亦以汤面考天心而顺以行敬也。

传,正义曰,"天迪格保"者,此说二代兴亡,其意同也。于禹言"从而子安之",则天于汤亦"子安之"。故于汤,因上略文,直言格保。格,至也,言至于保安汤者,亦如禹也。

2. 《书传》卷十三《周书·召诰第十四》

(宋) 苏轼撰

(归善斋按,见"王其疾敬德,相古先民有夏")

3. 《尚书全解》卷三十《周书·召诰》

(宋) 林之奇撰

(归善斋按,见"王其疾敬德,相古先民有夏")

4. 《尚书讲义》卷十五

(宋) 史浩撰

(归善斋按,见"王其疾敬德,相古先民有夏")

5. 《尚书详解》卷十九《周书·召诰》

(宋) 夏僎撰

(归善斋按,见"王其疾敬德,相古先民有夏")

6. 《增修东莱书说》卷二十二《周书·召诰第十四》

(宋) 吕祖谦撰,(宋) 石澜增修

(归善斋按,见"王其疾敬德,相古先民有夏")

7. 《尚书说》卷五《周书·召诰》

(宋) 黄度撰

(归善斋按,见"王其疾敬德,相古先民有夏")

8.《絜斋家塾书钞》卷十一《周书·召诰》

(宋)袁燮撰
(归善斋按,见"王其疾敬德,相古先民有夏")

9.《书经集传》卷五《周书·召诰》

(宋)蔡沈撰
(归善斋按,见"王其疾敬德,相古先民有夏")

10.《尚书精义》卷三十七《周书·召诰》

(宋)黄伦撰
(归善斋按,见"王其疾敬德,相古先民有夏")

11.《尚书详解》卷三十二《周书·召诰》

(宋)陈经撰
(归善斋按,见"王其疾敬德,相古先民有夏")

12.《融堂书解》卷十二《周书·召诰》

(宋)钱时撰
(归善斋按,见"王其疾敬德,相古先民有夏")

13.《尚书要义》

(宋)魏了翁撰
(归善斋按,原缺)

14.《书集传或问》卷下《召诰》

(宋)陈大猷撰

或问,应氏说"面稽"如何(应曰,天命虽邈无形声,而能面而响之,参稽其至顺之理,终日与之对越周旋,所谓"顾諟天之明命"也。天迪其所保,若有以提耳而诰诏,面稽其所,若天威不违颜之咫尺也)?

曰,面,与"诸侯环向面内"之"面"同。应氏就"面"字上,提掇颇切,固亦无害于理。然此类用之时文,则为深巧用之说经,则意味反薄,不如止作面向之浑成,讲经者所当知也。

15.《尚书详解》卷八《周书·召诰第十四》

(宋)胡士行撰

(归善斋按,见"王其疾敬德,相古先民有夏")

16.《书纂言》卷四上《周书·召诰》

(元)吴澄撰

(归善斋按,见"王其疾敬德,相古先民有夏")

17.《书集传纂疏》卷五《朱子订定蔡氏集传·周书·召诰》

(元)陈栎撰

(归善斋按,见"王其疾敬德,相古先民有夏")

18.《读书丛说》卷六《召诰》

(元)许谦撰

(归善斋按,未解)

19.《书传辑录纂注》卷五《周书·召诰》

(元)董鼎撰

(归善斋按,见"王其疾敬德,相古先民有夏")

20.《尚书句解》卷八《周书·召诰第十四》

(元)朱祖义撰

天迪格保(汤唯敬德,天亦开导之,感格保安之),面稽天若(汤又能面向稽考天意,所顺以有为)。

21.《尚书日记》卷十二《周书·召诰》

（明）王樵撰

（归善斋按，见"王其疾敬德，相古先民有夏"）

22.《日讲书经解义》卷八《周书·召诰》

（清）库勒纳等撰

（归善斋按，见"王其疾敬德，相古先民有夏"）

《五诰解》卷三《召诰》

（宋）杨简撰

（归善斋按，见"王其疾敬德，相古先民有夏"）

今时既坠厥命

1.《尚书注疏》卷十四《周书》

（汉）孔氏传，（唐）陆德明音义，（唐）孔颖达疏

今时既坠厥命。

传，坠其王命。

疏，正义曰，今是纣弃汤之道，已坠失其王命矣。夏、殷二代，能敬则得之，不敬则失之。

2.《书传》卷十三《周书·召诰第十四》

（宋）苏轼撰

（归善斋按，见"王其疾敬德，相古先民有夏"）

3.《尚书全解》卷三十《周书·召诰》

（宋）林之奇撰

（归善斋按，见"王其疾敬德，相古先民有夏"）

4.《尚书讲义》卷十五

(宋)史浩撰
(归善斋按,见"王其疾敬德,相古先民有夏")

5.《尚书详解》卷十九《周书·召诰》

(宋)夏僎撰
(归善斋按,见"王其疾敬德,相古先民有夏")

6.《增修东莱书说》卷二十二《周书·召诰第十四》

(宋)吕祖谦撰,(宋)石澜增修
(归善斋按,见"王其疾敬德,相古先民有夏")

7.《尚书说》卷五《周书·召诰》

(宋)黄度撰
(归善斋按,见"王其疾敬德,相古先民有夏")

8.《絜斋家塾书钞》卷十一《周书·召诰》

(宋)袁燮撰
(归善斋按,见"王其疾敬德,相古先民有夏")

9.《书经集传》卷五《周书·召诰》

(宋)蔡沈撰
(归善斋按,见"王其疾敬德,相古先民有夏")

10.《尚书精义》卷三十七《周书·召诰》

(宋)黄伦撰
(归善斋按,见"王其疾敬德,相古先民有夏")

11. 《尚书详解》卷三十二《周书·召诰》

（宋）陈经撰

（归善斋按，见"王其疾敬德，相古先民有夏"）

12. 《融堂书解》卷十二《周书·召诏》

（宋）钱时撰

（归善斋按，见"王其疾敬德，相古先民有夏"）

13. 《尚书要义》

（宋）魏了翁撰

（归善斋按，原缺）

14. 《书集传或问》卷下《召诰》

（宋）陈大猷撰

（归善斋按，未解）

15. 《尚书详解》卷八《周书·召诰第十四》

（宋）胡士行撰

（归善斋按，见"王其疾敬德，相古先民有夏"）

16. 《书纂言》卷四上《周书·召诰》

（元）吴澄撰

（归善斋按，见"王其疾敬德，相古先民有夏"）

17. 《书集传纂疏》卷五《朱子订定蔡氏集传·周书·召诰》

（元）陈栎撰

（归善斋按，见"王其疾敬德，相古先民有夏"）

18. 《读书丛说》卷六《召诰》

（元）许谦撰

（归善斋按，未解）

19. 《书传辑录纂注》卷五《周书·召诰》

（元）董鼎撰

（归善斋按，见"王其疾敬德，相古先民有夏"）

20. 《尚书句解》卷八《周书·召诰第十四》

（元）朱祖义撰

今时既坠厥命（今是其孙纣不能敬德，而陨坠其天命矣）。

21. 《尚书日记》卷十二《周书·召诰》

（明）王樵撰

（归善斋按，见"王其疾敬德，相古先民有夏"）

22. 《日讲书经解义》卷八《周书·召诰》

（清）库勒纳等撰

（归善斋按，见"王其疾敬德，相古先民有夏"）

《五诰解》卷三《召诰》

（宋）杨简撰

（归善斋按，见"王其疾敬德，相古先民有夏"）

今冲子嗣，则无遗寿耇

1. 《尚书注疏》卷十四《周书》

（汉）孔氏传，（唐）陆德明音义，（唐）孔颖达疏

今冲子嗣，则无遗寿耇。

传，童子，言成王少嗣位。治政无遗弃老成人之言，欲其法之。

音义，少，诗照反。

疏，正义曰，今童子为王嗣位，治政则无遗弃寿耇成人，宜用老成人之言，法古人为治。

传，正义曰，嗣位治政，谓周公归政之后。此时王未莅政，而言今冲子嗣者，召公此戒，戒其即政之后故也。寿谓长命；耇是老。称无遗弃长命之老人，欲其取老人之言而法效之。老人之言，即下云古人之德也。

2. 《书传》卷十三《周书·召诰第十四》

（宋）苏轼撰

（归善斋按，见"王其疾敬德，相古先民有夏"）

3. 《尚书全解》卷三十《周书·召诰》

（宋）林之奇撰

（归善斋按，见"王其疾敬德，相古先民有夏"）

4. 《尚书讲义》卷十五

（宋）史浩撰

（归善斋按，见"王其疾敬德，相古先民有夏"）

5. 《尚书详解》卷十九《周书·召诰》

（宋）夏僎撰

（归善斋按，见"王其疾敬德，相古先民有夏"）

6. 《增修东莱书说》卷二十二《周书·召诰第十四》

（宋）吕祖谦撰，（宋）石澜增修

（归善斋按，见"王其疾敬德，相古先民有夏"）

7. 《尚书说》卷五《周书·召诰》

(宋)黄度撰
(归善斋按,见"王其疾敬德,相古先民有夏")

8. 《絜斋家塾书钞》卷十一《周书·召诰》

(宋)袁燮撰
(归善斋按,见"王其疾敬德,相古先民有夏")

9. 《书经集传》卷五《周书·召诰》

(宋)蔡沈撰

今冲子嗣,则无遗寿耇,曰其稽我古人之德,矧曰其有能稽谋自天。

稽,考;矧,况也。幼冲之主,于老成之臣,尤易疏远,故召公言,今王以童子嗣位,不可遗弃老成言,其能稽古人之德,是固不可遗也,况言其能稽谋自天,是尤不可遗也。稽古人之德,则于事有所证;稽谋自天,则于理无所遗。"无遗寿耇",盖君天下者之要务,故召公特首言之。

10. 《尚书精义》卷三十七《周书·召诰》

(宋)黄伦撰

今冲子嗣,则无遗寿耇,曰其稽我古人之德,矧曰其有能稽谋自天。

无垢曰,冲子谓成王。今周公复辟,将嗣位不可以少年锐气,辄遗弃元老大臣也。盖元老大臣,深识古先哲王之心,所以格物诚意,与夫治天下国家之理,我将稽考古人之德,则于元老大臣考之。元老大臣,非特识古先哲王之德而已,上天之心,非元老大臣亦不能识之。盖元老大臣之心,即古先哲王之心;古先哲王之心,即上天之心。我不遗寿耇,岂特考古先哲王之德而已,上天之谋亦以元老大臣而考之。

张氏曰,稽我古人之德,则稽乎人矣;稽谋自天,则稽乎天也。稽乎人者,未若稽乎天之为至也。能稽自人,则于事有所证;能谋自天,则于理不敢违。人君代天以理物,则有行有为,其可不稽谋自天者哉。

2011

11. 《尚书详解》卷三十二《周书·召诰》

（宋）陈经撰

（归善斋按，见"王其疾敬德，相古先民有夏"）

12. 《融堂书解》卷十二《周书·召诏》

（宋）钱时撰

（归善斋按，见"王其疾敬德，相古先民有夏"）

13. 《尚书要义》

（宋）魏了翁撰

（归善斋按，原缺）

14. 《书集传或问》卷下《召诰》

（宋）陈大猷撰

（归善斋按，未解）

15. 《尚书详解》卷八《周书·召诰第十四》

（宋）胡士行撰

（归善斋按，见"王其疾敬德，相古先民有夏"）

16. 《书纂言》卷四上《周书·召诰》

（元）吴澄撰

今冲子嗣，则无遗寿耉，曰其稽我古人之德，矧曰其有能稽谋自天。遗，弃；寿耉，有年寿之老人。古人之德，如禹、汤之敬德；稽谋自天，谓所谋能考天意，如禹、汤之"面稽天若"，盖老成之人，既能知古，又能知天，所当亲信也。

17.《书集传纂疏》卷五《朱子订定蔡氏集传·周书·召诰》

(元) 陈栎撰

今冲子嗣,则无遗寿耉,曰其稽我古人之德,矧曰其有能稽谋自天。

稽,考;矧,况也。幼冲之主,于老成之臣,尤易疏远,故召公言,今王以童子嗣位,不可遗弃老成,言其能稽古人之德,是固不可遗也,况言其能稽谋自天,是尤不可遗也。稽古人之德,则于事有所证;稽谋自天,则于理无所遗。无遗寿耉,盖君天下者之要务,故召公特首言之。

纂疏:

愚谓,老成知古,又能知天,所赖以稽古道、天道。幸有寿耉如太公、周、毕诸公,在不可遗也。稽考古德,非寿耉者闻见之远,无所质稽考天意,以定谋虑。非寿耉者,德盛智明不能决也。

18.《读书丛说》卷六《召诰》

(元) 许谦撰

(归善斋按,未解)

19.《书传辑录纂注》卷五《周书·召诰》

(元) 董鼎撰

今冲子嗣,则无遗寿耉,曰其稽我古人之德,矧曰其有能稽谋自天。

稽,考;矧,况也。幼冲之主,于老成之臣,尤易疏远,故召公言,今王以童子嗣位,不可遗弃老成,言其能稽古人之德,是固不可遗也,况言其能稽谋自天,是尤不可遗也。稽古人之德,则于事有所证;稽谋自天,则于理无所遗。无遗寿耉,盖君天下者之要务,故召公特首言之。

辑录:

已陈夏、商敬德坠命之所由,又戒王也。《书说》。

20. 《尚书句解》卷八《周书·召诰第十四》

（元）朱祖义撰

今冲子嗣（今王以幼冲之子继立），则无遗寿耇（则不可遗弃有寿老成之人）。

21. 《尚书日记》卷十二《周书·召诰》

（明）王樵撰

"今冲子嗣，则无遗寿耇"至"稽谋自天"。

幼冲之主，于老成之臣，虽日在左右，严之而弗亲，则无从而受其益。无遗者，亲之之谓也。老成之益言，其能稽我古人之德，是固不可遗也，况言其能稽谋自天，是尤不可遗也。兴亡之鉴，莫备于古人之德；而吉凶之理，莫严于天。非与古人同其用心者，不能知古人之德；非践履至到心与天通者，不能稽谋自天。寿耇之臣，阅历谙练之久，其于古人之德，论其世，知其人，如身在其时，由其得戒其失，如事在于己。冲子于是资焉，则于往事有所监，而可以不缪于是非得失之涂矣。德之在于古者，溯于既往而易见；理之在于天者，隐于未形而难知。格人之智，配于元龟，其于天也，一发谋，一出虑，皆若面考，敬顺而无违，断然必如是而不爽。冲子于是资焉，则于来事有所决，而可以不迷于吉凶悔吝之故矣。成汤之圣，先民时若，况冲子乎。

22. 《日讲书经解义》卷八《周书·召诰》

（清）库勒纳等撰

今冲子嗣，则无遗寿耇，曰其稽我古人之德，矧曰其有能稽谋自天。

此一节书，是召公欲成王任用老成，以为敬德之助也。耇，老也。矧，况也。召公曰，人主凝承天命固在敬德，而求贤赞助，必赖老成。今王以幼冲之年，继嗣大位，唯彼寿耇之臣，当倚为腹心，朝夕亲近，不可以其迹类迂阔，遂致疏远，使少年新进得而间之。所以然者何也？兴亡之鉴，莫备于古；吉凶之理，莫严于天。唯寿耇之臣，历年既久，闻见日博。凡古昔帝王嘉言懿范，可为师法者，皆能一一稽考，如出于亲炙。王能任而用之，则事有所证，而君德益充，此其所以不可遗也。况其人智识高远，心与天通，凡其揆度国家政事，定议发谋，皆能一一仰稽天意，断然不爽。王能任而用之，则理无所惑，而君德日新。此其所以尤不可遗也。不然奖用新进，遗弃老成，人主左右，无与述古训陈天道者，何以辅成君德，永保帝命哉。

《五诰解》卷三《召诰》

（宋）杨简撰

（归善斋按，见"王其疾敬德，相古先民有夏。"）

《书经衷论》卷三《周书·召诰》

（清）张英撰

人主冲龄即位，易近群小，而疏远老成，此正初服之当谨者。故召公告之曰，今冲子嗣，则无遗寿耇，盖欲其尊礼耆艾，以养成其德，不为左右便嬖佞谀喜事之人所迁惑，亦可谓端本澄源之论矣。

曰其稽我古人之德，矧曰其有能稽谋自天

1. 《尚书注疏》卷十四《周书》

（汉）孔氏传，（唐）陆德明音义，（唐）孔颖达疏

曰其稽我古人之德，矧曰其有能稽谋自天。

传，冲子成王，其考行古人之德，则善矣。况曰其有能考谋从天道乎？言至善。

疏，正义曰，曰王其考行古人之德，则已善矣，况曰其有能考行所谋，以从顺天道乎？若能从顺天道，则与禹汤同功，言其善不可加也。

2. 《书传》卷十三《周书·召诰第十四》

（宋）苏轼撰

（归善斋按，见"王其疾敬德，相古先民有夏"）

3.《尚书全解》卷三十《周书·召诰》

(宋)林之奇撰
(归善斋按,见"王其疾敬德,相古先民有夏")

4.《尚书讲义》卷十五

(宋)史浩撰
(归善斋按,见"王其疾敬德,相古先民有夏")

5.《尚书详解》卷十九《周书·召诰》

(宋)夏僎撰
(归善斋按,见"王其疾敬德,相古先民有夏")

6.《增修东莱书说》卷二十二《周书·召诰第十四》

(宋)吕祖谦撰,(宋)石𤃡增修
(归善斋按,见"王其疾敬德,相古先民有夏")

7.《尚书说》卷五《周书·召诰》

(宋)黄度撰
(归善斋按,见"王其疾敬德,相古先民有夏")

8.《絜斋家塾书钞》卷十一《周书·召诰》

(宋)袁燮撰
(归善斋按,见"王其疾敬德,相古先民有夏")

9.《书经集传》卷五《周书·召诰》

(宋)蔡沈撰
(归善斋按,见"今冲子嗣,则无遗寿耉")

10. 《尚书精义》卷三十七《周书·召诰》

（宋）黄伦撰
（归善斋按，见"今冲子嗣，则无遗寿耇"）

11. 《尚书详解》卷三十二《周书·召诰》

（宋）陈经撰
（归善斋按，见"王其疾敬德，相古先民有夏"）

12. 《融堂书解》卷十二《周书·召诰》

（宋）钱时撰
（归善斋按，见"王其疾敬德，相古先民有夏"）

13. 《尚书要义》

（宋）魏了翁撰
（归善斋按，原缺）

14. 《书集传或问》卷下《召诰》

（宋）陈大猷撰
（归善斋按，未解）

15. 《尚书详解》卷八《周书·召诰第十四》

（宋）胡士行撰
（归善斋按，见"王其疾敬德，相古先民有夏"）

16. 《书纂言》卷四上《周书·召诰》

（元）吴澄撰
（归善斋按，见"今冲子嗣，则无遗寿耇"）

2017

17.《书集传纂疏》卷五《朱子订定蔡氏集传·周书·召诰》

（元）陈栎撰

（归善斋按，见"今冲子嗣，则无遗寿耇"）

18.《读书丛说》卷六《召诰》

（元）许谦撰

（归善斋按，未解）

19.《书传辑录纂注》卷五《周书·召诰》

（元）董鼎撰

（归善斋按，见"今冲子嗣，则无遗寿耇"）

20.《尚书句解》卷八《周书·召诰第十四》

（元）朱祖义撰

曰其稽我古人之德（谓其多识前言往行，可以稽考古人之德），矧曰其有能稽谋自天（况又可以言其能考其谋之本，于天造而无愧者乎）。

21.《尚书日记》卷十二《周书·召诰》

（明）王樵撰

（归善斋按，见"今冲子嗣，则无遗寿耇"）

22.《日讲书经解义》卷八《周书·召诰》

（清）库勒纳等撰

（归善斋按，见"今冲子嗣，则无遗寿耇"）

《五诰解》卷三《召诰》

（宋）杨简撰

（归善斋按，见"王其疾敬德，相古先民有夏"）

《尚书疑义》卷五《召诰》

(明) 马明衡撰

召公告成王之辞,亦自明白无劳解释。大约首推天命之有在,欲王稽谋自天而不可不敬。自"有王虽小"以下,欲其尽元子之责,以诚小民而化人,而不可不敬。化人亦所以诚小民也。自"王乃初服"以下,欲其谨于其初,而不可不疾敬德也。谨于其初,亦只诚于小民而已。"其唯王勿以小民","欲王以小民受天永命",则归言爱民以永命也。盖天之所以改厥元子者,亦哀于四方之民也。然,则王之所以受天永命者,舍爱民其何以哉。是"欲王以小民受天永命"一句,一篇之骨子,所谓敬德不一而足者,又岂外是而有他道哉。治天下之事,后世言之累卷帙不能尽,而不知其实在是,无多言也。《大学》论平天下章,亦唯在于民之所好好之,民之所恶恶之,乃知圣贤之言,先后一辙,有天下者,其可不以父母天下为心哉?

呜呼!有王虽小,元子哉,其丕能诚于小民今休

1.《尚书注疏》卷十四《周书》

(汉) 孔氏传,(唐) 陆德明音义,(唐) 孔颖达疏

呜呼!有王虽小,元子哉,其丕能诚于小民今休。

传,召公叹曰,有成王虽少,而大为天所子,其大能和于小民,成今之美勉之。

音义,诚,音咸。

疏,正义曰,召公叹以戒王,呜呼!今所有之王,唯今虽复少,小而为大为天所子爱哉,言任大也。若其大能和同于天下小民,则成今之美,以勉之。

2.《书传》卷十三《周书·召诰第十四》

(宋) 苏轼撰

呜呼!有王虽小,元子哉,其丕能诚于小民今休。

王虽幼，周之元子也。其大能以诚感民矣，当及今休其德。

3. 《尚书全解》卷三十《周书·召诰》

（宋）林之奇撰

（归善斋按，见"王其疾敬德，相古先民有夏"）

4. 《尚书讲义》卷十五

（宋）史浩撰

（归善斋按，见"王其疾敬德，相古先民有夏"）

5. 《尚书详解》卷十九《周书·召诰》

（宋）夏僎撰

呜呼！有王虽小，元子哉，其丕能诚于小民今休。王不敢后，用顾畏于民嵓。王来绍上帝，自服于土中。旦曰，其作大邑，其自时配皇天。毖祀于上下，其自时中乂。王厥有成命治民，今休。王先服殷御事，比介于我有周御事，节性，唯日其迈。

召公又叹而言也。有王，谓王也，犹言有邦也。召公谓成王，年虽幼小，乃武王之长子，其大能和于小民，则今日即有休美，不待持久也，王须当不以此事为后之用者，谓以此事为先。所以必以此事为先者，以人君当顾视而畏民情之嵓险。盖民犹水也，既能载舟，亦能覆舟，不可不畏故也。王来绍上帝，自服于土中，此盖召公将引周公之言，故先说王将来镐京，至此洛邑，以继天为君，自服行其政事于此土中，谓洛地实得天地之中，而周公将归政而王自治也。召公既言此，于是遂引周公之言，谓周公当时欲作洛邑，亦尝自谓作此大邑，将使成王自是配天为君。所谓配天者，谓天在上为群物之祖；君则配之在下，为万邦之君也。又自是以慎祀于上之天神、下之地祇，又谓自是土中，致治。则王必有成命，谓膺天之成命也，谓天命文武造周，至成王而有成也，治民今即有休美矣。此周公平时之言，召公举以告王也。召公既举周公之言，于是又言成王今日治此新邑，当何以哉？唯当先训服殷治事之臣，使之亲比介助于周治事之臣，其意谓殷民至顽未易迁格，唯当使之习与善人处，而阴以除其暴虐，消其

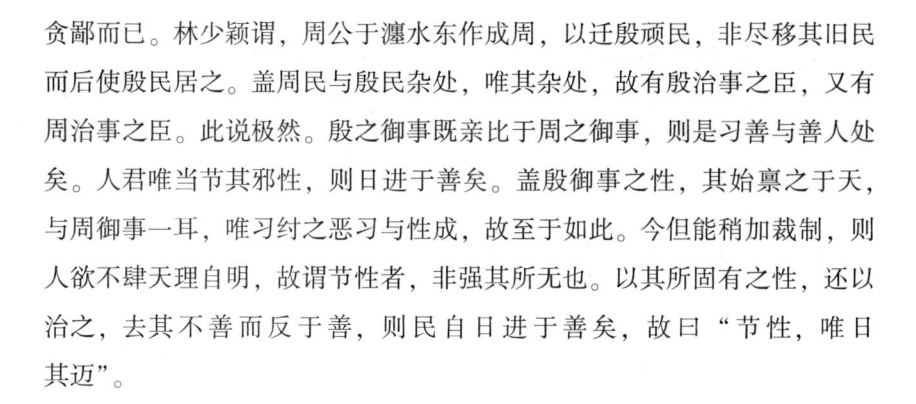

贪鄙而已。林少颖谓，周公于瀍水东作成周，以迁殷顽民，非尽移其旧民而后使殷民居之。盖周民与殷民杂处，唯其杂处，故有殷治事之臣，又有周治事之臣。此说极然。殷之御事既亲比于周之御事，则是习善与善人处矣。人君唯当节其邪性，则日进于善矣。盖殷御事之性，其始禀之于天，与周御事一耳，唯习纣之恶习与性成，故至于如此。今但能稍加裁制，则人欲不肆天理自明，故谓节性者，非强其所无也。以其所固有之性，还以治之，去其不善而反于善，则民自日进于善矣，故曰"节性，唯日其迈"。

6.《增修东莱书说》卷二十二《周书·召诰第十四》

（宋）吕祖谦撰，（宋）石澜增修

呜呼！有王虽小，元子哉，其丕能诚于小民今休。王不敢后，用顾畏于民碞。

召公前既言先王难恃，天命难知，能询谋故老，方庶几知此，恐成王自尊而抑之也。圣贤立言，本末全备，既抑之，必又进之，故叹息而言，王虽冲子，已为天之元子矣。为天之元子，苟大能以至诚包容覆育小民，则今即有休美矣。此以进成王也。前之抑，所以虚其心；后之进，所以彊其志。王既为天之元子，即当自此用力，亦王其疾敬德之意。何者？未为元子，尚可停俟，既居元子之位，安得不即用力乎。碞，险也。水能载舟，亦能覆舟。民之险，当常常顾畏也。

7.《尚书说》卷五《周书·召诰》

（宋）黄度撰

呜呼！有王虽小，元子哉，其丕能诚于小民今休。王不敢后，用顾畏于民碞。王来绍上帝，自服于土中。

王虽年少，为天元子，必承天意以从事。其大能和于小民，则于今为美。碞，僭也。王为是不敢迟后，用顾视畏惧于民情之僭差，不得于其上，则僭差作矣，谓殷民也。故王来绍继上帝，自兹服行政教于土中。

8. 《絜斋家塾书钞》卷十一《周书·召诰》

(宋) 袁燮撰

(归善斋按,见"王其疾敬德,相古先民有夏")

9. 《书经集传》卷五《周书·召诰》

(宋) 蔡沈撰

呜呼！有王虽小，元子哉，其丕能诚于小民今休。王不敢后，用顾畏于民碞。

召公叹息言，王虽幼冲，乃天之元子哉，谓其年虽小，其任则大也。其者，期之辞也。诚，和；碞，险也。王其大能诚和小民，为今之休美乎。小民，虽至微，而至为可畏。王当不敢缓于敬德，用顾畏于民之碞险可也。

10. 《尚书精义》卷三十七《周书·召诰》

(宋) 黄伦撰

呜呼！有王虽小，元子哉，其丕能诚于小民今休。王不敢后，用顾畏于民碞。

无垢曰，召公又叹，今成王虽幼小，然乃天之元子，其任甚重，非细事也。祖宗文王、武王深仁厚泽，已自固结民心。王今欲天下安康休美，非有他道也，大能信于小民，则不俟终日天下皆太平矣。又曰，王于元老大臣，所以不敢后用者，以顾于人言而已。碞，儳也，人口哓哓之意，岂非不用元老大臣，则天下失望，而众口喧哗乎。古今一理也，然则成王复辟，倪不留周公，众口当如何。

11. 《尚书详解》卷三十二《周书·召诰》

(宋) 陈经撰

呜呼！有王虽小，元子哉，其丕能诚于小民今休。王不敢后，用顾畏于民碞。王来绍上帝，自服于土中。旦曰，其作大邑，其自时配皇天。毖祀于上下，其自时中乂。王厥有成命治民，今休。

召公之意，谓岂特祖宗之不可以自恃，天命之不可以自恃，而民情之向背亦不可恃。有王虽小，虽在幼冲之年，其实居元子之责，此一句与周公《立政》"孺子，王矣"同意。大能以至诚之道，而和其民，则有今日之休美，言民之感化如此之速，虽然民固易化，亦有至难而可畏者，焉岂可恃哉。暨，险也，抚之则后；虐之则仇。水能载舟，亦能覆舟，其险如此，王不可以后，言不可缓也，即疾敬德之意也。所以不敢后者，用顾畏于民暨尔。顾者，反观自省畏也，戒谨恐惧，唯恐失民之心也。王之所以顾畏民暨如此者，以王来此洛邑，乃继绍上帝，代天以爱民，则当躬行于此土中故也。"旦曰，其作大邑"，此又举周公之言以戒成王，君前臣名，故曰"旦"。周公之意，所以责望成王者甚重，以谓作此洛邑，故使成王于此，而配皇天于此，而毖祀上下于此而致治。配皇天者，言其君之德，与天同其大也。毖祀于上下者，有天下者，祭百神，上天下地，祀之大者。毖，谨也。谨，其祀则幽无愧于鬼神矣。其自此土中，致其乂，则明不愧于人矣。唯其有以格幽明之心，则必有感幽明之应，故为天为鬼神所佑，而其命可以有成，而无愧为民之所归，则治民而立，致休美之效。此皆周公所以期于成王如此也。使成王之心有以感乎人，而无以感乎幽，亦不可也。唯其合幽明为一致，通显微为一理，则洛邑之治，成王始无所负矣。

12.《融堂书解》卷十二《周书·召诰》

（宋）钱时撰

（归善斋按，见"王其疾敬德，相古先民有夏"）

13.《尚书要义》

（宋）魏了翁撰

（归善斋按，原缺）

14.《书集传或问》卷下《召诰》

（宋）陈大猷撰

（归善斋按，未解）

2023

15. 《尚书详解》卷八《周书·召诰第十四》

（宋）胡士行撰

呜呼！有王虽小（幼冲），元子（天之元子）哉，其（庶几）丕（大）能诚（和）于小民今（即）休（美）。王不敢后，用（当躬用力），顾（视）畏于民嵒（险。载舟覆舟，安舆骇舆）。王来（洛）绍（继）上帝，自服（行）于土中。

民，一也，而其中有小民焉，有民嵒焉，尤王者，代天子民，中天下而定四海者，所当加意也。

16. 《书纂言》卷四上《周书·召诰》

（元）吴澄撰

呜呼！有王虽小，元子哉，其丕能诚于小民今休。王不敢后，用顾畏于民嵒。

其者，期之之辞。诚，和也。后，犹"后获""后义"之后。顾，回视也。嵒，险也。言王虽幼冲，乃天之元子，年虽幼任则大也。其大能和于小民，在今可以为休美乎。王于今时，有不敢后者，民心无常，有如嵒险，所当回顾而惕畏也。

17. 《书集传纂疏》卷五《朱子订定蔡氏集传·周书·召诰》

（元）陈栎撰

呜呼！有王虽小，元子哉，其丕能诚于小民今休。王不敢后，用顾畏于民嵒。

召公叹息言，王虽幼冲，乃天之元子哉，谓其年虽小，其任则大也。其者，期之辞也。诚，和；嵒，险也。王其大能诚和小民，为今之休美乎。小民虽至微而至可畏，王当不敢缓于敬德，用顾畏于民之嵒险可也。

纂疏：

愚谓，和小民，今休矣，犹欲王汲汲于畏民嵒者，民之嵒险可畏，常伏于太和盛美之中。恃其已和且美，而不顾虑以畏之，则福兮祸伏，险孰大焉,故庄生曰,人心险于山川。"不敢后"句,宜缺之。

18. 《读书丛说》卷六《召诰》

(元) 许谦撰

(归善斋按,未解)

19. 《书传辑录纂注》卷五《周书·召诰》

(元) 董鼎撰

呜呼!有王虽小,元子哉,其丕能诚于小民今休。王不敢后,用顾畏于民喦。

召公叹息言,王虽幼冲,乃天之元子哉,谓其年虽小,其任则大也。其者,期之辞也。诚,和;喦,险也。王其大能诚和小民,为今之休美乎。小民虽至微而至为可畏,王当不敢缓于敬德,用顾畏于民之喦险可也。

纂注:

苏氏曰,民犹水也。水能载舟,亦能覆舟,物无险于民者矣。

新安陈氏曰,诚于小民而今休矣,犹欲王汲汲于畏民喦者。盖民之喦险可畏,常伏于大和盛美之中。恃其已和且美,而不回顾,却虑以畏之,则福兮祸所伏矣。此所以为险也,是以,庄生曰,人心险于山川。

20. 《尚书句解》卷八《周书·召诰第十四》

(元) 朱祖义撰

呜呼(嗟叹)!有王虽小,元子哉(有王虽幼小,乃武王长子)。其丕能诚于小民(其大能和于小民。诚,音咸)今休(则今日即有休美,不待持久也)。

21. 《尚书日记》卷十二《周书·召诰》

(明) 王樵撰

"呜呼!有王虽小,元子哉"至"用顾畏于民喦"。

元子哉,见其休之意,然不可知其休而不知其恤也,故其大能诚于小民今休。诚者，得民心之和也。今休者，眷命用懋，乃前人之休尔。治化唯新，导迎和气，斯王今日之休也。王当不敢后，用顾畏于民喦。不敢后，所谓疾敬德也。民喦者，天命之得失恒于斯，国祚之修短恒于斯。故曰民犹水也，水能载舟，亦能覆舟。为人上者，知莫险于民，则不敢后于敬德，以诚其民矣。

22.《日讲书经解义》卷八《周书·召诰》

（清）库勒纳等撰

呜呼！有王虽小，元子哉，其丕能诚于小民今休。王不敢后，用顾畏于民喦。

此一节书，是言嗣王付托之重，宜敬德、诚民，以永天命也。其，期望之辞；诚，和也。喦，险也。召公叹息而言曰，王虽幼冲，乃上帝之元子，受天命而主万民，责任至重，可不勉哉。从来天命之去留，视乎民情之向背。王其大能诚和小民，使之欢欣鼓舞，驯扰于法制之中，优游于礼教之内，则民情安而天命亦固，岂不为今日之休美矣乎。夫小民至愚而实神，抚之则后；虐之则仇，最为喦险可畏。若以为不足畏而缓视之，鲜有不至于失民者。王必以诚民为急务，不敢缓于敬德，时时顾畏民之喦险，兢兢业业，如登高临深，庶几国家太平之业，垂之无穷矣。夫民犹水也，水所以载舟，亦所以覆舟。以水为柔弱，而狎而玩之者，舟必覆；以民为愚弱，而虐而用之者，国必危。召公作诰，极言民险之可畏。而周公陈《无逸》之书，亦深虑民心之违怨，老成进说动以得民为先，此成王所以成郅隆之治也与。

《书义断法》卷五《周书·召诰》

（元）陈悦道撰

其丕能诚于小民今休。王不敢后，用顾畏于民喦。

其丕能者，召公期望之辞。王不敢后者，召公勉励之辞。能纳民于大和，则今固休美矣，而民之喦险可畏，常伏于大和盛美之中。恃其已和且美，而不汲汲于畏民，则人心险于山川，殆有可畏者矣。《书》曰"天明畏，自我民明威"，此之谓也。诚而休者，和气之薰陶也。畏民喦者，事势之倚伏也。见于今者，虽可喜，而图其终者，得不长虑，却顾思先务之为急哉。

《五诰解》卷三《召诰》

（宋）杨简撰

呜呼！有王虽小，元子哉，其丕能诚于小民今休。王不敢后，用顾畏于民碞。王来绍上帝，自服于土中。旦曰，其作大邑，其自时配皇天。毖祀于上下，其自时中乂。王厥有成命治民，今休。王先服殷御事，比介于我有周御事，节性，唯日其迈，王敬作所不可不敬德。

诚者，言足以咸感小民本乎诚德也。民信之，今善矣。王不敢后者，不敢怠惰勤于德也。用顾畏于民碞者，民愚而神，抚我则后，虐我则雠，可畏如碞险，王能畏之也，服者有所自也。今邑于洛，洛居地之中。王今来土中，服行德政，自此绍承上帝矣。又引周公言为证，天道无他，正而已矣。孔子曰，人者，天地之心，人不放逸，无作好，无作恶，则可以配天。毖者，致谨也。上下包天神、地祇、群神、人鬼。孔子曰，所重民食丧祭。祭礼，观人之敬孝。敬孝者，即道心，故治务重祭也。时，是也。自是居中乂治，天命于是成。王治民，合于善矣。御事，亦群臣通称。王先服殷御事之心，近能介助于我有周御事听命服劳矣。比，近也。迈，往也，往近也，亦行也，意谓殷士尚尔，况王乎。

王不敢后，用顾畏于民碞

1.《尚书注疏》卷十四《周书》

（汉）孔氏传，（唐）陆德明音义，（唐）孔颖达疏

王不敢后，用顾畏于民碞。

传，王为政，当不敢后，能用之士，必任之为先。碞，僭也。又当顾畏于下民僭差礼义，能此二者，则德化立，美道成也。

音义，碞，五咸反，徐又音吟。

疏，正义曰，故王当不敢后，其能用之士必任以为先，又当顾念畏于下民僭差礼义，能此二者，则德化立，美道成矣。

传，正义曰，王者为政，任贤使能，有能有用，宜先任之，故王者为政，当不敢后，其能用之士，必任之为先也。嵒，即岩也，参差不齐之意，故为僭也。既任能人，复忧下民，故又当顾畏于下民，僭差礼义，畏其僭差，当治之使合礼义也。能此二者，则德化立，美道成。美道成，即"今休"是也。

2. 《书传》卷十三《周书·召诰第十四》

（宋）苏轼撰

王不敢后。

王疾敬德，不肯迟也。

用顾畏于民嵒。

嵒，险也。民犹水也，水能载舟，亦能覆舟。物无险于民者矣。

3. 《尚书全解》卷三十《周书·召诰》

（宋）林之奇撰

（归善斋按，见"王其疾敬德，相古先民有夏"）

4. 《尚书讲义》卷十五

（宋）史浩撰

（归善斋按，见"王其疾敬德，相古先民有夏"）

5. 《尚书详解》卷十九《周书·召诰》

（宋）夏僎撰

（归善斋按，见"呜呼！有王虽小，元子哉，其丕能諴于小民今休"）

6. 《增修东莱书说》卷二十二《周书·召诰第十四》

（宋）吕祖谦撰，（宋）石澜增修

（归善斋按，见"呜呼！有王虽小，元子哉，其丕能諴于小民今休"）

7.《尚书说》卷五《周书·召诰》

(宋)黄度撰

(归善斋按,见"呜呼!有王虽小,元子哉,其丕能诚于小民今休")

8.《絜斋家塾书钞》卷十一《周书·召诰》

(宋)袁燮撰

王不敢后,用顾畏于民碞。王来绍上帝,自服于土中。

观此数句,尤见得成王至洛,分明言王不敢以此事为缓,畏民之险。来绍上帝,服于土中。看"不敢"二字,分明是说成王,孰谓成王未尝至洛耶。观其语意,自是可见古人直是见民之险,所谓若蹈虎尾,涉于春冰,懔乎若朽索之驭六马。后世但见一人之尊,巍然在于民上,孰以民为可畏,殊不知稍有失德,民心去之,岂不甚险乎。

9.《书经集传》卷五《周书·召诰》

(宋)蔡沈撰

(归善斋按,见"呜呼!有王虽小,元子哉,其丕能诚于小民今休")

10.《尚书精义》卷三十七《周书·召诰》

(宋)黄伦撰

(归善斋按,见"呜呼!有王虽小,元子哉,其丕能诚于小民今休")

11.《尚书详解》卷三十二《周书·召诰》

(宋)陈经撰

(归善斋按,见"呜呼!有王虽小,元子哉,其丕能诚于小民今休")

12.《融堂书解》卷十二《周书·召诏》

(宋)钱时撰

(归善斋按,见"王其疾敬德,相古先民有夏")

13.《尚书要义》

（宋）魏了翁撰

（归善斋按，原缺）

14.《书集传或问》卷下《召诰》

（宋）陈大猷撰

（归善斋按，未解）

15.《尚书详解》卷八《周书·召诰第十四》

（宋）胡士行撰

（归善斋按，见"呜呼！有王虽小，元子哉，其丕能诚于小民今休"）

16.《书纂言》卷四上《周书·召诰》

（元）吴澄撰

（归善斋按，见"呜呼！有王虽小，元子哉，其丕能诚于小民今休"）

17.《书集传纂疏》卷五《朱子订定蔡氏集传·周书·召诰》

（元）陈栎撰

（归善斋按，见"呜呼！有王虽小，元子哉，其丕能诚于小民今休"）

18.《读书丛说》卷六《召诰》

（元）许谦撰

（归善斋按，未解）

19.《书传辑录纂注》卷五《周书·召诰》

（元）董鼎撰

（归善斋按，见"呜呼！有王虽小，元子哉，其丕能诚于小民今休"）

20. 《尚书句解》卷八《周书·召诰第十四》

（元）朱祖义撰

王不敢后（成王不敢以此事为后之用，而必以为先务者），用顾畏于民碞（在于顾视而畏民情之碞险。碞，音岩）。

21. 《尚书日记》卷十二《周书·召诰》

（明）王樵撰

（归善斋按，见"呜呼！有王虽小，元子哉，其丕能诚于小民今休"）

22. 《日讲书经解义》卷八《周书·召诰》

（清）库勒纳等撰

（归善斋按，见"呜呼！有王虽小，元子哉，其丕能诚于小民今休"）

《书义断法》卷五《周书·召诰》

（元）陈悦道撰

（归善斋按，见"呜呼！有王虽小，元子哉，其丕能诚于小民今休"）

《五诰解》卷三《召诰》

（宋）杨简撰

（归善斋按，见"呜呼！有王虽小，元子哉，其丕能诚于小民今休"）

王来绍上帝，自服于土中

1. 《尚书注疏》卷十四《周书》

（汉）孔氏传，（唐）陆德明音义，（唐）孔颖达疏

王来绍上帝，自服于土中。

传，言王今来居洛邑，继天为治，躬自服行教化于地势正中。

音义，治，直吏反，下"为治""致治"皆同。

疏，正义曰，周公之作洛邑，将以反政于王，故召公述其迁洛之意。今王来居洛邑，继上天为治，躬自服行教化于土地正中之处。

传，正义曰，传言躬自服行，则不训"自"也。郑王皆以"自"为"用"。

2.《书传》卷十三《周书·召诰第十四》

（宋）苏轼撰

王来绍上帝，自服于土中。

服，事也。洛邑为天下中。

3.《尚书全解》卷三十《周书·召诰》

（宋）林之奇撰

（归善斋按，见"王其疾敬德，相古先民有夏"）

4.《尚书讲义》卷十五

（宋）史浩撰

（归善斋按，见"王其疾敬德，相古先民有夏"）

5.《尚书详解》卷十九《周书·召诰》

（宋）夏僎撰

（归善斋按，见"呜呼！有王虽小，元子哉，其丕能諴于小民今休"）

6.《增修东莱书说》卷二十二《周书·召诰第十四》

（宋）吕祖谦撰，（宋）石澜增修

王来绍上帝，自服于土中。旦曰，其作大邑，其自时配皇天。毖祀于上下，其自时中乂。王厥有成命治民，今休。

王来都洛，盖将嗣上帝，中天下而立，定四海之民也。土中者，洛，天下之中也。召公又托周公之言以戒。观此，则《召诰》非告周公明矣。旦曰者，言周公，亦常曰作洛邑，非徒然合天心，格幽明、治万民，皆自此出。称旦曰者，君前臣名也。王来洛邑，果能如周公之言，为此太规摹（模），有此大功业，天命至此，方有所成以之，治民今必休矣。古人举事规摹（模）广大，洛邑之作，上与天同，大感神人之和，而致天下之治。为此而作洛，规摹（模）岂不大哉。周至文武，天命已成，召公乃言能如此，天命方成者，恐成王恃天命之已成，欲其以未成居之也。

7.《尚书说》卷五《周书·召诰》

（宋）黄度撰

（归善斋按，见"呜呼！有王虽小，元子哉，其丕能诚于小民今休"）

8.《絜斋家塾书钞》卷十一《周书·召诰》

（宋）袁燮撰

（归善斋按，见"王不敢后，用顾畏于民碞"）

9.《书经集传》卷五《周书·召诰》

（宋）蔡沈撰

王来绍上帝，自服于土中。旦曰，其作大邑，其自时配皇天。毖祀于上下，其自时中乂。王厥有成命治民，今休。

洛邑，天地之中，故谓之土中。王来洛邑，继天出治，当自服行于土中。是时，洛邑告成，成王始政，故召公以自服土中为言，又举周公尝言作此大邑，自是可以对越上天，可以飨答神祇，自是可以宅中图治。成命者，天之成命也。成王而能绍上帝服土中。则庶几天有成命。治民今即休美矣。王氏曰，成王欲宅洛邑者，以天事言，则日东，景夕多风；日西，景朝多阴；日南，景短多暑；日北，景长多寒。洛天地之中，风雨之所会，阴阳之所和也。以人事言，则四方朝聘贡赋道里均焉，故谓之土中。

10.《尚书精义》卷三十七《周书·召诰》

（宋）黄伦撰

王来绍上帝，自服于土中。旦曰，其作大邑，其自时配皇天。毖祀于上下，其自时中乂。王厥有成命治民，今休。

无垢曰，上帝之意，敬而已矣。成王今即政，是绍上帝之治也。使成王躬自服行敬德于洛邑，则不辜上帝之付托矣。夫王者乃继天为政，岂可以邪心私欲横于思虑乎，故人君心术一不正，则三辰为之变移。呜呼！此岂细事也哉。吾心常敬，即上帝之心也，以敬莅事，即上帝之治也。上帝把握阴阳，持挈天地，指挥风雨，密移寒暑。吾代上帝为政，则又将调和阴阳，弥纶天地，动止风雨，节制寒暑矣。语至于此，亦大矣。谁知夫止在一"敬"字乎。

又曰，于此洛邑，配皇天，而即政，上祀天于此，下祀地于此，为治于此。天地设位，而成王为治于中以配之，岂不盛哉。毖，慎也。天地之祀，非细事也，其可不慎乎。盖即政之始，天下观听，所望非轻，不可不合人心也。自"旦曰"至此，皆周公本意，言诚命之说，非有意为留己也。

张氏曰，绍上帝者，言其德足以继天也。配皇天者，言其道足以合天也。德足以继天帝之事也，道足以合天皇之事也，故成王自服其政事于土中，所以绍上帝。其于洛作大邑也，以建中所以配皇天，此其异也。人君者，天地之主也，其于上下神祇，故当毖祀之矣。盖神非祀则不安定休止，则祀者，所以宁神也。祀不致诚悫，则鬼神有所不享，此祀不可不谨也。

吕氏曰，王来都于洛，盖将嗣上帝，中天下而立，定四方之民。洛乃天下之中，召公又托周公之言以戒成王。观此，则《召诰》非是告周公尤分明。周公曾说作洛邑。非是徒然合天心，格幽明、治万民皆自此出。作洛邑，只要如此。若王来洛邑，果能如周公言，做这大规模，必须有大德业。天命到此，方可有成，以治民，今必休美。

11.《尚书详解》卷三十二《周书·召诰》

（宋）陈经撰

（归善斋按，见"呜呼！有王虽小，元子哉，其丕能诚于小民今休"）

12. 《融堂书解》卷十二《周书·召诰》

(宋) 钱时撰

(归善斋按，见"王其疾敬德，相古先民有夏")

13. 《尚书要义》

(宋) 魏了翁撰

(归善斋按，原缺)

14. 《书集传或问》卷下《召诰》

(宋) 陈大猷撰

(归善斋按，未解)

15. 《尚书详解》卷八《周书·召诰第十四》

(宋) 胡士行撰

(归善斋按，见"呜呼！有王虽小，元子哉，其丕能诚于小民今休")

16. 《书纂言》卷四上《周书·召诰》

(元) 吴澄撰

王来绍上帝，自服于土中。旦曰，其作大邑，其自时配皇天。毖祀于上下，其自时中乂。王厥有成命治民，今休。王先服殷御事，比介于我有周御事，节性，唯日其迈。

来，来洛邑也。周公归告洛邑之成，王将自来行祭祀朝会之礼也，绍上帝代天而继其志也。服，行事也。土中，洛邑，居四方之中也。旦者，君前臣名。召公告王，故称周公名也。成命，天命定而不改也。先，犹"先难后获"之"先"。服，化服之也。比，亲也。介，犹"宾介"之介。节，裁抑之也。性，气质之性。迈，行而进也。王来洛邑，将继天，而自行事于土中。周公曰，其作大邑于洛，其可自是对乎天，以主上下之百神而毖祀，其可自是宅乎地中，以临四方之诸侯而为治。洛邑既成，王其有天之成命，于此治民，在今可以为休美乎。王于今时，尤有所当先者，商之旧臣已迁于洛，正欲化服其心，使之亲近我周之臣，熏染变化以矫揉其性之偏，而日进于善也。

17.《书集传纂疏》卷五《朱子订定蔡氏集传·周书·召诰》

（元）陈栎撰

王来绍上帝，自服于土中。旦曰，其作大邑，其自时配皇天。毖祀于上下，其自时中乂。王厥有成命治民，今休。

洛邑，天地之中，故谓之土中。王来洛邑，继天出治，当自服行于土中。是时，洛邑告成，成王始政，故召公以自服土中为言，又举周公尝言作此大邑，自是可以对越上天，可以飨答神祇，自是可以宅中图治。成命者，天之成命也。成王而能绍上帝，服土中，则庶几天有成命，治民今即休美矣。王氏曰，成王欲宅洛邑者，以天事言，则日东，景朝多阳；日西，景夕多阴；日南，景短多暑；日北，景长多寒。洛天地之中，风雨之所会，阴阳之所和也。以人事言，则四方朝聘贡赋，道理均焉，故谓之土中。

纂疏：

陈氏大猷曰，君前臣名，故称旦举周公之言，以告谓，今作大邑，其自是而配天，使仰无愧于天；自是而毖祀，使幽无愧于鬼神；自是而宅中乂治，使俯无愧于民。王其有成命而治民，今休可也。周公所期如此之重，王不可不思所以称之。

愚谓作洛之事，召公任之而未尝明言之，至此方言服于土中，而举周公之言，以见作洛所以配上帝，奉祭祀，成治功，凝天命。其重如此，盖下文将自进其敬德，祈天之忠言，所以先引周公期望之语，以开其端也。

18.《读书丛说》卷六《召诰》

（元）许谦撰

（归善斋按，未解）

19.《书传辑录纂注》卷五《周书·召诰》

(元)董鼎撰

王来绍上帝,自服于土中。旦曰,其作大邑,其自时配皇天。毖祀于上下,其自时中乂。王厥有成命治民,今休。

洛邑,天地之中,故谓之土中。王来洛邑,继天出治,当自服行于土中。是时,洛邑告成,成王始政,故召公以自服土中为言,又举周公尝言作此大邑,自是可以对越上天,可以飨答神祇;自是可以宅中图治。成命者,天之成命也。成王而能绍上帝服土中,则庶几天有成命,治民今即休美矣。王氏曰,成王欲宅洛邑者,以天事言,则日东,景朝多阳;日西景夕多阴;日南,景短多暑;日北,景长多寒。洛天地之中,风雨之所会,阴阳之所和也。以人事言,则四方朝聘贡赋,道里均焉,故谓之土中。

辑录:

言王来居洛邑,继天为治。服,事也。土中,洛邑为天下中也。林氏以此句王来为王,亦至洛邑之验,恐未必然。但王命来此定邑耳,称周公言当作太邑,而自此以祀上帝,以及慎祀上下神祇,又自此居中以为治,则是王受天成命以治民。盖召公述周公宅洛之意。并《书说》。

纂注:

陈氏大猷曰,君前臣名,故称"旦曰",又举周公之言以告谓,今作大邑,其自是而配天,使仰无愧于天;自是而毖祀上下,使幽无愧于鬼神;自是而宅中为治,使俯无愧于民。王其有成命,而治民今休可也。周公所期如此之重,王不可不思所以称之。

新安陈氏曰,作洛之事,召公任之而未尝明言之,至此方言服于土中,而举周公之言,以见作洛所以配上帝,奉祭祀,成治功,凝天命。其重如此,盖下文将自进其敬德,祈天之忠言,所以先引周公期望之语,以开其端也。

20.《尚书句解》卷八《周书·召诰第十四》

(元)朱祖义撰

王来绍上帝(况成王自镐京来洛邑,所以继天为君),自服于土中

（周公将归政，而成王自服行其政事于中土，谓洛地得天地之中也）。

21.《尚书日记》卷十二《周书·召诰》

（明）王樵撰

"王来绍上帝"至"治民，今休"。

洛邑，天地之中，四方朝贡，道里均焉，故谓之土中。宅洛之意，盖为此。旦，周公名。也君前臣名，举周公之言，以证自服土中之意。绍上帝，言继天出治。周、召二公之意，以洛邑成而王当亲政，故言"自服于土中"。配皇天，即绍上帝之意。禋祀上下，自时中，又即自服于土中之事也。中，又谓自中而布治于四方也。上，就元子言，而勉其诚小民，以凝今日之休。疾敬德，以为诚民之本。此就宅洛言，而上节之，所期者，正将于新邑初政卜之也。绍上帝，即元子之意；自服土中，即丕能诚小民之意。曰自服者，王今亲政，非复如昔者，仰成大臣而已。举旦之言，以见期望之同，遂言王当终有天之成命，而治民今休矣。周至文武，天命已成，此言王当终有成命者，王必自求所以面稽于天者，而后可谓之成命也。天有成命，斯诚民之至，而信为今日之休也。此"今休"，字与上相应，上期之之辞也，此决之之辞也。

22.《日讲书经解义》卷八《周书·召诰》

（清）库勒纳等撰

王来绍上帝，自服于土中。旦曰，其作大邑，其自时配皇天。禋祀于上下，其自时中乂。王厥有成命治民，今休。

此一节书，是召公欲成王宅洛，行敬德诚民之事，因述周公之辞，而申之以己意也。服，谓服行德教；土中，谓洛邑为天地之中。"旦曰"以下，四语周公之辞。禋，慎也。上下，谓神祇。时，是也。乂，治也。成命，天之成命。召公曰，王欲诚民图治，当自新邑始。今新邑既成，王来此定宅，继天出治，凡典礼命讨，皆王一身之责。王当躬亲总揽，以服行于此土中，不可徒倚臣下，而自处于暇逸也。此非臣一人之见，即旦亦曾言之，谓人君一身，上荷皇天之付托，中膺百神之凭依，下系万民之观望。今作此大邑，岂徒为逸豫之计。其将自是作君作师，对越上帝，以不愧于天；肇称殷礼，敬答神祇，以不愧于神；且自是宅中图治，诚和万民，以不愧于人。旦之所言，即臣期望于王之意也。王诚能勉而行之，则民心既和，天眷益笃，将天之佑命我周者，一成而不易，而治隆化洽，永奠新宅之邦，岂不为今日之休美耶。召公将告成王以治洛之法，而先引周公之言，以开其端者如此。

《五诰解》卷三《召诰》

（宋）杨简撰

（归善斋按，见"呜呼！有王虽小，元子哉，其丕能诚于小民今休"）

《书蔡氏传旁通》卷五《周书·召诰》

（元）陈师凯撰

王氏曰，成王欲宅洛邑者，以天事言，则日东，景朝（当作夕）多阳（当作风）；日西，景夕（当作朝）多阴；日南，景短多暑；日北，景长多寒。洛，天地之中，风雨之所会，阴阳之所和也。

《大司徒》云，以土圭之法测土深，正日景，以求地中。日南，则景短多暑；日北，则景长多寒；日东，则景夕多风；日西，则景朝多阴。日至之景，尺有五寸，谓之地中，天地之所合也，四时之所交也，风雨之所会也，阴阳之所和也。然则，百物阜安，乃建王国焉，制其畿方千里而封树之。郑司农云，土圭之长，尺有五寸，以夏至之日，立八尺之表，其景适与土圭等，谓之地中。今颖川阳城地为然。冯氏子亮云，土中之说，蔡氏引王氏所论，而今本多讹。"日东，景夕多风"误为"景朝多阳"；"日西，景朝多阴"误为"景夕多阴"，宜正之。又按，王氏据《周礼》，而郑注不明，盖地官司徒测土深，正日景，所以求地之中也。所谓日南景短，日北景长，日东景夕，日西景朝者，是指其立表之处而言，其不中也。日南云者，是立表于昼日之南也，表立于此，则其影必短于圭，而其地多暑，是偏于南矣。日北者，是立表于昼日之北也，表立于此，则其影必长于圭，而地多寒，是偏于北矣。表立于昼日之东，则日至夕而表影方与圭齐，是又偏于东，而其地多风矣。表立于昼日之西，则日方朝而表影已与圭齐，是又偏于西，而其地多阴矣。凡此皆非地之中也。而用此法者，乃所以求中也。按步占之说，以为日与地相去一万五千里，为地之中。土圭之法，圭长一尺五寸，以一寸准千里，当昼漏方半，置圭立表，以测度之。夏至之日，立八尺之表，其影适与土圭等，定此为地中也。又按寰宇记云，河南府登封县测景台，在县东南二十五里，高一丈，周回十六步，《周礼》地中在此也。县北有阳城山。

《读书管见》卷下《召诰》

（元）王充耘撰

王来绍上帝。

"王来绍上帝，自服于土中"，昔者，幼冲政出大臣，今洛邑既成，而王新即政，凡事皆须自己服行，非可诿其责于他人也。《召诰》虽不明言王来洛邑，然召公"拜手稽首，旅王若公"以下，皆是如与成王面说，则王来新邑分明矣。其说与《洛诰》相表里。《洛诰》是周公戒成王，此是召公戒成王耳。传谓召公因周公归而托转达成王，恐未必然。盖其间亦不见周公复归宗周明文，况《洛诰》但见周公遣使告卜，未尝见周公先归也。《洛诰》初间亦不见成王来洛，而中间却见成王归周，盖古史必详书，此特因事记言耳，故事之首尾不及具载。

旦曰，其作大邑，其自时配皇天

1. 《尚书注疏》卷十四《周书》

（汉）孔氏传，（唐）陆德明音义，（唐）孔颖达疏

旦曰，其作大邑，其自时配皇天。

传，称周公言，其为大邑于土中，其用是大邑，配上天而为治。

疏，正义曰，故周公旦言曰，其作大邑于土中，其令成王用是大邑，配大天而为治。

传，正义曰，王肃云，旦，周公名也。《礼》，君前臣名，故称周公之言为"旦曰"。王者，为天所子，代天治民，天有其意，天子继天使

成,谓之"绍上帝"也。天子设法,其理合于天道,是为配皇天也。天子将欲配天,必宜法居土中,故称周公之言,其为大邑于土之中,其当令此成王用是大邑,行化配上天,而为治也。说周公之意,然戒成王,使顺公也。《周礼·大司徒》云,以土圭之法,测土深,正日景以求地中。日南,则景短多暑;日北,则景长多寒;日东,则景夕多风;日西,则景朝多阴;日至之景尺有五寸,谓之地中,天地之所合也,四时之所交也,风雨之所会也,阴阳之所和也。然则百物阜安,乃建王国焉。马融云,王国东都王城,今河南县是也。

2. 《书传》卷十三《周书·召诰第十四》

(宋)苏轼撰

旦曰,其作大邑,其自时配皇天。毖祀于上下,其自时中乂。王厥有成命治民,今休。王先服殷御事,比介于我有周御事,节性,唯日其迈,王敬作所不可不敬德。

王能训服殷之御事,使比附介副于我周御事矣,又当节文殷人之善性,使日进于善。作所者,所作政事也,既敬其事,又敬其德则至矣。

3. 《尚书全解》卷三十《周书·召诰》

(宋)林之奇撰

(归善斋按,见"王其疾敬德,相古先民有夏")

4. 《尚书讲义》卷十五

(宋)史浩撰

旦曰,其作大邑,其自时配皇天。毖祀于上下,其自时中乂。王厥有成命治民,今休。王先服殷御事,比介于我有周御事,节性,唯日其迈,王敬作所不可不敬德。

召公既赞成王曰今休,又恐诸侯庶殷未之然也,于是引周公之辞以为证,亦曰今休,可谓善扬君之美矣。皇天者,法道之天也。道之在天下,圣人得之,以洪覆人物,其功乃能配天。民物之在君治,如生于元气之中,长养而不知其恩;如游于春风之中,鼓舞而不知其和,故曰"其自时配皇天"。盖民者，民物神祇之主。禋祀于上下，则天地神祇为之降格，卜宅于大邑，则中土之民，为之时乂。上有昊天之成命，下有斯民之向治，今其享盈成之美矣。然则周公之辞，与召公之诰，盖无以异。召公于是又曰"王先服殷御事"，商之御事。"比介于我有周御事"者，成王始以商民难变，迁之洛邑，使居地中，陶天地之正气，变其风声气习，欲令商之御事，比我有周御事，以同其心；介我有周御事，以协其力。如是乃为服周之化也。然商民既庶矣，又何加焉，曰教之，则节性者，岂非教之乎。教之则日进而不自知，安知商民之为周民乎？周民之为商民乎？虽然王欲使群下节性，苟身自不修，虽令不从矣。此所以戒以"敬作所而不可不敬德"也。《易》曰"艮其止，止其所也"，老子曰"不失其所者久"，则所者其性也。王不敬作所，则群下之性，何从而节矣。

5.《尚书详解》卷十九《周书·召诰》

（宋）夏僎撰

（归善斋按，见"呜呼！有王虽小，元子哉，其丕能诚于小民今休"）

6.《增修东莱书说》卷二十二《周书·召诰第十四》

（宋）吕祖谦撰，（宋）石澜增修

（归善斋按，见"王来绍上帝，自服于土中"）

7.《尚书说》卷五《周书·召诰》

（宋）黄度撰

旦曰，其作大邑，其自时配皇天。禋祀于上下，其自时中乂。王厥有成命治民，今休。王先服殷御事，比介于我有周御事，节性，唯日其迈，王敬作所不可不敬德。

周公称名答召公，远嫌，不敢当诸侯礼见也。《左氏传》曰，王合诸侯伯帅侯牧，以见于王；伯合诸侯侯帅子男，以见于伯。召公率诸侯奉伯见周公，略用伯合诸侯之礼。周公将复子明辟，王且至新邑，故不敢当，此礼也。周公言其作大邑，其自是配皇天。京邑所以配天也。《皇矣》"帝作邦作对"，郊社之位，莫不咸在。于是慎祀上下，其自时土中，布治于四方。王其保有天之成命治民，今日为休美。然王有先务，必服驯有殷治事之臣，使比附介助于我有周治事之臣，裁节其性，唯曰其往使归于道，然后王化纯被矣。此事必在人主，王当敬作所。作，动也，念缘而动，体随而动，时逝而动，事变而动，皆动也。动必有所，自故谓之作所。抑曰相在尔室，尚不愧于屋漏无曰不显，莫予云觏敬作所也。《思齐》曰"雍雍在宫，肃肃在庙，不显亦临，无斁亦保"，虽动而未尝不止也，不可不敬德。申言之，一归于敬而已。殷民迁洛者皆大家，固将于此选其贤者，服在百僚，举善而教之，必使比介有周御事，以此为先务。

8.《絜斋家塾书钞》卷十一《周书·召诰》

（宋）袁燮撰

旦曰，其作大邑，其自时配皇天。毖祀于上下，其自时中乂。王厥有成命治民，今休。

此是召公既说了，周公又答召公之言。正如禹皋陶陈谟于帝舜之前，更进互说。或者以为召公举周公之言告成王，君前臣名，故称旦曰，亦不必如此说。以人情观之，召公在周公面前，缘何称周公名。然不言周公曰而称旦曰者，此史官笔之也。盖前面"旅王若公"，分明待周公以王者之礼，故史官于此称"旦曰"所以严君臣之大分，而周公不敢当币之礼尽归之。成王用供，王祈天永命，则"旦曰"之言，亦史官探周公之意而书之也。夫洛邑之作，召公以为"王来绍上帝"，周公以为"其自时配皇天"，盖此国家之大事也，所以继天而出治者，实在于此。以大臣望其君，而欲至于配天德。此其规模广大，岂与后世人臣比哉。毖祀者，谨祭祀之礼也。洛邑天下之至中，故曰"自时中乂"。成命。无一毫亏欠之谓也。"昊天成命，二后受之"。在文武时，天命故无有不成者也。然成王，苟恃其成而小忽焉，则已成者其可常保乎。故《君奭》曰"我式克至于今日休，我咸成文王功于不怠"，文王之功，夫安有不成者。而今也，方思所以成其功于不怠。盖古人之心。不敢自足如此。

9. 《书经集传》卷五《周书·召诰》

（宋）蔡沈撰

（归善斋按，见"王来绍上帝，自服于土中"）

10. 《尚书精义》卷三十七《周书·召诰》

（宋）黄伦撰

（归善斋按，见"王来绍上帝，自服于土中"）

11. 《尚书详解》卷三十二《周书·召诰》

（宋）陈经撰

（归善斋按，见"呜呼！有王虽小，元子哉，其丕能諴于小民今休"）

12. 《融堂书解》卷十二《周书·召诏》

（宋）钱时撰

（归善斋按，见"王其疾敬德，相古先民有夏"）

13. 《尚书要义》

（宋）魏了翁撰

（归善斋按，原缺）

14. 《书集传或问》卷下《召诰》

（宋）陈大猷撰

（归善斋按，未解）

15. 《尚书详解》卷八《周书·召诰第十四》

（宋）胡士行撰

旦曰，其作大邑，其自时（此）配（合）皇天。毖（谨）祀于上（神）下（祇），其自时中（土中）乂（治）。王厥有成命（天命之定一云君命）治民，今休。

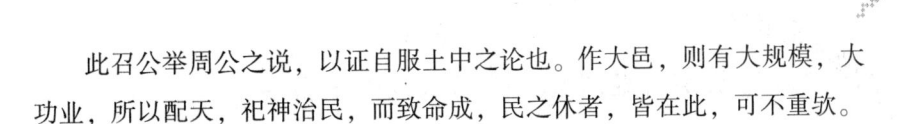

此召公举周公之说，以证自服土中之论也。作大邑，则有大规模，大功业，所以配天，祀神治民，而致命成，民之休者，皆在此，可不重欤。

16.《书纂言》卷四上《周书·召诰》

（元）吴澄撰

（归善斋按，见"王来绍上帝，自服于土中"）

17.《书集传纂疏》卷五《朱子订定蔡氏集传·周书·召诰》

（元）陈栎撰

（归善斋按，见"王来绍上帝，自服于土中"）

18.《读书丛说》卷六《召诰》

（元）许谦撰

（归善斋按，未解）

19.《书传辑录纂注》卷五《周书·召诰》

（元）董鼎撰

（归善斋按，见"王来绍上帝，自服于土中"）

20.《尚书句解》卷八《周书·召诰第十四》

（元）朱祖义撰

旦曰（于是遂引公言），其作大邑（谓周公亦尝自言其所以作此大邑者），其自时配皇天（将使成王自是洛邑配天为君，盖天在上，为群物之祖；君配之而在下，为万邦之君也）。

21.《尚书日记》卷十二《周书·召诰》

（明）王樵撰

（归善斋按，见"王来绍上帝，自服于土中"）

22.《日讲书经解义》卷八《周书·召诰》

（清）库勒纳等撰

（归善斋按，见"王来绍上帝，自服于土中"）

《书义断法》卷五《周书·召诰》

（元）陈悦道撰

旦曰，其作大邑，其自时配皇天。毖祀于上下，其自时中乂。王厥有成命治民，今休。

洛邑之作，成王所以中立于天下，而奠三极也。以对于上帝，以祀于上下，以布政于中土之民，盖自今日始矣。然此一人之私谋，一时之苟合也。天之所以付托者，已有成命矣。民之所以望治者，益为休美矣。王犹承天意以治天下，则大邑，不为虚作。而成王之身，所以贯通三极者，岂不为益美矣。夫两言"自时"，言自是而为三极之主也。末言今休，言自今而有无穷之美也。此召公述周公之言，以告成王也。

《五诰解》卷三《召诰》

（宋）杨简撰

（归善斋按，见"呜呼！有王虽小，元子哉，其丕能诚于小民今休"）

毖祀于上下，其自时中乂

1.《尚书注疏》卷十四《周书》

（汉）孔氏传，（唐）陆德明音义，（唐）孔颖达疏

毖祀于上下，其自时中乂。

传，为治当慎祀于天地，则其用是，土中大致治。

疏，正义曰，为治之道，当事神训民，谨慎祭祀上下神祇，其用是土中大致治也。

传，正义曰，《祭法》云有天下者祭百神，天地为大，上下即天地也。故为治当慎祀于天地。举天地，则百神之祀皆慎之也。能事神训民，则其用是土中大致治也。

2.《书传》卷十三《周书·召诰第十四》

（宋）苏轼撰

（归善斋按，见"旦曰，其作大邑，其自时配皇天"）

3.《尚书全解》卷三十《周书·召诰》

（宋）林之奇撰

（归善斋按，见"王其疾敬德，相古先民有夏"）

4.《尚书讲义》卷十五

（宋）史浩撰

（归善斋按，见"旦曰，其作大邑，其自时配皇天"）

5.《尚书详解》卷十九《周书·召诰》

（宋）夏僎撰

（归善斋按，见"呜呼！有王虽小，元子哉，其丕能诚于小民今休"）

6.《增修东莱书说》卷二十二《周书·召诰第十四》

（宋）吕祖谦撰，（宋）石澜增修

（归善斋按，见"王来绍上帝，自服于土中"）

7.《尚书说》卷五《周书·召诰》

（宋）黄度撰

（归善斋按，见"旦曰，其作大邑，其自时配皇天"）

8.《絜斋家塾书钞》卷十一《周书·召诰》

（宋）袁燮撰

（归善斋按，见"旦曰，其作大邑，其自时配皇天"）

2047

9. 《书经集传》卷五《周书·召诰》

（宋）蔡沈撰

（归善斋按，见"王来绍上帝，自服于土中"）

10. 《尚书精义》卷三十七《周书·召诰》

（宋）黄伦撰

（归善斋按，见"王来绍上帝，自服于土中"）

11. 《尚书详解》卷三十二《周书·召诰》

（宋）陈经撰

（归善斋按，见"呜呼！有王虽小，元子哉，其丕能诚于小民今休"）

12. 《融堂书解》卷十二《周书·召诏》

（宋）钱时撰

（归善斋按，见"王其疾敬德，相古先民有夏"）

13. 《尚书要义》

（宋）魏了翁撰

（归善斋按，原缺）

14. 《书集传或问》卷下《召诰》

（宋）陈大猷撰

（归善斋按，未解）

15. 《尚书详解》卷八《周书·召诰第十四》

（宋）胡士行撰

（归善斋按，见"旦曰，其作大邑，其自时配皇天"）

16. 《书纂言》卷四上《周书·召诰》

（元）吴澄撰
(归善斋按，见"王来绍上帝，自服于土中")

17. 《书集传纂疏》卷五《朱子订定蔡氏集传·周书·召诰》

（元）陈栎撰
(归善斋按，见"王来绍上帝，自服于土中")

18. 《读书丛说》卷六《召诰》

（元）许谦撰
(归善斋按，未解)

19. 《书传辑录纂注》卷五《周书·召诰》

（元）董鼎撰
(归善斋按，见"王来绍上帝，自服于土中")

20. 《尚书句解》卷八《周书·召诰第十四》

（元）朱祖义撰
愍祀于上下（又自是洛邑以谨祀天神地祇），其自时中乂（然后自是中土以致治）。

21. 《尚书日记》卷十二《周书·召诰》

（明）王樵撰
(归善斋按，见"王来绍上帝，自服于土中")

22. 《日讲书经解义》卷八《周书·召诰》

（清）库勒纳等撰
(归善斋按，见"王来绍上帝，自服于土中")

《五诰解》卷三《召诰》

（宋）杨简撰

（归善斋按，见"呜呼！有王虽小，元子哉，其丕能诚于小民今休"）

《书义断法》卷五《周书·召诰》

（元）陈悦道撰

（归善斋按，见"旦曰，其作大邑，其自时配皇天"）

王厥有成命治民，今休

1. 《尚书注疏》卷十四《周书》

（汉）孔氏传，（唐）陆德明音义，（唐）孔颖达疏

王厥有成命治民，今休。

传，用是土中致治，则王其有天之成命治民，今获太平之美。

疏，正义曰，既能治，则王其有天之成命，治理下民，今获太平之美矣。

传，正义曰，用是土中致治，当于天心，则王其有天之成命，降福与之，使多历年岁治民，今获太平之美。自"旦曰"至此，述周公之意也。

2. 《书传》卷十三《周书·召诰第十四》

（宋）苏轼撰

（归善斋按，见"旦曰，其作大邑，其自时配皇天"）

3. 《尚书全解》卷三十《周书·召诰》

（宋）林之奇撰

（归善斋按，见"王其疾敬德，相古先民有夏"）

4. 《尚书讲义》卷十五

(宋)史浩撰
(归善斋按,见"旦曰,其作大邑,其自时配皇天")

5. 《尚书详解》卷十九《周书·召诰》

(宋)夏僎撰
(归善斋按,见"呜呼!有王虽小,元子哉,其丕能诚于小民今休")

6. 《增修东莱书说》卷二十二《周书·召诰第十四》

(宋)吕祖谦撰,(宋)石𤀹增修
(归善斋按,见"王来绍上帝,自服于土中")

7. 《尚书说》卷五《周书·召诰》

(宋)黄度撰
(归善斋按,见"旦曰,其作大邑,其自时配皇天")

8. 《絜斋家塾书钞》卷十一《周书·召诰》

(宋)袁燮撰
(归善斋按,见"旦曰,其作大邑,其自时配皇天")

9. 《书经集传》卷五《周书·召诰》

(宋)蔡沈撰
(归善斋按,见"王来绍上帝,自服于土中")

10. 《尚书精义》卷三十七《周书·召诰》

(宋)黄伦撰
(归善斋按,见"王来绍上帝,自服于土中")

11. 《尚书详解》卷三十二《周书·召诰》

（宋）陈经撰

（归善斋按，见"呜呼！有王虽小，元子哉，其丕能诚于小民今休"）

12. 《融堂书解》卷十二《周书·召诏》

（宋）钱时撰

（归善斋按，见"王其疾敬德，相古先民有夏"）

13. 《尚书要义》

（宋）魏了翁撰

（归善斋按，原缺）

14. 《书集传或问》卷下《召诰》

（宋）陈大猷撰

（归善斋按，未解）

15. 《尚书详解》卷八《周书·召诰第十四》

（宋）胡士行撰

（归善斋按，见"旦曰，其作大邑，其自时配皇天"）

16. 《书纂言》卷四上《周书·召诰》

（元）吴澄撰

（归善斋按，见"王来绍上帝，自服于土中"）

17. 《书集传纂疏》卷五《朱子订定蔡氏集传·周书·召诰》

（元）陈栎撰

（归善斋按，见"王来绍上帝，自服于土中"）

18. 《读书丛说》卷六《召诰》

（元）许谦撰
（归善斋按，未解）

19. 《书传辑录纂注》卷五《周书·召诰》

（元）董鼎撰
（归善斋按，见"王来绍上帝，自服于土中"）

20. 《尚书句解》卷八《周书·召诰第十四》

（元）朱祖义撰

王厥有成命（天命文武造周，至成王而有成，一成而不可变）治民，今休（见于治民，今即有休美矣，皆周公言）。

21. 《尚书日记》卷十二《周书·召诰》

（明）王樵撰
（归善斋按，见"王来绍上帝，自服于土中"）

22. 《日讲书经解义》卷八《周书·召诰》

（清）库勒纳等撰
（归善斋按，见"王来绍上帝，自服于土中"）

《五诰解》卷三《召诰》

（宋）杨简撰
（归善斋按，见"呜呼！有王虽小，元子哉，其丕能诚于小民今休"）

《书义断法》卷五《周书·召诰》

（元）陈悦道撰
（归善斋按，见"旦曰，其作大邑，其自时配皇天"）

《读书管见》卷下《召诰》

（元）王充耘撰

王厥有成命。

王厥有成命，犹云王其有成命，皆是预期之之辞，犹言王必有此效，以从史之也。成命者，一成而不变，有则保之而勿失之谓也。

王先服殷御事，比介于我有周御事

1.《尚书注疏》卷十四《周书》

（汉）孔氏传，（唐）陆德明音义，（唐）孔颖达疏

王先服殷御事，比介于我有周御事。

传，召公既述周公所言，又自陈己意，以终其戒言，当先服治殷家御事之臣，使比近于我有周治事之臣，必和协乃可一。

音义，比，毗志反，徐扶志反。近，"附近"之"近"。

疏，正义曰，召公既述周公所言，又自陈己意戒王。今为政，先服治殷家御事之臣，使之比近于我有周治事之臣，令新旧和协，政乃可一。

传，正义曰，自"今休"已上，文义相连，知皆是称周公言也。此一句，意异于上，知是召公自陈己意，以终其戒。殷家治事之臣，谓殷朝旧人，常被殷家任使者也。周家治事之臣，谓西土新来，翼赞周家初基者也。周臣恃功，或加陵殷士。殷人失势或疏忌周臣，新旧不和，政必乖戾，故召公戒王，当先治殷臣，使比近周臣，必和协，政乃可一也。不使周臣比殷，而令殷臣比周臣者，周臣奉周之法，当使殷臣从之，故治殷臣，使比周臣也。

2.《书传》卷十三《周书·召诰第十四》

（宋）苏轼撰

（归善斋按，见"旦曰，其作大邑，其自时配皇天"）

3.《尚书全解》卷三十《周书·召诰》

（宋）林之奇撰

王先服殷御事，比介于我有周御事，节性，唯日其迈，王敬作所不可不敬德。我不可不监于有夏，亦不可不监于有殷。我不敢知曰，有夏服天命，唯有历年；我不敢知曰，不其延，唯不敬厥德，乃早坠厥命；我不敢知曰，有殷受天命，唯有历年；我不敢知曰，不其延，唯不敬厥德，乃早坠厥命。今王嗣受厥命，我亦唯兹二国命，嗣若功。王乃初服，呜呼！若生子，罔不在厥初生，自贻哲命。今，天其命哲，命吉凶，命历年，知今我初服，宅新邑，肆唯王其疾敬德。王其德之用，祈天永命。其唯王勿以小民淫用非彝，亦敢殄戮用乂民。若有功，其唯王位在德元。小民乃唯刑，用于天下，越王显。上下勤恤，其曰我受天命，丕若有夏历年，式勿替有殷历年。欲王以小民，受天永命。拜手稽首，曰，予小臣，敢以王之雠民百君子，越友民，保受王威命明德。王末有成命，王亦显。我非敢勤，唯恭奉币，用供王，能祈天永命。

成王之营洛邑，而迁殷顽民者，盖以其更纣武庚之乱。其顽狠无耻之心，未能以遽革，故使之密迩王室，以驯致于善。然其迁之也，岂能空瀍水之西，移其旧民，而使殷民居之哉，盖使周民与殷民杂居故也。唯周民与殷民杂居，故有殷治事之臣，亦有周治事之臣。然殷之小大，草窃奸宄，骄淫矜夸，靡所不为，而周人以文武美教善化，渐渍之日久，莫不归于士君子之域。其善恶相反，不啻若熏莸白黑之殊，其势不能以同居也，自非上之人，有以迪之，其能使之和协而为一哉。故召公既欲王诫于小民，又欲王治民，则遂告以"王先服殷御事，比介于我有周御事"也。有周御事，其于朝廷之教令，如草之从风，无事于服之也。所当先者，唯训服殷家旧治事之臣，除其暴虐而消其贪鄙，使之亲比介助我周家治事之臣，和协而为一，则可以诫于小民，亦可以治民矣。欲服殷御事无他，节性而已。《孟子》曰，"性无有不善，水无有不下"。殷之御事，当成王之世，天下之所谓恶人也；周之御事，天下之所谓善人也。虽有美恶之异，然原夫殷御事所禀于天之性，未丧之前，与周之御事有以异哉？唯上之人，有以唱之，遂陷溺其良心，而不义之习，遂与性成，浸淫日久，牢不可遏，必有以节之而后可也。节之者，非强，其所无也。以其所固有之性，还以治之，去其不善而反之善也。有以节之，则臣民将迁善远罪而不自知，唯日其进于善也，故曰"唯日其迈"。董仲舒曰，积善在身，犹长日加益，而人不知也。"唯日其迈"，正仲舒"长日加益"之譬也。王氏曰"当明政刑以节之"，此不知道者之言。《汤诰》曰，"唯皇上帝，降衷于下民，若有常性，克绥厥猷唯后"。夫所贵乎后者，因斯民有常性，顺以治之而已矣。若明其政刑为可以节性，岂所谓若有常性哉。其身正不令而行；其身不正，虽令不从。欲节民之性，唯王能敬德，则殷之御事，翕然而化矣。故曰"王敬作所，不可不敬德"，王氏曰"敬德者，所以作所"，苏氏曰"作所者所作政事也"，此皆于"所"字强生义理，其辞为费，当从先儒之说，谓其不可以不敬德，王当敬作之也。敬作，犹言敬为，即《周官》所谓"作德"也。王既当敬德。则不可不以夏殷为监也。不可不以夏殷为监者。以夏殷之历年修短。唯在敬德与不敬德故也。其曰"我不可不监于有夏，亦不可不监于有殷"，孔子所谓周监于二代者，其原盖出于此。有夏之服天命以王天下，传十有七王，四百三十一年，固多历年也。至桀嗣位，而夏之天命于是而殄灭，则其不延长矣。此非我之所敢知也，唯敬德则多历年所，桀不敬厥德，则早坠厥命，此则我知之矣，故不可不监于有夏也。有殷之受天命，以王天下，传二十有八王，六百二十九年，固多历年也。至纣嗣位，而殷之天命于是而殄绝，则其不延长矣。此非我之所敢知也，唯敬德则多历年所，纣不敬厥德，则早坠厥命，此则我知之矣，故不可以不监于有殷也。古人之于天命，不以为必有，不以为必无，而每致于不可测知之域，唯人事之修于昭昭赫赫之间者，则未尝不尽言之也。故召公于夏殷之有历年，及不其延，皆曰我不敢知者，疑之之辞也。至于敬德，则有历年，不敬德则坠厥命，盖无可疑者。季路问事鬼神，子曰未能事人，焉能事鬼。曰敢问死，曰未知生，焉知死。鬼神与死，夫子不之告也，而告以事人。知生，盖能事人，则能事鬼矣；知生，则知死矣，此正召公之意。由是观之，夫子罕言命与不语怪神者，非故匿而不言也，不可以正言之也。正言之，则学者舍人事而求天命鬼神于难知之际，为巫觋瞽史之事矣。唯夏殷之受命，其所以历祚之长短，不可得而知者；唯其敬与不敬之异，则今王继此二代，而受天命，以王天下，亦当思唯此二国长短之命，以继其功也。继其功，则修人事，不责天命，不过敬德而已。夏以敬德而有历年，殷亦以敬德而有历年，皆其功效也。成王既嗣其命，其可不嗣其功哉？王唯敬德，乃可以享天休命，绵绵而不绝。况今周公既营洛邑，乃归政于成王，正成王初听政，以有事于万几之务，一号令之所发，一赏罚之所施，天下之民，将拭目而视，倾耳而听，实治乱安危之所自始，故高宗曰，"以台正于四方，台恐德弗类，兹故弗言，□默思道"。诚以听政之初，不可不慎也。故召公谓王，政之隆替，盖萌于初服之日，若人之生子，其善恶之习，无不在于初生之日也。习之善，则为善人；习之恶，则为恶人矣。孔子曰，少成若天性，习惯如自然。古之人其所以熏陶美质，而优入于圣域者，唯其孩提之日教之有素也。若孟母之择邻，曾子之杀豚以食其子是矣。苟初生之日习于善，则是自贻哲命也。盖天以正性而命于人，初无上智下愚之别，其所以为上智下愚者，于己取之而已矣。故曰，自贻哲命，言人之秉哲者，虽命于天，而其所以能哲者，乃自遗之也。《孟子》曰，自暴者，不足与有言也，自弃者不足与有为也。唯下愚者，自暴自弃，则哲者岂非自贻乎？然则，王之于初服，其治乱安危，无非自取之也，可不慎哉。今天其命哲，命吉凶，命历年者，言天之于人，或命之哲，或命之以吉与凶，或命之以历年，此三者，岂人之所能为哉，天实命之也。然天命之以哲，而不能使之必哲；能命之以历年，而不能使之必历年。其所以哲，所以吉，所以历年之长者，非天也，人也。其所以不哲，所以凶，所以历年不其延者，非天也，人也。天非人不因，人非天不成，天始之而人终之也。今，天知我王初有事于万几，而居新邑洛，其命之哲与不哲，吉与凶，历年与不历年，盖决于此日，则王之敬德，其可缓哉。正当唯此德之用造次，必于是颠沛，必于是以祈于天而永其命也。祈，非"祈祷"之"祈"也，敬德者所以祈之也。盖敬德以祈之，其诸异乎人之祈之，与此所谓祈，正与《诗》言"自求多福"之"求"同。早坠厥命者，非天实促之也，在我者遏而绝之也。祈天永命者，非天实延之也，在我者引而伸之也。《孟子》曰，祸福无不自己求之者，此之谓也。王既唯德之用，则推之以治天下国家，岂以刑罚而绳斯民哉。故王不当以此小民过用非常之故，亦敢殄戮以治其民。如殷俗之靡，其淫用非彝也，为日久矣，然不教而杀之，是果于杀戮也，岂可以乂民乎？当武庚之既灭，而殷之遗民有留居于卫者，有迁于成周者，然其染纣之化，皆未之革，必有以教之而后可。故成王之告康叔，既谓不可以其民乱非彝，而速用刑罚；不可以其湎于酒而庸杀。召公之告成王，又谓不可以淫用非彝，而敢殄戮，此皆忠厚之心也，非纵释有罪也。百姓有过在予一人故也。王氏曰，不敢慢小民而淫用非彝，亦当敢于殄戮有罪以乂民也。凡书之告戒，以不杀之言者，王氏皆以为使之杀。苏氏破其说矣，正犹治狱之吏，持心近厚者，唯求所以生之；持心近薄者，唯求所以杀之。"若有功，其唯王位在德元，小民乃唯刑用于天下，越王显"，先儒及王氏皆以"若"训"顺"，唯苏氏曰，民之有过罪在我，及其有功则王亦有德，何也？王之位，民德之先倡也，如此则法用于天下，而王亦显矣。此说得之。盖民之于德，不能自有功也，必在上之人有以倡之，而后小民效之，则民皆有功矣。民之有功，独非王之功乎？故王显也。唯王之显在于小民，故当君臣之间，尽其忧勤，其言曰，我周之受天命，大于有夏历年之长，用勿废有殷历年之长。夏殷历年，以能化小民之故，欲王以此小民而祈天永命也。盖王唯德之用，虽可以祈天永命，然使小民尚淫用非彝，而不足其上，则天或绝之矣，故必王敬厥德于上，而小民仪刑于下，上下好德如一，则天岂用释之哉。《孟子》曰"民为贵，得乎邱民而为天子"，故祈天永命，必在于小民也。雠民，殷之顽民也。殷为雠民，则友民者，周民也。雠民谓之百君子者，君子之称不一而足，有德之称君子，和而不同之类是也；有位之称君子，学道则爱人之类是也。有凡人皆称之者，今之君子，过则顺之之类是也。故此雠民而谓之君子，正犹顽民而谓之多士也。周民□濡累世之仁政，同心同德，以辅成文武之基业，有大勋劳于王室。而殷之余民，新从武庚、三叔之乱，旧染污俗，于我周家，不无嫌贰。使成王之心，置亲疏轻重于其间，则乱之所由起也。张子房曰，所封皆平生故人，所诛皆平生仇怨，此属恐见疑及诛，故聚而谋反耳。召公之心虑此，故欲成王先服殷御事，比介于我有周御事，又拜手稽首而言曰，我虽小臣，敢以殷民及周民安受王之威命与明德而奉行之，则王终有成命，而显于天下也。盖谓王能一视殷周之民，无有或雠或友之间，则周之社稷，其万年永保矣。"我非敢以此为勤也，唯敬奉其币帛，用供于王"，欲王之能祈天命而已。此太保召公爱君之心也。详考此篇其大意，在于祈天永命，而其所以祈天永命者，敬德而已。盖敬德在人，而永命在天。修其在人者，而在天者自至。如炊之必熟，耕之必获也。苟其德之不建，而晏然自以为天命之在我，此则纣之谓己有天命也，其亡不旋踵矣。鲁哀公问孔子曰，国家存亡，信有天命，唯非人也。孔子曰，存亡祸福皆己而已，天灾地妖，不能加也。唐德宗谓，自古兴衰，皆有天命，今之厄运恐不在人。陆贽曰，天所视听，皆因于人，非人事之外，自有天命。人事治，而天降乱未之有也。人事乱，而天降康，亦未之有也。大抵临乱之君，莫不自以为有天命，令皆觉悟天下安得危亡之事乎。故召公于成王之初服，即以此告之，贤者之爱君，必止乱于未形，而闲邪于未然。若其已然而后救之，则众人之所皆能也，何赖于贤乎？成王之成厥德，盖有自来也。

4. 《尚书讲义》卷十五

（宋）史浩撰

（归善斋按，见"旦曰，其作大邑，其自时配皇天"）

5. 《尚书详解》卷十九《周书·召诰》

（宋）夏僎撰

（归善斋按，见"呜呼！有王虽小，元子哉，其丕能诚于小民今休"）

6. 《增修东莱书说》卷二十二《周书·召诰第十四》

（宋）吕祖谦撰，（宋）石𬭚增修

王先服殷御事，比介于我有周御事，节性，唯日其迈，王敬作所不可不敬德。

召公又教成王以治洛之法。王，今必当先服殷之御事，使来比附介，助我周家之御事，不可以商周二其心，要在一视同仁，使商之臣与周之臣合而为一，节抑商臣之性，渐染陶成，日进一日，至于日日进新也。然又在王以身率之，王欲用敬德之功，当为所不可不敬之德。盖不得不然者，非有勉强，如饥食渴饮之常，莫之为而为者耳。至于莫之为而为，则其动也，天自然一视同仁，合商周为一体，涵新旧为一致，此疾敬德之工夫也。

7.《尚书说》卷五《周书·召诰》

(宋)黄度撰

(归善斋按,见"旦曰,其作大邑,其自时配皇天")

8.《絜斋家塾书钞》卷十一《周书·召诰》

(宋)袁燮撰

王先服殷御事,比介于我有周御事,节性,唯日其迈,王敬作所不可不敬德。

周公之营洛邑,正缘商之臣民,日夜渐染恶习,不能自新,故迁之于洛,使之远去沉湎之邦,而密迩周家之教化。盖所以变移其耳目,洗涤其心志也。周公经理商民,可谓得其道矣,此是周公之本意,故又明以告成王,先服殷之御事,使与我周御事亲比而无间焉。盖不鄙夷之斥绝之,而纳之于君子长者之域,使之熏蒸陶冶,日改月化而不自知。昔者,舜之分北三苗,正是此意,所以三苗终于从此,盖处之得其道矣。节性者,使之就规矩准绳,而不流于不善也。夫性无不善焉,得会流然,无规矩准绳,则外物迁染亦能引而去之。性,犹水也;节,犹水之有堤防也。水虽无有不下。然堤防陵迟,则必至于溃决。性虽无有不善,苟不知节,其不荡然无制乎。然却非搏节此性。性岂可搏节哉?唯日其迈者,日进于高明远大之域也。虽然这个根本,又全在成王之身,要须当以敬为所。所,犹居也,如"君子所其无逸","为人君止于仁","居天下之广居",皆是此意。造次颠沛之间,不曾暂离这敬,是之谓得其所。既曰敬作所,又曰不可不敬德,言辞恳切,再三丁宁之也。三代大臣告君之言,自是深切,如曰"曷其奈何弗敬",如曰"不可不敬德"一等是这许多言语,而古人分外深切,自汉以后说正当道理者有之矣,辞气恳切如三代王佐者,则难得也。

9.《书经集传》卷五《周书·召诰》

(宋)蔡沈撰

王先服殷御事,比介于我有周御事,节性,唯日其迈。

言治人，当先服乎臣也。王先服殷之御事。以亲近副贰我周之御事。使其渐染陶成相观为善，以节其骄淫之性，则日进于善而不已矣。

10.《尚书精义》卷三十七《周书·召诰》

（宋）黄伦撰

王先服殷御事，比介于我有周御事，节性，唯日其迈，王敬作所不可不敬德。

无垢曰，尧舜率天下以仁，而民从之；桀纣率天下以暴，而民从之。以此观之，欲殷御事之臣比介于周，成王当思有以率之。成王制节其性于念虑之间，不言不动，而殷之御事，皆唯实其行以从于我矣。将见不敢凭恃血气，而唯义理之从。比介于我周御事，其复何从乎。又曰，制节其性者，敬而已矣。王以敬为所，则民日趋于敬，心开智明，自然比介于我有周御事，不俟驱迫矣。以此观之，王其可不以敬为德乎？盖敬则不敢遗弃元老大臣，则殷御事亦不敢不比介于有周御事矣。

11.《尚书详解》卷三十二《周书·召诰》

（宋）陈经撰

王先服殷御事，比介于我有周御事，节性，唯日其迈，王敬作所不可不敬德。

召公上文既述周公之言，此又以己意戒之。王当先治其有商御事之臣，使之比附，而助我有周御事之臣。周之臣，已能奉法者也。圣人当使内外无间，一视同仁而后可。若周之臣恃功以陵商人，商之臣失势而忌周人，则不能和同为一。必使商御事比介周御事，无所疑忌猜嫌于其间。"节性，唯日其迈"，商民之性，既流荡而不知反，欲节抑商人之性，使之日进于远大之地，然亦不可不以身率之敬。为其所不可不敬之德，是亦率之以身矣。不可不敬者，敬所当敬，为所当为。凡人主一身之事，言动语默，孰非当敬，孰非当为哉。召公使成王化民以身，而不以空言化民，以实而不以文，具其身正，则不令而行矣。

12.《融堂书解》卷十二《周书·召诰》

(宋)钱时撰

(归善斋按,见"王其疾敬德,相古先民有夏")

13.《尚书要义》

(宋)魏了翁撰

(归善斋按,原缺)

14.《书集传或问》卷下《召诰》

(宋)陈大猷撰

(归善斋按,未解)

15.《尚书详解》卷八《周书·召诰第十四》

(宋)胡士行撰

王先(不敢后)服(治)殷御事(化殷民在治御事),比(近)介(副贰)于我有周御事(合商周御事为一,以渐染陶成之),节(折)性(商臣之性),唯日(日日)其迈(进善)。王敬作所(以敬为所,止其所止)不可不敬德(不得不然,不待勉强)。

性本善也,习之远而有不善焉。比介于周,则节而日迈其善之天还矣。然又当祗德以先之,不可徒诿之御事而已也。

16.《书纂言》卷四上《周书·召诰》

(元)吴澄撰

(归善斋按,见"王来绍上帝,自服于土中")

17.《书集传纂疏》卷五《朱子订定蔡氏集传·周书·召诰》

(元)陈栎撰

王先服殷御事,比介于我有周御事,节性,唯日其迈。

言治人当先服乎臣也。王先服殷之御事，以亲近副贰我周之御事，使其渐染陶成，相观为善，以节其骄淫之性，则日进于善而不已矣。

18.《读书丛说》卷六《召诰》

（元）许谦撰

（归善斋按，未解）

19.《书传辑录纂注》卷五《周书·召诰》

（元）董鼎撰

王先服殷御事，比介于我有周御事，节性，唯日其迈。

言治人当先服乎臣也。王先服殷之御事，以亲近副贰我周之御事，使其渐染陶成，相观为善，以节其骄淫之性，则日进于善而不已矣。

20.《尚书句解》卷八《周书·召诰第十四》

（元）朱祖义撰

王先服殷御事（召公又告王，今日治此新邑，当先训服殷治事之臣），比介于我有周御事（使亲比以助我周治事之臣，习与善人处，阴以除其暴虐之心）。

21.《尚书日记》卷十二《周书·召诰》

（明）王樵撰

"王先服殷御事"至"唯日其迈"。

此与下条，乃自服之要领。宅洛以化殷为重，故特言之。化殷以服其御事为先，殷之御事，素以贵得民，以族得民，殷人之所视而从也。周公言"予齐百工，伻从王于周"，则周御事之贤可知。以殷御事亲近副贰周之百工，率与共事，朝夕熏陶，以节其性。性，如"性之欲也"之"性"；节，如"好恶无节"之"节"。性本有节，唯为习染所坏，是以流而忘反，与正人居，事有所观，意有所制，习染之非，不得不止。好恶之节，如水得防，日进于善，而不能自已。此正人夹习之功也。以人治人，此转移殷俗之妙机也。

22.《日讲书经解义》卷八《周书·召诰》

（清）库勒纳等撰

王先服殷御事，比介于我有周御事，节性，唯日其迈。

此一节书，是召公教成王治洛，当先服殷之臣也。服，化也。比，副也。介，贰也。召公曰，王今宅洛，固以化殷为重，而化殷必自臣始。殷在位御事之臣，素以贵族为民所观望，若抵冒法禁而不忌，何以令民。王先服化殷之御事，使与我有周御事习于教令者，亲近副贰，朝夕共事，俾之渐渍熏陶，以节制其骄淫僭侈之性，则自然日进于善而不能已矣。盖性本有节，唯为习染所移，是以流而忘返。使日与正人居，闻正言，见正事，未有不愧悔感悟，舍其旧而新是图者。此转移风俗之大机也。

《书义断法》卷五《周书·召诰》

（元）陈悦道撰

王先服殷御事，比介于我有周御事，节性，唯日其迈，王敬作所不可不敬德。

以殷御事亲近副贰于我周御事，所以节性而使之进于善也。以敬作所，动静云为，止于是而不迁，所以居敬而为之，立其准也。为之熏陶渐染，为之品节防闲，使人有所勉励而趋善。孰若为之视仪听倡，为之端本澄源，使人有所观感，而皆安处善哉。既言节性，又欲其日迈望于殷臣者无穷。既言敬作所，又言不可不敬德，望成王者亦无穷也。此所谓一正君而国定，所谓其身正不令而行者也。

《读书管见》卷下《召诰》

（元）王充耘撰

王先服殷御事。

王先服殷御事，盖民不难化，特恐有位者抵冒法禁而不忌，则无以令小民耳，故有位者服，则沛然德教洋溢乎四海矣，亦岂必刑驱之，亦夹习之于正人中，日渐月染，久将自化矣。然君身不正，如正人何？故王当不息于敬德而后可。

《五诰解》卷三《召诰》

（宋）杨简撰

（归善斋按，见"呜呼！有王虽小，元子哉，其丕能诚于小民今休"）

节性，唯日其迈

1. 《尚书注疏》卷十四《周书》

（汉）孔氏传，（唐）陆德明音义，（唐）孔颖达疏

节性，唯日其迈。

传，和比殷周之臣，时节其性，令不失中，则道化唯日其行。

音义，令，力呈反。

疏，正义曰，和比殷周之臣，时节其性命，令不失其中，则王之道化唯日其行矣。

传，正义曰，"节性，唯日其迈"，文承比周之下，故知和比殷周之臣。人各有性，嗜好不同，各恣所欲，必或反道，故以礼义时节其性命，示之限分，令不失中，皆得中道，则各奉王化。故王之道化，唯日其行，言日日当行之，日益远也。顾氏云，和协殷周新旧之臣，制其性命，勿使怠慢也。圣王为政，当使易从而难犯，故令行如流水，民从如顺风。若使设难从之教，为易犯之令，虽迫以严刑，而终不用命，故为其德不可不敬也。

2. 《书传》卷十三《周书·召诰第十四》

（宋）苏轼撰

（归善斋按，见"旦曰，其作大邑，其自时配皇天"）

3. 《尚书全解》卷三十《周书·召诰》

（宋）林之奇撰

（归善斋按，见"王先服殷御事，比介于我有周御事"）

4.《尚书讲义》卷十五

（宋）史浩撰

（归善斋按，见"旦曰，其作大邑，其自时配皇天"）

5.《尚书详解》卷十九《周书·召诰》

（宋）夏僎撰

（归善斋按，见"呜呼！有王虽小，元子哉，其丕能诚于小民今休"）

6.《增修东莱书说》卷二十二《周书·召诰第十四》

（宋）吕祖谦撰，（宋）石澜增修

（归善斋按，见"王先服殷御事，比介于我有周御事"）

7.《尚书说》卷五《周书·召诰》

（宋）黄度撰

（归善斋按，见"旦曰，其作大邑，其自时配皇天"）

8.《絜斋家塾书钞》卷十一《周书·召诰》

（宋）袁燮撰

（归善斋按，见"王先服殷御事，比介于我有周御事"）

9.《书经集传》卷五《周书·召诰》

（宋）蔡沈撰

（归善斋按，见"王先服殷御事，比介于我有周御事"）

10.《尚书精义》卷三十七《周书·召诰》

（宋）黄伦撰

（归善斋按，见"王先服殷御事，比介于我有周御事"）

11. 《尚书详解》卷三十二《周书·召诰》

（宋）陈经撰

（归善斋按，见"王先服殷御事，比介于我有周御事"）

12. 《融堂书解》卷十二《周书·召诏》

（宋）钱时撰

（归善斋按，见"王其疾敬德，相古先民有夏"）

13. 《尚书要义》

（宋）魏了翁撰

（归善斋按，原缺）

14. 《书集传或问》卷下《召诰》

（宋）陈大猷撰

（归善斋按，未解）

15. 《尚书详解》卷八《周书·召诰第十四》

（宋）胡士行撰

（归善斋按，见"王先服殷御事，比介于我有周御事"）

16. 《书纂言》卷四上《周书·召诰》

（元）吴澄撰

（归善斋按，见"王来绍上帝，自服于土中"）

17. 《书集传纂疏》卷五《朱子订定蔡氏集传·周书·召诰》

（元）陈栎撰

（归善斋按，见"王先服殷御事，比介于我有周御事"）

18.《读书丛说》卷六《召诰》

(元) 许谦撰

(归善斋按,未解)

19.《书传辑录纂注》卷五《周书·召诰》

(元) 董鼎撰

(归善斋按,见"王先服殷御事,比介于我有周御事")

20.《尚书句解》卷八《周书·召诰第十四》

(元) 朱祖义撰

节性,唯日其迈(裁制其邪性,则日复一日行其善矣)。

21.《尚书日记》卷十二《周书·召诰》

(明) 王樵撰

(归善斋按,见"王先服殷御事,比介于我有周御事")

22.《日讲书经解义》卷八《周书·召诰》

(清) 库勒纳等撰

(归善斋按,见"王先服殷御事,比介于我有周御事")

《五诰解》卷三《召诰》

(宋) 杨简撰

(归善斋按,见"呜呼!有王虽小,元子哉,其丕能诚于小民今休")

《书义断法》卷五《周书·召诰》

(元) 陈悦道撰

(归善斋按,见"王先服殷御事,比介于我有周御事")

王敬作所不可不敬德

1.《尚书注疏》卷十四《周书》

（汉）孔氏传，（唐）陆德明音义，（唐）孔颖达疏

王敬作所不可不敬德。

传，敬为所不可不敬之德，则下敬奉其命矣。

疏，正义曰，王当敬为所不可不敬之德，其德为下所敬，则下敬奉其上命，则化必行矣。化在下者，常若命之不行，故以此为戒。

传，正义曰，王必敬为此不可不敬之德，则下民无不敬奉其命矣，民奉其王命，是化行也。

2.《书传》卷十三《周书·召诰第十四》

（宋）苏轼撰

（归善斋按，见"旦曰，其作大邑，其自时配皇天"）

3.《尚书全解》卷三十《周书·召诰》

（宋）林之奇撰

（归善斋按，见"王先服殷御事，比介于我有周御事"）

4.《尚书讲义》卷十五

（宋）史浩撰

（归善斋按，见"旦曰，其作大邑，其自时配皇天"）

5.《尚书详解》卷十九《周书·召诰》

（宋）夏僎撰

王敬作所不可不敬德。我不可不监于有夏，亦不可不监于有殷。我不敢知曰，有夏服天命，唯有历年；我不敢知曰，不其延，唯不敬厥德，乃

早坠厥命；我不敢知曰，有殷受天命，唯有历年；我不敢知曰，不其延，唯不敬厥德，乃早坠厥命。今王嗣受厥命，我亦唯兹二国命，嗣若功。

召公既说上文所言，其利害如此，故遂言，王今日唯当敬作所不可不敬之德，然作敬德，又须以夏商为监戒。盖夏商所以历年与不能终者，唯在乎能敬德与不能敬德而已。召公既言不可不以夏商为监，继又言"我不敢知曰，有夏服天命，唯有历年；我不敢知曰，不其延，唯不敬厥德，乃早坠厥命"者，其意盖谓夏之受天命，王天下，传十七王四百三十七年，历年之多，至桀嗣位而殄绝，不能延长，皆非我之所敢知，唯桀不敬德乃早坠失其天命，此则我之所知，故不可不监于有夏也；殷之受天命，王天下，传二十七王六百二十九年，历年之多，至纣嗣位而殄绝不能延长，皆非我之所敢知，唯纣不敬德，则早坠失其天命，此则我之所知，故我不可不监于殷也。林少颖谓，古人之于天命，不以为必有，不以为必无，而常求致于不可测知之域。唯修人事于昭昭赫赫之间者，则未尝不尽言之也，故召公于夏商之历年与不延，皆曰我不敢知，唯言不敬德而坠命则固无可疑者。其意盖谓夏商之历祚长短不可得知，唯不敬德则坠命，则灼然无可疑者。召公既言夏商如此，故又言今成王继受夏商之命，我亦当思此二国之命而继其功可也。盖夏商以敬德而有历年，皆其功效也，成王所当嗣者此之谓也。

6. 《增修东莱书说》卷二十二《周书·召诰第十四》

（宋）吕祖谦撰，（宋）石澜增修

（归善斋按，见"王先服殷御事，比介于我有周御事"）

7. 《尚书说》卷五《周书·召诰》

（宋）黄度撰

（归善斋按，见"旦曰，其作大邑，其自时配皇天"）

8. 《絜斋家塾书钞》卷十一《周书·召诰》

（宋）袁燮撰

（归善斋按，见"王先服殷御事，比介于我有周御事"）

9. 《书经集传》卷五《周书·召诰》

(宋) 蔡沈撰

王敬作所不可不敬德。

言化臣必谨乎身也。所，处所也，犹"所其无逸"之"所"。王能以敬为所，则动静语默，出入起居，无往而不居敬矣。不可不敬德者，甚言德之不可不敬也。

10. 《尚书精义》卷三十七《周书·召诰》

(宋) 黄伦撰

(归善斋按，见"王先服殷御事，比介于我有周御事")

11. 《尚书详解》卷三十二《周书·召诰》

(宋) 陈经撰

(归善斋按，见"王先服殷御事，比介于我有周御事")

12. 《融堂书解》卷十二《周书·召诰》

(宋) 钱时撰

(归善斋按，见"王其疾敬德，相古先民有夏")

13. 《尚书要义》

(宋) 魏了翁撰

(归善斋按，原缺)

14. 《书集传或问》卷下《召诰》

(宋) 陈大猷撰

(归善斋按，未解)

15.《尚书详解》卷八《周书·召诰第十四》

（宋）胡士行撰

（归善斋按，见"王先服殷御事，比介于我有周御事"）

16.《书纂言》卷四上《周书·召诰》

（元）吴澄撰

王敬作所不可不敬德。

此一句起下三节谓王当以敬而为所，不可不敬其德。

17.《书集传纂疏》卷五《朱子订定蔡氏集传·周书·召诰》

（元）陈栎撰

王敬作所不可不敬德。

言化臣必谨乎身也。所，处所也，犹"所其无逸"之"所"。王能以敬为所。则动静语默，出入起居，无往而不居敬矣。不可不敬德者，甚言其德之不可不敬也。

纂疏：

王敬作所不可不敬德只是一句。

孔氏曰，召公既述周公言，又陈己意，以终其戒。言当先治服商御事之臣，使比近我周治事之臣，敬为所不可不敬之德。

林氏曰，周迁殷民于洛，盖与洛之民杂居，其善恶之习不同，非有以和一之，不能相安以处，故必有以服殷御事，使亲比介助周之御事然后可。盖周御事，习于教令，无事服之，以服殷御事为先也。然服殷御事，在节其性而已。盖人性无不善，殷人特化纣之恶，是以不义之习，遂与性成而忘反耳。有以节之，使日进于善，则与周人何异哉。然欲节民性，在王所化。王当敬为其所不可不敬之德以率之，非政刑所及也。

陈氏大猷曰，既以周臣率之，使之相观而善，又以身率之，使之下观而化也。殷臣化，殷民亦视效之而化矣。

愚按，王敬作所不可不敬德。朱子本孔氏，作一句说。蔡氏以所字为句，作两句说。真氏乙记以蔡说为长。然蔡说，实自吕氏"所其无逸"之解发之。殷人污于旧染而其性流，今欲节之，使其性复，亦唯化以敬德耳。敬者，一心之主宰。性，即心所具之理也。敬，则此心收敛于天理之中，而性可节；不敬，则此心放纵于人欲之伪，而性日流。日其迈，即上达反，天理而日进乎，高明之意也。然王岂为化商而始勉于敬哉，特自敬为我所不可不敬之德而已。谓之不可不敬，盖敬者，人心所当然，而不可不然者，非有所勉而然，如饥食渴饮之常，无所为而为者也。能如是，则敬尽于此，而人化于彼矣。

18.《读书丛说》卷六《召诰》

（元）许谦撰

"王敬作所，不可不敬德"二句，再提起前敬德之语，而以夏商往事为言，当监之。而"疾敬德"下至"嗣若功"，共为一章，言王者以敬为安居之所，今王不可不疾敬其德，不可不监视夏殷二代。禹、汤有德，既服天命，当有历久之年。其后子孙，不能延长，弗克享国。我于天命幽微之理，皆不敢知，我但知不敬其德者，即早坠坏其所受之命而丧亡尔。今王嗣文武而受其大命，我亦唯此夏殷二国之命，继禹、汤及二代贤哲之君有功者，庶几不坠文武所受命，固不可不疾敬德，而以敬为所也。我者，为成王"我"也。前言相夏殷，谓天命无常，不可保。此言国祚兴亡，唯在人君敬德不敬德，必可信。

19.《书传辑录纂注》卷五《周书·召诰》

（元）董鼎撰

王敬作所不可不敬德。

言化臣必谨乎身也。所，处所也，犹"所其无逸"之"所"，王能以敬为所，则动静语默，出入起居，无往而不居敬矣。不可不敬德者，甚言德之不可不敬也。

辑录：

"王敬作所不可不敬德"只是一句。直夫。《召诰》玩其初说，许多言语艰深难晓，却紧要处，只是唯"王不可不敬德"而已。人杰。

纂注：

林氏曰，周迁殷顽民于洛，盖与洛之旧民杂居，其善恶之习不同，非有以和一之，不能相安以处，故必有以服殷御事，使之亲比介助于周之御事，然后可。盖周御事习于教令，无事于服之，故以服殷御事为先也。然服殷御事在节其性而已。盖人性无不善，殷人特化纣之恶，是以不义之习，遂与性成而忘反耳。上之人有以节之，使日进于善，则与周人亦何异哉。然欲节民之性，又在王之所化，故王又当以敬，为其所不可不敬之德以率之，非政刑所及也。

或曰，服亦事也，犹任也。任殷人为御事，使之佐我周之御事，盖欲其共事相习，以成善，且使上下通情，易以行化，然后有以节其性，而日进于善。王则唯作所不可不敬德以率之而已。

陈氏大猷曰，既以周臣率之使之相观而善，又以身率之使其下观而化也。

新安胡氏曰，王敬作所不可不敬德。朱子本孔氏，只作一句说。蔡氏以"所"字为句，作两句说。真氏乙记，以蔡说为长。然蔡说自吕氏来，伤无考耳。

新安陈氏曰，殷人渐于旧染而其性流，今欲节之，而使其性复，亦唯化之以敬德尔。敬者，一身之主宰。性，即心所具之理也。敬则此心收敛于天理之中，而性可节；不敬则此心放纵于人欲之伪，而性日流。日其迈，即上达反，天理而日进乎，高明之意也。然王岂为化商，而始勉强于敬哉，特自敬为我所不可不敬之德而已。谓之不可不敬，盖敬，人心所当然，而不可不然者，非有所勉强而然，如饥食渴饮之常，无所为而为者也。能如是，则敬尽于此，而人化于彼矣。

20.《尚书句解》卷八《周书·召诰第十四》

（元）朱祖义撰

王敬作所不可不敬德（今王当以敬作所不可不敬之德）。

21.《尚书日记》卷十二《周书·召诰》

(明)王樵撰

王敬作所不可不敬德。

又言治人以身为本。蔡氏曰，所，犹"所其无逸"之"所"，按，所，处所也。此说出于吕氏，人颇嫌其新巧，然理苟是，则何新巧之有。经传言敬处每有此意，如云"雍雍在宫，肃肃在庙"，在宫在庙，不同所矣，而心之敬则一。又如曰"出门如宾，承事如祭"，出门、承事不同所矣，而心之敬则一；又如曰"居处恭，执事敬，与人忠"，居处、执事与人不同所矣，而恭、敬、忠之心则一。以此观之，"敬作所"之义可识矣。

敬，则此心收敛于天理之中，性之所发，亦不待于节之而无不节矣。才一不敬其德，则心入于非，几身陷于非道，何可以不敬其德邪。

22.《日讲书经解义》卷八《周书·召诰》

(清)库勒纳等撰

王敬作所不可不敬德。

此一节书，是言化臣之必本乎身也。所，处所也，犹"所其无逸"之"所"。召公曰，化民必本乎臣，而君身尤臣民之所观效。修身、治人不越一敬而已。王当以敬为居心之所，动静语默，无时不敬；出入起居，无地不敬。心主于敬而不懈，一如身安其所而不迁。庶几君德清明，可以为百官万民之表帅矣。若不能敬德，则此心放纵，而庶事日隳，欲臣民之化服，岂可得哉。王诚不可不敬德以为端本之道也。盖敬者，修德之根本。不敬，则心杂于人欲之伪，而性日漓；敬则心纳于天理之中，而性可复。帝王传心，皆以敬为要。故召公以此告王，不独为化服殷顽而已也。

《五诰解》卷三《召诰》

(宋)杨简撰

(归善斋按，见"呜呼！有王虽小，元子哉，其丕能诚于小民今休")

《尚书疑义》卷五《召诰》

（明）马明衡撰

王敬作所，以敬为所，如"仁为安宅，义为正路"之谓，盖安身立命于是，造次颠沛于是，更无有他事也。

《书义断法》卷五《周书·召诰》

（元）陈悦道撰

（归善斋按，见"王先服殷御事，比介于我有周御事"）

我不可不监于有夏，亦不可不监于有殷

1. 《尚书注疏》卷十四《周书》

（汉）孔氏传，（唐）陆德明音义，（唐）孔颖达疏

我不可不监于有夏，亦不可不监于有殷。

传，言王当视夏殷，法其历年，戒其不长。

疏，正义曰，言王所以须慎敬所为不可不敬之德者，以我不可不监视于有夏，亦不可不监视于有殷，皆有历年长与不长，由敬与不敬故也。王当法其历年，戒其不长，更说宜监之意。

传，正义曰，"相监"俱训为"视"，上言"相有夏""相有殷"，今复重言"监有夏""监有殷"者；上言顺天则兴，弃命则灭；此言敬则历年，不敬则短，故重言视夏殷，欲令王法其历年，戒其不长故也。下云"不敬厥德，乃早坠厥命"，知其以能敬德者故多历年数也。上言"相夏""相殷"，皆云"天迪从子保，面稽天若"，言上天以道安人，人主考天顺之，非创业之君不能如是，故传以禹汤当之。此言敬德历年，则继体贤君，亦能如此。所言历年，非独禹汤而已。下传云殷之贤王，犹夏之贤王，则此多历年数者，夏，则桀前之贤王；殷，则纣前之贤王，不失位者皆是也。

2. 《书传》卷十三《周书·召诰第十四》

(宋) 苏轼撰

我不可不监于有夏，亦不可不监于有殷。我不敢知曰，有夏服天命，唯有历年；我不敢知曰，不其延，唯不敬厥德，乃早坠厥命；我不敢知曰，有殷受天命，唯有历年；我不敢知曰，不其延，唯不敬厥德，乃早坠厥命。今王嗣受厥命，我亦唯兹二国命，嗣若功。

召公恐成王恃天命以自安，故又戒之曰，夏殷之所以多历年，与其所以不永延者，其受天命皆非我所敢知也，所知者"唯不敬德以坠厥命"也。今王亦监此二国，修人事而已。功，事也。

3. 《尚书全解》卷三十《周书·召诰》

(宋) 林之奇撰

(归善斋按，见"王先服殷御事，比介于我有周御事")

4. 《尚书讲义》卷十五

(宋) 史浩撰

我不可不监于有夏，亦不可不监于有殷。我不敢知曰，有夏服天命，唯有历年；我不敢知曰，不其延，唯不敬厥德，乃早坠厥命；我不敢知曰，有殷受天命，唯有历年；我不敢知曰，不其延，唯不敬厥德，乃早坠厥命。今王嗣受厥命，我亦唯兹二国命，嗣若功。

前事之不忘后事之师也。夏之天下，桀失之；商之天下，纣失之，则监于二代者，前车之覆，后车之戒也。商人固曰"商鉴不远在夏后之世"。今嗣王不可不监夏后之世，又不可不监商纣之时也。我不敢知夏商之受命，与夫历年之多寡，亦不敢知其不延而早坠厥命，盖以天难谌而命靡常，岂可俄而度哉？此不敢知也。然而岂终不可知耶，试以德之敬不敬占之，则应若影响之无差矣。夏禹敬天而天受之，敬民而民归之，成汤亦然。至其末也，桀、纣反之，而失天下。则嗣王承文武之烈，其所以得天下，亦禹汤也，岂可不以桀、纣为戒乎？故曰既"受厥命，我亦唯兹二国命，嗣若功"，诚欲使成王思二国之所以失天命，继嗣文武之道，顺以求其功也。呜呼，使夏人思大禹之功，则安得有鸣条之战；使商人监夏氏之失，则安得有牧野之师。嗣王监之而不敬焉，亦使后人复以嗣王为监矣。呜呼！乃召公之戒，可谓切至矣。

5.《尚书详解》卷十九《周书·召诰》

（宋）夏僎撰

（归善斋按，见"王敬作所不可不敬德"）

6.《增修东莱书说》卷二十二《周书·召诰第十四》

（宋）吕祖谦撰，（宋）石澜增修

我不可不监于有夏，亦不可不监于有殷。我不敢知曰，有夏服天命，唯有历年；我不敢知曰，不其延，唯不敬厥德，乃早坠厥命；我不敢知曰，有殷受天命，唯有历年；我不敢知曰，不其延，唯不敬厥德，乃早坠厥命。今王嗣受厥命，我亦唯兹二国命，嗣若功。王乃初服。

召公又再言夏商存亡以告成王，恐其听之略也。夏商之所以兴亡，所以长短，皆非我之所能知，唯不敬德者即亡。兴亡长短，不观于天，唯观于敬，此召公见之之的也。夏商之天命，盖如此。今既受此命，其可不思夏商之所以长，所以短者，鉴之以续其事功。又况王乃初有基业者，又不可以比前也。王乃初服者，初有基业，无他倚恃，其可不敬。

7.《尚书说》卷五《周书·召诰》

（宋）黄度撰

我不可不监于有夏，亦不可不监于有殷。我不敢知曰，有夏服天命，唯有历年；我不敢知曰，不其延，唯不敬厥德，乃早坠厥命；我不敢知曰，有殷受天命，唯有历年；我不敢知曰，不其延，唯不敬厥德，乃早坠厥命。今王嗣受厥命，我亦唯兹二国命，嗣若功。

夏殷兴亡不可不监，而其历年与坠命则一听于天，不敢容知。今王嗣夏殷，受其命，我亦唯此二国之命，承顺其功，为禹、汤之所以兴，启太甲之所以继，皆为有功，吾则承顺之，其当听于天者，吾不敢容心焉。《孟子》曰"若夫成功，则天也。君如彼何哉，强为善而已"。

8.《絜斋家塾书钞》卷十一《周书·召诰》

（宋）袁燮撰

我不可不监于有夏，亦不可不监于有殷。我不敢知曰，有夏服天命，唯有历年；我不敢知曰，不其延，唯不敬厥德，乃早坠厥命；我不敢知曰，有殷受天命，唯有历年；我不敢知曰，不其延，唯不敬厥德，乃早坠厥命。今王嗣受厥命，我亦唯兹二国命，嗣若功。

"我不可不监"，言其须当监也。夏、商之享国长久，与夫后来之坠厥命，我都不敢知。我之所知者，唯敬德，则能受天命；唯不敬德，则坠厥命尔。在天者，吾不得而知，所可知者在人。言以不敬德而坠厥命，则前日以敬德而受命可知矣。今须看"不敢知""唯不敬德"处。夫周公岂不知天命，周公不能不自知，乃是不敢知。盖天命未易知也。规规然取必于天，则所以自修者缺矣。故周公谓夏、商之或长或短或，兴或亡，我都不知是如何，但知其前日能敬厥德，后王不能敬厥德。敬德，则天命归之，否则天命去之。所谓自求多福。所谓祸福无不自己求之者，初不计他事，后世不知自尽诸已，而妄欲言天命。天命岂易言哉。孔子罕言命，至五十方知天命。若但计较其在天者，不亦失其本乎。周公既历陈夏、商享国修短之由，乃以为"今王嗣受厥命"，则监观其前代当如之何，"我亦唯兹二国命"，嗣续其功。大抵功业须当嗣续之。"嗣"之为言，常常接续，更无间断也。

9.《书经集传》卷五《周书·召诰》

（宋）蔡沈撰

我不可不监于有夏，亦不可不监于有殷。我不敢知曰，有夏服天命，唯有历年；我不敢知曰，不其延，唯不敬厥德，乃早坠厥命；我不敢知曰，有殷受天命，唯有历年；我不敢知曰，不其延，唯不敬厥德，乃早坠厥命。

夏、商历年长短所不敢知，我所知者，唯不敬厥德即坠其命也。与上章相古先民之意，相为出入，但上章主言天眷之不足恃，此则直言不敬德则坠厥命尔。

10.《尚书精义》卷三十七《周书·召诰》

(宋) 黄伦撰

我不可不监于有夏，亦不可不监于有殷。我不敢知曰，有夏服天命，唯有历年；我不敢知曰，不其延，唯不敬厥德，乃早坠厥命；我不敢知曰，有殷受天命，唯有历年；我不敢知曰，不其延，唯不敬厥德，乃早坠厥命。今王嗣受厥命，我亦唯兹二国命，嗣若功。

无垢曰，监，视也。欲知敬与不敬之效，请即夏、商国命长短而视之。盖徒视有夏一代之事，或以为偶然；又视有殷而照之，则知"敬"之为德如此之大，而不敬之祸乃至，颠覆人社稷也。呜呼！其敢少肆哉。

又曰，夫有夏被服天命，如大禹以下享历年之久，又如桀之享祚乃不得延及子孙。桀如此无他，以不敬厥德，故早坠其命也。夫有殷受天命如成汤以下享历年之久，又有如纣之享祚乃不得延及子孙。纣如此无他，亦以不敬厥德，故早坠其命耳。

又曰，桀坠厥命而汤嗣受之，纣坠厥命而武王嗣受之，传至成王而成王嗣受之。成王亦当唯二国之受命，所以或长或短者，以何故也，敬德者，则有历年，不敬者则早坠厥命。其道亦晓然矣。成王当继顺二国有敬德之君，以保有天命，庶有功于祖宗耳。

史氏曰，孔子曰"知之为知之，不知为不知，是知也"，故予尝以为君子之于命也，以不知知之，于此见之矣。世或以为受命之有历年，与不其延，盖有定矣，虽修德不足以增，不修德不足以损也，此召公之所不敢知也。

11.《尚书详解》卷三十二《周书·召诰》

(宋) 陈经撰

我不可不监于有夏，亦不可不监于有殷。我不敢知曰，有夏服天命，唯有历年；我不敢知曰，不其延，唯不敬厥德，乃早坠厥命；我不敢知曰，有殷受天命，唯有历年；我不敢知曰，不其延，唯不敬厥德，乃早坠厥命。今王嗣受厥命，我亦唯兹二国命，嗣若功。

召公再举夏、商历年长短，俾我成王知所监戒。我不可不监视有夏之朝，亦不可不监视有商之朝。我不敢知曰有夏服天命唯有历年，盖有夏所以享国之长，吾所不知也。我不敢知曰不其延，盖有夏所以享国之短，亦吾所不知也。其长短，吾所不知，则吾之所知者，唯有不敬德则早坠命尔。其监视有商亦然。商家享国历年之长与乎不其延而短祚，皆吾所不敢知，则吾之所知者亦不敬德则早坠命尔。召公于夏商之短长，皆以"不敢知"言者何哉？天难谌，命靡常。在彼者不可必，而可必者在我也。在天者不可知，而可知者在人也。人主不能必其所可必，而求必其所难必，不能知其所可知，而求知其所不可知，则治己者必略，而求于天者必详。人事之当为者忽焉不加意，而意外非望之福，必萌侥幸之心。故召公曰"不敢知"，意欲成王专求在己之敬德，而己不敬德者坠其命，则敬德者必有历年可知。是敬德处即历年，而不敬德即坠命也。求天于己，可也；求天于天，不可也。今王嗣继夏、商之后，而受其命，我亦当思唯此二国所以受命长短之由。若，顺也，继而顺其有功者。盖夏、商之贤王所以行之有功效者，成王继而顺行之可矣。

12.《融堂书解》卷十二《周书·召诰》

（宋）钱时撰

我不可不监于有夏，亦不可不监于有殷。我不敢知曰，有夏服天命，唯有历年；我不敢知曰，不其延，唯不敬厥德，乃早坠厥命；我不敢知曰，有殷受天命，唯有历年；我不敢知曰，不其延，唯不敬厥德，乃早坠厥命。今王嗣受厥命，我亦唯兹二国命，嗣若功。王乃初服，呜呼！若生子，罔不在厥初生，自贻哲命。今，天其命哲，命吉凶，命历年，知今我初服，宅新邑，肆唯王其疾敬德。王其德之用，祈天永命。其唯王勿以小民淫用非彝，亦敢殄戮用乂民。若有功，其唯王位在德元。小民乃唯刑，用于天下，越王显。上下勤恤，其曰我受天命，丕若有夏历年，式勿替有殷历年。欲王以小民，受天永命。

上节止提夏、商兴亡之变，却未及其所以然之故。至此方极言二代之历年、坠命全在敬德与否，以勉成王之疾敬德，尤更深切矣。我不可不监于夏、殷，乃承上文"不可不敬德"之语，谓当观二代为今日敬德之实证也。下文四言"我不敢知"，说者殊无的论。要之，须看得与四个

"唯"字相应，其旨方明耳。服，犹"被"也亦受之谓也。召公谓，二代被受天命，非我所敢知也，唯有历年之永，此则可知也。不使二代之祚更延，非我所敢知也，"唯不敬其德"，乃至于早坠其命，此则可知也。观不德之早坠厥命，则历年之为敬德也，昭昭矣。厥者，其也，指夏、商也。言今成王嗣受其命，非徒嗣其命也，我亦唯此二国之命而嗣功耳。功者何，敬德、历年是已。伊尹告太甲于元年而曰"嗣厥德，罔不在初"；召公告成王于复辟亦曰"嗣若功"，王乃初服，谨始之义也。细玩"初服"之语，则知周公复辟，是时当已有定议。《洛诰》首陈"朕复子明辟"，直是往反数四，而后成王方有"予小子其退，即辟于周"之言。观此则知《洛诰》作于十二日乙卯告卜之时，而《召诰》在二十一日甲子以后甚明。"呜呼"而下发明"初服"之意也。今天于成王，其殆命之以哲矣，命之以吉凶矣，命之以历年矣。何者，天固知我今日初服大政，宅都新邑，而上三者，皆于此初而命之，如子之初生然。天命永短，全在小民身上，敬德功夫，岂容缓乎。此言与"王其德之用，祈天永命"正相应。德之所以能祈天永命，正以小民之故也。一篇大旨，至是发挥方尽。古唯言民，而召公专言小民，尤更有味也。

13.《尚书要义》

（宋）魏了翁撰

（归善斋按，原缺）

14.《书集传或问》卷下《召诰》

（宋）陈大猷撰

（归善斋按，未解）

15.《尚书详解》卷八《周书·召诰第十四》

（宋）胡士行撰

我不可不监（视）于有夏，亦不可不监于有殷。我不敢知曰，有夏服（受）天命，唯有历（继历）年（多年）；我不敢知曰，不其延（长），唯不敬厥德，乃早坠厥命；我不敢知曰，有殷受天命，唯有历年；

我不敢知曰，不其延，唯不敬厥德，乃早坠厥命。今王嗣（继）受厥命，我亦唯兹二国（夏殷）命（天命所以长短），嗣（继）若（顺）功（敬而有功者）。

国之兴亡长短既视之，又视之其敬不敬耳。

16.《书纂言》卷四上《周书·召诰》

（元）吴澄撰

我不可不监于有夏，亦不可不监于有殷。我不敢知曰，有夏服天命，唯有历年；我不敢知曰，不其延，唯不敬厥德，乃早坠厥命；我不敢知曰，有殷受天命，唯有历年；我不敢知曰，不其延，唯不敬厥德，乃早坠厥命。

在我不可不监视夏殷之兴亡。历年长短，在乎天者也，我皆不敢知；敬德，在乎人者也，唯不敬德乃早坠命，我所知者此耳。夏商历年不为不久，召公以为早坠命，盖欲王永命于无穷也。

17.《书集传纂疏》卷五《朱子订定蔡氏集传·周书·召诰》

（元）陈栎撰

我不可不监于有夏，亦不可不监于有殷。我不敢知曰，有夏服天命，唯有历年；我不敢知曰，不其延，唯不敬厥德，乃早坠厥命；我不敢知曰，有殷受天命，唯有历年；我不敢知曰，不其延，唯不敬厥德，乃早坠厥命。

夏、商历年长短，所不敢知；我所知者，唯不敬厥德即坠其命也，与上章"相古先民"之意相为出入，但上章主言天眷不足恃，此则直言不敬德则坠厥命尔。

纂疏：

林氏曰，古人于天命不以为必有，不以为必无。召公于"历年""不其延"皆不敢知者，疑之也。至谓敬德则历年，不敬德则坠命，则无可疑者。

18.《读书丛说》卷六《召诰》

(元)许谦撰

(归善斋按,未解)

19.《书传辑录纂注》卷五《周书·召诰》

(元)董鼎撰

我不可不监于有夏,亦不可不监于有殷。我不敢知曰,有夏服天命,唯有历年;我不敢知曰,不其延,唯不敬厥德,乃早坠厥命;我不敢知曰,有殷受天命,唯有历年;我不敢知曰,不其延,唯不敬厥德,乃早坠厥命。

夏、商历年长短,所不敢知;我所知者,唯不敬厥德即坠其命也,与上章"相古先民"之意相为出入,但上章主言天眷之不足恃,此则直言不敬德则坠厥命尔。

纂注:

林氏曰,古人于天命不以为必有,不以为必无,故召公于"历年""不其延"皆不敢知者,疑之也。至于敬德则有历年,不敬德则坠厥命,盖无可疑者。

20.《尚书句解》卷八《周书·召诰第十四》

(元)朱祖义撰

我不可不监于有夏,亦不可不监于有殷(监视其兴亡)。

21.《尚书日记》卷十二《周书·召诰》

(明)王樵撰

我不可不监于有夏,亦不可不监于有殷。我不敢知曰,有夏服天命,唯有历年;我不敢知曰,不其延,唯不敬厥德,乃早坠厥命;我不敢知曰,有殷受天命,唯有历年;我不敢知曰,不其延,唯不敬厥德,乃早坠厥命。

此承上"不可不敬德",而又以夏、商兴亡之故,重发"不可不敬之意。二"不可"字，即因上"不可"字而翻之也。大抵此篇以"敬德""诫民""永命"为主，而以夏、商之兴亡反复申戒。"相古先民"一节，两言"今时既坠厥命"，此节两言"唯不敬厥德，乃早坠厥命"正相应处。天之长短人国祚，非人意可以测度。其灼然可知者，"唯不敬厥德乃早坠厥命"尔。天何心哉，唯德是辅，使禹汤或不敬其德。则禹汤亦坠厥命矣。天眷岂但子孙不足恃而已乎。

22.《日讲书经解义》卷八《周书·召诰》

（清）库勒纳等撰

我不可不监于有夏，亦不可不监于有殷。我不敢知曰，有夏服天命，唯有历年；我不敢知曰，不其延，唯不敬厥德，乃早坠厥命；我不敢知曰，有殷受天命，唯有历年；我不敢知曰，不其延，唯不敬厥德，乃早坠厥命。

此一节书，是申言夏、商历年之长短，欲成王监二代以敬德也。首"我"字指王言，下皆召公自谓。服，受也。延，长也。召公曰，君心之敬，肆为国祚之长短所系，夏殷二代其明鉴矣。今我王不可不监视有夏，亦不可不监视有殷。夏禹受天命，历年四百，我不知夏之先何以历年若是之永，及桀嗣帝位，其亡也，忽焉，我不知夏之祚何以不能少延。推原其故，唯桀不能继禹之敬德，作威敷虐，获罪于天，乃早坠有夏之命。此其理之可知者也。殷汤受天命，历年六百，我不知殷之先何以历年若是之永，及纣嗣帝位，其亡也，忽焉，我不知殷之祚何以不能少延。推原其故，唯纣不能继汤之敬德，沉湎暴虐，自绝于天，乃早坠有殷之命。此其理之可知者也。观禹、汤之所以兴，则知敬德之当法；观桀纣之所以亡，则知失德之当戒。天人之际，捷于影响。我谓王宜监夏殷，正以此尔。

《五诰解》卷三《召诰》

（宋）杨简撰

我不可不监于有夏，亦不可不监于有殷。我不敢知曰，有夏服天命，唯有历年；我不敢知曰，不其延，唯不敬厥德，乃早坠厥命；我不敢知曰，有殷受天命，唯有历年；我不敢知曰，不其延，唯不敬厥德，乃早坠厥命。今王嗣受厥命，我亦唯兹二国命，嗣若功。王乃初服，呜呼！若生子，罔不在厥初生，自贻哲命。

四 "不敢知"，言其可畏之甚，恐惧之辞也。今王嗣受命当嗣其功。功者，正也，道也。若，辞也。凡人事所成，皆曰天命。天命明哲，皆人自修致之，故曰自贻。"今天其命哲、命吉凶、命历年，知今我初服宅新邑，肆唯王其疾敬德。王其德之用，祈天永命"，今天知我初亲政事，命哲，命吉凶，命历年，皆自此始也。肆，故也。故王当疾敬德王用德，则天命永久。祈天永命，只在敬德。

我不敢知曰，有夏服天命，唯有历年

1.《尚书注疏》卷十四《周书》

（汉）孔氏传，（唐）陆德明音义，（唐）孔颖达疏

我不敢知曰，有夏服天命，唯有历年。

传，以能敬德，故多历年数，我不敢独知，亦王所知。

疏，正义曰，我不敢独知，亦王所知。曰有夏之君，服行天命，以敬德之故，唯有多历年数，谓桀父已前也。其末亦我不敢独知，亦王所知。

传，正义曰，召公此诰，指以告王，故知言我不敢独知者，其意言亦是王所知也。王说亦然。

2.《书传》卷十三《周书·召诰第十四》

（宋）苏轼撰

（归善斋按，见"我不可不监于有夏，亦不可不监于有殷"）

3.《尚书全解》卷三十《周书·召诰》

（宋）林之奇撰

（归善斋按，见"王先服殷御事，比介于我有周御事"）

4.《尚书讲义》卷十五

(宋)史浩撰

(归善斋按,见"我不可不监于有夏,亦不可不监于有殷")

5.《尚书详解》卷十九《周书·召诰》

(宋)夏僎撰

(归善斋按,见"王敬作所不可不敬德")

6.《增修东莱书说》卷二十二《周书·召诰第十四》

(宋)吕祖谦撰,(宋)石澜增修

(归善斋按,见"我不可不监于有夏,亦不可不监于有殷")

7.《尚书说》卷五《周书·召诰》

(宋)黄度撰

(归善斋按,见"我不可不监于有夏,亦不可不监于有殷")

8.《絜斋家塾书钞》卷十一《周书·召诰》

(宋)袁燮撰

(归善斋按,见"我不可不监于有夏,亦不可不监于有殷")

9.《书经集传》卷五《周书·召诰》

(宋)蔡沈撰

(归善斋按,见"我不可不监于有夏,亦不可不监于有殷")

10.《尚书精义》卷三十七《周书·召诰》

(宋)黄伦撰

(归善斋按,见"我不可不监于有夏,亦不可不监于有殷")

11.《尚书详解》卷三十二《周书·召诰》

(宋)陈经撰

(归善斋按,见"我不可不监于有夏,亦不可不监于有殷")

12. 《融堂书解》卷十二《周书·召诰》

（宋）钱时撰

(归善斋按，见"我不可不监于有夏，亦不可不监于有殷")

13. 《尚书要义》

（宋）魏了翁撰

(归善斋按，原缺)

14. 《书集传或问》卷下《召诰》

（宋）陈大猷撰

(归善斋按，未解)

15. 《尚书详解》卷八《周书·召诰第十四》

（宋）胡士行撰

(归善斋按，见"我不可不监于有夏，亦不可不监于有殷")

16. 《书纂言》卷四上《周书·召诰》

（元）吴澄撰

(归善斋按，见"我不可不监于有夏，亦不可不监于有殷")

17. 《书集传纂疏》卷五《朱子订定蔡氏集传·周书·召诰》

（元）陈栎撰

(归善斋按，见"我不可不监于有夏，亦不可不监于有殷")

18. 《读书丛说》卷六《召诰》

（元）许谦撰

(归善斋按，未解)

19. 《书传辑录纂注》卷五《周书·召诰》

(元) 董鼎撰
(归善斋按,见"我不可不监于有夏,亦不可不监于有殷")

20. 《尚书句解》卷八《周书·召诰第十四》

(元) 朱祖义撰
我不敢知曰(故我不敢测知而言),有夏服天命(有夏受天命王天下),唯有历年(何为而传十七王,历四百三十二年)。

21. 《尚书日记》卷十二《周书·召诰》

(明) 王樵撰
(归善斋按,见"我不可不监于有夏,亦不可不监于有殷")

22. 《日讲书经解义》卷八《周书·召诰》

(清) 库勒纳等撰
(归善斋按,见"我不可不监于有夏,亦不可不监于有殷")

《五诰解》卷三《召诰》

(宋) 杨简撰
(归善斋按,见"我不可不监于有夏,亦不可不监于有殷")

我不敢知曰,不其延,唯不敬厥德,乃早坠厥命

1. 《尚书注疏》卷十四《周书》

(汉) 孔氏传,(唐) 陆德明音义,(唐) 孔颖达疏
我不敢知曰,不其延,唯不敬厥德,乃早坠厥命。
传,言桀不谋长久,唯以不敬其德,故乃早坠失其王命,亦王所知。
疏,正义曰,曰有夏桀不其长久,唯不敬其德,乃早坠失其王命,是

为敬者长，不敬者短。所以我不可不监夏也。

2. 《书传》卷十三《周书·召诰第十四》

（宋）苏轼撰

（归善斋按，见"我不可不监于有夏，亦不可不监于有殷"）

3. 《尚书全解》卷三十《周书·召诰》

（宋）林之奇撰

（归善斋按，见"王先服殷御事，比介于我有周御事"）

4. 《尚书讲义》卷十五

（宋）史浩撰

（归善斋按，见"我不可不监于有夏，亦不可不监于有殷"）

5. 《尚书详解》卷十九《周书·召诰》

（宋）夏僎撰

（归善斋按，见"王敬作所不可不敬德"）

6. 《增修东莱书说》卷二十二《周书·召诰第十四》

（宋）吕祖谦撰，（宋）石𬭎增修
（归善斋按，见"我不可不监于有夏，亦不可不监于有殷"）

7. 《尚书说》卷五《周书·召诰》

（宋）黄度撰

（归善斋按，见"我不可不监于有夏，亦不可不监于有殷"）

8. 《絜斋家塾书钞》卷十一《周书·召诰》

（宋）袁燮撰

（归善斋按，见"我不可不监于有夏，亦不可不监于有殷"）

9. 《书经集传》卷五《周书·召诰》

（宋）蔡沈撰
（归善斋按，见"我不可不监于有夏，亦不可不监于有殷"）

10. 《尚书精义》卷三十七《周书·召诰》

（宋）黄伦撰
（归善斋按，见"我不可不监于有夏，亦不可不监于有殷"）

11. 《尚书详解》卷三十二《周书·召诰》

（宋）陈经撰
（归善斋按，见"我不可不监于有夏，亦不可不监于有殷"）

12. 《融堂书解》卷十二《周书·召诏》

（宋）钱时撰
（归善斋按，见"我不可不监于有夏，亦不可不监于有殷"）

13. 《尚书要义》

（宋）魏了翁撰
（归善斋按，原缺）

14. 《书集传或问》卷下《召诰》

（宋）陈大猷撰
（归善斋按，未解）

15. 《尚书详解》卷八《周书·召诰第十四》

（宋）胡士行撰
（归善斋按，见"我不可不监于有夏，亦不可不监于有殷"）

16. 《书纂言》卷四上《周书·召诰》

(元) 吴澄撰

(归善斋按,见"我不可不监于有夏,亦不可不监于有殷")

17. 《书集传纂疏》卷五《朱子订定蔡氏集传·周书·召诰》

(元) 陈栎撰

(归善斋按,见"我不可不监于有夏,亦不可不监于有殷")

18. 《读书丛说》卷六《召诰》

(元) 许谦撰

(归善斋按,未解)

19. 《书传辑录纂注》卷五《周书·召诰》

(元) 董鼎撰

(归善斋按,见"我不可不监于有夏,亦不可不监于有殷")

20. 《尚书句解》卷八《周书·召诰第十四》

(元) 朱祖义撰

我不敢知曰(又不敢测知而言),不其延(何为至桀殄绝,不能延长),唯不敬厥德,乃早坠厥命(唯言不敬其德,乃早陨坠其命,灼然无可疑者)。

21. 《尚书日记》卷十二《周书·召诰》

(明) 王樵撰

(归善斋按,见"我不可不监于有夏,亦不可不监于有殷")

22. 《日讲书经解义》卷八《周书·召诰》

（清）库勒纳等撰

(归善斋按，见"我不可不监于有夏，亦不可不监于有殷")

《五诰解》卷三《召诰》

（宋）杨简撰

(归善斋按，见"我不可不监于有夏，亦不可不监于有殷")

我不敢知曰，有殷受天命，唯有历年

1. 《尚书注疏》卷十四《周书》

（汉）孔氏传，（唐）陆德明音义，（唐）孔颖达疏

我不敢知曰，有殷受天命，唯有历年。

传，夏言"服"，殷言"受"，明受而服行之，互相兼也。殷之贤王，犹夏之贤王，所以历年，亦王所知。

疏，正义曰，我不敢独知，亦王所知，曰有殷之君受天命，以敬德之故，唯有多历年数，谓纣父已前也。其末亦我不敢独知，亦王所知。

2. 《书传》卷十三《周书·召诰第十四》

（宋）苏轼撰

(归善斋按，见"我不可不监于有夏，亦不可不监于有殷")

3. 《尚书全解》卷三十《周书·召诰》

（宋）林之奇撰

(归善斋按，见"王先服殷御事，比介于我有周御事")

4.《尚书讲义》卷十五

（宋）史浩撰

（归善斋按，见"我不可不监于有夏，亦不可不监于有殷"）

5.《尚书详解》卷十九《周书·召诰》

（宋）夏僎撰

（归善斋按，见"王敬作所不可不敬德"）

6.《增修东莱书说》卷二十二《周书·召诰第十四》

（宋）吕祖谦撰，（宋）石澜增修

（归善斋按，见"我不可不监于有夏，亦不可不监于有殷"）

7.《尚书说》卷五《周书·召诰》

（宋）黄度撰

（归善斋按，见"我不可不监于有夏，亦不可不监于有殷"）

8.《絜斋家塾书钞》卷十一《周书·召诰》

（宋）袁燮撰

（归善斋按，见"我不可不监于有夏，亦不可不监于有殷"）

9.《书经集传》卷五《周书·召诰》

（宋）蔡沈撰

（归善斋按，见"我不可不监于有夏，亦不可不监于有殷"）

10.《尚书精义》卷三十七《周书·召诰》

（宋）黄伦撰

（归善斋按，见"我不可不监于有夏，亦不可不监于有殷"）

11. 《尚书详解》卷三十二《周书·召诰》

(宋）陈经撰

(归善斋按，见"我不可不监于有夏，亦不可不监于有殷"）

12. 《融堂书解》卷十二《周书·召诏》

(宋）钱时撰

(归善斋按，见"我不可不监于有夏，亦不可不监于有殷"）

13. 《尚书要义》

(宋）魏了翁撰

(归善斋按，原缺）

14. 《书集传或问》卷下《召诰》

(宋）陈大猷撰

(归善斋按，未解）

15. 《尚书详解》卷八《周书·召诰第十四》

(宋）胡士行撰

(归善斋按，见"我不可不监于有夏，亦不可不监于有殷"）

16. 《书纂言》卷四上《周书·召诰》

(元）吴澄撰

(归善斋按，见"我不可不监于有夏，亦不可不监于有殷"）

17. 《书集传纂疏》卷五《朱子订定蔡氏集传·周书·召诰》

(元）陈栎撰

(归善斋按，见"我不可不监于有夏，亦不可不监于有殷"）

18. 《读书丛说》卷六《召诰》

（元）许谦撰

（归善斋按，未解）

19. 《书传辑录纂注》卷五《周书·召诰》

（元）董鼎撰

（归善斋按，见"我不可不监于有夏，亦不可不监于有殷"）

20. 《尚书句解》卷八《周书·召诰第十四》

（元）朱祖义撰

我不敢知曰（故我不敢测知而言），有殷受天命（有殷受天命，王天下），唯有历年（何为而传三十王，历六百三十九年）。

21. 《尚书日记》卷十二《周书·召诰》

（明）王樵撰

（归善斋按，见"我不可不监于有夏，亦不可不监于有殷"）

22. 《日讲书经解义》卷八《周书·召诰》

（清）库勒纳等撰

（归善斋按，见"我不可不监于有夏，亦不可不监于有殷"）

《五诰解》卷三《召诰》

（宋）杨简撰

（归善斋按，见"我不可不监于有夏，亦不可不监于有殷"）

我不敢知曰，不其延，唯不敬厥德，乃早坠厥命

1.《尚书注疏》卷十四《周书》

（汉）孔氏传，（唐）陆德明音义，（唐）孔颖达疏

我不敢知曰，不其延，唯不敬厥德，乃早坠厥命。

传，纣早坠其命，犹桀不敬其德，亦王所知。

疏，正义曰，曰殷纣不其长久，唯不敬其德，乃早坠失其王命，亦是为敬者长，不敬者短，所以我不可不监殷也

2.《书传》卷十三《周书·召诰第十四》

（宋）苏轼撰

（归善斋按，见"我不可不监于有夏，亦不可不监于有殷"）

3.《尚书全解》卷三十《周书·召诰》

（宋）林之奇撰

（归善斋按，见"王先服殷御事，比介于我有周御事"）

4.《尚书讲义》卷十五

（宋）史浩撰

（归善斋按，见"我不可不监于有夏，亦不可不监于有殷"）

5.《尚书详解》卷十九《周书·召诰》

（宋）夏僎撰

（归善斋按，见"王敬作所不可不敬德"）

6.《增修东莱书说》卷二十二《周书·召诰第十四》

（宋）吕祖谦撰，（宋）石澜增修

（归善斋按，见"我不可不监于有夏，亦不可不监于有殷"）

7. 《尚书说》卷五《周书·召诰》

（宋）黄度撰

（归善斋按，见"我不可不监于有夏，亦不可不监于有殷"）

8. 《絜斋家塾书钞》卷十一《周书·召诰》

（宋）袁燮撰

（归善斋按，见"我不可不监于有夏，亦不可不监于有殷"）

9. 《书经集传》卷五《周书·召诰》

（宋）蔡沈撰

（归善斋按，见"我不可不监于有夏，亦不可不监于有殷"）

10. 《尚书精义》卷三十七《周书·召诰》

（宋）黄伦撰

（归善斋按，见"我不可不监于有夏，亦不可不监于有殷"）

11. 《尚书详解》卷三十二《周书·召诰》

（宋）陈经撰

（归善斋按，见"我不可不监于有夏，亦不可不监于有殷"）

12. 《融堂书解》卷十二《周书·召诏》

（宋）钱时撰

（归善斋按，见"我不可不监于有夏，亦不可不监于有殷"）

13. 《尚书要义》

（宋）魏了翁撰

（归善斋按，原缺）

14. 《书集传或问》卷下《召诰》

(宋)陈大猷撰
(归善斋按,未解)

15. 《尚书详解》卷八《周书·召诰第十四》

(宋)胡士行撰
(归善斋按,见"我不可不监于有夏,亦不可不监于有殷")

16. 《书纂言》卷四上《周书·召诰》

(元)吴澄撰
(归善斋按,见"我不可不监于有夏,亦不可不监于有殷")

17. 《书集传纂疏》卷五《朱子订定蔡氏集传·周书·召诰》

(元)陈栎撰
(归善斋按,见"我不可不监于有夏,亦不可不监于有殷")

18. 《读书丛说》卷六《召诰》

(元)许谦撰
(归善斋按,未解)

19. 《书传辑录纂注》卷五《周书·召诰》

(元)董鼎撰
(归善斋按,见"我不可不监于有夏,亦不可不监于有殷")

20. 《尚书句解》卷八《周书·召诰第十四》

(元)朱祖义撰

我不敢知曰,不其延(又不敢测知言何为至殄珍绝,不能延长),唯不敬厥德,乃早坠厥命(唯言不敬其德,乃早阴坠其命)。

21. 《尚书日记》卷十二《周书·召诰》

（明）王樵撰

（归善斋按，见"我不可不监于有夏，亦不可不监于有殷"）

22. 《日讲书经解义》卷八《周书·召诰》

（清）库勒纳等撰

（归善斋按，见"我不可不监于有夏，亦不可不监于有殷"）

《五诰解》卷三《召诰》

（宋）杨简撰

（归善斋按，见"我不可不监于有夏，亦不可不监于有殷"）

今王嗣受厥命，我亦唯兹二国命，嗣若功

1. 《尚书注疏》卷十四《周书》

（汉）孔氏传，（唐）陆德明音义，（唐）孔颖达疏

今王嗣受厥命，我亦唯兹二国命，嗣若功。

传，其夏殷也，继受其王命，亦唯当以此夏殷长短之命为监戒，继顺其功德者，而法则之。

疏，正义曰，夏殷短长既如此矣，今王继受其命，我亦唯当用此二国，夏殷长短之命以为监戒，继顺其功德者，而法则之，劝王为敬也。

2. 《书传》卷十三《周书·召诰第十四》

（宋）苏轼撰

（归善斋按，见"我不可不监于有夏，亦不可不监于有殷"）

3. 《尚书全解》卷三十《周书·召诰》

(宋)林之奇撰
(归善斋按,见"王先服殷御事,比介于我有周御事")

4. 《尚书讲义》卷十五

(宋)史浩撰
(归善斋按,见"我不可不监于有夏,亦不可不监于有殷")

5. 《尚书详解》卷十九《周书·召诰》

(宋)夏僎撰
(归善斋按,见"王敬作所不可不敬德")

6. 《增修东莱书说》卷二十二《周书·召诰第十四》

(宋)吕祖谦撰,(宋)石𬭎增修
(归善斋按,见"我不可不监于有夏,亦不可不监于有殷")

7. 《尚书说》卷五《周书·召诰》

(宋)黄度撰
(归善斋按,见"我不可不监于有夏,亦不可不监于有殷")

8. 《絜斋家塾书钞》卷十一《周书·召诰》

(宋)袁燮撰
(归善斋按,见"我不可不监于有夏,亦不可不监于有殷")

9. 《书经集传》卷五《周书·召诰》

(宋)蔡沈撰
今王嗣受厥命,我亦唯兹二国命,嗣若功。王乃初服。
今王继受天命,我谓亦唯此夏、商之命,当嗣其有功者,谓继其能敬德而历年者也。况王乃新邑初政,服行教化之始乎。

10.《尚书精义》卷三十七《周书·召诰》

（宋）黄伦撰

（归善斋按，见"我不可不监于有夏，亦不可不监于有殷"）

11.《尚书详解》卷三十二《周书·召诰》

（宋）陈经撰

（归善斋按，见"我不可不监于有夏，亦不可不监于有殷"）

12.《融堂书解》卷十二《周书·召诰》

（宋）钱时撰

（归善斋按，见"我不可不监于有夏，亦不可不监于有殷"）

13.《尚书要义》

（宋）魏了翁撰

（归善斋按，原缺）

14.《书集传或问》卷下《召诰》

（宋）陈大猷撰

（归善斋按，未解）

15.《尚书详解》卷八《周书·召诰第十四》

（宋）胡士行撰

（归善斋按，见"我不可不监于有夏，亦不可不监于有殷"）

16.《书纂言》卷四上《周书·召诰》

（元）吴澄撰

今王嗣受厥命，我亦唯兹二国命，嗣若功。

今王继夏殷而受其命，在此亦唯以此二国之命而继其功。功，谓能敬德而有历年者，不可如其后王之不敬而坠命者也。

17.《书集传纂疏》卷五《朱子订定蔡氏集传·周书·召诰》

（元）陈栎撰

今王嗣受厥命，我亦唯兹二国命，嗣若功。王乃初服。

今王继受天命，我谓亦唯此夏、商之命，当嗣其有功者，谓继其能敬德而历年者也。况王乃新邑初政，服行教化之始乎。

纂疏：

愚谓，王乃初服者，善始可以占终。法二国之敬德而历年，尤当谨于初服也。此句，吕、蔡以属上章，孔、朱、真、陈以冠下章。使与初生、初服、宅新邑为一套，亦通，但此句实结上生下，若生子一段言语，实因此句而申明之。

18.《读书丛说》卷六《召诰》

（元）许谦撰

（归善斋按，未解）

19.《书传辑录纂注》卷五《周书·召诰》

（元）董鼎撰

今王嗣受厥命，我亦唯兹二国命，嗣若功。王乃初服。

今王继受天命，我谓亦唯此夏、商之命，当嗣其有功者，谓继其能敬德而历年者也。况王乃新邑初政，服行教化之始乎。

纂注：

陈氏大猷曰，此章言尤恳切。

新安陈氏曰，王乃初服者，善始可以占终。法二国之敬德而历年，尤当谨之初服也。此句蔡、吕以属上章，孔、朱、真、陈以冠下章。使与初生、初服、宅新邑为一套语，亦通，但此句实结上生下，若生子一段，议论实因此句而申明之。

20. 《尚书句解》卷八《周书·召诰第十四》

（元）朱祖义撰

今王嗣受厥命（今王继受夏商大命），我亦唯兹二国命（我亦当思此夏商之天命），嗣若功（继夏商以敬德而有历年功效可也）。

21. 《尚书日记》卷十二《周书·召诰》

（明）王樵撰

"今王嗣受厥命"至"王乃初服"。

嗣受厥命，因夏、殷而言，天命不常，有坠有兴，不过自彼而移之此尔。文武受之，今王则嗣受之矣。孰不以为藉文祖之耿光，承宁考之休烈，而我则谓亦唯即夏之所传于商，商之所传于周，若循环，然非一家之器也，故不可不嗣其有功者。有功，谓能敬德而历年者也。嗣禹之功，方谓之能监于有夏；嗣汤之功，方谓之能监于有殷。况王乃新邑初政，服行教化之始乎，尤当乘此一初之机，而疾敬其德，以祈天永命，为周家有功之君也。

22. 《日讲书经解义》卷八《周书·召诰》

（清）库勒纳等撰

今王嗣受厥命，我亦唯兹二国命，嗣若功。王乃初服。

此一节书，是承上监夏、殷而言，勉成王勤初政，以永命也。功，谓有功，指禹、汤言。召公曰，我周天命，文武受之，今王继之，虽国祚方新，然今日所受之命，即当日夏、殷二国所受之命也。夏之子孙不能嗣，而归于殷；殷之子孙不能嗣而又归于我周。其去其留不可恃以为常如此。我谓王亦唯思二国之受命，如禹之祗德，汤之懋德，皆以大功格天，故能多历年，所必勉强继嗣以其敬德为法，乃可不坠厥命耳。况王乃新宅大邑，服行教化之初，天命去留所系甚重，尤当疾敬其德，以承天眷，而为有功之君也。

《五诰解》卷三《召诰》

(宋) 杨简撰

(归善斋按,见"我不可不监于有夏,亦不可不监于有殷")

王乃初服,呜呼!若生子,罔不在厥初生,自贻哲命

1.《尚书注疏》卷十四《周书》

(汉) 孔氏传,(唐) 陆德明音义,(唐) 孔颖达疏

王乃初服,呜呼!若生子,罔不在厥初生,自贻哲命。

传,言王新即政,始服行教化,当如子之初生,习为善,则善矣。自遗智命,无不在其初生,为政之道亦犹是也。

音义,遗,唯季反。

疏,正义曰,既言当法则贤王,又戒王为政之要,王乃初始即政,服行教化,呜呼!王行教化,当如初生之子。子之善恶,无不在其初生。若习行善道,此乃自遗智命。智命,谓身有贤智,命由己来,是自遗也。为政之道,亦犹是矣。

传,正义曰,以此新即政,始行教化,比子之初生,始欲学习为善,则善矣。若能为善,天必授之以贤智之命,是此贤智之命由己行善而来,是自遗智命矣。初习为恶,则恶矣。若其为恶,天必授之以顽愚之命,亦是自遗愚命也。方欲劝王慕善,故唯举智命,而不言愚命者,愚智由学习而至,是无不在其初生。此初生,谓年长以解习学,非初始生也。为政之道亦犹是,为善政得福,为恶政得祸,亦如初生之子习善恶也,命由天授。

2.《书传》卷十三《周书·召诰第十四》

(宋) 苏轼撰

王乃初服,呜呼!若生子,罔不在厥初生,自贻哲命。

习于上则智，习于下则愚。

3.《尚书全解》卷三十《周书·召诰》

（宋）林之奇撰

（归善斋按，见"王先服殷御事，比介于我有周御事"）

4.《尚书讲义》卷十五

（宋）史浩撰

王乃初服，呜呼！若生子，罔不在厥初生，自贻哲命。今，天其命哲，命吉凶，命历年，知今我初服，宅新邑，肆唯王其疾敬德。王其德之用，祈天永命。其唯王勿以小民淫用非彝，亦敢殄戮用乂民。若有功，其唯王位在德元。小民乃唯刑，用于天下，越王显。上下勤恤，其曰我受天命，丕若有夏历年，式勿替有殷历年。欲王以小民，受天永命。拜手稽首，曰，予小臣，敢以王之雠民百君子，越友民，保受王威命明德。王末有成命，王亦显。我非敢勤，唯恭奉币，用供王，能祈天永命。

王乃初服，始宅而朝也。召公譬之若生子，罔不在厥初生。夫人有生之初，不失善心，是天所命不自他求，而固有者也，故曰自贻哲者，上智之谓也。上智之人，与生俱生。至于下愚，则以习而成，非天命也。苟不失其赤子之善，则德之吉凶，数之修短，皆自我感召而已。王宅新邑，如人初生，不可因陋就寡，当汲汲修其敬德，庶复其初，是以用其德，以祈天永命也。以德，则动罔不吉；以数，则多历年所，此天之永命也。王其勿以小民过用非法之故，亦敢殄戮也。盖小民丽于非法，以愚而不知禁故也，王岂可亦恣其殄戮，而弗哀矜之耶。传曰如得其情，则哀矜而勿喜。夫如是，然后可以乂民。若有功，皆王以德为先，非因刑而致治也。若小民，则知用刑于天下而已，刑岂可常用哉。王当以敬，德而易小民之用非法，则斯显著昭明矣。迁都本以为民，今君臣一心以勤恤民，庶几则王受命历年当若夏、商，以民心而受天命，民归而天予之也。复曰"予小臣敢以雠民"，雠民商之顽民也。百君子，周之贤士大夫也。友民，周之良民也。保受王威命明德，则民心无顽良，无远近，皆归之矣。王终有成命矣。当是时也，王之威德，岂不显著昭明哉。臣但能以民心天命规正于

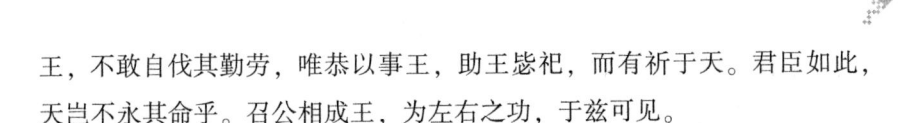

王，不敢自伐其勤劳，唯恭以事王，助王毖祀，而有祈于天。君臣如此，天岂不永其命乎。召公相成王，为左右之功，于兹可见。

5.《尚书详解》卷十九《周书·召诰》

(宋) 夏僎撰

王乃初服，呜呼！若生子，罔不在厥初生，自贻哲命。今，天其命哲，命吉凶，命历年，知今我初服，宅新邑，肆唯王其疾敬德。王其德之用，祈天永命。其唯王勿以小民淫用非彝，亦敢殄戮用乂民。若有功，其唯王位在德元。小民乃唯刑，用于天下，越王显。上下勤恤，其曰我受天命，丕若有夏历年，式勿替有殷历年。欲王以小民，受天永命。拜手稽首，曰，予小臣，敢以王之雠民百君子，越友民，保受王威命明德。王末有成命，王亦显。我非敢勤，唯恭奉币，用供王，能祈天永命。

召公于此又言，王今日乃是初行天子之事也。服，谓事也，譬如人之生子无不在于初生之日，自与以智哲之善命，谓教使行善也。盖智命虽天之所赋，苟为父母，能以善教导，使不失本心，亦若父母自有以与之也。今日天或命之以智哲之德，或命之以吉凶之祥，或命之以历年之久，实知我王初行天子之事，又居于新邑之洛，则其哲与不哲，历年与不历年，曰吉曰凶，举于此乎系也。然独于"吉"而特与"凶"并言者，盖召公爱君也，至常与其君哲，其君吉，其君历年，故不敢言不哲与不历年。唯言吉凶，以见有吉必有凶，则有哲，必有愚；有历年，必有不其延也。

"王其德之用，祈天永命"者，召公谓王初即政，天之命哲，与吉凶，与历年，皆决于此。故王于此，唯德是用，而祈永命于天可也。所谓祈者，非"祷祈"之"祈"，欲其敬德以祈之也。如《诗》所谓"自求多福"是也。召公既欲成王敬德以祈永命，然敬心生于不忽，苟以小民为微而忽之，则其"为不敬"大矣。故召公又欲王勿以小民过用非常之故，而敢于殄戮。盖商俗靡靡，淫用非彝，非一日，苟不教而即杀之，是果于为殄绝杀戮之事也。唯当有以治之，所谓治者，即敬德以治之也。治之如果有功，则是王之所居，乃在于众德之首，而小民亦将仪刑于君，而用德于天下而王之，德亦于是因民显著于天下矣。夫上而人君既能位在德元，下而小民又能刑用于天下，皆能尽其忧勤之诚矣，故我乃敢言曰，我周家之受天命者，有天下，今可以大如有夏历年之久。用勿废有殷历年之久，其意盖谓周之历年，既如有夏，亦不减于有殷，能兼二代之永年也。

"欲王以小民，受天永命"者，召公谓我所以如此言者，将欲成王用此小民受天之永命故也。所谓用此小民受天永命者，即前所谓其为王勿以小民淫用于非彝，亦敢殄戮也。盖民为邦本，本固邦宁。历年之永不永，实在乎民之安不安也。召公既与成王论如上所言，于是又拜手稽首，致敬于周公曰，予虽小臣，敢以王之"雠民"谓商民，昔附武庚以叛与周为仇；"百君子"谓商之众百官君子；"友民"谓及周之友顺之民也。召公之意谓，商民昔未与周民为一，各有异志，今既营洛以镇抚之，而王又能如上所言，克敬其德，则其心可必其与周民无异，故召公于此所以言我必可以使商民皆安，受王之威命，有所畏而不敢叛；安受王之明德，有所慕而不忍叛，而王终有成命于天。盖周自文武基命定命，至成王必可以有成，谓一成而不可变也。王既有成命，则王之功德亦显著于天下。召公既言王能敬德，则决可得此，又言我非敢以此为己之勤，我当王成命天下，既治平之日，唯供奉币帛用供之于王，使王以此币帛昭答天休，更祈永命于天。盖天下无事，人君夫何为哉，敬奉祭祀，以报本反始而已。如《洛诰》言"旁作穆穆，迓衡不迷，文武勤教予，冲子夙夜毖祀"而已，与此意政同也。

6.《增修东莱书说》卷二十二《周书·召诰第十四》

(宋)吕祖谦撰，(宋)石澜增修

呜呼！若生子，罔不在厥初生，自贻哲命。今，天其命哲，命吉凶，命历年，知今我初服，宅新邑，肆唯王其疾敬德。王其德之用，祈天永命。

今王君天下，如人之生子在于初生，自初生而保养，乃可以全其善。哲命者，人心所有之明哲，非自外来也。天之命哲，命吉凶，命历年，正在今日。知今我初服者，王知之否。王今初服而有天下，正天命哲，命吉凶，命历年之时也。提而省之，往都新邑，敬德安可少缓。王唯用德。乃可祈天永命，言祈天永命无他术，止有敬德为可耳。曰"祈"者，欲成王知天命之未定也。

（归善斋按，另见"今王嗣受厥命，我亦唯兹二国命，嗣若功"）

7.《尚书说》卷五《周书·召诰》

(宋) 黄度撰

王乃初服，呜呼！若生子，罔不在厥初生，自贻哲命。今，天其命哲，命吉凶，命历年，知今我初服，宅新邑，肆唯王其疾敬德。王其德之用，祈天永命。

王今初服厥政，譬之生子教之，必于其初生。其智识虽命于天，而少成之教，则为自贻之也。今天于是而命哲，命吉凶，命历年，为知今我初服厥政，宅新邑，故知愚、吉凶、历年长短，皆于此命之，王必当疾敬德。王唯德之用，祈天永命，乃在此时。智与愚对，吉与凶对，历年长与短对，而独言"命哲"者，夫岂可使之愚哉。是为师保之功，故曰"自贻哲命"。吉凶长短，唯天所命耳，故曰我不敢知。夫既不敢知，而又祈焉，何也？夫子曰，丘之祷久矣。

8.《絜斋家塾书钞》卷十一《周书·召诰》

(宋) 袁燮撰

王乃初服，呜呼！若生子，罔不在厥初生，自贻哲命。今，天其命哲，命吉凶，命历年，知今我初服，宅新邑，肆唯王其疾敬德。王其德之用，祈天永命。

方未营洛之前，周公总天下之政，成王犹未亲政也。至今日，成王方临政，分明是方为君。周公谓，王今初服厥命，如人之初生子。人之生子，须是自幼而教习之，则耳目渐染，后来不至于扞格而难入。王者之治天下，亦须从即位之始，头脑便教端正，始得其初既正，则其后将日进于高明光大之域矣。哲命者，明哲之人，天必命之，此不在天而实在我，故曰"自贻"，所谓"自求多福"是也。"今天其命哲"，命亦有吉凶，亦可以历年久远，夫既言命哲，命历年，而间吉凶于其中，何哉？盖天命至无常，所谓"受命无疆唯休，亦无疆唯恤"，有无穷之喜，便有无穷之忧。享天下之至乐，便任天下之至难。虽曰"命哲""命历年"，然敬德，则天命便吉；否，则天命便凶。或吉或凶，何常之有？今我营洛邑，做此般大事，天必知之，所谓"上帝临女。无贰尔心"。当武王与纣战之时，上帝分明监临于上，则今日营建都邑，正是上帝临女之时。上帝分明开着眼在上看，王当如之何，须疾敬德，不容少缓可也。王能唯德之用，则可以祈天永命矣。

9.《书经集传》卷五《周书·召诰》

(宋) 蔡沈撰

呜呼！若生子，罔不在厥初生，自贻哲命。今，天其命哲，命吉凶，命历年，知今我初服。

叹息言，王之初服，若生子，无不在于初生。习为善则善矣，自贻其哲命，为政之道亦犹是也。今天其命王以哲乎，命以吉凶乎，命以历年乎，皆不可知，所可知者，今我初服，如何尔，初服而敬德，则亦"自贻哲命"，而吉与历年矣。

(归善斋按，另见"今王嗣受厥命，我亦唯兹二国命，嗣若功")

10.《尚书精义》卷三十七《周书·召诰》

(宋) 黄伦撰

王乃初服，呜呼！若生子，罔不在厥初生，自贻哲命。今，天其命哲，命吉凶，命历年，知今我初服，宅新邑，肆唯王其疾敬德。王其德之用，祈天永命。

无垢曰，王初即位，如人之初生子也。生而习为善，则终身为善。人生而习为恶，则终身为恶人。哲者，善也；善者，敬也。敬则明，明则哲，天何心哉。习为哲，则命以哲。恶则不敬，不敬则昏。习为昏，则命以昏。命以哲，则有历年；命以昏，则早坠厥命。是人主之受哲命，非天私于人主也，自贻之而已矣。

又曰，天既无心，唯人所造，习为哲命以哲；习为昏命以昏；习为吉命以吉；习为凶命以凶，习为历年，命以历年；习为早坠厥命，命以早坠厥命。天果何心哉，唯人自择耳。

又曰，敬德，则有历年。王欲祈天永命，无求之他也，其唯敬德之用而已。

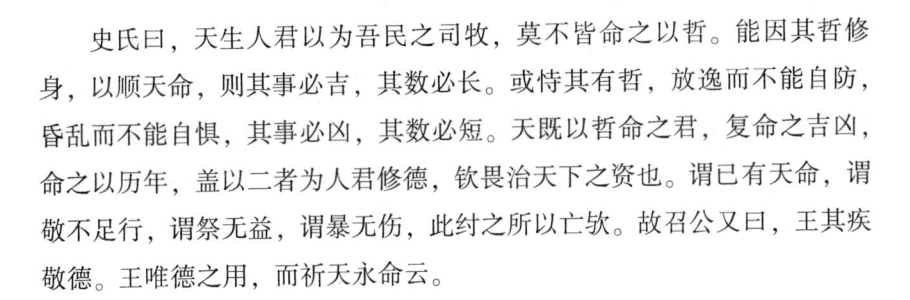

史氏曰，天生人君以为吾民之司牧，莫不皆命之以哲。能因其哲修身，以顺天命，则其事必吉，其数必长。或恃其有哲，放逸而不能自防，昏乱而不能自惧，其事必凶，其数必短。天既以哲命之君，复命之吉凶，命之以历年，盖以二者为人君修德，钦畏治天下之资也。谓已有天命，谓敬不足行，谓祭无益，谓暴无伤，此纣之所以亡欤。故召公又曰，王其疾敬德。王唯德之用，而祈天永命云。

11.《尚书详解》卷三十二《周书·召诰》

（宋）陈经撰

王乃初服，呜呼！若生子，罔不在厥初生，自贻哲命。今，天其命哲，命吉凶，命历年，知今我初服，宅新邑，肆唯王其疾敬德。王其德之用，祈天永命。

此章戒成王当谨之于其始也。王乃初服，即政之始，初服行其教化也。"呜呼！若生子，罔不在厥初生"，譬如人子之初生焉，其良心善性，未尝不全于禀赋之初，自其初而保养之习，为善则善矣。自其初而不能保养之，习为恶，则流而为恶矣。自其习为善者观之，岂非哲智之命，乃以自贻矣，贻子也。自者，求之在我，与《孟子》"自求多福"之意同也。人子之初生者，习善则可以为善，况人主于即政之初乎。自其初而能敬德，则可以有历年之久矣。今天其命哲、命吉凶、命历年，此三者，虽天所命，其实修之者在人。人能自为哲智，则天必命之以哲，命之以吉，命之以历年之长矣；人不能自为哲智，则天必命之以愚，命之以凶，命之以历年之短矣。吉凶祸福，何常之有，修之在人，则应之在天。天非自为哲，为吉凶，为历年也。然此三者，实以哲为主，能哲，则自有吉与历年长之理；不能哲，则自有凶与不长之理。既有吉有凶相对，则哲对愚，历年对不永，可知矣。"知今我初服，宅新邑，肆唯王其疾敬德"，天已知成王初服政，居此新邑，凡事当谨之于其初，正是天命哲、命吉凶、命历年之际也，王当疾敬其德，不可缓也。及其敬德之至发，而见于用者皆德，则祈天永命者在此，而不在彼矣。甚矣，性命之难言也。《孟子》曰"莫之为而为者，天也；莫之致而致者，命也"，是不可以人为损益之，听其自至者，命也。今召公言天命可祈，则是有以致之而至，无乃与《孟子》之言相戾乎。盖常思而得之，《孟子》曰"莫非命也，顺受其正则凡尽人事者，受正命也"。"祈天永命"者，亦受其正而已。《记》曰"大德必受命"是也。然亦有仲尼、周公之圣，而不有天下者；亦有颜子而夭，伯牛而有疾者，兹岂非莫之致而致乎。圣人以人合天，而不专于天；以义安命而不专于命，此召公之祈天永命，必先之以敬德也。

12. 《融堂书解》卷十二《周书·召诰》

（宋）钱时撰

（归善斋按，见"我不可不监于有夏，亦不可不监于有殷"）

13. 《尚书要义》

（宋）魏了翁撰

（归善斋按，原缺）

14. 《书集传或问》卷下《召诰》

（宋）陈大猷撰

（归善斋按，未解）

15. 《尚书详解》卷八《周书·召诰第十四》

（宋）胡士行撰

王乃初服（宅洛，即辟初行政），呜呼！若生子，罔不在厥初生（保养于初），自贻（与）哲（人心自有之明哲）命（命在我不在天）。今，天其（将）命哲，命吉凶，命历年（哲则吉而永年，不哲则不永，不延天之命，其几皆于女而占之）。知（天已知）今我（王）初服，宅新邑，肆唯王其疾敬德（服初，邑新，天命占焉，敬可不疾）。王其德之用，祈（求）天永命。

邑之新，政之新，天命之新也，敬则永矣。其祈也，其诸异乎"祷祈"之"祈"矣。天之命曰其未可必也，哲之贻曰自所可必者，在我而已。祈者，未定之辞也。

16.《书纂言》卷四上《周书·召诰》

(元)吴澄撰

王乃初服,呜呼!若生子,罔不在厥初生,自贻哲命。今,天其命哲,命吉凶,命历年,知今我初服,宅新邑,肆唯王其疾敬德。

贻,遗也。哲命,以哲而为天所命也。王今日来宅新邑,乃行事之初,譬如生子者,在其初生之时,服习正事,则膺受福禄,是命虽在天,而以哲获命,则此命乃自己所贻也。今日天之所命,其亦命其哲者。敬德,哲也;不敬德,非哲也,故所命或吉或凶,历年或长或短。知皆在今我初来行事于宅新邑之时,敬德,则命以吉而年永;不敬德,则命以凶而年不永,故王唯当疾敬德也。"肆唯王其疾敬德"一语,通结上三节,与"王敬作所不可不敬德"一语相终始。

17.《书集传纂疏》卷五《朱子订定蔡氏集传·周书·召诰》

(元)陈栎撰

呜呼!若生子,罔不在厥初生,自贻哲命。今,天其命哲,命吉凶,命历年,知今我初服,宅新邑,肆唯王其疾敬德。王其德之用,祈天永命。

叹息言,王之初服,若生子,无不在于初生,习为善则善矣,自贻其哲命,为政之道亦犹是也。今天其命王以哲乎,命以吉凶乎,命以历年乎,皆不可知;所可知者,今我初服如何尔,初服而敬德,则亦自贻哲命,而吉与历年矣。宅新邑,所谓初服也,王其疾敬德,容可缓乎王。其德之用,而祈天以历年也。

纂疏:

《集解》,王之初服,不可不谨。其习,犹子之初生,不可不慎初所教。盖习于上则智,习于下则愚矣。故今天命,正在初服之时,敬德,则哲,则吉,则历年;不敬德则愚,则凶,则短折也。

天无一物之不体已,知我初服,宅洛矣,王其可不疾敬德哉,所以求天永命者,唯在德而已矣。"王乃初服"至"命历年"为一节;"知今我初服"至"祈天永命"为一节。

吕氏曰,哲命者,人心所有之明哲,非自外来,人自初生而保养,乃可以全其善也。

林氏曰,天以正性命。人初无智愚之别,所以有智愚,于己取之而已。下愚为自暴自弃,则上智岂非自贻乎。

叶氏曰,哲命,以哲为天所命也。

真氏曰,天命至公,不可以求而得。曰祈者,盖一于用德,乃不祈之祈也。

愚按,吕、林皆以"哲命"为"性命"之"命",然哲命,命哲,不应遽有性命、眷命之分,当以叶氏之说为正。明哲之性与生俱生。初生之时,习于善则明,可作哲;习于恶,则靡哲而愚。哲则为天所命;愚则天不命之是,自贻。哲命,如所谓"自求多福",此所谓"罔不在厥初生"时,"自贻哲命"者也。王之初服,亦犹是耳。此一节发明"王乃初服"之意,盖今日作新邑,而自服土中,乃所谓初服,是又中天下,定四海之一初也。天之命吉命凶;判于此王之能敬德祈永命,与不能,亦判于此。召公所以欲王乘此一初之机而疾敬德也。疾敬德,则能用德矣。"疾"云者,欲乘此机而速勉之,有今罔后之谓也。疾敬德者,勿失此机于今日之初,而能用德以祈天者,可永命于千万年之久。今此一初,岂可又以悠悠失之哉。"肆唯王其疾敬德",盖申上文"王其疾敬德"之语,而致重复恳切之意云。

(归善斋按,另见"今王嗣受厥命,我亦唯兹二国命,嗣若功")

18. 《读书丛说》卷六《召诰》

(元)许谦撰

(归善斋按,未解)

19. 《书传辑录纂注》卷五《周书·召诰》

(元)董鼎撰

呜呼! 若生子,罔不在厥初生,自贻哲命。今,天其命哲,命吉凶,命历年,知今我初服。

叹息言，王之初服，若生子，无不在于初生，习为善则善矣，自贻其哲命，为政之道亦犹是也。今天其命王以哲乎，命以吉凶乎，命以历年乎，皆不可知；所可知者，今我初服如何尔，初服而敬德，则亦自贻哲命，而吉与历年矣。

（归善斋按，另见"今王嗣受厥命，我亦唯兹二国命，嗣若功"）

20.《尚书句解》卷八《周书·召诰第十四》

（元）朱祖义撰

王乃初服（周公复辟，成王乃今日初行天子之事），呜呼（嗟叹）！若生子（如人生子），罔不在厥初生（无不在其初生之日，父母当谨训导，使之驯习于善），自贻哲命（彼智哲之善，虽天所赋授，为父母早训导之，使不失其本心，亦若父母自与以智哲善命矣）。

21.《尚书日记》卷十二《周书·召诰》

（明）王樵撰

"呜呼若生子罔不在厥初生"至"知今我初服"。

又更端叹息，深明谨初之意，以生子喻之。凡人之生子，其明智，其寿耇，皆定于初，讲学则明，爱身则寿。今王受命之始，亦犹子之初生，况肇卜新大邑而居之，是又一初也。天之命以哲，命以吉凶，命以历年，皆不可知；所可知者，今我初服如何尔，初服而敬德，所谓自贻哲命，而吉与历年；苟不敬德，则命以凶，而蚤坠厥命矣。可不谨乎。

孔氏曰，子之初生，习为善则善矣。自贻智命，无不在其初，为政之道亦犹是也。今天制命，唯人所修。敬德，则有智，则常吉，则历年；不敬德，则愚、凶、不长。

吕氏曰，哲命者，人心所有之明哲，非自外来也。

林氏曰，天以正性命。人初无智愚之别，所以有智愚者，于已取之而已。下愚为自暴自弃，则上智岂非自贻乎。

（归善斋按，另见"今王嗣受厥命，我亦唯兹二国命，嗣若功"）

22.《日讲书经解义》卷八《周书·召诰》

（清）库勒纳等撰

呜呼！若生子，罔不在厥初生，自贻哲命。今，天其命哲，命吉凶，命历年，知今我初服。

此一节书，是申言初服之当谨也。哲命，谓哲为天所命。召公叹息而言曰，凡事谨始，方能善终。未有其始不立而其卒能成者也。譬如生子，无不在初生年幼时，长养培护，习于为善，然后智虑日广，自成为善人。盖人心所有之明哲，虽出于天之降衷，而实由习善所致是，乃人之自贻，非他人所能增益也，为政之道亦正如是。今王方在初服，天之意或命王以明哲之德，或命以吉，或命以凶，或命以历年长久，皆不可预知；所可知者，在今我初政如何耳。若初服而能敬德，则是能自贻哲命，而吉与历年，俱操之在我矣，甚矣，王之当谨始也。

（归善斋按，另见"今王嗣受厥命，我亦唯兹二国命，嗣若功"）

《五诰解》卷三《召诰》

（宋）杨简撰

（归善斋按，见"我不可不监于有夏，亦不可不监于有殷"）

《书蔡氏传旁通》卷五《周书·召诰》

（元）陈师凯撰

王之初服，若生子，无不在于初生，习为善则善矣，自贻其哲命，为政之道亦犹是也。

新安陈氏曰，明哲之性与生俱生。初生之时，习于善则明可作哲；习于恶则靡哲而愚。哲则为天所命，愚则天不命焉，是"自贻哲命"，如所谓"自求多福"，此所谓无不在其初生时，自贻哲命者，王之初服亦犹是也。

此一节，发明王乃初服之意，盖今日作邑，而自服土中，乃所谓初服，是又中天下，定四海之一初也。天之命吉凶判于此，王之能敬德祈永命与不能，亦判于此。召公所以欲王乘此一初之机，而疾敬德也。疾敬德，则能用德。疾云者，欲其乘此机而速勉之。

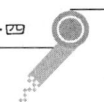

《读书管见》卷下《召诰》

（元）王充耘撰

自贻哲命。

"自贻哲命"与"自作元命"相似，其制"命"之权，不在天而在我。

今，天其命哲，命吉凶，命历年

1. 《尚书注疏》卷十四《周书》

（汉）孔氏传，（唐）陆德明音义，（唐）孔颖达疏

今，天其命哲，命吉凶，命历年。

传，今，天制此三命，唯人所修，修敬德，则有智，则常吉，则历年；为不敬德，则愚凶不长。虽说之，其实在人。

疏，正义曰，为政初，则能善，天必遗王多福。使王有智，则常吉，历年长久也。今，天观人所为，以授之命，其命有智与愚也，其命吉与凶也，其命历年与不长也。若能敬德，则有智常吉，历年长久也，若不敬德，则愚凶不长也。

传，正义曰，远举天心，故言今天制此三命。有哲，当有愚；有历年，当有不长文，不备者，以吉凶相反。言命吉凶，则哲对愚，历年对不长可知矣。天制此三命，善恶由人。唯人所修习也。此篇所云，唯勤修敬德，故云，修敬德则有智，则常吉，则历年；为不敬德，则愚凶不长也。愚智夭寿之外，而别言吉凶，于凡人，则康强为吉，病患为凶；于王者，则太平为吉，祸乱为凶。三者虽以讬天说之，其实行之在人。人行之有善恶，天随以善恶授之耳。此是立教诱人之辞，不可以贤智夭枉为难也。

2. 《书传》卷十三《周书·召诰第十四》

（宋）苏轼撰

今，天其命哲，命吉凶，命历年，知今我初服，宅新邑，肆唯王其疾

敬德。王其德之用，祈天永命。

唯德是用，不用刑也。

3.《尚书全解》卷三十《周书·召诰》

（宋）林之奇撰

（归善斋按，见"王先服殷御事，比介于我有周御事"）

4.《尚书讲义》卷十五

（宋）史浩撰

（归善斋按，见"王乃初服，呜呼！若生子，罔不在厥初生，自贻哲命"）

5.《尚书详解》卷十九《周书·召诰》

（宋）夏僎撰

（归善斋按，见"王乃初服，呜呼！若生子，罔不在厥初生，自贻哲命"）

6.《增修东莱书说》卷二十二《周书·召诰第十四》

（宋）吕祖谦撰，（宋）石𬭚增修

（归善斋按，见"王乃初服，呜呼！若生子，罔不在厥初生，自贻哲命"）

7.《尚书说》卷五《周书·召诰》

（宋）黄度撰

（归善斋按，见"王乃初服，呜呼！若生子，罔不在厥初生，自贻哲命"）

8.《絜斋家塾书钞》卷十一《周书·召诰》

（宋）袁燮撰

（归善斋按，见"王乃初服，呜呼！若生子，罔不在厥初生，自贻

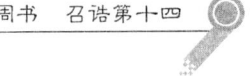

哲命")

9.《书经集传》卷五《周书·召诰》

(宋)蔡沈撰

(归善斋按,见"王乃初服,呜呼!若生子,罔不在厥初生,自贻哲命")

10.《尚书精义》卷三十七《周书·召诰》

(宋)黄伦撰

(归善斋按,见"王乃初服,呜呼!若生子,罔不在厥初生,自贻哲命")

11.《尚书详解》卷三十二《周书·召诰》

(宋)陈经撰

(归善斋按,见"王乃初服,呜呼!若生子,罔不在厥初生,自贻哲命")

12.《融堂书解》卷十二《周书·召诏》

(宋)钱时撰

(归善斋按,见"我不可不监于有夏,亦不可不监于有殷")

13.《尚书要义》

(宋)魏了翁撰

(归善斋按,原缺)

14.《书集传或问》卷下《召诰》

(宋)陈大猷撰

王氏说"命哲命,吉凶,命历年",虽非召公诰戒之本意,然不可不知(王曰,哲者,性也。吉凶者,事也。历年者,数也。性在我,事在物,数在时。君子修其在我者,不责命于天也)。

15. 《尚书详解》卷八《周书·召诰第十四》

（宋）胡士行撰

（归善斋按，见"王乃初服，呜呼！若生子，罔不在厥初生，自贻哲命"）

16. 《书纂言》卷四上《周书·召诰》

（元）吴澄撰

（归善斋按，见"王乃初服，呜呼！若生子，罔不在厥初生，自贻哲命"）

17. 《书集传纂疏》卷五《朱子订定蔡氏集传·周书·召诰》

（元）陈栎撰

（归善斋按，见"王乃初服，呜呼！若生子，罔不在厥初生，自贻哲命"）

18. 《读书丛说》卷六《召诰》

（元）许谦撰

（归善斋按，未解）

19. 《书传辑录纂注》卷五《周书·召诰》

（元）董鼎撰

（归善斋按，见"王乃初服，呜呼！若生子，罔不在厥初生，自贻哲命"）

20. 《尚书句解》卷八《周书·召诰第十四》

（元）朱祖义撰

今，天其命哲（今天于君，或命以知哲之德），命吉凶（或命之吉或命之凶），命历年（或命以历年之久，皆未可前知）。

21. 《尚书日记》卷十二《周书·召诰》

（明）王樵撰

(归善斋按，见"王乃初服，呜呼！若生子，罔不在厥初生，自贻哲命")

22. 《日讲书经解义》卷八《周书·召诰》

（清）库勒纳等撰

(归善斋按，见"王乃初服，呜呼！若生子，罔不在厥初生，自贻哲命")

《五诰解》卷三《召诰》

（宋）杨简撰

今，天其命哲，命吉凶，命历年。知今我初服，宅新邑，肆唯王其疾敬德。王其德之用，祈天永命。

今，天知我初亲政事，"命哲、命吉凶、命历年"皆自此始也。肆，故也。故王当疾敬德。王用德，则天命永九，祈天永命只在敬德。

知今我初服，宅新邑，肆唯王其疾敬德

1. 《尚书注疏》卷十四《周书》

（汉）孔氏传，（唐）陆德明音义，（唐）孔颖达疏

知今我初服，宅新邑，肆唯王其疾敬德。

传，天已知我王今初服政，居新邑洛都，故唯王其当疾行敬德。

疏，正义曰，天已知我王今初始服政，居此新邑，观王善恶，欲授之命，故唯王其当疾行敬德王。

2.《书传》卷十三《周书·召诰第十四》

（宋）苏轼撰

（归善斋按，见"今，天其命哲，命吉凶，命历年"）

3.《尚书全解》卷三十《周书·召诰》

（宋）林之奇撰

（归善斋按，见"王先服殷御事，比介于我有周御事"）

4.《尚书讲义》卷十五

（宋）史浩撰

（归善斋按，见"王乃初服，呜呼！若生子，罔不在厥初生，自贻哲命"）

5.《尚书详解》卷十九《周书·召诰》

（宋）夏僎撰

（归善斋按，见"王乃初服，呜呼！若生子，罔不在厥初生，自贻哲命"）

6.《增修东莱书说》卷二十二《周书·召诰第十四》

（宋）吕祖谦撰，（宋）石澜增修

（归善斋按，见"王乃初服，呜呼！若生子，罔不在厥初生，自贻哲命"）

7.《尚书说》卷五《周书·召诰》

（宋）黄度撰

（归善斋按，见"王乃初服，呜呼！若生子，罔不在厥初生，自贻哲命"）

8.《絜斋家塾书钞》卷十一《周书·召诰》

（宋）袁燮撰

（归善斋按，见"王乃初服，呜呼！若生子，罔不在厥初生，自贻哲命"）

9.《书经集传》卷五《周书·召诰》

（宋）蔡沈撰

宅新邑，肆唯王其疾敬德。王其德之用，祈天永命。

宅新邑，所谓初服也，王其疾敬德，容可缓乎。王其德之用，而祈天以历年也。

（归善斋按，另见"王乃初服，呜呼！若生子，罔不在厥初生，自贻哲命"）

10.《尚书精义》卷三十七《周书·召诰》

（宋）黄伦撰

（归善斋按，见"王乃初服，呜呼！若生子，罔不在厥初生，自贻哲命"）

11.《尚书详解》卷三十二《周书·召诰》

（宋）陈经撰

（归善斋按，见"王乃初服，呜呼！若生子，罔不在厥初生，自贻哲命"）

12.《融堂书解》卷十二《周书·召诏》

（宋）钱时撰

（归善斋按，见"我不可不监于有夏，亦不可不监于有殷"）

13.《尚书要义》

（宋）魏了翁撰

（归善斋按，原缺）

14. 《书集传或问》卷下《召诰》

(宋) 陈大猷撰

(归善斋按,未解)

15. 《尚书详解》卷八《周书·召诰第十四》

(宋) 胡士行撰

(归善斋按,见"王乃初服,呜呼!若生子,罔不在厥初生,自贻哲命")

16. 《书纂言》卷四上《周书·召诰》

(元) 吴澄撰

(归善斋按,见"王乃初服,呜呼!若生子,罔不在厥初生,自贻哲命")

17. 《书集传纂疏》卷五《朱子订定蔡氏集传·周书·召诰》

(元) 陈栎撰

宅新邑,肆唯王其疾敬德。王其德之用,祈天永命。

(归善斋按,另见"王乃初服,呜呼!若生子,罔不在厥初生,自贻哲命")

宅新邑,所谓初服也。王其疾敬德,容可缓乎?王其德之用而祈天,以历年也。

纂疏:

《集解》,王之初服,不可不谨其习,犹子之初生,不可不慎初所教。盖习于上则智,习于下则愚矣。故今天命正在初服之时,敬德,则哲,则吉,则历年;不敬德,则愚,则凶,则短折也。

天无一物之不体己,知我初服宅洛矣。王其可不疾敬德哉,所以求天永命者,唯在德而已矣。"王乃初服"至"命历年"为一节。"知今我初服"至"祈天永命"为一节。

吕氏曰，哲命者，人心所有之明哲，非自外来。人自初生而保养，乃可以全其善也。

林氏曰，天以正性命。人初无智愚之别，所以有智愚于己取之而已。下愚为自暴自弃，则上智岂非自贻乎。

叶氏曰，哲命，以哲为天所命也。

真氏曰，天命至公不可以求而得。曰"祈"者，盖一于用德，乃不祈之祈也。

愚按，吕、林皆以"哲命"为"性命"之"命"。然，"哲命""命哲"不应遽有"性命""眷命"之分，当以叶氏之说为正。明哲之性，与生俱生，初生之时，习于善，则明可作哲；习于恶则靡哲而愚。哲，则为天所命；愚，则天不命之，是自贻哲命。如所谓自求多福。此所谓"罔不在厥初生时，自贻哲命"者也。王之初服，亦犹是耳。此一节，发明王乃初服之意。盖今日作新邑，而自服土中，乃所谓初服，是又中天下，定四海之一初也。天之命吉，命凶，判于此；王之能敬德祈永命与不能，亦判于此。召公所以欲王乘此一初之机，而疾敬德也。疾敬德，则能用德矣。"疾"云者，欲乘此机，而速勉之，有今罔后之谓也。疾敬德者，勿失此机于今日之初，而能用德以祈天者，可永命于千万年之久。今此一初，岂可又以悠悠失之哉。"肆唯王其疾敬德"，盖申上文"王其疾敬德"之语，而致重复恳切之意云。

18.《读书丛说》卷六《召诰》

（元）许谦撰

（归善斋按，未解）

19.《书传辑录纂注》卷五《周书·召诰》

（元）董鼎撰

宅新邑，肆唯王其疾敬德。王其德之用，祈天永命。

宅新邑，所谓初服也，王其疾敬德，容可缓乎。王其德之用而祈天以历年也。

辑录：

王之初服，不可不谨。其习，犹子之初生，不可不慎其初所教。盖习于上则智，习于下则愚矣。故今天命，正在初服之时，敬德，则哲，则吉，则历年；不敬，则愚，则凶，则短折也。

天无一物之不体己，知我初服宅洛矣。王其可不疾敬德哉，所以求天永命者，只在德而已矣。并《书说》

"王乃初服"至"命历年"为一节，"知今我初服"至"祈天永命"为一节。

纂注：

陈氏曰，自贻哲命，命在我也，天其命哲，命在天也。

吕氏曰，人自初生而保养，乃可以全其善。哲命者，人心所有之明哲，非自外来也。

林氏曰，天以正性命，人初无智愚之别，所以有智愚者，于己取之而已。下愚为自暴自弃，则上智岂非自贻乎。

叶氏曰，哲命，以哲为天所命也。

新安胡氏曰，按，吕、林皆以哲命为"性命"之"命"，然哲命之哲，不应遽有性命、眷命之分，当以叶氏之说为正。

真氏曰，天命至公，不可以求而得也。曰祈者，盖一于用德，乃不祈之祈也

吕氏曰，祈永命，无他术，唯敬德为可耳。曰祈者，欲王知天命之未定也。

新安陈氏曰，明哲之性，与生俱生。初生之时，习于善则明可作哲；习于恶则靡哲而愚；哲则为天所命；愚则天不命焉，是"自贻哲命"，如所谓"自求多福"，此所谓无不在其初生时，"自贻哲命"者，王之初服亦犹是也。此一节，发明"王乃初服"之意，盖今日作邑，而自服土中，乃所谓初服，是又中天下定四海之一初也。天之命吉凶，判于此；王之能敬德祈永命与不能，亦判于此。召公所以欲王乘此一初之机，而疾敬德也。疾敬德，则能用德。疾云者，欲其乘此机而速勉之，有今罔后之谓也。"肆唯王其疾敬德"，盖申前"王其疾敬德"之语，而致重复恳切之意云。

（归善斋按，另见"王乃初服，呜呼！若生子，罔不在厥初生，自贻

哲命")

20.《尚书句解》卷八《周书·召诰第十四》

(元) 朱祖义撰

知今我初服,宅新邑(天知今日我王初行天子之事,又居于新邑之洛),肆唯王其疾敬德(故唯王其敏于敬,修其德)。

21.《尚书日记》卷十二《周书·召诰》

(明) 王樵撰

"宅新邑"至"祈天永命"。

宅新邑,所谓初服也。上言知今我初服见哲命吉凶,历年皆未定唯视初服何如故,此遂勉其疾于敬德而用。是以祈天永命,祈天永命,即吉与历年也。曰德之用见无他道也,疾云者正在此时缓则后矣。真氏曰,天命至公不可以求而得也。今曰祈天永命何哉?盖一于用德乃不祈之祈也。王其德之用祈天永命,是一句用犹以也。此曰用德祈天永命,下云以小民受天永命,德之用小民之以盖皆言无他道也。

(归善斋按,另见"王乃初服,呜呼!若生子,罔不在厥初生,自贻哲命")

22.《日讲书经解义》卷八《周书·召诰》

(清) 库勒纳等撰

宅新邑,肆唯王其疾敬德。王其德之用,祈天永命。

此一节书,是言敬德之不可缓,而深致丁宁之辞也。召公曰,今洛邑新成,我王来居于此,正服行初政之时,天命之吉凶、历年之长短,皆从此判,敬德之功,其可缓乎。唯王其及时励精,急于敬德,以为诫民之本,不可有一息怠荒之心也。盖人君之德,为天人之所系,属王其唯德是用,以礼义教化,诫和万民,因以万民悦服之心,祈祷于天永绥宠命,衍国祚于长久,嗣夏殷之历年,岂不即在此初服哉。

(归善斋按,另见"王乃初服,呜呼!若生子,罔不在厥初生,自贻哲命")

《书义断法》卷五《周书·召诰》

（元）陈悦道撰

宅新邑，肆唯王其疾敬德。王其德之用，祈天永命。

宅中图治之初，正将为传远垂后之计。然其所以格天心，保天命，唯在敬德而已。其两言"王其"者，期之之辞也。其终言"祈天永命"者，求之之道也。天道不可求而求之者，在乎敬德；人事必可期而期之者，亦唯在于敬德。疾敬德者，勉之于己，不可缓也。德之用者祈之于天，不可欺也。此"宅新邑"之第一义也。

《五诰解》卷三《召诰》

（宋）杨简撰

（归善斋按，见"今，天其命哲，命吉凶，命历年"）

王其德之用，祈天永命

1. 《尚书注疏》卷十四《周书》

（汉）孔氏传，（唐）陆德明音义，（唐）孔颖达疏

王其德之用，祈天永命。

传，言王当其德之用，求天长命，以历年。

疏，正义曰，其德之用，言为行当用德，则能求天长命以历年也。

传，正义曰，其德之用，言为行当用德，"用德"与"疾敬德"为一事也。故上传云"王者当疾行敬德"，则此文是也。

2. 《书传》卷十三《周书·召诰第十四》

（宋）苏轼撰

（归善斋按，见"今，天其命哲，命吉凶，命历年"）

3.《尚书全解》卷三十《周书·召诰》

(宋)林之奇撰

(归善斋按,见"王先服殷御事,比介于我有周御事")

4.《尚书讲义》卷十五

(宋)史浩撰

(归善斋按,见"王乃初服,呜呼!若生子,罔不在厥初生,自贻哲命")

5.《尚书详解》卷十九《周书·召诰》

(宋)夏僎撰

(归善斋按,见"王乃初服,呜呼!若生子,罔不在厥初生,自贻哲命")

6.《增修东莱书说》卷二十二《周书·召诰第十四》

(宋)吕祖谦撰,(宋)石澜增修

(归善斋按,见"王乃初服,呜呼!若生子,罔不在厥初生,自贻哲命")

7.《尚书说》卷五《周书·召诰》

(宋)黄度撰

(归善斋按,见"王乃初服,呜呼!若生子,罔不在厥初生,自贻哲命")

8.《絜斋家塾书钞》卷十一《周书·召诰》

(宋)袁燮撰

(归善斋按,见"王乃初服,呜呼!若生子,罔不在厥初生,自贻哲命")

9. 《书经集传》卷五《周书·召诰》

（宋）蔡沈撰

（归善斋按，见"知今我初服，宅新邑，肆唯王其疾敬德"）

10. 《尚书精义》卷三十七《周书·召诰》

（宋）黄伦撰

（归善斋按，见"王乃初服，呜呼！若生子，罔不在厥初生，自贻哲命"）

11. 《尚书详解》卷三十二《周书·召诰》

（宋）陈经撰

（归善斋按，见"王乃初服，呜呼！若生子，罔不在厥初生，自贻哲命"）

12. 《融堂书解》卷十二《周书·召诰》

（宋）钱时撰

（归善斋按，见"我不可不监于有夏，亦不可不监于有殷"）

13. 《尚书要义》

（宋）魏了翁撰

（归善斋按，原缺）

14. 《书集传或问》卷下《召诰》

（宋）陈大猷撰

（归善斋按，未解）

15. 《尚书详解》卷八《周书·召诰第十四》

（宋）胡士行撰

（归善斋按，见"王乃初服，呜呼！若生子，罔不在厥初生，自贻

哲命")

16.《书纂言》卷四上《周书·召诰》

（元）吴澄撰

王其德之用，祈天永命。

此一句起下三节。祈，求也，天命视人心而为去留。王用德，不用刑，则民怀其德，而天命永矣，虽非有所"祈"于天，然以用德而永命，有若"祈"而得之也。

17.《书集传纂疏》卷五《朱子订定蔡氏集传·周书·召诰》

（元）陈栎撰

（归善斋按，见"知今我初服，宅新邑，肆唯王其疾敬德"）

18.《读书丛说》卷六《召诰》

（元）许谦撰

（归善斋按，未解）

19.《书传辑录纂注》卷五《周书·召诰》

（元）董鼎撰

（归善斋按，见"知今我初服，宅新邑，肆唯王其疾敬德"）

20.《尚书句解》卷八《周书·召诰第十四》

（元）朱祖义撰

王其德之用（王其唯德是用），祈天永命（则天命以吉、以哲、以历年，诚可以求天之永命矣）。

21.《尚书日记》卷十二《周书·召诰》

（明）王樵撰

（归善斋按，见"知今我初服，宅新邑，肆唯王其疾敬德"）

22.《日讲书经解义》卷八《周书·召诰》

（清）库勒纳等撰
（归善斋按，见"知今我初服，宅新邑，肆唯王其疾敬德"）

《书义断法》卷五《周书·召诰》

（元）陈悦道撰
（归善斋按，见"知今我初服，宅新邑，肆唯王其疾敬德"）

《五诰解》卷三《召诰》

（宋）杨简撰
（归善斋按，见"今，天其命哲，命吉凶，命历年"）

其唯王勿以小民淫用非彝

1.《尚书注疏》卷十四《周书》

（汉）孔氏传，（唐）陆德明音义，（唐）孔颖达疏
其唯王勿以小民淫用非彝。
传，勿用小民过用非常欲，其重民秉常。
疏，正义曰，其唯王勿妄役小人，过用非常之事。
传，正义曰，勿用小民非常役，用为非常之义，戒王当使民以时，莫为非常劳役，欲其重民秉常也。

2.《书传》卷十三《周书·召诰第十四》

（宋）苏轼撰
其唯王勿以小民淫用非彝，亦敢殄戮用乂民。若有功，其唯王位在德元。小民乃唯刑，用于天下，越王显。
古今说者，皆谓召公戒王过用非常之法，又劝王亦须果敢殄灭杀戮，

以为治。呜呼！殄灭杀戮，桀、纣之事。桀、纣犹有所不果，而召公乃劝王使果于殄戮而无疑。呜呼！儒者之叛道一至于此哉。皋陶曰，"与其杀不辜，宁失不经"。人主之用刑，忧其不慎，不忧其不果也；忧其杀不辜，不忧其失不经也。今召公方戒王以慎罚，言未终，而又劝王以果于殄戮，则皋陶不当戒舜"以宁失不经"乎。"季康子问孔子曰，如杀无道就有道，何如？孔子曰，子为政焉用杀。子欲善，而民善矣。君子之德风，小人之德草。草上之风必偃。"夫杀无道以就有道，为政者之所不免，其言盖未为过也。而孔子恶之如此，恶其恃杀以为政也。今予详考召公之言，本不如说者之意，盖曰，王勿以小民过用非法之故，亦敢于法外殄戮以治之。民自用非法，我自用法；民自过，我自不过，称罪作刑而已。民之有过，罪实在我；及其有功，则王亦有德，何也？王之位，民德之先倡也。如此，则法用于天下，王亦显矣。兵固不可弭也，而佳兵者必乱；刑固不可废也，而恃刑者必亡。痛召公之意为俗儒所诬，以启后世之虐政，故具论之。

3.《尚书全解》卷三十《周书·召诰》

（宋）林之奇撰

（归善斋按，见"王先服殷御事，比介于我有周御事"）

4.《尚书讲义》卷十五

（宋）史浩撰

（归善斋按，见"王乃初服，呜呼！若生子，罔不在厥初生，自贻哲命"）

5.《尚书详解》卷十九《周书·召诰》

（宋）夏僎撰

（归善斋按，见"王乃初服，呜呼！若生子，罔不在厥初生，自贻哲命"）

6. 《增修东莱书说》卷二十二《周书·召诰第十四》

（宋）吕祖谦撰，（宋）石澜增修

其唯王勿以小民淫用非彝，亦敢殄戮用乂民。若有功，其唯王位在德元。小民乃唯刑，用于天下，越王显。

君德在于好生，王勿以下民过用非法之故，遂敢不以常法治其罪，而至于殄戮，忿疾一生，即损君德矣。何则，人君之德，止在好生。好生之德，止在于用常法治民。以常道而有功，则可以；非道而有功，则不可。盖王所处之位，在于"德元"。元者，善之长大哉，乾元万物资始。人君以此德元覆冒天下，安可以小民淫用，遂损君德。成王在文武之侧，岂不知君德之根源，正在于"罔厉杀人"。召公不已于告者，恐成王于为治之际，因有所违拂，而坏其本原也。王果能以好生之德洽于天下，小民方尽知君意。以王之刑罚用于天下，初非动用非法，则于王岂不甚显，如春气著物，无所不遍，王所以显也。

7. 《尚书说》卷五《周书·召诰》

（宋）黄度撰

其唯王勿以小民淫用非彝，亦敢殄戮用乂民。若有功，其唯王位在德元。小民乃唯刑，用于天下，越王显。

王勿以小民过用非常，亦岂敢殄灭诛戮之用，此治民。此二语，专为殷民。骄淫矜夸，皆非彝也，必唯礼义之迪，而又不敢以刑戮威迫之，故殷民为难治。顺古先哲王之有功在民者，其唯王居位必在德之首。《易》曰，"君子体仁，足以长人"。法古修己，小民乃唯有所仪刑，用于天下，不即慆淫，不施刑辟于王为显矣。

8. 《絜斋家塾书钞》卷十一《周书·召诰》

（宋）袁燮撰

其唯王勿以小民淫用非彝，亦敢殄戮用乂民。若有功，其唯王位在德元。小民乃唯刑，用于天下，越王显。上下勤恤，其曰我受天命，丕若有夏历年，式勿替有殷历年。欲王以小民，受天永命。

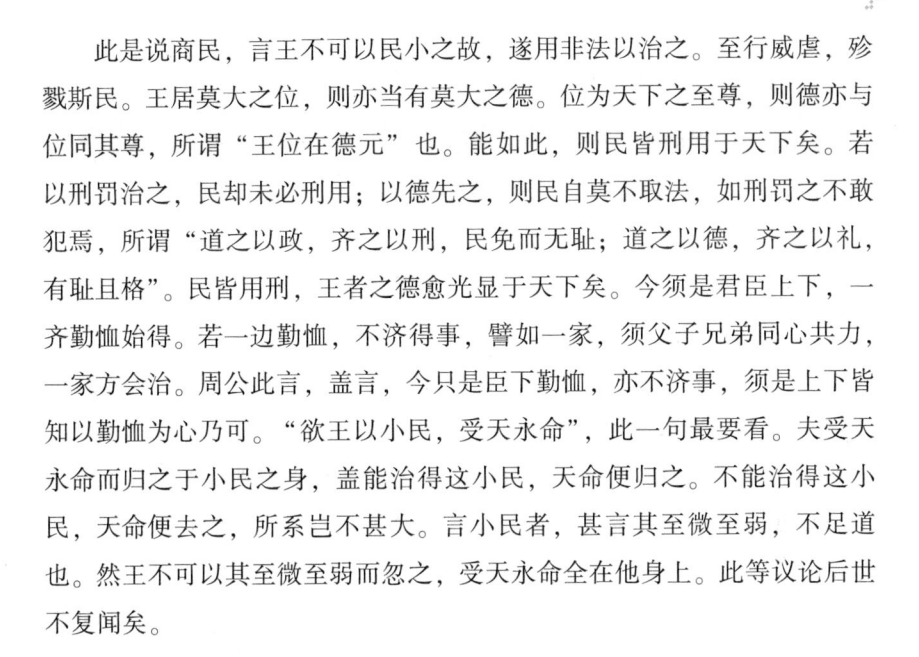

此是说商民，言王不可以民小之故，遂用非法以治之。至行威虐，殄戮斯民。王居莫大之位，则亦当有莫大之德。位为天下之至尊，则德亦与位同其尊，所谓"王位在德元"也。能如此，则民皆刑用于天下矣。若以刑罚治之，民却未必刑用；以德先之，则民自莫不取法，如刑罚之不敢犯焉，所谓"道之以政，齐之以刑，民免而无耻；道之以德，齐之以礼，有耻且格"。民皆用刑，王者之德愈光显于天下矣。今须是君臣上下，一齐勤恤始得。若一边勤恤，不济得事，譬如一家，须父子兄弟同心共力，一家方会治。周公此言，盖言，今只是臣下勤恤，亦不济事，须是上下皆知以勤恤为心乃可。"欲王以小民，受天永命"，此一句最要看。夫受天永命而归之于小民之身，盖能治得这小民，天命便归之。不能治得这小民，天命便去之，所系岂不甚大。言小民者，甚言其至微至弱，不足道也。然王不可以其至微至弱而忽之，受天永命全在他身上。此等议论后世不复闻矣。

9.《书经集传》卷五《周书·召诰》

（宋）蔡沈撰

其唯王勿以小民淫用非彝，亦敢殄戮用乂民。若有功。

刑者，德之反。疾于敬德，则当缓于用刑，勿以小民过，用非法之故，亦敢于殄戮用治之也。唯顺导民，则可有功。民犹水也，水泛滥横流失，其性矣。然壅而遏之，则害愈甚。唯顺而导之，则可以成功。

10.《尚书精义》卷三十七《周书·召诰》

（宋）黄伦撰

其唯王勿以小民淫用非彝，亦敢殄戮用乂民。若有功，其唯王位在德元。小民乃唯刑，用于天下，越王显。

无垢曰，其唯王勿轻视民，为小民而过用非法以虐之。至于果敢殄绝刑戮以为治民之道，如纣之"俎厥亡出执"也。盖敬，则无小大，无众寡，无敢慢。其敢轻视民为小民，敢过用非法以虐之，敢殄绝刑戮以治之乎？不敬，则我心自用鄙绝轻，忽视天下为无人。其轻视民为小民，其过用非法以虐之，其敢殄绝刑戮以治之者，不足怪也。召公言敬德、历年，以前言不敬必轻视小民，敢用非法。于后成王之心，或前或却，当知所择矣。

又曰，王以敬德在天下之上，则天下将取法。而见于行事，是上天下地，东西南北，远近内外，无非吾君敬之所在矣。王之为王，能如此岂不光明盛大乎。

东坡曰，古今说者，以谓召公戒王过用非常之法，又劝王亦须果敢殄灭杀戮以为治。呜呼！殄灭杀戮，桀、纣之事，桀、纣犹有所不果，而召公乃劝王使果于殄灭而无疑。呜呼！儒者之叛道一至于此哉。皋陶曰，"与其杀不辜，宁失不经"。人主之用刑，忧其不慎，不忧其失不经也。今召公方戒王以慎罚，言未终，而又劝王以果于殄灭，则皋陶亦当戒舜以无失不经乎？"季康子问孔子曰，如杀无道以就有道，如何？孔子曰，子为政安用杀。子欲善而民善矣。君子之德风，小人之德草。草上之风必偃"。夫杀无道以就有道，为政者之所不免，其言盖未为过也，而孔子恶之如此，恶其恃杀以为政也。今予详考召公之言，本不如说者之意。盖曰，勿以小民过用非法之故，亦不敢于法外殄戮以治之。民自用非法，我自用法。民自过，我自不过，称罪作刑而已。

11.《尚书详解》卷三十二《周书·召诰》

（宋）陈经撰

其唯王勿以小民淫用非彝，亦敢殄戮用乂民。若有功，其唯王位在德元。小民乃唯刑，用于天下，越王显。

此亦敬德之意也，召公戒之曰，王勿以小民过用非常之故，遂敢以殄戮刑杀而治民。盖小民其初心，无有不善，一过于为非常理之事，情在可恕，未可便以刑戮为治也。其唯顺理而行之，可以有功。以刑戮为治者，皆非理也。"王之位在德元"者，当以德倡先天下，是为德之首也。君以德倡之，则小民知所自畏，而人君之刑自用于天下矣。夫以刑加人者，可以使人必畏，而未能使人自畏；以德率人者，不使人之必畏，而能使人之自畏。民知德，且不敢犯于非义而自畏。民自畏则人君之刑用于天下矣。此之所谓刑者，非真有刑也。德之可畏也。至于此，则王之德始显著于天下，其与殄戮乂民者，岂可同日语哉。

12. 《融堂书解》卷十二《周书·召诏》

（宋）钱时撰
（归善斋按，见"我不可不监于有夏，亦不可不监于有殷"）

13. 《尚书要义》

（宋）魏了翁撰
（归善斋按，原缺）

14. 《书集传或问》卷下《召诰》

（宋）陈大猷撰
（归善斋按，未解）

15. 《尚书详解》卷八《周书·召诰第十四》

（宋）胡士行撰

其唯王勿以小民淫用非彝，亦（我亦）敢（果过）殄（绝）戮（杀）用乂民（民自过，我自不过，民自无常，我自有常）。若（若欲）有功，其唯王位（居上位者）在德元（善之长，"乾元""坤元"之元）。小民乃唯刑（仪），用（用德）于天下，越王显（先如春气著物，无所不遍，所以显也）。

非彝者，民之过也。王可以其过而亦敢过于严刑以治之乎？若欲有功，唯在德元，元则如天之覆民，皆仪刑，而王之显何以加此。孔云，若顺禹、汤所以成功。

16. 《书纂言》卷四上《周书·召诰》

（元）吴澄撰

其唯王勿以小民淫用非彝，亦敢殄戮用乂民，若有功。

非彝，犹曰非法。勿以小民犯法之故，我亦敢于用严刑以治之而有功。有功，谓能胜奸宄也。

17.《书集传纂疏》卷五《朱子订定蔡氏集传·周书·召诰》

（元）陈栎撰

其唯王勿以小民淫用非彝，亦敢殄戮用乂民。若有功。

刑者，德之反。疾于敬德，则当缓于用刑。勿以小民过用非法之故，亦敢于殄戮用治之也。唯顺导民，则可有功。民犹水也，水泛滥横流，失其性矣。然壅而遏之，则害愈甚。唯顺而导之，则可以成功。

18.《读书丛说》卷六《召诰》

（元）许谦撰

（归善斋按，未解）

19.《书传辑录纂注》卷五《周书·召诰》

（元）董鼎撰

其唯王勿以小民淫用非彝，亦敢殄戮用乂民。若有功。

刑者，德之反。疾于敬德，则当缓于用刑，勿以小民过用非法之故，亦敢于殄戮用治之也，唯顺导民，则可有功。民犹水也，水泛滥横流，失其性矣。然壅而遏之，则害愈甚。唯顺而导之，则可以成功。

20.《尚书句解》卷八《周书·召诰第十四》

（元）朱祖义撰

其唯王勿以小民淫用非彝（其唯王无以小民过用非常道之故）

21.《尚书日记》卷十二《周书·召诰》

（明）王樵撰

"其唯王勿以小民淫用非彝"至"越王显"。

两"其唯"字相对，意实相承，谓王不可专以刑齐民，唯以德顺导之，则有功。使王德果超乎天下之上，则人皆观感而化矣，何俟于刑哉。

德首出庶物，则非彝之小民，化为用德之小民矣。正所谓"若有功"

也，何以殄戮为哉。

非彝之过，民之无知也；殄戮之敢，君则不已甚乎。是谓强驱之无功也。民之为民也，顺导之则有功，其唯王高天下以德，则服天下，以心民皆仪，而刑之遍为尔德矣，于王岂不显乎

22.《日讲书经解义》卷八《周书·召诰》

（清）库勒纳等撰

其唯王勿以小民淫用非彝，亦敢殄戮用乂民。若有功。

此一节书，是言不当用罚以治民也。淫，过也。彝，常法也。召公曰，人君承天子民，致治敷化，以德为本。至于刑以辅治，则不得已而用之者也。唯王急于敬德，则当缓于用刑，勿以小民过用非法，顽慢弗率，遂敢于诛戮用治，而无复顾畏之意。盖小民虽愚，从欲则易，而虐使则难。唯顺其性而利导之，则可以成功。顺逆之机，不可不审也。

《五诰解》卷三《召诰》

（宋）杨简撰

其唯王勿以小民淫用非彝，亦敢殄戮用乂民。若有功，其唯王位在德元。小民乃唯刑，用于天下，越王显。上下勤恤，其曰我受天命，丕若有夏历年，式勿替有殷历年。欲王以小民，受天永命。

彝，常也。淫，逸而过也。王勿以小民过作失常之罪，遂敢于殄戮，用此严刑治民也。召公恐成王心中或作此见，故言及此，以防其未然。天立君以司牧斯民，王视之宜如子，不得已用刑，岂敢作怒。舜"御众以宽"，"罪疑唯轻"。孔子曰，"不教而杀谓之虐"。曾子曰，"上失其道，民散久矣"。周世世修德，德化流行，而嗣王勤修德教，亦不可后。若欲有功，唯在王居德之元。元者，德之至，德之大，必配天，斯为德元。王在德元，则天下之民乃则象而仪刑之也。越，及也，及王德誉彰显。凡上下君臣，皆当谨而无怠，恤民而无暴。我受天命，当如有夏历年之数，又勿替有殷历年之数。式，又也，更也。《仲虺之诰》云"式商受命"，《盘庚》云"式敷民德"，《君奭》云"我式克至于今日休"，《多方》云"天唯式教我用休"，《毕命》云"式化厥训"，《立政》云"式敬尔由狱"，

又曰"兹式有慎",其义皆"又"也,"更"也。车有较有式,车之前上一横木曰较,下一横木曰式。平时手抚较,致敬则手至式。式第二横木,故有"再"义,即"又"也,"更"也。"天视自我民视,天听自我民听"。天永命因于小民,小民离则天命去矣。

亦敢殄戮用乂民

1.《尚书注疏》卷十四《周书》

(汉)孔氏传,(唐)陆德明音义,(唐)孔颖达疏

亦敢殄戮用乂民。

传,亦当果敢绝刑戮之道用于民,戒以慎罚。

疏,正义曰,亦当果敢绝刑戮之道,以治下民。

传,正义曰,圣人作法,以刑止刑,以杀止杀。若真犯罪之人,亦当果敢致罪之,以此绝刑戮之道用治民,谓狱事无疑,决断得理,则果敢为绝刑戮之道。若其狱情疑惑,枉滥者多,是为不能果敢绝刑杀之道也。上戒王以明德,此戒王以慎罚,故言"亦"也。

2.《书传》卷十三《周书·召诰第十四》

(宋)苏轼撰

(归善斋按,见"其唯王勿以小民淫用非彝")

3.《尚书全解》卷三十《周书·召诰》

(宋)林之奇撰

(归善斋按,见"王先服殷御事,比介于我有周御事")

4.《尚书讲义》卷十五

(宋)史浩撰

(归善斋按,见"王乃初服,呜呼!若生子,罔不在厥初生,自贻

哲命")

5.《尚书详解》卷十九《周书·召诰》

(宋)夏僎撰

(归善斋按,见"王乃初服,呜呼!若生子,罔不在厥初生,自贻哲命")

6.《增修东莱书说》卷二十二《周书·召诰第十四》

(宋)吕祖谦撰,(宋)石𤂌增修
(归善斋按,见"其唯王勿以小民淫用非彝")

7.《尚书说》卷五《周书·召诰》

(宋)黄度撰
(归善斋按,见"其唯王勿以小民淫用非彝")

8.《絜斋家塾书钞》卷十一《周书·召诰》

(宋)袁燮撰
(归善斋按,见"其唯王勿以小民淫用非彝")

9.《书经集传》卷五《周书·召诰》

(宋)蔡沈撰
(归善斋按,见"其唯王勿以小民淫用非彝")

10.《尚书精义》卷三十七《周书·召诰》

(宋)黄伦撰
(归善斋按,见"其唯王勿以小民淫用非彝")

11.《尚书详解》卷三十二《周书·召诰》

(宋)陈经撰
(归善斋按,见"其唯王勿以小民淫用非彝")

12. 《融堂书解》卷十二《周书·召诰》

（宋）钱时撰

（归善斋按，见"我不可不监于有夏，亦不可不监于有殷"）

13. 《尚书要义》

（宋）魏了翁撰

（归善斋按，原缺）

14. 《书集传或问》卷下《召诰》

（宋）陈大猷撰

（归善斋按，未解）

15. 《尚书详解》卷八《周书·召诰第十四》

（宋）胡士行撰

（归善斋按，见"其唯王勿以小民淫用非彝"）

16. 《书纂言》卷四上《周书·召诰》

（元）吴澄撰

（归善斋按，见"其唯王勿以小民淫用非彝"）

17. 《书集传纂疏》卷五《朱子订定蔡氏集传·周书·召诰》

（元）陈栎撰

（归善斋按，见"其唯王勿以小民淫用非彝"）

18. 《读书丛说》卷六《召诰》

（元）许谦撰

（归善斋按，未解）

19. 《书传辑录纂注》卷五《周书·召诰》

（元）董鼎撰
（归善斋按，见"其唯王勿以小民淫用非彝"）

20. 《尚书句解》卷八《周书·召诰第十四》

（元）朱祖义撰

亦敢殄戮（不教而即杀之，乃果于为殄绝杀戮之事）用乂民（孰若用敬德以安民）。

21. 《尚书日记》卷十二《周书·召诰》

（明）王樵撰
（归善斋按，见"其唯王勿以小民淫用非彝"）

22. 《日讲书经解义》卷八《周书·召诰》

（清）库勒纳等撰
（归善斋按，见"其唯王勿以小民淫用非彝"）

《五诰解》卷三《召诰》

（宋）杨简撰
（归善斋按，见"其唯王勿以小民淫用非彝"）

若有功，其唯王位在德元

1. 《尚书注疏》卷十四《周书》

（汉）孔氏传，（唐）陆德明音义，（唐）孔颖达疏
若有功，其唯王位在德元。
传，顺行禹汤所以成功，则其唯王居位，在德之首。

疏，正义曰，顺行禹汤所由成功，则唯王居天子之位，在德行之首矣。

传，正义曰，若有功，必顺前世有功者也。上文所云"相夏""相殷"，禹汤之功，故知此顺行禹汤所由成功。能顺禹汤之功，则唯王居位在德之首。禹、汤为有德之首，故王亦为首。

2.《书传》卷十三《周书·召诰第十四》

（宋）苏轼撰

（归善斋按，见"其唯王勿以小民淫用非彝"）

3.《尚书全解》卷三十《周书·召诰》

（宋）林之奇撰

（归善斋按，见"王先服殷御事，比介于我有周御事"）

4.《尚书讲义》卷十五

（宋）史浩撰

（归善斋按，见"王乃初服，呜呼！若生子，罔不在厥初生，自贻哲命"）

5.《尚书详解》卷十九《周书·召诰》

（宋）夏僎撰

（归善斋按，见"王乃初服，呜呼！若生子，罔不在厥初生，自贻哲命"）

6.《增修东莱书说》卷二十二《周书·召诰第十四》

（宋）吕祖谦撰，（宋）石𬴊增修

（归善斋按，见"其唯王勿以小民淫用非彝"）

7.《尚书说》卷五《周书·召诰》

（宋）黄度撰

（归善斋按，见"其唯王勿以小民淫用非彝"）

8. 《絜斋家塾书钞》卷十一《周书·召诰》

（宋）袁燮撰

(归善斋按，见"其唯王勿以小民淫用非彝")

9. 《书经集传》卷五《周书·召诰》

（宋）蔡沈撰

其唯王位在德元。小民乃唯刑，用于天下，越王显。

元，首也。居天下之上，必有首天下之德，王位在德元，则小民皆仪刑用德于下，于王之德益以显矣。

(归善斋按，另见"其唯王勿以小民淫用非彝")

10. 《尚书精义》卷三十七《周书·召诰》

（宋）黄伦撰

(归善斋按，见"其唯王勿以小民淫用非彝")

11. 《尚书详解》卷三十二《周书·召诰》

（宋）陈经撰

(归善斋按，见"其唯王勿以小民淫用非彝")

12. 《融堂书解》卷十二《周书·召诰》

（宋）钱时撰

(归善斋按，见"我不可不监于有夏，亦不可不监于有殷")

13. 《尚书要义》

（宋）魏了翁撰

(归善斋按，原缺)

14. 《书集传或问》卷下《召诰》

（宋）陈大猷撰

(归善斋按，未解)

15. 《尚书详解》卷八《周书·召诰第十四》

（宋）胡士行撰

（归善斋按，见"其唯王勿以小民淫用非彝"）

16. 《书纂言》卷四上《周书·召诰》

（元）吴澄撰

其唯王位在德元。小民乃唯刑，用于天下，越王显。上下勤恤。

元，首也，众体之长也。显，明德也。上下群臣，有上有下也。勤，谓劳心；恤，谓恤刑。王之位居民上，如元首之于身。然不以位长民，唯在以德长民，故言，其唯王之位，在于德之元小民而已。王德之元小民，犹天德之首庶物也。乃唯刑用，见先德后刑，有不得已而用之意。刑之不得已而用于天下，及王之唯务明德，不欲用刑者，群臣奉承此意，故若上若下，皆勤意于恤刑，而不轻用也。勤恤犹帝典言钦哉钦哉，唯刑之恤。

（归善斋按，另见"其唯王勿以小民淫用非彝"）

17. 《书集传纂疏》卷五《朱子订定蔡氏集传·周书·召诰》

（元）陈栎撰

其唯王位在德元。小民乃唯刑，用于天下，越王显。

元，首也，居天下之上，必有首天下之德。王位在德元，则小民皆仪刑，用德于下，于王之德益以显矣。

纂疏：

陈氏大猷曰，德元，犹乾元、坤元之始生万物者也。一说，元，好生之仁德也。

愚按，至此则淫用非彝之民，化为刑用德元之民，正所谓顺导之而有功者。王奚以尚刑不尚德为哉？嗣若功，若有功，难以强解，宜缺之。

（归善斋按，另见"其唯王勿以小民淫用非彝"）

18. 《读书丛说》卷六《召诰》

（元）许谦撰

（归善斋按，未解）

19. 《书传辑录纂注》卷五《周书·召诰》

（元）董鼎撰

其唯王位在德元。小民乃唯刑，用于天下，越王显。

元，首也，居天下之上，必有首天下之德。王位在德元，则小民皆仪刑，用德于下，于王之德益以显矣。

辑录：

《书说》，"其唯王勿以小民"至"越王显"为一节。

纂注：

苏氏曰，商俗靡靡，其过用非常也久矣。召公戒王，勿以小民过用非常之故，亦敢于法外殄戮以治之。盖民之有过，罪实在我。及其有功，则王亦有德。何也，王之位，民德之先倡也。如此，则法行于天下，而王亦显矣。

陈氏大猷曰，顺夏、商之有功者，犹上言"嗣若功"。王位不在于土地、人民，唯在德元而已。德元，亦犹乾元、坤元之始生万物者也。

吕氏曰，以小民淫用非彝，而敢于殄戮，忿疾一生，则损君德矣。人君之德，止于好生。元者，善之长。君以德元覆冒天下，安可以小民淫用，遂损君德。

新安胡氏曰，至此，则非彝之小民，化为用德之小民，正所谓若顺导之，而有功者，王奚以尚刑、不尚德为哉？

（归善斋按，另见"其唯王勿以小民淫用非彝"）

20. 《尚书句解》卷八《周书·召诰第十四》

（元）朱祖义撰

若有功（若欲治民有功），其唯王位在德元（其唯居王者之位，在于以德而率先天下）。

21.《尚书日记》卷十二《周书·召诰》

（明）王樵撰

（归善斋按，见"其唯王勿以小民淫用非彝"）

22.《日讲书经解义》卷八《周书·召诰》

（清）库勒纳等撰

其唯王位在德元。小民乃唯刑，用于天下，越王显。

此一节书，是言宜用德以化民也。刑者，取法之意。越，于也。显，明也。召公曰，唯王居天下臣民之上位，为首出之位，德亦宜有长人之德。人君之德，莫大乎好生。元者，善之长。君以德元覆冒天下，斯德与位称，而式化有本，小民自感发兴起，皆仪刑于上之德，将非彝之民，无一非用德之民，于王之德，不益以显著乎？所谓有功者如此，岂可敢于殄戮，以自损君德哉。

（归善斋按，另见"其唯王勿以小民淫用非彝"）

《五诰解》卷三《召诰》

（宋）杨简撰

（归善斋按，见"其唯王勿以小民淫用非彝"）

《书义断法》卷五《周书·召诰》

（元）陈悦道撰

其唯王位在德元。小民乃唯刑，用于天下，越王显。

居天下之大位者，必有首出庶物之大德。其聪明冠伦，出类拔萃，固已异乎人矣。下及下民，皆刑而用之，则而象之，普天率土，无不观感兴起于下，则于王者之德，尤为光显也。王者，非有意于显德，其所以尊为天子者，在德元。然有此元德，无一事不可为法，无一民不与俱新，其德之光显自有不可掩者矣。究论王位之所在，则唯在德元耳，不自知，其明明德之功如此也。

《读书管见》卷下《召诰》

(元)王充耘撰

其唯王位在德元。

"其唯"者,期之辞。王位在德元。言居乎德之首也。盖治民不在于严刑,而在于修德。德果超于众人之上,则人自观感而化矣。越王显,传谓王德显,非也。盖王者,德足以盖天下,而天下皆化之,所谓"黎民于变时雍之"气象也。其声名洋溢乎中国,施及蛮貊。凡有血气,莫不尊亲,则王岂不赫然章显矣乎。苟唯不然,吾见其暗然无闻于世而已耳,后面"王亦显"可证。

小民乃唯刑,用于天下,越王显

1. 《尚书注疏》卷十四《周书》

(汉)孔氏传,(唐)陆德明音义,(唐)孔颖达疏

小民乃唯刑,用于天下,越王显。

传,王在德元,则小民乃唯用法于天下,言治政于王,亦有光明。

疏,正义曰,王能如是,小民乃唯法则于王,行用王德于天下。如是则于王道,亦有光明也。

传,正义曰,《诗》称"民之秉彝,好是懿德",故王在德元,则小民乃唯法则于王,行王政于天下。王之为政,民尽行之,是言治政于王道有光明也。

2. 《书传》卷十三《周书·召诰第十四》

(宋)苏轼撰

(归善斋按,见"其唯王勿以小民淫用非彝")

3.《尚书全解》卷三十《周书·召诰》

（宋）林之奇撰

（归善斋按，见"王先服殷御事，比介于我有周御事"）

4.《尚书讲义》卷十五

（宋）史浩撰

（归善斋按，见"王乃初服，呜呼！若生子，罔不在厥初生，自贻哲命"）

5.《尚书详解》卷十九《周书·召诰》

（宋）夏僎撰

（归善斋按，见"王乃初服，呜呼！若生子，罔不在厥初生，自贻哲命"）

6.《增修东莱书说》卷二十二《周书·召诰第十四》

（宋）吕祖谦撰，（宋）时澜增修
（归善斋按，见"其唯王勿以小民淫用非彝"）

7.《尚书说》卷五《周书·召诰》

（宋）黄度撰

（归善斋按，见"其唯王勿以小民淫用非彝"）

8.《絜斋家塾书钞》卷十一《周书·召诰》

（宋）袁燮撰

（归善斋按，见"其唯王勿以小民淫用非彝"）

9.《书经集传》卷五《周书·召诰》

（宋）蔡沈撰

（归善斋按，见"若有功，其唯王位在德元"）

10. 《尚书精义》卷三十七《周书·召诰》

(宋)黄伦撰
(归善斋按,见"其唯王勿以小民淫用非彝")

11. 《尚书详解》卷三十二《周书·召诰》

(宋)陈经撰
(归善斋按,见"其唯王勿以小民淫用非彝")

12. 《融堂书解》卷十二《周书·召诰》

(宋)钱时撰
(归善斋按,见"我不可不监于有夏,亦不可不监于有殷")

13. 《尚书要义》

(宋)魏了翁撰
(归善斋按,原缺)

14. 《书集传或问》卷下《召诰》

(宋)陈大猷撰
(归善斋按,未解)

15. 《尚书详解》卷八《周书·召诰第十四》

(宋)胡士行撰
(归善斋按,见"其唯王勿以小民淫用非彝")

16. 《书纂言》卷四上《周书·召诰》

(元)吴澄撰
(归善斋按,见"若有功,其唯王位在德元")

17. 《书集传纂疏》卷五《朱子订定蔡氏集传·周书·召诰》

（元）陈栎撰

（归善斋按，见"若有功，其唯王位在德元"）

18. 《读书丛说》卷六《召诰》

（元）许谦撰

（归善斋按，未解）

19. 《书传辑录纂注》卷五《周书·召诰》

（元）董鼎撰

（归善斋按，见"若有功，其唯王位在德元"）

20. 《尚书句解》卷八《周书·召诰第十四》

（元）朱祖义撰

小民乃唯刑，用于天下（然后小民乃唯仪刑于君，而用德于天下），越王显（于是王德，亦因民而显著于天下）。

21. 《尚书日记》卷十二《周书·召诰》

（明）王樵撰

（归善斋按，见"其唯王勿以小民淫用非彝"）

22. 《日讲书经解义》卷八《周书·召诰》

（清）库勒纳等撰

（归善斋按，见"若有功，其唯王位在德元"）

《五诰解》卷三《召诰》

（宋）杨简撰

（归善斋按，见"其唯王勿以小民淫用非彝"）

上下勤恤，其曰我受天命，丕若有夏历年，式勿替有殷历年

1.《尚书注疏》卷十四《周书》

（汉）孔氏传，（唐）陆德明音义，（唐）孔颖达疏

上下勤恤，其曰我受天命，丕若有夏历年，式勿替有殷历年。

传，言当君臣勤忧敬德，曰我受天命，大顺有夏之多历年，勿用废有殷历年，庶几兼之。

疏，正义曰，上既劝王敬德，又言臣当助君，言君臣上下勤忧敬德，所以勤者。其言曰，我周家既受天命，当大顺有夏之多历年岁，用勿废有殷之多历年岁。夏殷勤行敬德，故多历年长久。我君臣亦当行敬德，庶几兼之。

传，正义曰，王者不独治，必当以臣助之。上句唯指劝王，故此又言臣助君。上下谓君臣，故言当君臣共勤，忧敬德，不独使王勤也。我周王承夏殷之后，受天明命，欲其年过二代，既言大顺有夏历年，又言勿废有殷历年，庶几兼彼二代。历年长久，勤行敬德，即是大顺勿废也。

2.《书传》卷十三《周书·召诰第十四》

（宋）苏轼撰

上下勤恤，其曰我受天命，丕若有夏历年，式勿替有殷历年。欲王以小民，受天永命。

君臣一心，以勤恤民，庶几王受命历年如夏、殷，且以民心为天命也。

3.《尚书全解》卷三十《周书·召诰》

（宋）林之奇撰

（归善斋按，见"王先服殷御事，比介于我有周御事"）

4.《尚书讲义》卷十五

（宋）史浩撰

（归善斋按，见"王乃初服，呜呼！若生子，罔不在厥初生，自贻哲命"）

5.《尚书详解》卷十九《周书·召诰》

（宋）夏僎撰

（归善斋按，见"王乃初服，呜呼！若生子，罔不在厥初生，自贻哲命"）

6.《增修东莱书说》卷二十二《周书·召诰第十四》

（宋）吕祖谦撰，（宋）石𤤽增修

上下勤恤，其曰我受天命，丕若有夏历年，式勿替有殷历年。欲王以小民，受天永命。

君臣之间，当各尽其休，言我欲如夏历年之久，勿欲如商历年之替。召公言，我欲王以小民而受天之永命。永命在天，君之所以受之者，乃在于小民耳。古人言"民"，召公改言"小民"者，盖国之根本全在小民。其兴其亡，不在大族，不在诸侯，不在奸雄、盗贼，止在小民之身，故召公原其根本，使成王知之。

7.《尚书说》卷五《周书·召诰》

（宋）黄度撰

上下勤恤，其曰我受天命，丕若有夏历年，式勿替有殷历年。欲王以小民，受天永命。

上承天，下乂民，勤劳忧恤，其曰我受天命，大当如夏之历年，又当用勿替有殷历年。我欲王能以小民受天永命载祀，兼夏、殷之数。

8.《絜斋家塾书钞》卷十一《周书·召诰》

(宋)袁燮撰

(归善斋按,见"其唯王勿以小民淫用非彝")

9.《书经集传》卷五《周书·召诰》

(宋)蔡沈撰

上下勤恤,其曰我受天命,丕若有夏历年,式勿替有殷历年。欲王以小民,受天永命。

其,亦期之辞也。君臣勤劳,期曰,我受天命,大如有夏历年,用勿替有殷历年,欲兼夏、殷历年之永也。召公又继以"欲王以小民,受天永命",盖以小民者,勤恤之实受,天永命者历年之实也。苏氏曰,君臣一心,以勤恤民,庶几王受命历年如夏、商,且以民心为天命也。

10.《尚书精义》卷三十七《周书·召诰》

(宋)黄伦撰

上下勤恤,其曰我受天命,丕若有夏历年,式勿替有殷历年。欲王以小民,受天永命。

无垢曰,王以敬德在天下之上,天下皆取法王之敬德,而见于行事,是上下勤劳忧恤,唯在敬德耳。勤恤,即敬德之状也。其意曰,我周以敬德受天命,若有夏历年之久,又用此敬德,无有怠惰,新而又新,则岂特如夏之历年哉,又将兼有殷之历年矣。盖敬德则有年,此理之必至者也。

张氏曰,"上下勤恤"者,言上下之人,同心同德,咸知其勤恤也。勤,则无事于怠惰;恤,则无事于耽乐。上下之人,咸勤且恤。其皆曰"我周受天命,丕若有夏历年,式勿替有殷历年,欲王以小民受天永命",此"上下勤恤"之辞,欲使王之永世无穷,如夏、殷历年之久也。

11.《尚书详解》卷三十二《周书·召诰》

(宋)陈经撰

上下勤恤,其曰我受天命,丕若有夏历年,式勿替有殷历年。欲王以小民，受天永命。拜手稽首，曰，予小臣，敢以王之雠民百君子，越友民，保受王威命明德。王末有成命，王亦显。我非敢勤，唯恭奉币，用供王，能祈天永命。

"上下勤恤"，谓君臣之间，皆当忧勤也。其曰，我周家受命，大如有夏历年之久，又当不废有商之历年者，君臣之间当以此为念，欲兼夏、商享国之年也。"欲王以小民受天永命"，成王当以民心为天心，民心即天命，非于民心之外别有天命也。民心苟失，则天命不可保矣。然必以"小民"为言者，盖小民，人所易忽，泽及小民，则无所不及矣。如尧舜之"不虐无告"，文王发政先鳏寡孤独是也。拜手稽首，召公于作诰之终篇，必致敬尽礼，以入其言，欲成王之专听也。"予小臣"，谦辞也，召公自称也。仇民，商民也。百君子，商、周之贤者也。友民，我周之友民也。予小臣敢率其仇民，与乎百君子，与乎友民者，安受成王之威德，奉行之此，我人臣之职也。臣下奉行君之威德，则王末有成命，享其天命无亏也。王亦显，则其命令不可掩也。虽然成王既有成命矣，不可如是而遽止也，当求其所以永命焉。成命在今日，而永命在子孙保受成王之威德者。臣下之所能至于祈天永命，则非人臣所能，在乎人君之敬德以祈天耳。"我非敢勤"者，召公不敢自以为功也。至此则责望于成王之身者愈重，恐成王专以恃臣下也。然臣下固当尽臣下之职，为君者亦当尽为君之职。我但能恭敬奉币帛，以供王庆其王之能祈天永命而已，则祈天永命者，在成王而不在召公矣。此"上下勤恤"之意也。

12.《融堂书解》卷十二《周书·召诰》

（宋）钱时撰
（归善斋按，见"我不可不监于有夏，亦不可不监于有殷"）

13.《尚书要义》

（宋）魏了翁撰
（归善斋按，原缺）

14. 《书集传或问》卷下《召诰》

（宋）陈大猷撰

（归善斋按，未解）

15. 《尚书详解》卷八《周书·召诰第十四》

（宋）胡士行撰

上（君）下（臣）勤（劳）恤（忧），其（庶几）曰我受天命，丕（大）若（如）有夏历年（四百三十七年），式（用）勿（无）替（废）有殷历年（六百二十九年）。欲王以小民，受天永命。

君臣祈天永命在小民而已。民唯邦本，国之兴亡不在诸侯，不在奸雄、盗贼，止在小民之身，故召诰屡致意焉。

16. 《书纂言》卷四上《周书·召诰》

（元）吴澄撰

其曰我受天命，丕若有夏历年，式勿替有殷历年。欲王以小民，受天永命。

"其曰"者，所期如此，夏历年逾四百。"丕若"者，期于过之殷历年，逾六百。"式勿替"者，期于及之也。"欲王以小民，受天永命"一语，通结上三节，与"王其德之用，祈天永命"一语相始终。

（归善斋按，另见"若有功，其唯王位在德元"）

17. 《书集传纂疏》卷五《朱子订定蔡氏集传·周书·召诰》

（元）陈栎撰

上下勤恤，其曰我受天命，丕若有夏历年，式勿替有殷历年。欲王以小民，受天永命。

其，亦期之辞也。君臣勤劳，期曰我受天命，大如有夏历年，用勿替有殷历年，欲兼夏、殷历年之永也。召公又继以"欲王以小民，受天永命"，盖以小民者，勤恤之实；受天永命者，历年之实也。苏氏曰，君臣一心，以勤恤民，庶几王受命历年如夏、商，且以民心为天命也。

纂疏：

"以小民"如"以某师"之"以"。

林氏曰，王能敬德于上，而小民仪刑于下，则天永命之，所谓用小民而受永命也。

吕氏曰，召公拳拳言小民者，国之根本全在小民。其兴其亡，不在大族，不在诸侯，止在小民之身。

陈氏曰，小民人所易忽，泽及小民，则无不及矣。尧之不虐无告，文王之施仁先四者是也。

愚谓，勤恤，即"无疆唯恤"之"恤"。上下勤劳。以轸无疆之恤。唯期于兼二代之历年。非他有"以"也，唯"欲王以小民，受（天）永命"耳。三节三言"小民"，始戒王以非彝殄戮之，继欲以元德仪刑之，末欲"以"之，而受永命。"以"之者何，唯尚德不尚刑，知其生虽至微，而关于天命者至大、至久也。

真氏曰，前言"王其德之用，祈天永命"，此言"欲王以小民，受天永命"。永命之道无他，唯用德与爱小民而。德及小民，方为用德之至也。

又曰，一篇之中，言"敬"者凡七八，曰"曷其奈何弗敬"，曰"王敬作所不可不敬德"，曰"王其疾敬德"，两言"不敬厥德早坠厥命"，曰"肆唯王其疾敬德"，言之谆望之切，老臣事少主，惓惓之心也。异时，成王享百年之寿，而周卜世、卜年，卒过其历，然后知召公之言，真人主之药石，国家之蓍龟也哉。

18.《读书丛说》卷六《召诰》

（元）许谦撰

（归善斋按，未解）

19.《书传辑录纂注》卷五《周书·召诰》

（元）董鼎撰

上下勤恤，其曰我受天命，丕若有夏历年，式勿替有殷历年。欲王以小民，受天永命。

其，亦期之辞也。君臣勤劳，期曰我受天命，大如有夏历年，用勿替有殷历年，欲兼夏、殷历年之永也。召公又继以"欲王以小民，受天永命"，盖以小民者，勤恤之实；受天永命者，历年之实也。苏氏曰，君臣一心，以勤恤民，庶几王受命历年如夏、商，且以民心为天命也。

辑录：

"以小民"，如"以某师"之"以"。《书说》。

纂注：

林氏曰，王能敬德于上，而小民仪刑于下，则天永命之矣。所谓用小民，以受天永命也。

吕氏曰，召公拳拳言小民者，国之根本全在小民。其兴其亡，不在大族，不在诸侯，止在小民之身。

真氏曰，前言"王其德之用，祈天永命"，此言"欲王以小民，受天永命"，盖永命之道无他，唯修德与爱民而已。命在天，于小民何与？盖天无心，以民为心耳。一篇之中，言"敬"者凡七八，曰"曷其奈何弗敬"，曰"王敬作所"，曰"不可不敬德"，曰"王其疾敬德"，两言"唯不敬厥德，乃早坠厥命"，曰"肆唯王其疾敬德"，言之谆望之切，老臣事少主惓惓之心也。异时成王为守文令主，而周家卜世、卜年过于夏、商，且过其历，然后知召公之言，真人主之药石，国家之蓍龟也哉。

20.《尚书句解》卷八《周书·召诰第十四》

（元）朱祖义撰

上下勤恤（夫君民上下，皆能尽忧勤之诚以敬德），其曰（故我乃敢言曰）我受天命（我周家受天命有天下），丕若有夏历年（今可大如有夏历年之久），式勿替有殷历年（又用勿废有殷历年之久）。

21.《尚书日记》卷十二《周书·召诰》

（明）王樵撰

"上下勤恤"至"欲王以小民，受天永命"。

上指王，下指群臣。恤，即所谓"无疆之恤"也。欲君臣同心勤劳。以忧其忧。"其曰"者，同以是为期也。夏有桀。而岁终四百。夏之历年。不遇桀未亡也。商有受而祀终六百。商之历年不遇受未亡也、使周之嗣王皆嗣德，则历年又岂可以夏、商已往者为断哉？故欲"丕若有夏历年，式勿替有殷历年"，谓兼之也。年所之多历如此，斯可言永命矣，而岂求之于他哉，欲王以小民受此于天而已。命在天，于小民乎何预？天无心，以民为心。得乎丘民，则得乎天矣。盖以小民者，勤恤之实；而永命，即所谓历年也。

22.《日讲书经解义》卷八《周书·召诰》

（清）库勒纳等撰

上下勤恤，其曰我受天命，丕若有夏历年，式勿替有殷历年。欲王以小民，受天永命。

此一节书，是言祈天永命之道，在于勤民，而其实则当君臣分任之也。其，期望之辞。丕，大也。式，用也。召公曰，我君臣夙夜勤劳，忧恤相与，期望曰，我周受命，必大如有夏之历年四百，又勿失有殷之历年六百，则夏、殷之历数，务期兼而有之。然历年受之于天，而天心则系之于民。唯王敬德、诚民，民心安则天命自固，于以受天永命，久安长治，而国祚为无疆矣。君臣所当勤恤，孰有大于此者哉。

《五诰解》卷三《召诰》

（宋）杨简撰

（归善斋按，见"其唯王勿以小民淫用非彝"）

《书义断法》卷五《周书·召诰》

（元）陈悦道撰

上下勤恤，其曰我受天命，丕若有夏历年，式勿替有殷历年。欲王以小民，受天永命。

受天永命，而丕若有夏，欲其过之也。勿替有殷，唯恐其不及也。上下君臣，平日之所勤劳忧恤，其所期望者，亦庶几其如夏、商之历年。至于"以小民"，则自可以受天命，且可以受天之永命。是民心之系属，犹胜于君臣。君臣之忧勤，至小之微民，能受乎？至久之天命，小民吾能

"以"之（凡师能左右之曰"以"），则永命自能受之此，亦必然之理，不特为期之辞也。

欲王以小民，受天永命

1.《尚书注疏》卷十四《周书》

（汉）孔氏传，（唐）陆德明音义，（唐）孔颖达疏

欲王以小民，受天永命。

传，我欲王用小民，受天长命，言常有民。

疏，正义曰，如此者，我欲令王用小民，受天长命，言爱下民，则历年多也。

2.《书传》卷十三《周书·召诰第十四》

（宋）苏轼撰

（归善斋按，见"上下勤恤，其曰我受天命，丕若有夏历年，式勿替有殷历年"）

3.《尚书全解》卷三十《周书·召诰》

（宋）林之奇撰

（归善斋按，见"王先服殷御事，比介于我有周御事"）

4.《尚书讲义》卷十五

（宋）史浩撰

（归善斋按，见"王乃初服，呜呼！若生子，罔不在厥初生，自贻哲命"）

5.《尚书详解》卷十九《周书·召诰》

（宋）夏僎撰

（归善斋按，见"王乃初服，呜呼！若生子，罔不在厥初生，自贻

哲命"）

6.《增修东莱书说》卷二十二《周书·召诰第十四》

（宋）吕祖谦撰，（宋）石澜增修

（归善斋按，见"上下勤恤，其曰我受天命，丕若有夏历年，式勿替有殷历年"）

7.《尚书说》卷五《周书·召诰》

（宋）黄度撰

（归善斋按，见"上下勤恤，其曰我受天命，丕若有夏历年，式勿替有殷历年"）

8.《絜斋家塾书钞》卷十一《周书·召诰》

（宋）袁燮撰

（归善斋按，见"其唯王勿以小民淫用非彝"）

9.《书经集传》卷五《周书·召诰》

（宋）蔡沈撰

（归善斋按，见"上下勤恤，其曰我受天命，丕若有夏历年，式勿替有殷历年"）

10.《尚书精义》卷三十七《周书·召诰》

（宋）黄伦撰

（归善斋按，见"上下勤恤，其曰我受天命，丕若有夏历年，式勿替有殷历年"）

11.《尚书详解》卷三十二《周书·召诰》

（宋）陈经撰

（归善斋按，见"上下勤恤，其曰我受天命，丕若有夏历年，式勿替有殷历年"）

12. 《融堂书解》卷十二《周书·召诰》

（宋）钱时撰

（归善斋按，见"我不可不监于有夏，亦不可不监于有殷"）

13. 《尚书要义》

（宋）魏了翁撰

（归善斋按，原缺）

14. 《书集传或问》卷下《召诰》

（宋）陈大猷撰

（归善斋按，未解）

15. 《尚书详解》卷八《周书·召诰第十四》

（宋）胡士行撰

（归善斋按，见"上下勤恤，其曰我受天命，丕若有夏历年，式勿替有殷历年"）

16. 《书纂言》卷四上《周书·召诰》

（元）吴澄撰

（归善斋按，见"上下勤恤，其曰我受天命，丕若有夏历年，式勿替有殷历年"）

17. 《书集传纂疏》卷五《朱子订定蔡氏集传·周书·召诰》

（元）陈栎撰

（归善斋按，见"上下勤恤，其曰我受天命，丕若有夏历年，式勿替有殷历年"）

18. 《读书丛说》卷六《召诰》

（元）许谦撰

（归善斋按，未解）

19. 《书传辑录纂注》卷五《周书·召诰》

（元）董鼎撰

（归善斋按，见"上下勤恤，其曰我受天命，丕若有夏历年，式勿替有殷历年"）

20. 《尚书句解》卷八《周书·召诰第十四》

（元）朱祖义撰

欲王以小民，受天永命（故我唯欲王以德义小民，受天求长之命，盖得乎民而后可得乎天，诚不可以淫用非彝，而遽至于殄戮）。

21. 《尚书日记》卷十二《周书·召诰》

（明）王樵撰

（归善斋按，见"上下勤恤，其曰我受天命，丕若有夏历年，式勿替有殷历年"）

22. 《日讲书经解义》卷八《周书·召诰》

（清）库勒纳等撰

（归善斋按，见"上下勤恤，其曰我受天命，丕若有夏历年，式勿替有殷历年"）

《书义断法》卷五《周书·召诰》

（元）陈悦道撰

（归善斋按，见"上下勤恤，其曰我受天命，丕若有夏历年，式勿替有殷历年"）

《五诰解》卷三《召诰》

（宋）杨简撰

（归善斋按，见"其唯王勿以小民淫用非彝"）

拜手稽首，曰，予小臣，敢以王之雠民百君子

1.《尚书注疏》卷十四《周书》

（汉）孔氏传，（唐）陆德明音义，（唐）孔颖达疏

拜手稽首，曰，予小臣，敢以王之雠民百君子。

传，拜手，首至手；稽首，首至地。尽礼致敬，以入其言。言我小臣，谦辞。敢以王之匹民百君子治民者，非一人，言民在下，自上匹之。

音义，"雠"字，或作酬。

疏，正义曰，召公既言，此乃拜手稽首，尽礼致敬，欲王纳用其言。既拜而又曰，我小臣，敢以王之匹配于民众百君子。

传，正义曰，拜手，头至手；稽首，头至地，谓既为拜，当头至手，又申头以至地，故拜手稽首，重言之。诸言拜手稽首者，义皆然也。就此文，详而解之。《周礼·大祝》"辨九拜，一曰稽首，施之于极尊"。召公为此拜者，恐王忽而不听，尽礼致敬，以入其言于王。此"拜手稽首"一句，史录其事，非召公语也。召公设言未尽，为此拜，乃更言。郑云，拜手稽首者，召公既拜，兴曰"我小臣"以下，言召公拜讫而复言也。王肃云，我小臣，召公自谓是小臣，为召公之谦辞。"雠"训为"匹"。敢以王之匹民百君子，"百"者，举其成数，言治民者非一人。郑玄云，王之诸侯与群吏，是非一人也。嫌"匹"为齐等，故云民在下，自上匹之。

2.《书传》卷十三《周书·召诰第十四》

（宋）苏轼撰

拜手稽首，曰，予小臣，敢以王之雠民百君子，越友民，保受王威命

明德。王末有成命，王亦显。我非敢勤，唯恭奉币，用供王，能祈天永命。

庶殷虽以丕作，召公忧其间尚有反侧自疑者，故因其大和会，而协同之。雠，民殷之顽民，与三监叛者。友民，周民也。百君子者，殷、周之贤士大夫也。自今以往，殷人、周人与百君子，皆保受王之威德，王当终永天命，以显于后世。我非敢以此为勤劳也，奉币赞王，祈天永命而已。

3. 《尚书全解》卷三十《周书·召诰》

（宋）林之奇撰

（归善斋按，见"王先服殷御事，比介于我有周御事"）

4. 《尚书讲义》卷十五

（宋）史浩撰

（归善斋按，见"王乃初服，呜呼！若生子，罔不在厥初生，自贻哲命"）

5. 《尚书详解》卷十九《周书·召诰》

（宋）夏僎撰

（归善斋按，见"王乃初服，呜呼！若生子，罔不在厥初生，自贻哲命"）

6. 《增修东莱书说》卷二十二《周书·召诰第十四》

（宋）吕祖谦撰，（宋）石澜增修

拜手稽首，曰，予小臣，敢以王之雠民百君子，越友民，保受王威命明德。王末有成命，王亦显。我非敢勤，唯恭奉币，用供王，能祈天永命。

召公既因周公，达所言于王，末又殷勤至于拜手稽首，言予小臣敢以王之雠民，谓商民也；百君子，谓商臣也；友民，谓国民也。雠民、百君子，未从化者；友民已从化者；以此两等之民保受王之威命明德。召公前既言"王先服殷御事，比介于我有周御事"，合而为一矣；至此又分为雠民、友民者，前自心而言，后自势而言也。自心言之，一视同仁，合商、周而为一；自势言之，所谓雠民者，所谓友民者，化犹未纯，正将随其宜而抚摩教迪之。谓之"雠"者，欲成王知商民尚伺缺失，乘间投隙，其势可畏，警戒之切至此。初非分为二体也，我与雠民及友民，引领翘足，待王之威命明德，而保受之。为成王者，何以处此，果有威命明德，使之保受，王方终有成命，王亦显明。我非敢自谓勤劳，言初无补于国家，但能敬奉币帛，以供王奉诸侯之常职而已，若夫祈天永命，则在王之身，王之所当自能也。

7.《尚书说》卷五《周书·召诰》

（宋）黄度撰

拜手稽首，曰，予小臣，敢以王之雠民百君子，越友民，保受王威命明德。王末有成命，王亦显。

周公既答召公以作洛之意，则又拜手稽首答其礼，自称"予小臣"远其逼也。雠，匹也，民与君匹。百君子，众诸侯与其御事也。为王治民，皆王之匹民者也，于其友爱此民者，保受王之威命明德，勿替引之，王终能保有成命，王亦有显名。

8.《絜斋家塾书钞》卷十一《周书·召诰》

（宋）袁燮撰

拜手稽首，曰，予小臣，敢以王之雠民百君子，越友民，保受王威命明德。王末有成命，王亦显。我非敢勤，唯恭奉币，用供王，能祈天永命。

周既革商，则视商民盖雠也。然商民之中，亦有贤人，故谓之百君子。友民，谓周之民也。周公自任其责，以为我当以商、周之民，保受王之威命明德，此亦"王先服殷御事，比介于我有周御事"之意，合商、周而为一也。召公以币旅王，而并及周公。周公以为我不敢当此礼也，故尽以其币归之于王，用供王，祈天永命。币帛，盖礼神之物也。史臣所以书"旦曰"其亦探周公之微意欤。此一篇书，既略不及成王来洛之意，不以为成王曾来亦可，但自"太保乃以庶邦冢君"而下，分明是召公在成王前说，既非成王来洛，则必是以告卜而书中大半是成王周公相问答之言，此周公后来归于宗周而言也。《洛诰》既然，《召诰》何为独不然。

9.《书经集传》卷五《周书·召诰》

（宋）蔡沈撰

拜手稽首，曰，予小臣，敢以王之雠民百君子，越友民，保受王威命明德。王末有成命，王亦显。我非敢勤，唯恭奉币，用供王，能祈天永命。

雠民，殷之顽民，与三监叛者；百君子，殷之御事、庶士也；友民，周之友，顺民也。保者，保而不失；受者，受而无拒。威命明德者。德威德明也。末，终也。召公于篇终致敬言，予小臣，敢以殷、周臣民，保受王威命明德，王当终有天之成命，以显于后世。我非敢以此为勤，唯恭奉币帛，用供王能祈天永命而已。盖奉币之礼，臣职之所当恭，而祈天之实，则在王之所自尽也。又按，"恭奉币"，意即上文"取币以锡周公"而"旅王"者。盖当时成王将举新邑之祀，故召公奉以助祭云。

10.《尚书精义》卷三十七《周书·召诰》

（宋）黄伦撰

拜手稽首，曰，予小臣，敢以王之雠民百君子，越友民，保受王威命明德。王末有成命，王亦显。我非敢勤，唯恭奉币，用供王，能祈天永命。

无垢曰，召公欲率雠民、百君子、越友民以敬保成王威命明德。夫人喜于放怠，而厌于谨饬。故入放怠，则为逸；而入谨饬，则为劳。以敬为德，则常在谨饬之中，常人必皆以为劳矣。然召公非敢以此为劳也。以为人而不敬，何以为人，以此为劳，则是以放逸为劳矣。

又曰，召公不敢以敬为劳，成王亦不敢以敬为劳。盖敬在天矣，不能敬则是弃天威命，能敬是祈天永命也。所谓祈者，非曰牲牷肥腯，粢盛丰洁也。敬则天是行敬，乃祈天永命也。召公不以敬为劳，唯恭奉币为贽见之礼，以庆王之能以敬祈天永命也。

吕氏曰，百君子是未从我者，友民是已化者。我敢以此两等民，保受

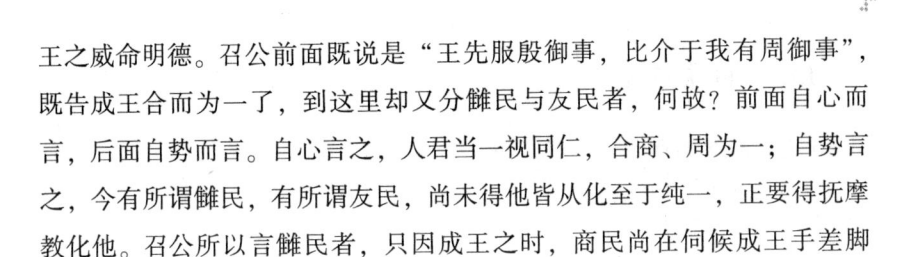

王之威命明德。召公前面既说是"王先服殷御事，比介于我有周御事"，既告成王合而为一了，到这里却又分雠民与友民者，何故？前面自心而言，后面自势而言。自心言之，人君当一视同仁，合商、周为一；自势言之，今有所谓雠民，有所谓友民，尚未得他皆从化至于纯一，正要得抚摩教化他。召公所以言雠民者，只因成王之时，商民尚在伺候成王手差脚跌，便来乘间投隙，其势甚可畏。此只欲警戒成王，初不是分为二体。

11.《尚书详解》卷三十二《周书·召诰》

（宋）陈经撰

（归善斋按，见"上下勤恤，其曰我受天命，丕若有夏历年，式勿替有殷历年"）

12.《融堂书解》卷十二《周书·召诏》

（宋）钱时撰

拜手稽首，曰，予小臣，敢以王之雠民百君子，越友民，保受王威命明德。王末有成命，王亦显。我非敢勤，唯恭奉币，用供王，能祈天永命。

前云"锡周公曰，拜手稽首"者，乃致敬之言也；此云"拜手稽首曰"者，方是致敬作礼也。德威为畏，德明为明。有是德，自然有是威。修之于身，则为明德；用之于民，则为威命，一也。前所谓"王厥有成命"，至是不特有之，而已且将终有此成命，而王亦与有光显也。或曰圣人之化，一视同仁，召公曷为分别雠、友？曰，攻位赋役，则专用殷庶，则自乃御事。又"王先服殷御事"，所以致意殷之臣民者，正为调其叛乱反侧之情也。召公于此特拈出一"雠"字，警成王者深矣。王若敬德，则雠者可使友，不然则若民，若百君子，雠我之心终然未泯，而乘间伺隙于下者，岂止于不友而已哉。召公此日，乃因奉币而致诰，于是复明奉币之故，归宿一篇之始末，谓我非敢勤勤然，唯止供奉币而已。盖用以供之于王，欲王能祈天永命也，非谓供币即能祈天永命。此币乃召公合庶邦冢君之礼敬，以达其诰戒之诚，不徒在乎币，而在乎王之疾敬德也。敬德之旨，节节已备，且此语承"威命明德"之下，故止以"祈天永命"为言。

13.《尚书要义》

（宋）魏了翁撰

（归善斋按，原缺）

14.《书集传或问》卷下《召诰》

（宋）陈大猷撰

（归善斋按，未解）

15.《尚书详解》卷八《周书·召诰第十四》

（宋）胡士行撰

拜手稽首，曰，予小臣，敢以王之雠民（商民）百君子（商臣），越友（顺）民（周民从化者），保（安）受（从）王威命明德（德威德明）。王末（终）有成命，王亦显（当显其德）。我非敢勤（自谓勤劳，言无补国家），唯恭奉币（帛），用（以）供（待）王（注绝句），能祈天永命。

前言"小民"，此并合雠民、友民为一，以待王之威明，而保受之，则所以祈天之道尽矣。抑此在王之能而已，予何力之有焉。故曰"非敢勤"，而"用供王"者，所以归重于王室矣。

16.《书纂言》卷四上《周书·召诰》

（元）吴澄撰

拜手稽首。

此四字召公又赞庶邦君同拜也。

曰，予小臣，敢以王之雠民百君子，越友民，保受王威命明德。

既拜复更端而言"予小臣"，召公暨庶邦君也。雠民，殷民也。百君子，殷之御事也。友民，周民也。保，犹五家为比，使之相保之保。威命，犹言严命，即"命庶殷侯甸男邦伯"之"命"也。明德，谓王敬德以爱民，而祈天者也。

17.《书集传纂疏》卷五《朱子订定蔡氏集传·周书·召诰》

（元）陈栎撰

拜手稽首，曰，予小臣，敢以王之雠民百君子，越友民，保受王威命明德。王末有成命，王亦显。我非敢勤，唯恭奉币，用供王，能祈天永命。

雠民，殷之顽民，与三监叛者。百君子，殷之御事庶士也。友民，周之友顺民也。保者，保而不失；受者，受而无拒；威命明德者，德威德明也。末，终也。召公于篇终致敬，言予小臣，敢以殷、周臣民，保受王威命明德，王当终有天之成命，以显于后世。我非敢以此为勤，唯恭奉币帛，用供王，能祈天永命而已。盖奉币之礼，臣职之所当恭，而祈天之宝，则在王之所自尽也。又按，恭奉币，意即上文取币以锡周公，而旅王者。盖当时，成王将举新邑之祀，故召公奉以助祭云。

纂疏：

薛氏曰，先雠民，后友民，作洛以镇商民为先也，与前言"先服殷御事"同意。

陈氏大猷曰，篇终复总始末之要，以告王，敢以雠民等保受威命明德者，因庶殷侯甸和会，作洛而言。"敢以"者，自任之辞，如"命侯甸殷庶"，即王之威命；来绍自服，即王之明德，先行相宅以后，皆保受也。"王末有成命"，与上"王厥有成命"相应；"王亦显"，与上"越王显"相应。我非敢自居其勤，虑王以人心已从，天命已定，而自足也。唯恭奉前所取以旅王之币，待王能祈天永命，将以致庆而已。期望不已之意，可谓婉而笃矣。《记》曰"颂而无谄，谏而无骄"，召诰以之。

愚谓，雠民、百君子、友民，即指庶殷侯甸和会作洛之人也。所谓"能祈天永命"，不过上文敬德爱小民之事。敬德爱小民，即祈天永命之能也。上文已尽之，故于篇终特以"能"字该之。

18.《读书丛说》卷六《召诰》

（元）许谦撰

（归善斋按，未解）

19.《书传辑录纂注》卷五《周书·召诰》

(元)董鼎撰

拜手稽首,曰,予小臣,敢以王之雠民百君子,越友民,保受王威命明德。王末有成命,王亦显。我非敢勤,唯恭奉币,用供王,能祈天永命。

雠民,殷之顽民,与三监叛者;百君子,殷之御事庶士也。友民,周之友顺民也。保者,保而不失;受者,受而无拒;威命明德者,德威德明也。末,终也。召公于篇终,致敬言,予小臣,敢以殷、周臣民,保受王威命明德。王当终有天之成命,以显于后世。我非敢以此为勤,唯恭奉币帛,用供王,能祈天永命而已。盖奉币之礼,臣职之所当恭;而祈天之实,则在王之所自尽也。又按,恭奉币,意即上文取币以锡周公而旅王者。盖当时,成王将举新邑之祀,故召公奉以助祭云。

纂注:

林氏曰,雠民百君子犹顽民而谓之多士也

苏氏曰百君子殷周之贤士大夫

薛氏曰先雠民后友民者,作洛以镇静商人为先也,与前言先服殷御事同意。

陈氏经曰,保受王之威德奉行之,此臣之职也。王既有成命,当求所以永命。成命在今日,永命在子孙。保受王之威德者,臣下之所能,至于祈天永命,则非人臣之所能,在人君疾敬德,以祈天命。我非敢勤者,召公不敢自以治洛为功劳也。至此则责望于王之身者甚重,恐成王专倚恃臣下也。我但能恭奉币,以供王庆王之能祈天永命而已。则祈天永命在王,而不在召公。

陈氏大猷曰,篇终复总始末之要以告王,敢以雠民等保受威命明德者,因庶殷候甸和会作洛而言。"敢以"者,自任之辞,如"命候甸庶殷",即王之威命;宅洛图治,即王之明德;和会丕作;即保受也。"王末有成命",与上"王厥有成命"相应;"王亦显"与上"越王显"相应。然我非敢自以为功勤,虑王以为人心已从,天命已定而自足也。唯恭奉币,指前取币旅王而言。供王能祈天永命,将以致庆而已,期望不已之意,可谓婉而笃矣。《记》曰"颂而无谄,谏而无骄",召公以之。

新安陈氏曰,所谓能祈天永命不遏,上文敬德爱小民之事;敬德爱小民,即祈天永命之能也,上文已尽,故于篇终特以"能"字该之。

20.《尚书句解》卷八《周书·召诰第十四》

(元)朱祖义撰

拜手稽首,曰(召公又致敬于周公曰),予小臣,敢以王之雠民百君子(我虽小臣敢以王之雠民,即商民,昔附武庚又叛,与周为雠者;百君子,即周之所谓有官,君子者也)。

21.《尚书日记》卷十二《周书·召诰》

(明)王樵撰

"拜手稽首,曰,予小臣,敢以王之雠民"至"用供王,能祈天永命"。

蔡氏曰雠民殷之顽民,与三监武庚叛者百君子殷之御事庶士也。友民周之友顺民也,保者,保而不失受者,受而无拒奉币即上文取币以锡周公而旅王者,盖成王将举新邑之祀,故召公奉以助。祭云,按保受王威命明德如咸勤诰治而使之和会丕作,于前申命毖戒而使之化训柔服于后,此则受命营洛大臣之责,故召公以之自任。至于终有成命以显于后世,此则在王而不在我,故曰我非敢勤言,我非敢曰与有勤焉。唯恭奉币用供王能祈天永命而已。敬德者王之所以能祈天永命者也。自服土中则王之时自贻哲命,则王之事故唯王能之而非他人之所能与。我于王毖祀之时,唯恭奉币以供王之必能乎此而已。保受威命明德我非敢以此为足以效劳于王,唯以祈天之实在王我于毖祀之时,唯恭奉币以助王休享期于终有感格之实而已。王之所以能祈天永命者,在平日所修所谓黍稷非馨明德唯馨,而召公以奉币为言何也。祀于新邑又对越之始其感通在王,其奉币以将其诚敬在我,盖召公谦言以归重于王也,旧说我非敢勤指永命说,夫永命之事所当上下勤恤而又曰我非敢勤可乎?王末有成命,末有者,终有成效不虚诸愿望之意。蔡氏总括一篇之意,谓其拳拳于历年之久,近反复乎夏商之废兴。究其归则以诚小民为祈天命之本,以疾敬德为诚小民之本,此数语可谓尽之三代而下正由不知祈天之本。在民，得民之本；在德，此古今所以相远也。诸诰多出史臣，所修非尽当时本语。唯此篇首尾浑全词意，反复老臣爱君深长之虑经练世故，切至之计蔼然可得于言外，盖旅王若公当时之本书，而史氏传之者也。程子曰，知天命者达天理也，必受命是得其应也。天之报应皆如影响得其报者是常理也。不得其报者，非常理也。然而细推之则须有报应，但人以浅狭之见求之便为差互天命不可易，然有可易者，唯有德者能之如修养之引年世祚之。祈天永命常人之至于圣贤皆此道也。

愚谓此召诰所以为至理微言，而非汉人以下所可与语者也。知修德之至常人，可至于圣贤，则为国而祈天永命，是盖一理也。故自贻哲命，则命哲命吉命历年亦一而已，非既有昏明之命又有厚薄短长之命也。人以孔颜之夭，得其报而疑之，乃程子所谓以浅狭之见求之者也。若以古今大观，则得其常者，多不得其常者。少譬之寒暑有常时或有愆，而未有不反其常者也。

22.《日讲书经解义》卷八《周书·召诰》

（清）库勒纳等撰

拜手稽首，曰，予小臣，敢以王之雠民百君子，越友民，保受王威命明德。王末有成命，王亦显。我非敢勤，唯恭奉币，用供王，能祈天永命。

此一节书是召公申明其奉币旅王之意也。雠民，殷之顽民，与三监叛者百君子。殷之诸臣友民，周家友顺之民保，保守也。受顺，受也，末终也。召公拜手稽首而言曰，洛邑新迁殷之顽民及诸臣与我周友顺之民固，皆视君德之修否以为响背者也。王以德为威而可畏以德为明而。可怀予小臣敢率此臣民于王之威命明德保守，而不失顺受而不违使无不遵法纪而服教化，是则小民之责也。至于王乃天地臣民之主尤当疾敬德畏民嵒，终有天之成命而勿失则王之令闻亦将显于后世，传于无穷矣。此则在王而不在我我，岂敢曰与有勤劳哉。唯是王来洛邑必将祲祀以祈天命永久，我唯恭敬奉币于王，用供王之祈天永命而已。臣何勤劳之。有夫人君既受成命则必思所以永命受命，在今日永命在子孙老成谋国必计久远。此召公所以拳拳诰王，致望于祈天永命，而推本于敬德诚民也。民者，天之心。而德则君民感孚之，实君天下者，思祈天其可不诚民思诚民其可不疾敬德哉。

《尚书考异》卷五《召诰》

（明）梅鹫撰

敢以王之雠民百君子。

雠或作酬。

《五诰解》卷三《召诰》

（宋）杨简撰

拜手稽首，曰，予小臣，敢以王之雠民百君子，越友民，保受王威命明德。

召公言雠民，欲王之恐惧，大诰黜殷，威命也。王非从威，实用明德。王黜殷而乱定，即天命；保受王威命明德，在民臣尔。群臣勤恤小民，民臣协顺，则永保无违。

越友民，保受王威命明德

1. 《尚书注疏》卷十四《周书》

（汉）孔氏传，（唐）陆德明音义，（唐）孔颖达疏

越友民，保受王威命明德。

传，言与匹民百君子，于友爱民者，共安受王之威命明德奉行之。

疏，正义曰，于友爱民者，共安受王之威命明德，敬奉行之。

2. 《书传》卷十三《周书·召诰第十四》

（宋）苏轼撰

（归善斋按，见"拜手稽首，曰，予小臣，敢以王之雠民百君子"）

3.《尚书全解》卷三十《周书·召诰》

（宋）林之奇撰

（归善斋按，见"王先服殷御事，比介于我有周御事"）

4.《尚书讲义》卷十五

（宋）史浩撰

（归善斋按，见"王乃初服，呜呼！若生子，罔不在厥初生，自贻哲命"）

5.《尚书详解》卷十九《周书·召诰》

（宋）夏僎撰

（归善斋按，见"王乃初服，呜呼！若生子，罔不在厥初生，自贻哲命"）

6.《增修东莱书说》卷二十二《周书·召诰第十四》

（宋）吕祖谦撰，（宋）石澜增修

（归善斋按，见"拜手稽首，曰，予小臣，敢以王之雠民百君子"）

7.《尚书说》卷五《周书·召诰》

（宋）黄度撰

（归善斋按，见"拜手稽首，曰，予小臣，敢以王之雠民百君子"）

8.《絜斋家塾书钞》卷十一《周书·召诰》

（宋）袁燮撰

（归善斋按，见"拜手稽首，曰，予小臣，敢以王之雠民百君子"）

9.《书经集传》卷五《周书·召诰》

（宋）蔡沈撰

（归善斋按，见"拜手稽首，曰，予小臣，敢以王之雠民百君子"）

10. 《尚书精义》卷三十七《周书·召诰》

（宋）黄伦撰
（归善斋按，见"拜手稽首，曰，予小臣，敢以王之雠民百君子"）

11. 《尚书详解》卷三十二《周书·召诰》

（宋）陈经撰
（归善斋按，见"上下勤恤，其曰我受天命，丕若有夏历年，式勿替有殷历年"）

12. 《融堂书解》卷十二《周书·召诰》

（宋）钱时撰
（归善斋按，见"拜手稽首，曰，予小臣，敢以王之雠民百君子"）

13. 《尚书要义》

（宋）魏了翁撰
（归善斋按，原缺）

14. 《书集传或问》卷下《召诰》

（宋）陈大猷撰
（归善斋按，未解）

15. 《尚书详解》卷八《周书·召诰第十四》

（宋）胡士行撰
（归善斋按，见"拜手稽首，曰，予小臣，敢以王之雠民百君子"）

16. 《书纂言》卷四上《周书·召诰》

（元）吴澄撰
（归善斋按，见"拜手稽首，曰，予小臣，敢以王之雠民百君子"）

17.《书集传纂疏》卷五《朱子订定蔡氏集传·周书·召诰》

（元）陈栎撰

（归善斋按，见"拜手稽首，曰，予小臣，敢以王之雠民百君子"）

18.《读书丛说》卷六《召诰》

（元）许谦撰

（归善斋按，未解）

19.《书传辑录纂注》卷五《周书·召诰》

（元）董鼎撰

（归善斋按，见"拜手稽首，曰，予小臣，敢以王之雠民百君子"）

20.《尚书句解》卷八《周书·召诰第十四》

（元）朱祖义撰

越友民（乃周家友顺之民），保受王威命明德（安受王之威命，使有所畏而不敢叛；安受王之明德，使有所慕而不忍叛）。

21.《尚书日记》卷十二《周书·召诰》

（明）王樵撰

（归善斋按，见"拜手稽首，曰，予小臣，敢以王之雠民百君子"）

22.《日讲书经解义》卷八《周书·召诰》

（清）库勒纳等撰

（归善斋按，见"拜手稽首，曰，予小臣，敢以王之雠民百君子"）

《五诰解》卷三《召诰》

（宋）杨简撰

（归善斋按，见"拜手稽首，曰，予小臣，敢以王之雠民百君子"）

《读书管见》卷下《召诰》

(元）王充耘撰

保受王威命明德。

"威命明德"，威命者，刑罚也；明德者，教化也。人君之御天下，德与刑二者而已。

王末有成命，王亦显

1. 《尚书注疏》卷十四《周书》

(汉）孔氏传，（唐）陆德明音义，（唐）孔颖达疏

王末有成命，王亦显。

传，臣下安受王命，则王终有天成命，于王亦昭著。

2. 《书传》卷十三《周书·召诰第十四》

(宋）苏轼撰

(归善斋按，见"拜手稽首，曰，予小臣，敢以王之雠民百君子"）

3. 《尚书全解》卷三十《周书·召诰》

(宋）林之奇撰

(归善斋按，见"王先服殷御事，比介于我有周御事"）

4. 《尚书讲义》卷十五

(宋）史浩撰

(归善斋按，见"王乃初服，呜呼！若生子，罔不在厥初生，自贻哲命"）

5.《尚书详解》卷十九《周书·召诰》

（宋）夏僎撰

（归善斋按，见"王乃初服，呜呼！若生子，罔不在厥初生，自贻哲命"）

6.《增修东莱书说》卷二十二《周书·召诰第十四》

（宋）吕祖谦撰，（宋）石澜增修

（归善斋按，见"拜手稽首，曰，予小臣，敢以王之雠民百君子"）

7.《尚书说》卷五《周书·召诰》

（宋）黄度撰

（归善斋按，见"拜手稽首，曰，予小臣，敢以王之雠民百君子"）

8.《絜斋家塾书钞》卷十一《周书·召诰》

（宋）袁燮撰

（归善斋按，见"拜手稽首，曰，予小臣，敢以王之雠民百君子"）

9.《书经集传》卷五《周书·召诰》

（宋）蔡沈撰

（归善斋按，见"拜手稽首，曰，予小臣，敢以王之雠民百君子"）

10.《尚书精义》卷三十七《周书·召诰》

（宋）黄伦撰

（归善斋按，见"拜手稽首，曰，予小臣，敢以王之雠民百君子"）

11.《尚书详解》卷三十二《周书·召诰》

（宋）陈经撰

（归善斋按，见"上下勤恤，其曰我受天命，丕若有夏历年，式勿替有殷历年"）

12. 《融堂书解》卷十二《周书·召诰》

（宋）钱时撰

（归善斋按，见"拜手稽首，曰，予小臣，敢以王之雠民百君子"）

13. 《尚书要义》

（宋）魏了翁撰

（归善斋按，原缺）

14. 《书集传或问》卷下《召诰》

（宋）陈大猷撰

（归善斋按，未解）

15. 《尚书详解》卷八《周书·召诰第十四》

（宋）胡士行撰

（归善斋按，见"拜手稽首，曰，予小臣，敢以王之雠民百君子"）

16. 《书纂言》卷四上《周书·召诰》

（元）吴澄撰

王末有成命，王亦显。我非敢勤，唯恭奉币，用供王，能祈天永命。

王于终有成命之时，亦显其德，盖谨始如终，不以命既有成，而怠于德也。我，召公庶邦君，自我也。若我众臣，则非敢曰能勤也。唯恭敬奉进币帛，用以供给王，期王之能祈天永命而已。"王末有成命"，因上文"王厥有成命"而言；"显"字、"勤"字，因上文"越王显，上下勤恤"而言；"恭奉币"因上文"取币旅王若公"而言；"能祈天永命"亦因上文而言，以结一篇之意。

17. 《书集传纂疏》卷五《朱子订定蔡氏集传·周书·召诰》

（元）陈栎撰

（归善斋按，见"拜手稽首，曰，予小臣，敢以王之雠民百君子"）

18.《读书丛说》卷六《召诰》

(元）许谦撰

（归善斋按，未解）

19.《书传辑录纂注》卷五《周书·召诰》

(元）董鼎撰

（归善斋按，见"拜手稽首，曰，予小臣，敢以王之雠民百君子"）

20.《尚书句解》卷八《周书·召诰第十四》

(元）朱祖义撰

王末有成命（则王终有成命于天，一成而不可变矣），王亦显（王之功德，亦于是显著于天下）。

21.《尚书日记》卷十二《周书·召诰》

(明）王樵撰

（归善斋按，见"拜手稽首，曰，予小臣，敢以王之雠民百君子"）

22.《日讲书经解义》卷八《周书·召诰》

(清）库勒纳等撰

（归善斋按，见"拜手稽首，曰，予小臣，敢以王之雠民百君子"）

《五诰解》卷三《召诰》

(宋）杨简撰

王末有成命，王亦显。我非敢勤，唯恭奉币，用供王，能祈天永命。明德不失，则王终有成命。成者，无亏也，王德誉亦显。我非敢勤，极其谦卑也。因奉币供王，赞王能祈天永命。上既称王，则继言祈天永命，即谓主也。公称王能祈天永命，即所以勉王。

我非敢勤，唯恭奉币，用供王，能祈天永命

1.《尚书注疏》卷十四《周书》

(汉) 孔氏传，(唐) 陆德明音义，(唐) 孔颖达疏

我非敢勤，唯恭奉币，用供王，能祈天永命，

传，言我非敢独勤而已。唯恭敬奉其币帛，用供待王，能求天长命，将以庆王多福，必上下勤恤，乃与小民受天永命。

音义，奉，如字，又芳孔反。供，音恭，徐纪用反，注"供待"同。

疏，正义曰，是上勤恤也，臣下安受王命，则王终有天之成命，于王亦为昭著也。我非敢独勤而已，众百君子皆然，言我与众百君子，唯恭敬，奉其币帛，用供待王，能求天长命，将以此庆王，受天多福也。

传，正义曰，我非敢勤，召公自道言，我非敢独勤而已，必上下勤恤，言与众百君子皆勤也。《礼》，执贽必用币帛。唯恭敬奉其币帛，用供待王，能求天长命，将以执贽庆王多福。王能爱养小民，即是求天长命。待王能爱小民，即欲庆之。

2.《书传》卷十三《周书·召诰第十四》

(宋) 苏轼撰

(归善斋按，见"拜手稽首，曰，予小臣，敢以王之雠民百君子")

3.《尚书全解》卷三十《周书·召诰》

(宋) 林之奇撰

(归善斋按，见"王先服殷御事，比介于我有周御事")

4.《尚书讲义》卷十五

(宋) 史浩撰

(归善斋按，见"王乃初服，呜呼！若生子，罔不在厥初生，自贻

哲命")

5.《尚书详解》卷十九《周书·召诰》

(宋）夏僎撰

(归善斋按，见"王乃初服，呜呼！若生子，罔不在厥初生，自贻哲命")

6.《增修东莱书说》卷二十二《周书·召诰第十四》

(宋）吕祖谦撰，(宋）石澜增修

(归善斋按，见"拜手稽首，曰，予小臣，敢以王之雠民百君子")

7.《尚书说》卷五《周书·召诰》

(宋）黄度撰

我非敢勤，唯恭奉币，用供王，能祈天永命。

我非敢勤，诸侯礼见受其币恭奉之。供，亦奉也，言将以供王。盖以太保与周公诰告之言复于王，使王能祈天永命。

8.《絜斋家塾书钞》卷十一《周书·召诰》

(宋）袁燮撰

(归善斋按，见"拜手稽首，曰，予小臣，敢以王之雠民百君子")

9.《书经集传》卷五《周书·召诰》

(宋）蔡沈撰

(归善斋按，见"拜手稽首，曰，予小臣，敢以王之雠民百君子")

10.《尚书精义》卷三十七《周书·召诰》

(宋）黄伦撰

(归善斋按，见"拜手稽首，曰，予小臣，敢以王之雠民百君子")

11.《尚书详解》卷三十二《周书·召诰》

(宋)陈经撰

(归善斋按,见"上下勤恤,其曰我受天命,丕若有夏历年,式勿替有殷历年")

12.《融堂书解》卷十二《周书·召诏》

(宋)钱时撰

(归善斋按,见"拜手稽首,曰,予小臣,敢以王之雠民百君子")

13.《尚书要义》

(宋)魏了翁撰

(归善斋按,原缺)

14.《书集传或问》卷下《召诰》

(宋)陈大猷撰

或问,"唯恭奉币,用供王,能祈天永命",诸儒多以为成王将祀于新邑,故召公奉以助祭。曰,召公欲王以敬德祈天永命,以小民受天永命耳。若然,则是欲以祷祀而祈永命乎?

15.《尚书详解》卷八《周书·召诰第十四》

(宋)胡士行撰

(归善斋按,见"拜手稽首,曰,予小臣,敢以王之雠民百君子")

16.《书纂言》卷四上《周书·召诰》

(元)吴澄撰

(归善斋按,见"王末有成命,王亦显")

17.《书集传纂疏》卷五《朱子订定蔡氏集传·周书·召诰》

（元）陈栎撰

（归善斋按，见"拜手稽首，曰，予小臣，敢以王之雠民百君子"）

18.《读书丛说》卷六《召诰》

（元）许谦撰

（归善斋按，未解）

19.《书传辑录纂注》卷五《周书·召诰》

（元）董鼎撰

（归善斋按，见"拜手稽首，曰，予小臣，敢以王之雠民百君子"）

20.《尚书句解》卷八《周书·召诰第十四》

（元）朱祖义撰

我非敢勤（然我非敢以此为己之勤劳），唯恭奉币（我唯当王有成命之际，天下既治平之日，而以恭敬奉币帛），用供王，能祈天永命（用供之于王，使王以此币帛，而昭答天休，乃见王能于求天永长之命也）。

21.《尚书日记》卷十二《周书·召诰》

（明）王樵撰

（归善斋按，见"拜手稽首，曰，予小臣，敢以王之雠民百君子"）

22.《日讲书经解义》卷八《周书·召诰》

（清）库勒纳等撰

（归善斋按，见"拜手稽首，曰，予小臣，敢以王之雠民百君子"）

《五诰解》卷三《召诰》

（宋）杨简撰

（归善斋按，见"王末有成命，王亦显"）

周书　洛诰第十五

《增修东莱书说》卷二十三《周书·洛诰第十五》

(宋) 吕祖谦撰，(宋) 石澜增修

太甲复亳，而伊尹告归；成王卜洛，而周公告归。盖伊尹、周公处大臣之变者也。已事而亟去，所以明吾心，而严万世之防也。然周公不得遂其去，何也？伊尹之时，国无他变。太甲思庸，则其责塞矣。至于周公，虽卜洛以迁商民，基业略定，然其心犹未服，四方之大势犹未集，非周公谁与镇安之？此所以欲去而复留也。

《尚书详解》卷九《周书·洛诰第十五》

(宋) 胡士行撰

大甲复亳，成王卜洛，而伊尹、周公告归，所以处大臣之变，严万世之防也。然周尚有顽民未定，故公未得遽去。

《尚书句解》卷九《周书·洛诰第十五》

(元) 朱祖义撰

洛诰第十五 (周公摄政七年，成王年已二十公，知王君德已成，可居君位，故复辟告归。王知公不可一日去已，故坚留不与其去。何前日疑公，今乃复留之，盖今日成王非昔日成王。七年之间，周、召左右所以诱掖开导之者深矣。故此篇首载周公在洛遣使告卜之言；中载成王留公之意；后载公归自洛与王对答之语，故作《洛诰》之书)。

召公既相宅，周公往营成周，使来告卜

1.《尚书注疏》卷十四《周书》

(汉) 孔氏传，(唐) 陆德明音义，(唐) 孔颖达疏

序，召公既相宅，周公往营成周，使来告卜。

传，召公先相宅卜之，周公自后至经营作之，遣使以所卜吉卜，逆告成王。

音义，相，息亮反，注及下同。使，所吏反，注"遣使"同。

疏，正义曰，序自上下，相顾为文。上篇序云周公先相宅，此承其下，故云召公既相宅。召公以三月戊申相宅而卜。周公自后而往，以乙卯日至，经营成周之邑周公，即遣使人来告成王，以召公所卜之吉兆，及周公将欲归政成王，乃陈本营洛邑之事，以告成王。王因请教诲之言，周公与王更相报答。

传，正义曰，上篇云三月戊申，太保朝至于洛卜宅，厥既得卜，则经营。是召公先相宅则卜之，又云乙卯周公朝至于洛，则达观于新邑营，是周公自后至经营作之。召公相洛邑，亦相成周；周公营成周，亦营洛邑。各举其一，互以相明。卜者，召公卜也。周公既至洛邑，按行所营之处，遣使以所卜吉兆，逆告成王也。按，上篇传云王与周公俱至，何得周公至洛逆告王者？王与周公，虽与相俱行，欲至洛之时，必周公先到行处，所故得逆告也。顾氏云，周公既至洛邑，乃遣以所卜吉兆来告于王是也。经称成王言"公既定宅，伻来，来视予，卜休恒吉"，是以得吉兆，告成王也。上篇召公以戊申至，周公乙卯至，周公在召公后七日也。至洛较七日，其发镐京，或亦较七日。

《尚书注疏》卷十四《考证》

《洛诰》序"使来告卜"传疏。

疏二段，监本误刻后标目之下，今移正。

2.《书传》卷十三《周书·洛诰第十五》

(宋)苏轼撰

召公既相宅,周公往营成周,使来告卜,作《洛诰》。

周人谓洛为成周,谓镐为宗周。此下有脱简在《康诰》。自"唯三月哉生魄"至"洪大诰治"下,属"周公拜手稽首"之文。

3.《尚书全解》卷三十一《周书·洛诰》

(宋)林之奇撰

召公既相宅,周公往营成周,使来告卜,作《洛诰》。

《洛诰》。

周公拜手稽首曰,朕复子明辟。王如弗敢及天基命定命,予乃胤保大相东土,其基作民明辟。予唯乙卯,朝至于洛师。我卜河朔黎水,我乃卜涧水东、瀍水西,唯洛食。我又卜瀍水东,亦唯洛食,伻来,以图及献卜。王拜手稽首曰,公不敢不敬天之休,来相宅,其作周匹休。公既定宅,伻来,来视予卜休,恒吉,我二人共贞。公其以予万亿年,敬天之休,拜手稽首诲言。

《召诰》《洛诰》二篇,皆作于营洛邑之际,然当其营洛邑也,盖周公之意,将归政于成王,故召公因诸侯庶殷之咸在,告王以天命之无常,历年之不可必,唯一视商周之民,无轻重于其间,而敬德以化之,则可以此小民而受天永命。盖以成王当听政之初,安危治乱之所自始,不可以不谨此,则《召诰》之所陈也。而洛诰之所陈者,则周公将归政于成王,而洛邑既成,王将归镐京,乃留公于洛,以镇抚商民,故周公之归政,成王之留公于洛,其相与问答之言,备载于此,而周公之意,则亦欲一视商周之人,如召公之意也。此二篇,辞虽不同,而其意相为终始焉。左氏之作传以释经,有先经以始事者;有后经以终义者。《召诰》之篇,是先经以始事之类也;《洛诰》之篇,是后经以终义之类也。然《召诰》之所载者,召公之相宅,既而卜之,既而经营之,既而攻其位,既而周公达观之,既而周公用书以命之,既而庶殷丕作。于是召公遂以诸侯取币,而陈于王,因陈其所欲告戒之意。而序之所言者,但曰"成王在丰,欲宅洛邑，使召公先相宅"而已。此篇之所载者，周公欲归政于成王，而成王不可。周公又告成王以治道之要，既而成王欲周公留居于洛，以镇抚殷民。而序之所言者乃曰"召公既相宅，周公往营成周，使来告卜"者，即周公之言"伻来，以图及献卜"之一也。而即以此为一篇之序者，盖书序之作类，非一人之所为，故有一篇之义，包括于数句之间者。如《太甲》之序曰"太甲既立不明，伊尹放诸桐，三年复归于亳思庸"，此固可以包括三篇之义者。也亦有姑撮其事之始，而略载之者。如《康诰》《酒诰》《梓材》三篇之作，虽康叔之封，在于武庚、三叔既诛之后，而其告之也，乃在夫宅新邑洛四方和会之时，而其序则曰"成王既伐管叔、蔡叔，以殷余民封康叔，作《康诰》《酒诰》《梓材》，此则姑撮其事之始而已"。《召诰》《洛诰》之序，亦犹此也。

周公之达观于新邑营，盖王城之与成周，皆在于规度，此则唯曰"往营成周"亦是略言之也。"使来告卜"者，当周公之至洛，王尚在涂，故遣使而来，以所得吉卜，告于成王也。胡舍人之说，意谓果周公使人而来告卜于王，则王在丰，周公在洛，篇内不应有相与问答之辞。既有成王、周公相与问答之辞，则告吉卜者非使人来也。遂以此"使"字作去声读，言是时，成王在于宗周，周公既得吉卜，则自为使者而来，告于王，因得以相与问答也。汉吴王濞谋叛汉，念诸侯无足与计者，闻胶西王勇好兵，诸侯皆畏惮之，乃使其大夫应高说之。胶西王以为善，吴王犹恐其不果，乃身自为使者至胶西面约之。胡舍人因谓周公之自为使者，亦吴王之类。夫吴王怀逆乱之谋，恐事不集，故出于一时迫切之计而为此耳。若周公之告吉卜，使人可也，岂至以冢宰之尊，而下行行人之职乎。乃引吴王以证周公，非其类也。当是时，王实在洛。而胡舍人以为在于宗周。王既在宗周，无缘与周公共谈，求其说而不得，故以"使"字作去声读，此盖胡舍人泥于书序，为皆包括一篇之义，故其说如此。先儒谓王与周公俱至，意谓王亦以乙卯之日至于洛也。王果以乙卯之日至于洛，则其得吉卜也，王盖尝目睹其事，岂必使人来告，则王之至洛，盖后周公而来也。先儒又谓，周公与王之相问答，乃周公既成洛邑，又归宗周之后，故篇末云，王在新邑，明戊辰以前，皆是宗周之事。此亦不然。篇内有曰"予小子其退，即辟于周"，又曰"公定，予往已"，是成王将退而归镐京，欲周公留居于洛，则其相与应答，皆在洛邑也，明矣。按此二篇，皆是营洛邑之事。然《召诰》则以召公诰王之故，而以"召"之一字系之，以"诰"而命篇。此篇是周公与王问答，而特以"洛"名篇，正犹《康诰》《酒诰》，虽皆所以告康叔，《酒诰》则以毖酒之故，而以"酒"名篇；《康诰》则特以康叔之故，即以"康"命篇，皆其史官一时之意旨也。汉孔氏曰，既成洛邑，将致政于王，因陈居洛之义如此，则书之命篇，皆有其义也，非当时命篇之本义。

"拜手稽首"者，致敬尽礼于成王也。"复子明辟"者，汉孔氏曰，言我复还明君之政于子。而王氏破其说，曰，先儒谓成王幼，周公代王为辟，至是乃反政于成王，故曰"复子明辟"。荀卿曰，以叔代王而非越也，君臣易位，而非不顺也。以《书》考之，周公位冢宰，正百工而已，未尝代王为辟，则何君臣易位，复辟之有哉？如《礼·明堂位》曰，昔者，周公朝诸侯于明堂之位。天子负斧扆南乡而立。又曰，武王崩，成王幼弱，周公践天子之位，以治天下，则是周公正天子之位，以临万国。王氏之所谓代王为辟者，指此也。则王氏之破先儒之说，可谓明于君臣之大分，而有功于名教也。盖说者徒见成王幼冲，周公摄政，则遂疑其称王以令天下，如《多士》之篇序曰"成周既成，迁殷顽民，周公以王命诰"，而篇之发首则曰"唯三月，周公初于新邑洛，用告商王士"。"王若曰"，盖明周公虽摄政，而其号令，皆称成王之命也。谓代王为辟，固无是理。然王氏之说，则曰"复"，如"复逆"之"复"，成王命周公往营成周，周公得卜，复命于成王，谓成王为"子"者，亲之也；谓成王为"明辟"者尊之也。按周公之至洛，而得吉卜，则已遣使人来告于王。下文曰"伻来，以图及献卜"是也，非是周公至此，方以吉卜而复于成王也。且既谓成王为"子"，又谓"明辟"以为兼尊亲之称，则凿矣。盖先儒谓"复子"为还政于成王，则是。但以"明辟"为还明君之政，则是代王为辟，此则不可也。苏氏曰，周公虽不居位称王，然是行王事，至此归政，则成王之德始明于天下。曰"子"者，叔父家人之辞。此则得之。当周公之摄也，成王虽为天子，然端拱于上而已，何所为哉？今也始亲万几，则君道自此明矣，故曰"明辟"。《汉·宣帝纪》地节二年，大将军光薨，上始亲政事，令群臣得奏封事，以知下情。五日一听事，自丞相以下各奉职奏事，以传奏其言。考试功能，枢机周密，品式备具，上下相安，莫有苟且之意。自光未薨之前，政由光出，宣帝虽有综核名实之志，天下何自而知之。一旦亲政，而其设施如此，则为辟之道，岂不明哉。周公之摄政，制礼作乐，而天下太平。成王之年已长，盖将归政于成王，使成王之君德大明于天下亦已久矣。然武王定鼎于郏鄏，有宅洛之志而未之果，其事大体重，必有藉于周公，而复能卒成王之志，故周公谓我久欲还政于子，而王若不敢及天命之始，而定其命，以固根本。此亦犹汉宣帝即位，光稽首归政，上谦让委任焉。成王之不敢，即宣帝之谦让也。故我乃继此，以保佑成王，以相视东土之洛邑，经营规度，以为成王作民明君之始也。周公之意营洛，而即归政，故欲其作民明君于此始也。我以三月之十二乙卯之旦至于洛邑，其曰"洛师"者，唐孔氏曰，周公至洛之时，庶殷已集于洛邑，故曰"洛师"是也。黎水在河之北，故曰"河朔"。黎水，周公之营东都，盖以求天地之中，欲诸侯之朝觐、贡赋道里为均。而乃先"卜河朔黎水"者，顾氏曰，黎水近于纣都，为其怀土重迁，故先卜近以悦之，此说固是。意者黎水去洛不远，亦不失为地中也。黎水为河朔，则涧水、瀍水皆在河之南可知矣。《禹贡》曰，导洛至涧、瀍。洛与涧皆在河南，而涧在瀍西，瀍在涧东。瀍、涧皆在洛之北，涧之东，瀍之西，王城也。洛之北地，瀍之东，成周也，亦洛之北地。故皆曰唯洛食，明此二邑，皆在于洛。但以涧而别其为二矣。

凡卜者，先以墨画龟，要坼依此墨，然后灼之，求其兆顺食。此墨画之处，故谓之"食"。《周官·卜师》曰，扬火以作龟，致其墨者，灼之，明其兆。盖食则吉，不食则不吉也。周公之卜也，以河朔于商都为近，故先卜之，而其兆不吉，乃改卜瀍之西，及其东，皆获吉焉，则使人来以其地图及吉卜，献于成王。盖将毕此事，而复政也。伻，使也。《召诰》曰"越三日戊申，太保朝至于洛，卜宅。厥既得卜，则经营"，即此卜河朔黎水，及涧东、瀍西，及瀍之东是也。召公之得吉卜也，周公尚未至。而周公以为我卜者，叶博士曰，成王使召公相宅而所以营洛而成之，周公实总其事。则卜也，奉以归之周公，宜矣，是也。盖召公之得吉卜，即经营而周公之来至，则方以此献之王也。"王拜手稽首"者，致敬尽礼于周公也。《礼曰》君与臣无答拜。盖尊卑之分当然也。而太甲之于伊尹，成王

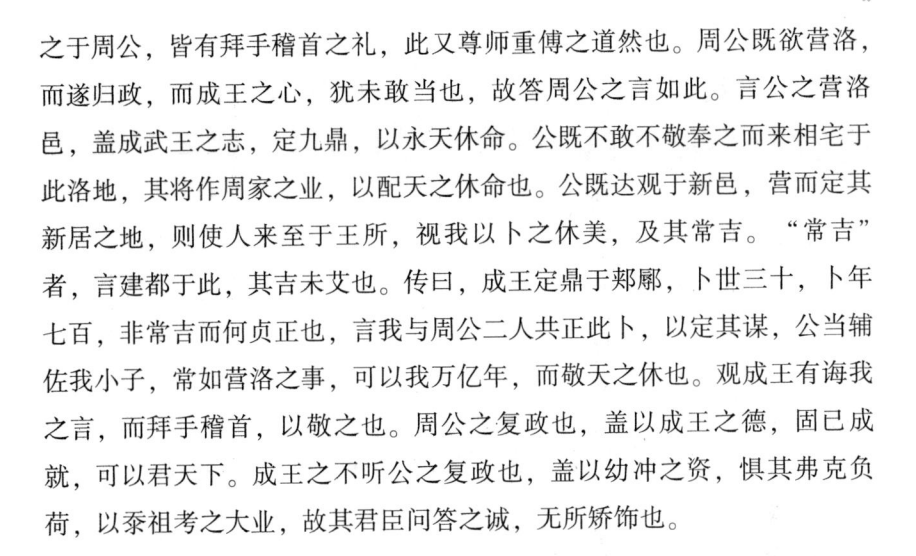

之于周公，皆有拜手稽首之礼，此又尊师重傅之道然也。周公既欲营洛，而遂归政，而成王之心，犹未敢当也，故答周公之言如此。言公之营洛邑，盖成武王之志，定九鼎，以永天休命。公既不敢不敬奉之而来相宅于此洛地，其将作周家之业，以配天之休命也。公既达观于新邑，营而定其新居之地，则使人来至于王所，视我以卜之休美，及其常吉。"常吉"者，言建都于此，其吉未艾也。传曰，成王定鼎于郏鄏，卜世三十，卜年七百，非常吉而何贞正也，言我与周公二人共正此卜，以定其谋，公当辅佐我小子，常如营洛之事，可以我万亿年，而敬天之休也。观成王有诲我之言，而拜手稽首，以敬之也。周公之复政也，盖以成王之德，固已成就，可以君天下。成王之不听公之复政也，盖以幼冲之资，惧其弗克负荷，以黍祖考之大业，故其君臣问答之诚，无所矫饰也。

4.《尚书讲义》卷十五《周书·洛诰》

（宋）史浩撰

《洛诰》。

召公相成王为左右之功，于兹可见。

召公既相宅，周公往营成周，使来告卜，作《洛诰》。

（归善斋按，原缺）

5.《尚书详解》卷二十《周书·洛诰》

（宋）夏僎撰

召公既相宅，周公往营成周，使来告卜，作《洛诰》。

此序与前《召诰》相顾成文。《召诰》唯太保先周公相宅，故此言"召公既相宅，周公往营成周"，谓召公既以如洛相其所宅，周公继往观召公所卜，因而又营成周，将以迁殷顽民。既得卜吉，于是使使以其吉兆，来告于王。自"周公拜手稽首，曰，朕复子明辟，予唯乙卯朝至于洛师。我卜河朔黎水，我乃卜涧水东、瀍水西，唯洛食。我又卜瀍水东，亦唯洛食，伻来，以图及献卜"，即使告卜之辞也。自"王拜手稽首，曰：公不敢不敬天之休"至"拜手稽首诲言"，即王谢公告卜之辞也。自"周公曰，王肇称殷礼"至篇终，又是周公既营洛邑之后，归于宗周，使王往新邑。相答问之辞,与前告卜之辞,非一时之言也。而叙书者,必总言,使来告卜。作《洛诰》者,盖叙《书》特举大意耳,不必一一包篇意。如《尧典》载尧致治之要,其终略言逊舜事,而序曰"将逊于位让于虞舜,作《尧典》";《舜典》备载舜致治之详,其首略言受尧禅事,而序曰"将使嗣位,历试诸难,作《舜典》其他如此类甚多"。此篇虽首载周公告卜之言,而后载周公归自洛,与王论说之语,非告卜之言,然序特取于前所载之意,而谓使来告卜,作《洛诰》于体亦无害。盖作序之辞,或取一端,或全意,体自不同,不足多疑也。

6.《增修东莱书说》卷二十三《周书·洛诰第十五》

(宋)吕祖谦撰,(宋)石澜增修

召公既相宅,周公往营成周,使来告卜,作《洛诰》。

"汤既黜夏命,复归于亳,作《汤诰》",《书》曰"复归于亳",著作《汤诰》之时也。"成王既黜殷命,灭淮夷还归在丰,作《周官》",《书》曰"还归在丰",著作《周官》之时也。他篇亦莫不然。而《洛诰》之序则独不然,告洛邑之卜,周公在成周,而遣使于成王也。作《洛诰》之书,周公归宗周,而亲告于成王也。若如《书》序之凡例,当云召公既相宅,周公往营成周,使来告卜,归于宗周,作《洛诰》。今乃于"告卜"之下,即书作《洛诰》,不复著其时何哉。盖本周公之志而言之也。卜定,则都邑定;都邑定,则受朝会迁商民而周之基业定;周之基业定,则周公之去志亦定,当使人告卜之时,告归虽未形于言,而精诚至意实与之俱往矣。孔子深见于此心,故变例而书,略作诰之时,而发作诰之志也。

7.《尚书说》卷五《周书·洛诰》

(宋)黄度撰

召公既相宅,周公往营成周,使来告卜,作《洛诰》。

召公先相宅,周公继至,卜得吉,乃遣使告卜,遂经营。庶殷丕作,作《洛诰》,于是周公归周,"复子明辟",成王留周公,事相属也。

8.《絜斋家塾书钞》卷十一《周书·洛诰》

(宋)袁燮撰

召公既相宅,周公往营成周,使来告卜,作《洛诰》。
(按袁氏此条解《永乐大典》原缺)

9.《书经集传》卷五《周书·洛诰》

(宋)蔡沈撰
(归善斋按,未解)

10.《尚书精义》卷三十八《周书·洛诰》

(宋)黄伦撰
(归善斋按,原缺)

11.《尚书详解》卷三十三《周书·洛诰》

(宋)陈经撰

召公既相宅,周公往营成周,使来告卜,作《洛诰》。

《召诰》之序曰,使召公先相宅,《洛诰》之序承上文,故曰"召公既相宅"。周公往营成周,即《召诰》所谓"周公朝至于洛,则达观于新邑营"是也。召公相之,周公营之,故使来告成王,以洛之吉卜。夫此篇所言者,皆周公与成王相对答之辞,而序特言"告卜"者,盖周公之告成王者,因献卜之事,而发其端故尔。

12.《融堂书解》卷十四《周书·洛诰》

(宋)钱时撰

《洛诰》。

召公既相宅,周公往营成周,使来告卜,作《洛诰》。
义同《召诰》。

13. 《尚书要义》

（宋）魏了翁撰

（归善斋按，原缺）

14. 《书集传或问》卷下《洛诰》

（宋）陈大猷撰

吕氏曰，洛都虽有二城，而成周则其总名。杜预、孔颖达皆以下都，为成周，谓敬王继子朝之乱，自王城徙都之。其说不然，大可以包小，小不可以色大。苟成周信为下都之名，则凡《书》之言"洛"者皆谓之"成周"，是以"下都"之名而包王城，其不可信一也。左氏未尝有敬王自王城迁成周之明文，第言子朝，既逐王入于成周而已。敬王请城成周之辞，亦谓成王合诸侯于成周，以为东都，则"成周"者，洛都之总名，明矣。其不可信二也（《大事记·解题》曰，成周乃东都总名，河南成周之王城也，洛阳成周之下都也。王城，非天子时会诸侯，则虚之。下都，则保釐大臣所居治事之所。周人朝夕受事，习见既久，遂独指以为成周矣）。

15. 《尚书详解》卷九《周书·洛诰第十五》

（宋）胡士行撰

召公既相宅，周公往营成周，使来告卜，作《洛诰》。
此序与《召诰》相顾成文。

16. 《书纂言》卷四上《周书·洛诰》

（元）吴澄撰

（归善斋按，未解）

17. 《书集传纂疏》卷五《朱子订定蔡氏集传·周书·洛诰》

（元）陈栎撰

（归善斋按，未解）

18.《读书丛说》卷六《洛诰》

（元）许谦撰
（归善斋按，未解）

19.《书传辑录纂注》卷五《周书·洛诰》

（元）董鼎撰
（归善斋按，未解）

20.《尚书句解》卷九《周书·洛诰第十五》

（元）朱祖义撰

召公既相宅（召公既如洛相度其所居），周公往营成周（周公继往经营成周，以迁顽民），使来告卜（于是使使来镐京，告王以所卜吉兆）。

21.《尚书日记》卷十二《周书·洛诰》

（明）王樵撰
（归善斋按，未解）

22.《日讲书经解义》卷八《周书·洛诰》

（清）库勒纳等撰
（归善斋按，未解）

《读书管见》卷下《洛诰》

（元）王充耘撰

卜洛。

《召诰》言召公先至洛卜宅经营，而后周公至洛。诰却言周公卜而唯洛食，何欤？盖周召奉王命以作洛，二人同功一体，不容分彼此于其间。故以事实言之，则召公得吉卜而经营；自周公遣使复命言之，则为周公卜宅而营洛也。

作《洛诰》

1. 《尚书注疏》卷十四《周书》

（汉）孔氏传，（唐）陆德明音义，（唐）孔颖达疏

作《洛诰》。

疏，正义曰，史叙其事，作《洛诰》。史录此篇，录周公与王相对之言，以为后法，非独相宅告卜而已。但周公因致政，本说往前告卜，经文既具，故序略其事，直举其发言之端耳。

2. 《书传》卷十三《周书·洛诰第十五》

（宋）苏轼撰

（归善斋按，见"召公既相宅，周公往营成周，使来告卜"）

3. 《尚书全解》卷三十一《周书·洛诰》

（宋）林之奇撰

（归善斋按，见"召公既相宅，周公往营成周，使来告卜"）

4. 《尚书讲义》卷十五《周书·洛诰》

（宋）史浩撰

（归善斋按，原缺）

5. 《尚书详解》卷二十《周书·洛诰》

（宋）夏僎撰

（归善斋按，见"召公既相宅，周公往营成周，使来告卜"）

6. 《增修东莱书说》卷二十三《周书·洛诰第十五》

（宋）吕祖谦撰，（宋）石澜增修

（归善斋按，见"召公既相宅，周公往营成周，使来告卜"）

7.《尚书说》卷五《周书·洛诰》

(宋）黄度撰
(归善斋按，见"召公既相宅，周公往营成周，使来告卜"）

8.《絜斋家塾书钞》卷十一《周书·洛诰》

(宋）袁燮撰
(归善斋按，原缺）

9.《书经集传》卷五《周书·洛诰》

(宋）蔡沈撰
(归善斋按，未解）

10.《尚书精义》卷三十八《周书·洛诰》

(宋）黄伦撰
(归善斋按，原缺）

11.《尚书详解》卷三十三《周书·洛诰》

(宋）陈经撰
(归善斋按，见"召公既相宅，周公往营成周，使来告卜"）

12.《融堂书解》卷十四《周书·洛诰》

(宋）钱时撰
(归善斋按，见"召公既相宅，周公往营成周，使来告卜"）

13.《尚书要义》

(宋）魏了翁撰
(归善斋按，原缺）

14.《书集传或问》卷下《洛诰》

（宋）陈大猷撰
（归善斋按，未解）

15.《尚书详解》卷九《周书·洛诰第十五》

（宋）胡士行撰
（归善斋按，见"召公既相宅，周公往营成周，使来告卜"）

16.《书纂言》卷四上《周书·洛诰》

（元）吴澄撰
（归善斋按，未解）

17.《书集传纂疏》卷五《朱子订定蔡氏集传·周书·洛诰》

（元）陈栎撰
（归善斋按，未解）

18.《读书丛说》卷六《洛诰》

（元）许谦撰
（归善斋按，未解）

19.《书传辑录纂注》卷五《周书·洛诰》

（元）董鼎撰
（归善斋按，未解）

20.《尚书句解》卷九《周书·洛诰第十五》

（元）朱祖义撰
作《洛诰》（遂作此书）。

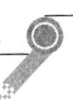

21.《尚书日记》卷十二《周书·洛诰》

（明）王樵撰

（归善斋按，未解）

22.《日讲书经解义》卷八《周书·洛诰》

（清）库勒纳等撰

（归善斋按，未解）

《洛诰》

《尚书注疏》卷十四《周书》

（汉）孔氏传，（唐）陆德明音义，（唐）孔颖达疏

《洛诰》。

传，既成洛邑将致政成王告以居洛之义。

疏，正义曰，周公摄政七年三月经营洛邑，既成洛邑，又归向西都，其年冬将致政成王，告以居洛之义，故名之曰《洛诰》，言以居洛之事告王也。篇末乃云"戊辰，王在新邑"，明戊辰已上，皆是西都时所诰也。

《尚书注疏》卷十四《考证》

《洛诰》。

臣浩按，王安石谓《洛诰》多缺文，有不可解者。苏轼谓，"周公拜手稽首"之上，即有脱简在《康诰》。朱子谓，王曰两段缺公答文，其最著者。陈栎谓，"王在新邑"之上，必有某月、某日王至于新邑之文也。然孔传、孔疏顺文解之，并不云有脱简。

《书经集传》卷五《周书·洛诰》

（宋）蔡沈撰

《洛诰》。

洛邑既定，周公遣使告卜，史氏录之，以为《洛诰》，又并记其君臣答问，及成王命周公留治洛之事。今文古文皆有。

按，"周公拜手稽首"以下，周公授使者告卜之辞也。"王拜手稽首"以下，成王授使者复公之辞也。"王肇称殷礼"以下，周公教成王宅洛之事也。"公明保予冲子"以下，成王命公留后治洛之事也。"王命予来"以下，周公许成王留洛。君臣各尽其责难之辞也。"伻来"以下，成王"锡命悉殷命宁"之事也。"戊辰"以下，史又记其祭祀册诰等事，及周公居洛岁月久近以附之，以见周公作洛之始终。而成王举祀发政之后，即归于周，而未尝都洛也。

《尚书详解》卷三十三《周书·洛诰》

（宋）陈经撰

《洛诰》。

此篇与前《召诰》之书相表里，同是卜洛之事也。召公因周公，以书戒成王，为《召诰》之篇。周公因献卜，与成王相对答之辞，而为《洛诰》之书。周公摄政至此七年，成王年已二十矣。周公知成王年长，其君德已成，可以居君位，故复辞而告归，成王知周公不可一日去己，故坚留周公而不与其归。何为前日成王疑周公如此，而今乃复留之，盖今日之成王已非昔日之成王。七年之间，周、召二公，为之左右，其所以诱掖开导之者深矣。不然所以留周公之言，安能如是其切至哉。自非信周公之笃，任周公之专，何以能然。观此篇者，不特有以见周公，罔以宠利居成功，明于去就之大节，平时所以格心之业，亦于是而可见。

《书纂言》卷四上《周书·洛诰》

（元）吴澄撰

《洛诰》。

成王在洛烝祭，命周公留后治洛，作册以诰周公，故名《洛诰》而篇首先记周公在洛遣使告卜之事，次记成王在洛与周公问答之辞，所以具事之始终也。

《书集传纂疏》卷五《朱子订定蔡氏集传·周书·洛诰》

(元) 陈栎撰

《洛诰》。

洛邑既定，周公遣使告卜，史氏录之，以为《洛诰》，又并记其君臣答问，及成王命周公留治洛之事。今文古文皆有。

按，"周公拜手稽首"以下，周公授使者告卜之辞也。"王拜手稽首"以下，成王授使者复公之辞也。"王肇称殷礼"以下，周公教成王宅洛之事也。"公明保予冲子"以下，成王命公留后治洛之事也。"王命予来"以下，周公许成王留洛。君臣各尽其责难之辞也。"伻来"以下，成王"锡命怭殷命宁"之事也。"戊辰"以下，史又记其祭祀册诰等事，及周公居洛岁月久近以附之，以见周公作洛之始终。而成王举祀发政之后，即归于周，而未尝都洛也。

纂疏：

因读《尚书》曰，其间错误解不得处煞多。昔伯恭解书，因问之曰，《尚书》还有解不通处。答曰，无有。因举《洛诰》问之，云，据成王只使周公往营洛，故"伻来，献图及卜"。成王未尝一日居洛，后面如何却与周公有许多答对。又云"王在新邑"，此如何解。伯恭无以答。后得《渠书》云，诚有解不得处。

《洛诰》之文有不可晓者，其后乃言王在新邑，而其前已屡有答问之词矣。

三盘、五诰之类，实是难晓，若要添减字，硬说将去尽得，然即是穿凿，恐终无益耳。

叶氏曰，此篇当与《召诰》参看。王氏安石曰，此诰有不可知者，当缺之。而释其可知者。

愚按，此篇大可疑者，唯有公告王，宅洛行祀出命之辞，而不载王至洛之事与其日月。观十二月在洛祭告，命周公留治洛之事，尚谨书之，则自三月，后至十二月，前此数月中，至洛之大事，其书之也必矣。观此篇首章九句，脱简在《康诰》之首，则王亲至洛行祀出命等事，其脱简又可想矣。且"孺子其朋"，及"汝唯冲子唯终"等处聱牙难通，上下不续。又"王曰，公功棐迪笃"之下，无周公答辞，而即继以"王曰"，岂非此等处有脱简、错简耶。细推详之可见。

《书传辑录纂注》卷五《周书·洛诰》

（元）董鼎撰

《洛诰》。

洛邑既定，周公遣使告卜，史氏录之，以为《洛诰》，又并记其君臣答问，及成王命周公留治洛之事。今文古文皆有。

按，"周公拜手稽首"以下，周公授使者告卜之辞也。"王拜手稽首"以下，成王授使者复公之辞也。"王肇称殷礼"以下，周公教成王宅洛之事也。"公明保予冲子"以下，成王命公留后治洛之事也。"王命予来"以下，周公许成王留洛。君臣各尽其责难之辞也。"伻来"以下，成王"锡命毖殷命宁"之事也。"戊辰"以下，史又记其祭祀册诰等事，及周公居洛岁月久近以附之，以见周公作洛之始终。而成王举祀发政之后，即归于周，而未尝都洛也。

辑录：

因读《尚书》先生曰，其间错误解不得处煞多。昔吕伯恭解书，因问之，云《尚书》还有解不通处。答曰，无有。因举洛诰问之，云，据成王只使周公往营洛，故"伻来，献图及卜"，成王未尝一日居洛，后面如何却与周公有许多答对。又云王在新邑，此如何解，伯恭遂无以答。后得《书》云，诚有解不得处。雉。《洛诰》之文有不可晓者，其后乃言王在新邑，而其前已屡有答问之辞矣。《答潘子善》。

纂注：

叶氏曰，此篇当与《召诰》参看，盖非一时之言，史取周公得卜，至遣使告卜，相与往来告戒本末序次之以示后世也。

王氏曰，此诰有不可知者，当缺之，而释其可知者。

新安陈氏曰，此篇大可疑者，唯有公告王宅洛行祀出命之辞，而不载王至洛之事与其日月。观十二月在洛祭告，命周公留治洛之事，尚谨书之，则自三月后至十二月，前此数月中，至洛之大事其当书也必矣。又此篇首章九句，脱简在《康诰》之首，则王至洛之事，其脱简又可想矣。

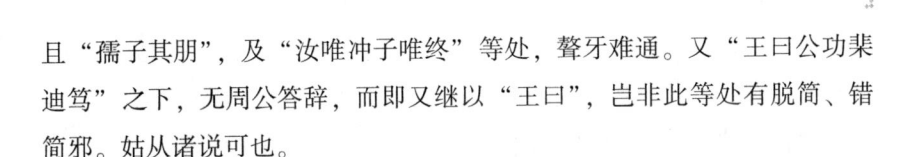

且"孺子其朋",及"汝唯冲子唯终"等处,聱牙难通。又"王曰公功棐迪笃"之下,无周公答辞,而即又继以"王曰",岂非此等处有脱简、错简邪。姑从诸说可也。

《尚书句解》卷九《周书·洛诰第十五》

(元)朱祖义撰

《洛诰》(竹简标题)。

《尚书日记》卷十二《周书·洛诰》

(明)王樵撰

《洛诰》。

召、洛二诰,作洛之始终也。《召诰》记其始事,与召公陈戒之辞,故名曰《召诰》,以经始之者,召公也。《洛诰》记其终事,与周公遣使告卜,与王往复之辞,及留后治洛之事,故名曰《洛诰》,以周公之事,以洛为重也。

篇首"唯三月"至"大诰治",二十八字旧脱简在《康诰》今正之。"唯三月哉,生魄,周公初基"至"乃洪大诰治",营洛自周始,故曰"初基"。洛,在镐京东,故曰"东国洛"。洛居天下中,四方之民大和悦而集会。"男"下独有"邦"字,以五服,男居其中,以该上下。周九服,曰侯、甸、男、采、卫、蛮、夷、镇、蕃。此会于洛者,唯内五服也。庶邦之百工,播布民和,率与趋事,并见而即事于周,言百工之勤也。周公咸勤,以《召诰》考之,己未至癸亥,五日不言事,所谓计丈数,揣高卑,度厚薄,仞沟洫,物土方,议远迩,量事期,计徒庸,虑财用,书糇粮,则"周公咸勤"之事也。甲子书命,即"洪大诰治"也。诰治,即书命,下文遣使告卜,又在乙卯达观之后,甲子书命之前,与此不相蒙。

《日讲书经解义》卷八《周书·洛诰》

(清)库勒纳等撰

《洛诰》。

洛邑既定，周公遣使复命于成王，因欲告归明农，而成王恳留周公，命其留治洛邑，史臣记其君臣相告语之辞，为书以其皆相洛治洛之事，故以《洛诰》名篇。

《尚书大传》卷三《洛诰传》

（清）孙之騄辑

古之处师，八家而为邻，三邻而为朋，三朋而为里，五里而为邑，十邑而为都，十都而为师。州十有二师焉。家不盈三口者不朋。由命士以上者，不朋。

郑玄曰，州凡四十三万二千家，盖虞夏之数也。

周公摄政四年，建侯卫。五年营成周。六年制礼作乐。七年致政成王。

郑玄曰，建侯卫，是封卫侯康叔，论封卫之事，是四年，作《康诰》也。《召诰》论营洛邑成周之事，是五年作《召诰》也。《洛诰》论致政成王之事，是七年作《洛诰》也。

周公将作礼乐，优游之三年不能作，君子耻其言，而不见其从；耻其行，而不见其随。将大作恐天下莫我知，将小作恐不能扬父祖功业德泽，然后营洛以观天下之心，于是四方诸侯率其群党，各攻位于其庭。"周公曰"，示之以力役，且犹至，况导之以礼乐乎。然后敢作礼乐。《书》曰"作新大邑于东国洛，四方民大和会"，此之谓也。（《诗》疏引《大传》）

卜洛邑，营成周，改正朔，立宗庙，序祭祀，易牺牲，制礼乐，一统天下，合和四海，而致诸侯，皆莫不衣绅端冕，以奉祭祀者，太庙之中缤乎，其犹模绣也。天下诸侯之悉来，进受命于周公，而退见文武之尸者，千七百七十三诸侯，皆莫不磬折玉音，金声玉色，然后周公与升歌而弦，文武诸侯在庙中者，伋然渊其志，和其声，愀然若复见文、武之身，然后曰，嗟子乎，此盖吾先君文、武之风也夫。（《周礼》疏引大传）

郑玄曰，八州，州立二百一十国，畿内九十三国。磬，乐器，其形曲折。

于穆清庙，周公升歌，文王之功烈德泽，尊在庙中，尝见文王者，愀然如复见文王（文选注），于者叹之，穆者敬之。（《诗》疏引《大传》）

"肃雍显相"，四海敬和明德。来助祭，以敬和为诸侯者，义得两通也。（《诗》疏）。

王者躬耕，所以供粢盛。（《选注》引《大传》）

祭之为言，察也。察者，至也。至者，人事也。人事至，然后祭。祭者，荐也。荐之为言，在也，在也者，在其道也。（《艺文类聚》引《尚书·大传》曰祭之为察也，荐，至也，言人事至于神也）。

庙者，貌也，以其（一作其以）貌言之也。

宗子燕族人于堂，宗妇燕族人于房，序之以昭穆。（《仪礼》疏引《大传》）

缀之以食，而弗殊，有族食、族燕之礼也。

夏后逆于庙庭，殷人逆于堂，周人逆于户。（《公羊》疏引《书传》）

战斗不可不习，故于搜狩以闲之也。闲之者贯之也，贯之者习之也。凡祭，取余获，陈于泽，然后卿大夫相与射也。中者，虽不中也，取不中者。虽中也，不取，何以？然所以贵揖让之取也，而贱勇力之取。向之取也，于囿中，勇力之取。（《尔雅》疏，向之取于囿中，勇力之取也）今之取也于泽宫，揖让之取也。泽习礼之处，非所以行礼。其射又主中，此主皮之射与。天子大射张皮侯，宾射张五采之侯，燕射张兽侯。（《仪礼》郑注引《大传》）

郑玄曰，泽，射宫也。《周礼》疏引《书传》云，战者，男子之事，因搜狩以阅之。阅之者，串之。

周公拜手稽首曰，朕复子明辟

1.《尚书注疏》卷十四《周书》

（汉）孔氏传，（唐）陆德明音义，（唐）孔颖达疏

周公拜手稽首曰，朕复子明辟。

传，周公尽礼致敬，言我复还明君之政于子。子，成王，年二十成人，故必归政而退老。

音义，辟，必亦反。

疏，正义曰，周公将反归政，陈成王将居其位。周公拜手稽首，尽礼致敬于王。既拜，乃兴而言曰，我今复还子明君之政。

传，正义曰，周公还政而已。明暗在于人君，而云"复还明君之政"者，其意欲令王明，故称"复子明辟"也。正以此年还政者，以成王年已二十成，故必归政而退老也。传说成王之年，唯此而已。王肃于《金縢》篇末云，武王年九十三而已，冬十一月崩，其明年称元年。周公摄政，遭流言作《大诰》而东征，二年克殷，杀管叔。三年归，制礼作乐，出入四年，六年而成。七年营洛邑，作《康诰》《召诰》《洛诰》，致政成王。然则，武王崩时，成王年已十三矣。周公摄政七年，成王适满二十。孔于此言成王年二十，则其义如王肃也。又《家语》云武王崩时，成王年十三，是孔之所据也。

《尚书注疏》卷十四《考证》

"朕复子明辟"传，言我复还明君之政于子。

程子曰，犹言告嗣天子王矣。叶梦得曰，"复"如《孟子》"有复于王者曰"之"复"。自孔氏以此文为归政，古今儒者从之，独王荆公谓不然。臣召南按，周公摄位之说，自战国以来，即有之。《明堂位》盖鲁陋儒所作。汉则伏生《大传》、司马氏《史记》并详其事，即解"复子明辟"为还政，亦不止于孔传。刘歆不见古文，而《三统历》言，周公七年"复子明辟之岁"。则今文训解本同。无怪新莽引此文以借口也。但周公始终为臣，成王自幼为主，本非摄，何言复耶？王、程之解是也。

2.《书传》卷十三《周书·洛诰第十五》

（宋）苏轼撰

周公拜手稽首曰，朕复子明辟。

周公虽不居位称王，然实行王事。至此归政，则成王之德，始明于天下，故曰"复子明辟"。曰"子"者，叔父家人之辞。

3. 《尚书全解》卷三十一《周书·洛诰》

（宋）林之奇撰
（归善斋按，见"召公既相宅，周公往营成周，使来告卜"）

4. 《尚书讲义》卷十五《周书·洛诰》

（宋）史浩撰

周公拜手稽首曰，朕复子明辟。

"复子明辟"，自孔氏以为周公居摄而还位于成王之辞，其后诸儒无有异论。唯王安石以为，复者，告也。明辟，君也。周公以定洛告成王非摄位而还之也。"复"者，若《说命》所谓"说复于王"，孟子所谓"有复于王"者是也。若谓周公作是书而还位于成王，则召公为保周公为师，相成王为左右，是成王自即位已为君在上，不知周公昔何所受而今还之也。汉儒不达"复"字之义，乃以为还位。后世纷纷，遂有复辟之论。以事理考之，当以王说为然也。洛邑既成，周公惩三监之叛，畏商人之不服，为腹心害，欲为国家消万世之祸，是以身任其责，断然宅洛而不辞复子明辟，若曰致书于王也，尝谓周公摄政固当还也。方周公有营洛之役，王之所闻，止于伻图，而公遽以还政为说，言非其时，成王得无疑乎。又况周公相践阼而治，践阼实在成王，何以复辟为也。其言迥然非类，学者当自知之。

5. 《尚书详解》卷二十《周书·洛诰》

（宋）夏僎撰

《洛诰》。

周公拜手稽首曰，朕复子明辟。王如弗敢及天基命定命，予乃胤保大相东土，其基作民明辟。予唯乙卯，朝至于洛师。我卜河朔黎水，我乃卜涧水东、瀍水西，唯洛食。我又卜瀍水东，亦唯洛食，伻来，以图及献卜。

此《洛诰》二字旧竹简所标之题也。自此以下周公遣使告卜之辞也。当营洛之时，召公先往，周公继往，而成王实在宗周，未尝至洛。唯其未尝至洛，故周公所以遣使告于王也。"周公拜手稽首"者，史官记周公当时遣使之际，拜手稽首而后言也。"朕复子明辟"者，"明辟"，谓明君之位也。时周公当居摄营洛之后，即欲归政于成王，故此所以首言，朕将复还子明君之位。"王如弗敢及天基命定命"，二孔以"如"训往，谓王往者不敢及天之基命定命，我所以继而保，谓武王崩，公乃居摄以治天下。不如徐先生谓，"王如弗敢及"，乃王谓我如恐不能及，此说极然。盖周公之意，谓我今将复还子成王明君之位，我向时所以居摄者，以王之意慊慊然，如恐不敢庶几及于文武之基命定命，故我所以权时之宜，继武王而居摄以保之基命定命。徐先生谓，三分天下有其二，是周家之命基始于文王也。定命，徐先生谓，武王定天下，是周家之命定于武王也。则所谓"弗敢及天基命定命"者，乃谓不敢及文王武王也。周公谓，成王既不敢及文武，而我继保之，我于是大相此东土，谓相视洛地营作新邑也。洛在镐东，故谓之东土。然我所以营洛者，亦以汝将为民之明君，故立此镇抚民心，为汝基立其作民明君之本也。盖都邑者，天下之根本。根本正，则民心不摇；民心不摇，则人君可以南面无为而治天下。此周公所以谓"大相东土"，乃为成王基立其作民明君之本也。周公既言所以营洛之大意，于是遂陈其得吉之详，谓我乃以乙卯日，即《召诰》三月十二日乙卯，周公朝至于洛是也。此言"朝至于洛师"者，师，众也。时召公先周公而往，已命庶殷攻位于洛汭，是洛地已有众民在焉，故此所以言"洛师"者，谓至洛地众民兴作之所也。

"我卜河朔黎水"者，周公谓，我先则卜宅于大河之北黎水之上也。卜此不吉，则渡河而南，卜于涧水之东，瀍水之西，唯洛地，则龟兆食墨而吉。盖古者，卜龟先用画龟，而后灼之。灼之而其兆之文循墨而行，如食墨，然则谓之吉。此所卜之地，即今之河南所谓王城定鼎之所也。卜定鼎之既吉，我则又逾瀍水之东而卜之，亦唯洛地，龟兆食墨而吉，则此今之所谓洛阳，古之所谓成周，周公迁顽民之所也。盖洛之地，在涧水之西，跨瀍水之东，故瀍水之东谓之洛，而涧水之西亦谓之洛也。以《召诰》考之，卜宅者召公也，而此云周公卜者，先儒皆谓，卜虽召公，然召公实奉周公之命而往，谓之周公卜之亦可也。然以余考此言"予唯乙卯，朝至于洛师。我卜河朔黎水"，则此卜在乙卯日，乃三月十二日。《召诰》

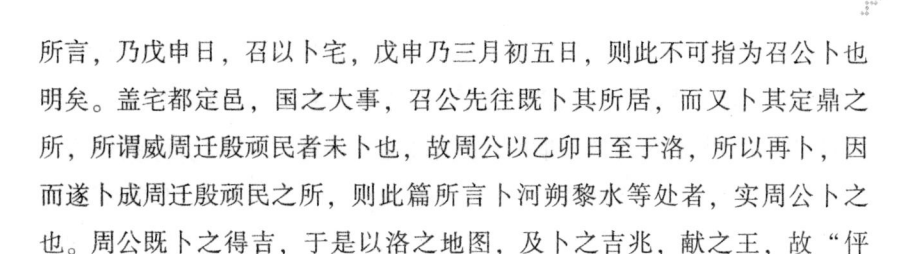

所言，乃戊申日，召以卜宅，戊申乃三月初五日，则此不可指为召公卜也明矣。盖宅都定邑，国之大事，召公先往既卜其所居，而又卜其定鼎之所，所谓咸周迁殷顽民者未卜也，故周公以乙卯日至于洛，所以再卜，因而遂卜成周迁殷顽民之所，则此篇所言卜河朔黎水等处者，实周公卜之也。周公既卜之得吉，于是以洛之地图，及卜之吉兆，献之王，故"伻来，以图及献卜"此一句，当是史官记事之言。

6.《增修东莱书说》卷二十三《周书·洛诰第十五》

（宋）吕祖谦撰，（宋）石澜增修

周公拜手稽首曰，朕复子明辟。王如弗敢及天基命定命，予乃胤保大相东土，其基作民明辟。予唯乙卯，朝至于洛师。我卜河朔黎水，我乃卜涧水东、瀍水西，唯洛食。我又卜瀍水东，亦唯洛食，伻来，以图及献卜。

此章首序作洛献卜之意，拜手稽首，敬其事也。"朕复子明辟"，程氏谓，如"复于王"之"复"。周公盖言，我以作洛献卜之事，反告于汝明君也。周公之视成王，孺子也；成王之视周公，叔父也。拜手以言之，明君以称之，盖大卜洛之事，而深发其敬也。世儒"复辟"之说，盖生于此语，抑不知有失，然后有复。武王崩，成王立，未尝一日不居王位，何复之有哉。君幼而百官总已以听焉，是固冢宰之职也。唯辟作福，唯辟作威，前乎此者，封康叔，伐三监，莫不系之于成王。则昔固为辟自若也，而今何复焉政。使如世儒之说，则天下之事，岂有大于此者，何为下文无一语及之，而专论营洛献卜之故邪。

"王如弗敢及天基命定命，予乃胤保大相东土，其基作民明辟"，述作洛之意也。营洛大政，宜自天子出，以成王幼冲新立，若不敢及天时，建都邑基周家之命而定之，予乃不得不嗣太保以往大相东土，其庶几为成王始"基作民明辟"之地中，天下而立，明四目，达四聪，并受四海之图籍，大哉洛邑，是诚作民明辟之基也，是诚周公建都之意也。萧何作未央宫，不过曰"非壮丽无以重威"耳，临之以周公其"基作民明辟"之言，眇乎小哉，不啻天渊之间也。"予唯乙卯朝至于洛师"，即《召诰》所谓"乙卯周公朝至于洛"是也。

"我卜河朔黎水，我乃卜涧水东、瀍水西，唯洛食。我又卜瀍水东，亦唯洛食"者，卜都之意，主于商民。先卜河朔黎水者，因其所安也。顾氏谓，近于纣都，为其怀土重迁，故先卜近，以悦之。其论远近则然矣。若曰先卜近以悦之，建都邑至重也，质神明至肃也，此岂苟以悦众之时。况本欲居洛，姑先卜黎，是命龟之际，其意既不诚一矣。苟龟兆而吉也，将屈吾本意而遂居黎乎。圣人之举措，殆不如是也。然则周公何为而先卜黎也，意在地近者，商民之心意在地中者，周公之心众之所向，周公亦岂安其独见哉。并列二说，以听于天而已。卜黎于先者，先人后己之心也。黎既不吉，改卜洛邑，龟乃协从。盖周公之心即天心也。无间，故无违也。黎虽不及洛，然亦周公并近商郊，审择面势，可建别都之地。若择焉而不详，是强天之合，而必龟之从己，岂圣人之心哉。始云"我乃卜涧水东、瀍水西，唯洛食"者，王城也，朝会之地也；终云"我又卜瀍水东，亦唯洛食"者，下都也，顽民之居也。王城在涧瀍之间，下都在瀍水之外，其地皆近洛水，故两云"唯洛食"也。"食"云者，史先定墨而灼龟之兆，正食其墨也。洛都虽有二城，而成周则总其名。杜预、孔颖达皆以下都为成周谓，敬王继子朝之乱，自王城始都之，其说不然。大可以包小，小不可以包大。苟成周信为下都之名，则凡书之言洛，皆谓之成周，是以下都之名而包王城，其不可信一也。左氏未尝有敬王自王城迁成周之明文，第言子朝既逐王入于成周而已。敬王请城成周之辞，亦谓成王合诸侯，城成周以为东都，则成周者洛邑之总名明矣。其不可信二也。"伻来，以图及献卜"者，周公言向者卜洛既定，使人来宗周献营缮之图及龟卜之兆于王，盖追述献卜之事，言洛都之成，将以致告归之请也。

7.《尚书说》卷五《周书·洛诰》

（宋）黄度撰

《洛诰》。

周公拜手稽首曰，朕复子明辟。

子，成王也，成人矣，故称之曰"子"。复子明君，使自为政也，必言"明"者，主道利明，不利幽也。

8.《絜斋家塾书钞》卷十一《周书·洛诰》

(宋)袁燮撰

《洛诰》。

周公拜手稽首曰，朕复子明辟。王如弗敢及天基命定命，予乃胤保大相东土，其基作民明辟。予唯乙卯，朝至于洛师。我卜河朔黎水，我乃卜涧水东、瀍水西，唯洛食。我又卜瀍水东，亦唯洛食，伻来，以图及献卜。

复辟之事，说者皆引说"复于王""有复于王"者为证，谓周公以明君之道，复之于王。有失，然后有复，成王未尝不为君，既不曾失，何复之有。其言信美矣。然观其辞气，则未必然。复辟，只是复辟，初不必如此回护。况周公既无取天下之心，何必曲为之说。《书》曰，"唯周公诞保文武受命，唯七年"。方成王幼冲，周公摄政，天下事权皆在周公之手，至今而成王壮矣，然后以人君之政事归之于王，只如此而已，夫何可疑。况此书中自甚分明，如曰"予小子其退，即辟于周"，如曰"乱为四方，新辟"，成王之为君久矣，至此乃始谓之新辟，盖前日虽为王，政事却自周公出。今日周公既归政，政事始自成王出，分明是为新君也。由此观之，则复辟之言，何独不信，却非是成王前日未为君，成王之为王固久矣，但摄政七年之际，事权在周公，今始以人君之政事归之于王，故谓之"复辟"尔。如后世霍光相宣帝，宣帝既壮，光稽首归政，君臣之分，亦未尝不明。而况周公大圣，其处此有道矣。孔安国注，以为复还明君之政，此语甚好。营洛邑大事，本不当出于周、召。周公以为我看成王意思，一如弗敢及天命之初基，定这天命。营邑，则天命定矣。我看成王不敢担当此事，故我继太保而大相东土，今王自此以后，始为天下之明君矣。观此一句，复辟之事，岂不甚分明。此是周公复辟之辞。洛师，师者，众也。卜洛之事，所以既于河朔黎水卜之，又于涧水东、瀍水西卜之，又于瀍水东卜之，如此委曲周旋者，盖虽只是这一片地，然建都之所，宗庙朝廷之位，却要的当，故不敢轻。如此，卜必先以墨画龟，然后灼之，灼之而兆，见此食也。灼之而其兆不见，则不食矣。

9.《书经集传》卷五《周书·洛诰》

(宋)蔡沈撰

周公拜手稽首曰,朕复子明辟。

此下周公授使者告卜之辞也。拜手稽首者,史记周公遣使之礼也。复,如"逆复"之"复"。成王命周公往营成周,周公得卜,复命于王也。谓成王为"子"者亲之也。谓成王为"明辟"者尊之也。周公相成王,尊则君,亲则兄之子也。明辟者,明君之谓。先儒谓成王幼,周公代王为辟,至是反政成王,故曰"复子明辟"。夫有失,然后有复。武王崩,成王立未尝一日不居君位,何复之有哉。《蔡仲之命》言"周公住冢宰,正百工",则周公以冢宰总百工而已,岂不彰彰明甚矣乎。王莽居摄,几倾汉鼎,皆儒者有以启之,是不可以不辨。苏氏曰,此上有脱简在《康诰》,自"唯三月哉生魄"至"洪大诰治"四十八字。

10.《尚书精义》卷三十八《周书·洛诰》

(宋)黄伦撰

《洛诰》。

周公拜手稽首曰,朕复子明辟。王如弗敢及天基命定命。予乃胤保大相东土,其基作民明辟。

无垢曰,王道利明,不利幽,故自尧舜以来,君天下者,无不以明而兴,以昏而亡;以明而治,以昏而乱。成王幼冲,未能继文武之明以照知四方。唯周公德明,故摄成王之政,以代其号令。今成王年已二十,故周公以明辟之位,复还于成王。且成王往曰"不敢与及天之基命定命"之事,故周公乃嗣文武,保安天下之道,大相东土,营此洛邑,使天下之心安定,知我周家为久远无穷之计,是于洛邑,始为明辟之道也。

东坡曰,周以营洛为定天命,何也?《易》曰"涣亨王假有庙",言天下方涣散,而王乃有宗庙,则民心一。方汉之初,定萧何筑未央宫东缺、北缺、武库,宫室极其壮丽,亦所以示天下不渝,而定民心也。

胡氏曰,周公摄政七年,天下太平,礼乐已作,都邑已成,将欲复政于王,退而归老,故曰"朕复子明辟"之君也。孔安国云,言我复还明君之政于子。孔颖达曰，明暗在于人君，而云复还明君之政者，其意欲令王明也。夫以武王既崩，成王幼弱，幼弱之年未能治政，故周公摄天子之政，践天子之位，俾成王就学焉。成王学成，则周公已致太平矣。成王年已二十，可以还政也，故周公"复子明辟"，其归政于成王也。

黄熙载曰，明君者，先代王者之位，非止谓成王也。

11.《尚书详解》卷三十三《周书·洛诰》

(宋) 陈经撰

周公拜手稽首曰，朕复子明辟。王如弗敢及天基命定命，予乃胤保大相东土，其基作民明辟。予唯乙卯，朝至于洛师。我卜河朔黎水，我乃卜涧水东、瀍水西，唯洛食，我又卜瀍水东，亦唯洛食，伻来，以图及献卜。

先儒孔颖达曰，周公摄政七年，三月经营洛邑，洛邑既成，又归向西都，其年冬，将致政成王，告以居洛之义，故名曰《洛诰》，言以居洛之事告王。篇末云"戊辰王在新邑"，明"戊辰"以上，皆是西都时所诰。观孔氏之意，则是自周公拜手稽首而下，乃周公"复子明辟"之日，举前日所献之卜对成王而言之，明此篇不在营成周之日也。子者，家人之辞。周公以叔父之尊，故称成王为子。辟者，为君威福之权。明者，主道利明，不利幽。自此以前，成王虽已即位，周公摄政，百官总己以听冢宰，自今日已往，复子明辟，则归政于成王矣。如，往也。成王往日以幼冲之故，不敢及知天之始命周家，与乎定命于洛邑之事。宅洛谓之"定命"者，周家定鼎于郏鄏，卜世三十，卜年八百皆于此而定。唯其成王幼，不敢及知，故摄政在周公，而营洛亦在周公。胤继也，保安也。我乃继文武所以安天下之道，大相视洛邑东土，庶几自此治邑，安定天下为明君之始焉。"基"之一字，周公含不尽之意，言"明辟"自此始，则其后更有无穷已之事也。

"予唯乙卯，朝至于洛师"，即《召诰》所谓"越翼日乙卯，周公朝至于洛"之日也。师，众也。四方民大和会于此，故曰"洛师"。"我卜河朔黎水，我乃卜涧水东、瀍水西，唯洛食"，公卜此三处，皆不吉，唯洛为吉。所谓三处者，河北黎水之上，即今河朔黎阳也。周公营东都以处顽民，商民安土重迁，故欲都河朔，近商之地。黎水既不吉，则又卜涧之东、瀍之西，亦欲商民稍近尔，二者又不吉。唯洛地则食之者。卜必以墨画龟，兆顺食此墨画之处则吉。"我又卜瀍水东亦唯洛食"，既卜洛为吉矣，又卜者何也？此乃定下都，迁顽民也。又于瀍水之东，别卜一处，亦唯洛食，故先儒于上文，"唯洛食"即今河南城，下文"唯洛食"，今洛阳，言周公于洛地，卜此二处也。《召诰》曰"太保朝至洛卜宅"，则卜乃召公之卜，何与于周公。周公曰"我卜"者，周、召二公心同，故其谋亦同，召公之卜，即周公之卜也。"伻来，以图及献卜"，伻者，遣使来也，献二处之图，及二处之卜于成王，周公不敢自专也。

12.《融堂书解》卷十四《周书·洛诰》

(宋) 钱时撰

周公拜手稽首曰，朕复子明辟。王如弗敢及天基命定命，予乃胤保大相东土，其基作民明辟。予唯乙卯，朝至于洛师。我卜河朔黎水，我乃卜涧水东、瀍水西，唯洛食。我又卜瀍水东，亦唯洛食，伻来，以图及献卜。

此使来告卜时，周公面告成王之语也。公与成王皆拜手稽首，其以复辟重大，故致敬尽礼而言之欤。伊尹、太甲，亦是复辟时，始有此礼数。夫宅洛，固武王意也。四方朝聘，贡赋道里固均也。而区处商民，则诚当时第一急务。商民未有所处，则周公职分犹是未了，岂可委而去之乎。卜洛既定，则康叔可封，顽民可迁而大诰之治可究竟，所以告卜之始，首言"复子明辟"。此其本志欤。复，犹反也，还也，谓我当还汝明君之政，即伊尹"复政厥辟"之谓也。先儒谓有失，而后有复。成王与太甲之放不同，不当言复辟。此"复"乃"说复于王"之"复"，犹言复命也，殊未安。若然，则云"复子"足矣，何以又云"明辟"也。周公之于成王，止呼曰冲子，曰孺子。曰子，未尝有明辟之称。所谓"复"者，言昔居摄而今复于成王云耳。谓之复命，固不可也。且复辟之义，具有实证。周公首言"朕复子明辟"后，遂云"兹予其明农哉"，是欲复辟而告归也。成王云"公明保予冲子"，又云"其退即辟于周"，即辟与复辟正相应，不欲其归而许其复也。周公后又云"四方新辟"，非复则何以谓之新。况

"复子明辟"之下曰"王如弗敢及天基命定命，予乃胤保"者，正是原当时摄政之故。曰"大相东土，其基作民明辟"者，正是述今日归政之旨，谓之不言复辟可乎？基命、定命之任，成王实未足以当此。"如弗敢及"，云者言，成王若有所不敢及，然周公婉其辞而言也。唯成王如不敢及，故我乃归摄嗣其事而保安之。我，指我国家而言，即"比介于我有周御事"之"我"，非周公自谓也。召公先往相宅，而首卜河北之黎水，以其去殷为近故也。涧水之东，即瀍水之西，卜皆不吉，而龟兆唯食于洛。又卜瀍水之东，而龟兆亦食于洛。"伻来，以图及献卜"，言今使者以地图并卜来献。是周公与使将神之命也，而周公则因卜宅已定，而陈复辟告归之旨也。观此一书，皆周公告成王，亲相往复，度其事理，则告卜之使，又决非丁巳。戊午奏告天地之后，周公与使偕来王所复，何疑哉。

13. 《尚书要义》

（宋）魏了翁撰

（归善斋按，原缺）

14. 《书集传或问》卷下《洛诰》

（宋）陈大猷撰

（归善斋按，未解）

15. 《尚书详解》卷九《周书·洛诰第十五》

（宋）胡士行撰

《洛诰》。

周公拜手稽首曰，朕复（还）子明辟（君政）。

先此周公摄政，王之为君未明也。今公归政而王即政，则为明辟矣。

16. 《书纂言》卷四上《周书·洛诰》

（元）吴澄撰

周公拜手稽首曰，朕复子明辟。

拜手稽首者，记周公遣使之礼。"曰"者，周公授使者以告王之辞。

复，犹"复逆"之"复"，反也，报也。王命周公营洛，遣使反报于王也。子，亲之之辞；明辟，尊之之辞。周公于成王，亲则兄之子，尊则君也，故称之曰"子明辟"。

17.《书集传纂疏》卷五《朱子订定蔡氏集传·周书·洛诰》

（元）陈栎撰

周公拜手稽首曰，朕复子明辟。

此下周公授使者告卜之辞也。拜手稽首者，史记周公遣使之礼也。复，如"逆复"之"复"。成王命周公往营成周。周公得卜。复命于王也。谓成王为"子"者，亲也；谓成王为"明辟"者尊之也。周公相成王。尊则君，亲则兄之子也。明辟者，明君之谓。先儒谓成王幼，周公代王为辟，至是反政成王，故曰"复子明辟"。夫有失，然后有复。武王崩，成王立未尝一日不居君位，何复之有哉？《蔡仲之命》言"周公位冢宰，正百工"，则周公以冢宰总百工而已，岂不彰彰明甚矣乎。王莽居摄，几倾汉鼎，皆儒者有以启之。是不可以不辨。苏氏曰，此上有脱简在《康诰》自"唯三月哉生魄"至"洪大诰治"四十八字。

纂疏：

孔氏曰，周公言，我复还明君之政于子。子，成王。

王氏安石曰，复，如"复逆"之"复"。成王命公往营成周，公得卜，复命于王。曰子，亲之也。曰明辟，尊之也。先儒以周公代王为辟，至是反政。以《书》考之，"周公位冢宰，正百工"而已，未尝代王为辟，何复之有。按辟孔注，始于荆公，蔡传采之。

程子曰，犹言告嗣天子王矣。

叶氏曰，复，如《孟子》"有复于王"，《书》"说复于王"之"复"。《明堂位》云"周公践天子位"，汉儒之言云尔，不足信也。

愚按，王莽废汉孺子婴为定安公，执其手流涕曰"昔周公摄位，终得复子明辟，今予独迫皇天威命，不得如意"，盖因孔氏释经之误莽，遂借此以文其奸云。右此章上当移，元《洛诰》脱简冠于首而读之。

18. 《读书丛说》卷六《洛诰》

(元）许谦撰

（归善斋按，未解）

19. 《书传辑录纂注》卷五《周书·洛诰》

(元）董鼎撰

周公拜手稽首曰，朕复子明辟。

此下周公授使者告卜之辞也。拜手稽首者，史记周公遣使之礼也。复，如"逆复"之"复"。成王命周公往营成周，周公得卜，复命于王也。谓成王为"子"者，亲之也。谓成王为"明辟"者尊之也。周公相成王。尊则君，亲则兄之子也。明辟者，明君之谓。先儒谓成王幼，周公代王为辟，至是反政成王，故曰"复子明辟"。夫有失，然后有复。武王崩，成王立未尝一日不居君位，何复之有哉？《蔡仲之命》言"周公位冢宰，正百工"，则周公以冢宰总百工而已，岂不彰彰明甚矣乎。王莽居摄，几倾汉鼎，皆儒者有以启之，是不可以不辨。苏氏曰，此下有脱简在《康诰》，自"唯三月哉生魄"至"洪大诰治"四十八字。

纂注：

孔氏曰，周公言，我复还明君之政于子。子，成王，年二十成人，故必归政而退老。

王氏曰云云，朱子采之《集解》，并见蔡传。

程子曰，犹言告嗣天子王矣。

叶氏曰，复，如《孟子》"有复于王"之"复"。自孔氏以"复子明辟"谓周公摄而归政之辞，古今儒者从之不敢易，独王氏以为不然，世或未之信焉。以予考之，周公践天子位以治天下，初无经见，独《明堂位》云尔。《明堂位》非出吾夫子也。盖武王崩，周公以冢宰摄政，此礼之常。摄者，摄其事，非摄其位。世见周公在丧之摄，不知其非以成王幼而摄，故至卜洛，犹有归政之言，则王氏之言为有证。

葵初王氏曰，篇末"七年"之说，陈氏引《记》礼为证固也。然践天子位，又不可不缺。

新安陈氏曰，按王莽废汉孺子婴为安定公，执其手流涕曰"昔周公摄位，终得复子明辟，今予独迫皇天威命，不得如意"，盖因孔氏释经之误，莽遂借此以文其奸。

20.《尚书句解》卷九《周书·洛诰第十五》

（元）朱祖义撰

周公拜手稽首曰（周公手至首，首至地致敬于王，而后遣使告卜辞曰），朕复子明辟（我于营洛之后，即欲还子明辟之位。辟，壁）。

21.《尚书日记》卷十二《周书·洛诰》

（明）王樵撰

周公拜手稽首曰，朕复子明辟。

此下，周公授使者告卜之辞也。王介甫曰，先儒以周公代王为辟，至是反政，以《书》考之，周公位冢宰，正百工而已，未尝代王为辟，何复之有？按，此介甫说《书》有功处。

"明辟"，期之也。下云"其基作民明辟"，后云"乱为四方新辟"。

22.《日讲书经解义》卷八《周书·洛诰》

（清）库勒纳等撰

周公拜手稽首曰，朕复子明辟。王如弗敢及天基命定命，予乃胤保大相东土，其基作民明辟。

此二节书，史臣记周公承成王之命，宅洛谐卜，遣使告卜于王也。复，复命也。子明辟，指成王。周公于成王以亲，则为兄之子；以尊，则为君，故曰"子明辟"。及者，与知之意。基命，指营洛之初；定命，指洛邑告成。皆言天命者，重其事也。胤，继也。保，太保召公。洛邑在镐京东，故称东土。周公拜手稽首致敬而授辞于使者曰，我受王之命卜都于洛，今事既有定，不敢不禀成于王，用复命于子明辟营洛之事本，以上承天休，则成始成终，皆所以凝命也。王自执谦退，若不敢与知上天成始之基命，与成终之定命。凡创始善后之事，举以付之太保与我二人。太保先我经营，我亦不敢暇逸，乃继太保，大相东土洛邑，王城宜何在，下都宜何在，规画（划）布置，以基吾王作民明辟之地。盖都邑既定，则可以朝诸侯，抚四海。凡宅中、图大之业，皆始于此，故云"基"也。

《书蔡氏传旁通》卷五《周书·洛诰》

（元）陈师凯撰

复，如"逆复"之"复"。

逆复，出《周礼》已见龙作纳言下。

复命于王。

叶氏曰，如《孟子》"有复于王"之"复"。

王莽居摄，几倾汉鼎，皆儒者有以启之。

古注云，周公言，我复还明君之政于子。

新安陈氏曰，王莽废汉孺子婴为安定公，执其手流涕曰"昔周公摄位，终得复子明辟。今予独迫皇天威命，不得如意"，盖因孔氏释经之误，莽遂借此以文其奸也。

《尚书疑义》卷五《洛诰》

（明）马明衡撰

复子明辟，如古注，孔氏皆以为摄而复政之辞。至王氏安石，乃以为"复逆"之"复"宋诸儒从之。夫以为摄而复政者，成王尚幼，周公以身任天下之重，何尝履君位乎。如《明堂位》所言践天子位以治天下，此汉儒附会之谬说也。此固无俟于辨而自明者。然伊尹、周公皆有复辟之事，愚固谓，伊尹之任商，周公之任周，皆非后世人臣所可拟者。有伊尹、周公之圣，而又有伊尹、周公之任，任之所在，责之所归，故不得已而当之。以圣人为之，至诚感动，始终有济。若无其德，无其任，而冒当之，未有不犯于逆乱之伦者。此王莽之徒，虽窃以借口，然亦岂能以溷日月之明哉。后儒因王莽之事，遂将周公变易其说，盖不欲使公之忠圣，一淆于逆乱之迹。其爱公，可谓至矣。其所以待公不其浅乎。呜呼！操之不可为文，莽之不能为周公，岂待后世方知之，而当时所为，已如白黑之不可同日语矣。溷碔砆于珠玉之间，何损于珠玉耶。由是言之。圣贤之事。各论其实而已矣。

书序以此为使来告卜而作，今详其义，全不重在告卜，特叙其事，自告卜始。盖洛邑既成，成王初往新邑，以发命施政，而周公告戒之辞。是时，成王既长亲政，周公欲"明农"而成王留之。君臣问答，史皆录之以成篇，重在治洛，故名《洛诰》当宅中之始，新政之初，召公、周公，皆告戒之切。大臣责难之义，非后世所能及也。

"周公拜手稽首曰，朕复子明辟"，愚窃以为，是与成王对面之辞，非授使者之辞也。王拜手稽首，亦是成王对面复周公之辞。当时周公定洛而归复于王，而因以告戒之，但《康诰》之首，以为是此篇错简，则又似在洛之时，岂成王与周公俱至洛之时所言耶。细详错简之言，未见其然。下文云"予齐百工，伻从王于周"，又曰"唯以在周公往新邑"，又曰"汝往敬哉兹予其明农哉"，则当时镐京之言矣。

《书经衷论》卷三《周书·洛诰》

(清) 张英撰

古人文字博奥，立乎百世之下，以己意注之，安能尽合，亦唯断之于理而已。如"复子明辟"，汉儒乃谓还政复辟。夫"明辟"何名，而谓可以取，可以复乎？伊尹当日，亦不过凡八条，曰"以冕服奉嗣王归于亳"而已。周公以冢宰摄政，岂有侈然自为天子之理。况下节又言"其基作民明辟"只是当日称谓如此耳。后世因汉儒之注，遂有周公复辟、明农之语。至明英宗亦称复辟，不知此"复"字，不过奉命营洛，反命于王之辞。得宋儒之论定，遂一正从前之误。

全篇记周公卜洛之后，而献其言与留后治洛之事，故曰《洛诰》复子明辟以下，"献卜"之言也。"王拜手稽首"一节，成王答公之言也。"王肇称殷礼"以下，周公告成王以治洛之道。首因祀于新邑，而告之整齐百工，核实功载，治内之道也。后又教以御诸侯，养万民，治外之道也。末言己退休之意以终之。"公明保予冲子"以下，成王称周公德业之盛，反复言之，不听其去也。"王命予来"以下，是周公许王之留，而告以君臣之道也。"伻来毖殷"以下，是周公受成王秬鬯之礼，不敢自居而禋于先王，并致其祷王之辞也。"戊辰"以下是史臣记成王告庙之礼，所以重周公之留后也。末一节是史臣记周公治洛之始终也。合此与《金縢》

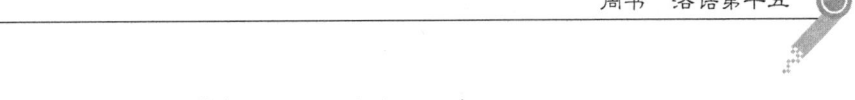

并观，则周公之纯忠笃孝，乃心王室也，至矣。

《五诰解》卷四《洛诰》

（宋）杨简撰

周公拜手稽首曰，朕复子明辟。

复，即《孟子》"有复于王"者之"复"。《周礼》，宰夫待诸臣之复，大仆掌诸侯之逆复。复，谓奏事也。辟，君也。明辟，称成王尊敬之辞。

王如弗敢及天基命定命

1. 《尚书注疏》卷十四《周书》

（汉）孔氏传，（唐）陆德明音义，（唐）孔颖达疏

王如弗敢及天基命定命。

传，如，往也。言王往日幼少，不敢及知天始命周家安定天下之命，故己摄。

音义，少，诗照反。

疏，正义曰，言王往日幼小，其志意未成，不敢及知天之始命我周家安定天下之命，故我摄王之位，代王为治。

传，正义曰，如，往，《释诂》文。及，训"与"也。言王往日幼少，志意未成，不敢与知上天始命我周家安定天下之命，故己摄也。天命周家安定天下者，必令天下太平，乃为安定。成王幼少，未能使之定，故不敢与知之。周公所以摄也。

2. 《书传》卷十三《周书·洛诰第十五》

（宋）苏轼撰

王如弗敢及天基命定命，予乃胤保大相东土，其基作民明辟。

基，始也。周公以营洛为定天命，何也？《易》曰"涣亨王假有庙"，

言天下方涣散，而王乃有宗庙，则民心一。方汉之初定，萧何筑未央宫东缺、北缺、武库，宫室极壮丽，亦所以示天下不渝，而定民心也。周公言，我欲归政久矣，王之意若有所不敢及天命之始而定命者，我所以少留，嗣行保佑之事，以率营洛之功，为复辟之始也。

3. 《尚书全解》卷三十一《周书·洛诰》

（宋）林之奇撰

（归善斋按，见"召公既相宅，周公往营成周，使来告卜"）

4. 《尚书讲义》卷十五《周书·洛诰》

（宋）史浩撰

王如弗敢及天基命定命，予乃胤保大相东土，其基作民明辟。予唯乙卯，朝至于洛师。我卜河朔黎水，我乃卜涧水东、瀍水西，唯洛食。我又卜瀍水东，亦唯洛食，伻来，以图及献卜。王拜手稽首曰，公不敢不敬天之休，来相宅，其作周匹休。公既定宅，伻来，来视予卜休，恒吉，我二人共贞。公其以予万亿年，敬天之休，拜手稽首诲言。

辟，君也。成王既长，为明君矣。周公居于洛，宜也。"王如弗敢"者，周公遣伻之辞也。夫受天之命，先有以基之，然后乃定而不倾。王如未敢相舍，当及天之基命定不可失之意，予今作洛，乃是嗣保天命，"大相东土，其基王之治民明辟"尔。盖周家所患在于商民。商民苟弗悛，嗣有三监之叛，周之所以为周，未可知也。周公知其然，作宅东土，以镇服其民。所以为王基，其治民作辟之本。嗣保者，或云继召公而相宅也。是故，自"乙卯朝至于洛师"者，众也。若所谓京师也。既卜河朔黎水，又卜涧水东、瀍水西，又卜瀍水东，皆不如洛。洛者，召公所先卜也。龟之有灵，其不变如此。伊洛瀍涧，皆在河之左右，而黎阳，独河北，故曰"河朔黎水"。洛食者，凡卜之道，先墨龟为兆，而今谓之令龟，灼而兆顺其墨，谓之食墨。其曰"唯洛食"者，兆顺其墨也。伻，使也，使之献图而告卜也。王乃拜手稽首以受之。以食洛为天休，则营而作之，可与吾宗周并休矣。常吉，永吉也。二人皆知其永吉，断以示天下，所谓"共贞"也，则亿万斯年，实我公之惠也。拜手稽首诲言，拜其诲言不敢慢也，或曰二人文武也。以词语考之，周公、召公而已，此不可不辩。

5.《尚书详解》卷二十《周书·洛诰》

（宋）夏僎撰

（归善斋按，见"周公拜手稽首曰，朕复子明辟"）

6.《增修东莱书说》卷二十三《周书·洛诰第十五》

（宋）吕祖谦撰，（宋）石澜增修

（归善斋按，见"周公拜手稽首曰，朕复子明辟"）

7.《尚书说》卷五《周书·洛诰》

（宋）黄度撰

王如弗敢及天基命定命，予乃胤保大相东土，其基作民明辟。

"王如弗敢"，言王退托有如弗敢，然敕天之命，唯时唯几。夫欲及天命所向而承之，而退托弗敢，则时几逝矣。成王能为其事而退托弗敢，足以观德矣，非能自得师，何以有此基始基之也。始基此命，安定此命，不可不及天心所胤嗣，故予嗣太保，大相东土，复子明辟，使成王宅新邑，行政化，始基作民明辟，文、武功业至此遂定。

8.《絜斋家塾书钞》卷十一《周书·洛诰》

（宋）袁燮撰

（归善斋按，见"周公拜手稽首曰，朕复子明辟"）

9.《书经集传》卷五《周书·洛诰》

（宋）蔡沈撰

王如弗敢及天基命定命，予乃胤保大相东土，其基作民明辟。

凡有造基之而后成，成之而后定。基命所以成始也；定命所以成终也。言成王幼冲，退托如不敢及知天之基命定命，予乃继太保而往夫相洛邑。其庶几为王始作民明辟之地也，洛邑在镐京东，故曰东土。

10.《尚书精义》卷三十八《周书·洛诰》

（宋）黄伦撰

（归善斋按，见"周公拜手稽首曰，朕复子明辟"）

11.《尚书详解》卷三十三《周书·洛诰》

（宋）陈经撰

（归善斋按，见"周公拜手稽首曰，朕复子明辟"）

12.《融堂书解》卷十四《周书·洛诰》

（宋）钱时撰

（归善斋按，见"周公拜手稽首曰，朕复子明辟"）

13.《尚书要义》

（宋）魏了翁撰

（归善斋按，原缺）

14.《书集传或问》卷下《洛诰》

（宋）陈大猷撰

（归善斋按，未解）

15.《尚书详解》卷九《周书·洛诰第十五》

（宋）胡士行撰

王（向日）如（若）弗敢及天基命（文王命之始）定命（武王命之成），予乃胤（继）保大相（视）东土（洛在镐东），其基（始）作民明辟。

向也，王如恐不能及文武之基命定命也，予乃继保之以营洛。洛邑既成，则中天下，定四海王，其始为民明辟矣。

16. 《书纂言》卷四上《周书·洛诰》

（元）吴澄撰

王如弗敢及天基命定命，予乃胤保大相东土，其基作民明辟。予唯乙卯，朝至于洛师。

及，犹言"与"也。基，谓创始；定，谓成终。于此新作都邑为基命，从此久安长治，为定命宅洛，所以基命定命也。王宜亲行，而王以幼冲，执谦退让，若不敢与知大事，然于是，周公乃继召公而往相视洛邑，庶几为王肇始，作民明辟之地。而周公以二月十二日乙卯之朝，至于洛也。洛邑在镐东，故曰"东土"。洛师，犹曰京师。师，众也，言可以居众也。

17. 《书集传纂疏》卷五《朱子订定蔡氏集传·周书·洛诰》

（元）陈栎撰

王如弗敢及天基命定命，予乃胤保大相东土，其基作民明辟。

凡有造基之而后成，成之而后定。基命，所以成始也；定命，所以成终也。言成王幼冲退托，如不敢及知天之基命定命，予乃继太保而往，大相洛邑，其庶几为王始作民明辟之地也。洛邑在镐京东，故曰"东土"。

纂疏：

公不欲斥言王幼不能，故言，王若不敢及天之初命定命。

王氏炎曰：承天命以作新邑，是谓基命；都邑既成，久安长治，是谓定命。

18. 《读书丛说》卷六《洛诰》

（元）许谦撰

（归善斋按，未解）

19. 《书传辑录纂注》卷五《周书·洛诰》

（元）董鼎撰

王如弗敢及天基命定命，予乃胤保大相东土，其基作民明辟。

凡有造基之而后成，成之而后定。基命，所以成始也；定命，所以成终也。言成王幼冲退托，如不敢及知天之基命定命，予乃继太保而往，大相洛邑，其庶几为王始作民明辟之地也，洛邑在镐京东，故曰"东土"。

辑录：

周公不欲斥言王幼不能，故言，王若不敢及天之初命定命，则不得不嗣摄政事，保佑王躬，而相此洛邑，以为王当于此初作民主也。《书说》参用《乙记》。

纂注：

王氏炎曰，承天命以作新邑，是谓基命；都邑既成，久安长治，是谓定命。

葵初王氏曰，《语录》释胤保，不若传顺，正与太保先周公相宅合。

20.《尚书句解》卷九《周书·洛诰第十五》

（元）朱祖义撰

王如弗敢及天基命定命（我向时所以居摄者，以王意谦谦，如恐不敢及于文王之基命，盖周家之命基于文王也；不敢及于武王之受命，盖周家之命定于武王也）。

21.《尚书日记》卷十二《周书·洛诰》

（明）王樵撰

王如弗敢及天基命定命，予乃胤保大相东土，其基作民明辟。

作洛为自时中，又以承天眷。故于其始造，谓之基命；于其有成，谓之定命。命，天命也，即所谓天休也。言王幼冲，如不敢及知此事，故予乃继太保而往，大相洛邑，其庶几为王始作民明辟之地也。

22.《日讲书经解义》卷八《周书·洛诰》

（清）库勒纳等撰

（归善斋按，见"周公拜手稽首曰，朕复子明辟"）

《五诰解》卷四《洛诰》

(宋)杨简撰

王如弗敢及天基命定命,予乃胤保大相东土,其基作民明辟。

初议迁都,成王如弗敢遽然,盖幼冲之年,其质又谦柔也。周公于是继承赞辅,大相东土。王自此基,始作民明辟矣。成王初亲政,即天初命;定都即定命也。人事所成,即天命。王如弗敢及天基命之时,而遂定其命有疑贰未敢之意。

予乃胤保大相东土,其基作民明辟

1.《尚书注疏》卷十四《周书》

(汉)孔氏传,(唐)陆德明音义,(唐)孔颖达疏

予乃胤保大相东土,其基作民明辟。

传,我乃继文武安天下之道,大相洛邑,其始为民明君之治。

音义,治直吏反。

疏,正义曰,我乃继文王、武王安定天下之道,以此故大视东土洛邑之居,其始欲王居之,为民明君之治,言欲为民明君,必当治土中,故为王营洛邑也。

传,正义曰,胤,训"继"也。文王受命,武王伐纣,意在安定天下。天下未得安定,故周公言我乃继续文武安定天下之道,大相洛邑之地,其处可行教化,始营此都,为民明君之政治,言欲为民明君,其意当在此。

2.《书传》卷十三《周书·洛诰第十五》

(宋)苏轼撰

(归善斋按,见"王如弗敢及天基命定命")

3.《尚书全解》卷三十一《周书·洛诰》

（宋）林之奇撰
（归善斋按，见"召公既相宅，周公往营成周，使来告卜"）

4.《尚书讲义》卷十五

（宋）史浩撰
（归善斋按，见"王如弗敢及天基命定命"）

5.《尚书详解》卷二十《周书·洛诰》

（宋）夏僎撰
（归善斋按，见"周公拜手稽首曰，朕复子明辟"）

6.《增修东莱书说》卷二十三《周书·洛诰第十五》

（宋）吕祖谦撰，（宋）石𬘓增修
（归善斋按，见"周公拜手稽首曰，朕复子明辟"）

7.《尚书说》卷五《周书·洛诰》

（宋）黄度撰
（归善斋按，见"王如弗敢及天基命定命"）

8.《絜斋家塾书钞》卷十一《周书·洛诰》

（宋）袁燮撰
（归善斋按，见"周公拜手稽首曰，朕复子明辟"）

9.《书经集传》卷五《周书·洛诰》

（宋）蔡沈撰
（归善斋按，见"王如弗敢及天基命定命"）

10.《尚书精义》卷三十八《周书·洛诰》

(宋)黄伦撰
(归善斋按,见"周公拜手稽首曰,朕复子明辟")

11.《尚书详解》卷三十三《周书·洛诰》

(宋)陈经撰
(归善斋按,见"周公拜手稽首曰,朕复子明辟")

12.《融堂书解》卷十四《周书·洛诰》

(宋)钱时撰
(归善斋按,见"周公拜手稽首曰,朕复子明辟")

13.《尚书要义》

(宋)魏了翁撰
(归善斋按,原缺)

14.《书集传或问》卷下《洛诰》

(宋)陈大猷撰
(归善斋按,未解)

15.《尚书详解》卷九《周书·洛诰第十五》

(宋)胡士行撰
(归善斋按,见"王如弗敢及天基命定命")

16.《书纂言》卷四上《周书·洛诰》

(元)吴澄撰
(归善斋按,见"王如弗敢及天基命定命")

17. 《书集传纂疏》卷五《朱子订定蔡氏集传·周书·洛诰》

（元）陈栎撰

（归善斋按，见"王如弗敢及天基命定命"）

18. 《读书丛说》卷六《洛诰》

（元）许谦撰

（归善斋按，未解）

19. 《书传辑录纂注》卷五《周书·洛诰》

（元）董鼎撰

（归善斋按，见"王如弗敢及天基命定命"）

20. 《尚书句解》卷九《周书·洛诰第十五》

（元）朱祖义撰

予乃胤保（我乃继文武，保有天命）大相东土（于是大相视镐京之东洛土，以营作新邑者），其基作民明辟（不过为成王基立其为民明君之本而已）。

21. 《尚书日记》卷十二《周书·洛诰》

（明）王樵撰

（归善斋按，见"王如弗敢及天基命定命"）

22. 《日讲书经解义》卷八《周书·洛诰》

（清）库勒纳等撰

（归善斋按，见"周公拜手稽首曰，朕复子明辟"）

《五诰解》卷四《洛诰》

(宋) 杨简撰

(归善斋按,见"王如弗敢及天基命定命")

《尚书疑义》卷五《洛诰》

(明) 马明衡撰

胤保者,断文武,保成王也。

予唯乙卯,朝至于洛师

1. 《尚书注疏》卷十四《周书》

(汉) 孔氏传,(唐) 陆德明音义,(唐) 孔颖达疏

予唯乙卯,朝至于洛师。

传,致政在冬,本其春来至洛众,说始卜定都之意。

疏,正义曰,周公追述立东都之事,我唯以七年三月乙卯之日,朝至于洛邑众作之处,经营此都。

传,正义曰,下文总结周公摄政之事,云在十有二月,是致政在冬也。在冬,发言嫌此事是冬,故辨之云"本其春来至洛众",追说始卜定都之意也。周公至洛之时,庶殷已集于洛邑,故云,至于洛师。

2. 《书传》卷十三《周书·洛诰第十五》

(宋) 苏轼撰

予唯乙卯,朝至于洛师。我卜河朔黎水。

今河朔,黎阳也。周公营东都,本以处殷余民,民怀土重迁,故以都河朔为近便,卜不吉,然后卜洛也。

3.《尚书全解》卷三十一《周书·洛诰》

(宋)林之奇撰
(归善斋按,见"召公既相宅,周公往营成周,使来告卜")

4.《尚书讲义》卷十五

(宋)史浩撰
(归善斋按,见"王如弗敢及天基命定命")

5.《尚书详解》卷二十《周书·洛诰》

(宋)夏僎撰
(归善斋按,见"周公拜手稽首曰,朕复子明辟")

6.《增修东莱书说》卷二十三《周书·洛诰第十五》

(宋)吕祖谦撰,(宋)石澜增修
(归善斋按,见"周公拜手稽首曰,朕复子明辟")

7.《尚书说》卷五《周书·洛诰》

(宋)黄度撰

予唯乙卯,朝至于洛师。我卜河朔黎水,我乃卜涧水东、瀍水西,唯洛食。我又卜瀍水东,亦唯洛食,伻来,以图及献卜。

师,众也。镐称京,王所居也。洛,称师,王时会所至也。至春秋,遂称洛为京师。黎水(缺),案今潞州上党、黎城、壶关三县,皆古黎国地。漳水流经三县,即潞水也。《职方》,冀浸潞漳水,东至今洺州入河。黎水岂即漳水欤。《禹贡》,覃怀底绩,至于衡漳。又案《淮南子》,武王欲筑宫于五行山,周公曰,五行险固,德能覆也,纳贡往矣,使吾暴乱,则伐我难矣,君子谓之能持满。五行即太行,高诱云,上党关也。然则周公卜河朔黎水,犹以武王尝有其意欤。卜不吉,乃卜洛,亦武王意也。涧瀍二水,皆入洛。注水经,瀍,犹有浚可考,涧不可考矣。卜涧东瀍西,唯洛食,孔氏以为河南城。又卜瀍东,亦唯洛食,孔氏以为今洛阳,将定下都，迁顽民，故并卜之。孔氏所谓河南，盖汉郡洛阳其属县也。王城不见所出，其说自孔氏始。春秋王室乱，书"王城"，又书"成周"，最后书"城成周"。杜元凯注，子朝余党多在王城，敬王畏之，徙居成周。敬王徙居成周，亦不见所出。其说自杜元凯始由是，世遂以河南为王城，洛阳为成周，而于经有所未协。故说者又以意通之，谓下都，为保厘大臣之所，周人朝夕受事习见，久遂独指以为成周，亦无所据也。余案，东周称成周，犹西周称宗周也。成周洛邑，犹宗周镐京也。宗周、成周其大名。镐京王之所常居，洛邑王不常居。时会则居之，故又称王成焉，犹今称行都也。虢作王宫于珝，晋作王宫于践土，皆以待巡幸，故谓之王宫。然则，王城亦犹是也。《水经》洛水过河南，注引《孝经援神契》"周洛为中，谓之洛邑"。洛水又过洛阳，注称周公所营洛邑，其城方七百二十丈，南系于洛水，北因于邙山，以为天下之凑。方六百里，因西周为千里，是则虽桑鄹、河南、洛阳，通为周洛邑，未尝析而为二也。又案书序，成周与春秋成周一也。书序称周公往营成周，不应不指王城，而指下都。其为王城必矣。《春秋》书"城成周"不应与书序异处。书序自为王城，《春秋》自为下都，必宜矣。周人迁殷民，皆大夫、士。大夫有邑，士有田。《多士》曰"宅尔邑，继尔居，尔厥有干有年于兹洛"，《多方》曰"尔乃自时洛邑，尚永力畋尔田"，用王畿之制，土田在郊，家邑在稍，是则殷民迁者，皆在王城之外，各置邑受田，必不筑一大城聚居之，苦拘囚之者也，故王城、宗周，析而为二。其说始于孔氏，成于杜氏，皆非也。大抵说经当有据。《诗》《书》《王制》《孟子》《左氏传》《国语》可据。《史记》已有不可据者。其他传记，苟不可考实，则必难据也。周公既卜涧东、瀍西而又卜瀍东，何也？周人自郊关之内，皆为国中，方百里。涧东、瀍西，南属于洛，其定为都邑者，不能百里，故又卜瀍东亦属于洛，跨瀍水，东西通其地，大名成周，又名洛邑王城，则故在郏鄏也。《水经》地方七百二十丈，其为宫城，盖无可疑者。"唯洛食"盖洛旁地皆卜之，唯南属洛为吉。相视经营，皆人谋；卜吉，乃定。定之方中，曰"望楚与堂，景山与京"，人谋也；又曰"卜云其吉，终焉允臧"，得卜乃定也。

8.《絜斋家塾书钞》卷十一《周书·洛诰》

(宋)袁燮撰

(归善斋按,见"周公拜手稽首曰,朕复子明辟")

9.《书经集传》卷五《周书·洛诰》

(宋)蔡沈撰

予唯乙卯,朝至于洛师。我卜河朔黎水,我乃卜涧水东、瀍水西,唯洛食。我又卜瀍水东,亦唯洛食,伻来,以图及献卜。

瀍,音廛;伻,补耕反。乙卯,即《召诰》之乙卯也。洛师,犹言京师也。河朔黎水,河北黎水交流之内也。涧水东、瀍水西,王城也,朝会之地。瀍水东,下都也,处商民之地。王城在涧瀍之间,下都在瀍水之外,其地皆近洛水,故两云"唯洛食"也。食者,史先定墨而灼龟之兆,正食其墨也。伻,使也。图,洛之地图也。献卜,献其卜之兆辞也。

10.《尚书精义》卷三十八《周书·洛诰》

(宋)黄伦撰

予唯乙卯,朝至于洛师。我卜河朔黎水,我乃卜涧水东、瀍水西,唯洛食。我又卜瀍水东,亦唯洛食,伻来,以图及献卜。

无垢曰,卜河朔黎水,涧水东、瀍水西,以至又卜瀍水东,疑召公卜之耳,何以知之?《召诰》曰"唯太保先周公相宅,越若来三月,唯丙午朏。越三日戊申,太保朝至于洛,卜宅。厥既得卜,则经营。越三日庚戌,太保乃以庶殷攻位于洛汭。越五日甲寅,位成。若翼日乙卯,周公朝至于洛,则达观于新邑营"。观此一章,则召公卜也,周公达观之而已。今周公乃曰"我卜河朔黎水,我乃卜涧水东、瀍水西,唯洛食。我又卜瀍水东,亦唯洛食",辄以召公所卜为己之卜,不几于罔君乎?曰召公之卜,乃周公之意也。周公与召公预为谋议。曰,今营东都,将以处殷顽民,民怀土重迁,若都河朔黎阳,庶几近便。然天命在洛,所以卜黎水,卜涧东、瀍西皆不吉,而龟坼所食之墨,唯在洛阳耳。

林氏曰,所以壮周家之势者,不可以不定都;所以宅王都之地者,不可以不用卜。夫卜者，明吉凶于未然，而达可否于永久者也。周公营洛将，以宅天地之中，而为斯民之取正。天命赖此以有基，商民从此以咸化，武王之九鼎又从此永定。其可以勿卜乎？此周公所以允三卜，而唯洛食焉。

张氏曰，黎水在河朔，洛在河南涧、瀍二水，则近乎洛也。我卜河朔黎水不吉，于是又卜涧水之东与瀍水之西，皆唯食洛，则于洛为吉矣。食洛者，龟兆之食乎墨也。"伻来，以图及献卜"者，卜之既吉，于是使人以其地图并卜以献于成王也。

吕氏曰，食者，裂也，谓古者，龟卜以墨先画其兆于龟背之上，故以火灼之，如在墨之裂时，即是吉；若他处裂，便不是吉也。

11.《尚书详解》卷三十三《周书·洛诰》

（宋）陈经撰

（归善斋按，见"周公拜手稽首曰，朕复子明辟"）

12.《融堂书解》卷十四《周书·洛诰》

（宋）钱时撰

（归善斋按，见"周公拜手稽首曰，朕复子明辟"）

13.《尚书要义》

（宋）魏了翁撰

（归善斋按，原缺）

14.《书集传或问》卷下《洛诰》

（宋）陈大猷撰

（归善斋按，未解）

15.《尚书详解》卷九《周书·洛诰第十五》

（宋）胡士行撰

予唯乙卯（摄政七年三月十二），朝至于洛师（众所在）。我卜河朔

（北）黎水（卜不吉），我乃卜涧水东、瀍水西（渡河而南，今河南王城定鼎之所），唯洛食（先用墨画龟而后灼之，兆循墨而行，如食则吉）。我又卜瀍水东，亦唯洛（下都迁殷民之所）食，伻（使人）来，以图（地图）及献卜（卜兆）。

召公前卜定鼎之所矣，未卜迁殷之地，故周公至洛，并两地皆在卜之。黎在河北，去纣都近，商民所欲。周公不欲重拂民，而天意不在也。乃渡河南而卜焉。洛在涧西跨瀍东，故瀍东涧西，皆归之洛。

16.《书纂言》卷四上《周书·洛诰》

（元）吴澄撰

（归善斋按，见"王如弗敢及天基命定命"）

17.《书集传纂疏》卷五《朱子订定蔡氏集传·周书·洛诰》

（元）陈栎撰

予唯乙卯，朝至于洛师。我卜河朔黎水，我乃卜涧水东、瀍水西，唯洛食。我又卜瀍水东，亦唯洛食，伻来，以图及献卜。

乙卯，即《召诰》之乙卯也。洛师，犹言京师也。河朔黎水，河北黎水交流之内也。涧水东、瀍水西，王城也，朝会之地；瀍水东，下都也，处商民之地。王城在涧瀍之间，下都在瀍水之外，其地皆近洛水，故两云"唯洛食"也。食者，史先定墨而灼龟之兆，正食其墨也。伻，使也。图，洛之地图也。献卜，献其卜之兆辞也。

纂疏：

张氏曰，王者以民为重，故曰师。

袁氏曰，黎水，言河朔，则知涧、瀍皆河南。

陈氏经曰，先言"唯洛食"，即今河南；后言"唯洛食"，即今洛阳。言公于洛卜此二处也。《召诰》曰"太保朝至于洛，卜宅"，则卜，乃召公卜。今周公曰"我卜"者，二公同心同谋，召公之卜，即周公之卜也。

苏氏曰，黎水，今黎阳也。营洛以处殷民，民重迁，以河朔为近便。卜不吉，然后卜洛也。

吕氏曰，意在河朔近地者，商民之心；意在洛邑地中者，周公之心，列二说以听于天而已。先卜黎者，先人后己也。黎不吉，卜洛而吉，公之心即天之心也，无间故无违也。

史氏渐曰，涧东、瀍西，即洛之中。涧水东，即洛之偏。洛邑，居天下之中，伊、洛、瀍、涧，周流其间。天子南向，则涧在洛之右，瀍在洛之左。公于涧、瀍之中卜而告吉，遂营王城以建王宫，定郊社宗庙，是为郏鄏，今河南是也。又循之左越瀍水之东，卜又告吉，遂营下都，名曰成周，又曰东郊，以居殷民，今洛阳是也，二城相距盖十有八里。

18.《读书丛说》卷六《洛诰》

(元) 许谦撰

周公至洛而卜，盖卜下都以处商民。旧说以卜涧东、瀍西为卜王城，非也。《召诰》"召公三月戊申至洛卜宅，得卜则经营。庚戌攻位，甲寅位成。翼日乙卯，周公至洛，则达观于新邑营"，无再卜之意。《洛诰》"乙卯朝至于洛"，与《召诰》合。夫召公既卜，且攻位而有成矣。周公乃再卜之何耶？倪卜而不吉，又将迁位耶，则召公为不可信矣。况武王定鼎于郏鄏，所以营东都，继先志也。而谓卜都于河朔又何也？倪以卜河朔为下都，涧东、瀍西为王城，则尊卑缓急，又无序矣。此时王城已定，周公但卜处商民之地，以河朔颇近商旧都，迁民之便而先卜之，次及涧、瀍二者，皆"唯洛食"。"我乃"者，改事之辞，是两卜也。又"卜瀍东亦唯洛食"，是三卜也。盖王都在洛，三卜之龟墨皆以洛，与此地对定，故皆"唯洛食"也。旧说以涧东、瀍西为王城，盖以二水皆南流入洛故也，且瀍水出谷城，涧水出新安，流而至洛，其经行已远，今亦不详周公所卜定于何处，而王城迫近洛水之阳，盖不患其说之不通也。

19.《书传辑录纂注》卷五《周书·洛诰》

(元) 董鼎撰

予唯乙卯，朝至于洛师。我卜河朔黎水，我乃卜涧水东、瀍水西，唯洛食。我又卜瀍水东，亦唯洛食，伻来，以图及献卜。

乙卯，即《召诰》之"乙卯"也。洛师，犹言京师也。河朔黎水。

河北黎水交流之内也。涧水东、瀍水西，王城也，朝会之地；瀍水东，下都也，处商民之地。王城在涧、瀍之间；下都在瀍水之外，其地皆近洛水，故两云"唯洛食"也。食者，史先定墨而灼龟之兆，正食其墨也。伻，使也。图，洛之地图也。献卜，献其卜之兆辞也。

纂注：

苏氏曰，黎水，今黎阳也。

吕氏曰，卜都之意主于商民。先卜河朔黎水者，固其所安也。意在近地者，商民之心；意在地中者，周公之心，并列二说以听于天而已。卜黎于先者，先人后己之心也。黎既不吉，改卜洛邑，龟乃协从，盖周公之心即天心也，无间故无违也。

史氏渐曰，世或谓周公三卜而后洛。初于黎水，再于涧东、瀍西，又于瀍东，皆不若洛之吉。岂知涧、瀍之东西，即洛之中也。涧水之东，即洛之偏也，同名为洛。而王城、顽民之居不同，非洛自为洛，□、瀍自为□、瀍。洛邑，居天下之中，伊、洛、瀍、□，实周流于其间。天子南向，则涧水在洛之右，瀍水在洛之左。周公于涧、瀍之中，龟兆告吉，遂营王城，以建王宫，定郊社宗庙，是为郏鄏之地，今之河南是也。又循之左越瀍水之东，龟复告吉，遂营下都，名曰成周，又曰东郊以居殷民，今之洛阳是也。二城相距盖十有八里。

20.《尚书句解》卷九《周书·洛诰第十五》

（元）朱祖义撰

予唯乙卯（我唯以乙卯日），朝至于洛师（早朝至洛地，众民兴作之师，即《召诰》"周公朝至于洛是也"）。

21.《尚书日记》卷十二《周书·洛诰》

（明）王樵撰

"予唯乙卯"至"伻来，以图及献卜"。

乙卯，即《召诰》之"乙卯"也。洛师，犹言洛都也。周公至以乙卯，而卜不在乙卯，此但据已至，乃献卜追述卜事，故云然也。"先卜河朔黎水"者，殷民重迁，以河朔为便，故先卜之。不吉乃改卜。涧水东、瀍水西，王城也，朝会之地；瀍水东，下都也，处商民之地。王城在涧、瀍之间；下都在瀍水之外，其地皆近洛水，故两云"唯洛食"也。卜，必先墨画龟，然后灼之，兆顺食墨，故云"食"也。伻，使也。图，洛之地图也。献卜，献其卜之兆辞也。

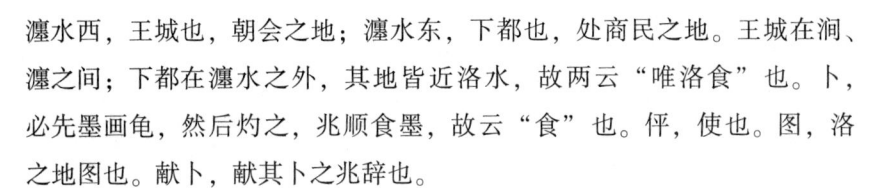

袁氏曰，黎水言河朔，则知涧、瀍皆河南。

吕氏曰，意在近地者，商民之心；意在地中者，周公之心，并列二说以听命于天而已。卜黎于先者，先人后己之心也。黎既不吉，改卜洛邑，龟乃协从，盖周公之心，即天心也，无间故无违也。

邹氏曰，王城、下都，皆在河之南，洛之北，距洛近而距河远。下都尤近洛水，故曰洛阳。西（缺），阳县而河南郡治焉。东汉、魏晋、后魏，皆为帝都。而王城累代但为河南县，至隋大业中迁都城于河南，并迁洛阳县于都城中，唐宋因之，而洛阳旧县遂废。

22.《日讲书经解义》卷八《周书·洛诰》

（清）库勒纳等撰

予唯乙卯，朝至于洛师。我卜河朔黎水，我乃卜涧水东、瀍水西，唯洛食。我又卜瀍水东，亦唯洛食，伻来，以图及献卜。

此一节书，是言卜洛得吉，遣使献地图及卜兆也。乙卯，即《召诰》之"乙卯"也。洛师，犹言京师也。河朔黎水，河北黎水交流之内也。涧、瀍，二水名，在今河南洛阳县。食者，史先定墨于龟而灼卜之，兆正食其墨也，伻，使也。图，洛之地图也。献卜，献其卜之辞也。周公曰，基命、定命，皆系于天，我岂敢违众自用，而不决之于天乎？唯三月乙卯之朝，我至于洛师，念殷民所便，皆在近地，因先卜河北黎水交流之处。不吉，于是改卜涧水之东、瀍水之西，以定王城朝会之地，而龟兆唯洛食；又卜瀍水之东，审定所以处商民者，而龟兆亦唯洛食。夫涧、瀍在洛之中，瀍水居洛之偏，两地俱洛，而龟兆皆食其墨，则可以定王城，建下都，以为我王作民明辟之基也，明矣。兹遣使者以洛之地图，并献所得卜兆。定都之始终，王庶可按图而得验卜而知也。

《书蔡氏传旁通》卷五《周书·洛诰》

（元）陈师凯撰

洛师，犹言京师也。

京，大也。师，众也。

《五诰解》卷四《洛诰》

（宋）杨简撰

予唯乙卯，朝至于洛师。

即《召诰》乙卯周公朝至于洛，时召公已命庶殷攻位。有众，故曰师。

我卜河朔黎水，我乃卜涧水东、瀍水西，唯洛食

1.《尚书注疏》卷十四《周书》

（汉）孔氏传，（唐）陆德明音义，（唐）孔颖达疏

我卜河朔黎水，我乃卜涧水东、瀍水西，唯洛食。

传，我使人卜河北黎水上不吉，又卜涧瀍之间南，近洛，吉。今河南城也。卜必先墨画龟，然后灼之，兆顺食墨。

音义，河朔，朔，北也。瀍，直连反。近，"附近"之"近"。

疏，正义曰，其未往之前，我使人卜河北黎水之上，不得吉兆，乃卜涧水东、瀍水西，唯近洛而其兆得吉，依规食墨。

传，正义曰，嫌周公自卜，故云"我使人"，谓使召公也。按上篇，召公至洛其日即卜，而得卜河朔黎水者，以地合龟，非就地内。此言所卜三处，皆一时事也。黎水之下不言吉凶者，我乃是改卜之辞，明其不吉乃改，故知卜河北黎水之上不吉也。武王定鼎于郏鄏，已有迁都之意，而先卜黎水上者，以帝王所都不常厥邑。夏殷皆在河北，所以博求吉地，故令先卜。河北不吉，乃卜河南也。其卜涧瀍之间，南近洛吉，今河南城也。

基址仍在，可验而知。所卜黎水之上，其处不可知矣。凡卜之者，必先以墨画龟，要圻依此墨，然后灼之，求其兆，顺食此墨画之处，故云唯洛食。顾氏云，先卜河北黎水者，近于纣都，为其怀土重迁，故先卜近以悦之。用郑康成之说，义或然也。

《尚书注疏》卷十四《考证》

疏，武王定鼎于郏鄏，已有迁都之意。

臣召南按，文应作迁鼎于洛邑，不当用成王事也。此系临文之误。

2. 《书传》卷十三《周书·洛诰第十五》

（宋）苏轼撰

我卜河朔黎水，我乃卜涧水东、瀍水西，唯洛食。

卜必以墨墨食乃兆盖有龟不兆者。

（归善斋按，另见"予唯乙卯，朝至于洛师"）

3. 《尚书全解》卷三十一《周书·洛诰》

（宋）林之奇撰

（归善斋按，见"召公既相宅，周公往营成周，使来告卜"）

4. 《尚书讲义》卷十五

（宋）史浩撰

（归善斋按，见"王如弗敢及天基命定命"）

5. 《尚书详解》卷二十《周书·洛诰》

（宋）夏僎撰

（归善斋按，见"周公拜手稽首曰，朕复子明辟"）

6. 《增修东莱书说》卷二十三《周书·洛诰第十五》

（宋）吕祖谦撰，（宋）石澜增修

（归善斋按，见"周公拜手稽首曰，朕复子明辟"）

7.《尚书说》卷五《周书·洛诰》

（宋）黄度撰

（归善斋按，见"予唯乙卯，朝至于洛师"）

8.《絜斋家塾书钞》卷十一《周书·洛诰》

（宋）袁燮撰

（归善斋按，见"周公拜手稽首曰，朕复子明辟"）

9.《书经集传》卷五《周书·洛诰》

（宋）蔡沈撰

（归善斋按，见"予唯乙卯，朝至于洛师"）

10.《尚书精义》卷三十八《周书·洛诰》

（宋）黄伦撰

（归善斋按，见"予唯乙卯，朝至于洛师"）

11.《尚书详解》卷三十三《周书·洛诰》

（宋）陈经撰

（归善斋按，见"周公拜手稽首曰，朕复子明辟"）

12.《融堂书解》卷十四《周书·洛诰》

（宋）钱时撰

（归善斋按，见"周公拜手稽首曰，朕复子明辟"）

13.《尚书要义》

（宋）魏了翁撰

（归善斋按，原缺）

14. 《书集传或问》卷下《洛诰》

（宋）陈大猷撰

（归善斋按，未解）

15. 《尚书详解》卷九《周书·洛诰第十五》

（宋）胡士行撰

（归善斋按，见"予唯乙卯，朝至于洛师"）

16. 《书纂言》卷四上《周书·洛诰》

（元）吴澄撰

我卜河朔黎水，我乃卜涧水东、瀍水西，唯洛食。我又卜瀍水东，亦唯洛食，伻来，以图及献卜。

我者，谓国家也。卜宅乃国家之事，非己所敢专，故曰我卜。召公以二月五日戊申至洛卜宅是也。召公既卜宅，定位位成，周公始至，遍观毕，然后遣使以复于王也。河朔黎水，汉时河北黎阳也。涧水东、瀍水西，东都王城也，汉时河南县。瀍水东，下都成周也，汉时洛阳县。食者，龟兆食墨占之吉也。薛氏曰，食者，墨与龟相茹入。今卜兆，先扬火而后致墨，既坼而墨加之，则大小微明，可知吉凶，自此辩澄。按，龟卜占法，今不传。据褚少孙所录，在《史记龟□传》者，每一事有一占，法各不同，疑卜宅之占，以兆食墨而明为吉，不食则其兆暧昧，非吉兆也。先卜黎阳不吉，乃卜洛邑二处，而龟兆皆食其墨也。伻，使也，使来，将至所卜地图及献所卜吉兆也。

17. 《书集传纂疏》卷五《朱子订定蔡氏集传·周书·洛诰》

（元）陈栎撰

（归善斋按，见"予唯乙卯，朝至于洛师"）

18. 《读书丛说》卷六《洛诰》

(元) 许谦撰

(归善斋按，见"予唯乙卯，朝至于洛师")

19. 《书传辑录纂注》卷五《周书·洛诰》

(元) 董鼎撰

(归善斋按，见"予唯乙卯，朝至于洛师")

20. 《尚书句解》卷九《周书·洛诰第十五》

(元) 朱祖义撰

我卜河朔黎水（我以龟卜宅于大河之北，黎水之上，卜此不吉），我乃卜涧水东（我乃渡河而南卜于涧水之东）、瀍水西，唯洛食（唯洛地，则龟兆食墨而吉。盖古者，卜龟，先用墨画龟，而后灼之，而其兆之文，循墨而行，如食墨，然则谓之吉也）。

21. 《尚书日记》卷十二《周书·洛诰》

(明) 王樵撰

(归善斋按，见"予唯乙卯，朝至于洛师")

22. 《日讲书经解义》卷八《周书·洛诰》

(清) 库勒纳等撰

(归善斋按，见"予唯乙卯，朝至于洛师")

《书蔡氏传旁通》卷五《周书·洛诰》

(元) 陈师凯撰

河朔黎水，河北水交流之内也。

苏氏曰，黎水，今黎阳也。黎阳，汉县，今大名路浚州也。地有黎阳津，亦名白马津。涧水东、瀍水西，王城也，朝会之地；瀍水东，下都，处商民之地。王城，在涧、瀍之间；下都在瀍水之外。其地皆近洛水，故两云"唯洛食"也。

史氏渐曰，涧、瀍之东西，即洛之中也。涧水之东，即洛之偏也。同名为洛，而王城、顽民之居不同，非洛自为洛，涧、瀍自为涧瀍。洛邑居天下之中，伊、洛、瀍、涧，实周流于其间。天子南向，则涧水在洛之右，瀍水在洛之左。周公于涧、瀍之中，龟兆告吉，遂营王城，以建王居，定郊社、宗庙，是为郏鄏之地，今之河南是也。又循之左越瀍水之东，龟复告吉，遂营下都，名曰成周，又曰东郊，以居殷民，今之洛阳是也。二城相距十有八里。

《尚书地理今释·洛诰》

（清）蒋廷锡撰

黎水。

苏氏曰，黎水，今黎阳也。

《续文献通考》云，卫河、淇水合流，至黎阳故城为黎水，亦曰浚水。黎阳故城，在今直隶大名府浚县东北。

《五诰解》卷四《洛诰》

（宋）杨简撰

我卜河朔黎水，我乃卜涧水东、瀍水西，唯洛食。我又卜瀍水东，亦唯洛食，伻来，以图及献卜。

《召诰》序曰"成王在丰，欲宅洛邑，使召公先相宅，"则知是已卜河朔黎水不吉矣。此篇方称"我卜河朔黎水"，乃叙及已前事。《召诰》曰"太保朝至于洛、卜宅，厥既得卜、则经营越三日庚戌，太保乃以庶殷攻位于洛汭"，则已卜涧、瀍之间洛水之北矣。而此乃曰"我乃卜涧水东、瀍水西，唯洛食者"，亦叙前事也。周公使召公往卜，亦可言"我"也。孔安国曰，我使人卜河北黎水，不吉，又卜涧、瀍之间，孔意亦谓使召公尔。郑康成谓，殷民怀土惮迁，故先卜河朔黎水，不吉乃卜洛。顾氏亦用其说。按《史记》，武王初定洛邑，而《洛诰》周公先卜河朔黎水者，公未敢遽违殷民怀土之情欤。孔安国谓，卜必先墨画龟，然后灼之，兆顺食墨。又卜瀍水东，将定下都，迁殷顽民。遣使以所卜地图，及献所卜吉兆，来告成王，简据《洛诰》之文，则又卜瀍水东，其召公并卜欤，或周公至洛而并卜欤，或周公至洛而始卜欤，然皆本于周公之命也。伻，使也。书序云"成王在丰，欲宅洛邑，使召公先相宅，作《召诰》"；召公既相宅，周公往营成周，使来告卜，作《洛诰》。成周既成，迁殷顽民，周公以王命诰，作《多士》。观书序及书，未见王城、成周之为二。左氏乃有王城、成周之殊。孔子作经，必不如左氏之数更其辞以为文而已。盖周初，瀍水东西皆曰成周，至春秋时，始分瀍西之城曰王城，瀍东之城曰成周。孔子因鲁史，而书昭公三十二年敬王使富辛与石张如晋，请城成周曰，昔成王合诸侯城成周，以为东都。然则，瀍水之东，成王周公之时已城之矣。杜预云，子朝之乱，其余党多在王城，敬王畏之，徙都成周。《周纪》，或为东周说韩王曰：西周故天子之国，多名器重宝。

我又卜瀍水东，亦唯洛食，伻来，以图及献卜

1.《尚书注疏》卷十四《周书》

(汉) 孔氏传，(唐) 陆德明音义，(唐) 孔颖达疏

我又卜瀍水东，亦唯洛食，伻来，以图及献卜。

传，今洛阳也。将定下都，迁殷顽民，故并卜之。遣使以所卜地图，及献所卜吉兆，来告成王。

音义，伻，普耕反，徐敷耕反，又甫耕反下同。

疏，正义曰，我亦使人卜瀍水东，亦唯近洛，其兆亦吉，依规食墨。我以乙卯至洛，我即使人来，以所卜地图及献所卜吉兆于王。言卜吉立此都，王宜居之为治也。

传，正义曰，洛阳，即成周，敬王自王城迁而都之。《春秋》昭三十二年城成周是也。周公虑此顽民未从周化，故既营洛邑，将定下都，以迁殷之顽民，故命召公即并卜之。周公既至，即遣使以所卜地图及献所卜吉兆，来告于成王，言己重其事，并献卜兆者，使王观兆，知其审吉也。

《尚书注疏》卷十四《考证》

"我又卜瀍水东,亦唯洛食"传,今洛阳也,将定下都,迁殷顽民。臣召南按,以洛邑对镐京言,洛为东,镐为西。平王以后称东周者,洛邑王城也。以王城对下都,言下都为东,王城又为西。敬王以后称东周者,下都成周也。成周,在王城之东四十里,汉为河南郡所治洛阳县;王城,汉为河南县。

2.《书传》卷十三《周书·洛诰第十五》

(宋)苏轼撰

伻来,以图及献卜。

伻,使也。

3.《尚书全解》卷三十一《周书·洛诰》

(宋)林之奇撰

(归善斋按,见"召公既相宅,周公往营成周,使来告卜")

4.《尚书讲义》卷十五

(宋)史浩撰

(归善斋按,见"王如弗敢及天基命定命")

5.《尚书详解》卷二十《周书·洛诰》

(宋)夏僎撰

(归善斋按,见"周公拜手稽首曰,朕复子明辟")

6.《增修东莱书说》卷二十三《周书·洛诰第十五》

(宋)吕祖谦撰,(宋)石澜增修

(归善斋按,见"周公拜手稽首曰,朕复子明辟")

7. 《尚书说》卷五《周书·洛诰》

(宋) 黄度撰
(归善斋按,见"予唯乙卯,朝至于洛师")

8. 《絜斋家塾书钞》卷十一《周书·洛诰》

(宋) 袁燮撰
(归善斋按,见"周公拜手稽首曰,朕复子明辟")

9. 《书经集传》卷五《周书·洛诰》

(宋) 蔡沈撰
(归善斋按,见"予唯乙卯,朝至于洛师")

10. 《尚书精义》卷三十八《周书·洛诰》

(宋) 黄伦撰
(归善斋按,见"予唯乙卯,朝至于洛师")

11. 《尚书详解》卷三十三《周书·洛诰》

(宋) 陈经撰
(归善斋按,见"周公拜手稽首曰,朕复子明辟")

12. 《融堂书解》卷十四《周书·洛诰》

(宋) 钱时撰
(归善斋按,见"周公拜手稽首曰,朕复子明辟")

13. 《尚书要义》

(宋) 魏了翁撰
(归善斋按,原缺)

14.《书集传或问》卷下《洛诰》

(宋)陈大猷撰
(归善斋按,未解)

15.《尚书详解》卷九《周书·洛诰第十五》

(宋)胡士行撰
(归善斋按,见"予唯乙卯,朝至于洛师")

16.《书纂言》卷四上《周书·洛诰》

(元)吴澄撰
(归善斋按,见"我卜河朔黎水")

17.《书集传纂疏》卷五《朱子订定蔡氏集传·周书·洛诰》

(元)陈栎撰
(归善斋按,见"予唯乙卯,朝至于洛师")

18.《读书丛说》卷六《洛诰》

(元)许谦撰
(归善斋按,见"予唯乙卯,朝至于洛师")

19.《书传辑录纂注》卷五《周书·洛诰》

(元)董鼎撰
(归善斋按,见"予唯乙卯,朝至于洛师")

20.《尚书句解》卷九《周书·洛诰第十五》

(元)朱祖义撰

我又卜瀍水东(又逾瀍水之东卜之),亦唯洛食(亦唯洛地龟兆食墨而吉。夫周公圣人,其宅洛之计已定于胸中,然犹卜于河朔、涧瀍东西,再三不能自已者,盖以实其皆不如洛之吉耳),伻来(使来镐京。伻,絣),以图及献卜(以洛之地图,及卜之吉兆,献之于王)。

21.《尚书日记》卷十二《周书·洛诰》

(明)王樵撰

(归善斋按,见"予唯乙卯,朝至于洛师")

22.《日讲书经解义》卷八《周书·洛诰》

(清)库勒纳等撰

(归善斋按,见"予唯乙卯,朝至于洛师")

《五诰解》卷四《洛诰》

(宋)杨简撰

(归善斋按,见"我卜河朔黎水")

王拜手稽首曰,公不敢不敬天之休,来相宅,其作周匹休

1.《尚书注疏》卷十四《周书》

(汉)孔氏传,(唐)陆德明音义,(唐)孔颖达疏

王拜手稽首曰,公不敢不敬天之休,来相宅,其作周匹休。

传,成王尊敬周公,答其拜手稽首而受其言,述而美之,言公不敢不敬天之美来相宅,其作周以配天之美。

疏,正义曰,成王尊敬周公,故亦尽礼致敬,拜手稽首,乃受公之语,述公之美,曰,不敢不敬天之美,来至洛相宅。其意欲作周家配天之美故也。

传,正义曰,拜手稽首,施于极敬。哀十七年《左传》云非天子寡君,无所稽首。诸侯小事大,尚不稽首,况于臣乎。成王尊敬周公,故答

其拜手稽首，而受其言，又述而美之。天命文、武，使王天下，是天之美事。

2.《书传》卷十三《周书·洛诰第十五》

（宋）苏轼撰

王拜手稽首曰，公不敢不敬天之休，来相宅，其作周匹休。公既定宅，伻来，来视予卜休，恒吉，我二人共贞。公其以予万亿年，敬天之休，拜手稽首诲言。

周公归政，王未敢当，欲与周公共政，若二君然，故曰"作周匹休"。再卜皆吉，我二人当共正天下也。

3.《尚书全解》卷三十一《周书·洛诰》

（宋）林之奇撰

(归善斋按，见"召公既相宅，周公往营成周，使来告卜")

4.《尚书讲义》卷十五

（宋）史浩撰

(归善斋按，见"王如弗敢及天基命定命")

5.《尚书详解》卷二十《周书·洛诰》

（宋）夏僎撰

王拜手稽首曰，公不敢不敬天之休，来相宅，其作周匹休。公既定宅，伻来，来视予卜休，恒吉，我二人共贞。公其以予万亿年，敬天之休，拜手稽首诲言。

此成王谢周公献卜之言也，必拜手稽首而后言者，敬周公，所以答周公拜手稽首之礼也。盖作洛之事，自武王已有迁鼎定邑之意，则天之所以命，实在此也。故成王于是致敬而言曰，公不敢不敬天之休美之命，所以来洛地而相其所居，将作周室，以配上天之休美也。公今既定所居矣，又使使者自远来，而其所以来者，将视我以所卜谓所卜之休美，可以定为吉祥。盖"视"与"示"同乃晓示之意，恒定也，故"恒吉"，为定吉也。

"我二人共贞"者，贞有二义。林少颖谓，贞，正也，谓成王欲与周公二人共正天下。又一说，谓贞，如"厥赋贞"之"贞"，谓相当也，言成王欲与周公二人，共当此吉祥也。详考上文，盖成王欲周公既定宅，使使献卜之休美，定为休祥，我与周公二人须当共此吉祥，谓周公复辟之后，恐其欲去位，故以此言庶公之留，共当此休也。若以为共正天下，则"共贞"之下，添"天下"二字，全无来历，故不敢以林说为然。"公其以予万亿年敬天之休"者，成王上既欲与公共当天休，故此遂说，公今日须以我之故，历万亿年敬天休，不可遽去。成王既言毕，于是又拜手稽首，谢公之诲言。所谓"诲言"者，即前遣使献所告王之辞也。前后俱言"拜手稽首"者，终始无不敬，盖敬公之至也。

林少颖乃以"公其以予万亿年敬天之休"，为周公得卜之繇辞，谓繇辞言，成王将万亿年敬天之休。周公以此诲成王，成王得公之诲，是以致敬尽礼以答之。此亦一说也。

6.《增修东莱书说》卷二十三《周书·洛诰第十五》

（宋）吕祖谦撰，（宋）石澜增修

王拜手稽首曰，公不敢不敬天之休，来相宅，其作周匹休。公既定宅，伻来，来视予卜休，恒吉，我二人共贞。公其以予万亿年，敬天之休，拜手稽首诲言。

"王拜手稽首"者，敬受周公之言也。"公不敢不敬天之休，来相宅"者，宅土中而作大邑，天之休命也。周公之来相宅，乃敬承天休命，非出于己私也，曰敬天之休足矣。必曰"不敢不敬天之休"者，盖明见天命之当然，而不得不然也，见之明，然后畏之笃，周公之于天命也，知之深，然后言之力。成王之于周公也，知周公，则知天矣。成王之学，至于知天，是殆非前日"弗敢及天基命"之成王也。"其作周匹休"者，言周公相宅营洛，实配宗周，其作我周家匹休之地。匹者，对宗周之辞，谓其休美俱无穷也。成王复言，公既定宅，使人来以龟兆来视予其卜之休祥，有常永无穷之吉，我与周公二人，其共贞固守此基业乎。"公其以予万亿年敬天之休"，以者，使之之辞也。成王自谓，保天命与坠天命，二者皆不系于己，唯系周公，使我如何尔，公庶几永留辅佐，以我小子万亿年敬天之休而不坠乎。倚之者甚重，而望之者盖甚长也。成王察言观色，知周公将致告归之请，故豫以是留之，其于师保，事之可谓笃，察之可谓精矣。是殆非前日"未敢诮公"之成王也。"拜手稽首诲言"者，成王复致敬尽礼，以求周公之诲也。

7.《尚书说》卷五《周书·洛诰》

（宋）黄度撰

王拜手稽首曰，公不敢不敬天之休，来相宅，其作周匹休。公既定宅，伻来，来视予卜休，恒吉，我二人共贞。公其以予万亿年，敬天之休，拜手稽首诲言。

王拜手稽首，尊师傅也。匹，配，配天休命也。恒，久；贞，正，有坚凝之意。《易》"贞固是以干事"。王自以为与周公当共贞。此卜吉也，拜手稽首以听诲言。

8.《絜斋家塾书钞》卷十一《周书·洛诰》

（宋）袁燮撰

王拜手稽首曰，公不敢不敬天之休，来相宅，其作周匹休。公既定宅，伻来，来视予卜休，恒吉，我二人共贞。公其以予万亿年，敬天之休，拜手稽首诲言。

此是成王辞周公之复辟，以为我不敢当此事，须得你同共理会乃可，故曰我二人共正，我与周公当亿万年敬天之休。观此一句，成王到这里，甚次第远大，直是要与周公相期于万亿年，其规模之弘远如此。"拜手稽首诲言"，致敬尽礼，以谢周公之教诲也。古者，人君于臣下，皆有拜礼。舜拜皋陶，禹亦拜皋陶，太甲拜伊尹，成王拜周公，此是唐虞三代时事，不可把后世看古者君臣之间，只是朋友，若太甲之于伊尹，成王之于周公，又不止于朋友，皆以父师之礼待之。舜之于皋陶，分明待之以朋友之道，所以一闻他嘉谋善论，便至于下拜，何尝俨然自尊，见得我是人君，若见得我尊为人君，有这一念，便不是唐虞三代圣人之心。在后世此等事，皆不可得而见矣。《孟子》曰"故将大有为之君，必有所不召之臣"，须是有不召之臣，方能大有为于天下。后世如汉高祖、四皓便不能，致叔孙通制礼，采秦仪尊君卑臣者为之，如何望他以三代事业。高祖且尔，其他何望。世道日衰，则人主日尊，臣下日卑。今须思量古人何故直至于以人君之高下臣下之拜。盖缘他好善笃切，一闻其言，不知不觉下拜他，亦不自知其所以然也。

9.《书经集传》卷五《周书·洛诰》

（宋）蔡沈撰

王拜手稽首曰，公不敢不敬天之休，来相宅，其作周匹休。公既定宅，伻来，来视予卜休，恒吉，我二人共贞。公其以予万亿年，敬天之休，拜手稽首诲言。

此王授使者，复公之辞也，"王拜手稽首"者，成王尊异周公，而重其礼也。匹，配也，公不敢不敬天之休命，来相宅，为周匹休之地，言卜洛以配周命于无穷也。视，示也，示我以卜之休美而常吉者也。二人，成王、周公也。贞，犹当也。十万曰亿，言周公宅洛规模弘远，以我万亿年，敬天休命，故又拜手稽首，以谢周公告卜之诲言。

10.《尚书精义》卷三十八《周书·洛诰》

（宋）黄伦撰

王拜手稽首曰，公不敢不敬天之休，来相宅，其作周匹休。公既定宅，伻来，来视予卜休，恒吉，我二人共贞。公其以予万亿年，敬天之休，拜手稽首诲言。

无垢曰，成王既闻周公复辟之语，卜洛之意，周公平日忠圣之心，今尽布露略无余蕴，所以拜手稽首，以明周公之心，曰，公之劳民动众，夸张侈大也，以天之休美在洛，不得不敬天之休以相宅尔。又曰，公既定宅于洛邑，伻以图与卜来，来示予洛食之兆其休美恒久吉祥之事，我当与公二人共正之。盖成王以周公致政欲归，故坚留之，欲共享此天休也。昔孟武伯相，齐侯稽首，哀公拜，齐人怒。武伯曰"非天子寡君，无所稽首"。诸侯以小事大，尚不肯稽首，况天子乎。以此知周公，既有叔父之尊，又有太师之位，而其忠圣著见，成王有不能自已者。

张氏曰，作周者，所以成周之王业也。匹休者，所以配天之休命也。

宅洛之谋，召公相之，周公定之。所居既定矣，于是使人来视成王以卜之休，而且久吉也。彼示而我见之，谓之视。卜休者，视其所卜之美也。恒吉者，又见其美之可以永久矣。"我二人共贞"者，贞，正也。外无正，则不行。卜之既吉，我与公二人共贞所以卜其宅洛之事也。

吕氏曰，圣贤既得此吉卜，却不比后世之人，才得吉卜便说道了。圣贤得吉卜，方且恐有不能承此吉卜，又欲来与周公二人共贞，固保此吉卜。

11. 《尚书详解》卷三十三《周书·洛诰》

(宋) 陈经撰

王拜手稽首曰，公不敢不敬天之休，来相宅，其作周匹休。公既定宅，伻来，来视予卜休，恒吉，我二人共贞。公其以予万亿年，敬天之休，拜手稽首诲言。

此乃成王留周公，故拜手稽首，致敬尽礼于周公，称周公之美，以为公不敢不敬天之休。天之休，谓命我周家之美也。公能敬天之休，故相宅于洛，其作周家所以配天之休。公既定宅于洛矣，使人来示我以卜之休美恒吉之兆。恒，久也，周家常久于此新邑，故曰恒，皆我二人共贞，既有此吉卜，须得公与我二人同心协力，贞固以守此。公其以我万亿年之久，常敬天之休。拜手稽首，以求教诲之言，见得成王为长久之虑，而不为一时之计，不以天之休为足恃，而以敬天休者为己任，非若后世之君，安于其所仅足也。

12. 《融堂书解》卷十四《周书·洛诰》

(宋) 钱时撰

王拜手稽首曰，公不敢不敬天之休，来相宅，其作周匹休。公既定宅，伻来，来视予卜休，恒吉，我二人共贞。公其以予万亿年，敬天之休，拜手稽首诲言。

此成王致敬尽礼，以答周公之告卜也。使者来而公亦来视我所卜之休。卜休，即天休也。然既曰来相宅，是自镐至丰而来洛矣，又言告卜，则又曰"伻来"，愚是以灼知，洛之近地必别有次舍，为王留行之所，所以两个"来"字义不相妨。后又云"孺子来相宅",则成王见在所告卜处,非丰非镐甚明。"二人共贞",正答周公复辟之语,未明言复辟可否,而暗寓留公之意也。或曰,敬天之休,何以云万亿年乎?曰,成王此见,正是其学问大进处。人皆知目前敬为敬,而不知穷天地亘古今,而此敬未尝泯也。周公一旦委之而去,使成王德义不能有终,则敬天休为有间断矣。曰"公其以予",是全以此事倚在周公也。"拜手稽首诲言"者,重致敬尽其礼,求周公诲之以言也。

13.《尚书要义》

(宋)魏了翁撰

(归善斋按,原缺)

14.《书集传或问》卷下《洛诰》

(宋)陈大猷撰

(归善斋按,未解)

15.《尚书详解》卷九《周书·洛诰第十五》

(宋)胡士行撰

王拜手稽首曰,公不敢不敬天之休(美),来相宅,其作周(筑)匹(配)休(天休命)。公既定宅,伻来(注绝句),来视(示)予卜休,恒(常)吉,我二人(王公)共贞(正固保守)。公其以予万亿年,敬天之休。拜手稽首诲言(求公诲言)。

公复辟告归,而王留之。

16.《书纂言》卷四上《周书·洛诰》

(元)吴澄撰

王拜手稽首曰,公不敢不敬天之休,来相宅,其作周匹休。公既定宅,伻来,来视予卜休,恒吉,我二人共贞。公其以予万亿年,敬天之休。

"王拜手稽首"者,成王受周公献卜之礼也。"曰"者,王授使者以

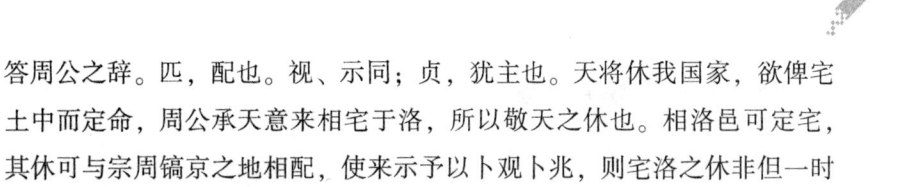

答周公之辞。匹，配也。视、示同；贞，犹主也。天将休我国家，欲俾宅土中而定命，周公承天意来相宅于洛，所以敬天之休也。相洛邑可定宅，其休可与宗周镐京之地相配，使来示予以卜观卜兆，则宅洛之休非但一时之吉，乃永久之吉。予与公共当之。公既敬天休矣，又当以予敬天休于万亿年之久也。所责望于公者远矣。

17.《书集传纂疏》卷五《朱子订定蔡氏集传·周书·洛诰》

（元）陈栎撰

王拜手稽首曰，公不敢不敬天之休，来相宅，其作周匹休。公既定宅，伻来，来视予卜休，恒吉，我二人共贞。公其以予万亿年，敬天之休，拜手稽首诲言。

此王授使者，复公之辞也。"王拜手稽首"者，成王尊异周公，而重其礼也。匹，配也。公不敢不敬天之休命来相宅，为周匹休之地，言卜洛以配周命于无穷也。视，示也，示我以卜之休美而常吉者也。二人，成王、周公也。贞，犹当也。十万曰亿，言周公宅洛，规模弘远，以我万亿年敬天休命，故又拜手稽首，以谢周公告卜之诲言。

纂疏：

吕氏曰，营洛，实配宗周。匹者，对宗周之辞。我与公共贞固守此基业。"以予"者，使之之辞。倚之者甚重，而望之者甚长也。

王氏十朋曰，《诗》"作丰伊匹"与"匹休"同意。

夏氏曰，贞，如"厥赋贞"，相当也。王欲与公共当此吉卜。

王氏曰，凡卜有贞其吉凶者太卜，言国大迁、大师则贞龟。

愚按，视，与示同，古字通用。《汉书》凡"示"字例作"视"。十万曰亿，《秦誓》又云"百万曰亿"，不同何也。《诗》"禾三百亿"。郑注十万曰亿。毛云万万曰亿。孔疏，今九章筭，皆以万万为亿。郑以古数言之。韦昭注，《楚语》曰十万曰亿，古数也。秦始以万万为亿，百万为亿，未见所本。

18. 《读书丛说》卷六《洛诰》

(元) 许谦撰

(归善斋按，未解)

19. 《书传辑录纂注》卷五《周书·洛诰》

(元) 董鼎撰

王拜手稽首曰，公不敢不敬天之休，来相宅，其作周匹休。公既定宅，伻来，来视予卜休，恒吉，我二人共贞。公其以予万亿年，敬天之休，拜手稽首诲言。

此王授使者，复公之辞也。"王拜手稽首"者，成王尊异周公而重其礼也。匹，配也。公不敢不敬天之休命来相宅，为周匹休之地，言卜洛以配周命于无穷也。视，示也，示我以卜之休美而常吉者也。二人，成王、周公也。贞，犹当也。十万曰亿，言周公宅洛，规模弘远，以我万亿年，敬天休命，故又拜手稽首，以谢周公告卜之诲言。

辑录：

拜受公言，犹禹之拜昌言也。《书说》。

纂注：

吕氏曰，营洛实配宗周，其作我周匹休之地。匹者，对宗周之辞。我与公其共贞固守此基业乎。"以予"者，使之之辞。倚之者甚重，而望之者甚长也。或曰，王不在洛，言来者，顺公所在而言。

王氏十朋曰，《诗》之"作丰伊匹"，与此"匹休"同意。

夏氏曰，贞，如"厥赋贞"之"贞"，谓相当也。王欲与公共当此吉祥。

叶氏曰，凡卜有贞其吉凶者太卜，言国大迁、大师则贞龟。二人皆知其吉断而以示天下也

王氏曰，言宅洛之事定矣，公当以予永远敬天之休，以承此休常吉之卜也。

新安胡氏曰，视，与示同，古字通用，《汉书》凡"示"字例作"视"。

20. 《尚书句解》卷九《周书·洛诰第十五》

(元) 朱祖义撰

王拜手稽首曰（王乃手至首、首至地，以谢公献卜之言，而留公曰），公不敢不敬天之休（公不敢不敬上天眷命我周之休美），来相宅（所以来洛地，相视其所居），其作周匹休（将以作周室配天之休美）。

21. 《尚书日记》卷十二《周书·洛诰》

(明) 王樵撰

"王拜手稽首曰，公，不敢不敬天之休"至"诲言"。

此王授使者，复公之辞也。按上文，周公以为"王如弗敢及天基命定命，予乃胤保大相东土"，故此成王答以此，乃"公不敢不敬天之休故来相宅以作周匹休"，盖公归重于王，而王又归重于公也。匹休者，镐京兴王之地，既休矣。作洛，以宅中图治，为匹其休也（蔡传，匹休只是对答之义，敬以心，言匹以事言，休皆指天眷）。视，示也，示我以卜之休美而常吉者也。贞，当也。既得吉，则公敬天之休，作周匹休之心遂矣，是不特我当其吉，而公亦当其吉也。自今以始，"公其以予万亿年敬天之休"乎。始之相宅，曰"公不敢不敬天之休"，答其"基命"之语；继之定宅，曰"公其以予万亿年，敬天之休"，答其"定命"之语。"万亿年敬天之休"，谓永于此而承天眷也。曰"公其以予"者，归重于公也。"诲言"，孔氏以为求诲言；蔡氏以为谢告卜之诲言。

22. 《日讲书经解义》卷八《周书·洛诰》

(清) 库勒纳等撰

王拜手稽首曰，公不敢不敬天之休，来相宅，其作周匹休。公既定宅，伻来，来视予卜休，恒吉，我二人共贞。公其以予万亿年，敬天之休，拜手稽首诲言。

此一节书，是成王授使者，复周公之辞，复致敬，以谢告卜之诲言也。匹者，配答之意。视，示也。贞，犹当也。成王遣使者，报复周公，乃尊异之以重其礼，拜手稽首而言曰，天之基命、定命，乃天之休命也。

公念天之休命至重，不敢不敬用相视洛邑，规画（划）周至，将定王城、下都，以安处臣氏，为我周配答天休之地。公于洛宅都，经营既定，乃遣使来示我以卜兆之休美而常吉者，我一人岂能独当之，我与公二人当共，承其美，且我据卜观图，见公创定规模弘远，不徒为一时之计，正欲以予万亿年，都要会据形胜，以朝百辟，而抚兆民，敬承休命于无穷耳。其期望劝勉之意如此，所以诲我者至矣，用拜手稽首谢公教诲之言，当深思力行，不负公期望之意可也。

《五诰解》卷四《洛诰》

（宋）杨简撰

王拜手稽首曰，公不敢不敬天之休，来相宅，其作周匹休。公既定宅，伻来，来视予卜休，恒吉，我二人共贞。公其以予万亿年，敬天之休，拜手稽首诲言。

周公虽归政，而成王尊敬不替。曰匹休，又曰我二人共贞，亦相与有成之意也。休，美也。恒，久也，可长久故吉。王请公诲以言。

公既定宅，伻来，来视予卜休，恒吉，我二人共贞

1.《尚书注疏》卷十四《周书》

（汉）孔氏传，（唐）陆德明音义，（唐）孔颖达疏

公既定宅，伻来，来视予卜休，恒吉，我二人共贞。

传，言公前已定宅，遣使来，来视我以所卜之美，常吉之居。我与公共正其美。

音义，贞，正也，马云当也。

疏，正义曰，公既定洛邑，即使人来告，亦来视我以所卜之美，常吉之居，我当与公二人共正其美。

传，正义曰，言公不敢不敬天之美，来相洛邑之宅。周公追述往前遣使献卜，故成王复述公言，言公前已定宅，遣使来，来视我所卜之吉

兆，常吉之居。自言前已知其卜，既有此美，我当与公二人共正其美，意欲留公辅己，共公正此美事。"来来"，重文者。上"来"言"使来"，下"来"为"视我卜"也。郑云"伻来来"者，使二人也，与孔意异言。

2. 《书传》卷十三《周书·洛诰第十五》

（宋）苏轼撰

（归善斋按，见"王拜手稽首曰，公不敢不敬天之休，来相宅"）

3. 《尚书全解》卷三十一《周书·洛诰》

（宋）林之奇撰

（归善斋按，见"召公既相宅，周公往营成周，使来告卜"）

4. 《尚书讲义》卷十五

（宋）史浩撰

（归善斋按，见"王如弗敢及天基命定命"）

5. 《尚书详解》卷二十《周书·洛诰》

（宋）夏僎撰

（归善斋按，见"王拜手稽首曰，公不敢不敬天之休，来相宅"）

6. 《增修东莱书说》卷二十三《周书·洛诰第十五》

（宋）吕祖谦撰，（宋）石𬣳增修

（归善斋按，见"王拜手稽首曰，公不敢不敬天之休，来相宅"）

7. 《尚书说》卷五《周书·洛诰》

（宋）黄度撰

（归善斋按，见"王拜手稽首曰，公不敢不敬天之休，来相宅"）

8. 《絜斋家塾书钞》卷十一《周书·洛诰》

（宋）袁燮撰

（归善斋按，见"王拜手稽首曰，公不敢不敬天之休，来相宅"）

9. 《书经集传》卷五《周书·洛诰》

（宋）蔡沈撰

（归善斋按，见"王拜手稽首曰，公不敢不敬天之休，来相宅"）

10. 《尚书精义》卷三十八《周书·洛诰》

（宋）黄伦撰

（归善斋按，见"王拜手稽首曰，公不敢不敬天之休，来相宅"）

11. 《尚书详解》卷三十三《周书·洛诰》

（宋）陈经撰

（归善斋按，见"王拜手稽首曰，公不敢不敬天之休，来相宅"）

12. 《融堂书解》卷十四《周书·洛诰》

（宋）钱时撰

（归善斋按，见"王拜手稽首曰，公不敢不敬天之休，来相宅"）

13. 《尚书要义》

（宋）魏了翁撰

（归善斋按，原缺）

14. 《书集传或问》卷下《洛诰》

（宋）陈大猷撰

（归善斋按，未解）

15.《尚书详解》卷九《周书·洛诰第十五》

（宋）胡士行撰

（归善斋按，见"王拜手稽首曰，公不敢不敬天之休，来相宅"）

16.《书纂言》卷四上《周书·洛诰》

（元）吴澄撰

（归善斋按，见"王拜手稽首曰，公不敢不敬天之休，来相宅"）

17.《书集传纂疏》卷五《朱子订定蔡氏集传·周书·洛诰》

（元）陈栎撰

（归善斋按，见"王拜手稽首曰，公不敢不敬天之休，来相宅"）

18.《读书丛说》卷六《洛诰》

（元）许谦撰

（归善斋按，未解）

19.《书传辑录纂注》卷五《周书·洛诰》

（元）董鼎撰

（归善斋按，见"王拜手稽首曰，公不敢不敬天之休，来相宅"）

20.《尚书句解》卷九《周书·洛诰第十五》

（元）朱祖义撰

公既定宅（公今既定其所居矣），伻来（又使使者远来），来视予卜休，恒吉（所以来者，示我以所卜之休美，可以常膺之吉祥），我二人共贞（须得公与我二人同心协力，贞固以守此吉祥）。

21.《尚书日记》卷十二《周书·洛诰》

（明）王樵撰

（归善斋按，见"王拜手稽首曰，公不敢不敬天之休，来相宅"）

22.《日讲书经解义》卷八《周书·洛诰》

（清）库勒纳等撰
（归善斋按，见"王拜手稽首曰，公不敢不敬天之休，来相宅"）

《五诰解》卷四《洛诰》

（宋）杨简撰
（归善斋按，见"王拜手稽首曰，公不敢不敬天之休，来相宅"）

《尚书疑义》卷五《洛诰》

（明）马明衡撰

"我二人共贞"者，谓己与周公共正以承之也。《易》多言贞、吉。此虽获吉，犹必以贞。成王此时，可谓知勉于德矣。周公所以欲令亲政，而自欲明农也。观于此言，成王岂肯听周公之去哉。"拜手稽首诲言"，是成王之求教也。

公其以予万亿年，敬天之休

1.《尚书注疏》卷十四《周书》

（汉）孔氏传，（唐）陆德明音义，（唐）孔颖达疏
公其以予万亿年，敬天之休。
传，公其当用我万亿年，敬天之美。十千为万，十万为亿，言久远。
疏，正义曰，公定此宅，其当用我万亿年，敬天之美故也。
传，正义曰，居洛为治，可以永久，公意其当用我使万亿年，敬天之美，言公欲令己祚胤久远，美公意之深也。《王制》云，方百里者，为方十里者百，为田九十亿亩；方里者万，则是为田九百万亩。今《记》乃云，九十亿亩，是名十万为亿也。《楚语》云百姓、千品、万官、亿丑，每数相十，是古十万曰亿。今之算术乃万万为亿也。

2. 《书传》卷十三《周书·洛诰第十五》

(宋)苏轼撰

(归善斋按,见"王拜手稽首曰,公不敢不敬天之休,来相宅")

3. 《尚书全解》卷三十一《周书·洛诰》

(宋)林之奇撰

(归善斋按,见"召公既相宅,周公往营成周,使来告卜")

4. 《尚书讲义》卷十五

(宋)史浩撰

(归善斋按,见"王如弗敢及天基命定命")

5. 《尚书详解》卷二十《周书·洛诰》

(宋)夏僎撰

(归善斋按,见"王拜手稽首曰,公不敢不敬天之休,来相宅")

6. 《增修东莱书说》卷二十三《周书·洛诰第十五》

(宋)吕祖谦撰,(宋)石𬴊增修

(归善斋按,见"王拜手稽首曰,公不敢不敬天之休,来相宅")

7. 《尚书说》卷五《周书·洛诰》

(宋)黄度撰

(归善斋按,见"王拜手稽首曰,公不敢不敬天之休,来相宅")

8. 《絜斋家塾书钞》卷十一《周书·洛诰》

(宋)袁燮撰

(归善斋按,见"王拜手稽首曰,公不敢不敬天之休,来相宅")

9.《书经集传》卷五《周书·洛诰》

(宋)蔡沈撰
(归善斋按,见"王拜手稽首曰,公不敢不敬天之休,来相宅")

10.《尚书精义》卷三十八《周书·洛诰》

(宋)黄伦撰
(归善斋按,见"王拜手稽首曰,公不敢不敬天之休,来相宅")

11.《尚书详解》卷三十三《周书·洛诰》

(宋)陈经撰
(归善斋按,见"王拜手稽首曰,公不敢不敬天之休,来相宅")

12.《融堂书解》卷十四《周书·洛诰》

(宋)钱时撰
(归善斋按,见"王拜手稽首曰,公不敢不敬天之休,来相宅")

13.《尚书要义》

(宋)魏了翁撰
(归善斋按,原缺)

14.《书集传或问》卷下《洛诰》

(宋)陈大猷撰
(归善斋按,未解)

15.《尚书详解》卷九《周书·洛诰第十五》

(宋)胡士行撰
(归善斋按,见"王拜手稽首曰,公不敢不敬天之休,来相宅")

16. 《书纂言》卷四上《周书·洛诰》

（元）吴澄撰

（归善斋按，见"王拜手稽首曰，公不敢不敬天之休，来相宅"）

17. 《书集传纂疏》卷五《朱子订定蔡氏集传·周书·洛诰》

（元）陈栎撰

（归善斋按，见"王拜手稽首曰，公不敢不敬天之休，来相宅"）

18. 《读书丛说》卷六《洛诰》

（元）许谦撰

（归善斋按，未解）

19. 《书传辑录纂注》卷五《周书·洛诰》

（元）董鼎撰

（归善斋按，见"王拜手稽首曰，公不敢不敬天之休，来相宅"）

20. 《尚书句解》卷九《周书·洛诰第十五》

（元）朱祖义撰

公其以予万亿年，敬天之休（公其以我历万亿年，敬受天之休美）。

21. 《尚书日记》卷十二《周书·洛诰》

（明）王樵撰

（归善斋按，见"王拜手稽首曰，公不敢不敬天之休，来相宅"）

22. 《日讲书经解义》卷八《周书·洛诰》

（清）库勒纳等撰

（归善斋按，见"王拜手稽首曰，公不敢不敬天之休，来相宅"）

《五诰解》卷四《洛诰》

（宋）杨简撰
（归善斋按，见"王拜手稽首曰，公不敢不敬天之休，来相宅"）

《书义断法》卷五《周书·洛诰》

（元）陈悦道撰
公其以予万亿年，敬天之休，拜手稽首诲言。

大臣之辅君，将期以至远之业；贤君之答臣，必待以至重之礼。盖周公之诲言，将以营洛而告卜也。周公之营洛，将以予亿万年而敬天休也。天休，即休恒吉之兆。诲言视予卜之文，非常之盛事，建此无穷之丕基，安得不以非常之盛礼，益其忠告之诲言乎。

拜手稽首诲言

1. 《尚书注疏》卷十四《周书》

（汉）孔氏传，（唐）陆德明音义，（唐）孔颖达疏
拜手稽首诲言。
传，成王尽礼致敬于周公，求教诲之言。
音义，尽，子忍反。
疏，正义曰，王既言此，又拜手稽首于周公，求教诲之言。
传，正义曰，拜手稽首诲言，此一段史官所录，非王言也。王求教诲之言，必有求教诲之辞，史略取其意，故直云诲言。为求诲言而拜，故言成王尽礼致敬于周公，求教诲之言也。

2. 《书传》卷十三《周书·洛诰第十五》

（宋）苏轼撰
（归善斋按，见"王拜手稽首曰，公不敢不敬天之休，来相宅"）

3. 《尚书全解》卷三十一《周书·洛诰》

（宋）林之奇撰
(归善斋按，见"召公既相宅，周公往营成周，使来告卜")

4. 《尚书讲义》卷十五

（宋）史浩撰
(归善斋按，见"王如弗敢及天基命定命")

5. 《尚书详解》卷二十《周书·洛诰》

（宋）夏僎撰
(归善斋按，见"王拜手稽首曰，公不敢不敬天之休，来相宅")

6. 《增修东莱书说》卷二十三《周书·洛诰第十五》

（宋）吕祖谦撰，（宋）石澜增修
(归善斋按，见"王拜手稽首曰，公不敢不敬天之休，来相宅")

7. 《尚书说》卷五《周书·洛诰》

（宋）黄度撰
(归善斋按，见"王拜手稽首曰，公不敢不敬天之休，来相宅")

8. 《絜斋家塾书钞》卷十一《周书·洛诰》

（宋）袁燮撰
(归善斋按，见"王拜手稽首曰，公不敢不敬天之休，来相宅")

9. 《书经集传》卷五《周书·洛诰》

（宋）蔡沈撰
(归善斋按，见"王拜手稽首曰，公不敢不敬天之休，来相宅")

10. 《尚书精义》卷三十八《周书·洛诰》

（宋）黄伦撰

（归善斋按，见"王拜手稽首曰，公不敢不敬天之休，来相宅"）

11. 《尚书详解》卷三十三《周书·洛诰》

（宋）陈经撰

（归善斋按，见"王拜手稽首曰，公不敢不敬天之休，来相宅"）

12. 《融堂书解》卷十四《周书·洛诰》

（宋）钱时撰

（归善斋按，见"王拜手稽首曰，公不敢不敬天之休，来相宅"）

13. 《尚书要义》

（宋）魏了翁撰

（归善斋按，原缺）

14. 《书集传或问》卷下《洛诰》

（宋）陈大猷撰

（归善斋按，未解）

15. 《尚书详解》卷九《周书·洛诰第十五》

（宋）胡士行撰

（归善斋按，见"王拜手稽首曰，公不敢不敬天之休，来相宅"）

16. 《书纂言》卷四上《周书·洛诰》

（元）吴澄撰

拜手稽首诲言。

此亦王之辞，并受之使者，王自谓拜手稽首，以答公之诲言也。所谓拜手稽首，即上文所记受献卜之礼。诲言，即谓周公献卜之辞。"拜手稽首诲言",与后"拜手稽首休享"文同,皆王行此礼,又授此辞,而使者以达于公也。

此第一章,周公在洛使于王。

17. 《书集传纂疏》卷五《朱子订定蔡氏集传·周书·洛诰》

(元)陈栎撰

(归善斋按,见"王拜手稽首曰,公不敢不敬天之休,来相宅")

18. 《读书丛说》卷六《洛诰》

(元)许谦撰

(归善斋按,未解)

19. 《书传辑录纂注》卷五《周书·洛诰》

(元)董鼎撰

(归善斋按,见"王拜手稽首曰,公不敢不敬天之休,来相宅")

20. 《尚书句解》卷九《周书·洛诰第十五》

(元)朱祖义撰

拜手稽首诲言(使我常得致所以求训诲之言)。

21. 《尚书日记》卷十二《周书·洛诰》

(明)王樵撰

(归善斋按,见"王拜手稽首曰,公不敢不敬天之休,来相宅")

22. 《日讲书经解义》卷八《周书·洛诰》

(清)库勒纳等撰

(归善斋按,见"王拜手稽首曰,公不敢不敬天之休,来相宅")

《五诰解》卷四《洛诰》

(宋)杨简撰

(归善斋按,见"王拜手稽首曰,公不敢不敬天之休,来相宅")

周公曰,王,肇称殷礼,祀于新邑,咸秩无文

1.《尚书注疏》卷十四《周书》

(汉)孔氏传,(唐)陆德明音义,(唐)孔颖达疏

周公曰,王,肇称殷礼,祀于新邑,咸秩无文。

传,言王当始举殷家祭祀,以礼典祀于新邑,皆次秩不在礼文者,而祀之。

音义,曰,音越,一音人实反。

疏,正义曰,王求教诲之言,公乃诲之。周公曰,王居此洛邑,当始举殷家祭祀,以为礼典,祀于洛之新邑,皆次秩,在礼无文法应祀者,亦次秩而祀之。

传,正义曰,于时制礼已讫,而云殷礼者,此殷礼,即周公所制礼也。虽有损益,以其从殷而来,故称殷礼,犹上篇云"庶殷本其所由来"。孔于上传已具,故于此不言。必知殷礼即周礼者,以此云祀于新邑,即下文"烝祭岁"也。既用骍牛,明用周礼。云始者,谓于新邑,始为此祭。顾氏云,举行殷家旧祭祀,用周之常法,言周礼即殷家之旧礼也。郑玄云,王者未制礼乐,恒用先王之礼乐,是言伐纣以来,皆用殷之礼乐,非始成王用之也。周公制礼乐既成,不使成王即用周礼,仍令用殷礼者,欲待明年即政,告神受职,然后班行周礼。班讫始得用周礼。故告神且用殷礼也。孔义或然,故复存之。神数多,而礼文少,应祭之神名,有不在礼文者,故令皆次秩不在礼文而应祀者,皆举而祀之。

《尚书注疏》卷十四《考证》

"王肇称殷礼"传,言王当始举殷家祭祀。

王安石曰,殷,盛也。如"五年再殷祭"之"殷"。

2.《书传》卷十三《周书·洛诰第十五》

(宋) 苏轼撰

周公曰,王,肇称殷礼,祀于新邑,咸秩无文。

称举也殷礼盛礼也虽不在祀典者皆次秩而祭之。

3.《尚书全解》卷三十一《周书·洛诰》

(宋) 林之奇撰

周公曰,王,肇称殷礼,祀于新邑,咸秩无文。予齐百工,伻从王于周,予唯曰,庶有事。今王即命曰,记功,宗以功作元祀。唯命,曰汝受命笃弼,丕视功载,乃汝其悉自教工。孺子其朋,孺子其朋,其往,无若火始焰焰;厥攸灼叙,弗其绝。厥若彝,及抚事,如予,唯以在周工。往新邑,伻向即有僚,明作有功,惇大成裕,汝永有辞。公曰,已!汝唯冲子,唯终。汝其敬识百辟享,亦识其有不享;享多仪,仪不及物,唯曰不享。唯不役志于享,凡民唯曰不享,唯事其爽侮。乃唯孺子,颁朕不暇听,朕教汝于棐民彝。汝乃是不蘉,乃时唯不永哉。笃叙乃正父,罔不若予,不敢废乃命。汝往,敬哉,兹予其明农哉,彼裕我民,无远用戾。

《语》曰"君薨,百官总己,以听于冢宰三年",盖人君当其继世之初,创钜者,其日多痛,甚者其愈迟。感哀戚之情,则失万几之务,有所不暇恤,此所以以其政委于冢宰,至于三年之久而后归也。然自古人君之嗣位,或在襁褓之中,或当幼冲之年,安危治乱之机,岂能谙识;举措取舍之端,岂能练习,而使之君天下岂不殆哉。故当是时也,则冢宰之总百官,盖不拘于三年也,必俟其年已长矣,德已成矣,教导训迪,而其聪明日益进,而后可以归政也。周公之位冢宰,正百工也,盖以成王冲幼之年,故至七年而始"复子明辟"。然周公之摄也,制礼作乐,以致太平。凡朝廷之制度纪纲,莫不得其条理;而四海九州岛之民,莫不安居乐业。天下之势,盖若泰山,而四维之安,虽"植遗腹,朝委裘",而天下自治。况成王之德,以周公为师,召公为保之故,见正事,闻正言,行正道，左右前后，莫匪正人。至是而可以躬览万几矣。此所以"复子明辟"也。而成王之心，犹惧其弗克负荷，以忝祖考之大业，故周公虽欲归政而，成王犹未之听周公，以谓当王继世之初年，尚幼冲而德未成立，故不得不总百官之政，及王年长而德成，其可以不归政乎？王唯能以至公为心，无有殷周之间，而于诸侯享觐之礼，有以辨之，使皆尽其奉上之心，则以之君天下，岂难也哉。故自此以下，皆周公将归政，而戒成王之言也。

"王，肇称殷礼，祀于新邑"，汉孔氏曰，王当始举殷家祭祀，以礼典祀于新。邑。王氏曰，殷者，与"五年再殷祭"之"殷"同，非夏、殷之殷也。当从王氏之说。《易象》"雷出地奋，豫，先王以作乐崇德，殷荐之上帝，以配祖考"，《礼》有"殷祭""殷奠"，皆取殷盛之义，与"周因于殷礼"，其字虽同而义则异矣。考之诗颂，清庙祀文王也。周公既成洛邑，朝诸侯率以祀文王焉。当公之摄，制礼作乐，无政之不举，所未及者，营洛邑耳。今也，规度经营，断之朝廷，而考之龟策，建王城以定九鼎，建成周以迁殷民。上天之所以命我文王之命，自此定矣。故方其邑之初成，则率诸侯以祀文王，而始举盛礼，以告成也。《易·萃卦》曰"王假有庙"，"用大牲"，盖萃聚之世，丰厚之时也，其用宜称此，所以用大牲。周公致太平而营洛邑，非萃之时乎？则始举盛礼，以祭祀，岂不宜哉。"咸秩无文"，此礼之殷也。无文，谓不在祀典者也。《祭法》曰，圣王之制祭祀也，法施于民则祀之，以死勤事则祀之，以劳定国则祀之，能御大灾则祀之，能捍大患则祀之。及夫日月星辰民，所瞻仰也；山林川谷丘陵，民所取财用也。非此族也，不在祀典，必有典者，不可非其鬼而祭之也，亦不可昏弃厥肆祀弗答也。今成王既举盛礼，则虽不在祀典者，亦皆以秩次而祭之也。成王举殷礼，虽不在祀典者，秩次而祭之，而其所以秩次者，盖必有其官，若伯夷所掌之官，谓之秩宗也。《楚语》曰"使名姓之后，能知四时之生，牺牲之物，玉帛之类，乘服之仪，屏摄之位，坛场之所，上下之神，氏族之出，而心率旧典者，为之宗"，则宗伯者，所以秩次，所祭之神也。

王既举盛礼以祭于新邑，故我齐一百官，无有彼此，无有亲疏，使皆从王于周。我唯曰，庶几此百官，皆举职事以效功也。今王就洛，而命我曰，有功者则记，而尊之以其功，而列之大祀。王氏曰，记功者，若纪于太常，藏在盟府（□）。博采而无所偏私也。昔昌邑王即帝位，国辅大臣未褒，而昌邑小辈先迁，张敞以为过之大。昌邑之群臣，固不足道，然其心之有所私，则与高祖、光武无以异也。况殷之余民新从三叔武庚之叛于周家，不无嫌间，而成王之所记功者，皆其自教工，则殷民闻之，必将不自安矣。故周公呼成王而告之曰，汝虽孺子，其为朋乎。孺子苟由朋党而往，则其祸不可救，当遏之于始，无若火焉，其始之焰焰，其扑灭之固易为力，而不之为，其终也，所燔灼者，自有次序以渐，而积不可得而绝矣。盖焰焰不灭炎炎，若何百尺之室，以突隙之烟焚。天下之患，未有不始于微，而成于著也。汉唐朋党之祸，皆始于细微而不谨，则其末寖淫而不可解。汉之朋党，始于甘陵南北二部，而其终也，钩党之狱兴，海内涂炭二十余年。唐之朋党始于牛李对□，而其终也，相轧四十余年，缙绅之祸不解。兹非"若火始焰焰；厥攸灼叙，弗其绝"乎。成王之赏功，而悉以自教工，虽若小过也，自智者观之，盖将以为莫大之祸。汉唐之事自可见矣。故今王，其所顺之常道，及有所抚临之事，当如我，唯以在周之百工往新邑，使之向就，旧僚以趋事赴功，正唯择有功者，显明而作起之。王之所知者，臣之有功而已，不当以私人而偏宠之也。能如此，则是笃厚光大，以成汝宽裕之德，汝将永有称誉之辞，于后世历千万年而不泯也。盖惇大成裕，则不徇于私而为朋党矣。徇于私者，乃浮躁、炫露、狭隘、偏小之人也，岂能成宽裕之德哉。泰之九二曰"包荒，用冯河，不遐遗，朋亡，得尚于中行"，即此之谓也。

周公又告成王曰，已矣！汝唯冲子，当思其终也。当思其终者，盖当敬识百辟之享与不享者也。百辟，诸侯也。享，朝享也。夫三代之时，一人端拱于上，而诸侯谨度于下，分土而与之共守，分民而与之共治，故其强弱盛衰之势，唯在于诸侯也。苟诸侯致其诚，尽其礼，以朝觐于吾，则天子尊，而京师强，海内之势如身之使臂，臂之使指，莫不制从。其或虽朝觐宗，遇得其时，多其币。而其诚不专，其礼不谨，则王室轻而诸侯慢。自此而则之，诸侯将皆不得欲朝以为王者，不可朝事矣。故王于此，当敬识而下别之也。仪，礼也。物，币也。考之《觐礼》，诸侯之朝王，皆有束帛加璧庭实，所谓"物"也。其辞逊升降之容，所谓"仪"也。

享固多仪，苟仪不及物，礼不足而币有余，则虽享觐于王，与不享无以异也。盖不享固为非礼，享而仪不足，是亦非礼。故与不享同也。其所以仪不足者，盖以诸侯不用志于享上故也。诸侯既不专心致意于此，则凡民化之，亦皆无奉上之心，天下之事，将差错侮慢，不可正也。故汝当敬识之。敬识之者，以诸侯之勤惰，而反诸己，戒谨恐惧，不敢忽也。苟不能敬识，则士纲废弛而不能自振。春秋之时尚可见矣。僖二十八年，公朝于王所，盖因晋侯召王而朝之也。成十三年，公如京师，盖因会晋伐秦而朝之也。使当时天王不在河阳，晋不召诸侯伐秦，其肯出于诚心，跋涉山川述职于王庭，以讲累世久废之典乎。此所谓"不役志于享"，盖与不朝无以异也。昔孟子居邹，季任为任处守，以币交，受之而不报；处于平陆，储子为相，以币交，受之而不报。他日由邹之任，见季子；由平陆之齐，不见储子。屋庐子以孟子为非，谓季任君弟，故见之；储子为相，故轻之。孟子曰，非也，书曰"享多仪，仪不及物，唯曰不享，唯不役志于享"，为其不成享也。孟子之意，以为季任为任处守，其职不可舍宗庙而见孟子，故可以币交。储子可以越境而见孟子。今乃使人致其币，则所谓"仪不及物"也，非所谓"役志"也。观孟子之言，则僖之朝王所，成公之如京师，岂得为成享哉。檀公曰，丧礼，与其哀不足而礼有余也，孰若礼不足而哀有余。祭礼与其敬不足而礼有余也，孰若礼不足而敬有余。祭之所谓敬，丧之所谓哀，即此所谓仪也。其所谓礼，即此所谓物也。祭，不可以敬不足而礼有余；丧，不可以哀不足而礼有余，则享其可以仪不及物哉。盖使其用志于此，则仪岂有不及者哉。非特诸侯之享，王不可恃其币而"不役志于享"。

王之待其臣，亦不可徒以爵禄而宠锡之，当以其嘉猷嘉谋之入告者，服膺而不失也，故谓成王，苟徒以爵禄宠锡我，而不暇听我教汝辅民彝之道，则是不勉，其安能永保天命，绵绵延延而不替哉。覆，勉也。汝欲永保天命，则当厚于次序，正父武王之所为，而行之无不顺。我之教以辅民彝，辅之、翼之、正之、直之，使自得之，而不自弃于小人之域，则天下不敢弃汝之教命矣。汝自今以往，当致其敬，敬则能勉，我唯教民以农事也。盖仓廪实，而后知礼节；衣食足，而后知荣辱。苟为制民之产，仰不足以事父母，俯不足以蓄妻子，奚暇治礼义哉。此周公明农，而后成王得以棐民彝也。

"彼裕我民，无远用戾"，孔氏曰彼天下被宽裕之政，则我民无远不用来。苏氏曰，我不裕民而彼或裕之，则无远而逝矣。不如王氏曰彼远者以我民为裕，则无远用戾也。盖明农，以棐民彝。此我民之所以裕也。成王之迁殷顽民，欲其密迩王室，式化厥训，故曰"彼裕我民无远用戾"。观周公之告成王之言，盖谓成王能尽此道，则其于君天下，盖有余刃也，我安得而不"复子明辟"哉。

4.《尚书讲义》卷十五

（宋）史浩撰

周公曰，王，肇称殷礼，祀于新邑，咸秩无文。予齐百工，伻从王于周，予唯曰，庶有事。今王即命曰，记功，宗以功作元祀。唯命，曰汝受命笃弼，丕视功载，乃汝其悉自教工。孺子其朋，孺子其朋，其往，无若火始焰焰；厥攸灼叙，弗其绝。厥若彝，及抚事，如予，唯以在周工。往新邑，伻向即有僚，明作有功，惇大成裕，汝永有辞。

王既定洛，复归于镐，使往来以传辞也。周公居洛，始祭以落其成，故曰"肇称"，殷祀，祀之盛也，如《易》所谓"殷荐之上帝"之"殷"也。而必归之王，周公不敢专也。夫礼有常文，非此族者，不在祀典今而咸秩之是虽不在祀典者，亦预祀也，岂非盛乎。周公使百工从王以归周，则周公居洛也明矣。而"唯曰庶有事"者，请所事于祭祀之间也。王即命曰记功宗，宗者，尊其功也，以功之尊者作元配。所谓以"劳定国则祀之"也。新邑既定，莫先于纪功。纪功，莫大于百世祀，此成绩所以纪，"大常而祭于烝"之意也。唯命者，周公受命之辞也。"曰汝受命笃弼"，笃弼，言王受命之后，笃重辅弼，故今有报功之意也。既大阅纪功之载籍，乃悉有王自命之人。莅政之初纪功，乃有不实之患，此周公所以勤勤也。孺子者，王也。其朋，言王不可以私党用人也。其往，言王自此以往也。火始焰焰，当即扑之，勿待其炎灼，而弗可绝也。一顺典常以抚事，如我在周辅佐之日，勿参以私人。我虽在新邑，王当使旧僚。向者，旧也，使旧僚以作有功，厚大汝心，裕广汝德，勿屑屑以自私，则汝有誉于天下矣。呜呼！周公一览，载籍之失，其丁宁告戒已如此，则成王之过行戏言，宜乎少矣。

5.《尚书详解》卷二十《周书·洛诰》

(宋) 夏僎撰

周公曰，王，肇称殷礼，祀于新邑，咸秩无文。予齐百工，伻从王于周，予唯曰，庶有事。今王即命曰，记功，宗以功作元祀。唯命，口汝受命笃弼，丕视功载，乃汝其悉自教工。孺子其朋，孺子其朋，其往，无若火始焰焰；厥攸灼叙，弗其绝。厥若彝，及抚事，如予，唯以在周工。往新邑，伻向即有僚，明作有功，惇大成裕，汝永有辞。

自此以下，乃周公归自洛邑，与王在镐京相告之语，史官既叙前告卜之言，因序此于其下，以足成一篇，与前语非一事也，故特以周公曰别之。自后则但言公曰，不言周公，可以见自此又是一节也，不可与前相联属为说。而先儒乃谓王拜手稽首求诲言，此乃周公诲之之言，误矣。此盖周公既营洛邑归于宗周时，将复辟于王，使王亲往新邑，行祀礼告，祭天地祖考，然后即政。料此一节言语，必是七年十二月内之言。盖此篇之末有"戊辰王在新邑烝祭岁"之言，"戊辰"乃七年十二月晦日，故知周公与王反复言讫，然后王即往之新邑，以戊辰至其地而行祀礼也。周公言此一节之意，盖谓今日新邑即成，王当肇始举行盛礼，祭于新邑之地。凡在礼典无明文而法应祀者，皆当以此序祀之。我则整齐百官，使从王往于新邑。盖周公时尚为冢宰，百官尚总己以听于周公，故周公得以整齐之也。然周公虽整齐之，使从王而行往于新邑，亦不敢自谓使往助祭祀，盖周公若说使之助祭祀，则百官必以此盛礼之行，为出于周公之意，故唯令于百官，曰，汝从王，而往庶几必有所事于周，不知为何事。周公谓此盖以将复辟，欲使礼乐自天子出故也。

周公既说与王，谓我唯命百官从王而往，庶几有事，而王即当命百官曰，我今往新邑，非有它也，将记功之尊者，以功之尊者作为大祀，即祭法所谓"圣王之制祭祀也。法施于民则祀之，以死勤事则祀之，以劳定国则祀之，能御大灾则祀之，能捍大患则祀之"，即此以功作元祀之谓也。此周公正欲礼乐自成王出也，而成王乃唯如此命周公曰，汝受命于文武，当厚辅于我。汝今日当为我大视功之所载，于礼之合损合益，祀之合丰合杀，汝周公当尽以自己教百官。其意则谓，记功宗以功作元祀之事，我不欲以此命百官，而周公当为我自教百官，则是未欲礼乐自己出也。此周公所以详引己之言如此，王之言乃如彼，明己之不敢当也。成王既欲周公悉自教百官，然周公未复辟之前，周公尚居摄百官尚听冢宰，则周公教之百官从之言，虽出于周公实若天子之命，故可以无朋党之患。今既欲复辟于成王，而周公将退就于臣位，苟又使周公悉自教工，则上有天子，而周公乃挟天子以令天下，如曹操等所谓贪进无耻之徒，安得不扇而为党乎。唐宗尝谓，去河北贼易，去朝中朋党实难。盖朋党实足乱天下。如汉之南北，唐之牛李，可以见矣。此实周公所以深虑也，故既举成王之言，明己不当悉自教工，又呼成王为孺子，而言"其朋"，盖谓成王必欲己自教百官，当念及于朋党之祸。既言"孺子其朋"，又言"孺子其朋其往"者，盖谓孺子其念朋党之祸，孺子所以当念朋党之患者，以自今以往，当殄绝于其萌，无使如火之始燃，其先但焰焰然而已及其焰焰不已，则所烧灼者，有次叙而不可绝。周公此意盖谓，朋党之祸其始甚微，若不足为害及其终，则未有不败国丧家，欲成王谨之又谨之也。然则成王将如何哉，亦在乎顺其常道及临抚于政事之际，一如周公之所为，唯用在周之百工，不必更求新进，以间旧人，自开朋党之门也。周公既欲成王唯用在周之日所有之百官，故又告成王使往治新邑之时，唯当使此在周之人，各自因其职。而向就其所有之僚，成王则因其功明明然，以奖劝之术作成之，如此则是为人君者，能敦厚其广大之量，成就其广裕之德，可以终有叹誉之辞于永世也，故曰"汝永有辞"。

6.《增修东莱书说》卷二十三《周书·洛诰第十五》

（宋）吕祖谦撰，（宋）石澜增修

周公曰，王，肇称殷礼，祀于新邑，咸秩无文。予齐百工，伻从王于周，予唯曰，庶有事。今王即命曰，记功，宗以功作元祀。唯命，曰汝受命笃弼，丕视功载，乃汝其悉自教工。孺子其朋，孺子其朋，其往，无若火始焰焰；厥攸灼叙，弗其绝。厥若彝，及抚事，如予，唯以在周工。往新邑，伻向即有僚，明作有功，惇大成裕，汝永有辞。

成王既尽礼以求诲言，于是周公举其大者告之。"王，肇称殷礼，祀于新邑，咸秩无文"，告以定都之首务也。定都之初，肇举盛礼，大飨群祀。虽祀典之不载者，咸秩叙而祭之，有告焉，有报焉，有祈焉。始建新都，昭假上下，告成事也。雨旸时，若大役以成，报神赐也。自今以始，永奠中土，祈鸿休也。后世不知祭祀之义，鬼神之德，则观周公首以"祀于新邑"告成王，若阔于事情，抑不知人主临镇新都之始，斋祓一心，对越天地，达此精明之德，放诸四海无所不准。而助祭诸侯，下逮胞翟之贱，亦皆有孚颙若，收其放而合其离，盖格君心萃天下之，道莫要于此，故周公以为首务也。

"予齐百工，伻从王于周，予唯曰，庶有事"，周公言，我整齐百官使从成王于成周者，岂徒然哉。予唯曰，庶几有事为以大慰天下云尔。下文所称"记功宗"之类，皆所当为之事也。方周公当国之时，百官贤否，虽或小不齐，公固化之有道，处之有方，于治道未害也。今成王亲政之初，所从百官，岂容有一小人参错其间。故公必精察审择，使咸出于正，无少不齐。老臣爱君之心，亦笃矣。不授之以人，而徒责之以事。周公必不尔也。既授之以人矣，成王亦安得辞其责乎？今王即命曰"记功，宗以功作元祀，唯命，曰汝受命笃弼"者，基业既定，则当修创业之功以示天下。洛邑既成，周之业既定矣，论创业之勋不可后也。故教成王今即出命曰，记录功臣之宗勋劳之最大者，以其功作元祀，功臣莫不祭于大烝，为功臣之宗者，居其冠，故谓之元祀也。汉高帝次功臣，其第一，久之而后定。盖功臣之冠，天下观瞻，所以镇服群下者，实系此举焉。论功莫先于宗，言宗，则凡功臣可得而推矣。报功莫重于祀，言祀，则凡庆赏可得而推矣。既发命以报其功，唯申命以勉之曰，汝功臣其受此褒赏之命，以厚辅王室，盖示之倚任之意也。临新都而慰答功臣，所以托之心腹，共图久大之业，而念旧录功，风天下以归之，厚此又其枢机也。

"丕视功载，乃汝其悉自教工。孺子其朋，孺子其朋，其往，无若火始焰焰；厥攸灼叙，弗其绝"者，周公既告成王以褒赏功臣，又戒以当大视功臣之载书，苟无不公，百工效之亦皆公也；苟少有私，百工窥之，亦将皆私也。其公、其私，悉自汝教之，所谓"乃汝其悉自教工"也。百工视效如此，孺子论功行赏，其可少有朋比乎。孺子其少有朋比，则其自此以往，临政出治，将无不朋。比如火始然，焰焰之微耳，其所焚灼，以叙而进，自少而多，自近而远，遂不可绝矣，其可不深戒其初乎。论功者，成王之初政，周公惧其私心之或萌，故严厉其辞，所以间之于始，而禁之于未发也。

"厥若彝"者，告成王以其顺典彝也。"及抚事如予"者，告成王以抚定天下之事，当如我为政之时也。"及"云者，周公自谦，使成王先顺典彝，而因观法我之所为也。"唯以在周工往新邑"者，即周公所齐从王于周之百工，戒成王之洛，当唯以此自从，不可以他人间之也。周公为成王虑者，可谓悉矣。示之以典，欲其遵也；教之以身，欲其效也；遗之以人，欲其用也。成王之临洛邑，诚能循奉典彝，师法周公，信任众贤，则治道亦无余蕴矣。"伻向即有僚，明作有功，惇大成裕，汝永有辞"者，复告成王，当使百工咸知上意所向，联事分职，各就有僚，晓然不惑，奋扬兴起，咸底成绩，乃所谓"明作有功"也。苟不知上之所向，则惑惑，则怠怠，则绩用弗成矣。然则，所向果何向也，曰惇大者其所向也。一代必有所尚，以定一代之治体，百工皆知所向，虽其职之异，其功之殊，而体皆惇厚宽大，共成温裕之风俗，则是周家八百年之所尚实定于成王。休闻显誉，岂有既乎？汉文近于"惇大成裕"，而无所谓"明作有功"；汉宣近于"明作有功"，而无所谓"惇大成裕"。周之治体，盖非后世之所可及也。治体定，则治道成，故此章亦止于此。

7.《尚书说》卷五《周书·洛诰》

（宋）黄度撰

周公曰，王，肇称殷礼，祀于新邑，咸秩无文。予齐百工，伻从王于周，予唯曰，庶有事。今王即命曰，记功，宗以功作元祀。

新邑行事，祀其首也。肇始称举，周因于殷，故曰"殷礼"。凡不在礼文，典祀之所未及者，皆于此秩序而祀之，则所谓损益可知者也。制礼作乐，此其始矣。"咸秩无文"，言虽小不遗也。盖自作文、武庙于洛，明堂升配，星辰河岳，禘袷烝尝，以至于户灶行厉，酺禜禬祈，必皆通于幽明之故，知鬼神之情状，损益行之，是为成王首政。故予整齐百工，使从王自周往洛。"予唯曰，庶有事"，言俟王所为也。今王当即出命曰，记功之可尊者，以功之大小为序，大功列大祀。元，大也。独言大祀，尊也。大祀定，则中小皆定矣。

8.《絜斋家塾书钞》卷十一《周书·洛诰》

（宋）袁燮撰

周公曰，王，肇称殷礼，祀于新邑，咸秩无文。予齐百工，伻从王于周，予唯曰，庶有事。今工即命曰，记功，宗以功作元祀。唯命，曰汝受命笃弼，丕视功载，乃汝其悉自教工。孺子其朋，孺子其朋，其往，无若火始焰焰；厥攸灼叙，弗其绝。厥若彝，及抚事，如予，唯以在周工。往新邑，伻向即有僚，明作有功，惇大成裕，汝永有辞。

殷，大也。王今举大礼祀于新邑，虽祀典之不载者，亦不可不祭。此处要仔细看。后世这事都错了。古人苟有功于民，苟有神灵者，无所不祭焉。这意思极好，其次第广大。齐者，整齐也。周公言我一一整齐百工，皆贤人君子，无一小人厕迹于其间，故谓之齐。我整齐百工，使从王于周，岂徒然哉。盖庶几欲治其政事云尔。"今王即命"，言成王曾有号令，以为当记功之尊者，以其功而作大祀。古者，祭祀先王功臣皆与焉，所谓"兹予大享于先王，尔祖其从与享之"。凡有功者，铭书于王之太常，祭于大烝是也。又曾专命周公，汝当笃所以辅弼我者，王之此意甚美矣。然前日虽有是意，而今日则有不然者，我大视汝所载之功，乃有出于左右近习之私，而其所载，容有不当者尔，所自教之工得以参预于其间也。夫人主，当以天下之才，为天下之用。其所任用，当用天下之所欲者，岂可私于左右之臣。后世，如齐桓公之竖刁、易牙、开方；汉元帝之弘恭、石显；晋武帝之荀勖、冯纨，皆私人也。此皆人主朝夕之所亲近，故世主往往溺焉宠之禄位，听其计画，为害有未易胜言者。周公所以恳切，以此戒成王，谓尔之朋俦，皆便僻，使令之臣至载录功臣有出于左右之私意，这便是尔之朋党，自今绝之，犹易为力。失今不治，若火之始燃，虽焰焰之微，其所焚灼，以叙而进，将至于不可绝，岂不大可虑哉。周公之意，可谓深切矣。"厥若彝"，彝，常道也。周公言，成王若彝抚事，苟欲如我，则当用周工。周工，盖前日周公之所齐者也。此是朝廷公当之人，非王之私人，以是人而分布于官僚为六卿者，有六卿之职。为大夫者，有大夫之职，各即乃僚，各勤乃事，使之踊跃奋发，兴事造业，而无怠惰委靡之

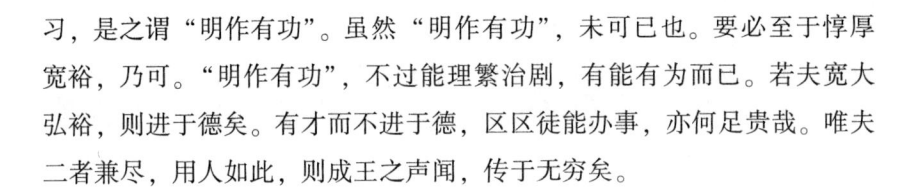

习,是之谓"明作有功"。虽然"明作有功",未可已也。要必至于惇厚宽裕,乃可。"明作有功",不过能理繁治剧,有能有为而已。若夫宽大弘裕,则进于德矣。有才而不进于德,区区徒能办事,亦何足贵哉。唯夫二者兼尽,用人如此,则成王之声闻,传于无穷矣。

9.《书经集传》卷五《周书·洛诰》

(宋)蔡沈撰

周公曰,王,肇称殷礼,祀于新邑,咸秩无文。

此下周公告成王宅洛之事也。殷,盛也,与"五年再殷祭"之"殷"同。秩,序也。无文,祀典不载也,言王始举盛礼,祀于洛邑,皆序其所当祭者,虽祀典不载,而义当祀者,亦序而祭之也。吕氏曰,定都之初,肇举盛礼,大飨群祀。虽祀典不载者,咸秩序而祭之,有告焉,有报焉,有祈焉,始建新都,昭假上下,告成事也。雨旸时,若大役以成,报神赐也。自今以始,永奠中土,祈鸿休也。后世不知祭祀之义,鬼神之德。观周公首以祀于新邑为言,若阔于事情者,抑不知人主临镇新都之始,斋祓一心,对越天地,达此精明之德,放诸四海无所不准。而助祭诸侯,下逮胞翟之贱,亦皆有孚颙若,收其放,而合其离。盖格君心萃天下之道,莫要于此,宜周公以为首务也。

10.《尚书精义》卷三十八《周书·洛诰》

(宋)黄伦撰

周公曰,王,肇称殷礼,祀于新邑,咸秩无文。予齐百工,伻从王于周,予唯曰,庶有事。今王即命曰,记功,宗以功作元祀。

无垢曰,殷,盛也。成王既即位,始举盛礼,祀于洛邑。其盛如何,凡以死勤事,以劳定国,能御大灾,能捍大患,有大功于国家,而典籍未及该载者,今咸次第其功劳而祀之,使世世血食于太庙。此亦周家忠厚之意也。

又曰,周公整齐百工以代成王之政令,成王乃即命周公曰,汝其记载功臣之宗高者,以其功列于大祀,此即"咸秩无文"之意也。

胡氏曰,传曰,武王克商,迁九鼎于洛邑,成王定鼎于郏鄏。然则,迁鼎之时，克殷之后也。定鼎之时，营洛之后也。是周公因迁鼎之心，而都洛；成王遂都洛之志而定鼎。故《召诰》则相宅，《洛诰》则定都。都既定，王乃往焉，此周公所以勤请也。

孔安国以为摄政之七年也，王肃以为武王崩明年，成王元年，周公摄政，遭流言，作《大诰》，而东征二年克殷、杀管叔，三年归制礼作乐，出入四年、五年、六年乃成，七年营洛，致政成王。《家语》称武王崩时，成王年已十三，摄政七年，乃二十年矣。周公既营洛，请成王都之，以行盛礼者。制作之新文，有周之盛事，周既克殷都，既宅洛，礼文大备，焕然而新。以复辟之初，行新制之礼，万事之备，不亦盛乎。

11.《尚书详解》卷三十三《周书·洛诰》

（宋）陈经撰

周公曰，王，肇称殷礼，祀于新邑，咸秩无文。予齐百工，伻从王于周，予唯曰，庶有事。今王即命曰，记功，宗以功作元祀。唯命，曰汝受命笃弼，丕视功载，乃汝其悉自教工。

成王既拜手稽首，求教诲之言，故周公教成王以往新邑，举行典礼，须当有以激励臣下。肇，始也。殷，盛也。今王往新邑，始举盛礼，行祭祀于新邑，咸秩序其礼。文所不载者而祀之，盖非常之祀，不可以常祀论也。常祀，则祀其典礼所载者。既举盛典，则合天下之百神，皆祭之。洛邑既成之初，不比他时故也。然则，《洛诰》之书，言作洛之事，及于祭祀者，观《诗》之《清庙》曰"既成洛邑，朝诸侯，率以祀文王焉"，成王往洛邑，诸侯来朝助祭文王之庙，此乃往洛邑始行之事，又况国之大事，莫大于祀，而成王所以愬祭上下，奉宗庙者，莫切于此。故周公举祀事以告之。"予齐百工"者，周公摄政位冢宰，正百工，则当时之百官，皆周公所整齐者，无一小人间其间矣。伻，使也。此使百官从王于新邑。"予唯曰庶有事"，周公知成王年已长，君德已成，我唯曰庶几成王用此百官，有善政事。今人至新邑，就行王命，曰记功之尊者，以功之次序而作元祀。因此祭祀之时。遂记其往日有功于民者，以劳定国，死勤事，能御大灾，捍大患者，皆祭之。先王之报功也，皆以祭祀。《盘庚》曰"兹予大享于先王，尔祖其从与享之"，见先王忠厚，不忘人之功也。功者而载之。夫已然之功，见于往日者，既有以报之；未然之功，在今日以后者，又大有以责望之，则群臣百官，莫不知所激劝矣。虽然如此，又在成王有以率之也。正心以正朝廷；正朝廷以正百官。使百官皆得其正者，岂非成王自有以教之哉，欲其化下以躬行也。

12.《融堂书解》卷十四《周书·洛诰》

（宋）钱时撰

周公曰，王，肇称殷礼，祀于新邑，咸秩无文。予齐百工，伻从王于周，予唯曰，庶有事。今王即命曰，记功，宗以功作元祀。唯命，曰汝受命笃弼，丕视功载，乃汝其悉自教工。孺子其朋，孺子其朋，其往，无若火始焰焰；厥攸灼叙，弗其绝。厥若彝，及抚事，如予，唯以在周工。往新邑，伻向即有僚，明作有功，惇大成裕，汝永有辞。

此周公承成王诲言之命，而以此教之也。周，指镐京，宗伯掌祀，故曰"宗"。下言"惇宗将礼"，言未定于宗礼，皆谓宗周也。周公谓成王，今日最先且当举行盛礼，祀于新邑。虽于祀典无明文者，皆秩序而祭之。先儒谓，昭假上下，报赐祈休，固是。然以愚观之周公之意，却专主在"咸秩无文"上。盖人臣有功，纪于太常，祭于大烝，最是圣人激劝劳绩，收合人心第一急务。成王幼冲，嗣立数年之间，更罹变故，此等典，俱未暇举行。成王请诲言，而周公首勉之以此为迁都第一事，其意深矣。故下文即自谓，予之整齐百工，使之服从王于镐京也。予唯曰，庶几尽其职分，各有事功耳。今日成王事体，却不同，宜即下命曰，记载臣功于宗伯，以其功之差次，而作为大祀可也。周公"咸秩无文"，意正在此。孺子，其殆私我，为朋党乎，为弊有不可胜言者。成王有"二人共贞"之言，周公此语所以广之。

13.《尚书要义》

（宋）魏了翁撰

（归善斋按，原缺）

14. 《书集传或问》卷下《洛诰》

（宋）陈大猷撰

（归善斋按，未解）

15. 《尚书详解》卷九《周书·洛诰第十五》

（宋）胡士行撰

周公曰，王，肇（始）称（举）殷（盛）礼，祀（大享）于新邑，咸（皆）秩（序）无文（祀典未载者）。予齐（整）百工（官），伻（使）从王于（往）周，予唯曰，庶（庶几乎）有事（王有大事为以慰天下）。今王即命（当即出命）曰，记（录）功（勋功），宗（最大者）以功作元（大）祀。（祭之记功宗，功之大；元祀，祀之大）。唯命（申命），曰汝（功臣）受命（褒赏之命）笃（当厚注绝句）弼（助王室），丕（王义当大，绝句）视功载（功臣载书），乃汝（主）其悉（尽）自（自任）教（丕视之公以教）工（百官）。

定都之初，肇举盛礼，享群祀，修旷典，有祀焉，有祈焉。始建新都，昭假上下，告成事也。雨旸时，若大役以成，报神赐也。自今以始终，奠中土，祈洪休也。人主斋被一心，对越天地，以此精明，放于四海，助祭诸侯，下逮胞翟，皆有孚颙若，收其放，而合其离。君心萃天下之道，莫要于此公也。齐百工以从王于洛，庶几赞新政，以有事焉耳。王当即出命，以宗功作元祀。记人之功小大有序，公褒赏激劝之权，以励百工，而申命以启其笃弼之忠。凡载功之书，大加阅视，以示群工之教。此皆王所当自服者也，可复如前日之倚重于公乎。兹汝受命笃我周邦，受天厚矣。弼丕，当辅大天命。夏云，即命元祀，公欲礼乐自王出也。王乃命公曰，汝受文武之命，当厚辅我。

16. 《书纂言》卷四上《周书·洛诰》

（元）吴澄撰

周公曰，王，肇称殷礼，祀于新邑，咸秩无文。予齐百工，伻从王于周，予唯曰，庶有事。今王即命曰，记功，宗以功作元祀。唯命，曰汝受命笃弼，丕视功载，乃汝其悉自教工。孺子其朋，孺子其朋，其往，无若火始焰焰；厥攸灼叙，弗其绝。厥若彝，及抚事，如予，唯以在周工。往新邑，伻向即有僚，明作有功，惇大成裕，汝永有辞。

　　此周公答王请教之辞。殷，盛也，与"五年殷祭"之"殷"同。齐，谓整一之。"唯命"之"唯"，又也。汝受命之汝王汝公也，乃汝之汝公汝王也。朋，谓比昵之私，彝，谓故常之事。抚，如以手抚循之抚，向，谓心所专向。明，谓精明。丕大，谓功业盛大。裕，谓民生饶裕。王始举盛礼于新邑，予统率百官，使从王于宗周。予之心唯曰，王将往洛邑，行祭礼，庶几各有所事。今王即有命曰，记录功臣之礼官，以有功者，与此大祭。又有命曰，汝周公受我之命，笃辅之我，大视记功之典籍，勿俾有所遗。周公既述成王所命，而曰汝之命如此，悉以自教令群臣矣。按，周官有功，书于太常，祭于大烝。《盘庚》曰"兹予大享于先王，尔祖其从与享之"。成王将烝祭，故命礼官录有功者而祭之。又命周公丕视功载也，烝祀之事。王既自绍群臣，故周公唯务格王之心。王新莅政于洛，其心不可有比昵之私，故曰，孺子其朋乎，孺子其朋乎。其往新邑也，当杜私心。私心之发，始虽甚微，终必炽盛，而不断绝，有如火然，当遏之于微也。王心既正，所谓一正君而国定。其如故常之事，及新至之事，则予之责也。如予但以在周之百官往新邑，使之专邑就职，精心作事，百官各胜其任，以敦其所已大，以成其所已裕，则汝之休闻，永世有辞矣。

　　此第二章，成王在镐，将往洛邑烝祭，与周公问答之辞。

17.《书集传纂疏》卷五《朱子订定蔡氏集传·周书·洛诰》

（元）陈栎撰

周公曰，王，肇称殷礼，祀于新邑，咸秩无文。

此下周公告成王宅洛之事也，殷，盛也，与"五年再殷祭"之"殷"同。秩，序也。无文，祀典不载也，言王始举盛礼，祀于洛邑，皆序其所当祭者。虽祀典不载，而义当祀者，亦序而祭之也。吕氏曰，定都之初，肇举盛礼，大飨群祀，虽祀典不载者，咸秩序而祭之，有告焉，有报焉，有祈焉。始建新都，昭格上下，告成事也。雨旸时，若大役以成，报神赐也。自今以始，永奠中土，祈鸿休也。后世不知祭祀之义，鬼神之德。观周公首以祀于新邑为言，若阔于事情者，抑不知人主临镇新都之始，斋祓一心，对越天地，达此精明之德，放诸四海，无所不准。而助祭诸侯，下逮胞翟之贱，亦皆有孚颙若，收其放，而合其离。盖格君心，萃天下之道，莫要于此，宜周公以为首务也。

纂疏：

自此以下，渐不可晓。盖不知是何时所言。传疏以为，王与公俱在洛对问之言。叶氏以为，王得卜而至洛，既祭复归镐，因留公居守，而公有此言，皆不可考。

董氏曰，《易》曰"殷荐之上帝"，《礼》有殷祭、殷奠，皆取殷盛之义。

愚谓，王氏云，此殷礼，疑即篇末十二月戊辰之祭，史述其语于前，而记其事于后也。窃意，十二月之祭，不过以周公留治洛之事，就冬烝以告文、武庙耳。此曰"殷礼"，曰"秩无文"，必作新邑后，就新邑，举非常大祭祀。岂十二月特牛之祀，足以当之。三月后，至十一月，必尝亲至洛，行大祀礼，受大朝贺，发大号令。今脱去矣。自此下，至"无远用戾"，乃洛邑既成，公自洛还镐告王，以宅洛所当行之事，而请王以行，及自陈欲退老之辞也。继此云云，述往复之辞，而有错误之简者也。证之《召诰》，公定宅后，尝还镐京。观召公取诸侯之币以锡公，由公以达王，则可见矣。"孺子其朋"以下，必有讹误脱简漏却。王祀新邑等，必在此处无疑也。况《梓材》"庶邦享集丕享"等语，其为"敬识百辟享"之上下文，脱简在彼，尤为显然乎。

18.《读书丛说》卷六《洛诰》

（元）许谦撰

（归善斋按，未解）

19.《书传辑录纂注》卷五《周书·洛诰》

（元）董鼎撰

周公曰，王，肇称殷礼，祀于新邑，咸秩无文。

此下周公告成王宅洛之事也。殷，盛也，与"五年再殷祭"之"殷"同。秩，序也。无文，祀典不载也，言王始举盛礼，祀于洛邑，皆序其所当祭者。虽祀典不载，而义当祀者，亦序而祭之也。吕氏曰，定都之初，肇举盛礼，大飨群祀，虽祀典不载者，咸秩序而祭之，有告焉，有执焉，有祈焉。始建新都，昭假上下，告成事也。雨旸时，若大役以成，报神赐也。自今以始，永奠中土，祈鸿休也。后世不知祭祀之义，鬼神之德。观周公首以祀于新邑为言，若阔于事情者，抑不知人主临镇新都之始，斋祓一心，对越天地，达此精明之德，放诸四海，无所不准。而助祭诸侯，下逮胞翟之贱，亦皆有孚颙若，收其放，而合其离。盖格君心，萃天下之道，莫要于此，宜周公以为首务也。

辑录：

自此以下，渐不可晓。盖不知是何时所言。传疏以为王与公俱在洛对问之言。叶氏以为王得卜而至洛，既祭复归镐，因留周公居守，而周公有此言，皆不可考。然叶氏说，后数章贯穿，今从之。《书说》。

纂注：

复斋董氏曰，《易》曰"殷荐之上帝"，《礼》有殷祭、殷奠，皆取殷盛之义。

新安陈氏曰，王氏谓此殷礼，疑即篇末十二月戊辰之祭，史述其语于前，而记其事于后也。窃意十二月之祭，不过以周公留治洛之事，就冬烝以告文、武耳。此曰"殷礼"，曰"秩无文"，乃非常盛礼，岂十二月之祀足以当之。三月后，以至十一月，王必当亲至洛，行大祀礼，今脱去矣。自此下至"无远用戾"，乃洛邑既成，公自洛归镐，告王以宅洛所当行之事，及欲退老之辞也。"肇称殷礼"以下，乃周公至镐，请王往新邑，举祀礼，及朝诸侯。证之《召诰》公至洛定宅后，当还镐京。观召公取诸侯之币锡公，由公以达王，则可见矣。"孺子其朋"以下，必有讹误脱简漏却。王祀新邑，必在此处无疑也。

20.《尚书句解》卷九《周书·洛诰第十五》

（元）朱祖义撰

周公曰（公归自洛邑，在镐京训诲成王曰），王，肇称殷礼（今日新邑既成，王当肇始率行盛礼），祀于新邑（以祭于新邑之地），咸秩无文（皆秩叙其礼，文所以载者祀之）。

21.《尚书日记》卷十二《周书·洛诰》

（明）王樵撰

周公曰，王，肇称殷礼，祀于新邑，咸秩无文。

此下周公告成王宅洛之事也。自此至"无远用戾"，乃洛邑既成，周公自洛归镐，告王以宅洛所当行之事，及欲还政退老之辞也。观《召诰》"出取币旅王若公"，则公之归镐明矣。肇，始也。庶事之始，非"今始"之"始"也。殷，盛也，与"五年再殷祭"之"殷"同。秩，序也。无文，祀典不载也。定都之初，首举盛礼，祀享神祇，虽祀典不载者，咸秩序而祭之，有告焉，有报焉，有祈焉。新都始建，王躬莅之告成事也。雨旸时，若大役以成，报神赐也。自今以往，永奠中土，祈鸿休也。经文正意，只是如此。其格君心，萃天下之道莫要于此，乃吕氏推说。临镇新都之始，斋祓一心，对越天地，达此精明之德，放诸四海无所不准，祭祀之义，在君者如此，故为格君心之要。助祭诸侯，下逮胞翟之贱，亦皆有孚颙若，收其放，而合其离。祭祀之义，在群下者如此，故为萃天下之要。

22.《日讲书经解义》卷八《周书·洛诰》

（清）库勒纳等撰

周公曰，王，肇称殷礼，祀于新邑，咸秩无文。

此一节书，是周公将迎成王于洛，而告以宅洛之宜也。肇，始也。称，举也。殷，盛也。秩，序也。无文，谓祀典所不载者。周公曰，新都既建，祗祀之典，首宜举行。王为天地神人之主，始举盛礼于洛邑。凡上下神祇，咸宜周遍，其为祀典所载者，礼固当祀；即祀典所不载，亦礼以义起，咸次其尊卑上下之序而祭之，勿少忽焉。以告成事，报神赐而祈鸿休，皆于是乎在王，可不首先加意乎。

《书蔡氏传旁通》卷五《周书·洛诰》

（元）陈师凯撰

下逮胞翟之贱，亦皆有孚颙若。

《祭统》云"夫祭者，畁煇（运）胞（庖）翟阍者，惠下之道也"。煇者，甲吏之贱者也。胞者，肉吏之贱者也。翟者，乐吏之贱者也。阍者，守门之贱者也。《易》云"观盥而不荐有孚颙若"。程子云，盥，谓祭祀之始盥手，酌郁鬯于地，求神之时荐，谓献腥献熟之时，居上者，正其表仪，如始盥之初，勿使神意如既荐之后，则天下之人莫不尽其孚诚，颙然瞻仰之矣。颙，仰望也。

《书义断法》卷五《周书·洛诰》

（元）陈悦道撰

周公曰，王，肇称殷礼，祀于新邑，咸秩无文。予齐百工，伻从王于周，予唯曰，庶有事。

举祀典于新邑，且咸秩于无文，周家之盛礼也。齐百工于宗周，尚庶几其有事。周公之盛心也。盛礼所行，无往不及。宅中图大之初，可谓非常之典矣。周公之盛心，唯率百工以从王，欲王自教诏之，以庶几有事，所以见礼乐征伐无不自天子出。岂如春秋卫国所谓"祭则寡人，政由宁氏"者哉。元老大臣，德盛礼恭，其事君小心于此，亦可见矣。

《读书管见》卷下《洛诰》

（元）王充耘撰

王，肇称殷礼。

"王，肇称殷礼，祀于新邑，咸秩无文"，盖成王宅洛之初，其礼当如此。王者为天下神人之主，故即位即政，必先享祀群神，朝会群后。成王昔者幼冲，虽在位而未亲政。今洛邑成，而王即政，与新即位同，故曰"王，肇称殷礼"，是昔者王皆未尝亲祭也。其举盛礼，自今始，故当遍于群神，宜乎其"咸秩无文"也，祭祀之后，继以"敬识百辟享"，则教以朝会诸侯之事也。此与帝舜摄政而"类上帝，禋六宗，望祀山川，遍于群神之后，即敛五瑞，以觐于四岳群牧"同。至其巡守方岳，亦必先柴望，而后觐东后，先神后人，礼当如此。

传引吕氏之说，谓定都之初，大享群祀，有告，有报，有祈者。既不切当，且以周公首以祀新邑为言，若迂阔于事情。不知格君心萃天下之道，莫要于此，故周公以为首务者，几于迂阔可笑。舜摄政，而遍祭群神；武王胜商，而柴望告成。后世人主即位，亦必祭告天地宗庙。而凡祀典之神，皆令有司蠲殷致祭，岂亦藉此以格君心萃天下乎。奈何，其亦以此为首务也。

《尚书疑义》卷五《洛诰》

（明）马明衡撰

"王，肇称殷礼"至"以功作元祀"。

是周公以王往新邑，必先祀典。因此祀典，教以御臣之道。若谓以举祀为首务而教之，则自有一定礼典。成王岂冥然不知如是耶。"予唯曰庶有事"，语意谓，予唯望其庶几有善政事也。

《五诰解》卷四《洛诰》

（宋）杨简撰

周公曰，王，肇称殷礼，祀于新邑，咸秩无文。予齐百工，伻从王于周，予唯曰，庶有事。今王即命曰，记功，宗以功作元祀。唯命，曰汝受命笃弼，丕视功载，乃汝其悉自教工。孺子其朋，孺子其朋，其往，无若火始焰焰；厥攸灼叙，弗其绝。

公曰，王始举盛礼，祀于新邑，其旧文所无者，亦皆秩而祀之。肇，始也。称，举也。殷，盛也。予整齐百工，使从王于周。予唯曰，庶有施行之事，意其必善，而今王即百工而命曰，当记功于宗庙，以功作元祀，意谓功德积累，其大者，得列于元祀。《盘庚》曰"尔祖其从与享之"，谓配享也。又命曰，汝受命，笃志弼我。其意向笃厚如此。今我大阅视尔记功载籍，而所记者，乃悉汝所自教之官，皆汝私人，受教于汝者，非我所齐百工也。于是，周公乃训责成王曰，孺子其有朋党乎。孺子唯与尔朋往乎，无若火始焰焰，其所灼已有次叙，而弗能止绝乎。其朋虽未至于奸恶，而与周公异趣矣，此放逸之渐，不可长也。

予齐百工，伻从王于周，予唯曰，庶有事

1.《尚书注疏》卷十四《周书》

（汉）孔氏传，（唐）陆德明音义，（唐）孔颖达疏

予齐百工，伻从王于周，予唯曰，庶有事。

传，我整齐百官，使从王于周，行其礼典，我唯曰，庶几有善政事。

疏，正义曰，我虽致政，为王整齐百官，使从王于周，行其礼典。若能如此，我唯曰庶几有善政事。

传，正义曰，时成王未有留公之意，公以成王初始即政，自虑百官不齐，故虽即致政，犹欲整齐百官，使从王于周，谓从至新邑，行其典礼。周公以成王贤君，今复成长，故言我唯曰庶几有善政事，言己私为此言，冀王为政善也。

2.《书传》卷十三《周书·洛诰第十五》

（宋）苏轼撰

予齐百工，伻从王于周，予唯曰，庶有事。今王即命曰，记功，宗以功作元祀。唯命，曰汝受命笃弼，丕视功载，乃汝其悉自教工。孺子其朋，孺子其朋，其往，无若火始焰焰；厥攸灼叙，弗其绝。厥若彝，及抚事，如予，唯以在周工。往新邑，伻向即有僚，明作有功，惇大成裕，汝永有辞。

成王欲与周公共政，如二君，周公不可曰，汝用我言足矣。我整齐百官，使从汝于周者，将使办事也。今王肇称盛礼，祀于新邑，且命我曰，记功臣之尊者，使列于祭祀。又命曰汝受命，厚辅我其重，且严如此。今我大阅视尔功赏载籍，而所用者，乃汝自受教之官，皆汝私人，非我所齐百工也。于是周公乃训责成王曰，孺子其有党乎。自今以往，孺子其以党为政乎。此虽小过，如火始作，不即扑灭，则其所灼烁者，渐不可绝矣。

自今以往凡处彝常及有所镇抚之事，当如我为政时，唯用周官，勿参以私人。今在新邑，使人有所向往，皆当即用旧僚，而明作其有功者。惇大汝心，裕广汝德，勿牵于私昵，则汝永有辞于天下矣。

3.《尚书全解》卷三十一《周书·洛诰》

（宋）林之奇撰

（归善斋按，见"周公曰，王，肇称殷礼，祀于新邑，咸秩无文"）

4.《尚书讲义》卷十五

（宋）史浩撰

（归善斋按，见"周公曰，王，肇称殷礼，祀于新邑，咸秩无文"）

5.《尚书详解》卷二十《周书·洛诰》

（宋）夏僎撰

（归善斋按，见"周公曰，王，肇称殷礼，祀于新邑，咸秩无文"）

6.《增修东莱书说》卷二十三《周书·洛诰第十五》

（宋）吕祖谦撰，（宋）石澜增修

（归善斋按，见"周公曰，王，肇称殷礼，祀于新邑，咸秩无文"）

7.《尚书说》卷五《周书·洛诰》

（宋）黄度撰

（归善斋按，见"周公曰，王，肇称殷礼，祀于新邑，咸秩无文"）

8.《絜斋家塾书钞》卷十一《周书·洛诰》

（宋）袁燮撰

（归善斋按，见"周公曰，王，肇称殷礼，祀于新邑，咸秩无文"）

9.《书经集传》卷五《周书·洛诰》

（宋）蔡沈撰

予齐百工，伻从王于周，予唯曰，庶有事。

周公言予整齐百官，使从成王于周，谓将适洛时也，予唯谓之曰，庶几其有所事乎。公但微示其意，以待成王自教诏之也。

10. 《尚书精义》卷三十八《周书·洛诰》

（宋）黄伦撰

（归善斋按，见"周公曰，王，肇称殷礼，祀于新邑，咸秩无文"）

11. 《尚书详解》卷三十三《周书·洛诰》

（宋）陈经撰

（归善斋按，见"周公曰，王，肇称殷礼，祀于新邑，咸秩无文"）

12. 《融堂书解》卷十四《周书·洛诰》

（宋）钱时撰

（归善斋按，见"周公曰，王，肇称殷礼，祀于新邑，咸秩无文"）

13. 《尚书要义》

（宋）魏了翁撰

（归善斋按，原缺）

14. 《书集传或问》卷下《洛诰》

（宋）陈大猷撰

（归善斋按，未解）

15. 《尚书详解》卷九《周书·洛诰第十五》

（宋）胡士行撰

（归善斋按，见"周公曰，王，肇称殷礼，祀于新邑，咸秩无文"）

16. 《书纂言》卷四上《周书·洛诰》

（元）吴澄撰

（归善斋按，见"周公曰：王，肇称殷礼，祀于新邑，咸秩无文"）

17. 《书集传纂疏》卷五《朱子订定蔡氏集传·周书·洛诰》

（元）陈栎撰

予齐百工，伻从王于周，予唯曰，庶有事。

周公言予整齐百官，使从成王丁周，谓将适洛时也，予唯谓之曰，庶几其有所事乎。公但微示其意，以待成王自教诏之也。

纂疏：

愚谓，有事，即祀事也。国之大事在祀与戎。古人于祭祀，皆曰有事。周公言，我整齐共营洛之百官，使从王于宗周。我唯谓曰，王庶几将行祀事于新邑乎。微示此意于百官，待王自教诏之。

18. 《读书丛说》卷六《洛诰》

（元）许谦撰

（归善斋按，未解）

19. 《书传辑录纂注》卷五《周书·洛诰》

（元）董鼎撰

予齐百工，伻从王于周，予唯曰，庶有事。

周公言予整齐百官，使从成王于周，谓将适洛时也，予唯谓之曰，庶几其有所事乎。公但微示其意，以待成王自教诏之也。

辑录：

此本其摄政时言也。齐百工。谓百官总己以听也。周，谓宗周也，言我所总百官，因使之从王于周，而我则未敢归周，恐新邑之有事也。《书说》。

纂注：

夏氏曰，王祭于新邑，我则整齐百官，使从王往新邑，唯谓百官，言汝从王而往，庶几必有事于周，欲礼乐自天子出也。

新安陈氏曰，周公言，我今整齐共营洛之百官，使从王于宗周。我唯谓之曰，王庶几将适新邑而有事乎。国之大事在祀与戎。故古人于祭祀，皆曰有事。公但微示王将行祀事于洛之意，于百官，以待王之自教诏之也。

20.《尚书句解》卷九《周书·洛诰第十五》

(元) 朱祖义撰

予齐百工（我则整齐百官），伻从王于周（使从王往新邑。时周公尚为冢宰，百官尚总己以听于公），予唯曰（我唯告百官曰），庶有事（汝从王而往，庶几有所行事于周）。

21.《尚书日记》卷十二《周书·洛诰》

(明) 王樵撰

"予齐百工"至"庶有事"。

齐乃整敕之意，非遴选之谓从王于周，从王往新邑也。予整齐百官使从王于周，予唯谓之曰，庶有事乎？有事，事在下即记功教工及响就有僚等事也。公但微示其意以待成王自教诏之。下文今王即命曰以下，即是教成王以如此施行也。新邑之治所资者，臣旌于既往所以劝于将来。故记功宗示功载乃教工之第一义。如此乃可以若彝抚事，如予而以在周工响就有僚立精明之治，功成浑厚之治体皆在斯举矣，周工即所齐之百工也。

22.《日讲书经解义》卷八《周书·洛诰》

(清) 库勒纳等撰

予齐百工，伻从王于周，予唯曰，庶有事。今王即命曰，记功宗，以功作元祀。唯命，曰汝受命笃弼。

此二节书，是周公微示成王，将行祀事于洛之意。于百官，以待成王自教诏之也。齐者，整饬之意。记，纪录也。功宗，功之尊显者。元，首也。笃弼，厚于辅君也。周公曰，宅洛之初，又必有教诏臣工之事，非臣下所宜专者。予唯整饬百官，使从王自周，以适洛。予但微示其意曰，吾王洛邑始至初政维新，庶其有所事乎？尔等各宜精白乃心，以听吾王教诏。今王前至洛邑，论功行赏，以激励臣工，即宜告诏百官曰，朝廷褒赏之典，非无功者所可幸邀尔。群臣中有宣力王家功劳显着者，则记录之，他日举大烝之礼，虽有功均祀，将以功之尊显者为首焉。群臣生前既受尊宠，死后将复受光荣，益当戮力，竭忠以图报。称王又唯勉励之曰，汝等既受此褒奖之命，宜感激殊恩，厚辅王室，以图新都久大之业，无替前功，庶天眷益隆，而元祀可保也。

《五诰解》卷四《洛诰》

（宋）杨简撰

（归善斋按，见"周公曰，王，肇称殷礼，祀于新邑，咸秩无文"）

《书蔡氏传旁通》卷五《周书·洛诰》

（元）陈师凯撰

予唯谓之曰，庶几其有所事乎？公但微示其意以待成王自教诏之也。

新安陈氏曰，周公言，我今整齐共营洛之百官，使从王于宗周。我唯谓之曰，王庶几将适新邑而有事乎。国之大事在祀与戎，故古人于祭祀皆曰有事。公但微示王将行祀事于洛之意，于百官，以待王之自教诏之也。

《尚书疑义》卷五《洛诰》

（明）马明衡撰

（归善斋按，见"周公曰，王，肇称殷礼，祀于新邑，咸秩无文"）

今王即命曰，记功，宗以功作元祀

1.《尚书注疏》卷十四《周书》

（汉）孔氏传，（唐）陆德明音义，（唐）孔颖达疏

今王即命曰，记功，宗以功作元祀。

传，今王就行王命于洛邑，曰，当记人之功，尊人亦当用功大小为序，有大功则列大祀，谓功施于民者。

疏，正义曰，今王就行王命于洛邑，曰王当记人之功，尊人亦当用功

大小为次序，有大功者则列为大祀。

传，正义曰，记臣功者是人主之事，故言今王就行王命于洛邑，谓正位为王，临察臣下，知其有功以否，恐王轻忽此事，故曰当记人之功。更言"曰"者，所以致殷勤也。尊人必当用功大小为次序，令功大者居上位，功小者处下位也，有大功则列为大祀，谓有殊功堪载祀典者。《祭法》云，圣王之制祭祀也，法施于民，则祀之以死。勤事则祀之，以劳定国则祀之，能御大灾则祀之，能捍大患则祀之，是谓大祀。谓功施于民者也，或时立其祀，配享庙庭，亦是也。

2.《书传》卷十三《周书·洛诰第十五》

（宋）苏轼撰

（归善斋按，见"予齐百工，伻从王于周，予唯曰，庶有事"）

3.《尚书全解》卷三十一《周书·洛诰》

（宋）林之奇撰

（归善斋按，见"周公曰，王，肇称殷礼，祀于新邑，咸秩无文"）

4.《尚书讲义》卷十五

（宋）史浩撰

（归善斋按，见"周公曰，王，肇称殷礼，祀于新邑，咸秩无文"）

5.《尚书详解》卷二十《周书·洛诰》

（宋）夏僎撰

（归善斋按，见"周公曰，王，肇称殷礼，祀于新邑，咸秩无文"）

6.《增修东莱书说》卷二十三《周书·洛诰第十五》

（宋）吕祖谦撰，（宋）石澜增修

（归善斋按，见"周公曰，王，肇称殷礼，祀于新邑，咸秩无文"）

7.《尚书说》卷五《周书·洛诰》

(宋)黄度撰

(归善斋按,见"周公曰,王,肇称殷礼,祀于新邑,咸秩无文")

8.《絜斋家塾书钞》卷十一《周书·洛诰》

(宋)袁燮撰

(归善斋按,见"周公曰,王,肇称殷礼,祀于新邑,咸秩无文")

9.《书经集传》卷五《周书·洛诰》

(宋)蔡沈撰

今王即命曰,记功,宗以功作元祀。唯命,曰汝受命笃弼。

功宗,功之尊显者。《祭法》曰"圣王之制祭祀也,法施于民则祀之,以死勤事则祀之,以劳定国则祀之,能御大灾则祀之,能捍大患则祀之",盖功臣皆祭于大烝,而勋劳之最尊显者则为之冠,故谓之"元祀"。周公告成王,即命曰,记功之尊显者,以功作元祀矣。又唯命之曰,汝功臣受此褒赏之命,当益厚辅王室。盖作元祀,既以慰答功臣,而又勉其左右,王室益图久大之业也。

10.《尚书精义》卷三十八《周书·洛诰》

(宋)黄伦撰

(归善斋按,见"周公曰,王,肇称殷礼,祀于新邑,咸秩无文")

11.《尚书详解》卷三十三《周书·洛诰》

(宋)陈经撰

(归善斋按,见"周公曰,王,肇称殷礼,祀于新邑,咸秩无文")

12.《融堂书解》卷十四《周书·洛诰》

(宋)钱时撰

(归善斋按,见"周公曰,王,肇称殷礼,祀于新邑,咸秩无文")

13.《尚书要义》

（宋）魏了翁撰

（归善斋按，原缺）

14.《书集传或问》卷下《洛诰》

（宋）陈大猷撰

（归善斋按，未解）

15.《尚书详解》卷九《周书·洛诰第十五》

（宋）胡士行撰

（归善斋按，见"周公曰，王，肇称殷礼，祀于新邑，咸秩无文"）

16.《书纂言》卷四上《周书·洛诰》

（元）吴澄撰

（归善斋按，见"周公曰，王，肇称殷礼，祀于新邑，咸秩无文"）

17.《书集传纂疏》卷五《朱子订定蔡氏集传·周书·洛诰》

（元）陈栎撰

今王即命曰，记功宗，以功作元祀。唯命，曰汝受命笃弼。

功宗，功之尊显者。《祭法》曰"圣王之制祭祀也，法施于民则祀之，以死勤事则祀之，以劳定国则祀之，能御大灾则祀之，能捍大患则祀之"，盖功臣皆祭于大烝，而勋劳之最尊显者，则为之冠，故谓之"元祀"。周公教成王即命曰，记功之尊显者，以功作元祀矣。又唯命之曰，汝功臣受此褒赏之命，当益厚辅王室，盖作元祀，既以慰答功臣，而又勉其左右，王室益图久大之业也。

18. 《读书丛说》卷六《洛诰》

（元）许谦撰

（归善斋按，未解）

19. 《书传辑录纂注》卷五《周书·洛诰》

（元）董鼎撰

今王即命曰，记功，宗以功作元祀。唯命，曰汝受命笃弼。

功宗，功之尊显者。《祭法》曰"圣王之制祭祀也，法施于民则祀之，以死勤事则祀之，以劳定国则祀之，能御大灾则祀之，能捍大患则祀之"，盖功臣皆祭于大烝，而勋劳之最尊显者，则为之冠，故谓之"元祀"。周公教成王即命曰，记功之尊显者，以功作元祀矣。又唯命之曰，汝功臣受此褒赏之命，当益厚辅王室。盖作元祀，既以慰答功臣，而又勉其左右，王室益图久大之业也。

20. 《尚书句解》卷九《周书·洛诰第十五》

（元）朱祖义撰

今王即命曰（今王即当命百官曰），记功，宗（我往新邑非有他也）以功作元祀（将记功之尊者，以功之尊者，而作为大祀，即《祭法》所谓圣王之制祭祀也，法施于民则祀之，以死勤事，以劳定国，能御大灾，能捍大患，则祀之，此周公正欲礼乐自成王始也）。

21. 《尚书日记》卷十二《周书·洛诰》

（明）王樵撰

"今王即命曰，记功，宗以功作元祀"至"厥攸灼叙，弗其绝"。

命百工也，教成王发命曰，记录功臣之宗勋劳之最大者，以功作元祀。凡功臣祭于大烝，而为功之宗者，居其冠，故谓之"元祀"。论功莫先于宗，言宗，则凡功可推矣；报功莫重于祀，言祀，则凡庆赏可推矣。既发命以报其功，唯申命以勉之曰，汝功臣受此褒赏之命者，当益厚辅王室可也。"丕视功载"者，大示记功之载籍也。"乃汝其悉自教工"者，谓所加而当，则人莫不劝，是人人劝功，系此举以风示之，非悉自教之而何。朋，谓私所好而不公也，言百工视效如此，孺子其可私所好而不公乎。一或私所好而不公，则其弊不可胜救矣。王安石配享，而宋政乱，小人假绍述以济其私，岂不真若火始焰焰，而终至不可绝乎。从祀大烝，乃后日事，而功次定于生前，盖当时之制，汉高帝定元功十八侯位次，犹此意与。周公摄政，此等大事，盖不敢专而有待于成王之亲政，故今语王以宅洛所当行，而首及之祀礼之后，此为新政之首。

22.《日讲书经解义》卷八《周书·洛诰》

（清）库勒纳等撰

（归善斋按，见"予齐百工，伻从王于周，予唯曰，庶有事"）

《五诰解》卷四《洛诰》

（宋）杨简撰

（归善斋按，见"周公曰，王，肇称殷礼，祀于新邑，咸秩无文"）

《读书管见》卷下《洛诰》

（元）王充耘撰

今王即命曰，记功，宗以功作元祀。

"今王即命曰，记功，宗以功作元祀"，是继接"咸秩无文"之后，即是共祭于一时，而下继以"唯命曰，汝受命笃弼"，则是祭此人，就命此人生祭功臣明矣。是故成王明告周公曰"四方迪乱，未定宗礼，未克敉公功"，厥后却用"秬鬯二卣"宁公，其曰"明禋"，曰"休享"，是生祭周公，以功宗故也。宗，如宗子之宗。功臣虽多，必有一人为之冠，是谓功宗。而周室功臣未有过于周公者，故以周公为之冠焉。但不知古礼如何有生祭之典。即命者，疾速发命，使司勋者纪功，犹云趣有司，定功行封也。

《书经衷论》卷三《周书·洛诰》

（清）张英撰

以功作元祀，乃周家报劝大臣之礼，如后世之所谓从祀配享也。故成王曰"未定于宗礼,亦未克粢公功",言报功之礼尚未行也。秬鬯二卣,曰明禋,正所以定元祀之礼,而以神明奉之,非周公之盛德,其能当之不愧乎。

《尚书疑义》卷五《洛诰》

(明) 马明衡撰

(归善斋按,见"周公曰,王,肇称殷礼,祀于新邑,咸秩无文")

唯命,曰汝受命笃弼,丕视功载,乃汝其悉自教工

1. 《尚书注疏》卷十四《周书》

(汉) 孔氏传,(唐) 陆德明音义,(唐) 孔颖达疏

唯命,曰汝受命笃弼,丕视功载,乃汝其悉自教工。

传,唯天命我周邦,汝受天命厚矣。当辅大天命,视群臣有功者记载之,乃汝新即政,其当尽自教众官躬化之。

疏,正义曰,又申述所以祀神记臣功者,政事由臣而立,唯天命我周邦之故,曰汝受天命厚矣。当辅大天命,故须视群臣有功者,记载之。君知臣功,则臣皆尽力。欲令群臣尽力,于其初即教之。乃汝新始即政,其当尽自教诲众官,令王躬自化之,使之立功。

传,正义曰,唯天命我周邦,谓天命我文武,故及汝成王,复受天命为天子,是天之恩德深厚矣,天以厚德被汝,汝当辅大天命,任贤使能,行合天意,是辅大天也。汝当辅大天命,故宜视群臣有功者记载之,覆上记功,宗以功言之也。欲令群臣有功,必须躬自教化之在于初始,故言乃汝新即政,其当尽自教众官,欲令王躬化之者,正已之身,使群臣法之,非谓以辞化之也。言尽自教者,政有大小,恐王轻大略小,令王尽自亲化之。言"唯命曰",亦是致殷勤。乃者,缓辞也,义异上句,故言"乃"耳。王肃云,此其尽自教百官,谓正身以先之。

2.《书传》卷十三《周书·洛诰第十五》

(宋)苏轼撰

(归善斋按,见"予齐百工,伻从王于周,予唯曰,庶有事")

3.《尚书全解》卷三十一《周书·洛诰》

(宋)林之奇撰

(归善斋按,见"周公曰,王,肇称殷礼,祀于新邑,咸秩无文")

4.《尚书讲义》卷十五

(宋)史浩撰

(归善斋按,见"周公曰,王,肇称殷礼,祀于新邑,咸秩无文")

5.《尚书详解》卷二十《周书·洛诰》

(宋)夏僎撰

(归善斋按,见"周公曰,王,肇称殷礼,祀于新邑,咸秩无文")

6.《增修东莱书说》卷二十三《周书·洛诰第十五》

(宋)吕祖谦撰,(宋)石澜增修

(归善斋按,见"周公曰,王,肇称殷礼,祀于新邑,咸秩无文")

7.《尚书说》卷五《周书·洛诰》

(宋)黄度撰

唯命,曰汝受命笃弼,丕视功载,乃汝其悉自教工。孺子其朋,孺子其朋,其往,无若火始焰焰;厥攸灼叙,弗其绝。

唯王此命之出,其大要则固曰,汝受命厚辅,言山川鬼神,百辟卿士之有功者,当秩而祭之。汝必当以厚辅我,大视功载,定其高下。百官于是禀命而行,乃汝悉自教之也。天子百官承式,是为教之。若其小大高下,行之不以理而以情,稍有朋比,则佞谀容悦,固将自此出。其端一启,其往必将如火始焰焰,其所灼次叙及之,岂能绝乎。或曰,周公大阅视功赏载籍，皆成王自受教之官，皆汝私人，非也。方"复子明辟"，成王犹未受，安得已有功赏载籍，置私人于其中。又周公教成王七年于此，即政而遽以其私人乱赏典，无乃畔周公为太早乎。诸葛孔明既没而后，黄皓始用事。若是，则成王有愧于后主多矣。又周公以师保为冢宰，而成王宫中乃有私人相为朋比，恐无此理。又本为秩祀，非行赏也。

8.《絜斋家塾书钞》卷十一《周书·洛诰》

（宋）袁燮撰
（归善斋按，见"周公曰，王，肇称殷礼，祀于新邑，咸秩无文"）

9.《书经集传》卷五《周书·洛诰》

（宋）蔡沈撰

丕视功载，乃汝其悉自教工。

丕，大；视，示也。功载者，记功之载籍也。大视功载，而无不公，则百工效之，亦皆公也。大视功载而或出于私，则百工效之亦皆私也。其公其私，悉自汝教之，所谓乃"汝其悉自教工"也。上章告以褒赏功臣，故戒其大视功载者如此。

（归善斋按，另见"今王即命曰，记功，宗以功作元祀"）

10.《尚书精义》卷三十八《周书·洛诰》

（宋）黄伦撰

唯命，曰汝受命笃弼，丕视功载，乃汝其悉自教工。

无垢曰，东坡曰，周公云，我整齐百工，使从汝于周，将使办事也。今王肇称禋祀礼于新邑，且命我曰，记功臣之尊者，使列于祭祀。又命曰，汝受命厚辅我，其重且严如此，我今大阅视尔功赏载籍，而所用者，乃汝自受教之官，皆汝私人，非我所齐百工也。审如东坡所说，是诚心，即政有私心矣。周公所齐之百工，乃天下人才，非成王之人才也，使成王私于一己之人才，则事未可知也。

张氏曰：载者，功之始；功者载之成。功载之大，则其所报宜厚；功载之小,则其所报宜薄。则周公于此,当丕视之,然后爵位之高下,祀享之丰杀,从而定矣。"乃汝其悉自教工"者,百工听命于周公承教者也,使之悉自教工,则其丁宁诲谕,皆断于己,而不必待君之命也。

11.《尚书详解》卷三十三《周书·洛诰》

(宋)陈经撰
(归善斋按,见"周公曰,王,肇称殷礼,祀于新邑,咸秩无文")

12.《融堂书解》卷十四《周书·洛诰》

(宋)钱时撰
(归善斋按,见"周公曰,王,肇称殷礼,祀于新邑,咸秩无文")

13.《尚书要义》

(宋)魏了翁撰
(归善斋按,原缺)

14.《书集传或问》卷下《洛诰》

(宋)陈大猷撰
(归善斋按,未解)

15.《尚书详解》卷九《周书·洛诰第十五》

(宋)胡士行撰
(归善斋按,见"周公曰,王,肇称殷礼,祀于新邑,咸秩无文")

16.《书纂言》卷四上《周书·洛诰》

(元)吴澄撰
(归善斋按,见"周公曰,王,肇称殷礼,祀于新邑,咸秩无文")

17.《书集传纂疏》卷五《朱子订定蔡氏集传·周书·洛诰》

（元）陈栎撰

丕视功载，乃汝其悉自教工。

丕，大；视，示也。功载者，记功之载籍也。大视功载，而无不公，则百工效之，亦皆公也，大视功载，而或出于私，则百工效之，亦皆私也。其公其私，悉自汝教之，所谓"乃汝其悉自教工"也。上章告，以褒赏功臣，故戒其大视功载者如此。

纂疏：

王氏曰，记功，若"纪于太常，藏在盟府"之类。

吕氏曰，洛邑既成，周业既定，论创业元勋不可后也。功臣之冠，天下观瞻，镇服群下，实系此举。论功莫先于宗，言宗则凡功臣可得而推矣；报功莫重于祀，言祀则凡庆赏可得而推矣。

吴氏曰，已死者祀之，生者载以旌之。

愚谓公因告王今当即出命曰，新邑之祀，将前所记录创业功臣之宗，勋劳最显者，以其功列之大祀，使与享矣。又当专命群臣曰，汝之受命而能厚辅王室者，亦将大视其功而纪载于册书，以功作元祀，所以报功臣于既往。丕视功载，所以励功臣于方来，载之今日，又将祀之后日也。公又谓王言，上即命、唯命二说。乃汝其悉自教诏于百工。其机，虽自公发之，其教当自王出之也。

（归善斋按，另见"今王即命曰，记功，宗以功作元祀"）

18.《读书丛说》卷六《洛诰》

（元）许谦撰

（归善斋按，未解）

19.《书传辑录纂注》卷五《周书·洛诰》

（元）董鼎撰

丕视功载，乃汝其悉自教工。

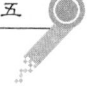

丕，大；视，示也。功载者，记功之载籍也。大视功载而无不公，则百工效之，亦皆公也。大视功载而或出于私，则百工效之，亦皆私也。其公其私，悉自汝教之，所谓"乃汝其悉自教工"也。上章告以褒赏功臣，故戒其大视功载者如此。

辑录：

今王乃命曰，我尝记人之功而尊之，又以此功因新邑殷祀而告之神明矣。王氏曰，记功，盖若"纪于太常，藏在盟府"之类。王，言成王。又命我曰，汝周公受先王之命，而厚辅我，大视功载则可见矣。凡我所自教之功，方我之朋，犹言大史友，内史友，友郭冢君也。功载，记功之书也。王似欲留百工于洛，以听周公命。成王与周公言，未尝"汝"之。此周公述王言，故变"公"称"汝"也。《书说》。"今王即命曰"至"元祀"为一节；"唯命曰"至"孺子其朋"为一节。

纂注：

吕氏曰，洛邑既成，周业既定，论创业之勋不可后也。功臣之冠，天下观瞻，镇服群下，实系此举。论功莫先于宗，言宗，则凡功臣可得而推矣。报功，莫重于祀，言祀，则凡庆赏可得而推矣。

吴氏曰，己死者祀之，其生者，则载以旌赏之。

新安陈氏曰，公因告王，今当即出命曰，新邑之祀，将记录创业功臣之宗，勋劳最显者，以其功列之大祀，使与享矣。又当专命群臣曰，汝之受命而能厚辅王室者，亦将大视其功，而纪载之于册书。"以功作元祀"者，所以报功臣于既往；丕视功载者，所以励功臣于方来。载之今日，又当祀之后日也。公又谓王言，上即命、唯命二说，乃汝其悉自教诏于百工。其机，虽自公发之，其教当自王出之也。

（归善斋按，另见"今王即命曰，记功，宗以功作元祀"）

20.《尚书句解》卷九《周书·洛诰第十五》

（元）朱祖义撰

唯命，曰（成王乃唯命周公曰）汝受命笃弼（汝受命于文、武，厚辅于我），丕视功载（当为我大视功之所载，于礼之合损合益，祀之合丰合杀也），乃汝其悉自教工（乃汝周公当尽自以己命百官，是成王未欲礼

2311

乐自已出也)。

21. 《尚书日记》卷十二《周书·洛诰》

(明) 王樵撰

(归善斋按,见"今王即命曰,记功,宗以功作元祀")

22. 《日讲书经解义》卷八《周书·洛诰》

(清) 库勒纳等撰

丕视功载,乃汝其悉自教工。孺子其朋,孺子其朋,其往,无若火始焰焰;厥攸灼叙,弗其绝。

此二节书,是周公既告王以褒赏功臣,虑其或出于私而复戒之也。丕,大也。视,示也。功载者,记功之载籍;工,百官也。孺子,指成王。朋者,比党之意。叙,次第也。周公曰,褒赏之命,必至公无私,然后可以劝功而服众。今王其以记功之载籍,大示于朝廷之上,使群工百僚皆得共见而共知之,则褒赏之公私,自不可掩。所以然者,汝之褒赏公,则百工感奋忘私殉国,而亦出于公;汝之褒赏私,则百工侥幸,背公树党,而亦出于私,则是公私不在百工,乃悉自汝教导之也。褒赏之公私,所系如此,孺子其可嬖宠亲故,少徇朋党之私乎。孺子倘少殉朋党之私,则将来之流弊,有不可胜言者。自是以往,当防微杜渐,无若火然,始虽焰焰尚微,而其灼烁,将次第延热,不可扑灭矣。徇私之害,其初甚微,其终必至于不可遏绝。王可不思禁于未然乎。人君服众之道,莫大于公;而治心之学,莫严于几。能至公,则光明洞达,去偏党之私,而纪纲有所系而立;能审几,则省察克治,绝未萌之欲,而德业有所恃,以成以正朝廷,以正百官,莫不由此。周公之告成王,戒其偏私,而防于未然,抑何词严而意切也。

(归善斋按,另见"予齐百工,伻从王于周,予唯曰,庶有事")

《五诰解》卷四《洛诰》

(宋) 杨简撰

(归善斋按,见"周公曰,王,肇称殷礼,祀于新邑,咸秩无文")

《读书管见》卷下《洛诰》

(元) 王充耘撰

丕视功载。

丕视功载,乃汝其悉自教工,盖纪功载籍必昭示于大庭广众之间。功之高下有无自有公论,不可以私意而为之轻重增损也。凡可以使众人见者,其纪载必公,不然则必不敢以示人矣,乃汝其悉自教工,非是教以公私,乃教其勤于立功耳。盖有功,则登于载籍;无功不得幸而冒焉。则有功者,固加勉;而无功者,必惭愤思奋矣,是不教之教也。

《尚书疑义》卷五《洛诰》

(明) 马明衡撰

"丕视功载",载,事也,即"载采采"之"载",谓大视群臣之立功行事,而公行劝惩也。以功作元祀,是表异其已往者。丕视功载,是旌别其将来者,二者并举而行之,臣安有不劝,而政安有不举哉。"乃汝其悉自教工",可见以前皆周公总百官之任,而此则始欲其出于成王,是周公既有欲退之意矣。成王下面留周公,有云"迪将其后,监我士师工",则成王犹未欲周公之退也。又曰"厥若彝,及抚事,如予",又曰"乃唯孺子,颁朕不暇",又曰"笃叙乃正父,罔不若予",详味先后之言,皆是周公归政之意,安得不以复辟为复政。但伊尹复政,是太甲方免丧之期。周公以成王已在位,但其年尚幼,国家多难,而以身任其事耳。及成王长,而归之使亲政焉,其与伊尹又不同矣。

孺子其朋,孺子其朋,其往

1. 《尚书注疏》卷十四《周书》

(汉) 孔氏传,(唐) 陆德明音义,(唐) 孔颖达疏

孺子其朋,孺子其朋,其往。

传,少子慎其朋党,少子慎朋党,戒其自今已往。

疏,正义曰,又以朋党害政,尤宜禁绝,故丁宁戒之。少子慎其朋党,少子慎其朋党,戒其自今已往,令常慎此朋党之事。

传,正义曰,郑云,孺子,幼少之称,谓成王也。此上皆云"成王",此句特言"少子"者,以明朋党败俗,为害尤大,恐年少所忽,故特言"孺子"也。朋党,谓臣相朋党。慎其朋党,令禁绝之,戒其自今已往,谓从即政以后,常以此事为戒也。

《尚书注疏》卷十四《考证》

其往。

金履祥曰,《后汉书》引此文作"慎其往"。

2.《书传》卷十三《周书·洛诰第十五》

(宋)苏轼撰

(归善斋按,见"予齐百工,伻从王于周,予唯曰,庶有事")

3.《尚书全解》卷三十一《周书·洛诰》

(宋)林之奇撰

(归善斋按,见"周公曰,王,肇称殷礼,祀于新邑,咸秩无文")

4.《尚书讲义》卷十五

(宋)史浩撰

(归善斋按,见"周公曰,王,肇称殷礼,祀于新邑,咸秩无文")

5.《尚书详解》卷二十《周书·洛诰》

(宋)夏僎撰

(归善斋按,见"周公曰,王,肇称殷礼,祀于新邑,咸秩无文")

6.《增修东莱书说》卷二十三《周书·洛诰第十五》

(宋)吕祖谦撰,(宋)石澜增修

(归善斋按,见"周公曰,王,肇称殷礼,祀于新邑,咸秩无文")

7.《尚书说》卷五《周书·洛诰》

(宋)黄度撰

(归善斋按,见"唯命,曰汝受命笃弼,丕视功载,乃汝其悉自教工")

8.《絜斋家塾书钞》卷十一《周书·洛诰》

(宋)袁燮撰

(归善斋按,见"周公曰,王,肇称殷礼,祀于新邑,咸秩无文")

9.《书经集传》卷五《周书·洛诰》

(宋)蔡沈撰

孺子其朋,孺子其朋,其往,无若火始焰焰;厥攸灼叙,弗其绝。

孺子,稚子也。朋,比也。上文百工之视效如此,则论功行赏,孺子其可少徇比党之私乎?孺子其少徇比党之私,则自是而往,有若火然,始虽焰焰尚微,而其灼烁,将次第延爇,不可得而扑灭矣。言论功行赏徇私之害。其初甚微。其终至于不可遏绝。所以严其辞。而禁之于未然也。

10.《尚书精义》卷三十八《周书·洛诰》

(宋)黄伦撰

孺子其朋,孺子其朋,其往,无若火始焰焰;厥攸灼叙,弗其绝。

无垢曰,朋党之心,见于录功,若火始矣。倘其所熏灼处连延而往,若有次序,而弗扑灭断绝之,则将燎于原,而不可向迩矣。朋党之心亦犹是也,弗知灭绝之,岂特私于人才哉,施之政事,将害及天下矣。大抵非心之起,绝之于微,则易为力;禁之于著,则难为功。此君子所以慎其独也。

张氏曰,向所同而背所异者,朋也。然而向背未必皆当于义,故君子之于朋,尤不可不慎也。是故,与君子为朋,则相率以为善;与小人为朋,则相率以为恶。善恶之端,皆自其所与之当否。此周公之戒成王,以为"孺子其朋",欲其所与以讲习者,慎乎其人也。朋党之不慎,则其为害莫之遏。若火之焰焰，则其势可谓微矣，不能防之于始，至于灼叙弗其绝，虽欲扑灭之不亦难乎。凡此言朋党之不慎，则为之滋，甚或至此也。

11.《尚书详解》卷三十三《周书·洛诰》

（宋）陈经撰

孺子其朋，孺子其朋，其往，无若火始焰焰；厥攸灼叙，弗其绝。厥若彝，及抚事，如予，唯以在周工。往新邑，伻向即有僚，明作有功，惇大成裕，汝永有辞。

周公欲成王自教其工，躬行以率百官者，在乎先去其朋比之心。人主用心之公，则无所朋比，小人不得乘间以进。人主之心一有所暗，至于朋比，则小人皆得以投其君之所欲。成王之所戒者，当以朋比为戒言。孺子者，以成王之年尚少，尤不当轻忽，故丁宁之至于再。自此以往，朋党之心一炽，渐至于长，则如火之焰焰，至于焰然而有次序，则燎原之害，不可扑灭而绝之矣。当于其微者，谨之不可待。其既著，则为害滋甚。所当顺其常理，凡抚安天下之事，如我前日居摄之时，所用在周之百官。盖周公当时所用在周之百官，无一而非常行之礼，无一而非安民之事，已有轨，则可以遵守矣。汝能如我当时所用之百官，则悉自教工之理，成王其自喻矣。"往新邑，伻向即有僚，明作有功，惇大成裕"，汝今率百官以往洛邑，当使之各向就其僚。联事合治者，僚也，如《春官》"宗伯掌邦礼"，《夏官》《司马掌邦政》是也。明为其有功。则人臣显然成其功。无有逸人害之者。惇厚其大成，其宽裕之德惇其大，则处心者，不在于小成其裕。而处心者不狭，日趋于广大和易之地，而无褊迫狭隘之量。人臣能"向即有僚"，能"明作有功"，能"惇大成裕"，何以自能尔哉，皆上之人，有以使之臣贤，则君必明，汝亦因此而可以有令善之辞于后世，永永无穷矣。

12.《融堂书解》卷十四《周书·洛诰》

（宋）钱时撰

（归善斋按，见"周公曰，王，肇称殷礼，祀于新邑，咸秩无文"）

13. 《尚书要义》

（宋）魏了翁撰

（归善斋按，原缺）

14. 《书集传或问》卷下《洛诰》

（宋）陈大猷撰

（归善斋按，未解）

15. 《尚书详解》卷九《周书·洛诰第十五》

（宋）胡士行撰

孺子（公以家人呼王）其（念）朋（朋比之祸），孺子其朋，其（戒其）往（自今以往），无若（如）火始（然）焰焰（微），厥（其）攸（所及）灼（灼然）叙（有次序），弗（不）其绝。厥若（顺）彝（常道），及抚（安）事（国事），如（似）予（周公），唯以在周工。往新邑，伻（使）向即（就）有僚（官联），明（昭）作（起）有功（事功），惇（厚）大（广）成裕（宽裕之德），汝永有辞。

前告王以自教工矣，此申告以教工之道，最作有朋比。朋比之祸，始微终著。唯择，其若彝、抚事，如予者，用之于明作之中，有惇大之裕，则永有令闻矣。汉文近"惇大"而无"明作"，汉宣近"明作"而无"惇大"。于此见周之治体，非后世可及也。

16. 《书纂言》卷四上《周书·洛诰》

（元）吴澄撰

（归善斋按，见"周公曰，王，肇称殷礼，祀于新邑，咸秩无文"）

17. 《书集传纂疏》卷五《朱子订定蔡氏集传·周书·洛诰》

（元）陈栎撰

孺子其朋，孺子其朋，其往，无若火始焰焰；厥攸灼叙，弗其绝。

孺子，稚子也。朋，比也。上文百工之视效如此，则论功行赏，孺子其可少徇比党之私乎？孺子其少徇比党之私，则自是而往，有若火然，始虽焰焰尚微，而其灼烁，将次第延热，不可得而扑灭矣。言论功行赏徇私之害，其初甚微，其终至于不可遏绝，所以严其辞，而禁之于未然也。

纂疏：

林氏曰，如汉之朋党，始于甘陵南北部；唐之朋党，始于牛李，其终，缙绅稔祸，海内涂炭是也。

愚谓，自此以下，必有脱误，如二"孺子"句，及"灼叙"等语，皆不可晓，与上文本不相贯，所当缺疑。

18.《读书丛说》卷六《洛诰》

（元）许谦撰

"孺子其朋"至"叙弗其绝"。

金先生之意，谓孺子，成王也。朋者，友之也。其者，期辞也。孺子其友于百工，谓与之议论谋猷，公其心以与共天下之事。又言孺子其朋，而往治于洛，无若火始然；其光焰焰。用此小明以御事，则心机日熟而欲日炽，必至灼烁延热，而不可绝矣。

19.《书传辑录纂注》卷五《周书·洛诰》

（元）董鼎撰

孺子其朋，孺子其朋，其往，无若火始焰焰；厥攸灼叙，弗其绝。

孺子，稚子也，朋，比也。上文百工之视效如此，则论功行赏，孺子其可少徇比党之私乎？孺子其少徇比党之私，则自是而往，有若火然，始虽焰焰尚微，而其灼烁，将次第延热，不可得而扑灭矣。言论功行赏，徇私之害其初甚征，其终至于不可遏绝，所以严其辞而禁之于未然也。

辑录：

周公言，既如此，则孺子往矣。但汝所朋不可不慎。焰，火始然尚微而方进之貌。灼，焚也。叙，次第也。《书说》。一"孺子其朋，其往"，起。

纂注：

林氏曰，如汉之朋党始于甘陵南北部；唐之朋党始于牛、李。其终，缙绅稔祸，海内涂炭是也。

新安陈氏曰，自此以下必脱误，所当缺疑。如二"孺子"句，及"灼叙"语，皆不可晓，与上下文亦不相贯。姑存旧说。

20.《尚书句解》卷九《周书·洛诰第十五》

(元) 朱祖义撰

孺子其朋（故周公呼成王为孺子，谓若欲己自教百官，当念及朋党之祸），孺子其朋，其往（所以当念朋党之祸者，自今以往，绝之于未萌）。

21.《尚书日记》卷十二《周书·洛诰》

(明) 王樵撰

(归善斋按，见"今王即命曰，记功，宗以功作元祀")

22.《日讲书经解义》卷八《周书·洛诰》

(清) 库勒纳等撰

(归善斋按，见"唯命，曰汝受命笃弼，丕视功载，乃汝其悉自教工")

《五诰解》卷四《洛诰》

(宋) 杨简撰

(归善斋按，见"周公曰，王，肇称殷礼，祀于新邑，咸秩无文")

无若火始焰焰；厥攸灼叙，弗其绝

1.《尚书注疏》卷十四《周书》

(汉) 孔氏传，(唐) 陆德明音义，(唐) 孔颖达疏

无若火始焰焰；厥攸灼叙，弗其绝。

传，言朋党败俗，所宜禁绝，无令若火始然，焰焰尚微，其所及灼然有次序，不其绝事，从微至著，防之宜以初。

音义，焰，音艳。叙，绝句。马读"叙"字属下。令，力呈反。

疏，正义曰，若欲绝止，禁其未犯，无令若火始然，焰焰尚微，火既然焰，其火所及将灼然有次序矣，不其复可绝也。

传，正义曰，无令若火始然，以喻无令朋党始发，若火既然，初虽焰焰尚微，其火所及灼然有次序，不其复可绝也，以喻朋党若起，渐渐益大。群党既成，不可复禁止也，事从微至著，防之宜以初，谓朋党未发之前防之，使不发。

2. 《书传》卷十三《周书·洛诰第十五》

（宋）苏轼撰
（归善斋按，见"予齐百工，伻从王于周，予唯曰，庶有事"）

3. 《尚书全解》卷三十一《周书·洛诰》

（宋）林之奇撰
（归善斋按，见"周公曰，王，肇称殷礼，祀于新邑，咸秩无文"）

4. 《尚书讲义》卷十五

（宋）史浩撰
（归善斋按，见"周公曰，王，肇称殷礼，祀于新邑，咸秩无文"）

5. 《尚书详解》卷二十《周书·洛诰》

（宋）夏僎撰
（归善斋按，见"周公曰，王，肇称殷礼，祀于新邑，咸秩无文"）

6. 《增修东莱书说》卷二十三《周书·洛诰第十五》

（宋）吕祖谦撰，（宋）石澜增修
（归善斋按，见"周公曰，王，肇称殷礼，祀于新邑，咸秩无文"）

7. 《尚书说》卷五《周书·洛诰》

（宋）黄度撰

（归善斋按，见"唯命，曰汝受命笃弼，丕视功载，乃汝其悉自教工"）

8. 《絜斋家塾书钞》卷十一《周书·洛诰》

（宋）袁燮撰

（归善斋按，见"周公曰，王，肇称殷礼，祀于新邑，咸秩无文"）

9. 《书经集传》卷五《周书·洛诰》

（宋）蔡沈撰

（归善斋按，见"孺子其朋，孺子其朋，其往"）

10. 《尚书精义》卷三十八《周书·洛诰》

（宋）黄伦撰

（归善斋按，见"孺子其朋，孺子其朋，其往"）

11. 《尚书详解》卷三十三《周书·洛诰》

（宋）陈经撰

（归善斋按，见"孺子其朋，孺子其朋，其往"）

12. 《融堂书解》卷十四《周书·洛诰》

（宋）钱时撰

（归善斋按，见"周公曰，王，肇称殷礼，祀于新邑，咸秩无文"）

13. 《尚书要义》

（宋）魏了翁撰

（归善斋按，原缺）

14.《书集传或问》卷下《洛诰》

(宋)陈大猷撰

(归善斋按,未解)

15.《尚书详解》卷九《周书·洛诰第十五》

(宋)胡士行撰

(归善斋按,见"孺子其朋,孺子其朋,其往")

16.《书纂言》卷四上《周书·洛诰》

(元)吴澄撰

(归善斋按,见"周公曰,王,肇称殷礼,祀于新邑,咸秩无文")

17.《书集传纂疏》卷五《朱子订定蔡氏集传·周书·洛诰》

(元)陈栎撰

(归善斋按,见"孺子其朋,孺子其朋,其往")

18.《读书丛说》卷六《洛诰》

(元)许谦撰

(归善斋按,见"孺子其朋,孺子其朋,其往")

19.《书传辑录纂注》卷五《周书·洛诰》

(元)董鼎撰

(归善斋按,见"孺子其朋,孺子其朋,其往")

20.《尚书句解》卷九《周书·洛诰第十五》

(元)朱祖义撰

无若火始焰焰(无使若火之始然,其初但焰焰而已);厥攸灼叙,弗其绝(及焰焰而不已,其所灼烧者,有次叙,不可绝也)。

21.《尚书日记》卷十二《周书·洛诰》

(明)王樵撰

(归善斋按,见"今王即命曰,记功,宗以功作元祀")

22.《日讲书经解义》卷八《周书·洛诰》

(清)库勒纳等撰

(归善斋按,见"唯命,曰汝受命笃弼,丕视功载,乃汝其悉自教工")

《五诰解》卷四《洛诰》

(宋)杨简撰

(归善斋按,见"周公曰,王,肇称殷礼,祀于新邑,咸秩无文")

厥若彝,及抚事,如予,唯以在周工

1.《尚书注疏》卷十四《周书》

(汉)孔氏传,(唐)陆德明音义,(唐)孔颖达疏

厥若彝,及抚事,如予,唯以在周工。

传,其顺常道,及抚国事,如我所为,唯用在周之百官。

疏,正义曰,汝成王其当慎此常道,及抚循国事,如我摄政所为,唯当用我此事在周之百官,则当畏服各立功矣。

传,正义曰,考古依法,为顺常道;号令治民,为抚国事。周公大圣,动成轨,则如我所为,谓如摄政之时,事所施为也。唯当用我所为,在周之百官,令其行周公之道,法于百官也。

《尚书注疏》卷十四《考证》

唯以在周工(句)。

古读如此。蔡沈传连下"往新邑"为句。

2.《书传》卷十三《周书·洛诰第十五》

(宋)苏轼撰

(归善斋按,见"予齐百工,伻从王于周,予唯曰,庶有事")

3.《尚书全解》卷三十一《周书·洛诰》

(宋)林之奇撰

(归善斋按,见"周公曰,王,肇称殷礼,祀于新邑,咸秩无文")

4.《尚书讲义》卷十五

(宋)史浩撰

(归善斋按,见"周公曰,王,肇称殷礼,祀于新邑,咸秩无文")

5.《尚书详解》卷二十《周书·洛诰》

(宋)夏僎撰

(归善斋按,见"周公曰,王,肇称殷礼,祀于新邑,咸秩无文")

6.《增修东莱书说》卷二十三《周书·洛诰第十五》

(宋)吕祖谦撰,(宋)石澜增修

(归善斋按,见"周公曰,王,肇称殷礼,祀于新邑,咸秩无文")

7.《尚书说》卷五《周书·洛诰》

(宋)黄度撰

厥若彝,及抚事,如予,唯以在周工。往新邑,伻向即有僚,明作有功,惇大成裕,汝永有辞。

周公诰召公曰,王先服殷御事,比介于我有周御事,是则周百官,不可不自正也。然必有所本,始王其顺常道,及抚事如我,唯以在周百官往新邑,必使各知所趋,向就其僚,明作有功,言各务职业,厚大成宽裕,则汝永有美誉之辞。《伐柯》曰"伐柯伐柯,其则不远"。周公以师道自居教成王,能如我顺常抚事,则百官为可用。此因新邑秩祀,遂教成王以君道当如此。观《周官》之作，成王可以教百官矣，而周公警□之犹如此。禹曰"唯帝其难之"，成王安可以不知其祈不及也。

8.《絜斋家塾书钞》卷十一《周书·洛诰》

（宋）袁燮撰

（归善斋按，见"周公曰，王，肇称殷礼，祀于新邑，咸秩无文"）

9.《书经集传》卷五《周书·洛诰》

（宋）蔡沈撰

厥若彝，及抚事，如予，唯以在周工。往新邑，伻向即有僚，明作有功，惇大成裕，汝永有辞。

其顺常道，及抚国事，常如我为政之时，唯用见在周官，勿参以私人。往新邑，使百工知上意向，各就有僚，明白奋扬而赴功。惇厚博大以裕俗，则王之休闻，亦永有辞于后世矣。

10.《尚书精义》卷三十八《周书·洛诰》

（宋）黄伦撰

厥若彝，及抚事，如予，唯以在周工。往新邑，伻向即有僚，明作有功，惇大成裕，汝永有辞。

无垢曰，自此以往，其都此新邑，周公所齐百工，成王宜使即其本职，如冢宰付以治典，司徒付以教典，宗伯付以礼典，司马付以政典之类是也。不必更用私人以参之，以至有功者则明示于众。而动其作为之心。汝成王当惇大其心，勿居狭小而用私人，当成裕其量；勿处褊窄而听偏见。如此，则汝成王有君天下之量，而永有称誉于后世矣

11.《尚书详解》卷三十三《周书·洛诰》

（宋）陈经撰

（归善斋按，见"孺子其朋，孺子其朋，其往"）

12.《融堂书解》卷十四《周书·洛诰》

（宋）钱时撰
（归善斋按，见"周公曰，王，肇称殷礼，祀于新邑，咸秩无文"）

13.《尚书要义》

（宋）魏了翁撰
（归善斋按，原缺）

14.《书集传或问》卷下《洛诰》

（宋）陈大猷撰
（归善斋按，未解）

15.《尚书详解》卷九《周书·洛诰第十五》

（宋）胡士行撰
（归善斋按，见"孺子其朋，孺子其朋，其往"）

16.《书纂言》卷四上《周书·洛诰》

（元）吴澄撰
（归善斋按，见"周公曰，王，肇称殷礼，祀于新邑，咸秩无文"）

17.《书集传纂疏》卷五《朱子订定蔡氏集传·周书·洛诰》

（元）陈栎撰

厥若彝，及抚事，如予，唯以在周工。往新邑，伻向即有僚，明作有功，惇大成裕，汝永有辞。

其顺常道，及抚国事，常如我为政之时，唯用见在周官，勿参以私人。往新邑，使百工知上意向，各就有僚，明白奋扬而赴功，惇厚博大以裕俗，则王之休闻，亦永有辞于后世矣。

纂疏：

吕氏曰，汉文近于"惇大成裕"，而无所谓"明作有功"；汉宣近于"明作有功"而无所谓"惇大成裕"。

愚谓，彰明振作以有功绩，而又惇厚广大以成宽裕，是立精明之治功，而存浑厚之治体也。"唯以在周工，往新邑"，乃是欲王以从王于宗周之百工，往之新邑也。此八字，却与前"予齐百工，伻从王于周"相照应。

18.《读书丛说》卷六《洛诰》

（元）许谦撰

（归善斋按，未解）

19.《书传辑录纂注》卷五《周书·洛诰》

（元）董鼎撰

厥若彝，及抚事，如予，唯以在周工。往新邑，伻向即有僚，明作有功，惇大成裕，汝永有辞。

其顺常道，及抚国事，常如我为政之时，唯用见在周官，勿参以私人。往新邑，使百工知上意向，各就有僚，明白奋扬而赴功，惇厚博大以裕俗，则王之休闻，亦永有辞于后世矣。

辑录：

戒成王归宗周，其所顺之常道，及抚临众事，皆当如我所行也。在周百工，皆我所总齐者，习于事，当唯用此人，慎终之道，当如此也。一言，我今往新邑，既使向就其有僚矣。明作有功之事务，为惇大之道，以成宽裕之政，则汝亦长有宽裕之辞于后世矣。言"往"者，如云"来相宅"，顺王所在而言，趋事赴功，常失之急薄，故又言"惇大成裕"以救其失。《书说》。"厥若彝"至"在周工"为一节；"往新邑"至"汝永有辞"为一节。

纂注：

吕氏曰，汉文近于"惇大成裕"，而无所谓"明作有功"。汉宣近于"明作有功"而无所谓"惇大成裕"。

新安陈氏曰，"厥若彝，及抚事，如予"，"伻向即有僚"，亦不可晓。"唯以在周工，往新邑"，乃是欲王以从王于周之百工往之新邑也，此八字却有照应。

20.《尚书句解》卷九《周书·洛诰第十五》

（元）朱祖义撰

厥若彝（王今将如何哉，亦在顺其常道），及抚事（及抚临政事之际），如予，唯以在周工（一如我之所为，唯用在周之百官，不必更求新进，以间旧人，自开朋党之门）。

21.《尚书日记》卷十二《周书·洛诰》

（明）王樵撰

"厥若彝，及抚事，如予"至"汝永有辞"。

孔氏曰，其顺常道，及抚国事如我所为，唯以在周之百官，往行政化于新邑，当使臣卜各向就有官，明为有功，厚大成宽裕之德，则汝长有誉于后世。

正义曰，考古依法为顺常道，号令治民为抚国事。周公大圣，动成轨，则如我所为，谓如摄政之时，事所施为也。此时在西都戒王，故云，往行政化于新邑。

按，若彝，以常所持循而言；抚事，以临事听断而言。成王亲政，周公欲其如予以若彝，则举动可以无愆；如予以抚事，则听断可以无失。既示之以身，又欲不改其臣。"唯以在周工，往新邑"，在周工，乃周公之所择任者，使各向就有僚，谓于新邑，各就其故，列以效职也。非明作，无以有功；非惇大，不能成裕。然四字只一直意，欲其如此也。新邑之治如此，则汝永有辞而有无穷之闻矣。

伻向，当依孔氏说。蔡氏谓，使百工知上意向，似近于凿。明作，作，当为振起之意，孔氏之训未是。

《易》泰卦九二曰"包荒用冯河"，谓人情安肆，则政舒缓，而法度废弛，必有包容荒秽之量，则其施为宽裕，详审弊革，事理而人安之，又须当几而能断。冯河，谓其刚，果足以济深越险也。此二句，非相悖。程

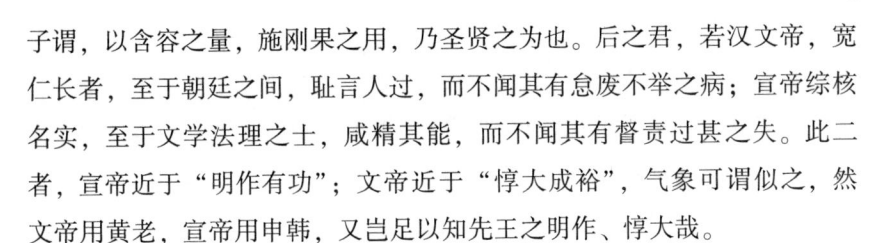

子谓，以含容之量，施刚果之用，乃圣贤之为也。后之君，若汉文帝，宽仁长者，至于朝廷之间，耻言人过，而不闻其有怠废不举之病；宣帝综核名实，至于文学法理之士，咸精其能，而不闻其有督责过甚之失。此二者，宣帝近于"明作有功"；文帝近于"惇大成裕"，气象可谓似之，然文帝用黄老，宣帝用申韩，又岂足以知先王之明作、惇大哉。

周公此二语，为万古之法程，少堕一偏，未有无弊者。宋仁宗，甚似汉文帝，养成一代忠厚之风。韩范富公当时柄用，皆欲有为而不果；神宗有志振起而任王安石行新法，宋室自此多事少偏，即为弊，盖百世可知也。

22.《日讲书经解义》卷八《周书·洛诰》

（清）库勒纳等撰

厥若彝，及抚事，如予，唯以在周工。往新邑，伻向即有僚，明作有功，惇大成裕，汝永有辞。

此一节书，是周公告成王，以修内治之事也。若，顺也。彝，常道也。伻，使也。向，谓意向；即，就也。惇，厚也。有辞，谓有声誉。周公曰，良法者，所以成天下之治，旧臣者所以行天下之法。此治内之急务也。昔予为政之时，固已顺行常道，抚定国事矣。今王图治于洛，其顺行常道，而三纲五常，无不修明；抚定国事，而弘纲细目，无不振举，常如我始初为政之时，则内治可成矣。然有治法必赖有治人。王所任使者，唯用见在周官，往适新邑，不可参用私人，斁坏治道，使百官知上意向所在，各就其职，精明奋作，以立治功；惇厚博大，以存国体，则无不若之彝，无不抚之事，新政毕举，内治已成，岂特如予而已哉，万世而下，必将称颂，我王而长有美辞于后世矣。要之，老臣训戒，固重旧法，尤重旧人。周公言"唯以在周工"，召公言"无遗寿耇"，此皆老成典型，可与共治天下者，苟能延访登用，其有裨于治道非浅也。

《读书管见》卷下《洛诰》

（元）王充耘撰

厥若彝。

"厥若彝及抚事如予",若彝,犹云棐彝,言顺民常性,是敷教化;抚事,是治政事。二者如予,是不可改旧政。唯用在周工往新邑,是不改旧臣。如此,则臣下知上意向无所变,更各就其职,展布四体以为治,功自是成,俗自是厚,声名自归于汝矣。盖昔者政自公出,而今王即新政,周公恐其更张改作,惊骇群情,则隳治功而坏风俗,故不得不以此戒之,后面又曰"笃叙乃正父罔不若予",可见此意。伊尹复政太甲,亦有"君罔以辨言乱旧政",皆此类也。

《五诰解》卷四《洛诰》

(宋) 杨简撰

厥若彝,及抚事,如予,唯以在周工。往新邑,伻向即有僚,明作有功,惇大成裕,汝永有辞。

彝,平常也。其平常无事时,及临事时,皆当如我在周时百工也。盖此百工皆齐,周公所精择,不可弃也。今往新邑,使向有官僚者,即就用之,明察其有功而作之。作,进用也。宜惇厚宽大,以成宽裕之德。盖虑成王不知周公所齐百工之善,而轻苛责之,故教王宽厚有容,则永有誉。

往新邑,伻向即有僚,明作有功,惇大成裕,汝永有辞

1.《尚书注疏》卷十四《周书》

(汉) 孔氏传,(唐) 陆德明音义,(唐) 孔颖达疏

往新邑,伻向即有僚,明作有功,惇大成裕,汝永有辞。

传,往行政化于新邑,当使臣下各向就有官,明为功厚大成宽裕之德,则汝长有叹誉之辞于后世。

音义,向,许亮反,注同。惇,都昆反。

疏,正义曰,汝当以此往行政化于新邑,当使臣下百官各向就有官,

明为有功厚，大成宽裕之德，则汝长有叹誉之辞于后世。此周公诲王之言也。

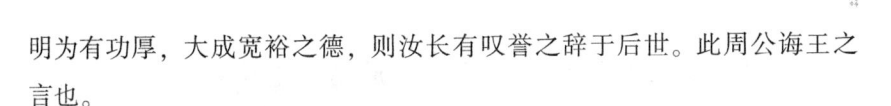

传，正义曰，此时在西都戒王，故云往行政化于新邑。当使臣下各向就所有之官，令其各守其职。思不出其位，自当陈力就列，明为有功。在官者，当以褊小急躁为累，故令臣下厚大成宽裕之德，臣下既贤，君必明圣，则汝长有叹誉之辞于后世矣。今《周颂》所歌，即叹誉成王之辞也。

2. 《书传》卷十三《周书·洛诰第十五》

（宋）苏轼撰

（归善斋按，见"予齐百工，伻从王于周，予唯曰，庶有事"）

3. 《尚书全解》卷三十一《周书·洛诰》

（宋）林之奇撰

（归善斋按，见"周公曰，王，肇称殷礼，祀于新邑，咸秩无文"）

4. 《尚书讲义》卷十五

（宋）史浩撰

（归善斋按，见"周公曰，王，肇称殷礼，祀于新邑，咸秩无文"）

5. 《尚书详解》卷二十《周书·洛诰》

（宋）夏僎撰

（归善斋按，见"周公曰，王，肇称殷礼，祀于新邑，咸秩无文"）

6. 《增修东莱书说》卷二十三《周书·洛诰第十五》

（宋）吕祖谦撰，（宋）石澜增修

（归善斋按，见"周公曰，王，肇称殷礼，祀于新邑，咸秩无文"）

7. 《尚书说》卷五《周书·洛诰》

（宋）黄度撰

（归善斋按，见"厥若彝，及抚事，如予，唯以在周工"）

8. 《絜斋家塾书钞》卷十一《周书·洛诰》

(宋) 袁燮撰

(归善斋按,见"周公曰,王,肇称殷礼,祀于新邑,咸秩无文")

9. 《书经集传》卷五《周书·洛诰》

(宋) 蔡沈撰

(归善斋按,见"厥若彝,及抚事,如予,唯以在周工")

10. 《尚书精义》卷三十八《周书·洛诰》

(宋) 黄伦撰

(归善斋按,见"厥若彝,及抚事,如予,唯以在周工")

11. 《尚书详解》卷三十三《周书·洛诰》

(宋) 陈经撰

(归善斋按,见"孺子其朋,孺子其朋,其往")

12. 《融堂书解》卷十四《周书·洛诰》

(宋) 钱时撰

(归善斋按,见"周公曰,王,肇称殷礼,祀于新邑,咸秩无文")

13. 《尚书要义》

(宋) 魏了翁撰

(归善斋按,原缺)

14. 《书集传或问》卷下《洛诰》

(宋) 陈大猷撰

(归善斋按,未解)

15. 《尚书详解》卷九《周书·洛诰第十五》

（宋）胡士行撰

（归善斋按，见"孺子其朋，孺子其朋，其往"）

16. 《书纂言》卷四上《周书·洛诰》

（元）吴澄撰

（归善斋按，见"周公曰，王，肇称殷礼，祀于新邑，咸秩无文"）

17. 《书集传纂疏》卷五《朱子订定蔡氏集传·周书·洛诰》

（元）陈栎撰

（归善斋按，见"厥若彝，及抚事，如予，唯以在周工"）

18. 《读书丛说》卷六《洛诰》

（元）许谦撰

（归善斋按，未解）

19. 《书传辑录纂注》卷五《周书·洛诰》

（元）董鼎撰

（归善斋按，见"厥若彝，及抚事，如予，唯以在周工"）

20. 《尚书句解》卷九《周书·洛诰第十五》

（元）朱祖义撰

往新邑（今王往治新邑），伻向即有僚（当使此在周之人，各自因其职，而面兢其所有之僚），明作有功（唯其有功之人，明然以奖劝之术作成之），惇大成裕（如此，则为君者，能厚其广大之道，成就其绰绰有余裕之德），汝永有辞（汝成王可长有称誉之辞于世）。

21.《尚书日记》卷十二《周书·洛诰》

（明）王樵撰

（归善斋按，见"厥若彝，及抚事，如予，唯以在周工"）

22.《日讲书经解义》卷八《周书·洛诰》

（清）库勒纳等撰

（归善斋按，见"厥若彝，及抚事，如予，唯以在周工"）

《五诰解》卷四《洛诰》

（宋）杨简撰

（归善斋按，见"厥若彝，及抚事，如予，唯以在周工"）

《尚书疑义》卷五《洛诰》

（明）马明衡撰

先儒吕氏谓汉文近于"惇大成裕"，而无所谓"明作有功"；汉宣近于"明作有功"，而无"惇大成裕"，此大约言之。其实先王以道治天下，视后世以法把持天下者，相去远甚。以道治天下，只是至诚恻怛之意，行于其间，自然事体核实，而又气象宽裕。彼以法把持天下者，于二者何有？

《书经衷论》卷三《周书·洛诰》

（清）张英撰

周公因洛邑初成，将归政于成王，而告之以为治之道，不外明作、敦大二语。盖不明作，则无以振励治功，而鼓天下之气；不惇大，则无以宽裕政体，而养天下之福。然明作，妨于惇大，聪明用，而易入于苛细也。惇大妨于明作，意度广，而易至于弛废也。真明作者，必惇大。弘纲举，则众目斯张，必无毛举鸷击之弊；真惇大者；必明作；王度恢而群工就理，必无丛脞尸位之忧。二者兼，而治道之大不外是矣。

古人文字有不可强解者，如"伻向即有僚"，"旁作穆穆，迓衡"诸

语，或系当时方言，必欲逐字诠之则凿，而反失之远耳。

公曰，已！汝唯冲子，唯终

1.《尚书注疏》卷十四《周书》

（汉）孔氏传，（唐）陆德明音义，（唐）孔颖达疏

公曰，已！汝唯冲子，唯终。

传，已乎！汝唯童子，嗣父祖之位，唯当终其美业。

疏，正义曰，周公复诲王曰，呜呼！前言已如是矣。更复教诲，汝唯童子，嗣父祖之位，唯当终其美业。

传，正义曰，周公止而复言故更言。公曰"已乎"者，道前言已如是矣，为后言发端也。童子者，言其年幼而任重。嗣父祖之位，当终其美业，能致太平是终之也。

2.《书传》卷十三《周书·洛诰第十五》

（宋）苏轼撰

公曰，已！汝唯冲子，唯终。汝其敬识百辟享，亦识其有不享；享多仪，仪不及物，唯曰不享。唯不役志于享，凡民唯曰不享，唯事其爽侮。

享，朝享也。仪不及物，与不朝同。爽，失也。礼失，而人慢也。小人以贿说，人必简于礼。故孔子曰独饱于少施氏者，远小人也。周公戒成王，责诸侯以礼不以币，恐其役志于物，而不役志于礼，则诸侯慢而王室轻矣，此治乱之本，故周公特言之。《春秋传》曰，晋赵文子为政，薄诸侯之币，而重其礼，谓鲁穆叔曰，自今以往，兵其少弭矣。夫以列国之卿，轻币重礼，犹足以弭兵。王而好贿，则其致寇也必矣。唐之衰，君相皆可以贿取，方镇争贡，羡余行苞苴，而天子始失政，以至于亡。周公之戒至矣哉。

3. 《尚书全解》卷三十一《周书·洛诰》

(宋)林之奇撰

(归善斋按,见"周公曰,王,肇称殷礼,祀于新邑,咸秩无文")

4. 《尚书讲义》卷十五

(宋)史浩撰

公曰,已!汝唯冲子,唯终。汝其敬识百辟享,亦识其有不享;享多仪,仪不及物,唯曰不享。唯不役志于享,凡民唯曰不享,唯事其爽侮。乃唯孺子,颁朕不暇听,朕教汝于棐民彝。汝乃是不蘉,乃时唯不永哉。

公既受命,故复以王之居周者,戒之"汝唯冲子,唯终",戒其克终如始也。为君之道,必察其臣之诚伪,故享不享,皆当识也。享者,享于上也。若祭祀之享,方其来享。苟多物而诚不至焉,与不享同。役志于享,则凡所以奉我者皆诚也;不役志于享,则其仪略。吾故知其不享,则凡所以奉我者,皆伪也。然则,王固不当以货取也。爽,轻也。侮,不虔也。不享其诚,而享其物,则事之爽侮,无足怪者。王不能识其不享,使至于"爽侮"。是王固可以利动,而群臣皆得以易之矣。"乃唯孺子颁朕",徒以高爵厚禄颁我,苟不暇听我教汝于治民之常道,"汝乃是不蘉",蘉,勉也,于此不勉,则王所以责我以"公其以予万亿年"之语,亦徒然矣,故以"乃时唯不永哉"戒之。呜呼!周公之言切至矣。

5. 《尚书详解》卷二十《周书·洛诰》

(宋)夏僎撰

公曰,已!汝唯冲子,唯终。汝其敬识百辟享,亦识其有不享;享多仪,仪不及物,唯曰不享。唯不役志于享,凡民唯曰不享,唯事其爽侮。乃唯孺子,颁朕不暇听,朕教汝于棐民彝。汝乃是不蘉,乃时唯不永哉。笃叙乃正父,罔不若予,不敢废乃命。汝往,敬哉,兹予其明农哉,彼裕我民,无远用戾。

此又一节也。此盖周公教成王,谓将往新邑,诸侯毕朝,当识享与不享。已者,发语之辞,犹云"已乎"者。周公将告成王,先言曰,已乎,汝成王乃童子，今日复将即政，不可不思其终。所谓思其终者，即敬识百辟之享与不享也。盖以百辟享上也，诚则民效之，亦勤于享上，而天下之事皆得其叙。百辟享上也不诚，则民效之，亦怠于享上，而事将至于爽侮。盖其理终必至此，故不可不思也。是以周公既戒成王，使唯终。于是详告之曰，汝当先自致敬，以识认众诸侯之享上者，亦识认其有不享上者。所以能识之者，以享上之道，在于多礼仪，不当区区在于物。使诸侯之来朝者，其礼仪则略而不及乎币帛之多，则是物有余而礼不足。物有余而礼不足，则身虽来朝，与不享同。故虽享，而曰不享，以其不用心于享上故也。若然，则非特诸侯不用心于享上，而凡为民者，亦将则而效之，亦无奉上之意矣，天下之事，安得不爽乱而轻侮哉。利害所关如此之甚，此周公所以必欲成王敬识之也。周公既言成王当识诸侯之享与不享，因言彼诸侯之享君，尚不可区区于物，而当尽其诚。况成王以君而待周公之臣，岂可区区以物颁赐，而不尽其听纳之诚哉。故言"乃唯孺子，颁朕不暇听，朕教汝于棐民彝。汝乃是不蘉，乃时唯不永哉"。周公之意，盖谓彼诸侯享上，尚不可区区于物，而汝孺子，乃区区然徒有高爵厚禄颁赐于我，略不暇听我所以教汝棐辅斯民常性之道，是汝于此不能自勉，而怠于民事，如之何而保其长永之业哉。先儒乃以"乃唯孺子，颁朕不暇"为一句，谓汝成王，今日将亲政事，必当分我所行不暇给之事而共行之，又当听我所教棐常性之言。汝是事，苟不勉则乃不能永其命。据此说，则与上"享多仪"之意不连接。故不敢从。周公既责成王，谓汝徒然颁赐我，而不听我教，故又告以今日所当为之事，谓成王今日唯当笃厚，以次叙其正父武王所行之事，而奉行之，无所不顺，则成王之所为，即武王之所为也。周公安敢废其命哉，故曰"予不敢废乃命"。而先儒乃以"罔不若予"为一句，谓成王既笃叙武王所为，又当无不顺周公，此非周公之意，兼下文"不敢废乃命"一句全无味，故亦不敢从。武王谓之正父者，武王，成王之父，其云为注措，无一不出于正，故曰正父。周公既如上文戒成王，故又曰，汝往新邑，当敬之哉。所谓敬者，敬其所当行之事也。"兹予其明农哉"，周公谓成王，则往新邑即辟，我则欲退老归于州里，申明农事，如今人所谓归田也。"彼裕我民，无远用戾"此有二说。一说谓成王，若不能敬周公，若不能明农，则裕民之政必亏，而民不服。彼有行仁以宽裕斯民，则民不以彼为远，而必戾止于彼，谓去此归彼也。此说解经文甚顺，但与上文不属，故不敢从。一说又谓，成王能敬德周公，又能明农。彼远人，既睹我民之和裕，必无远不至。此说于"彼"字别添远人之意，亦非经旨。窃谓周公之意，谓成王则往新邑即辟，周公则欲归里明农，成王若于彼新邑，能裕我民，则民将无远不至，如此则上下贯穿矣，又未敢必以为然。

6.《增修东莱书说》卷二十三《周书·洛诰第十五》

（宋）吕祖谦撰，（宋）石澜增修

公曰，已！汝唯冲子，唯终。汝其敬识百辟享，亦识其有不享；享多仪，仪不及物，唯曰不享。唯不役志于享，凡民唯曰不享，唯事其爽侮。乃唯孺子，颁朕不暇听，朕教汝于棐民彝。汝乃是不蘉，乃时唯不永哉。笃叙乃正父，罔不若予，不敢废乃命。汝往，敬哉，兹予其明农哉，彼裕我民，无远用戾。

周公既举治道以诲成王，此章复申言之，而致告归之请也。"已！汝唯冲子，唯终"者，周家之治，文、武、周公实始之，至于终之，则成王之责也。故周公叹息而言曰，已乎，唯汝幼冲之子，而承如是之大基业，唯有以终之，乃能塞责。盖忧其不克负荷，而勉其不可不负荷也。前章之诲，于内治为详，至于统御诸侯，教养兆民，则未及焉，故此章申言之。

"汝其敬识百辟享，亦识其有不享；享多仪，仪不及物，唯曰不享。唯不役志于享，凡民唯曰不享，唯事其爽侮"，诲之以统御诸侯之道也。王者之统御诸侯，必先识其向背。不先识其向背，则以伪为诚，以佞为忠，赏罚倒置，而操柄失矣。然所以识其向背，非用智而任术也，亦曰敬而已矣。敬则是心常存无憎爱之私，故能识百辟忠诚以享王室者，亦识其有悖慢而不享王室者。所谓不享王室者，非必显然负固阻兵也。庭实任土之物，固与其他诸侯无异，第无诚意以将之耳。享觐之多仪，极其繁缛，苟无诚意，则其升降俯仰之仪，必有不与物相称者，是以谓之不享。唯其不用志于享，则凡其一国之民，皆化其恶，唯曰不享，举无尊奉天子之心，推其国之政事，其将差爽侮，僭躐王度，而为叛乱矣。固当察之于早，治之于微也。岂待其贡物不至，而始知之乎。于升降俯仰之间，而识其向背，是非心之存者，未能察也。

"乃唯孺子，颁朕不暇听，朕教汝于棐民彝。汝乃是不蘉，乃时唯不永哉"，诲之以教养兆民之道也。周公之于民至矣。然治道有先后之序，盖亦有不暇为者，故属成王颁布我所不暇为者于天下，王其听我教汝于辅助斯民，教养之常道次第，而颁之于民可也。蘉，勉也。民唯邦本，汝乃于是辅民彝。不勉行之是基业必将不永矣。危言以感动之，欲其深勉乎此也。"笃叙乃正父，罔不若予，不敢废乃命"者，周公复告成王，以惇笃次叙武王之事，罔不如我前日当国之时，则天下不敢废汝之命矣。武王没，周公如武王，天下所以不废周公之命也。周公去，成王如周公，天下所以不废成王之命也。苟成王作聪明，喜变更武王、周公之政，皆失其叙，则天下安肯用一幼冲孺子之命乎？"笃叙"云者，典刑具在，诚意不存焉，亦徒法而已。故行之贵乎笃也。"汝往，敬哉，兹予其明农哉"者，告戒既终，勉以汝往新邑布政，不可不敬。我其退休田野，唯农事是明，不复与闻国事矣。"彼裕我民，无远用戾"者，周公既与成王决别，以民者，国之大本，意未能已，复指而言之曰，彼宽裕我民之道，前所谓"棐民彝"者，是不可须臾离。无或少远之而用致违戾也。周公于将去之际，殷勤反复，不能忘民如此，其真知本者哉。

7.《尚书说》卷五《周书·洛诰》

（宋）黄度撰

公曰，已！汝唯冲子，唯终。汝其敬识百辟享，亦识其有不享；享多仪，仪不及物，唯曰不享。唯不役志于享，凡民唯曰不享，唯事其爽侮。

殊称公曰，又一事也。已，叹言之而不尽之意。新邑既祀，遂受诸侯朝享故周公又教成王以此事，必唯其终也。奉上之谓享。汝必自尽敬，则能识诸侯享与不享。吾心自不能尽，岂能知人享不享哉。享多仪，物非所贵也。仪不称物，为不享。唯其不役志于享，故缺于仪也。凡人所谓不享其事，必爽忒且侮慢。《既醉》曰"其告维何，笾豆静嘉，朋友攸摄，摄以威仪"。

8.《絜斋家塾书钞》卷十一《周书·洛诰》

(宋)袁燮撰

公曰，已！汝唯冲子，唯终。汝其敬识百辟享，亦识其有不享；享多仪，仪不及物，唯曰不享。唯不役志于享，凡民唯曰不享，唯事其爽侮。

大抵人君，徒有其始不足贵，要须彻头彻尾如一始得。成王始亲政事，能委任周公，能凡事皆合道理，可谓有其始矣。然须思量，图唯厥终可也。诸侯之事上，有享上者，亦有不享者，汝须当敬识之。敬识者，唯敬，故能识也。不敢怠惰，不敢放弛，则此心清明，自然不惑。所谓享与不享，却不在物之厚薄，唯在其礼仪。如何？物虽有余，礼仪不足，唯曰不享。盖诚意不存，而徒庭实旅百，备物丰腆，以是为享上，与不享何异哉。成王幼冲之君也，于此处不能无惑，周公深惧其视诸侯之享上，唯在于物而不察其礼仪，则天下诸侯，皆将唯物是用，而礼仪不足。其为君心之害，莫大于此。故勤勤恳恳，以为汝须当敬识百辟之享与不享，威仪不及于物，是犹不享尔呜呼！周公之为成王心术，虑何其深切若是哉，如前面"孺子其朋"，与此间"敬识百辟享"，皆是周公正君心处。享上之说，延及本朝为害不小。自王荆公倡为此说，以为诸侯皆当享天子。后来花石纲等事，至于穷天下之力，皆荆公之说倡之，其害岂浅。所以周公恳切，于此使成王知夫享与不享，不在于物之厚薄也。

9.《书经集传》卷五《周书·洛诰》

(宋)蔡沈撰

公曰，已！汝唯冲子，唯终。

周之王业，文、武始之，成王当终之也。此上详于"记功""教工"内治之事，此下则统御诸侯、教养万民之道也。

10.《尚书精义》卷三十八《周书·洛诰》

(宋)黄伦撰

公曰，已！汝唯冲子，唯终。汝其敬识百辟享，亦识其有不享；享多仪，仪不及物，唯曰不享。唯不役志于享，凡民唯曰不享，唯事其爽侮。

无垢曰，终文、武之业，其在敬识诸侯之朝聘乎。以礼来朝，谓之享。不以礼来朝，谓之不享。人君，乐人之顺适，而不乐人之义理，则诸侯以利□君，而不以礼仪事君矣。吾当敬识诸侯之来朝，其有礼仪反不及于贡献之精至者，此不以礼来朝，而以昏君待我也，当有以惩沮之，使知吾之心以义理为重，以利为轻可也。

又曰，倘人主不留意于诸侯之来享，而任其以利，而不以礼，则虽无知之民，亦知上之所好者在利而已，礼安用哉。如此则天下皆有轻上之心，陵政慢令者多，天下至此而大乱矣。

东坡曰，享，朝享也。小人以贿悦人，必简于礼。故孔子独饱少施氏者，远小人也。

荆公曰，事无爽侮，则君臣同得逸乐暇豫；若爽侮，则君臣同得忧勤，而有所不暇矣。王不能敬识享与不享，则事爽侮，而周公亦受其愁劳，乃唯成王赐我以不暇也。

张氏曰，百辟者，诸侯也。以位则臣，以职则卑。而其事当以奉上为义。成王能钦识其享，则享者知所劝；亦识其不享，则不享者知所畏。如此，则百辟之于王，莫敢不享矣。诚发于中，达之于外而为仪，臣之享君，其仪多矣。徒有其仪，无物以将之，则君子不可以虚拘，则物者又所以将其厚意也。若夫仪不及物，则外无以见志，虽加之以礼仪之备，则享谓之不享矣。

吕氏曰，大抵人君无职事，但在判别其真伪。诸侯来朝贡于王，要识其享与不享。享固多仪，如庭实旅百，皆布乘黄朱，然要识诚不至者。物，如《中庸》所说"不诚无物"。仪至而诚不至，此虽享，亦是不享，是不用心于享，他诸侯，既不用心于享，凡民亦皆不享，缘汝在上，既不能判别其真伪，下面便如此。上下既如此，唯事定是有爽有侮。

11.《尚书详解》卷三十三《周书·洛诰》

（宋）陈经撰

公曰，已！汝唯冲子，唯终。汝其敬识百辟享，亦识其有不享；享多仪，仪不及物，唯曰不享。唯不役志于享，凡民唯曰不享，唯事其爽侮。

已者，前之言已终，更端而言之也。汝唯冲子，年虽幼，当有以终前人之事，盖任大责重，成王不敢轻易也。汝当于分别天下之邪正。人主能分别天下之邪正，则臣下不敢欺君；不能分别邪正，则臣下与民，皆将为罔上之行矣。享，奉也，诸侯百辟当来朝之时，汝于此，须有以敬识之。唯敬，则能分别真伪，识其有奉上之诚者，又当识其有不奉上之诚者。能识别其邪正，则赏罚予夺之权在我，而臣下不敢肆欺矣。于是又教之以分别邪正之理。凡享上，以多仪为尚仪礼也。《孟子》曰"恭敬者，币之未将者也，恭敬而无实，君子不可虚拘"，须是于币帛未将之时，有此恭敬见于币帛者，非币也，敬也。诸侯之来朝也，奉圭兼币庭实旅百，凡所以为赞见奉上之礼物在是，而礼仪亦在是，则礼与物称，此以诚奉上也。物在是，礼仪不在，是则谓之"仪不及物"，此不以诚奉上也。不以诚而奉上者，谓之不享。以其不役志于享，言不用心于奉上也。诸侯既不用心奉上，则为民者，亦皆化之而不知奉上矣。是以唯事其爽侮，人主之事有所失，而臣下皆得以侮慢之。然则，当如之何，亦在成王敬识之而已。

12.《融堂书解》卷十四《周书·洛诰》

（宋）钱时撰

公曰，已！汝唯冲子，唯终。汝其敬识百辟享，亦识其有不享；享多仪，仪不及物，唯曰不享。唯不役志于享，凡民唯曰不享，唯事其爽侮。乃唯孺子，颁朕不暇听，朕教汝于棐民彝。汝乃是不蘉，乃时唯不永哉。笃叙乃正父，罔不若予，不敢废乃命。汝往，敬哉，兹予其明农哉，彼裕我民，无远用戾。

周公上节，既教成王以报功任官之详矣，于是又教之以怀服诸侯之道。皆往新邑之先务也。此节先儒往往作两截看。谓止"唯事其爽侮"，是论百辟之享、不享。止"无远用戾"是论教养民，殊未安。此节乃是专言怀诸侯。须看得"唯终"与"唯不永"相应。"唯事其爽侮"与"无远用戾"相应，方见得首尾而其本领却主在"棐民彝"上也，若分作两截，则是徒论百辟之享不享，至爽侮以后，竟无所归宿。虽识之何益哉？所贵于识者，正是欲知所用力之地耳。颁言宠锡也。蘉，勉也。诸侯叛服之机，唯享、不享见之，是最要能识。唯敬，则明。明，则情伪无所不照。汝孺子，乃唯切切宠锡于我，而不暇听我所以教汝者，棐辅民彝，乃是汝不知自勉。此岂长治久安之道也哉。汝但就民上留心，不可倚靠乎我。往彼新邑，能裕我民，则诸侯无远而不顺矣。何谓裕，棐彝是也。周公此两节，皆是欲复辟告归，拳拳以此属付成王，令其自理会之意。曰"如予"，曰"若予"，大抵使之遵守其旧也。

13.《尚书要义》

（宋）魏了翁撰

（归善斋按，原缺）

14.《书集传或问》卷下《洛诰》

（宋）陈大猷撰

（归善斋按，未解）

15.《尚书详解》卷九《周书·洛诰第十五》

（宋）胡士行撰

公曰，已！汝唯冲子（虽小），唯终（王业所赖以善终），汝其敬识百辟（诸侯）享（心奉），亦识其有不享（心不诚）；享多仪（威仪之敬），仪不及物（心不敬，则升降俯仰之间，必有不与物相及者），唯（是）曰（谓）不享。唯不役（用）志（诚敬）于享，凡民（国人皆化之）唯曰不享（无尊上之心），唯事（国政）其爽（差）侮（僭）。

此告王以统御诸侯之道也。仪，诚敬之寓也。唯敬，能识之。

16.《书纂言》卷四上《周书·洛诰》

（元）吴澄撰

公曰，已！汝唯冲子，唯终。

此周公于王归宗周之时，进教戒之辞也。汝年尚幼冲初政，今如此矣，唯当其终，欲王有初有终也。

17.《书集传纂疏》卷五《朱子订定蔡氏集传·周书·洛诰》

（元）陈栎撰

公曰，已！汝唯冲子，唯终。

周之王业，文、武始之，成王当终之也。此上详于"记功""教工"内治之事；此下则统御诸侯、教养万民之道也。

纂疏：

当唯其终，犹伊尹言"慎厥终"。

18.《读书丛说》卷六《洛诰》

（元）许谦撰

（归善斋按，未解）

19.《书传辑录纂注》卷五《周书·洛诰》

（元）董鼎撰

公曰，已！汝唯冲子，唯终。

周之王业，文、武始之，成王当终之也。此上详于"记功""教工"内治之事；此下则统御诸侯、教养万民之道也。

辑录：

周公言，已矣乎！汝成王唯冲子，当唯其终，犹伊尹言"慎厥终"也。《书说》。

20.《尚书句解》卷九《周书·洛诰第十五》

（元）朱祖义撰

公曰（又告王而言），已！汝唯冲子，唯终（已矣乎！汝成王乃童子，今日初即政，思有以善其终者）。

21.《尚书日记》卷十二《周书·洛诰》

（明）王樵撰

公曰,已！汝冲子,唯终。

此上详于"记功""教工"内治之事。此下言统御诸侯,教养万民之道也。

22.《日讲书经解义》卷八《周书·洛诰》

（清）库勒纳等撰

公曰,已！汝唯冲子,唯终。汝其敬识百辟享,亦识其有不享;享多仪,仪不及物,唯曰不享。唯不役志于享,凡民唯曰不享,唯事其爽侮。

此二节书,是周公告成王以图终前业,统驭诸侯。而驭侯,即图终之事也。百辟,诸侯也。享,朝享也。仪,礼也。物,币也。役,用也。周公曰,治洛之事,臣既详言之矣,然臣言有欲已而不能已者。盖以我周基业,文王开创于前,武王缵绪于后。今王以幼冲,嗣此大业,当念创造艰难,务励精图治,以终文、武之业,庶几万年长治,而百辟宗周,万民式化矣。试以驭侯言之,王者,统御诸侯,当先识其向背。不先识其向背,则以伪为诚,以佞为忠,赏罚是非,必至颠倒,而操柄失矣。然所以识其向背,非用智而任术也,亦唯敬而已。敬,则此心常存,无憎爱之私,自然万理洞彻,而诸侯之诚于享者识之,诸侯之不诚于享者亦识之矣。夫享上,重在礼仪之实意,不重在币帛之虚文。若礼仪不足不及,币帛之有余,虽循例而举朝享之文,直谓之不享而已,此唯其不用志于享故也。夫诸侯者,国人所视效也。诸侯不用志于享上,则其国人亦皆从而效之,有轻上之心,而曰上可以币交,不必以诚享矣,人心既弛,王法益坏,政事皆差爽僭侮,而叛乱将自。此始王可不以敬存心而察之,于早治之于微乎。

《读书管见》卷下《洛诰》

（元）王充耘撰

汝唯冲子,唯终。

"汝唯冲子唯终",唯者,"思唯"之"唯",言汝年甚幼,后日方长,未可轻,有所为,当思其终,毋使有今罔后也。传云"终文武之业"者,非是。

《五诰解》卷四《洛诰》

(宋)杨简撰

公曰,已!汝唯冲子,唯终。汝其敬识百辟享,亦识其有不享;享多仪,仪不及物,唯曰不享。唯不役志于享,凡民唯曰不享,唯事其爽侮。

周公知成王未明晓,知其必为百辟诸侯所惑。群臣,多周公所择;而诸侯,皆仍其旧。虽文王、武王德化丕变,而灭国五十,知不可训诲者亦多。罪不至于灭者,亦未皆诚心于善,故有享上多仪,而诚不及物者。《易》曰"言有物",谓诚实也。仪不及于诚,谓之实不享上可也。以其不用心志于享,心不享上,仪虽享上,凡民皆曰不享。此等不诚之人,明明是相侮,是谓"爽侮"。周公善形容小人情状,谓此等人,唯专事爽侮,今俗谓之,对面相侮弄。盖邪正之分,率于诚不诚见之,凡民皆知,岂王者而不知。

汝其敬识百辟享,亦识其有不享;享多仪,仪不及物,唯曰不享

1. 《尚书注疏》卷十四《周书》

(汉)孔氏传,(唐)陆德明音义,(唐)孔颖达疏

汝其敬识百辟享,亦识其有不享;享多仪,仪不及物,唯曰不享。

传,奉上谓之享,言汝为王,其当敬识百君诸侯之奉上者,亦识其有违上者。奉上之道多威仪,威仪不及礼物,唯曰不奉上。

疏,正义曰,天子居百官诸侯之上,须知臣下恭之与慢。奉上,谓之享。汝为天子,其当恭敬记识百君诸侯奉上者,亦当记识其有不奉上者。奉上之道多威仪,威仪不及礼物,则人唯曰不奉上之道矣。

传，正义曰，"享"训"献"也。"献"是"奉上"之辞。故奉上谓之享。百官诸侯上事天子，凡所恭承，皆是奉上，非独朝觐贡献乃为奉上。郑玄专以朝聘说之，理未尽也。言汝为王，当敬识百官诸侯之奉上者，亦识其有违上者。察其恭承王命如法以否，奉上、违上皆须记之。奉上者当以礼接之；违上者当以刑威之。所谓赏庆，刑威为君之道。奉上之道，其事非一，故云多威仪。威仪既多，皆须合礼。其威仪不及礼物，唯曰不奉上矣，谓旁人观之，亦言其不奉上也。郑云朝聘之礼至大，其礼之仪不及物，谓所贡篚多，而威仪简也，威仪既简，亦是不享也。

2. 《书传》卷十三《周书·洛诰第十五》

（宋）苏轼撰

（归善斋按，见"公曰，已！汝唯冲子，唯终"）

3. 《尚书全解》卷三十一《周书·洛诰》

（宋）林之奇撰

（归善斋按，见"周公曰，王，肇称殷礼，祀于新邑，咸秩无文"）

4. 《尚书讲义》卷十五

（宋）史浩撰

（归善斋按，见"公曰，已！汝唯冲子，唯终"）

5. 《尚书详解》卷二十《周书·洛诰》

（宋）夏僎撰

（归善斋按，见"公曰，已！汝唯冲子，唯终"）

6. 《增修东莱书说》卷二十三《周书·洛诰第十五》

（宋）吕祖谦撰，（宋）石𬘓增修

（归善斋按，见"公曰，已！汝唯冲子，唯终"）

7.《尚书说》卷五《周书·洛诰》

(宋)黄度撰

(归善斋按,见"公曰,已!汝唯冲子,唯终")

8.《絜斋家塾书钞》卷十一《周书·洛诰》

(宋)袁燮撰

(归善斋按,见"公曰,已!汝唯冲子,唯终")

9.《书经集传》卷五《周书·洛诰》

(宋)蔡沈撰

汝其敬识百辟享,亦识其有不享;享多仪,仪不及物,唯曰不享。唯不役志于享,凡民唯曰不享,唯事其爽侮。

此御诸侯之道也。百辟,诸侯也。享,朝享也。仪,礼;物,币也。诸侯享上,有诚有伪。唯人君克敬者能识之。识其诚于享者,亦识其不诚于享者。享不在币,而在于礼。币有余,而礼不足,亦所谓不享也。诸侯唯不用志于享,则国人化之,亦皆谓上不必享矣。举国无享上之诚,则政事安得不至于差爽、僭侮,隳王度而为叛乱哉。人君可不以敬,存心辨之于早,察之于微乎。

10.《尚书精义》卷三十八《周书·洛诰》

(宋)黄伦撰

(归善斋按,见"公曰,已!汝唯冲子,唯终")

11.《尚书详解》卷三十三《周书·洛诰》

(宋)陈经撰

(归善斋按,见"公曰,已!汝唯冲子,唯终")

12.《融堂书解》卷十四《周书·洛诰》

(宋)钱时撰

(归善斋按,见"公曰,已!汝唯冲子,唯终")

13. 《尚书要义》

（宋）魏了翁撰

（归善斋按，原缺）

14. 《书集传或问》卷下《洛诰》

（宋）陈大猷撰

（归善斋按，未解）

15. 《尚书详解》卷九《周书·洛诰第十五》

（宋）胡士行撰

（归善斋按，见"公曰，已！汝唯冲子，唯终"）

16. 《书纂言》卷四上《周书·洛诰》

（元）吴澄撰

汝其敬识百辟享，亦识其有不享；享多仪，仪不及物，唯曰不享。唯不役志于享，凡民唯曰不享，唯事其爽侮。

成王有"四方世享"之语，周公因言当识享上者之诚伪。多，犹重也。仪，礼；物，币也。享之所重者，重其礼也。礼不足，而物有余，虽享犹不享也，谓其不用志于享故尔。凡民见其如此，亦曰虽享犹不享也。诸侯无享上之诚，则其于事上之事，必有差爽侮慢者矣。其可不辨之于早，察之于微也。

17. 《书集传纂疏》卷五《朱子订定蔡氏集传·周书·洛诰》

（元）陈栎撰

汝其敬识百辟享，亦识其有不享；享多仪，仪不及物，唯曰不享。唯不役志于享，凡民唯曰不享，唯事其爽侮。

此御诸侯之道也，百辟，诸侯也。享，朝享也。仪，礼；物，币也。诸侯享上，有诚有伪，唯人君克敬者能识之。识其诚于享者，亦识其不诚于享者，享不在币而在于礼。币有余而礼不足，亦所谓不享也。诸侯唯不用志于享，则国人化之，亦皆谓上不必享矣。举国无享上之诚，则政事安得不至于差爽僭侮，隳王度而为叛乱哉。人君可不以敬存心，辨之于早，而察之于微乎。

纂疏：

币有余而礼不足者，往往有轻上之心，以为可以币交，曰，吾币足矣，何以礼为，如是者犹不享也。

苏氏曰，小人贿以悦人，必简于礼。公戒王责诸侯以礼不以币，恐其役志乎物，而不役志乎礼，则诸侯慢而王室轻矣。《春秋传》曰，晋赵文子为政，薄诸侯之币而重其礼。鲁穆叔曰自今以往，兵其少弭矣。列国之卿轻币重礼，犹足以服人心，况天子乎。唐衰，君臣皆可以贿取，方镇皆贡，羡余行苞苴，而天子失政，以至于亡。周公之戒至矣。

愚谓，此因将往新邑，受诸侯朝享而言，亦因召公取诸侯之币，以旅王而言也。

18.《读书丛说》卷六《洛诰》

（元）许谦撰

（归善斋按，未解）

19.《书传辑录纂注》卷五《周书·洛诰》

（元）董鼎撰

汝其敬识百辟享，亦识其有不享；享多仪，仪不及物，唯曰不享。唯不役志于享，凡民唯曰不享，唯事其爽侮。

此御诸侯之道也。百辟，诸侯也。享，朝享也。仪，礼；物，币也。诸侯享上，有诚有伪。唯人君克敬者能议之，识其诚于享者，亦识其不诚于享者。享不在币，而在于礼。币有余而礼不足，亦所谓不享也。诸侯唯不用志于享，则国人化之，亦皆谓上不必享矣。举国无享上之诚，则政事安得不至于差爽僭侮，隳王度而为叛乱哉。人君可不以敬存心，辨之于早，察之于微乎？

辑录：

享，朝而以币享王，诚以奉上之辞。币有余而礼不及者，往往有轻上之心，以为可以币交也，曰，吾币足矣，何以礼为。如是者，犹不享也云云。如是则是成王实启此乱，而遗周公以忧勤不暇也。《书说》。详见蔡传，至不暇为一节。

纂注：

苏氏曰，小人贿以悦人，必简于礼。公戒王责诸侯以礼不以币，恐其役志乎物而不役志乎。礼，则诸侯慢而王室轻矣。此治乱之本，故公特言之。《春秋传》曰，晋赵文子为政，薄诸侯之币而重其礼。晋穆叔曰，自今以往，兵其少弭矣。夫以列国之卿轻币重礼，犹足以弭兵。王而贿，其致寇也必矣。唐之衰，君相皆可以贿取，方镇争贡，羡余行苞苴，而天子始失其政，以至于亡。周公之戒至矣。

新安胡氏曰，此因将往新邑朝诸侯而言，亦因召公取诸侯之币旅王而言也。

20.《尚书句解》卷九《周书·洛诰第十五》

(元) 朱祖义撰

汝其敬识百辟享（在汝先自致敬，以识认众诸侯之朝享能致其诚者，辟，壁），亦识其有不享（亦识认其有不能诚于享上者）；享多仪（以享上之道在于多礼仪，不区区在于物），仪不及物（使诸侯来朝，礼仪疏略，不及乎币帛之多，则是物有余礼不足），唯曰不享（身虽来朝，与不享同，故虽享而曰不享）。

21.《尚书日记》卷十二《周书·洛诰》

(明) 王樵撰

"汝其敬识百辟享"至"唯事其爽侮"。

王者之统御诸侯，必先识其向背。所以识其向背，非用智而任术也，敬而已。敬，则是心常存无憎爱之私，故能识百辟诚于享上者，亦识其不诚于享上者。享不在币，而在于礼。礼者，恭敬以为本，而节文以将之是也。币有余而礼不足，唯曰不享。如储子得之平陆，而不来见，是无敬贤之实，而谓可以币交也。故《孟子》引《书》而释之曰，为其不成享也。

新邑既成，自此以会诸侯，受其朝享，故语以当识，其有享有不享者，此唯克敬者能之。所谓享者，不在物而在礼。观春秋诸侯事霸主，但供其求，而霸主亦不计其心之诚不诚也。此王霸之分也。周公以为百辟虽来，而心不享，此王之所当察而躬自省者也，不待不朝而后见也。凡民唯曰不享，唯事其爽侮以周中世诸侯，唐中世藩镇证之，无一不验也。曰不役志于享，则外犹享也。而慢上之心已效于下，僭侮之端已形于外，此知几者所早见也。

22.《日讲书经解义》卷八《周书·洛诰》

（清）库勒纳等撰

（归善斋按，见"公曰，已！汝唯冲子，唯终"）

《五诰解》卷四《洛诰》

（宋）杨简撰

（归善斋按，见"公曰，已！汝唯冲子，唯终"）

《书经衷论》卷三《周书·洛诰》

（清）张英撰

周治畿内，其事简，当日之务，莫大于御诸侯。故周公特举之曰"汝其敬识百辟享"，盖三代之盛衰，全系于诸侯之叛服。享王之典，关于治道者最巨，唯敬以识之，而不在责其多仪。斯四海之广，联于指臂，王室有盘石之固矣。

唯不役志于享，凡民唯曰不享，唯事其爽侮

1.《尚书注疏》卷十四《周书》

（汉）孔氏传，（唐）陆德明音义，（唐）孔颖达疏

唯不役志于享，凡民唯曰不享，唯事其爽侮。

传，言人君唯不役志于奉上，则凡人化之，唯曰不奉上矣。如此则唯

政事，其差错侮慢，不可治理。

疏，正义曰，所以须记之者，百官诸侯为下民之君，唯为政教不肯役用其志于此奉上之事，则凡民化之，亦唯曰不奉上矣。百官不奉天子，民复不奉百官，上下不相畏敬，唯政事其皆差错侮慢，不可治理矣。故天子须知百官奉上与否也。

2.《书传》卷十三《周书·洛诰第十五》

（宋）苏轼撰
（归善斋按，见"公曰，已！汝唯冲子，唯终"）

3.《尚书全解》卷三十一《周书·洛诰》

（宋）林之奇撰
（归善斋按，见"周公曰，王，肇称殷礼，祀于新邑，咸秩无文"）

4.《尚书讲义》卷十五

（宋）史浩撰
（归善斋按，见"公曰，已！汝唯冲子，唯终"）

5.《尚书详解》卷二十《周书·洛诰》

（宋）夏僎撰
（归善斋按，见"公曰，已！汝唯冲子，唯终"）

6.《增修东莱书说》卷二十三《周书·洛诰第十五》

（宋）吕祖谦撰，（宋）石澜增修
（归善斋按，见"公曰，已！汝唯冲子，唯终"）

7.《尚书说》卷五《周书·洛诰》

（宋）黄度撰
（归善斋按，见"公曰，已！汝唯冲子，唯终"）

8.《絜斋家塾书钞》卷十一《周书·洛诰》

（宋）袁燮撰
（归善斋按，见"公曰，已！汝唯冲子，唯终"）

9.《书经集传》卷五《周书·洛诰》

（宋）蔡沈撰
（归善斋按，见"汝其敬识百辟享，亦识其有不享；享多仪，仪不及物，唯曰不享"）

10.《尚书精义》卷三十八《周书·洛诰》

（宋）黄伦撰
（归善斋按，见"公曰，已！汝唯冲子，唯终"）

11.《尚书详解》卷三十三《周书·洛诰》

（宋）陈经撰
（归善斋按，见"公曰，已！汝唯冲子，唯终"）

12.《融堂书解》卷十四《周书·洛诰》

（宋）钱时撰
（归善斋按，见"公曰，已！汝唯冲子，唯终"）

13.《尚书要义》

（宋）魏了翁撰
（归善斋按，原缺）

14.《书集传或问》卷下《洛诰》

（宋）陈大猷撰
（归善斋按，未解）

15. 《尚书详解》卷九《周书·洛诰第十五》

（宋）胡士行撰

(归善斋按，见"公曰，已！汝唯冲子，唯终")

16. 《书纂言》卷四上《周书·洛诰》

（元）吴澄撰

(归善斋按，见"汝其敬识百辟享，亦识其有不享；享多仪，仪不及物，唯曰不享")

17. 《书集传纂疏》卷五《朱子订定蔡氏集传·周书·洛诰》

（元）陈栎撰

(归善斋按，见"汝其敬识百辟享，亦识其有不享；享多仪，仪不及物，唯曰不享")

18. 《读书丛说》卷六《洛诰》

（元）许谦撰

(归善斋按，未解)

19. 《书传辑录纂注》卷五《周书·洛诰》

（元）董鼎撰

(归善斋按，见"汝其敬识百辟享，亦识其有不享；享多仪，仪不及物，唯曰不享")

20. 《尚书句解》卷九《周书·洛诰第十五》

（元）朱祖义撰

唯不役志于享（以其不用心于享上），凡民唯曰不享（若然，则非特诸侯不用心与享上，凡为民亦将则而效之，而无奉上之意），唯事其爽侮（天下之事安得不爽乱，而肆其轻侮哉）。

21.《尚书日记》卷十二《周书·洛诰》

(明）王樵撰

(归善斋按，见"汝其敬识百辟享，亦识其有不享；享多仪，仪不及物，唯曰不享"）

22.《日讲书经解义》卷八《周书·洛诰》

(清）库勒纳等撰

(归善斋按，见"公曰，已！汝唯冲子，唯终"）

《五诰解》卷四《洛诰》

(宋）杨简撰

(归善斋按，见"公曰，已！汝唯冲子，唯终"）

《读书管见》卷下《洛诰》

(元）王充耘撰

唯不役志于享。

唯不役志于享，是释上文言"仪不及物"，是不用心于朝享，故曰"不享"，非全不来朝也。

乃唯孺子，颁朕不暇听，朕教汝于棐民彝

1.《尚书注疏》卷十四《周书》

(汉）孔氏传，(唐）陆德明音义，(唐）孔颖达疏

乃唯孺子，颁朕不暇听，朕教汝于棐民彝。

传，我为政，常若不暇，汝唯小子当分取我之不暇而行之，听我教汝于辅民之常而用之。

音义，颁，音班，徐甫云反，马云犹也。棐，音匪，又芳鬼反。

疏，正义曰，又曰己居摄之时，为政常若不暇，汝唯小子当分取我之不暇而施行之，又听我教汝于辅民之常而用之。

传，正义曰，为政常若不暇，谓居摄时也。圣人为政，务在知人。虽复治致太平，犹恨意之不尽，故谦言己所不暇。若言犹有美事，未得施者。然故戒之成王，汝唯小子，当分取我之不暇而行之。言己所不暇行者，欲令成王勉行之。郑玄云，成王之才，周公倍之犹未，而言分者，诱掖之言也。生民之为业，虽复志有经营，不能独自成，就须王者设教以辅助之。听我教汝辅民之常法而用之。谓用善政以安民。《说文》云，颁，分也。

2.《书传》卷十三《周书·洛诰第十五》

（宋）苏轼撰

乃唯孺子颁朕。

徒以高爵厚禄赐我而已。

不暇听朕教汝于棐民彝。

曾不暇听我教汝辅民之常道也。

3.《尚书全解》卷三十一《周书·洛诰》

（宋）林之奇撰

(归善斋按，见"周公曰，王，肇称殷礼，祀于新邑，咸秩无文")

4.《尚书讲义》卷十五

（宋）史浩撰

(归善斋按，见"公曰，已！汝唯冲子，唯终")

5.《尚书详解》卷二十《周书·洛诰》

（宋）夏僎撰

(归善斋按，见"公曰，已！汝唯冲子，唯终")

6. 《增修东莱书说》卷二十三《周书·洛诰第十五》

（宋）吕祖谦撰，（宋）石澜增修
（归善斋按，见"公曰，已！汝唯冲子，唯终"）

7. 《尚书说》卷五《周书·洛诰》

（宋）黄度撰

乃唯孺子，颁朕不暇听，朕教汝于棐民彝。汝乃是不蘉，乃时唯不永哉。

古字"颁""班"通。逋还反。颁，赐也。班，列也。《书》"班宗彝"，字作"班"，则其义亦通。《孟子》，"若是班乎"。"颁朕不暇"，言成王冲子欲登于我列，则有不暇。成王之学，未能至是也。颜子曰，瞻之在前，忽焉在后。既竭吾才，欲罢不能，岂非"颁朕不暇"者乎。或曰，《诗·鱼藻》有"颁其首"。颁，符云反，大首貌，或作盼。颁，有文义，则周公之德光明盛大矣。周公言，成王颁服不暇，必当听我教汝于辅民彝。父子主恩，君臣主敬，皆民彝也。百辟之或不享，其教之有未至欤。《沔水》曰"念彼不迹，载起载行，我友敬矣，谗言其兴"。《孟子》三自反，卒曰是必妄人，是于禽兽，奚择言不复以人待之。君子犹以为非，忠厚之至。蘉，勉。汝于是不能勉，则为不图其长。

8. 《絜斋家塾书钞》卷十一《周书·洛诰》

（宋）袁燮撰

乃唯孺子，颁朕不暇听，朕教汝于棐民彝。汝乃是不蘉，乃时唯不永哉。笃叙乃正父，罔不若予，不敢废乃命。

古人治天下，直是不暇，朝夕汲汲，岂复有顷刻之暇。周公以为汝当分我之所不暇，言当与我共其忧勤也。此亦是复辟之意。我之所教诲汝者，皆辅民常性之道，汝当敬听之。汝若不勉，却恐其功不永。正父，武王也。武王之德，汝当存勤笃之心，以次序而行之，罔不若予之言，则我亦不敢废乃命矣。此书自"周公曰，王，肇称殷礼"以下，皆是周公归于宗周，面告成王之辞。盖周公在成周，使人告卜。既来复命之后，周公归于宗周，于是以此告之成王。书序略不及，此盖变体也。《召诰》之序不言成王归洛，亦是变体，唯此二书之序，与他不同。

9.《书经集传》卷五《周书·洛诰》

（宋）蔡沈撰

乃唯孺子，颁朕不暇听，朕教汝于棐民彝。汝乃是不蘉，乃时唯不永哉。笃叙乃正父，罔不若予，不敢废乃命。汝往，敬哉，兹予其明农哉，彼裕我民，无远用戾。

蘉，莫郎反。此教养万民之道也。"颁朕不暇"未详，或曰，成王当颁布我汲汲不暇者，听我教汝所以辅民常性之道。汝于是而不勉焉，则民彝泯乱，而非所以长久之道矣。正父，武王也，犹今称先正云者。笃者，笃厚而不忘叙者，先后之不紊，言笃叙武王之道，无不如我，则人不敢废汝之命矣。吕氏曰，武王没，周公如武王，故天下不废周公之命；周公去，成王如周公，则天下不废成王之命。戾，至也。王往洛邑，其敬之哉。我其退休田野，唯明农事。盖公有归老之志矣。彼谓洛邑也。王于洛邑，和裕其民，则民将无远而至焉。

10.《尚书精义》卷三十八《周书·洛诰》

（宋）黄伦撰

乃唯孺子，颁朕不暇听，朕教汝于棐民彝。汝乃是不蘉，乃时唯不永哉。笃叙乃正父，罔不若予，不敢废乃命。

无垢曰，无偏无党，王道荡荡；无党无偏，王道平平，是大公之道，天下之常道也。一有偏党，则私心著见。私心著见，则人以利口义，而尽废先王之礼仪矣。此大乱之道也。周公所忧在此，故力去成王朋党之心，且以"仪不及物"为戒，而指之曰，听我教汝辅民之常道。夫人主有朋党之心，而溺于好利，则天下皆有朋党之心而好利矣。坏民常道，乱孰甚焉。人主有至公之心，而循于礼，则天下皆有至公之心，而循于礼矣。辅民常道者，意盖如此。《大学》曰"一家仁，一国兴仁；一家让，一国兴让；一人贪戾，一国作乱"，其机如此，此谓，一言偾事，一人定国，其知言哉。

又曰，成王能笃敬留意于武王，按其遗迹，次第而行之，又能顺周公之戒，则天下仰见成王之心，其公大如天，尊重钦慕，禁之则止，令之则行。其谁敢废怠其命，而不遵守乎。

林氏曰，正父，武王也。武王之兴，上应乎天，下顺乎人。其所施为注措，无一不出于正而已。父之出于正也，若此为子孙者，其可不笃叙之乎。夫笃之者行之，而不敢弃也；叙之者又安之，而各得其序。唯继志述事，每不忘于笃叙乃父，而一一以顺之，则是以祖考之心为心，而无乱于民之常道也。

11.《尚书详解》卷三十三《周书·洛诰》

(宋) 陈经撰

乃唯孺子，颁朕不暇听，朕教汝于棐民彝。汝乃是不蘉，乃时唯不永哉。笃叙乃正父，罔不若予，不敢废乃命。汝往，敬哉，兹予其明农哉，彼裕我民，无远用戾。

周公欲归，故责望成王，言成王不可以周公已行之事自谓定矣。我当时摄政，更有事不暇行者，言行之未尽也。今汝成王往新邑，必须分取我前日所未暇为之事，一一施行之。颁，分也。我教汝以辅民之常理，汝当听而行之。民有常性，不能自立，在人君所以辅翼之。周公之告成王者，无非辅民之常理也。"汝乃是不蘉，乃时唯不永哉"，蘉，勉也。汝若于此，而不勉强，则不能为长久计矣。正父，武王也。武王所为，无一不出于正。如曰"启佑后人咸以正无缺"是也。汝正父武王之所为，当笃厚，汝序而行之，无不如我，则天下皆不敢废汝命矣。周公之所已行者，即武王之所行。能笃叙正父，则必能如我所为矣。"汝往，敬哉，兹予其明农哉"，周公乃成王之叔父，故以一家之事诲之，必曰"罔不若予"，又曰"如予"，又曰"兹予其明农"。"汝往新邑当敬其事所敬"者，何为哉，如我明农之事是也。周家农事开国，周公教民以农事，明以示人，如《七月》之诗可见，如《酒诰》"唯土物爱"可见。汝所敬者，当如我明农之事也。"彼裕我民，无远用戾"，彼，指民而言也。裕民之政见于彼，使天下皆得以安生乐业，仰事俯育，则民皆归，必无有远而不至矣。戾，至也。

12.《融堂书解》卷十四《周书·洛诰》

（宋）钱时撰
（归善斋按，见"公曰，已！汝唯冲子，唯终"）

13.《尚书要义》

（宋）魏了翁撰
（归善斋按，原缺）

14.《书集传或问》卷下《洛诰》

（宋）陈大猷撰
（归善斋按，未解）

15.《尚书详解》卷九《周书·洛诰第十五》

（宋）胡士行撰

乃唯孺子，颁（行）朕（公）不暇（前所未暇为者）听，朕教汝于棐（助）民彝（常性）。汝乃是不蘉（勉），乃时（是）唯不永哉。笃（厚）叙（次）乃（汝）正父（武王所行皆正）罔不若（如）予，（公）不敢废乃命（王如公行武王之道则民不敢废王命）。

此告王以教养兆民之道也。

16.《书纂言》卷四上《周书·洛诰》

（元）吴澄撰

乃唯孺子，颁朕不暇听，朕教汝于棐民彝。汝乃是不蘉，乃时唯不永哉。

颁，谓颁赐也。棐民彝，非人之常道，所不当为之事也。蘉，勉也，言王若但能颁赐我，而不暇听我教汝不为所不当为之事，则是汝不自勉，而天命将不永矣。

17.《书集传纂疏》卷五《朱子订定蔡氏集传·周书·洛诰》

（元）陈栎撰

乃唯孺子，颁朕不暇听，朕教汝于棐民彝。汝乃是不蘉，乃时唯不永哉。笃叙乃正父，罔不若予，不敢废乃命。汝往，敬哉，兹予其明农哉，彼裕我民，无远用戾。

此教养万民之道也。"颁朕不暇"未详，或曰成王当颁布我汲汲不暇者，听我教汝所以辅民常性之道，汝于是而不勉焉，则民彝泯乱，而非所以长久之道矣。正父，武王也，犹今称先正云者。笃者，笃厚而不忘叙者，先后之不紊，言笃叙武王之道，无不如我，则人不敢废汝之命矣。吕氏曰，武王没，周公如武王，故天下不废周公之命。周公去，成王如周公，则天下不废成王之命。戾，至也。王往洛邑，其敬之哉，我其退休田野，唯明农事。盖公有归老之志矣。彼，谓洛邑也。王于洛邑，和裕其民，则民将无远而至焉。

纂疏：

陈氏经曰，汝当颁我前日未暇为之事，一一行之。

或曰，武王拨乱反正，故称正父。

愚按，此一节，除"汝往敬哉"，"兹予其明农哉"二句外，余当缺之。味此二句，可见公时在镐，欲王往新邑而已，将退老也。此章之下，当必有公从王至新邑，举祀发命之事，而今缺矣。

18.《读书丛说》卷六《洛诰》

（元）许谦撰

（归善斋按，未解）

19.《书传辑录纂注》卷五《周书·洛诰》

（元）董鼎撰

乃唯孺子，颁朕不暇听，朕教汝于棐民彝。汝乃是不蘉，乃时唯不永哉。笃叙乃正父，罔不若予，不敢废乃命。汝往，敬哉，兹予其明农哉，彼裕我民，无远用戾。

此教养万民之道也。"颁朕不暇"未详。或曰，成王当颁布我汲汲不暇者，听我教汝所以辅民常性之道。汝于是而不勉焉，则民彝泯乱而非所以长久之道矣。正父，武王也，犹今称先正云者。笃者，笃厚而不忘叙者，先后之不紊，言笃叙武王之道，无不如我，则人不敢废汝之命矣。吕氏曰，武王没，周公如武王，故天下不废周公之命。周公去，成王如周公，则天下不废成王之命。戾，至也。王往洛邑，其敬之哉。我其退休田野，唯明农事。盖公有归老之志矣。彼，谓洛邑也。王于洛邑，和裕其民，则民将无远不至焉。

辑录：

周公戒成王，使听我教汝以辅民常性之道。若汝不勉，则不能永保天命也。然则，所以辅民常性者，唯在乎勉而已。一说，"乃唯孺子，颁朕不暇"，连此段言，成王不听我言，是分我以不暇也。笃叙汝武王之所行，无不如予之所以厚叙者，我不废汝自教工之命。汝往归宗周，汝其敬叙武王之事，而我留于此，修后稷先公之业，明农事以教民，亦王业艰难之意也。我民裕矣，则彼殷民以教民为裕，亦无有远而不至者。《书说》。

"听朕"至"永哉"为一节；"笃叙"至"用戾"为一节。

纂注：

息斋余氏曰，《说命》"先正"训为先世长官之臣。此指武王，而引"先正"为比何也。

或曰，武王拨乱反正，故称为正父。

新安陈氏曰，此一节，除"汝往，敬哉""兹予其明农哉"二句外，皆不可晓，皆当缺之。味此二句，可见公时在镐，欲王往新邑而已，将退老也。此章之下，当必有公从王至新邑举祀发命之事，而今缺矣。

20.《尚书句解》卷九《周书·洛诰第十五》

（元）朱祖义撰

乃唯孺子，颁朕（彼诸侯享上，尚不可区区于物而不尽其诚，况成王以孺子为君，待周公之臣，徒有高爵厚禄颁赐于我）不暇听，朕教汝于棐民彝（略不暇听我所教汝棐辅斯民常性之道）。

21.《尚书日记》卷十二《周书·洛诰》

(明) 王樵撰

"乃唯孺子颁朕不暇"至"无远用戾"。

孔氏曰当分取我之不暇而行之，按说文颁分也，周公尝不暇于先今成王亲政而继行之，是分其所不暇也。所不暇者，何即下文所谓棐民彝是也。棐民彝兼教养而言，即井田学校诸事天下唯此二事，为大以圣人为之。常若不及也，观六典所载事为之制曲、为之防除君身外无非为斯民恒产恒心之计，则周公之汲汲不暇亦可想矣。颁朕不暇听朕教汝于棐民彝，此二句义互相足有事有言事，则有施行次第欲王继之言则平日所陈于王欲王行之。昔乃正父作君师于天下，唯于是道是崇所谓重民五教唯食丧祭是也。我唯笃之不忘叙之不紊，故天下不废我命今王笃叙乃正父罔不若，予则天下亦不废乃命矣。裕之一字圣人教养之道，因利而利不强。而民劝因性而导不迫而民从衣食足礼义兴，皆所以裕之也（颁字依说文之训为是，若作为已颁布所不暇则非告君之体，且字亦欠雅）。

22.《日讲书经解义》卷八《周书·洛诰》

(清) 库勒纳等撰

乃唯孺子，颁朕不暇听，朕教汝于棐民彝。汝乃是不蘉，乃时唯不永哉。笃叙乃正父，罔不若予，不敢废乃命。汝往，敬哉，兹予其明农哉，彼裕我民，无远用戾。

此一节书，是周公告成王，以教养万民之道，亦图终之事也。棐，辅也。蘉，勉也。笃者，笃厚而不忘叙者，先后之不紊。正父，指武王，以其有匡正天下之功，故称正父。戾，至也。周公曰，勤政化民，乃人君之急务。汝孺子，当勉力不怠，颁布我之所汲汲不暇者，听我教汝所以辅民常性之道。庶乎，民皆服从而兴起于教化矣。汝若于此，不能勉励，则民彝泯乱，而享国岂能永哉。盖今之汲汲以棐民彝者，予也。昔之汲汲以棐民彝者，正父也。予固尝率循正父，以服斯民矣。汝必笃厚叙次汝正父之道，无不如我为政之时，则人不敢废汝之命矣。夫不蘉，则时不永笃叙，则不废命。民心逆顺，系于王之勉、不勉。如此王往洛邑，其敬之哉，予自兹以后，其将退休田野，以讲明农事而已。汝若于彼洛邑，果能尽心教养宽裕其民，则四方之人，皆爱戴归往，无远而不至矣。按，上言统驭诸侯，唯一敬；此言教养万民，亦唯一敬。敬以驭侯，可以坚屏藩翼戴之心；敬以抚民，可以萃亿兆尊亲之志。敬者，帝王之心法，即帝王之治法也。而其功，则在于能勉。周公之言有旨哉。

《尚书疑义》卷五《洛诰》

（明）马明衡撰

颁朕不暇，当如陈氏经云汝当颁我前日未暇，为之事一一行之。彼裕我民无远，用戾分明是教成王治洛之事。

《五诰解》卷四《洛诰》

（宋）杨简撰

乃唯孺子，颁朕不暇听，朕教汝于棐民彝。汝乃是不蘉，乃时唯不永哉。笃叙乃正父，罔不若予，不敢废乃命。汝往，敬哉，兹予其明农哉，彼裕我民，无远用戾。

孺子唯颁赐朕，不暇听朕教汝辅民彝性之道，汝乃若是不明，是不永哉，言天命必不永也。辅民彝之道，公与成王讲之熟矣。君天下者，厥职辅民彝性而已，无他事也。归政以来，必申明素教，而成王复有未明，故又言民有常性本善，唯上之人左右之，使善者知所劝，恶者知所惩而已。今成王所记功，乃自教之官，虽非奸恶，然非周公所齐百工。周公所用者，成王所不记，则善者亦无所劝，奸恶有可进之萌，则民之常性将乱矣。王者，当辅之，今反乱之。正父，正人之老成者，故司马曰圻父，司徒曰农父，司空曰宏父，亦明老成。周公所用，多老成。汝宜笃意叙用之。凡正父，无不顺予也。若，顺也，言与周公同道，正父亦不敢废汝命，乃汝也，君命臣行，义也。正父必遵义。恐成王有疑，畏正父或不从命，故周公云，汝往新邑，敬哉，兹予其辨明笃切哉。农，厚也，笃厚也，即《洪范》农用八政之农。彼正父能宽裕我民，汝无远之而与之乖戾。

汝乃是不蘉，乃时唯不永哉

1.《尚书注疏》卷十四《周书》

（汉）孔氏传，（唐）陆德明音义，（唐）孔颖达疏

汝乃是不蘉，乃时唯不永哉。

传，汝乃是不勉为政，汝是唯不可长哉。欲其必勉为可长。

音义，蘉，徐莫刚反，又武刚反，马云勉也。

疏，正义曰，汝乃于是事不勉力为政，则汝是唯不可长久哉。必须勉力为之乃可长久。

传，正义曰，成王言公其以予万亿年，言欲已长久也。故周公于此戒之。汝乃于是不勉力为政，汝唯不可长哉，欲其必勉力勤行政教，为可长久之道，然后可至万亿年耳。"蘉"之为"勉"相传训也。郑、王皆以为勉。

2.《书传》卷十三《周书·洛诰第十五》

（宋）苏轼撰

汝乃是不蘉，乃时唯不永哉。

蘉，勉也。成王曰"公其以予亿万年"，公答以永年之道，如此则不永也。

3.《尚书全解》卷三十一《周书·洛诰》

（宋）林之奇撰

（归善斋按，见"周公曰，王，肇称殷礼，祀于新邑，咸秩无文"）

4.《尚书讲义》卷十五

（宋）史浩撰

（归善斋按，见"公曰，已！汝唯冲子，唯终"）

5. 《尚书详解》卷二十《周书·洛诰》

（宋）夏僎撰

（归善斋按，见"公曰，已！汝唯冲子，唯终"）

6. 《增修东莱书说》卷二十三《周书·洛诰第十五》

（宋）吕祖谦撰，（宋）石澜增修

（归善斋按，见"公曰，已！汝唯冲子，唯终"）

7. 《尚书说》卷五《周书·洛诰》

（宋）黄度撰

（归善斋按，见"乃唯孺子，颁朕不暇听，朕教汝于棐民彝"）

8. 《絜斋家塾书钞》卷十一《周书·洛诰》

（宋）袁燮撰

（归善斋按，见"乃唯孺子，颁朕不暇听，朕教汝于棐民彝"）

9. 《书经集传》卷五《周书·洛诰》

（宋）蔡沈撰

（归善斋按，见"乃唯孺子，颁朕不暇听，朕教汝于棐民彝"）

10. 《尚书精义》卷三十八《周书·洛诰》

（宋）黄伦撰

（归善斋按，见"乃唯孺子，颁朕不暇听，朕教汝于棐民彝"）

11. 《尚书详解》卷三十三《周书·洛诰》

（宋）陈经撰

（归善斋按，见"乃唯孺子，颁朕不暇听，朕教汝于棐民彝"）

12. 《融堂书解》卷十四《周书·洛诰》

（宋）钱时撰

（归善斋按，见"公曰，已！汝唯冲子，唯终"）

13.《尚书要义》

（宋）魏了翁撰

（归善斋按，原缺）

14.《书集传或问》卷下《洛诰》

（宋）陈大猷撰

（归善斋按，未解）

15.《尚书详解》卷九《周书·洛诰第十五》

（宋）胡士行撰

（归善斋按，见"乃唯孺子，颁朕不暇听，朕教汝于棐民彝"）

16.《书纂言》卷四上《周书·洛诰》

（元）吴澄撰

（归善斋按，见"乃唯孺子，颁朕不暇听，朕教汝于棐民彝"）

17.《书集传纂疏》卷五《朱子订定蔡氏集传·周书·洛诰》

（元）陈栎撰

（归善斋按，见"乃唯孺子，颁朕不暇听，朕教汝于棐民彝"）

18.《读书丛说》卷六《洛诰》

（元）许谦撰

（归善斋按，未解）

19.《书传辑录纂注》卷五《周书·洛诰》

（元）董鼎撰

（归善斋按，见"乃唯孺子，颁朕不暇听，朕教汝于棐民彝"）

20.《尚书句解》卷九《周书·洛诰第十五》

（元）朱祖义撰

汝乃是不蘉（汝乃是不能自勉而怠于民事。蘉，忙），乃时唯不永哉（何能于是而保长永之业）。

21.《尚书日记》卷十二《周书·洛诰》

（明）王樵撰

（归善斋按，见"乃唯孺子，颁朕不暇听，朕教汝于棐民彝"）

22.《日讲书经解义》卷八《周书·洛诰》

（清）库勒纳等撰

（归善斋按，见"乃唯孺子，颁朕不暇听，朕教汝于棐民彝"）

《五诰解》卷四《洛诰》

（宋）杨简撰

（归善斋按，见"乃唯孺子，颁朕不暇听，朕教汝于棐民彝"）

笃叙乃正父，罔不若予，不敢废乃命

1.《尚书注疏》卷十四《周书》

（汉）孔氏传，（唐）陆德明音义，（唐）孔颖达疏

笃叙乃正父，罔不若予，不敢废乃命。

传，厚次叙汝正父之道而行之，无不顺我所为，则天下不敢弃汝命，常奉之。

疏，正义曰，此所言皆是汝父所行，汝欲勉之，但厚次序汝正父之道而行之，无不顺我所为，则天下不敢废弃汝命，必常奉而行之。

传，正义曰，正父，谓武王，言其德正，故称正父。厚次序汝正父之

道而行之，令其为武王之政也。武王、周公俱是大圣。无不顺我所为，又令法周公之道。既言法武王，又法周公，则天下不敢弃汝命，常奉行之。

2.《书传》卷十三《周书·洛诰第十五》

（宋）苏轼撰

笃叙乃正父，罔不若予，不敢废乃命。

正父，诸正国之老，如圻父、农父、宏父之类。

3.《尚书全解》卷三十一《周书·洛诰》

（宋）林之奇撰

（归善斋按，见"周公曰，王，肇称殷礼，祀于新邑，咸秩无文"）

4.《尚书讲义》卷十五

（宋）史浩撰

笃叙乃正父，罔不若予，不敢废乃命。汝往，敬哉，兹予其明农哉，彼裕我民，无远用戾。王若曰，公！明保予冲子。公称丕显德，以予小子扬文武烈，奉答天命，和恒四方民，居师，惇宗将礼，称秩元祀，咸秩无文。唯公德明光于上下，勤施于四方，旁作穆穆，迓衡不迷，文武勤教。予冲子，夙夜毖祀。

既告以不可不勉听"朕教汝于棐民彝"，今乃冀其笃叙。笃叙者，力行而叙民彝也。"乃正父罔不若"者，汝父无不顺此以致治也。"予不敢废其命"，汝归周，当敬之哉，"兹予其明农哉"。夫其乃祖乃父，所以裕民之道，初不求之远，而使至于背戾，先于农而已。仓廪实，然后知礼节；衣食足然后知荣辱，则农者在所先务也。《臣工》之诗戒助祭之诸侯，终始以农告，盖周之先祖，世修后稷、公刘之业于此，而不忘本，周公所望于成王也。"王若曰，公，明保予冲子"，公，称丕显德者。王以为公明保辅我，称我祖我父，丕显之德，欲我对扬我祖我父之烈，以答天命，以和民之秉彝，而处于众，则民成矣。先成民，而后致力于神，是故厚宗，将礼以有功者置之元祀，而无文者咸秩之，以为从祀，周公岂淫祠者哉，必其"德明"可荐之鬼神故也。光于上下，天地为之感格也。"勤施于四方",万民为之向化也。旁作者,左右我王,使用穆穆敛叙之德,以迓其隆平,故文武之教不迷。凡我所以致祭之道,皆由公指之,则吾何为哉,恭己夙夜,以事百神而已。《易》曰"出可以守宗庙社稷,以为祭主也",其此之谓欤。

5. 《尚书详解》卷二十《周书·洛诰》

(宋)夏僎撰

(归善斋按,见"公曰,已!汝唯冲子,唯终")

6. 《增修东莱书说》卷二十三《周书·洛诰第十五》

(宋)吕祖谦撰,(宋)石澜增修

(归善斋按,见"公曰,已!汝唯冲子,唯终")

7. 《尚书说》卷五《周书·洛诰》

(宋)黄度撰

笃叙乃正父,罔不若予,不敢废乃命。

武王周公为达孝,以其能继志述事也。汝能厚叙乃正父武王,又能无不顺,其无克孝,可以仪刑天下,四方诸侯不敢废乃命,奚敢不享上哉。周公曰"厥若彝,及抚事如予",又曰"颁朕不暇听,朕教汝于棐民彝",又曰"笃叙乃正父,罔不若予"皆家人父子闲语,不独以师道自居也。

8. 《絜斋家塾书钞》卷十一《周书·洛诰》

(宋)袁燮撰

(归善斋按,见"乃唯孺子,颁朕不暇听,朕教汝于棐民彝")

9. 《书经集传》卷五《周书·洛诰》

(宋)蔡沈撰

(归善斋按,见"乃唯孺子,颁朕不暇听,朕教汝于棐民彝")

10. 《尚书精义》卷三十八《周书·洛诰》

（宋）黄伦撰

（归善斋按，见"乃唯孺子，颁朕不暇听，朕教汝于棐民彝"）

11. 《尚书详解》卷三十三《周书·洛诰》

（宋）陈经撰

（归善斋按，见"乃唯孺子，颁朕不暇听，朕教汝于棐民彝"）

12. 《融堂书解》卷十四《周书·洛诰》

（宋）钱时撰

（归善斋按，见"公曰，已！汝唯冲子，唯终"）

13. 《尚书要义》

（宋）魏了翁撰

（归善斋按，原缺）

14. 《书集传或问》卷下《洛诰》

（宋）陈大猷撰

（归善斋按，未解）

15. 《尚书详解》卷九《周书·洛诰第十五》

（宋）胡士行撰

（归善斋按，见"乃唯孺子，颁朕不暇听，朕教汝于棐民彝"）

16. 《书纂言》卷四上《周书·洛诰》

（元）吴澄撰

笃叙乃正父，罔不若予，不敢废乃命。汝往，敬哉，兹予其明农哉，彼裕我民，无远用戾。

正父，武王也。彼，谓宗周。戾，定也。笃叙汝父武王之道，无或有

不如者。汝命我治洛,我不敢废弃汝所命。今留洛矣,汝往归宗周,其敬之哉。我留于此,其务审知耕农之事,以不夺民时。汝在彼宗周,而饶裕我民,则无问遐远之地皆安定矣。盖迩安,则远安,自然而然也。

17.《书集传纂疏》卷五《朱子订定蔡氏集传·周书·洛诰》

(元) 陈栎撰

(归善斋按,见"乃唯孺子,颁朕不暇听,朕教汝于棐民彝")

18.《读书丛说》卷六《洛诰》

(元) 许谦撰

(归善斋按,未解)

19.《书传辑录纂注》卷五《周书·洛诰》

(元) 董鼎撰

(归善斋按,见"乃唯孺子,颁朕不暇听,朕教汝于棐民彝")

20.《尚书句解》卷九《周书·洛诰第十五》

(元) 朱祖义撰

笃叙乃正父(武王云为注措,无不一出于正,故曰正父。王今当笃厚,以次叙汝正父所为而奉行之),罔不若(无所不顺)予,不敢废乃命(则汝有所为,我亦不敢废汝命)。

21.《尚书日记》卷十二《周书·洛诰》

(明) 王樵撰

(归善斋按,见"乃唯孺子,颁朕不暇听,朕教汝于棐民彝")

22.《日讲书经解义》卷八《周书·洛诰》

(清) 库勒纳等撰

(归善斋按,见"乃唯孺子,颁朕不暇听,朕教汝于棐民彝")

《五诰解》卷四《洛诰》

(宋)杨简撰

(归善斋按,见"乃唯孺子,颁朕不暇听,朕教汝于棐民彝")

汝往,敬哉,兹予其明农哉,彼裕我民,无远用戾

1. 《尚书注疏》卷十四《周书》

(汉)孔氏传,(唐)陆德明音义,(唐)孔颖达疏

汝往,敬哉,兹予其明农哉,彼裕我民,无远用戾。

传,汝往居新邑,敬行教化哉。如此我其退老,明教农人以义哉,彼天下被宽裕之政,则我民无远用来,言皆来。

音义,被,皮寄反,又彼美反。

疏,正义曰,汝往居新邑,敬行教化哉。如此我其退老,明教农人以义哉。汝若能使彼天下之民,被宽裕之政,则我天下之民,无问远近者,悉皆用来归汝矣。

传,正义曰,归其王政令,汝往居新邑,敬行教化哉。公既归政,则身当无事,如此我其退老于州里,明教农人以义哉。又令成王行宽裕之政,以治下民。民被宽裕之政,则天下之民,无问远近者,用来归王。言远处皆来也。上文使之"惇大成裕",故此言"裕政来民",结上事也。伏生《书传》称,礼,致仕之臣,教于州里,大夫为父师,士为少师,朝夕坐于门塾,而教出入之子弟,是教农人以义也。

2. 《书传》卷十三《周书·洛诰第十五》

(宋)苏轼撰

汝往,敬哉,兹予其明农哉,彼裕我民,无远用戾。

劝王修农事者,民有余裕则不去也。我不裕民而彼或裕之,则无远而逝矣。

3. 《尚书全解》卷三十一《周书·洛诰》

（宋）林之奇撰
（归善斋按，见"周公曰，王，肇称殷礼，祀于新邑，咸秩无文"）

4. 《尚书讲义》卷十五

（宋）史浩撰
（归善斋按，见"笃叙乃正父，罔不若予，不敢废乃命"）

5. 《尚书详解》卷二十《周书·洛诰》

（宋）夏僎撰
（归善斋按，见"公曰，已！汝唯冲子，唯终"）

6. 《增修东莱书说》卷二十三《周书·洛诰第十五》

（宋）吕祖谦撰，（宋）石𬊈增修
（归善斋按，见"公曰，已！汝唯冲子，唯终"）

7. 《尚书说》卷五《周书·洛诰》

（宋）黄度撰

汝往，敬哉，兹予其明农哉，彼裕我民，无远用戾。

汝往必敬哉，此为我所昭明笃厚哉。"五典五惇，五礼有庸"，明且厚者也。彼诸侯，皆以此宽裕吾民，而岂不知敬其君，汝无疏远之，使蹈于罪戾。

8. 《絜斋家塾书钞》卷十一《周书·洛诰》

（宋）袁燮撰

汝往，敬哉，兹予其明农哉，彼裕我民，无远用戾。

君道，莫大于敬。敬，则无失德。今人所以有过失，皆缘不敬之故。何谓敬，战战兢兢，如临深履薄，此所谓敬也。周公告成王"敬哉"，只是教成王兢业。"兹予其明农哉"，此周公欲告归也。言我当退休田里，讲明农事，不复与闻国政，敬以裕民，则汝成王之责也。"无远用戾"，言当无所不及,不可于远者,而或有违戾也。

9.《书经集传》卷五《周书·洛诰》

(宋)蔡沈撰

(归善斋按,见"乃唯孺子,颁朕不暇听,朕教汝于棐民彝")

10.《尚书精义》卷三十八《周书·洛诰》

(宋)黄伦撰

汝往,敬哉,兹予其明农哉,彼裕我民,无远用戾。

无垢曰,言成王自今以往,当敬其心,无效前日用悉自教工之私人,以害治也。盖不敬,则私心起;敬,则私心不生。私心不生,则天理自见。天理中,安得有朋比之心乎。又曰,周家以农事开国,敦本厚生,故其风俗,有长者忠厚之行。周公以为成王,当以敬为心,绝去朋党之念。周公当以农为心,使之各安其生。

又曰,所以明农事如此者,以吾重农,则民生有余,乃为乐土。倘仰不足以事父母,俯不足以畜妻子。乐岁终身苦,凶年必死亡。民心何常之有。彼有裕民之道,则无远弗至矣,此所以当汲汲以裕民为心也。周有养民裕民之政,伯夷自北海来,太公自东海来,斯言岂欺我哉。

林氏曰,君尊而在上,在乎钦一己之德;臣卑而在下,在乎修万民之本。君臣相与于一堂之上,虽其劳逸不同,而各有当尽之道。使君不钦其德,失其所以为君之道,臣不修其农事,失其所以为臣之道,则裕民之政有所亏,而民之心,亦且有携失矣。彼有行仁政以厚吾之民者,吾之民将皆叛而他之也。夫何远近之有。此成王有二人共政之言,周公乃戒之以钦德也。

吕氏曰,大抵君子小人不须别看,才要裕民者,便是君子;不要裕民者,乃是小人。此一等裕民之人,无远他。汝若远之,便自用召其乖戾祸乱。于此见周公勤勤之意,有加无已。

11.《尚书详解》卷三十三《周书·洛诰》

(宋)陈经撰

(归善斋按,见"乃唯孺子,颁朕不暇听,朕教汝于棐民彝")

12. 《融堂书解》卷十四《周书·洛诰》

（宋）钱时撰

（归善斋按，见"公曰，已！汝唯冲子，唯终"）

13. 《尚书要义》

（宋）魏了翁撰

（归善斋按，原缺）

14. 《书集传或问》卷下《洛诰》

（宋）陈大猷撰

（归善斋按，未解）

15. 《尚书详解》卷九《周书·洛诰第十五》

（宋）胡士行撰

汝往（洛），敬哉，兹予其明农（退老明农事）哉，彼（往彼新邑）裕（能宽裕）我民，无远（民）用（皆用）戾（来。吕云，彼裕民之道，无远弃违戾之言，斯须不可离也）。

此公与王诀别之辞，民为邦本，故重言之。

16. 《书纂言》卷四上《周书·洛诰》

（元）吴澄撰

（归善斋按，见"笃叙乃正父，罔不若予，不敢废乃命"）

17. 《书集传纂疏》卷五《朱子订定蔡氏集传·周书·洛诰》

（元）陈栎撰

（归善斋按，见"乃唯孺子，颁朕不暇听，朕教汝于棐民彝"）

18. 《读书丛说》卷六《洛诰》

（元）许谦撰

（归善斋按，未解）

19.《书传辑录纂注》卷五《周书·洛诰》

（元）董鼎撰

（归善斋按，见"乃唯孺子，颁朕不暇听，朕教汝于棐民彝"）

20.《尚书句解》卷九《周书·洛诰第十五》

（元）朱祖义撰

汝往，敬哉（今汝往新邑，即辟当敬其所行之事），兹予其明农哉（我亦欲退归州里，申明农事。如今人谓归田里），彼裕我民（王若与彼新邑裕厚我民），无远用戾（则民无远而皆用戾止）。

21.《尚书日记》卷十二《周书·洛诰》

（明）王樵撰

（归善斋按，见"乃唯孺子，颁朕不暇听，朕教汝于棐民彝"）

22.《日讲书经解义》卷八《周书·洛诰》

（清）库勒纳等撰

（归善斋按，见"乃唯孺子，颁朕不暇听，朕教汝于棐民彝"）

《五诰解》卷四《洛诰》

（宋）杨简撰

（归善斋按，见"乃唯孺子，颁朕不暇听，朕教汝于棐民彝"）

王若曰，公！明保予冲子

1.《尚书注疏》卷十四《周书》

（汉）孔氏传，（唐）陆德明音义，（唐）孔颖达疏
王若曰，公！明保予冲子。

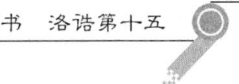

传，成王顺周公意，请留之自辅，言公当明安我童子，不可去之。

疏，正义曰，王以周公将退，因诲之，而请留公。王顺周公之意而言曰，公当留住而明安我童子，不可去也。

传，正义曰，成王以周公诲己为善，顺周公之意，示己欲行善政，而请留之自辅王，以公若舍我而去，则己政暗而治危，故云公当明安我童子，不可去也。

2.《书传》卷十三《周书·洛诰第十五》

（宋）苏轼撰

王若曰，公！明保予冲子。公称丕显德，以予小子扬文武烈，奉答天命，和恒四方民。

和，恒，常和也。

居师。

定民居也。

3.《尚书全解》卷三十一《周书·洛诰》

（宋）林之奇撰

王若曰，公！明保予冲子。公称丕显德，以予小子扬文武烈，奉答天命，和恒四方民，居师，惇宗将礼，称秩元祀，咸秩无文。唯公德明光于上下，勤施于四方，旁作穆穆，迓衡不迷，文武勤教。予冲子，夙夜毖祀。王曰，公功棐迪笃，罔不若时。王曰，公！予小子其退，即辟于周，命公后。四方迪乱，未定于宗礼，亦未克敉公功，迪将其后，监我士师工，诞保文武受民，乱为四辅。王曰，公定，予往已，公功肃，将祗欢。公无困哉，我唯无斁其康事，公勿替刑，四方其世享。

周公之摄也，虽成王亮阴之制已终，而犹秉朝政，盖以成王幼冲，未可以为天子，故不得不摄也。此公之处礼之变也。至是，而"复子明辟"，盖以成王年已长矣，德已成矣，可以为天子矣，故不得不归也。周公慨然自任，以天下之重，故其处礼之变，而摄政至于七年，未尝饬小谦，以邀誉当世，则其归政也，夫岂以礼让也哉，必其出于中心之诚，可以归政，而遂归之也。成王知周公之意已坚，故不得不许公焉。既而，洛邑始成，而顽民始迁，将欲作其愧、耻之心，而革其暴戾之习，以驯致于士君子之域，不可不择人以镇抚之。周公既已归政，当为我留居洛中，以为之司牧也。故自此以下，皆成王称誉周公居摄之功，而留公于洛，以治顽民也。自"公！明保予冲子"以下，皆称美其居摄之功也。自"小子其退，即辟于周"以下，皆留公于洛以治顽民也。冲子，成王自谓也，言公之明保我幼冲人也。公则称举其大明之德，以辅我一人，使我虽小子，得以继扬文、武之功业而不坠，故上则可以奉答天命，下则可以和恒四方之民也。夫文王、武王之所以肇造区夏，而建无穷之功业者，唯其上得天，下得人而已。故周公能尽其翊赞之力，以成王扬文武之烈，则亦可以奉答天命，而为上天之眷顾，和恒四方民而为下民之所爱戴也。居师，谓居其众。惇宗，谓厚其族。薛博士曰，居师，惇宗将礼，秩祀，皆王宅洛之政是也。既宅洛以定民之居，而又惇厚宗族以为藩翰，于是秉礼而"称秩元祀，咸秩无文"也。"咸秩无文"，即上文曰"肇称殷礼，祀于新邑，咸秩无文"是也。成王以冢嗣继世为天子，实主周家之祭祀，故周公以"肇称殷礼，祀于新邑"为王之事。然是时，政自周公出，其所以能营洛，以展祭祀之礼者，则周公之力，故成王归功于公也。"唯公德明光于上下勤施于四方"者，言公之德，其明，则光于上下，而无所不达。其达，则施于四方，而无所不被光于上下，勤施于四方，正犹《尧典》曰"格于上下，光被四表"也。"格于上下，光被四表"，而尧之君德于是为至；"光于上下施于四方"，而周公之臣德于是为至。盖德之盛者，必其充塞天地，遍覆天下而后为至也。薛博士曰，明者德，勤者业也。经只言唯公德明，而于其下分德与业，非也。"旁作穆穆迓衡"，先儒曰，四方旁求为敬王之道，以迎太平之政。不如王氏曰，穆穆，天子之容。旁作，谓辅成王而作之，以成其穆穆之德，以迎太平。是以于文、武之勤教垂之后代者，皆率循之而不迷也。"予冲子，夙夜毖祀"者，昔周之政事，既自周公出以致太平，则成王端拱于上，何所为哉，唯夙夜之间，慎于祭祀而已。唐孔氏曰，襄公二十六年，《左传》云，卫献公使与宁喜言曰"苟得反国，政由宁氏，祭则寡人"，亦犹是也，此说为是。

"王曰，公功棐迪笃，罔不若时"者，唐孔氏曰，王又重述前言，还说居摄时事也。公之功棐道我已厚矣，天下无有不顺，而是公之功者，是也。王氏以为，罔不若，罔，不；时，循道而不违此。棐迪之若趋时，而不失此棐迪之时，此则凿矣。"王曰，公！予小子其退，即辟于周，命公后"者，汉孔氏曰，我小子退坐之后，便就君于周，命立公后，公当留佐我，意谓成王是时，在于宗周，与周公相应答，至于戊辰，王在新邑以后，方至洛都，故谓成王言，我当退而行天子之政于洛邑，立公之世子为诸侯，公当留周以为我之辅。是成王虽许公之归政，而不许公之去也。诸家说者，亦皆以命公后为封伯禽于鲁。夫周公之归政，而成王之留公，盖在洛邑。其曰退即辟于周者，盖我将退而即明辟之政于宗周，则命公留居于洛也。其曰命公后者，若近世留守、留后之类。详考此篇之意，盖周公留成周，以迁殷顽民，使密迩王室，式化厥训。成王祀于新邑，将归镐京，留周公于洛，以镇抚殷民。故成王之言曰，其退即辟于周，命公后，又曰公定予往已，皆言成王往，而周公留也。王往周公留，故以周公之留为命公后，先儒解释此篇，文意多不联属。良由以王命周公后，为封伯禽于鲁，故其说不通。唯以命公后为留居于洛，以此而反复经意，则首尾问答，乃有条贯也。按，伯禽与太公望相先后而报政，其言见于传记甚详。则其就封于鲁为周公后也，固已久矣，非在于洛邑既成之后也。夫必待封伯禽于鲁，然后肯留以辅成王，此则浅丈夫要君射利之为也，岂所以待周公哉。按，成王命君陈之分正东郊也，其言曰"昔周公师保万民，民怀其德，往谨乃司，兹率厥常，懋昭周公之训，唯民其乂"；康王命毕公之保厘东郊也，其言曰"唯周公左右先王，绥定厥家，毖殷顽民迁于洛邑，密迩王室，式化厥训"，"今予祇命公以周公之事"，又曰"唯周公克谨厥始，唯君陈克和厥中，唯公克成厥终"。以此二者观之，则周公之于洛邑，盖亦分正而保厘之，不但营之而迁殷顽民也。故成王之于君陈，则，欲其懋昭周公之训；康王之命毕公，则祇命以周公之事，且又有始终中之言，则周公之于殷民，盖尝为之司牧，革其不善之习，而驯纳之善也。故君陈、毕公，得以继其遗范，以是知命公后，其为成王留公于洛，以镇抚殷民也，明矣。若成王既祀于新邑，而周公即与之归于镐京，以为王辅，则君陈之分正，毕公之保厘，安得以周公为始，而或和其中，或成其终哉。周公将"复子明辟"，成王许之，故曰即辟于周。乱，治也。贾文元公曰，乿，《古文尚书》"治"字也。孔安国训"乱"曰"治"，经典大抵以"乱"为不理，亦或为理。夫理乱之义，善恶相反，而以"理"训"乱"，可惑焉。若以《古文尚书》考之，似乿、乱字别而体近，岂隶古之初传习讹谬合为一字。而作治、乱二训，后之诸儒，遂不复辨之欤。当是时，制礼作乐以致太平，天下之民无不感戴周德，唯殷民之顽，虽迁于洛，而未能使之迁善远罪，故谓四方虽迪于治，然犹未定于宗庙之礼。盖成王将以骍牛祭于文、武，以告周公之留于洛，其礼未行，故曰未定于宗庙之礼。殷民既未能式化厥训，以迁善远罪，故亦未能安于公之功，是以周公当教迪，将助于成王既归镐京之后，以监我士师工也。师，众也。士师，犹言士民，言监殷之士民及百官也。其使周公监士师工者，盖欲其大保文、武所受之民而治之，为周四方之辅也。周民，文王所受之民；殷民，武王所受之民也。周公欲成王一视殷周之民，不可怀朋党之心，以徇私而有轻重于其间。今成王曰，诞保文、武受民，则其心本于至公，无有彼此，可谓能服膺周公之教矣。说者多以《诗》曰"王曰叔父，建尔元子，俾侯于鲁，大启尔宇，为周室辅"，而此曰"乱为四辅"，故以命公后为封伯禽无疑。然"诞保文、武受民"，此岂所以命外服之侯哉？以"诞保文、武受民"观之，则所谓"后"者，其留公于洛，灼灼然矣。

"王曰，公定，予往已"者，言公定居于此，我当往归镐京也。公之功以□肃将之，故天下皆敬乐公之功也。夫出乎尔者，反乎尔者也。故公致其肃，则天下皆致其祇，以乐之也。公之竭其肱股之力，以辅佐予一人，固为劳矣。今留公于洛，以镇抚殷民，公当无倦于此也。我于康天下之事，亦不敢有所厌致也。盖欲君臣皆不惮勤劳，以天下之安危为心也。公之所以仪刑四者，能永永而勿替，则四方将世世享矣。观《毕命》曰"既历三纪，世变风移，四方无虞，予一人以宁"，则世享可见矣。

4.《尚书讲义》卷十五

（宋）史浩撰

（归善斋按，见"笃叙乃正父，罔不若予，不敢废乃命"）

5.《尚书详解》卷二十《周书·洛诰》

(宋)夏僎撰

王若曰,公!明保予冲子。公称丕显德,以予小子扬文武烈,奉答天命,和恒四方民,居师,惇宗将礼,称秩元祀,咸秩无文。唯公德明光于上下,勤施于四方,旁作穆穆,迓衡不迷,文武勤教。予冲子,夙夜毖祀。

周公既有退老归农之意,成王自此一节,皆留公之言也。旧说皆以"王若曰",谓非王之言,乃臣下代王之言,故言"若曰"。然《微子》篇有"父师若曰",又谁代言乎?今详考诸言"若曰"者,盖以其人之意如此,或史官或臣下,以其人之意而言之,故谓之"若曰"。若"父师若曰",乃史官以父师之意言之也。《康诰》《酒诰》与《多士》《多方》言"王若曰",乃周公以成王之意言之也。此"王若曰"乃答周公之言,称美周公之德,非周公以成王之意言之,必成王当时言之,史官文其辞,故称"若曰"也。"公!明保予冲子"者,成王以公有退老归农之说,故留公,谓不可遽退,当且留之,以明明保我冲子之身。所谓"保"者,即师保教诲成就之也。此一句,乃总说其意。下文乃详说"明保"之事,谓公所以"明保冲子"者不在乎他,唯在乎举公大明之德,以我小子之故,发扬文、武之成功,使之昭昭然,暴白于天下,以此而奉答上天之命,以此和协安定四方之民。盖文、武当时所以成丕丕之基者,上则本乎天命之眷佑,下则本乎人心之归往。今周公果能为成王发挥文、武之成烈,则仰不愧于天,而天命可以昭答;俯不怍于人,而民心亦可以保定也。"居师,惇宗将礼,称秩元祀,咸秩无文"者,说者不同。先儒及诸儒,多以"居师"连上句,谓和定四方民,而居其众。先儒则以"惇宗将礼"为一句,谓厚尊其大礼。而诸儒则以"惇宗"为惇宗族,"将礼"为秉持其礼。各有得失。今依王龙舒,谓"居师"者,成王命公以为太师也。与周公为师之文相应,故可从。"惇宗将礼",则依先儒,盖成王之意谓,周公今日当扬文、武烈,上以答天,下以定命,以此而居师位,而惇厚尊崇其大礼,谓定典礼也,以此大礼举行,次序大祀。凡不在礼典,而法应祀者,皆以次而祀之。此盖周公前责成王,使称盛祀于新邑,

2383

"咸秩无文"，故成王复以此责周公，谓此事，周公今日正当为我奉行，不可遽然退老而责于我也。成王既言此，而又说"唯公德明光于上下，至夙夜毖祀"者，成王之意谓，我所以必欲公"居师"，以"惇宗将礼，称秩元祀"者，以公之德明显上，则光于天，谓格于天也；下则光于地，谓格于地也；而又能勤而施之，使其深仁厚泽，及于四方，谓及于民也。以此格天、地、人之德，而旁作我一人穆穆致敬之德，以迎迓太平之治。旁，与"旁招""旁求"之"旁"同；作，与"我作先王"之"作"同。旁作，谓作成我者，非止一事也。"不迷文、武勤教"，成王谓，周公唯能旁作与我，故文、武所以勤勤教戒于周公者，得不迷失。盖周公当时，亲承文、武之教，使辅成王，跻太平。今果能"旁作穆穆迓衡"，此所以"不迷文武勤教"也。"予冲子，夙夜毖祀"者，成王谓周公功德如此，故可举秩大祀，若我小子但能知此事之不可不慎，早夜致慎而已。举秩之事，非所敢当也。林少颖谓，礼，则人君之所当敬；政，必人臣而后明。自"公称丕显德"至"不迷文武勤教"，皆天下之政，人臣所当为者，成王于是责周公。至"夙夜毖祀"，乃天子之礼，人君所当敬者，成王于是自责。此若施于时文，则极美，但经文未必然耳。

6.《增修东莱书说》卷二十三《周书·洛诰第十五》

（宋）吕祖谦撰，（宋）石澜增修

王若曰，公！明保予冲子。公称丕显德，以予小子扬文武烈，奉答天命，和恒四方民，居师，惇宗将礼，称秩元祀，咸秩无文。唯公德明光于上下，勤施于四方，旁作穆穆，迓衡不迷，文武勤教。予冲子，夙夜毖祀。王曰，公功棐迪笃，罔不若时。

成王将留周公，故先归重于公，答其诲言，称其功德，盖所以开挽留之端也。"公明保予冲子"者，成王退托言，我幼冲孺子，蒙然未有所知，公之于我，正如人之养婴孩，寒暑饥渴，莫能自辨，皆傅养者，明以保之，使其免于水火，归重于公者亦至矣。"公称丕显德，以予小子扬文武烈，奉答天命，和恒四方民，居师，惇宗将礼，称秩元祀，咸秩无文"者，答周公之诲言也。公所称举以诲我者，明著深实，皆丕显之德，盖欲以我小子，继先烈，成天意，结民心，举祀典，我不敢不深为诲也。文、武之烈，要在增光而发扬之，苟止欲持循，则漫亵其旧矣。上天之眷，要在进修而奉答之，苟无以称塞，则将坠其命矣。四方之民，要在和调而恒保之，苟使之乖离，则君位危，而不能居师众之上矣。"惇宗将礼，称秩元祀，咸秩无文"，即前所谓"肇称殷礼"。盖以惇重宗，敬大礼之心，而举行次叙大祀，遍祭百神，而大享之也。周公前两章之诲，大略不出此矣。周公之诲，以祀为先者，先其原也。成王之答，以祀为后者，先其实也。斋明之心，盖出治之原，而为治之条理，则此心之实也。告者，视其原；受者，得其实。周公可谓善诲，成王可谓善听矣。苟周公先言祀，成王亦先言祀，安知非徒既其文，而未既其实乎。

"唯公德明光于上下，勤施于四方，旁作穆穆，迓衡不迷，文武勤教，予冲子，夙夜毖祀"者，称周公之功德也。周公圣德之著，辉光充塞天地，若可以止矣，方且勤施治教于四方，四方之人虽边陬海隅，亦皆旁作穆穆，以发诚敬之容。德益向新，俗益向美，前迓太平，其象可见。文、武勤劳创业，垂统以教后世者，赖公再明，不复迷错。我小子拱手仰成，徒知为祭主，夙夜谨祀而已。则公之有大功德于我周家者，亦云盛矣。天下皆在周公光宅之中，识其不已之心者，成王也。天下皆向周公日新之化，识其迓平之象者，成王也。周公勤施不已之心，虽圣人所同，然征诛四国，思兼三王，其勤劳特甚焉。信乎，其为勤施也。不曰既平，而曰迓平者，既平，则盈不可久矣。迓，则有亹亹方进之意焉。周公勤劳如此，勋德如此，成王弁冕奉祭，其敢忘所自乎。其可少远周公乎。挽留之意，莫切于是。"王曰，公功棐迪，笃罔不若时"，既称周公之功德，言之不足，复言公之功。辅养启迪我小子之笃，罔不若是，非止前所称而已，盖言语所不能尽也。

7.《尚书说》卷五《周书·洛诰》

（宋）黄度撰

王若曰，公！明保予冲子。公称丕显德，以予小子扬文武烈，奉答天命，和恒四方民，居师，惇宗将礼，称秩元祀，咸秩无文。唯公德明光于上下，勤施于四方，旁作穆穆，迓衡不迷，文武勤教。予冲子，夙夜毖祀。

2385

王顺周公曰，明保予冲子，公称举丕大显明之德，以予小子，扬文、武功烈，奉答天命，和协恒久，四方民居于洛师。凡今厚尊大礼，称举秩序元祀，遂咸秩无文，公实当任其事。此答初教秩祀，意惇宗、称秩，即伯夷秩宗也。周为宗伯，故谓之宗礼，宗，尊也。礼莫尊于祀，唯公德明光于天地，勤施于四方，旁作穆穆，敬美迎于平，不迷文武之所勤教，此答后教百辟享，意勤施四方，"旁作穆穆迓衡"，即舜宾四门也。周公为诸侯长，乃其职。予小子夙夜当慎祀，言礼乐政化皆由公而成，予小子唯慎主祭祀而已。《凫鹥》守成，专言"公尸燕饮"，福禄集之，天下治安无事。人君所慎者唯此。纣唯不慎，故昏弃厥肆祀弗答。周人祀典，一岁之中，祀之日居多。盖常使人君清明其心，齐洁其身，日与鬼神接，恪共不懈，而邪僻自消。夫以是正其君，使持盈守成焉，然必使人君能自如此，则有以尽其心，不然怠忽生之浸，至于谓祭无益矣。

8.《絜斋家塾书钞》卷十一《周书·洛诰》

（宋）袁燮撰

王若曰，公！明保予冲子。公称丕显德，以予小子扬文武烈，奉答天命，和恒四方民，居师，惇宗将礼，称秩元祀，咸秩无文。唯公德明光于上下，勤施于四方，旁作穆穆，迓衡不迷，文武勤教。予冲子，夙夜毖祀。

周公有告归之意，故成王不许其去，而留之。此乃成王留周公之辞。公举大明之德，以我小子扬文、武之烈。今须看这"称"字，与这"扬"字，皆振作举扬之意。文、武之烈，何尝不在，然又须有人举而扬之始得，所谓"以觐文王之耿光，以扬武王之大烈"。《中庸》亦曰"文武之道布在方册"。其人存，则其政举。扬，即举之意也。天之命，即文、武之烈。能扬文、武之烈，即所以"奉答天命"。"唯公德明，光于上下，勤施于四方，旁作穆穆迓衡"，观此数句，成王可谓深知周公矣。周公心术之微，皆被成王见得后说出来。如此大明之德，足以昭假天地，其次第光明俊伟，而无一毫厌倦之心，方且勤施于四方。观"勤"之一字，周公之心何如哉，所谓"昔公勤劳王家"。古之为宰相大臣者，是直勤勤不已。《孟子》形容此意而曰，"周公思兼三王，以施四事。其有不合者，仰而思之，夜以继日，幸而得之，坐以待旦"。夫有所不合，则日夜以思，忽然得之，坐以待旦，便欲出做。其勤为如何。后世为宰相大臣者，只是不勤，国势之微弱，民生之未安，贤才之隐伏，皆置而不问，天下安得平治。所谓勤，却不是躬亲簿书，期会，断狱听讼之间，以是为勤也。谓之"施于四方"，盖施其事于天下，使四海无不被其泽。宰相职业，要当如是。"匹夫匹妇，有不与被尧舜之泽，若已推而纳之沟中"，伊尹之相业也；"勤施于四方，旁作穆穆迓衡"，周公之相业也。为宰相大臣，要必如是，方可。"旁作穆穆"者，作起天下和顺辑睦之心也。迓，迎也。衡，平也。周公之心，明德虽足以昭假天地，而常若未至，不敢自以为是。天下虽已大治，而常若未足，不敢自以为太平。故谓之"迓衡"，言不见其既已太平，若方有太平之象，从而迓之。譬如人之未见，则迎之，若既见，何迓之有。周公之所谓"迓衡"，正是此意。"不迷文武勤教"者，文、武亦不过只是一个"勤"。《诗》称"文王既勤止"，召公戒武王"夙夜罔或不勤"，古之为天下者，其次第勤勤不已。周公之心，即文、武之心也。呜呼！成王以幼冲之资，嗣守大位而能知文、武之心，能知周公之心，皆不出一个"勤"字，观成王称文、武、周公之勤如此，则成王之勤可知矣。方前日"丕视功载，乃汝其悉自教工"，犹有私心焉。至此，敬受周公之教，见于辞气者如此，前日之私心，雪消冰释，岂复有一毫存于胸中耶。"予冲子夙夜毖祀"者，言我小子只是恭己于上，求所以奉祭祀而已。大抵人君为天地、宗庙、百神之主，莫大于奉祭祀。能奉祭祀。君道无余蕴矣、且如人主诚知吾之职分莫大于奉祭祀，岂复有一念之不兢业，有一毫之少放肆，又岂敢信用左右之言，而所载之功或有不当者。是以古之人主，早夜兢业，不敢少有怠惰，少有障蔽唯求，所以能奉祭祀焉尔。成王日夜得周公周旋左右，启迪开发，此心清明，无一毫之蔽塞。是以深见得人君职业有在于是，故其言之的切如此。成王之意，盖以为我但能恭己在上，敬承祭祀。至于施其泽于四方，使四海无一夫失所者，则周公之责也。

9.《书经集传》卷五《周书·洛诰》

（宋）蔡沈撰

王若曰，公！明保予冲子。公称丕显德，以予小子扬文武烈，奉答天命,和恒四方民,居师。

此下成王答周公,及留公也。大抵与上章参错相应。明,显明之也。保,保佑之也。称,举也。和者,使不乖也。恒者,使可久也。居师者,宅其众也。言周公明保成王,举大明德,使其上之不忝于文、武,仰不愧天,俯不怍人也。

10.《尚书精义》卷三十八《周书·洛诰》

(宋) 黄伦撰

王若曰,公!明保予冲子。公称丕显德,以予小子扬文武烈,奉答天命,和恒四方民,居师,惇宗将礼,称秩元祀,咸秩无文。

无垢曰,周公大明德,能见几知微,内与祖宗之心,上与天心,下与民心,泯然无际。成王以为我既有朋党之心,是与祖宗、天、人之心敻然断绝,尚冀周公举大明德,照临我小子,使我非心一洗,而尽与天心、民心、祖宗之心一皆无间,以此心扬文、武烈,以此心奉答天命,以此心和恒四方可也。

又曰,天下有治安之理,唯大明德者见之,循理而行,则天下安且治矣。众在所定,宗在所惇,礼在所执,元祀在所举,而次第之无文,而有功德者,在皆次第而祭之,此治安之理也。非有大明德者,不能照知此理,其有建立,必皆颠倒失序,召乱致危,不足怪也。成王方"称秩元祀",已有"悉自教工"之文,然则德之不明,为害乃至于此,所以深望于周公也。

张氏曰,冲者,未充实之谓。成王自谓冲子,欲周公明保之也。文、武之烈已陈于上世,扬之者在成王而已。周公能丕称显德,以相成王,而扬文武之烈,上足以奉答天命,下足以和恒四方民。奉天命者,其德足以承之也;答天命者,其道足以配之也。和四方之民,则使之顺,比而不乖;恒四方之民,则使之可久而不变。成王"肇称殷礼",周公"将"之而已。成王"肇祀新邑",周公"称秩"之而已。至于"咸秩无文",亦皆周公之事。此成王归美于周公也。

11.《尚书详解》卷三十三《周书·洛诰》

(宋) 陈经撰

王若曰,公!明保予冲子。公称丕显德,以予小子扬文武烈,奉答天命，和恒四方民，居师，惇宗将礼，称秩元祀，咸秩无文。唯公德明光于上下，勤施于四方，旁作穆穆，迓衡不迷，文武勤教。予冲子，夙夜毖祀。

上文既是周公复政告归，此章乃成王留周公之言。谓周公当明安我冲子。周公去，则成王之治不明，而身为之不安。周公在，则成王明而安。公称举天明之德，辅佐我小子，显扬文、武之功，上以奉答天命，下以和常四方之民，而安其众。成王言此者，以见一人之责，有先王之畀付，有天命之难谌，有下民之仰望，任大责重，非我小子所能当，必得周公为之羽翼。文、武之功而谓之扬者，所以显之于天下也。而谓之答者，有以仰答乎天心也。民谓之和恒者，民有常，无以和之，则失其常。和而使之常者，人主也。居师者，安天下之众也。"惇宗将礼，称秩元祀，咸秩无文"，此即周公前告成王"肇称殷礼"之意也。周公使成王举盛礼祀新邑，成王所谓此礼，非周公则不能举，周公肯留，则当以我小子厚尊其大礼，称举秩叙其大祭祀，并与其礼文不载者，秩序祭之。将礼，即殷礼也。祭祀之礼，所以交神明，人主之所厚而尊之也。称秩者，祀有尊卑大小之序。

"唯公德明光于上下"，此又称述周公之德如此。唯公德之明，光辉发越而不可掩，故光于上天下地，言充塞天地之间也。公虽有此盛德，而施于四方，常有不已之意。《孟子》谓"思兼三王以施四事，其有不合者，仰而思之，坐以待旦"，此勤施之意也。唯其施之勤，而不自已，故虽小而近处者，皆有穆穆之敬，以迎其太平之治。谓之"旁"，则不但施于四方者，勤而不已，至于出处，语默之小节处无往而不敬，此其德之盛也。与"克勤小物"同意。如此，故能不迷文、武所勤之教。文、武之德，所以施于民为教化者，亦唯此勤。周公能勤施四方，则与文、武所勤者何异。文、武有是勤，而周公无以继之，则亦迷惑而失之矣。周公以其勤而继文、武之勤，使文武之教，复明于天下，岂非不迷乎。"予冲子，夙夜毖祀"，周公有如此之德，则可以任如此之事。我小子夫何为哉，夙夜谨其祭祀而已。以政化委之公，而以祭祀归之已。《左氏传》卫献公使与宁喜言曰"苟得反国，政由宁氏，祭则寡人"，亦此意也。

12. 《融堂书解》卷十四《周书·洛诰》

(宋)钱时撰

王若曰,公!明保予冲子。公称丕显德,以予小子扬文武烈,奉答天命,和恒四方民,居师,惇宗将礼,称秩元祀,咸秩无文。唯公德明光于上下,勤施于四方,旁作穆穆,迓衡不迷,文武勤教。予冲子,夙夜毖祀。

此下"王曰"四节,节节与上文周公之言相应。此节大旨在"明保"二字,而"称秩元祀,咸秩无文",则专答周公"祀于新邑,咸秩无文",及"以功作元祀"之意也。"咸秩无文",一如周公所称可也。

13. 《尚书要义》

(宋)魏了翁撰

(归善斋按,原缺)

14. 《书集传或问》卷下《洛诰》

(宋)陈大猷撰

(归善斋按,未解)

15. 《尚书详解》卷九《周书·洛诰第十五》

(宋)胡士行撰

王若曰,公!明保(师保教诲成就)予冲子。公称(举)丕显德,以予小子扬(奉)文武烈(功),奉答天命,和恒(常)四方民,居(安)师(众),惇(厚)宗(尊)将礼(肇称殷礼),称(举)秩(序)元祀,咸秩无文。唯公德明光(光者明之发)于上(天)下(地),勤(不息)施(施教)于四方,旁(遍)作(起)穆穆(民敬心,又云王穆穆之德),迓(迎)衡(太平)不迷(惑),文武勤教。予冲子,夙夜毖(谨)祀。

此王颂公功德而留之也。文、武之烈盛矣,不扬之,则不进必退矣。答天、和民、称祀,皆扬烈之事,非公不可。曰明,曰光,公之德,文、武之德也。勤者，所以运此德于不息也。迓迎其方来，不以目前之治为足也。公之勤施至，则文、武之教勤，益大昭明于天下而不迷矣。予小子垂拱仰成，谨其祭祀而已。予之归重于公如此，公可去乎。林云，政，必大臣而后明；礼，则人主所当敬。

16.《书纂言》卷四上《周书·洛诰》

（元）吴澄撰

王若曰，公！明保予冲子。公称丕显德，以予小子扬文武烈，奉答天命，和恒四方民，居师，惇宗将礼，称秩元祀，咸秩无文。唯公德明光于上下，勤施于四方，旁作穆穆，迓衡不迷，文武勤教。予冲子，夙夜毖祀。

"公明保予"，公以其明而保我也。保，犹"保傅"之"保"。"称丕显德"，所谓"明"也。"以予小子扬文武烈，奉答天命，和恒四方民，居师"，所谓"保"也。和恒，非止和于今，和于久也。居师，居洛师也。惇、敦同。犹"敦匠"之"敦"。宗，礼官；将，犹行也。称秩，谓举行而秩序有功之臣也。旁，无方所也。迓，迎也。衡，平也。穆穆迓衡，笃恭而天下平也。不迷文、武所知、所行，不失文、武之道也。宅洛者，所以发扬先烈，顺承天眷，辑睦民心也。公举其大明之德，护卫我，以我如此而居于洛。此王以宅洛之事，功归于公也。今当敦笃礼官，举行大祀，虽祀典所无者，咸秩叙之而不遗。唯公之德，其明，则光于上下；其勤，则施于四方，有功于天下，而无愧于前人。既以其明而保矣，又以其勤而教予，俾予夙兴夜寐，毖谨于祀事也。此王以毖祀之事，求教于公也。

17.《书集传纂疏》卷五《朱子订定蔡氏集传·周书·洛诰》

（元）陈栎撰

王若曰，公！明保予冲子。公称丕显德，以予小子扬文武烈，奉答天命，和恒四方民，居师。

此下成王答周公，及留公也。大抵与上章参错相应。明，显明之也。

保，保佑之也。称，举也。和者，使不乖也。恒者，使可久也。居师者，宅其众也。言周公明保成王，举大明德，使其上之不忝于文武，仰不愧天，俯不怍人也。

纂疏：

愚谓，此王既至洛，举祀后与公言，将留公治洛，先叙述公之功德，以慰藉之也。

18.《读书丛说》卷六《洛诰》

（元）许谦撰

（归善斋按，未解）

19.《书传辑录纂注》卷五《周书·洛诰》

（元）董鼎撰

王若曰，公！明保予冲子。公称丕显德，以予小子扬文武烈，奉答天命，和恒四方民，居师。

此下成王答周公及留公也。大抵与上章参错相应。明。显明之也。保，保佑之也。称，举也。和者，使不乖也。恒者，使可久也。居师者，宅其众也。言周公明保成王，举大明德，使其上之不忝于文武，仰不愧天，俯不怍人也。

辑录：

居师，营洛邑，定民居也。《书说》。

纂注：

新安胡氏曰，此王既至洛，举祀后与公言，将留公治洛，先叙述公之功德，以慰藉之也。

20.《尚书句解》卷九《周书·洛诰第十五》

（元）朱祖义撰

王若曰（公欲告老归农，王于是留之意。若曰），公！明保予冲子（公未可遽退，且留以明明师保，教诲成就我幼冲之子）。

21.《尚书日记》卷十二《周书·洛诰》

(明)王樵撰

"王若曰,公!明保予冲子"至"咸秩无文"。

成王答公言,公明辅我冲子,公所称举以诲我者,皆丕显之德,以予小子,扬先烈,答天眷,安民生,举祀典,定宗礼,备举公诲,不敢略者。盖一一领契之意。公于冲子,言则欲行之也。冲子于公,动则必资之也。故凡公之诲,皆还赖公明保,而以予如此。

和者,使不乖也。恒者,使有常也。居师,安宅其众也,此答"彼裕我民"之语。宗,功宗;将,大也,此述"记功宗"之语。"咸秩无文",述"肇称殷礼"之语。

22.《日讲书经解义》卷八《周书·洛诰》

(清)库勒纳等撰

王若曰,公!明保予冲子。公称丕显德,以予小子扬文武烈,奉答天命,和恒四方民,居师。

此一节书,是成王答周公教王宅洛之言也。明,显明之也。保,保佑之也。称,举也。和者,使不乖;恒者,使可久;居师者,宅其众也。成王曰,人君修德于身,所当仰承者,唯祖昭;事者,唯天;俯临者,唯民。此固由人君之自治,而实赖元老之劻勷也。今予幼冲践祚,赖公开明保佑之。如人君丕大显明之德,公皆历历称举,以训诲于我焉,教以"冲子唯终",此即称人君法祖之德,使我冲子善承祖考,而觐扬文武之光烈也。戒以"时唯不永",此即称人君奉天之德,使我冲子持盈保泰,而奉答上天之眷命也。教以"彼裕我民",此即称人君治民之德,使我冲子教养万民,使之和而不乖,恒而可久,以居此众庶于洛邑也。明保之功,不既弘矣哉。盖能启迪之谓"明";能维持之谓"保"。启迪者,虽在臣,而虚怀以受臣之启迪者,则在君;维持者,虽在臣,而黾勉以望臣之维持者,则在君。是维人君修德于己,以为"明保"之基,而后无疆历服,可永永勿替矣。

《书义断法》卷五《周书·洛诰》

（元）陈悦道撰

王若曰，公！明保予冲子。公称丕显德，以予小子扬文武烈，奉答天命，和恒四方民，居师。

（此下成王答周公及留公之辞）

周公之明保君德，以其能"称丕显德"也（称举而大明其德也）。其身正，盖隐然有以格君心之非，然后以其君发扬祖宗之功，系属天、人之心。前不愧于文、武，仰不愧于天，俯不怍于人，此皆周公之能明其君，而非公之自明其德。何以致此。一说以答天，和民，串归扬文武烈，谓所以继志述事。唯天、人二事耳，然扬应天顺人之极功，必有君臣交勉之盛德。君臣之盛德，相为辅佑，则文、武之大烈，无不克周。所谓永保文、武受命民，皆此功之积也，亦皆此德之验也。

《尚书疑义》卷五《洛诰》

（明）马明衡撰

先儒以"公明保予冲子"以下，为成王命公留后治洛之事。"王命予来"以下，为周公许成王留洛之事。今详上下语意，似不然。盖古史叙事，多非一时之言，但若此等，则问答应对，语脉相承，不可分为两处。窃意在镐，君臣答问之言也。若如蔡说，则是以为成王、周公皆在洛之言。而上文"汝往敬哉"之言，又不可云在洛矣。夫周公谓"汝往敬哉，兹予其明农哉"，故成王留之。"公，明保予冲子"以下，皆留之之言也。上下语脉，自应相接，岂可以"明农"以上，为在镐之言；"明保冲子"以下，又为在洛之言，分为异地两时，使周公陈欲去之言，下无所接，成王致欲留之意，上与所承，皆不可得而通也。其屡称"王曰"，自是古体如此，亦不可以为先后之言也。读者于此语脉，既见得有下落，则其所谓留周公者，始可得而言矣。夫留周公者，但留其在左右以为辅，非留其专治洛也。盖周公之意以为，向不得已而任其责，今亦可以少纾，而成王之留，则以已虽亲政，然不可一日无周公以慰天下之心，故恳恳留之，以自助也。下云"公勿替刑，四方其世享"，则其所以属望于公者。何如哉，由是言之，其所谓"即辟于周"者，是初欲往新邑，以朝诸侯也。"迪将其后监我士师工"者，欲周公留在王朝，启迪其后，且以为士师之表率也。"曰，公定予往矣"，"往"字，即应上文"汝往敬哉"之"往"，将谓往新邑，欲周公安定已以往也。若如蔡说，则上文周公方戒王以往新邑，未见其至新邑，而下文成王又即告周公以往镐京耶。况其所谓"和恒四方民，居师，惇宗将礼，称秩元祀"，皆是王将往新邑之事，则此为在镐无疑矣。大抵建洛邑以朝诸侯，以弘王政，此天子之大事也。故谓之成周者，言王化之成也。武王之意，周公终之，正为亿万年王者宅中图大之地，其事何其重，而成王初政，又孰有先于此耶。故召公因奉币而旅辞周公，因即辟而致训，其致难致慎如此，盖深有见于断天立极之大义也。岂有周公身自营之。而又身自居之。成王在西。周公在东，是二王矣，孰为中天下而立，以朝诸侯者哉。向者，武王既崩，成王尚幼，周命新集，人心未固，周公以身直当其责，虽非履天子之位，然天下之事悉属于周公矣。此在人臣，另是一格，岂周公之得已哉。今者，成王既长，新邑初成，天下方拭目以望新辟之政，而周公亦正欲其示仪理，以慰天下之心，而亦可以息肩于己也，而又何待于己之居之，而居之又何名耶。《周礼》云"天地之所合也，四时之所交也，风雨之所会也，阴阳之所和也，然则百物阜安，乃建王国焉"。若以为周公镇抚之地，则不必营建若是之重。营建若是之重，则决非人臣之所宜居矣。此与后世留守之义，自是不同。宋儒唯以后世为例，看之太轻，故有周公治洛之说也。然周公虽不必留后于洛，而其所以处置训化殷民者，皆周公之责任经画也，故《君陈》《毕命》以始、中、终言之。"尹"与"保厘"，在二父之特命，又自不同。

《五诰解》卷四《洛诰》

（宋）杨简撰

王若曰，公！明保予冲子。公称丕显德，以予小子扬文武烈，奉答天命，和恒四方民，居师，惇宗将礼，称秩元祀，咸秩无文。唯公德明光于上下，勤施于四方，旁作穆穆，迓衡不迷，文武勤教。予冲子，夙夜毖祀。王曰，公功棐迪笃，罔不若时。

若，顺也。自殷周以来，开端多用"王若曰"，足以明顺道，而亦有别于更端特异其辞之义。后言"退，即辟于周"，则知成王方至洛邑而言，故更端曰，"公明保予冲子"，谓公保护我，教诲明白，故曰"明保"。公。所称说者。大显德也。以用也，见于施行也。以予小子，顺文、武之德，而扬其烈，以此奉答天命。恒，久。久和四方民，故能使众心安定。师，众也。居者，止而不去也，众心不离也。惇厚宗庙及礼。将，及也。"称举元祀"，有秩序不乱。虽旧典无文，于义当祀者，咸次叙祀之。"唯公德明光于上下"，盖习闻公素讲而用其言。自古诸贤习闻德有明光之说，而不知实有明光者，此明德之光，唯可自觉诚自信，如日月，如水鉴，无所思为，而光明毕照。然则，奚止至于上下，亦临照四方也。衡，平也。迓，迎也，言将平也。予冲子，唯夙夜致谨祭祀。毖，致谨也。其余皆公之所为。公之功也。此一节。唯深感谢周公之功德教诲。良久又曰，公之功在乎棐辅我迪行笃切，无不若是。时，是也。兹周公责切笃至，成王心服，言公素教无不如此。

公称丕显德，以予小子扬文武烈

1.《尚书注疏》卷十四《周书》

（汉）孔氏传，（唐）陆德明音义，（唐）孔颖达疏

公称丕显德，以予小子扬文武烈。

传，言公当留举大明德，用我小子褒扬文武之业，而奉顺天。

音义，褒，薄谋反，《切韵》博毛反。

疏，正义曰，所以不可去者，当举行大明之德，用使我小子褒扬文武之业。

传，正义曰，文武受命，功德盛隆，成王自量己身，不能继业，言公当留举大明德，以佑助我，用我小子褒扬文武之业。而奉顺天者，下句"奉答天命"是也。孔分经为传，故探取下句，以申之天命。

2. 《书传》卷十三《周书·洛诰第十五》

(宋)苏轼撰
(归善斋按,见"王若曰,公!明保予冲子")

3. 《尚书全解》卷三十一《周书·洛诰》

(宋)林之奇撰
(归善斋按,见"王若曰,公!明保予冲子")

4. 《尚书讲义》卷十五

(宋)史浩撰
(归善斋按,见"笃叙乃正父,罔不若予,不敢废乃命")

5. 《尚书详解》卷二十《周书·洛诰》

(宋)夏僎撰
(归善斋按,见"王若曰,公!明保予冲子")

6. 《增修东莱书说》卷二十三《周书·洛诰第十五》

(宋)吕祖谦撰,(宋)石𤃣增修
(归善斋按,见"王若曰,公!明保予冲子")

7. 《尚书说》卷五《周书·洛诰》

(宋)黄度撰
(归善斋按,见"王若曰,公!明保予冲子")

8. 《絜斋家塾书钞》卷十一《周书·洛诰》

(宋)袁燮撰
(归善斋按,见"王若曰,公!明保予冲子")

9.《书经集传》卷五《周书·洛诰》

（宋）蔡沈撰
（归善斋按，见"王若曰，公！明保予冲子"）

10.《尚书精义》卷三十八《周书·洛诰》

（宋）黄伦撰
（归善斋按，见"王若曰，公！明保予冲子"）

11.《尚书详解》卷三十三《周书·洛诰》

（宋）陈经撰
（归善斋按，见"王若曰，公！明保予冲子"）

12.《融堂书解》卷十四《周书·洛诰》

（宋）钱时撰
（归善斋按，见"王若曰，公！明保予冲子"）

13.《尚书要义》

（宋）魏了翁撰
（归善斋按，原缺）

14.《书集传或问》卷下《洛诰》

（宋）陈大猷撰
（归善斋按，未解）

15.《尚书详解》卷九《周书·洛诰第十五》

（宋）胡士行撰
（归善斋按，见"王若曰，公！明保予冲子"）

16. 《书纂言》卷四上《周书·洛诰》

（元）吴澄撰

（归善斋按，见"王若曰，公！明保予冲子"）

17. 《书集传纂疏》卷五《朱子订定蔡氏集传·周书·洛诰》

（元）陈栎撰

（归善斋按，见"王若曰，公！明保予冲子"）

18. 《读书丛说》卷六《洛诰》

（元）许谦撰

（归善斋按，未解）

19. 《书传辑录纂注》卷五《周书·洛诰》

（元）董鼎撰

（归善斋按，见"王若曰，公！明保予冲子"）

20. 《尚书句解》卷九《周书·洛诰第十五》

（元）朱祖义撰

公称丕显德（在公自举一己大明之德），以予小子扬文武烈（以我小子之故，发扬文、武之成功，使昭昭然暴白于天下）。

21. 《尚书日记》卷十二《周书·洛诰》

（明）王樵撰

（归善斋按，见"王若曰，公！明保予冲子"）

22. 《日讲书经解义》卷八《周书·洛诰》

（清）库勒纳等撰

（归善斋按，见"王若曰，公！明保予冲子"）

《五诰解》卷四《洛诰》

（宋）杨简撰

（归善斋按，见"王若曰，公！明保予冲子"）

《书义断法》卷五《周书·洛诰》

（元）陈悦道撰

（归善斋按，见"王若曰，公！明保予冲子"）

《读书管见》卷下《洛诰》

（元）王充耘撰

公称丕显德，以予小子扬文武烈。

"公称丕显德，以予小子扬文武烈"，能左右民，以周公既明农以归休，成王欲周公留以辅我，言我冲子耳，非公明保之而谁哉？公当以德佐我，令我不坠前人之功烈，上可以答天眷，下可以绥四方。其责任之尊，莫过于此。唯有修德，庶几可以胜此任。坐而论道，以德匡我，舍公其谁。

奉答天命，和恒四方民，居师

1.《尚书注疏》卷十四《周书》

（汉）孔氏传，（唐）陆德明音义，（唐）孔颖达疏

奉答天命，和恒四方民，居师。

传，又当奉当天命，以和常四方之民，居处其众。

疏，正义曰，而奉当天命，以和常四方之民，居处其众故也。

传，正义曰，周家欲令民治，故又当奉当天命，以和常四方之民，居处其众也。奉当者，尊天意，使允当天心，和协民心，使常行善也。居处其众，使之安土乐业也。

2.《书传》卷十三《周书·洛诰第十五》

(宋)苏轼撰
(归善斋按,见"王若曰,公!明保予冲子")

3.《尚书全解》卷三十一《周书·洛诰》

(宋)林之奇撰
(归善斋按,见"王若曰,公!明保予冲子")

4.《尚书讲义》卷十五

(宋)史浩撰
(归善斋按,见"笃叙乃正父,罔不若予,不敢废乃命")

5.《尚书详解》卷二十《周书·洛诰》

(宋)夏僎撰
(归善斋按,见"王若曰,公!明保予冲子")

6.《增修东莱书说》卷二十三《周书·洛诰第十五》

(宋)吕祖谦撰,(宋)石澜增修
(归善斋按,见"王若曰,公!明保予冲子")

7.《尚书说》卷五《周书·洛诰》

(宋)黄度撰
(归善斋按,见"王若曰,公!明保予冲子")

8.《絜斋家塾书钞》卷十一《周书·洛诰》

(宋)袁燮撰
(归善斋按,见"王若曰,公!明保予冲子")

9. 《书经集传》卷五《周书·洛诰》

（宋）蔡沈撰

(归善斋按，见"王若曰，公！明保予冲子")

10. 《尚书精义》卷三十八《周书·洛诰》

（宋）黄伦撰

(归善斋按，见"王若曰，公！明保予冲子")

11. 《尚书详解》卷三十三《周书·洛诰》

（宋）陈经撰

(归善斋按，见"王若曰，公！明保予冲子")

12. 《融堂书解》卷十四《周书·洛诰》

（宋）钱时撰

(归善斋按，见"王若曰，公！明保予冲子")

13. 《尚书要义》

（宋）魏了翁撰

(归善斋按，原缺)

14. 《书集传或问》卷下《洛诰》

（宋）陈大猷撰

(归善斋按，未解)

15. 《尚书详解》卷九《周书·洛诰第十五》

（宋）胡士行撰

(归善斋按，见"王若曰，公！明保予冲子")

16. 《书纂言》卷四上《周书·洛诰》

（元）吴澄撰

（归善斋按，见"王若曰，公！明保予冲子"）

17. 《书集传纂疏》卷五《朱子订定蔡氏集传·周书·洛诰》

（元）陈栎撰

（归善斋按，见"王若曰，公！明保予冲子"）

18. 《读书丛说》卷六《洛诰》

（元）许谦撰

（归善斋按，未解）

19. 《书传辑录纂注》卷五《周书·洛诰》

（元）董鼎撰

（归善斋按，见"王若曰，公！明保予冲子"）

20. 《尚书句解》卷九《周书·洛诰第十五》

（元）朱祖义撰

奉答天命（以此奉答上天之命），和恒四方民（以此而和四方常性之民），居师（居大师之位而无愧）。

21. 《尚书日记》卷十二《周书·洛诰》

（明）王樵撰

（归善斋按，见"王若曰，公！明保予冲子"）

22. 《日讲书经解义》卷八《周书·洛诰》

（清）库勒纳等撰

（归善斋按，见"王若曰，公！明保予冲子"）

《五诰解》卷四《洛诰》

（宋）杨简撰

（归善斋按，见"王若曰，公！明保予冲子"）

《书义断法》卷五《周书·洛诰》

（元）陈悦道撰

（归善斋按，见"王若曰，公！明保予冲子"）

惇宗将礼，称秩元祀，咸秩无文

1.《尚书注疏》卷十四《周书》

（汉）孔氏传，（唐）陆德明音义，（唐）孔颖达疏

惇宗将礼，称秩元祀，咸秩无文。

传，厚尊大礼，举秩大祀，皆次秩无礼文而宜在祀典者，凡此待公而行。

疏，正义曰，其厚尊大礼，谓举秩大祀，皆次秩礼所无文者而皆祀之，凡此皆待公而行，非我能也。

传，正义曰，《释诂》云，将，大也。厚尊大礼，谓祭祀之礼。《祭统》云，礼有五经，莫重于祭，是祭礼最尊大。公诲成王，令肇称殷礼，祀于新邑，咸秩无文。欲答公诲己之事，还述公辞，举秩大祀，皆次秩无礼文而宜在祀典者，其祀事非我所为，凡此皆待公而行者也。言公不可舍我以去也。

2.《书传》卷十三《周书·洛诰第十五》

（宋）苏轼撰

惇宗将礼，称秩元祀，咸秩无文。

惇宗，厚宗族也。将礼，秉礼也。称秩元祀，举大祀也。

3. 《尚书全解》卷三十一《周书·洛诰》

(宋)林之奇撰
(归善斋按,见"王若曰,公!明保予冲子")

4. 《尚书讲义》卷十五

(宋)史浩撰
(归善斋按,见"笃叙乃正父,罔不若予,不敢废乃命")

5. 《尚书详解》卷二十《周书·洛诰》

(宋)夏僎撰
(归善斋按,见"王若曰,公!明保予冲子")

6. 《增修东莱书说》卷二十三《周书·洛诰第十五》

(宋)吕祖谦撰,(宋)石澜增修
(归善斋按,见"王若曰,公!明保予冲子")

7. 《尚书说》卷五《周书·洛诰》

(宋)黄度撰
(归善斋按,见"王若曰,公!明保予冲子")

8. 《絜斋家塾书钞》卷十一《周书·洛诰》

(宋)袁燮撰
(归善斋按,见"王若曰,公!明保予冲子")

9. 《书经集传》卷五《周书·洛诰》

(宋)蔡沈撰
惇宗将礼,称秩元祀,咸秩无文。
宗,"功宗"之"宗"也,下文"宗礼"同。将,大也。

10.《尚书精义》卷三十八《周书·洛诰》

(宋) 黄伦撰
(归善斋按,见"王若曰,公!明保予冲子")

11.《尚书详解》卷三十三《周书·洛诰》

(宋) 陈经撰
(归善斋按,见"王若曰,公!明保予冲子")

12.《融堂书解》卷十四《周书·洛诰》

(宋) 钱时撰
(归善斋按,见"王若曰,公!明保予冲子")

13.《尚书要义》

(宋) 魏了翁撰
(归善斋按,原缺)

14.《书集传或问》卷下《洛诰》

(宋) 陈大猷撰
(归善斋按,未解)

15.《尚书详解》卷九《周书·洛诰第十五》

(宋) 胡士行撰
(归善斋按,见"王若曰,公!明保予冲子")

16.《书纂言》卷四上《周书·洛诰》

(元) 吴澄撰
(归善斋按,见"王若曰,公!明保予冲子")

17.《书集传纂疏》卷五《朱子订定蔡氏集传·周书·洛诰》

(元）陈栎撰

惇宗将礼，称秩元祀，咸秩无文。

宗，"功宗"之"宗"也，下文"宗礼"同。将，大也。

纂疏：

孔氏曰，厚尊大礼，举秩大祀。

苏氏曰，言此事皆赖公之功而成也。

愚谓，此盖王述已行之事之辞，即答公所谓"王，肇称殷礼，祀于新邑，咸秩无文"也。

18.《读书丛说》卷六《洛诰》

(元）许谦撰

(归善斋按，未解)

19.《书传辑录纂注》卷五《周书·洛诰》

(元）董鼎撰

惇宗将礼，称秩元祀，咸秩无文。

宗，功宗之宗也。下文宗礼，同。将，大也。

纂注：

孔氏曰，厚尊大礼，举秩大祀。

苏氏曰，惇宗，厚族也。将礼，秉礼也。言此数事，皆赖公之功而成也。

陈氏大猷曰，礼者，人所宗而尊者，故伯夷典礼，曰秩宗。春官典礼，曰宗伯。惇厚人所宗，而将秉其礼也。下文"未定于宗礼"，亦谓制作未定，所以言未定人所宗尊之礼也。

新安陈氏曰，此盖王述已行之事之辞，即答公所谓"王，肇称殷礼，祀于新邑，咸秩无文"也。

20.《尚书句解》卷九《周书·洛诰第十五》

（元）朱祖义撰

惇宗将礼（乃可惇厚尊崇其大礼），称秩元祀（以举行次序其大祀），咸秩无文（凡不在《祀典》，法应祀者，皆以序祀之）。

21.《尚书日记》卷十二《周书·洛诰》

（明）王樵撰

（归善斋按，见"王若曰，公！明保予冲子"）

22.《日讲书经解义》卷八《周书·洛诰》

（清）库勒纳等撰

惇宗将礼，称秩元祀，咸秩无文。

此一节书，是成王答周公"元祀殷礼"之言，亦"明保"之实也。宗，即上文"功宗"之"宗"。将，大也。成王曰，人君丕显德，莫隆于报功，而莫重于祭祀。今公教以"记功元祀"，此即称人君驭臣之德，使我冲子惇厚功宗之大礼。凡诸臣有功者，皆次第修举祀典，而功之最显者，尊为元祀，则功无不报矣。教以"肇称殷礼"，此即称人君事神之德，使我冲子，首举祀神大典，虽祀典不载者，皆序次以祭之，则祭无不举矣。夫上世元勋硕德，皆配太庙，天神地祇，悉列明禋，圣王一出，而群策效功，鬼神受职，其率是道也与。

《五诰解》卷四《洛诰》

（宋）杨简撰

（归善斋按，见"王若曰，公！明保予冲子"）

《书义断法》卷五《周书·洛诰》

（元）陈悦道撰

惇宗将礼，称秩元祀，咸秩无文。唯公德明光于上下，勤施于四方，旁作穆穆，迓衡不迷，文武勤教。予冲子，夙夜毖祀。

既定宗礼，则称元祀，而秩无文，此洛邑已行之祭礼也。德化已行，唯夙夜而承祭祀。此继今以后，常行之祭礼也。厚尊大礼，举秩大祀，臣不以德教为已明，勤施以迓太平，而绍先志；君不以大臣为可恃，益加毖祀，以奉宗庙而承祭礼。盖不恃其祀礼之已盛，而益谨于祀礼之常行。其曰"夙夜毖祀"，皆所以养诚心，而端政本，非一切仰成而已也。成王留周公以治洛，其交相勉之意，亦可见矣。

《读书管见》卷下《洛诰》

（元）王充耘撰

惇宗将礼。

"惇宗将礼，称秩元祀，咸秩无文"，皆蒙上"以予小子"之文，言我得以奉祭祀者，皆公之力也。"扬文武烈"，答公"笃叙乃正父，彼裕我民"之辞；"惇宗将礼"，答"肇称殷礼，记功宗"之辞。

唯公德明光于上下，勤施于四方

1. 《尚书注疏》卷十四《周书》

（汉）孔氏传，（唐）陆德明音义，（唐）孔颖达疏

唯公德明光于上下，勤施于四方。

传，言公明德光于天地，勤政施于四海，万邦四夷服仰公德而化之。

疏，正义曰，更述居摄时，事唯公，明德光于天地，勤政施于四方。

传，正义曰，唯公德明光于上下，勤施于四方，此与下经，皆追述居摄时事。《尧典》训"光"为"充"，此"光"亦为"充"也。言公之明德，充满天地，即《尧典》"格于上下"。"勤政施于四方"，即《尧典》"光被四表"也。意言万邦四夷，皆服仰公德而化之。上言待公乃行之，此言公有是德，言其将来，说其已然，所以深美公也。

2. 《书传》卷十三《周书·洛诰第十五》

（宋）苏轼撰

唯公德明光于上下，勤施于四方，旁作穆穆，迓衡不迷，文武勤教。迓衡，导我于治平。

3. 《尚书全解》卷三十一《周书·洛诰》

（宋）林之奇撰
（归善斋按，见"王若曰，公！明保予冲子"）

4. 《尚书讲义》卷十五

（宋）史浩撰
（归善斋按，见"笃叙乃正父，罔不若予，不敢废乃命"）

5. 《尚书详解》卷二十《周书·洛诰》

（宋）夏僎撰
（归善斋按，见"王若曰，公！明保予冲子"）

6. 《增修东莱书说》卷二十三《周书·洛诰第十五》

（宋）吕祖谦撰，（宋）石澜增修
（归善斋按，见"王若曰，公！明保予冲子"）

7. 《尚书说》卷五《周书·洛诰》

（宋）黄度撰
（归善斋按，见"王若曰，公！明保予冲子"）

8. 《絜斋家塾书钞》卷十一《周书·洛诰》

（宋）袁燮撰
（归善斋按，见"王若曰，公！明保予冲子"）

9.《书经集传》卷五《周书·洛诰》

(宋)蔡沈撰

唯公德明光于上下,勤施于四方,旁作穆穆,迓衡不迷,文武勤教。予冲子,夙夜毖祀。

旁,无方所也。因上下、四方为言。穆穆,和敬也。迓,迎也。言周公之德,昭著于上下,勤施于四方,旁作穆穆,以迎治平,不迷失文、武所勤之教于天下。公之德教,加于时者如此。予冲子,夫何为哉?唯早夜以谨祭祀而已。盖成王知周公有退休之志,故示其所以留之之意也。

10.《尚书精义》卷三十八《周书·洛诰》

(宋)黄伦撰

唯公德明光于上下,勤施于四方,旁作穆穆,迓衡不迷,文武勤教。予冲子,夙夜毖祀。

无垢曰,盖唯周公之明,为能知太平所在,而迓之;能知文武勤劳所在,而遵之。迓之以何道也,曰迓之之道,穆穆者敬以和也。夫敬以和何事哉?行纳天下万事于敬和之中,此所以为迓衡者也。"不迷文武勤教"以何道哉?亦穆穆而已矣。文、武勤教,亦在敬和中尔。唯敬,则无邪心;唯和则能涵养正。《孟子》所谓"必有事焉而勿正,心勿忘,勿助长"之义也。必有事者,敬也;而勿正者,和也。孟子浩然之气,正在此尔。

11.《尚书详解》卷三十三《周书·洛诰》

(宋)陈经撰

(归善斋按,见"王若曰,公!明保予冲子")

12.《融堂书解》卷十四《周书·洛诰》

(宋)钱时撰

(归善斋按,见"王若曰,公!明保予冲子")

13. 《尚书要义》

（宋）魏了翁撰

（归善斋按，原缺）

14. 《书集传或问》卷下《洛诰》

（宋）陈大猷撰

（归善斋按，未解）

15. 《尚书详解》卷九《周书·洛诰第十五》

（宋）胡士行撰

（归善斋按，见"王若曰，公！明保予冲子"）

16. 《书纂言》卷四上《周书·洛诰》

（元）吴澄撰

（归善斋按，见"王若曰，公！明保予冲子"）

17. 《书集传纂疏》卷五《朱子订定蔡氏集传·周书·洛诰》

（元）陈栎撰

唯公德明光于上下，勤施于四方，旁作穆穆，迓衡不迷，文武勤教。予冲子，夙夜毖祀。

旁，无方所也，因上下、四方为言。穆穆，和敬也。迓，迎也。言周公之德，昭著于上下，勤施于四方，旁作穆穆，以迎治平，不迷失文、武所勤之教于天下。公之德教，加于时者如此，予冲子夫何为哉？唯早夜以谨祭祀而已。盖成王知周公有退休之志。故示其所以留之之意也。

纂疏：

陈氏大猷曰，不曰已太平，方且和敬以迓之而已。治犹未治也，使以为既平，则无亹亹方进之意，盈而不可久矣。

唐孔氏曰，卫献公言政由宁氏，祭则寡人，意亦略似。言祭则我小子；迓太平明教化，皆委重于公也。

愚谓，此王推美归重于公，犹欲其益因德业之盛，而加自强不息之诚。我小子但主祀而已，此已示留公之意矣。

18.《读书丛说》卷六《洛诰》

（元）许谦撰

（归善斋按，未解）

19.《书传辑录纂注》卷五《周书·洛诰》

（元）董鼎撰

唯公德明光于上下，勤施于四方，旁作穆穆，迓衡不迷，文武勤教。予冲子，夙夜毖祀。

旁，无方所也。因上下、四方为言。穆穆，和敬也。迓，迎也。言周公之德，昭著于上下，勤施于四方，旁作穆穆，以迎治平。不迷失文、武所勤之教于天下。公之德教加于时者如此，予冲子夫何为哉？唯早夜以谨祭祀而已。盖成王知周公有退休之志，故示其所以留之之意也。

辑录：

穆穆，和敬之貌，天子之容。旁作，谓周公辅成己德，以迎迓太平之治，而不迷于先王之教。《书说》。

纂注：

陈氏大猷曰，不曰已太平，方且和敬以迓之，已治犹未治也。使以为既平，则无亹亹方进之意，盈而不可久矣。

苏氏曰，祭则我冲子，政则周公。成王言，我归宗周毖祀而已。

唐孔氏曰，卫献公云政由宁氏，祭则寡人，亦略犹是。

20.《尚书句解》卷九《周书·洛诰第十五》

（元）朱祖义撰

唯公德明（唯公之德明显）光于上下（上则光着于天，下则光着于地，谓格于天地也），勤施于四方（远则勤施于四方，欲无往不被）。

21.《尚书日记》卷十二《周书·洛诰》

(明)王樵撰

"唯公德明光于上下"至"予冲子,夙夜毖祀"。

此因公有"明农"之语,极称其功德,为朝廷所倚重,未可以言去之意。此留是在镐京。留,留其去。下文"留"是在洛邑,留,留之治洛也。明光勤施,自公言之;作,自四方言之。旁,无方所也。公之德,不可形容,自四方之人兴起于公之德者,皆穆穆和敬,则在公者可想矣。明光于上下是竖说;勤施于四方是横说。制礼作乐,以纳天下于中正和顺之域,即公德明光勤施之实也。天下皆由于公之礼乐,是即"旁作穆穆迓衡"也。迓,迎也,有方进意。衡,平也。天下皆在周光宅之中。天下皆向周公日新之化,故曰"迓衡"。"文武勤教",即所谓"奠丽陈教,则肄肄不违"者。文、武既没,得周公而继续光明之,不迷失于天下也。公德如此,"予小子夙夜毖祀"而已,天下之事方仰成于公,公可以言去哉?

22.《日讲书经解义》卷八《周书·洛诰》

(清)库勒纳等撰

唯公德明光于上下,勤施于四方,旁作穆穆,迓衡不迷,文武勤教。予冲子,夙夜毖祀。

此一节书,是成王叙周公德教之盛,以示留公之意也。旁作,犹云旁行,言无不遍也。穆穆,深远也。迓,迎也。衡,平也。成王曰,我公明保之功,固予之所仰赖矣,而况公德教之盛,上承先王,而下翼冲子者,更自无穷也。唯公之盛德,光辉发越于上下之间,浩乎际天而蟠地矣。勤劳施布于四海之内,皇然继日而待旦矣。合上下四方,流行充塞,但见德容穆穆然,深厚广远,以迎迓国家之治平,景福方隆,天休滋至,使文王、武王昔日所勤劳,以教化天下者,事事修举,不致迷失。公之德教,有可倚赖如此,我冲子更何为哉?唯夙夜以谨祭祀而已。公何可轻言去乎?盖德与教,非有二。文、武以缉熙无竞之德而为教;周公以明光勤施之德而为教,德至则教无不至矣。而公之德岂有外于文武之德哉?信乎,公能成文、武之德也。

《五诰解》卷四《洛诰》

(宋) 杨简撰

(归善斋按,见"王若曰,公！明保予冲子")

《书义断法》卷五《周书·洛诰》

(元) 陈悦道撰

(归善斋按,见"惇宗将礼,称秩元祀,咸秩无文")

《读书管见》卷下《洛诰》

(元) 王充耘撰

唯公德明光于上下。

"唯公德明光于上下,予冲子,夙夜毖祀",终上文"公称丕显德称秩元祀"之意,言有公如此,故我得以如此也。

《尚书疑义》卷五《洛诰》

(明) 马明衡撰

细详成王留周公之辞,皆是广及安定天下之大计,而非专为治洛而发。云"光于上下,勤施于四方",谓周公之德在于天下,则欲周公不去,以久厌天下之心也。云"功棐迪笃,罔不若时",则欲周公辅导启迪,时时如常也。云"四方迪乱,未定于宗礼",则欲周公不去,使四方皆安定其功也。云"诞保文武受民,乱为四辅",周公去,则左右前后,辅导无人,而民不安,故欲其留,以为辅也。四辅,如《王制》设四辅及三公,左辅右弼,前疑后丞,为四辅也。云"公勿替刑四方其世享",则欲其不去,为四方之取则也。凡此皆只留以治安国家之意,何曾专及于洛邑一方之言。如后来《君陈》《毕命》是专命之辞,自然谆谆不息,盖以周公之德,在成王当留,以自辅。君陈、毕公,保障一方之才也。周公之功于洛邑,不宜以更居。君陈、毕公则可以无所嫌也。此其道理可信之大者。有见于此。则其区区援引证据,亦无事颊舌之烦矣。

旁作穆穆，迓衡不迷，文武勤教

1.《尚书注疏》卷十四《周书》

（汉）孔氏传，（唐）陆德明音义，（唐）孔颖达疏

旁作穆穆，迓衡不迷，文武勤教。

传，四方旁来为敬敬之道，以迎太平之政，不迷惑于文武所勤之教，言化洽。

音义，旁，步光反。迓，五嫁反，马、郑、王皆音鱼据反。

疏，正义曰，使四方旁来为敬敬之道，以迎太平之政，下民皆不复迷惑于文武所勤之教，言公化洽，使如此也。

传，正义曰，化洽者，上言施化在公，此言民化公德。四方旁来为敬敬之道，民皆敬向公，以迎太平之政，言迎者，公政从上，而下民皆自下迎之。言其慕化速也。文武勤行教化，欲以教训利民，民蒙公化，识文武之心，不复迷惑文武所勤之教，言公居摄之时，政化已洽于民也。

2.《书传》卷十三《周书·洛诰第十五》

（宋）苏轼撰

（归善斋按，见"唯公德明光于上下，勤施于四方"）

3.《尚书全解》卷三十一《周书·洛诰》

（宋）林之奇撰

（归善斋按，见"王若曰，公！明保予冲子"）

4.《尚书讲义》卷十五

（宋）史浩撰

（归善斋按，见"笃叙乃正父，罔不若予，不敢废乃命"）

5.《尚书详解》卷二十《周书·洛诰》

(宋)夏僎撰
(归善斋按,见"王若曰,公!明保予冲子")

6.《增修东莱书说》卷二十三《周书·洛诰第十五》

(宋)吕祖谦撰,(宋)石澜增修
(归善斋按,见"王若曰,公!明保予冲子")

7.《尚书说》卷五《周书·洛诰》

(宋)黄度撰
(归善斋按,见"王若曰,公!明保予冲子")

8.《絜斋家塾书钞》卷十一《周书·洛诰》

(宋)袁燮撰
(归善斋按,见"王若曰,公!明保予冲子")

9.《书经集传》卷五《周书·洛诰》

(宋)蔡沈撰
(归善斋按,见"唯公德明光于上下,勤施于四方")

10.《尚书精义》卷三十八《周书·洛诰》

(宋)黄伦撰
(归善斋按,见"唯公德明光于上下,勤施于四方")

11.《尚书详解》卷三十三《周书·洛诰》

(宋)陈经撰
(归善斋按,见"王若曰,公!明保予冲子")

12. 《融堂书解》卷十四《周书·洛诰》

（宋）钱时撰

(归善斋按，见"王若曰，公！明保予冲子")

13. 《尚书要义》

（宋）魏了翁撰

(归善斋按，原缺)

14. 《书集传或问》卷下《洛诰》

（宋）陈大猷撰

(归善斋按，未解)

15. 《尚书详解》卷九《周书·洛诰第十五》

（宋）胡士行撰

(归善斋按，见"王若曰，公！明保予冲子")

16. 《书纂言》卷四上《周书·洛诰》

（元）吴澄撰

(归善斋按，见"王若曰，公！明保予冲子")

17. 《书集传纂疏》卷五《朱子订定蔡氏集传·周书·洛诰》

（元）陈栎撰

(归善斋按，见"唯公德明光于上下，勤施于四方")

18. 《读书丛说》卷六《洛诰》

（元）许谦撰

(归善斋按，未解)

19.《书传辑录纂注》卷五《周书·洛诰》

(元)董鼎撰

(归善斋按,见"唯公德明光于上下,勤施于四方")

20.《尚书句解》卷九《周书·洛诰第十五》

(元)朱祖义撰

旁作穆穆,迓衡(旁则作,成穆穆致敬之德,以迎迓太平之治)不迷,文武勤教(亲承文、武勤勤之教,以辅相我者,庶以不迷失之)。

21.《尚书日记》卷十二《周书·洛诰》

(明)王樵撰

(归善斋按,见"唯公德明光于上下,勤施于四方")

22.《日讲书经解义》卷八《周书·洛诰》

(清)库勒纳等撰

(归善斋按,见"唯公德明光于上下,勤施于四方")

《五诰解》卷四《洛诰》

(宋)杨简撰

(归善斋按,见"王若曰,公!明保予冲子")

《书义断法》卷五《周书·洛诰》

(元)陈悦道撰

(归善斋按,见"惇宗将礼,称秩元祀,咸秩无文")

予冲子,夙夜毖祀

1.《尚书注疏》卷十四《周书》

(汉)孔氏传,(唐)陆德明音义,(唐)孔颖达疏
予冲子,夙夜毖祀。
传,言政化由公而立,我童子徒早起夜寐,慎其祭祀而已,无所能。
音义,毖,音秘。
疏,正义曰,今若留辅我童子,唯当早起夜寐,慎其祭祀而已,言政化由公而立,我无所能也。
传,正义曰,予冲子,夙夜毖祀,此述留公之意,陈自今已后之事,言公若留住,政化由公而立,我童子徒早起夜寐,慎其祭祀而已,于政事无所能,欲唯典祭祀,以政事委公。襄二十六年《左传》云"卫献公使与甯喜言曰,苟得反国,政由甯氏,祭则寡人"亦犹是也。

2.《书传》卷十三《周书·洛诰第十五》

(宋)苏轼撰
予冲子,夙夜毖祀。
祭则我冲子,政则周公。

3.《尚书全解》卷三十一《周书·洛诰》

(宋)林之奇撰
(归善斋按,见"王若曰,公!明保予冲子")

4.《尚书讲义》卷十五

(宋)史浩撰
(归善斋按,见"笃叙乃正父,罔不若予,不敢废乃命")

5. 《尚书详解》卷二十《周书·洛诰》

（宋）夏僎撰
（归善斋按，见"王若曰，公！明保予冲子"）

6. 《增修东莱书说》卷二十三《周书·洛诰第十五》

（宋）吕祖谦撰，（宋）石澜增修
（归善斋按，见"王若曰，公！明保予冲子"）

7. 《尚书说》卷五《周书·洛诰》

（宋）黄度撰
（归善斋按，见"王若曰，公！明保予冲子"）

8. 《絜斋家塾书钞》卷十一《周书·洛诰》

（宋）袁燮撰
（归善斋按，见"王若曰，公！明保予冲子"）

9. 《书经集传》卷五《周书·洛诰》

（宋）蔡沈撰
（归善斋按，见"唯公德明光于上下，勤施于四方"）

10. 《尚书精义》卷三十八《周书·洛诰》

（宋）黄伦撰
（归善斋按，见"唯公德明光于上下，勤施于四方"）

11. 《尚书详解》卷三十三《周书·洛诰》

（宋）陈经撰
（归善斋按，见"王若曰，公！明保予冲子"）

12. 《融堂书解》卷十四《周书·洛诰》

（宋）钱时撰
（归善斋按，见"王若曰，公！明保予冲子"）

13. 《尚书要义》

（宋）魏了翁撰
（归善斋按，原缺）

14. 《书集传或问》卷下《洛诰》

（宋）陈大猷撰
（归善斋按，未解）

15. 《尚书详解》卷九《周书·洛诰第十五》

（宋）胡士行撰
（归善斋按，见"王若曰，公！明保予冲子"）

16. 《书纂言》卷四上《周书·洛诰》

（元）吴澄撰
（归善斋按，见"王若曰，公！明保予冲子"）

17. 《书集传纂疏》卷五《朱子订定蔡氏集传·周书·洛诰》

（元）陈栎撰
（归善斋按，见"唯公德明光于上下，勤施于四方"）

18. 《读书丛说》卷六《洛诰》

（元）许谦撰
（归善斋按，未解）

19. 《书传辑录纂注》卷五《周书·洛诰》

(元) 董鼎撰

(归善斋按,见"唯公德明光于上下,勤施于四方")

20. 《尚书句解》卷九《周书·洛诰第十五》

(元) 朱祖义撰

予冲子,夙夜毖祀(我幼冲,所当自任者,唯早夜谨祭祀之礼)。

21. 《尚书日记》卷十二《周书·洛诰》

(明) 王樵撰

(归善斋按,见"唯公德明光于上下,勤施于四方")

22. 《日讲书经解义》卷八《周书·洛诰》

(清) 库勒纳等撰

(归善斋按,见"唯公德明光于上下,勤施于四方")

《五诰解》卷四《洛诰》

(宋) 杨简撰

(归善斋按,见"王若曰,公!明保予冲子")

《书义断法》卷五《周书·洛诰》

(元) 陈悦道撰

(归善斋按,见"惇宗将礼,称秩元祀,咸秩无文")

王曰,公功棐迪笃,罔不若时

1. 《尚书注疏》卷十四《周书》

(汉) 孔氏传,(唐) 陆德明音义,(唐) 孔颖达疏

王曰,公功棐迪笃,罔不若时。

传，公之功辅道我已厚矣，天下无不顺，而是公之功。

疏，正义曰，王又重述前言，还说居摄时事也。曰公之功辅道我已厚矣。天下无有不顺而是公之功者。公所以须留也。

传，正义曰，王意言，公之居摄天下，若为非则可舍我而去，公之居摄天下无不顺而是公之功，不可舍我去。

2.《书传》卷十三《周书·洛诰第十五》

（宋）苏轼撰

王曰，公功棐迪笃。

公之功辅我以道者厚矣。

罔不若时。

3.《尚书全解》卷三十一《周书·洛诰》

（宋）林之奇撰

（归善斋按，见"王若曰，公！明保予冲子"）

4.《尚书讲义》卷十五

（宋）史浩撰

王曰，公功棐迪笃，罔不若时。王曰，公！予小子其退，即辟于周，命公后。四方迪乱，未定于宗礼，亦未克敉公功，迪将其后，监我士师工，诞保文武受民，乱为四辅。

"公功棐迪，罔不若时"，公辅导我，勉励我，无不顺时也。王又曰"公"者，呼之也。小子，成王自称也。"其退，即辟于周"者，公既语我，我退即往，君于周矣。"命公后"者，使公且住洛，缓其归周之期也。四方虽顺治，未定于宗礼，故亦未及镇抚公之功祝。公顺将其后，监我士师工者，居洛以监观刑狱百工之事，诞保文武所受于天之民治，为四方之辅也。呜呼！成王惮礼之未定，可谓知所先务矣。周公所以不得不作《周官》也。《周官》之书。必作于"辩方正位体国经野"之后者，盖此意也。而谓之"宗礼"者，伯夷掌礼，谓之"秩宗"，而《周官》亦谓之"宗伯"，则礼之谓"宗礼"，盖有自矣。成王至是，欲以礼法维太平。此神祇祖考，不得不安乐之也。说者以"命公后"为立伯禽于鲁，其说似非古者诸侯入为王卿士，未有即命其世子嗣位者。周公身存，而伯禽自立可乎。解《书》者，徒见"建尔元子俾侯于鲁"之诗，遂迁就而为之说。使成王果越旧章而为之，周公亦岂肯受乎。

5.《尚书详解》卷二十《周书·洛诰》

（宋）夏僎撰

王曰，公功棐迪笃，罔不若时。王曰，公！予小子其退，即辟于周，命公后。四方迪乱，未定于宗礼，亦未克敉公功，迪将其后，监我士师工，诞保文武受民，乱为四辅。王曰，公定，予往已，公功肃，将祗欢。公无困哉，我唯无斁其康事，公勿替刑，四方其世享。

成王上既陈说周公明德光上下，显四方，又能作穆穆迓衡，至此又申美之曰"公功棐迪笃，罔不若时"，谓周公之功所以棐辅启迪于我者甚厚，无不如是，谓如上文所言也。既言此，故又告周公曰，公我小子，今正将即君位于周，谓自此退朝，即欲往洛邑即位也。既即位，即欲为公立后，谓将封伯禽为诸侯也。"四方迪乱，未定于宗礼，亦未克敉公功"者，成王谓，公前有归国"明农"之言，今我则谓公实未可遽去者，以周公之功，正开导四方于至治，今尚未定所以尊公之礼，若乃遽去，恐非所以安公之功。盖公之功如此而不报，虽公于此无心，而成王之心实憪然不自安故也。我是以"迪将其后"，谓封伯禽而启大周公之后也。而公即当且留，为我监督此治政事之众官。此"士"与"见士于周"之"士"同，犹"政事"之"事"也。大保安文武所受天命之民，致其治功，为成王左右前后之辅臣，永不离王室也。成王既留公如此笃，故又告公曰"公定"，谓公当定其留之计，我即往新邑已。盖公之功著在人心，而公又能肃敬以自将，谓不矜伐以骄人也，人皆敬而喜之。故公今日必当为我曲留，共治斯民，不可有倦于勤之心。公不倦于勤，则我亦不厌于安民之事，故谓周公诚能不废其所以仪刑四方之意，则非特成王不厌其安民之事，而四方亦世世享德矣。

6.《增修东莱书说》卷二十三《周书·洛诰第十五》

（宋）吕祖谦撰，（宋）石澜增修
（归善斋按，见"王若曰，公！明保予冲子"）

7.《尚书说》卷五《周书·洛诰》

（宋）黄度撰
王曰，公功棐迪笃，罔不若时。
辅我迪德甚厚，无不顺足者，皆答"罔不若予"。

8.《絜斋家塾书钞》卷十一《周书·洛诰》

（宋）袁燮撰
王曰，公功棐迪笃，罔不若时。王曰，公！予小子其退，即辟于周，命公后。四方迪乱，未定于宗礼，亦未克敉公功，迪将其后，监我士师工，诞保文武受民，乱为四辅。王曰，公定，予往已，公功肃，将祗欢。公无困哉，我唯无斁其康事，公勿替刑，四方其世享。

成王又言，公辅迪我之笃厚，罔不如此。我今自此退后，当即辟于周，而命公之后于鲁，公却留以辅我。盖不许周公之去，而许周公以复辟也。夫成王至此，方以为即辟，孰谓复辟之说非还政事于成王乎？观此处可见成王处事之妙，夫不许周公之复辟，是不遂周公之意也；许周公之去，则左右无人，失所倚仗，尤不可也。今许其复辟，任天下之大政于己，而仍使周公留以辅助焉。既不失己之助，又不违公之意，舍此之外，更复有何策乎？若非成王心地清明，岂能处事之妙如此。"公无困我"，言公若去，则我其困矣。康民之事，我不敢有厌斁。观"无斁"二字，成王至诚不息之心为如何？"公勿替刑"，公不可替其义刑，当留以辅我也。

9.《书经集传》卷五《周书·洛诰》

（宋）蔡沈撰
王曰，公功棐迪笃，罔不若时。

言周公之功，所以辅我，启我者厚矣，当常如是，未可以言去也。

10.《尚书精义》卷三十八《周书·洛诰》

（宋）黄伦撰

王曰，公功棐迪笃，罔不若时。王曰，公！予小子其退，即辟于周，命公后。四方迪乱，未定于宗礼，亦未克敉公功，迪将其后，监我士师工，诞保文武受民，乱为四辅。

无垢曰，成王始疑周公，以学问之不至也。既而，周公辅佐开导之，使成王知"夙夜毖祀"之理，则周公棐迪成王之功，其亦厚矣。始疑周公，信管、蔡，亲小人而远君子也。天下无不违悖而非议之。及其悔悟，还周公，诛管、蔡，是亲君子而远小人也。天下无不顺从而称是焉。天下有公议，人主其可肆意而弗顾乎？

又曰，以未定周公之礼，及未能镇周公之功，所以成王欲以道大周公之后，立伯禽为诸侯，使监临我士民及庶官也。一国所寄，有三卿焉，有民人焉，有百司焉。所以监总者，则诸侯也。观成王此计，亦已巧矣。留周公于朝廷，以光文、武之业，立伯禽为诸侯，以报周公之功。既不失辅相之托，又不忘天下之功。其举事如此，亦学问之力也。

又曰，夫天下之民，皆文、武之民也，受之武王，正欲成王爱养之耳。成王自谓，我眇然一身，岂能人人而抚育之哉。所以众建诸侯，以大保我文、武所受之民，使天下皆治，东西南北，皆为我助，岂不大哉。唯其意在此，所以立伯禽为诸侯也。

吕氏曰，谓四方，如今方才开启，其治天下，诸侯皆未知"来王来享"，尊王之礼。汝周公虽能与我平殷之乱，然此宗礼之事尚未定，汝公之功亦未克敉宁，谓亦未完备。如今须当开导大我之后，为我士师工之监视。然成王当时，士师工固自多，谓无一人在做一个主，亦不得。汝当为我士师工之监，大保著文、武所受之民以治之，为四辅师保之佐。此一段，成王自谓，我眇然冲幼之子，固不足以留周公。纵使周公不为我留，亦当为天下留，亦当为文、武留。

11.《尚书详解》卷三十三《周书·洛诰》

（宋）陈经撰

王曰，公功棐迪笃，罔不若时。

棐，辅也。迪，导也。笃，厚也。言周公之功，所以辅导我之厚，无不若是，非溢美之辞也。

12.《融堂书解》卷十四《周书·洛诰》

（宋）钱时撰

王曰，公功棐迪笃，罔不若时。

此节言其功之惇厚，而所施皆顺也。

13.《尚书要义》

（宋）魏了翁撰

（归善斋按，原缺）

14.《书集传或问》卷下《洛诰》

（宋）陈大猷撰

（归善斋按，未解）

15.《尚书详解》卷九《周书·洛诰第十五》

（宋）胡士行撰

王曰，公功棐（助）迪（启）笃（厚），罔不若（如）时（是。前所言，往天下，无不顺而是之）。王曰，公！予小子其退（自此朝以后），即辟于周（洛），命公后（封公子伯禽于鲁）。四方迪（始开）乱（治之端），未定于宗（尊上）礼，亦未克敉（宁）公功（礼未定则功未敉），迪（公留启迪）将（助）其后（后来，一云，命公后），监（监率）我士师（众）工（官），诞（大）保文武受（受于天）民，乱（治）为四辅（左右前后）。王曰，公定（留），予往（新邑）已，公功肃（敬），将（大）祗欢（天下敬乐之）。公无困（舍去困我）哉，我唯无斁（厌）

其康（安民）事，公勿替（废）刑（仪法），四方其世（世世）享（来享）。周公拜手稽首曰，王命予来（洛）承（安）保乃（汝）文祖受命民，越（及）乃光（增光）烈考武王（王以文、武挽公），弘（大）朕恭（敬大其敬者，使不以前日之敬王为足也）。

此公以文、武，许为王留也。

16.《书纂言》卷四上《周书·洛诰》

（元）吴澄撰

王曰，公功棐迪笃，罔不若时。

周公教王笃叙乃正父，王谓公之功，非但开道我以笃叙而已，盖平日无一事不如是教我也。

此第四章，王与周公问答之言，盖在烝祭之后，王将归镐之时。

17.《书集传纂疏》卷五《朱子订定蔡氏集传·周书·洛诰》

（元）陈栎撰

王曰，公功棐迪笃，罔不若时。

言周公之功，所以辅我、启我者厚矣，常常如是，未可以言去也。

18.《读书丛说》卷六《洛诰》

（元）许谦撰

（归善斋按，未解）

19.《书传辑录纂注》卷五《周书·洛诰》

（元）董鼎撰

王曰，公功棐迪笃，罔不若时。

言周公之功，所以辅我，启我者厚矣，当常如是，未可以言去也。

辑录：

公之功辅导我已厚矣。无不若是，以上所称也。《书说》。

20.《尚书句解》卷九《周书·洛诰第十五》

(元) 朱祖义撰

王曰（又申美周公之言），公功棐迪笃（公功所以棐辅启迪于我者甚厚），罔不若时（如上文之功，无不如是之厚也）。

21.《尚书日记》卷十二《周书·洛诰》

(明) 王樵撰

王曰，公功棐迪笃，罔不若时。

又言公之功，所以辅我，启我者厚矣，当常如是，未可以言去也。周公位冢宰，则有辅佐之功；兼师保，则有启迪之功。

22.《日讲书经解义》卷八《周书·洛诰》

(清) 库勒纳等撰

王曰，公功棐迪笃，罔不若时。

此一节书，是成王留周公之词也。棐，辅也。迪，启也。笃，厚也。成王曰，我公既有"明保"之勤，又有德教之盛，以功绩言之，所以辅助我，而使之有成；启迪我，而使之有觉者，可谓笃厚而无加矣。使公一去，则始之棐我者，旋至于废弛；始之迪我者，旋至于昏蔽。而棐迪之功，将谁赖哉？公当为国家久远之计，自始至终，罔不若是其棐我；罔不若是其迪我，而后可也。何得遽言"明农"哉。大抵圣主必资辅导，必重老成。昔殷宗命傅说曰"朝夕纳诲，欲其无时不辅德"也。成王命周公曰"罔不若时"，欲其无日不棐迪也。故二王令名，永垂奕世，所资于老成辅导之功，岂其微哉。

《五诰解》卷四《洛诰》

(宋) 杨简撰

(归善斋按，见"王若曰，公！明保予冲子")

王曰，公！予小子其退，即辟于周，命公后

1. 《尚书注疏》卷十四《周书》

（汉）孔氏传，（唐）陆德明音义，（唐）孔颖达疏

王曰，公！予小子其退，即辟于周，命公后。

传，我小子退坐之后，便就君于周命，立公后。公当留佑我。

疏，正义曰，王呼周公曰，我小子其退此坐，就为君于周，谓顺公之言，行天子之政于洛邑也。至洛邑，当命公后，立公之世子为国君，公当留辅我也。

传，正义曰，退者，退朝也。周公于时，令成王居王位，而以政归之成王，顺周公言，受其政也。言我小子退坐之后，便就君位于周。周，洛邑。许其从公言，适洛邑，而行新政也。古者，臣有大功，必封为国君。今周公将欲退老，故命立公后，使公子伯禽为国君，公当留佑我。王肃云，成王前春，亦俱至洛邑，是顾无事，既会而还宗周。周公往营成周，还来致政成王也。

《尚书注疏》卷十四《考证》

"命公后"传，命立公后。疏，使公子伯禽为国君。

蔡沈曰，后，犹后世留守、留后之义。先儒谓封伯禽，非是。考《费誓》在周公东征时，则伯禽就国盖已久矣。

2. 《书传》卷十三《周书·洛诰第十五》

（宋）苏轼撰

王曰，公！予小子其退，即辟于周，命公后。

成王许周公复辟之事，曰我其退归宗周，而即辟焉。今当命伯禽为公后。

3.《尚书全解》卷三十一《周书·洛诰》

（宋）林之奇撰

（归善斋按，见"王若曰，公！明保予冲子"）

4.《尚书讲义》卷十五

（宋）史浩撰

（归善斋按，见"王曰，公功棐迪笃，罔不若时"）

5.《尚书详解》卷二十《周书·洛诰》

（宋）夏僎撰

（归善斋按，见"王曰，公功棐迪笃，罔不若时"）

6.《增修东莱书说》卷二十三《周书·洛诰第十五》

（宋）吕祖谦撰，（宋）石澜增修

王曰，公！予小子其退，即辟于周，命公后。

成王留周公之心愈切矣。人君有安居而与师保议论者，有临朝布政而接诸侯卿大夫者。此成王欲退私而临朝也，谓我退而即君位于朝，命公后伯禽于鲁言公不可去，封公之子，以治鲁国之民。

7.《尚书说》卷五《周书·洛诰》

（宋）黄度撰

王曰，公！予小子其退，即辟于周，命公后。四方迪乱，未定于宗礼，亦未克敉公功，迪将其后，监我士师工，诞保文武受民，乱为四辅。

王言，予小子退，当即辟于周，遂命立公后，谓封伯禽于鲁也。四方虽已蹈于治，而未定宗礼，则亦未能敉宁公之功。制礼作乐，周道大成，而后公之功顺定焉。将大公德，已勤施于前，更当蹈大其后，监董我众士为师为工者，大保文武所受命民治之，而为四辅，师、保、丞、疑也。此又答"厥若彝，及抚事，如予，唯以在周工"，"伻向即有僚"意。周公本以太傅为太宰，至《君奭》始称周公为师，盖始居太师之职。监百工，则仍为太宰也。

8.《絜斋家塾书钞》卷十一《周书·洛诰》

(宋）袁燮撰

(归善斋按，见"王曰，公功棐迪笃，罔不若时"）

9.《书经集传》卷五《周书·洛诰》

(宋）蔡沈撰

王曰，公！予小子其退，即辟于周，命公后。

此下成王留周公治洛也。成王言，我退即居于周，命公留后治洛。盖洛邑之作，周公本欲成王迁都，以宅天下之中。而成王之意，则未欲舍镐京，而废祖宗之旧，故于洛邑举祀发政之后，即欲归居于周，而留周公治洛。谓之"后"者，先成王之辞，犹后世留守、留后之义。先儒谓封伯禽以为鲁后者，非是。考之《费誓》"东郊不开"，乃在周公东征之时，则伯禽就国盖已久矣。下文"唯告周公其后"，"其"字之义，益可见"其"为周公，不为伯禽也。

10.《尚书精义》卷三十八《周书·洛诰》

(宋）黄伦撰

(归善斋按，见"王曰，公功棐迪笃，罔不若时"）

11.《尚书详解》卷三十三《周书·洛诰》

(宋）陈经撰

王曰，公！予小子其退，即辟于周，命公后。四方迪乱，未定于宗礼，亦未克敉公功，迪将其后，监我士师工，诞保文武受民，乱为四辅。

成王欲立周公之后伯禽于鲁，故曰"予小子其退"，去即君位于洛邑，立公后于鲁。伯禽既立于鲁，则周公当留以辅成王，不可归也。"四方迪乱"，乱，治也。迪，启也。四方正在治道开端之初，尚未定于宗礼，典礼未彰著，则公之功犹未得敉宁。论周公之心，必使典礼盛行于天下，庶事大备，则公之心始安。未定于宗礼，则公之功，岂非犹有所未备乎？

此成王望之以不已之意也。周公顺当迪导。将，大。其自今日以后之事，监我士师工。士师工，即众官也。众官虽多，必有人为之总率。周公肯留，则监视士师工者，周公也。大安文武所受之民治之，以为我左右前后之辅。成王之意，所以望公者，谓宗礼欲其定，自今以后，政事有所守，及其去百官有所法，文武所受之民得所安，则周公方可言去，不然则未可去尔。

12.《融堂书解》卷十四《周书·洛诰》

（宋）钱时撰

王曰，公！予小子其退，即辟于周，命公后。四方迪乱，未定于宗礼，亦未克敉公功，迪将其后，监我士师工，诞保文武受民，乱为四辅。

此节方是许周公复辟，将命其后，以报其功也。公之意欲成王即"记功宗，以功作元祀"，不可但归美于我。成王则谓论功行封，公为第一。宗伯所定，宜莫先焉，岂独追报已亡，从祭于大祀而已哉。宗礼，即宗伯所掌之理，所以答"记功宗"之语也。师工，众官也。"监我士师工"，言以工为士大夫之监，所以答"乃汝其悉自教工"之语也。成王是时在洛之近地，故呼公而言，我小子其将，退还镐京，乃即君政，而命公之后为诸侯乎？观"其退"二字，则《洛诰》不作于镐京甚明。说者不悟其非镐，而谓退朝即辟，甚无义也。成王所以特欲命公之后者何也？是时，四方始迪于治，尚未定宗伯之礼，所以亦未能安抚周公之功。盖大宗伯以九仪之命，正邦国之位，一命受职，再命受服，三命受位，四命受器，五命赐则，六命赐官，七命赐国，八命作牧，九命作伯。公为太师，位极人臣，不可复加。是故，敉公之功者无他，唯只爵命其后人耳。迪将其后，以隆报功之典，以为我士大夫之监观，庶几周公大保安之治之，而为我四面辅助也。

13.《尚书要义》

（宋）魏了翁撰

（归善斋按，原缺）

14. 《书集传或问》卷下《洛诰》

(宋) 陈大猷撰

或问，林氏少颖，曰诸家多以命公后，为封伯禽。夫必待封伯禽，然后留，此浅丈夫要君之为，岂所以待周公哉？康王命毕公保厘东都，皆言祗命公以周公之事，又言"周公克谨厥始，君陈克和厥中，唯公克成厥终"，则周公于殷民，盖尝为之司牧，非特营迁之而已。《书》言"命公后"者，盖成王祀洛之后，复都镐京，故命周公留洛以镇抚殷民，若今世留守、留后之谓。下文"迪将其后""唯告周公其后""作册命公后"，皆此之谓也。伯禽与太公望相，先后报政，传记言之甚详，则伯禽封鲁固已久矣。曰考之《君陈》《毕命》，则周公之留洛镇抚殷民，明矣。公曰"王命子来承保乃文祖受命民"，曰"俾来毖殷"，则周公许王留洛以化殷，亦明矣。夫成王举祭祀，朝诸侯于洛，而实都镐京，则其留公镇洛，乃必然之理也。《史记》言太公望封于武王之世，又言武王克商，封弟叔鲜于管，封叔度于蔡，封叔旦于鲁。《史记》所言纵未可尽信，然《武成》言武王"崇德报功""列爵分土"，则太公之封，必当在武王之世。《孟子》言周公相武王，诛纣伐奄，则周之报功，而封建亲贤，孰有贤于周公者乎？又言太公之封于齐，周公之封于鲁，各百里。而又并言之，则必不应先封太公，至迁洛之后，始封周公。意者周公之封鲁已久，而公入为相摄政。今公欲退老就国，故成王留公于朝，不使归鲁，而竟命伯禽侯鲁欤。如此则非独与《鲁颂》所言"王曰叔父，建尔元子，俾侯于鲁"之言，不相背驰。而于林氏要君之疑，亦无碍。但《书》所言"命公后""告周公其后"之言，措辞不明，以为果为留后邪？则文义非恝，以为果命伯禽耶，则何不如其他命封之例，明言伯禽乎？要之，《洛诰》一书，多缺文意，其必有舛误，当存之以俟知者。

15. 《尚书详解》卷九《周书·洛诰第十五》

(宋) 胡士行撰

(归善斋按，见"王曰，公功棐迪笃，罔不若时")

16.《书纂言》卷四上《周书·洛诰》

(元)吴澄撰

王曰,公!予小子其退,即辟于周,命公后。四方迪乱,未定于宗礼,亦未克敉公功,迪将其后,监我士师工,诞保文武受民,乱为四辅。

此成王在洛,命公留洛之辞,遣使致此辞于公也。敉,慰抚绥安之意,犹下文言"宁",《礼》记言"康",皆谓尊崇赏赍也。迪将,语辞,未详其义。士师工,洛邑百工,有士者,有师者。师为大夫。文、武受民,谓洛之民,皆文、武所受于天之民。辅,如车辅之"辅",谓夹辅于其旁。汉三辅,盖本诸此。成王言,我其退归就君位于周,今四方开治之初,未定宗人之礼,亦未能崇奖公之功。公其留后于洛,监临我之士师工,大保护文、武所受之民治,此洛邑以为宗周之四辅。

17.《书集传纂疏》卷五《朱子订定蔡氏集传·周书·洛诰》

(元)陈栎撰

王曰,公!予小子其退,即辟于周,命公后。

此下成王留周公治洛也。成王言,我退,即居于周,命公留后治洛。盖洛邑之作,周公本欲成王迁都,以宅天下之中。而成王之意,则未欲舍镐京,而废祖宗之旧,故于洛邑举祀发政之后,即欲归居于周,而留周公治洛。谓之"后"者,先成王之辞,犹后世留守、留后之义。先儒谓封伯禽以为鲁后者,非是。考之《费誓》"东郊不开",乃在周公东征之时,则伯禽就国盖已久矣。下文"唯告周公其后","其"字之义,益可见"其"为周公,不为伯禽也。

纂疏:

上文"王曰"两段,周公无答辞,疑有缺文。成王言,我当归即政于宗周,而命公留于洛,犹唐节度留后之意。

史丞相说《书》亦有好处,如"命公后",旧说云,命伯禽为周公后,史云,成王既归,命周公在后。看"公定,予往已"一言,便见得周公在后之意。

真氏曰，按《史记·鲁世家》伯禽即位之后，管、蔡等反，淮夷徐戎亦并兴，于是伯禽帅师伐之于肸，遂平徐戎。据此，则蔡说当矣。

愚谓，成王自言"其退，即辟于周"，味"退"之一辞，则王时进在洛邑，可知是时，已行祀发政，将还镐京，据身在洛邑言故，以还归宗周为"退"。退，固王之谦词，亦述往返，语势之当然耳。先儒于此皆忽之，故不敢质言此章为王至洛后之辞也。

18.《读书丛说》卷六《洛诰》

（元）许谦撰

（归善斋按，未解）

19.《书传辑录纂注》卷五《周书·洛诰》

（元）董鼎撰

王曰，公！予小子其退，即辟于周，命公后。

此下成王留周公治洛也。成王言，我退，即居于周，命公留后治洛。盖洛邑之作，周公本欲成王迁都，以宅天下之中。而成王之意，则未欲舍镐京，而废祖宗之旧，故于洛邑举祀发政之后，即欲归居于周，而留周公治洛。谓之"后"者，先成王之辞，犹后世留守、留后之义。先儒谓封伯禽以为鲁后者，非是。考之《费誓》"东郊不开"，乃在周公东征之时，则伯禽就国盖已久矣。下文"唯告周公其后"，"其"字之义益可见，"其"为周公，不为伯禽也。

辑录：

上文"王曰"两段，周公无答辞，疑有缺文。成王言，我当归即政于宗周，而命公留于洛，犹唐节度留后之意。《书》说。

先生云，史丞相说《书》亦有好处，如"命公后"，众说亦皆云命伯禽为周公之后。史云，成王既归，命周公在后。看"公定、予往已"一言，便见得是周公旦在后之意。卓。

纂注：

真氏曰，按《史记·鲁世家》伯禽即位之后，管、蔡等反，淮夷徐戎亦并兴，于是伯禽帅师伐之于肸，遂平徐戎。据此，则蔡说当矣。

新安陈氏曰，成王自谓，其退即辟于周，味"退"之一字，则王时进在洛邑可知。据身在洛邑言，故以还归宗周为"退"。退，固王之谦辞，亦述往返，语势之当然耳。先儒于此，皆忽之，故不敢质言此章为王至洛后之辞也。

20. 《尚书句解》卷九《周书·洛诰第十五》

（元）朱祖义撰

王曰（又呼公而言）公！予小子其退，即辟于周（我小子今其退朝就君位于洛邑），命公后（欲为公立后命伯爵封为诸侯）。

21. 《尚书日记》卷十二《周书·洛诰》

（明）王樵撰

王曰，公！予小子其退，即辟于周，命公后。

此下成王留周公治洛也。味"退"之一字，则王时进在洛可知。就君于周，周，镐京也。蔡氏谓，洛邑之作，周公本欲成王迁都，以宅天下之中，而成王之意，则未欲舍镐京而废祖宗之旧。今考经文，初曰自服于土，中曰宅新邑，而后止曰来相宅而已。是有此意，但成王不果迁之意，必尝与周、召议之已定，然后命公留后，而经不详矣。及观《汉·地理志》谓宗周与洛邑通封畿，乃知都洛者，必以关中为根本，营洛之初意，亦未必舍镐京也。观曰"作周匹休"，是二都并建，非至后代而始有矣。

22. 《日讲书经解义》卷八《周书·洛诰》

（清）库勒纳等撰

王曰，公！予小子其退，即辟于周，命公后。四方迪乱，未定于宗礼，亦未克敉公功，迪将其后，监我士师工，诞保文武受民，乱为四辅。

此三节书，是成王付周公以治洛之责，叙其已然之绩，而望其未然之功也。后，犹后世"留后"之"后"。宗礼，即"功宗"之礼。敉功者，安定其功之谓。将，大也。监者，视效之意。乱，治也。成王曰，公既定洛邑矣，但念镐京乃祖宗基业，根本重地，不可忘也。予小子其将退，而就君位于周京矣。唯此洛邑，当以老成宿望治之。诚莫如我公者，故特命公留后于洛，以镇抚郊甸，系属人心也。夫公之勋劳甚大，当今四方开治，渐致太平，皆公德教所致。但新邑初建，未定功宗之典礼，尚未能安定公之大功。是公已然之绩，尚弗及报。公固不可言去也。况公将然之功，尤予所深望，公又何可言去乎。盖公之一身，群工所视效，文武所式凭，小民所倚赖，而保安东土，藩卫王家者也。今居洛邑，必当兴建事功，恢弘治道，开大留后之业，使我士师工有所监观取法，而勉供职业于洛也。所以望公如此者，果何为哉？诚以今洛邑之民，乃文、武所受于天者，公其大保安之，使服我之化，安我之治，则殷民安，而王畿亦安可治，为周京之四辅矣。吾之望公如此，公即不为予小子留，亦当为天下留，为文、武留也。可见人君以保民为本。成王退即辟于周，欲居镐京以保民也。"四方迪乱"，言公能保天下之民也。"迪将其后"，望公保洛邑之民也。其所以惓惓于斯民者，以民乃受于天，受于祖，任大责重，务使厚生正德，式化从风，则民安而畿辅安；畿辅安，则四方胥安矣。有天下者，念之哉。

《读书管见》卷下《洛诰》

（元）王充耘撰

予小子其退，即辟于周。

成王欲归即君位于周，不肯留洛，发政即辟，与前面"复子明辟"相应。或者旧说为然，尚欠考订。

《尚书疑义》卷五《洛诰》

（明）马明衡撰

"予小子其退"，"退"字必有缺误，不可强为之说。古注谓我小子退坐之后，皆强说。

"命公后"者还当如古注之说，云，命立公后，公当留佑我。宋儒以为命公留后于洛，恐周时未有留后之说。以后世之事，而准古人，非其据也。下文"王命作册，逸祝册"等事，如许之重，非分茅胙土。特大重事，何至如是。若只命留后镇抚，亦自不须如此。且此云"即辟于周"，如蔡氏注，是举祀发政之后，即欲归居宗周，则所谓"命公后"者，当是在宗周命之之辞，语脉方相承。而下文"命后"，乃在新邑，其说不得通矣。"命公后"，是成王面告周公之辞，若命伯禽可加命字，若即欲周公留后，则当云"公其后"，加一"命"字，又不通矣。蔡注又证以《费誓》"东郊不开"，乃在周公东征之时。此书序之言也，但书序亦只言徐夷并兴，安知是周公东征之时。唯《史记·鲁世家》则云，伯禽即位之后，管、蔡等反，淮夷徐戎亦并兴，于是伯禽率师伐之，遂平徐戎，似为可据。但《史记》作于载籍焚灭之余，史迁，志在成书，其历年先后世次，多不可依。今当以《尚书》为准，宁缺《史记》之疑，以信《尚书》不可迁就《尚书》以合《史记》也。且"命后作册"，其礼至重，非命留后无疑。而居洛与王对峙，决非周公此时之所宜然矣。详味"即辟"二字，即上"其基作民明辟"，下文"乱为四方新辟"之"辟"，盖皆始事更新之辞，若归居宗周，则成王即位已久，不可言即辟矣。

《五诰解》卷四《洛诰》

（宋）杨简撰

王曰，公！予小子其退，即辟于周，命公后。四方迪乱，未定于宗礼，亦未克敉公功，迪将其后，监我士师工，诞保文武受民，乱为四辅。

"命公后"者，为周公立后，谓封伯禽于鲁也。言，予小子往洛邑，即当行封建之礼，盖以公之去留为重也。四方虽已迪治其乱，而周之宗礼不定，则无以垂法后世，恐公之大功亦未能敉宁也。公唯以典礼为治，垂于后世，以为士众建功者之监，则可大保我文武治民之辅佐矣。四辅，旧说为四维之辅，唯周公足以当之。周公作官礼，史不详其何时，以《书》考之，当在洛邑告成之后也。

四方迪乱，未定于宗礼，亦未克敉公功

1.《尚书注疏》卷十四《周书》

（汉）孔氏传，（唐）陆德明音义，（唐）孔颖达疏

四方迪乱，未定于宗礼，亦未克敉公功。

传，言四方虽道治，犹未定于尊礼，礼未彰，是亦未能抚顺公之大功，明不可以去。

音义，救，亡婢反。治，直吏反，下同。

疏，正义曰，公之摄政四方，虽已道治理，犹自未能定于尊礼，是亦未能抚顺公之大功，公当待其定大礼，顺公之大功，此时未可去也。

传，正义曰，王意恐公意以四方既定，不须更留，故谓公云，四方虽已道治，而犹未能定于尊大之礼，言其礼乐未能彰明也。礼既未彰，是天下之民亦未能抚安顺，行公之大功。公当待其礼法明，公功顺，乃可去耳。明今不可以去。

2.《书传》卷十三《周书·洛诰第十五》

（宋）苏轼撰

四方迪乱，未定于宗礼，亦未克敉公功。

方以道济四方，凡宗庙之礼，所以镇抚公之元勋者，亦未定也。成王盖有赐周公以天子礼乐之意。

3.《尚书全解》卷三十一《周书·洛诰》

（宋）林之奇撰

（归善斋按，见"王若曰，公！明保予冲子"）

4.《尚书讲义》卷十五

（宋）史浩撰

（归善斋按，见"王曰，公功棐迪笃，罔不若时"）

5.《尚书详解》卷二十《周书·洛诰》

（宋）夏僎撰

（归善斋按，见"王曰，公功棐迪笃，罔不若时"）

6.《增修东莱书说》卷二十三《周书·洛诰第十五》

（宋）吕祖谦撰，（宋）石澜增修

四方迪乱，未定于宗礼，亦未克敉公功，迪将其后，监我士师工，诞保文武受民，乱为四辅。

四方今始开启其治端耳。诸侯尚未知"来王来享"，而举尊王之礼也。周公虽已平殷之乱，而宗礼之事未定，公之功亦未克敉宁，而岂为全备哉。公必当开导将大我之后，为我士师工之监视。当时为士师工者固多，公当为之表率，大保养文、武所受之民以治之，为四辅、师保之佐。此章成王自谓，我眇然幼冲之子，固不足以留周公，纵公不为己留，亦当为天下留，为文武、留也。

7.《尚书说》卷五《周书·洛诰》

（宋）黄度撰

（归善斋按，见"王曰，公！予小子其退，即辟于周，命公后"）

8.《絜斋家塾书钞》卷十一《周书·洛诰》

（宋）袁燮撰

（归善斋按，见"王曰，公功棐迪笃，罔不若时"）

9.《书经集传》卷五《周书·洛诰》

（宋）蔡沈撰

四方迪乱，未定于宗礼，亦未克敉公功。

宗礼，即"功宗"之礼也。乱，治也。四方开治，公之功也。未定功宗之礼，故未能敉公功也。"敉功"者，安定其功之谓，即下文"命宁"者也。

10.《尚书精义》卷三十八《周书·洛诰》

（宋）黄伦撰

（归善斋按，见"王曰，公功棐迪笃，罔不若时"）

11.《尚书详解》卷三十三《周书·洛诰》

（宋）陈经撰

（归善斋按，见"王曰，公！予小子其退，即辟于周，命公后"）

12.《融堂书解》卷十四《周书·洛诰》

(宋)钱时撰

(归善斋按,见"王曰,公!予小子其退,即辟于周,命公后")

13.《尚书要义》

(宋)魏了翁撰

(归善斋按,原缺)

14.《书集传或问》卷下《洛诰》

(宋)陈大猷撰

或问,未定于宗礼,亦未克敉公功,或以为未定所以尊周公之礼,为未能安公之功而留之。曰,周公之致太平自视歉然,岂以成王未尊己之功,而欲去能尊己。

15.《尚书详解》卷九《周书·洛诰第十五》

(宋)胡士行撰

(归善斋按,见"王曰,公功棐迪笃,罔不若时")

16.《书纂言》卷四上《周书·洛诰》

(元)吴澄撰

(归善斋按,见"王曰,公!予小子其退,即辟于周,命公后")

17.《书集传纂疏》卷五《朱子订定蔡氏集传·周书·洛诰》

(元)陈栎撰

四方迪乱,未定于宗礼,亦未克敉公功。

宗礼,即"功宗"之礼也。乱,治也。四方开治,公之功也。未定功宗之礼,故未能敉公功也。敉功者,安定其功之谓,即下文"命宁"者也。

篹疏：

迪，顺也。四方虽已顺治，犹未定于尊公之礼，未有以抚安公之功。

18.《读书丛说》卷六《洛诰》

（元）许谦撰

（归善斋按，未解）

19.《书传辑录篹注》卷五《周书·洛诰》

（元）董鼎撰

四方迪乱，未定于宗礼，亦未克敉公功。

宗礼，即"功宗"之礼也。乱，治也。四方开治，公之功也。未定功宗之礼，故未能敉公功也。敉功者，安定其功之谓，即下文"命宁"者也。

辑录：

迪，顺也。四方虽已顺治，犹未定于尊公之礼，未有以抚治公之功。《书说》。

20.《尚书句解》卷九《周书·洛诰第十五》

（元）朱祖义撰

四方迪乱（况公于四方有以开其已治之效），未定于宗礼（尚未定所以尊公之礼），亦未克敉公功（若遽告归，恐亦未能有以定公之功，虽公于此无心，而成王实懔然不自安也）。

21.《尚书日记》卷十二《周书·洛诰》

（明）王樵撰

"四方迪乱"至"乱为四辅"。

"迪将其后"，指治洛之事，成王去，而欲周公于后，启而大之也。"监我士师工"，即"伻向，即有僚，明作有功，惇大成裕"之意。公前以勉王，而今王以不果居洛，而以此任属公焉，欲公留镇，使治洛者有所视法也。

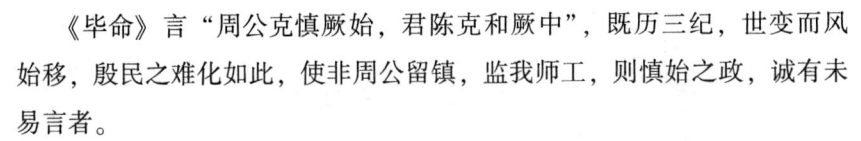

《毕命》言"周公克慎厥始，君陈克和厥中"，既历三纪，世变而风始移，殷民之难化如此，使非周公留镇，监我师工，则慎始之政，诚有未易言者。

四辅，引汉三辅为证，不知周制然否。又洛邑而谓之四辅何居。

或曰，主镐京而言，豳、岐、丰，皆先王之旧都，与洛为四辅。

22.《日讲书经解义》卷八《周书·洛诰》

（清）库勒纳等撰

（归善斋按，见"王曰，公！予小子其退，即辟于周，命公后"）

《五诰解》卷四《洛诰》

（宋）杨简撰

（归善斋按，见"王曰，公！予小子其退，即辟于周，命公后"）

《读书管见》卷下《洛诰》

（元）王充耘撰

四方迪乱。

"四方迪乱，未定于宗礼，亦未克敉公功"，言今方欲导迪以治四方，急于治民之事，故未暇定宗礼，亦未及敉公功耳。迪，如"矧今民罔迪不适"之"迪"传谓四方开治，公之功，与下文不接。

迪将其后，监我士师工

1.《尚书注疏》卷十四《周书》

（汉）孔氏传，（唐）陆德明音义，（唐）孔颖达疏

迪将其后，监我士师工。

传，公留教道，将助我其今已后之政，监笃我政事、众官委任之言。

音义，监，工衔反，注同。

疏，正义曰，公当留教道，将助我其今已后之政，监笃我政事众官。

2.《书传》卷十三《周书·洛诰第十五》

（宋）苏轼撰

迪将其后，监我士师工。

唯以伯禽为诸侯，以监临我士民及庶官也。

3.《尚书全解》卷三十一《周书·洛诰》

（宋）林之奇撰

（归善斋按，见"王若曰，公！明保予冲子"）

4.《尚书讲义》卷十五

（宋）史浩撰

（归善斋按，见"王曰，公功棐迪笃，罔不若时"）

5.《尚书详解》卷二十《周书·洛诰》

（宋）夏僎撰

（归善斋按，见"王曰，公功棐迪笃，罔不若时"）

6.《增修东莱书说》卷二十三《周书·洛诰第十五》

（宋）吕祖谦撰，（宋）石𤅊增修

（归善斋按，见"四方迪乱，未定于宗礼，亦未克敉公功"）

7.《尚书说》卷五《周书·洛诰》

（宋）黄度撰

（归善斋按，见"王曰，公！予小子其退，即辟于周，命公后"）

8.《絜斋家塾书钞》卷十一《周书·洛诰》

（宋）袁燮撰

（归善斋按，见"王曰，公功棐迪笃，罔不若时"）

9.《书经集传》卷五《周书·洛诰》

(宋)蔡沈撰

迪将其后,监我士师工,诞保文武受民,乱为四辅。

将,大也。周公居洛,启大其后,使我士师工有所监视,大保文、武所受于天之民而治,为宗周之四辅也。汉三辅,盖本诸此。今按先言启大其后,而继以"乱为四辅",则命周公留后于洛明矣。

10.《尚书精义》卷三十八《周书·洛诰》

(宋)黄伦撰

(归善斋按,见"王曰,公功棐迪笃,罔不若时")

11.《尚书详解》卷三十三《周书·洛诰》

(宋)陈经撰

(归善斋按,见"王曰,公!予小子其退,即辟于周,命公后")

12.《融堂书解》卷十四《周书·洛诰》

(宋)钱时撰

(归善斋按,见"王曰,公!予小子其退,即辟于周,命公后")

13.《尚书要义》

(宋)魏了翁撰

(归善斋按,原缺)

14.《书集传或问》卷下《洛诰》

(宋)陈大猷撰

(归善斋按,未解)

15. 《尚书详解》卷九《周书·洛诰第十五》

（宋）胡士行撰

（归善斋按，见"王曰，公功棐迪笃，罔不若时"）

16. 《书纂言》卷四上《周书·洛诰》

（元）吴澄撰

（归善斋按，见"王曰，公！予小子其退，即辟于周，命公后"）

17. 《书集传纂疏》卷五《朱子订定蔡氏集传·周书·洛诰》

（元）陈栎撰

迪将其后，监我士师工，诞保文武受民，乱为四辅。

将，大也。周公居洛，启大其后，使我士师工有所监视，大保文武所受于天之民，而治为宗周之四辅也。汉三辅，盖本诸此。今按先言启大其后，而继以"乱为四辅"，则命周公留后于洛，明矣。

纂疏：

周公在后，监我百官，士也，师也，工也。四辅，犹四邻。

愚谓，《王制》曰，设四辅及三公。四辅，左辅右弼，前疑后丞也。引王制之四辅，解此四辅，亦与朱子四邻之说合。王以治为四辅之大臣望公，下文公以治为四方之新君望王，君臣交相期望，意相照应。

18. 《读书丛说》卷六《洛诰》

（元）许谦撰

（归善斋按，未解）

19. 《书传辑录纂注》卷五《周书·洛诰》

（元）董鼎撰

迪将其后，监我士师工，诞保文武受民，乱为四辅。

将，大也。周公居洛启大其后，使我士师工有所监视，大保文武所受于天之民，而治为宗周之四辅也。汉三辅。盖本诸此。今按先言启大其后，而继以"乱为四辅"，则命周公留后于洛，明矣。

辑录：

周公在后，监我百官，士也，师也，工也。四辅，犹四邻。《书说》。

纂注：

新安陈氏曰，《王制》曰，设四辅及三公。四辅，左辅右弼，前疑后丞也。引王制之四辅，解此四辅，亦与朱子四邻之说合。王以治为四辅之大臣望公，下文公以治为四方之新辟望王，君臣交相期望，意相照应。蔡氏引汉三辅为比，岂成周之时，亦有四辅郡，如汉京兆，冯翊，扶风之可枚举者乎。

20.《尚书句解》卷九《周书·洛诰第十五》

（元）朱祖义撰

迪将其后（我是以封伯禽，而启迪周公之后），监我士师工（公当且留为我监临此治政事之众官。此"士"与"见士于周"之"士"同，谓政事之事）。

21.《尚书日记》卷十二《周书·洛诰》

（明）王樵撰

（归善斋按，见"四方迪乱，未定于宗礼，亦未克敉公功"）

22.《日讲书经解义》卷八《周书·洛诰》

（清）库勒纳等撰

（归善斋按，见"王曰，公！予小子其退，即辟于周，命公后"）

《五诰解》卷四《洛诰》

（宋）杨简撰

（归善斋按，见"王曰，公！予小子其退，即辟于周，命公后"）

诞保文武受民，乱为四辅

1.《尚书注疏》卷十四《周书》

（汉）孔氏传，（唐）陆德明音义，（唐）孔颖达疏

诞保文武受民，乱为四辅。

传，大安文武所受之民治之，为我四维之辅，明当依倚公。

疏，正义曰，以此大安文武所受之民而治之，为我四维之辅助，明己当依倚公也。

传，正义曰，文武受民之于天下，今大安文武所受之民，助我治之，为我四维之辅，明己当依倚公也。维者，为之纲纪，犹如用绳维持之。《文王世子》云，设四辅，谓设众官，为四方辅助。周公一人，事无不统，故一人为四辅。《管子》云"四维不张，国乃灭亡"，传取《管子》之意，故言"四维之辅"也。

2.《书传》卷十三《周书·洛诰第十五》

（宋）苏轼撰

诞保文武受民，乱为四辅。

保济文武所受民，为周四方之辅也。

3.《尚书全解》卷三十一《周书·洛诰》

（宋）林之奇撰

（归善斋按，见"王若曰，公！明保予冲子"）

4.《尚书讲义》卷十五

（宋）史浩撰

（归善斋按，见"王曰，公功棐迪笃，罔不若时"）

5. 《尚书详解》卷二十《周书·洛诰》

（宋）夏僎撰

（归善斋按，见"王曰，公功棐迪笃，罔不若时"）

6. 《增修东莱书说》卷二十三《周书·洛诰第十五》

（宋）吕祖谦撰，（宋）石澜增修

（归善斋按，见"四方迪乱，未定于宗礼，亦未克敉公功"）

7. 《尚书说》卷五《周书·洛诰》

（宋）黄度撰

（归善斋按，见"王曰，公！予小子其退，即辟于周，命公后"）

8. 《絜斋家塾书钞》卷十一《周书·洛诰》

（宋）袁燮撰

（归善斋按，见"王曰，公功棐迪笃，罔不若时"）

9. 《书经集传》卷五《周书·洛诰》

（宋）蔡沈撰

（归善斋按，见"迪将其后，监我士师工"）

10. 《尚书精义》卷三十八《周书·洛诰》

（宋）黄伦撰

（归善斋按，见"王曰，公功棐迪笃，罔不若时"）

11. 《尚书详解》卷三十三《周书·洛诰》

（宋）陈经撰

（归善斋按，见"王曰，公！予小子其退，即辟于周，命公后"）

12.《融堂书解》卷十四《周书·洛诰》

(宋)钱时撰
(归善斋按,见"王曰,公!予小子其退,即辟于周,命公后")

13.《尚书要义》

(宋)魏了翁撰
(归善斋按,原缺)

14.《书集传或问》卷下《洛诰》

(宋)陈大猷撰
(归善斋按,未解)

15.《尚书详解》卷九《周书·洛诰第十五》

(宋)胡士行撰
(归善斋按,见"王曰,公功棐迪笃,罔不若时")

16.《书纂言》卷四上《周书·洛诰》

(元)吴澄撰
(归善斋按,见"王曰,公!予小子其退,即辟于周,命公后")

17.《书集传纂疏》卷五《朱子订定蔡氏集传·周书·洛诰》

(元)陈栎撰
(归善斋按,见"迪将其后,监我士师工")

18.《读书丛说》卷六《洛诰》

(元)许谦撰
(归善斋按,未解)

19. 《书传辑录纂注》卷五《周书·洛诰》

(元) 董鼎撰

(归善斋按,见"迪将其后,监我士师工")

20. 《尚书句解》卷九《周书·洛诰第十五》

(元) 朱祖义撰

诞保文武受民(大保安文武所受民于天者),乱为四辅(使治功无愧于为王左右前后之辅臣也)。

21. 《尚书日记》卷十二《周书·洛诰》

(明) 王樵撰

(归善斋按,见"四方迪乱,未定于宗礼,亦未克敉公功")

22. 《日讲书经解义》卷八《周书·洛诰》

(清) 库勒纳等撰

(归善斋按,见"王曰,公!予小子其退,即辟于周,命公后")

《五诰解》卷四《洛诰》

(宋) 杨简撰

(归善斋按,见"王曰,公!予小子其退,即辟于周,命公后")

《书蔡氏传旁通》卷五《周书·洛诰》

(元) 陈师凯撰

宗周之四辅,汉三辅本诸此。

朱子云,四辅犹四邻。汉三辅,京兆,冯翊,扶风三郡也。

按《王制》曰设四辅及三公。四辅,左辅右弼,前疑后丞也。蔡不据此者,以成周未尝设四辅官。时公旦任太师,在三公列,不闻为四辅,故止引汉三辅为比,周家非有三郡,特以王城镐京相为邻辅,如朱子四邻之义耳。

王曰，公定，予往已，公功肃，将祗欢

1. 《尚书注疏》卷十四《周书》

（汉）孔氏传，（唐）陆德明音义，（唐）孔颖达疏

王曰，公定，予往已，公功肃，将祗欢。

传，公留以安定我，我从公言往至洛邑已矣，公功以进大，天下咸敬乐公功。

音义，乐，音洛。

疏，正义曰，王又呼公，公留以安定我，我从公言，往至洛邑已矣。公功已进且大矣，天下皆乐公之功，敬而欢乐。

传，正义曰，读文以"公定"为句。王称"定"者言"定己"也。故传言公留以安定我。"我"字，传加之。"我从公言"是经之"予"也。往至洛邑已矣，言已顺从公命受归政也。公功已进大，天下咸敬乐公之功，亦谓居摄时也。《释诂》云，肃，进也。

2. 《书传》卷十三《周书·洛诰第十五》

（宋）苏轼撰

王曰，公定，予往已。

公留相我，我归宗周矣。

公功肃，将祗欢。

祗，大也。公之功肃，将民心，大得其欢。

3. 《尚书全解》卷三十一《周书·洛诰》

（宋）林之奇撰

（归善斋按，见"王若曰，公！明保予冲子"）

4.《尚书讲义》卷十五

（宋）史浩撰

王曰，公定，予往已，公功肃，将祗欢。公无困哉，我唯无斁其康事，公勿替刑，四方其世享。

成王之于周公，非待之不疑，何能致是，非恃之以为安危，亦何必勤勤如是耶。今曰"公定"，言公之心肯处于洛，我乃敢归宗周。"公功肃，将祗欢"者，言周公肃而将命商民，自然得其欢心。苟公不留，我则困矣。此所以戒其无困我，能于康民之事无厌斁之心，则有望于公在无困也。"公其勿替"，俾仪刑于四海，乃可世世享德矣。成王惧商民之顽，惩三监之扰，其恤民之心如是切至，孰谓其幼冲哉。以周公之圣，受武王寄讬，克荷天下之重，而成王犹丁宁告戒之勤若此，况其下于周公者，成王驭之必有其道矣。呜呼，贤哉。

5.《尚书详解》卷二十《周书·洛诰》

（宋）夏僎撰

（归善斋按，见"王曰，公功棐迪笃，罔不若时"）

6.《增修东莱书说》卷二十三《周书·洛诰第十五》

（宋）吕祖谦撰，（宋）石澜增修

王曰，公定，予往已，公功肃，将祗欢。公无困哉，我唯无斁其康事，公勿替刑，四方其世享。

"公定，予往已"者，王谓公若留，我则敢往新邑，使天下诸侯钦肃。将大祗敬欢协公之功。公之功亦至此而成矣。此语与"亦未克敉公功"对言也。前章就成王之身言之，此章又就周公之身言之，见其留之愈切也。"公无困哉"者，王谓，公舍我求去，实为困我。公前言规摹（模）如此之大，所谓遗大投艰于朕身矣，而去之何哉。公之不去，我亦无厌斁其康安天下之事，不然焉保其往公为周之仪刑旧矣。今勿替之，则四方亦世世享我周家也。

7.《尚书说》卷五《周书·洛诰》

(宋)黄度撰

王曰,公定,予往已,公功肃,将祗欢。公无困哉,我唯无斁其康事,公勿替刑,四方其世享。

公当留安定我往新邑,虽言之有不能尽也。公功恭肃,将大祗敬欢乐,言人无不尊敬悦乐公德也。然则,公安可去我。公无使我困哉,我固唯无所厌斁其安天下事。公亦勿替仪刑,则四方世世享其上矣。此广"旁作穆穆迓衡",答"百辟享"意。大抵《洛诰》复辟,遂往宅新邑,周公因秩祀,教成王正百官,服殷御事;因受四方诸侯朝享,教成王先自敬慎威仪,以识享不享,加恩意亲睦诸侯。成王一以倚重周公,虽亲政,留周公监董百工,定宗礼,居师位,勿替仪刑,使四方世享其大指如此。然成王遂能知所不足,知所以自辅,必不可无周公。虚己尽心,乃至于此,周公之所以教之者,可谓盛矣。不如是,何以为周公。"唯予冲人弗及知",疑亡之证;"公无困哉""公勿替刑",进德之证。

8.《絜斋家塾书钞》卷十一《周书·洛诰》

(宋)袁燮撰

(归善斋按,见"王曰,公功棐迪笃,罔不若时")

9.《书经集传》卷五《周书·洛诰》

(宋)蔡沈撰

王曰,公定,予往已,公功肃,将祗欢。公无困哉,我唯无斁其康事,公勿替刑,四方其世享。

斁,音"亦"。定,《尔雅》曰,止也。成王欲周公止洛,而自归往宗周,言周公之功,人皆肃而将之,钦而悦之,宜镇抚洛邑,以慰怿人心,毋求去以困我也。我唯无厌其安民之事,公勿替所以监我士师工者,四方得以世世享公之德也。吴氏曰,《前汉书》两引"公无困哉",皆以"哉"作"我",当以"我"为正。

10.《尚书精义》卷三十八《周书·洛诰》

(宋)黄伦撰

王曰,公定,予往已,公功肃,将祗欢。公无困哉,我唯无斁其康事,公勿替刑,四方其世享。

无垢曰,周公之功大,谁不钦仰而肃;将之,谁不祗欢而和乐之。敢问周公之功何功也?曰,相武王诛纣伐奄,三年讨其君;驱飞廉于海隅而戮之,灭国者五十;驱虎豹犀象而远之,此其在武王时大功也。及武王有疾,周公欲以身代,此其在危时大功也;及武王既没,周公抱负成王,以朝诸侯,而管、蔡流言,挟武庚以叛,周公杀管叔,放蔡叔,杀武庚,天下大治,此其在成王时大功也;乃制礼作乐,乃颁度量,乃朝诸侯于明堂,此又在成王时大功也;成王年二十即位复辟于成王,此又在成王时大功也。天下闻周公之名者。谁不钦仰而肃将之乎;见周公之事者,谁不和乐而祗欢之乎。天下既信服周公如此,成王一旦即位,乃令周公引去,岂不起天下之疑乎。此成王所以坚留也。

又曰,天下肃将祗欢周公之功,周公在,则王室安;周公去,则天下疑。其势如此,而周公欲去,是周公困苦成王也。此成王所以戒周公曰,公无困我哉,当留以助我也。我将于周公康民之事,遵而行之,无敢厌斁。周公则当以天下为心,勿惮辅相朝廷,以仪刑于四方,使世世奉周公遗德,以垂基业于无穷也。成王此言,亦可以见识量远大,有君天下之德矣。学问之力,乃至于是乎此,又周公之功也。

11.《尚书详解》卷三十三《周书·洛诰》

(宋)陈经撰

王曰,公定,予往已,公功肃,将祗欢。公无困哉,我唯无斁其康事,公勿替刑,四方其世享。

公安定我,而不我去,我当从周公之言,而往新邑。"公功肃,将祗欢",天下之人方且肃恭将大周公之功,又祗敬欢怿周公之功,言周公之功在人不能忘如此。今若舍我而去,岂非适所以困我乎,公无去以困我。"我唯勿斁其康事",谓我之义,欲致天下于大安大宁之域,无厌倦其安天下之事，更得周公为之仪刑，使四方世世享公之德可也。周公之功，在人不能忘，有如一旦骤尔言去，则我一人将何所赖，而四方之民亦何所法哉。周公纵不为成王留，岂得不为四方而留哉。

12.《融堂书解》卷十四《周书·洛诰》

（宋）钱时撰

王曰，公定，予往已，公功肃，将祗欢。公无困哉，我唯无斁其康事，公勿替刑，四方其世享。

上节既言"命公后"，此节于是力挽公留，且许其往新邑也。周公欲归田明农，故成王首言"公定"，谓公且住，未可告归，予亦当往新邑。已者，断辞也，言必往也。公之功，我方肃然将奉祗敬而欢乐之，公遽求去，是困我也。故曰公无困我。"我唯无斁其康事"者，言我不能有所为，公致治安之功，我但一切蒙成遵之，守之，无有厌斁而已。公之典刑，谨勿替坠，则四方百辟，何止享于一时，其殆世世享土与国无疆也。此所以答"百辟享""不享"之语也。细玩成王于告周公语下，每每进等发挥极有意味，如"敬天之休"，则云"公其以予万亿年敬天之休"；如"祀于新邑"，则云"予小子夙夜毖祀"；如"记功宗，以功作元祀"，则云"命公后，未定于宗礼"；如"汝其敬识百辟享"，则云"公勿替刑，四方其世享"，非其识见地步到此，乌有是言，皆周公之教也，安得不喜而为之留。

13.《尚书要义》

（宋）魏了翁撰

（归善斋按，原缺）

14.《书集传或问》卷下《洛诰》

（宋）陈大猷撰

（归善斋按，未解）

15.《尚书详解》卷九《周书·洛诰第十五》

（宋）胡士行撰

（归善斋按，见"王曰，公功棐迪笃，罔不若时"）

16.《书纂言》卷四上《周书·洛诰》

（元）吴澄撰

王曰，公定，予往已，公功肃，将祗欢。公无困哉，我唯无斁其康事，公勿替刑，四方其世享。

此周公既许王留洛，王遂归周，而与公别也。定，止也。已，语辞。肃将，未详。困，犹倦也。斁，厌也。公其止留于此，予往归宗周已。公之功，人皆爱敬之，王愿公留治洛，故曰，公无倦哉，我归周，当无斁其安天下之事，公更久留洛，无替其仪刑，则四方其世世来朝享于周矣。

17.《书集传纂疏》卷五《朱子订定蔡氏集传·周书·洛诰》

（元）陈栎撰

王曰，公定，予往已，公功肃，将祗欢。公无困哉，我唯无斁其康事，公勿替刑，四方其世享。

定，《尔雅》曰，止也。成王欲周公止洛，而自归往宗周，言周公之功，人皆肃而将之，钦而悦之，宜镇抚洛邑，以慰怿人心，毋求去以困我也。我唯无厌其安民之事，公勿替所以监我士师工者，四方得以世世享公之德也。吴氏曰，《前汉书》两引"公无困哉"，皆以"哉"作"我"，当以"我"为正。

纂疏：

此王与公决而归之言也。公定居洛，予往归周已。"公无困哉"，言公无以事自困，犹汉所谓"闵劳公以官职之事"也。

张氏曰，公之功如此，犹肃敬以自将，谓不骄矜，人皆敬之，悦之。

真氏曰，公功如此，而犹以肃自将，以敬自乐，可见公之盛德。

王氏炎曰，无替其所以示仪刑于我者。

愚按，此章之上，必有公答王之辞，盖不许王留后之请也。所以王言，公止，我往归周矣，公无困我，是以不许留为困之，其辞危。"勿替刑"以下，其望远。又上章言，"予冲子，夙夜毖祀"，成王全倚重于公而已，仅主祭，宜公未许留，至此曰，我唯无倦于康安之事，是王能以安天下自任，而不全倚于公宜公。下章幡然许留也。

18.《读书丛说》卷六《洛诰》

（元）许谦撰

（归善斋按，未解）

19.《书传辑录纂注》卷五《周书·洛诰》

（元）董鼎撰

王曰，公定，予往已，公功肃，将祗欢。公无困哉，我唯无斁其康事，公勿替刑，四方其世享。

定，《尔雅》曰，止也。成王欲周公止洛，而自归往宗周。言，周公之功，人皆肃而将之，钦而悦之，宜镇抚洛邑，以慰怿人心，毋求去以困我也。我唯无厌其安民之事。公勿替所以监我士师工者，四方得以世世享公之德也。吴氏曰，《前汉书》两引"公无困哉"，皆以"哉"作"我"，当以"我"为正。

辑录：

此王与公决而归之言也。公定居洛，予往归周已。公功敬云云，"公无困哉"，言公无以事自困，犹汉所谓"闵劳公以官职之事"也。我则当无厌倦于安国安民之事，公但勿废其所以仪刑四方者，则四方其世享矣。《书说》。

纂注：

张氏曰，公之功如此，犹肃敬以自将，谓不骄矜，人皆敬之乐之。

真氏曰，公功如此，而犹以肃自将，以敬自乐，可以见公之盛德。

王氏炎曰，无困，犹无倦，谓无倦而欲去，勿替其所以示仪刑于我者。

一说，世享，世世尊享我周。无困、勿替，皆欲公留而勿去之意。

20. 《尚书句解》卷九《周书·洛诰第十五》

（元）朱祖义撰

王曰（王又告公），公定（公当定其留计），予往已（我唯往新邑而已），公功肃，将祗欢（公功著在人心，公又能肃敬以自将不矜伐以骄，人人皆敬而喜之）。

21. 《尚书日记》卷十二《周书·洛诰》

（明）王樵撰

"王曰，公定，予往已"至"四方其世享"。

此王与公决而归之言也。此前必有公答王之语，犹未肯决为王留，故王言"公定"。定，止也。予往已，公勿复辞。"公功肃将祗欢"，正见当留意。肃将，顺政教于外也；祗欢，怀敬爱于中也。人心于公如此。公留，则王室安；公去，则天下疑，非困我哉？我唯无怠于安民之事，公留而勿替，所以仪刑我臣工者，则四方得以世享公之德于无穷也。

22. 《日讲书经解义》卷八《周书·洛诰》

（清）库勒纳等撰

王曰，公定，予往已，公功肃，将祗欢。公无困哉，我唯无斁其康事，公勿替刑，四方其世享。

此一节书，是成王决于留公之词也。定，止也。将者，奉行之意；致，厌也。替，废也。刑，谓仪刑。成王曰，我留公治洛，欲公副民之望，而慰我之心也。公其止定于洛邑，我则往归于周京矣。盖我公迓衡迪乱之功，人皆肃敬而奉行之，无敢违逆于外，且祗畏而欢悦之，无有拂戾于中。人心爱戴如此，正宜镇抚洛邑，以慰安之，何可求去，以忧困我哉？且我今归周，心切求治，其于安民之事，不敢少有厌致也。夫"肃将祗欢"，则人心望公如此；"无斁康事"，则我心图治如此。公必体众民之心，及予一人之心，终留治洛，勿废其所以仪刑士师工者，使百官奋庸，"庶绩咸熙"，岂特洛邑之民安，虽四方之民，亦世世享公之德矣。

如必求去，则上下何所倚赖乎？

《五诰解》卷四《洛诰》

（宋）杨简撰

王曰，公定，予往已，公功肃，将祗欢。公无困哉，我唯无斁其康事，公勿替刑，四方其世享。

王既留公以定礼，又言公能成其前功，则执事皆知祗欢而相与，以有成也。言祗欢，而先以肃将，言莅事以敬，舍敬无以集事也。"公无困哉"，《汉书》作"公无困我"，言公毋以我而告困也。困者，倦勤于事之意。成王所以受周公忠诲者，祗在无斁；周公所以仪型四方者，止在弗替，盖成王能知周公之心，体备于身。君以无斁为本，下有弗替之功，是君臣之极盛也。"其世享"，承上"命公后"而言。

公无困哉，我唯无斁其康事，公勿替刑，四方其世享

1.《尚书注疏》卷十四《周书》

（汉）孔氏传，（唐）陆德明音义，（唐）孔颖达疏

公无困哉，我唯无斁其康事，公勿替刑，四方其世享。

传，公必留，无去以困我哉，我唯无厌其安天下事，公勿去以废法，则四方其世世享公之德。

音义，斁，音亦。厌，于艳反。

疏，正义曰，公必留，无去以困我哉。公留助我，我唯无厌其安天下之事，公勿去以废法，则四方之民，其世世享公之德矣。

传，正义曰，王言己才智浅短，公去则困，故请公无去以困我哉，我意欲致太平，唯无厌倦其安天下之事。是以留公，公勿去以废治国之法，则天下四方之民蒙公之恩，其世世享公之德。享，谓荷负之。

2. 《书传》卷十三《周书·洛诰第十五》

（宋）苏轼撰

公无困哉。去我则困我也。我唯无斁其康事。不厌康民之事。公勿替刑，四方其世享。刑，仪刑也。

3. 《尚书全解》卷三十一《周书·洛诰》

（宋）林之奇撰

(归善斋按，见"王若曰，公！明保予冲子")

4. 《尚书讲义》卷十五

（宋）史浩撰

(归善斋按，见"王曰，公定，予往已，公功肃，将祗欢")

5. 《尚书详解》卷二十《周书·洛诰》

（宋）夏僎撰

(归善斋按，见"王曰，公功棐迪笃，罔不若时")

6. 《增修东莱书说》卷二十三《周书·洛诰第十五》

（宋）吕祖谦撰，（宋）石𤁋增修

(归善斋按，见"王曰，公定，予往已，公功肃，将祗欢")

7. 《尚书说》卷五《周书·洛诰》

（宋）黄度撰

(归善斋按，见"王曰，公定，予往已，公功肃，将祗欢")

8. 《絜斋家塾书钞》卷十一《周书·洛诰》

（宋）袁燮撰

(归善斋按，见"王曰，公功棐迪笃，罔不若时")

9. 《书经集传》卷五《周书·洛诰》

(宋) 蔡沈撰

(归善斋按,见"王曰,公定,予往已,公功肃,将祗欢")

10. 《尚书精义》卷三十八《周书·洛诰》

(宋) 黄伦撰

(归善斋按,见"王曰,公定,予往已,公功肃,将祗欢")

11. 《尚书详解》卷三十三《周书·洛诰》

(宋) 陈经撰

(归善斋按,见"王曰,公定,予往已,公功肃,将祗欢")

12. 《融堂书解》卷十四《周书·洛诰》

(宋) 钱时撰

(归善斋按,见"王曰,公定,予往已,公功肃,将祗欢")

13. 《尚书要义》

(宋) 魏了翁撰

(归善斋按,原缺)

14. 《书集传或问》卷下《洛诰》

(宋) 陈大猷撰

(归善斋按,未解)

15. 《尚书详解》卷九《周书·洛诰第十五》

(宋) 胡士行撰

(归善斋按,见"王曰,公功棐迪笃,罔不若时")

16.《书纂言》卷四上《周书·洛诰》

（元）吴澄撰

（归善斋按，见"王曰，公定，予往已，公功肃，将祗欢"）

17.《书集传纂疏》卷五《朱子订定蔡氏集传·周书·洛诰》

（元）陈栎撰

（归善斋按，见"王曰，公定，予往已，公功肃，将祗欢"）

18.《读书丛说》卷六《洛诰》

（元）许谦撰

（归善斋按，未解）

19.《书传辑录纂注》卷五《周书·洛诰》

（元）董鼎撰

（归善斋按，见"王曰，公定，予往已，公功肃，将祗欢"）

20.《尚书句解》卷九《周书·洛诰第十五》

（元）朱祖义撰

公无困哉（公今必当为我曲留，共治斯民，岂可有倦于勤之心哉），我唯无斁其康事（我唯无厌斁其安民之事），公勿替刑（公诚能不废其所以仪刑四方之意），四方其世享（四方民亦世世享其德矣）。

21.《尚书日记》卷十二《周书·洛诰》

（明）王樵撰

（归善斋按，见"王曰，公定，予往已，公功肃，将祗欢"）

22.《日讲书经解义》卷八《周书·洛诰》

（清）库勒纳等撰

（归善斋按，见"王曰，公定，予往已，公功肃，将祗欢"）

《五诰解》卷四《洛诰》

（宋）杨简撰

（归善斋按，见"王曰，公定，予往已，公功肃，将祗欢"）

《书义断法》卷五《周书·洛诰》

（元）陈悦道撰

我唯无斁其康事，公勿替刑，四方其世享。

"享多仪，仪不及物。凡民唯曰不享，唯不役志于享"是下之享上，皆出于中心之诚也。成王之责，以安民为政事；周公之德，以一身为仪刑。其曰勿斁，曰勿替，皆此心之诚而不已者。以君臣之同心，运不已之诚心，是以四方之民，无不来享，盖千万人而一心也。四方，此八字是古注，今合用之。来享，且明于世享，盖千万世而一心也。一心所运，无君臣之间，则一心所感，岂有久近之间哉。此二句，有君臣相为责难之意。

《读书管见》卷下《洛诰》

（元）王充耘撰

我唯无斁其康事。

"我唯无斁其康事，公勿替刑，四方其世享"，言我只不怠于安民之事，公则当勿替为师，师百工之仪刑。君能厉精图治，又有老臣在朝，以为诸侯之表仪，四方自然世世朝享不绝矣。此答公"敬识百辟享，亦识其有不享"之语。传谓四方得以世世享公之德者，非也。

《尚书疑义》卷五《洛诰》

（明）马明衡撰

公无困哉，我唯无斁其康事。

成王以自己能不厌于安民之事以留公，则周公之心、成王之志皆可识矣。

周公拜手稽首曰，王命予来承保乃文祖受命民

1.《尚书注疏》卷十四《周书》

（汉）孔氏传，（唐）陆德明音义，（唐）孔颖达疏

周公拜手稽首曰，王命予来承保乃文祖受命民。

传，拜而后言，许成王留言。王命我来承安汝文德之祖文王所受命之民，是所以不得去。

疏，正义曰，周公拜手稽首，尽礼致敬，许王之留，乃兴而为言曰，王今命我来居臣位，承安汝文德之祖文王所受命之民，令我继文祖大业，我所以不得去也。

传，正义曰，拜是从命之事，故云拜而后言，许成王留也。以退为去，以留为来，故言"王命我来"，来居臣位，为太师也。"承安汝文德之祖文王所受命之民"，天命文王，使为民主，天以民命文王，故民是文王所受命之民。"承安"者，承文王之意，安定此民。言王之留己，乃为此事。其事既大，是所以不得去也。

2.《书传》卷十三《周书·洛诰第十五》

（宋）苏轼撰

周公拜手稽首曰，王命予来承保乃文祖受命民，越乃光烈考武王，弘朕恭。

弘大成王之恭德。

3.《尚书全解》卷三十一《周书·洛诰》

（宋）林之奇撰

周公拜手稽首曰，王命予来承保乃文祖受命民，越乃光烈考武王，弘

朕恭。孺子来相宅，其大惇典殷献民，乱为四方，新辟，作周恭先。曰，其自时中乂，万邦咸休，唯王有成绩。予旦以多子，越御事，笃前人成烈，答其师，作周孚先。考朕昭子刑，乃单文祖德，伻来毖殷，乃命宁。予以秬鬯二卣，曰明禋，拜手稽首，休享。予不敢宿，则禋于文王、武王。惠笃叙，无有遘自疾，万年厌于乃德，殷乃引考。王伻殷乃承叙万年，其永观朕子怀德。戊辰，王在新邑，烝祭岁，文王骍牛一，武王骍牛一。王命作册，逸祝册，唯告周公其后。王宾，杀禋，咸格，王入太室，祼。王命周公后，作册逸诰。在十有二月，唯周公诞保文武受命，唯七年。

古人有言曰"从善如登，从恶如崩"，言善之难也。殷之余民，染纣之恶，草窃奸宄靡所不为。至康王之世，其余风犹未殄，则其与之为善也，可谓如登，而与之为恶也，可谓如崩矣。然当成王继世之初，武庚、三叔，肱髀相依，以间王室，殷民与之相挺而为乱，莫不响应。今既锄诛元恶，而其余党，咸与唯新，又为之营成周以迁之，使之密迩王室，式化厥训。苟不得其人而为之司牧，作其愧耻之心，熏陶渐渍，咸归于善，则一旦天下有变，安能保其不乘间而起乎。况今又居于洛邑咽喉之地，则其为祸，盖将甚于前日。以是知殷民之化与不化，周家安危之机也。周公虽既归政，而成王留公于洛，以镇抚之。公，宗臣也，义所不得辞，故拜手稽首，致□尽礼，以受王命也。

"王命予来承保，乃文祖受命民，越乃光烈考武王"，即上文成王之言曰"诞保文武受民"是也。《论语》曰"使民如承大祭"，《书》曰"若保赤子"。"承保"者，爱谨其民，而不敢忽也。曰"受命民"者，唐孔氏曰，天命文王，使为民主，故民是文王所受命之民是也。光烈考，即武王也。称武王为"光烈考"，亦犹称文王为"丕显考"也。文王但称文祖，而于武王，乃先称"光烈考"，即继以"武王"，亦犹《武成》之篇，公刘、太王、王季，则时称之，而唯于文王曰"我文考文王"也。越，及也，言及我光烈考武王，则是亦承保武王所受命之民。以上文"诞保受民"观之，自可见矣。此史家之省文也。人君之治天下，也未有不本于□，故尧曰允恭，舜曰温恭，文王曰懿恭。盖其端拱于庙堂之上，是必有德义可尊，作事可法，容止可观，进退可度。以临其民，然后其民畏而爱之，则而象之，非恭何以哉？故成王留公于洛，盖欲承保文武所受命之民，以洪大我之恭德也。成王自谓其恭德，必有赖于周公而后大，故周公遂进戒于王，言王当勉行恭德，以尽为君之道，然后为有成功。我唯知尽其臣职而已矣。孺子，指成王。成王之来相宅于洛邑也，其当大厚行典礼于殷贤人，以治四方，而为四方之新君，使后世言周家之恭者，必以成王为先也。又诲之曰，其自是土中而致治，则万邦咸被其休，如此则唯王乃有成功也。语之更端，故又加一"曰"字。我唯以多子与夫御事，笃行前人之成功，以答其众心，使后世言周家之信者，必以我为先也。"定公问君使臣，臣事君，如之何？子曰，君使臣以礼，臣事君以忠。"唯君使臣以礼，故君道莫大于恭；唯臣事君以忠，故臣道莫大于孚。欲为君尽君道，欲为臣尽臣道，君臣各尽其道，则天下后世，孰不以是名归之，推之以为先乎。故尽其恭者，其责在成王；周公唯致其信而已矣。献，贤也。殷顽民，谓之献民，亦犹《召诰》曰"雠民百君子"也。成王即位，虽至是已历七年，其览万几之务，甫自此始，故曰新辟。多子，谓众卿大夫也。

　　子，指成王也。此篇称成王曰子，曰孺子，皆是叔父家人之辞。言稽考我所以明子之法，乃尽是文王之德，则其宅洛也，不可不以其事祭告于其神灵也，故王之使使者来，谨教殷民，则命安我以秬鬯二卣，其言曰，当以此二卣，明洁其禋祀，以告文王武王。再拜稽首，致美以享神。我闻王之命，未敢宿也，即禋于文王、武王而告以宅洛之事焉。上文言"承保乃文祖受命民越乃光烈考武王"，而下又曰"禋于文王、武王"，则周公所以明成王之法，盖尽是文、武之德，故禋祀之，而经特言文祖，不言武王，是亦史家之省文也。唐孔氏曰，特举文祖，不言武王，下句并告文、武，兼用文、武可知。秬，黑黍也。《周官》"鬯人掌秬鬯，郁人掌和郁"。鬯，盖筑郁金之草而煮之，以和秬黍之酒，使之气味相入，芬香条畅，谓之秬鬯，亦谓之郁鬯也。《说文》曰"鬯以秬酿郁草芬芳攸服以降神也从凵（去鱼反），凵，器也。中篆米匕所以扱之。《易》曰不丧匕鬯"，即此也。郁，芳草也。十叶为贯，百二十贯，筑以煮之为郁。一曰，郁鬯，百草之华，远方郁人所贡，芳草合酿之，以降神。郁，今郁林郡也。陆农师曰，《礼》曰"鬯，曰以掬，杵以梧，枇以桑"。盖掬曰梧杵，所以捣郁；而桑枇者，所以扱之。先儒以为桑枇以载牲体，误矣。《尔雅》曰"卣中樽"。"郁人掌和郁鬯，以实彝而陈之"，则鬯当在彝，而此及《文侯之命》及《诗·常武》，皆言"卣"者，当祭之时则在彝；未祭，故在卣也。《文侯之命》《常武》皆曰一卣，此言二者，宣王、平王之赐其臣，使以祭其太祖，故唯一卣；此告于文王、武王故以二也。"予不敢宿"，与《曲礼》曰"凡为君使者，已受命，君言不宿于家"之"宿"同。汉孔氏以明禋为告太平，既失之矣。唐孔氏顺其意，则曰此三月营洛邑，民已和会，则三月之时，已太平矣。既告而致政，则告在岁末，而云不经宿者，盖周公营洛邑，至冬始成，得还镐京，即告文、武，是为不经宿也。且太平非一日之事，公云不经宿者，亦虔恭之意耳，未必旦见太平，即此日告也，此盖强为之说。

盖由先儒以明禋为告太平，不以为告宅洛之事，以"伻来毖殷"，为文武使已来，不以为王使使者来；又以为王与周公应答，皆在镐京，故其说不得不如此也。苏氏曰，王使人以秬鬯二卣，绥宁周公，拜手稽首而致之。公曰明禋，曰休享者，何也？事周公如事神明也。周公不敢当此礼，即日致之文、武。如苏氏此言，则"宁予以秬鬯二卣"，正如《礼记》所谓"康周公，故以赐鲁"，其论"宁予"之言，固为明白然。谓事周公如事神明，故曰明禋，曰休享，恐无是理。自此而推之，则与春秋之时，仲子未薨，而致其赗，为何以异哉。岂有周公尚存，而谓之禋乎。其使当时，诚以此致之周公，则一卣可矣，何必二哉，以其二卣，则成王命周公禋于文、武也明矣，非是禋于文、武出周公之意也。

"惠笃叙"以下，先儒、王氏，皆以为周公戒成王之言。以此为戒成王之言，则与上文不相贯。唯苏氏以为周公祝文、武之辞，此得之矣。但苏氏自"其永观朕子怀德"以上，皆以为祝辞，则其义又不结。窃谓，"殷乃引考"以上，则周公之祝辞。"王伻殷"以下，则戒王之言也。周公唯欲成王一视殷周之民，亦如《召诰》之友雠，故先引文、武之辞以告王，因而戒之也。苏氏曰，使我周家顺厚以叙身，其康强无有遇疾，子孙万年厌饱乃德，殷人亦永寿考。此其祝辞也，则今王当使殷人承王所惠笃叙之道，至于万年，则其将永观我孺子之所行，而怀其德也。杨子曰"民可使觌德，不可使觌刑。觌德，则终；觌刑，则乱"。周公欲王推其优游宽大之道，以化殷人，使之风移俗易，故曰"其永观朕子怀德"也。《孟子》曰"武王不泄迩，不忘远"。殷人易忘，而周人易泄，故周公之言，其惓惓于殷人也如此。

"戊辰王在新邑"，先儒曰，自"戊辰"以下，史所终述是也。戊辰，先儒以为十二月晦日，王始到洛。然先儒以为戊辰日到洛，则不可。使王果以是日至洛，则其文当如《召诰》"越三日戊申，太保朝至于洛"；"越翼日乙卯，周公朝至于洛"，不当言"王在新邑"也。岁，先儒以为明月，夏之仲冬，其意以谓夏之仲冬，于周之正月，是为岁首，故曰岁。王以戊辰晦到洛，故至正月方行烝祭。《周官》仲冬以享烝，故以岁首为夏之仲冬也。使其烝祭，果在于岁则但曰烝祭岁可矣。其曰"戊辰，王在新邑"，似羡文也。苏氏曰，是岁始冬烝于洛，则以烝祭只用戊辰之日。然但言"烝祭"可矣，何必言"岁"哉。此当缺之。传曰，凡四时之祭，盖用孟月。若有故及日不吉，则用仲月；若又有故及日不吉，即用季月。然苟有其故而用季月，涉于怠矣，当用仲月为佳也。时物既登，且得二至二月之节，故祭必以仲月。今以烝祭，为在周之十二月固可，在正月亦可。但执其说，则必窒碍。今但言其行烝祭而已，其月则当缺之也。骍，赤色也，周尚赤，故用骍。《诗》曰"从以骍牡"是也。宗庙用太牢，此于文、武皆言牛一，盖于太牢之外加之，以此祭告成王之命，周公从而加之也。王则命有司作册书，以其事载之于册，将使史官名逸者读之，故曰"祝册"。读册告神，谓之祝也其。册之所言者，唯告周公留居于洛，以为成王位也。当其烝祭也，王所宾者，谓助祭之诸侯，其杀牲以禋祀，则咸格焉。太室，室之大者也。清庙有五室，中央曰太室焉。祼者，王以圭瓒酌郁鬯之酒，以献尸，尸受命而灌于地，所以求神也。王入清庙之太室，祼以求神，则命周公后，为册书，而逸读以告之也。《郊特牲》曰，既灌，然后迎牲，则杀在祼后。今乃先杀后祼者，盖自"王入太室祼"以下，方是王之行祭礼。自此以上，皆先序其事，非先杀后祼也。如其不然，则何以既言"逸祝册"，而复言"逸诰"哉。盖王既许周公之归政，而周公又许王之留洛，故告之文、武而后行也。在此十二月，乃周公摄政，大保文、武受天命，以有天下，凡七年而后复于成王，故史官总结之也。伊尹既复政厥辟，而遂告归，周公之"复子明辟"而又留洛者，盖伊尹之复政也，天下粹宁，无可虑之事，此所以告归。周公虽以成王年长德成，而"复子明辟"，然殷民以顽狠之众，而群居洛邑，处之得其道，则咸作；使不得其道，则咸作慝。周公岂得恝然不以为念哉。以是知周公伊尹之或去或不去，时焉而已矣，其心则一也。彼王莽何为者耶，遭汉中微，肆其奸慝，以成盗僭之祸，而其所为，动以周公自比，及其代汉自立也，其情露矣，而犹执孺子手流涕曰，昔周公摄位终得复子明辟，今予独迫皇天威命，不得如意。呜呼！莽之言，其谁欺乎？

4.《尚书讲义》卷十五

（宋）史浩撰

周公拜手稽首曰，王命予来承保乃文祖受命民，越乃光烈考武王，弘朕恭。孺子来相宅，其大惇典殷献民，乱为四方，新辟，作周恭先。曰，其自时中乂，万邦咸休，唯王有成绩。予旦以多子，越御事，笃前人成烈，答其师，作周孚先。考朕昭子刑，乃单文祖德，伻来毖殷，乃命宁。予以秬鬯二卣，曰明禋，拜手稽首，休享。予不敢宿，则禋于文王、武王。惠笃叙，无有遘自疾，万年厌于乃德，殷乃引考。王伻殷乃承叙万年，其永观朕子怀德。

王既告之如是之悉，周公拜手稽首，而复于王曰，王命臣以宅洛邑，臣承保文祖所受于天之民，而增光烈考武王，所以有后嗣之意，无不尽恭也。"孺子来相宅"者，成王实始来祭也。成王大厚典礼，以礼商之贤人，治为四方，新立其法，使罔不来朝，则天下之恭，盖自成王为之先也。"其自时中"已治，至于"万邦咸休"，由内以及外，王乃有成绩，予旦以众贤及御事，勤奉文、武之成宪，以答有众，则有众之孚信，盖自周公为之先也，成王若是，周公又若是，可谓相得益彰矣。考我昭明，成王以仪刑四方，乃尽文王之德也，使我敬治商民，故绥安。我以秬鬯二卣。夫秬，黑黍；鬯，香草；卣，中樽也，皆天子所以享上帝、荐祖考之物。成王使周公以此有事于神祇，故曰"明禋"也。周公拜手稽首，以将君命，不敢宿留于家，则以禋于文王、武王之庙。其祝之辞，祭之福，具见于下。盖欲文、武惠吾王力行叙治之勤，无有遘疾，所谓身之疴，政之疵，民之瘼，皆去矣。万年厌饫我王之德，而商之余民，亦乃延颈以考我王。王使商人乃承其余烈，亦且万年永观我王怀柔之德，所谓与王同休也。呜呼！周公如是之谦恭，如是之将命，后世犹有谓成王以天子之礼乐赐周公者。呜呼！其误矣。故曰鲁之郊禘，非礼也。周公其衰矣，然则鲁用天子礼乐，世世僭礼，孰谓成王肯赐之乎。

5.《尚书详解》卷二十《周书·洛诰》

（宋）夏僎撰

周公拜手稽首曰，王命予来承保乃文祖受命民，越乃光烈考武王，弘朕恭。孺子来相宅，其大惇典殷献民，乱为四方，新辟，作周恭先。曰，其自时中乂，万邦咸休，唯王有成绩。予旦以多子，越御事，笃前人成烈，答其师，作周孚先。考朕昭子刑，乃单文祖德，伻来毖殷，乃命宁。予以秬鬯二卣，曰明禋，拜手稽首，休享。予不敢宿，则禋于文王、武王。惠笃叙，无有遘自疾，万年厌于乃德，殷乃引考。王伻殷乃承叙万年，其永观朕子怀德。

成王既固留周公，故周公于是拜手稽首，致敬于王，而许以留也。谓王前所言乃命我，使来奉安文祖受命于天所得之民，及增光其烈考武王。盖文祖受命之民，武王能保之，遂有天下。今成王又将使周公奉安之，乃所以增光武王所为也。必言"来"者，指洛邑而言，谓来洛邑也。如前言"公不敢不敬天之休，来相宅"，皆是在镐京指洛邑而言"来"也。继又言"弘朕恭"者，周公谓王命我来洛邑，奉安文王之民，以增光武王，则是以大事委己，乃大我敬者也。尤言大敬我也。

"孺子来相宅，其大惇典殷献民，乱为四方，新辟，作周恭先"者。周公谓成王既大敬我，而留我，则为孺子者，自今来洛，相其所居，必当大厚以商之贤人为主。盖洛近殷，多有殷之旧臣，故周公谓成王，既欲我留，必当以殷之贤人为主，谓所主在于用殷之贤人也。盖用此贤人，将以致治，为四方之新君，为周家敬德之王之先。盖成王新即政，又新治邑，果能敬德，则继此而居洛邑者，必以成王为推先也。周公既言成王欲留，我则当厚用殷之贤臣，相与致治，故此，遂许王以留，乃更端而言曰，成王自是土中致治，果能致万邦于休美，而且王有以成功矣，则我旦，周公称名而言也，乃以多子，唐孔氏谓子者有德之称，大夫皆称子，则多子乃称众大夫也。周公谓，我乃与众卿大夫及治事之臣，以笃厚前人文武之成功。所谓"笃"者，谓增光之，使加厚也，还以是功答天下众民，归附之诚，盖前人之功以得民，故成王今又勉之，使加厚。是乃所以答其向化归附之诚也。周公言此者，以成王命公来洛邑，永保文祖受命民，以增光乃武王，故周公对之以此。盖许以留而任是责也。周公前既责成王，使用殷之贤人致治，以"作周恭先"，故此遂言，我亦当厚前人成功，答其民而为周家有信德之臣之先，谓凡躬行信德者，皆推周公为先也。然君言恭，臣言孚者，盖人君有势位之尊，易失之傲，当恭以接下；人臣之职，以不欺为大节，当信以事上故也。故公既许成王留，以与之承保文祖受命。然又恐成王谓己自承王此命，方以文武为己任，故又言王试考我前此所明子以仪刑之道，皆已尽是文武之德矣。其意盖谓，前日摄政，已以文武之事自任，非今日承王此命，方始以文武自任也。周公既言前日摄政已以文武之事自任，遂因述前日摄政时事，谓前日我在洛邑营作时，王使使来，愍慎殷民，谓遣使劳来众民也。其时因遣使之际，乃命安慰我以秬鬯酒二卣樽。秬，黑黍也。一稃二米，天地中和之气所产也。鬯，香草也。以此米与此草，揉以为酒，故谓之"秬鬯"。卣，中樽也。王以此酒二樽与我时，以谓明禋，谓使周公以此酒明洁，以禋祀也。禋，祭名，精意以享，故谓之禋，且使周公拜手稽首，尽敬而致美以享神。我于是时，遂不敢宿留王命于家，即以此酒致祭于文、武之庙。周公言此，盖谓我于是时，当摄政之际，虽王以酒赐我，我亦不敢独享，亦必以王命而致享于文、武，是周公无一念不在文、武也，岂待成王今日命之，方以文、武之事为己任哉。少颖谓，此乃成王以公有人臣所莫能为之功，故赐公以人臣所不用之礼乐，是亦一说也，故并存之。周公既言，我自旧日，以文武自任，故又言，我今日既承王命，使我复留，以奉安文、武之民，以增光武王，我唯顺我前日所已笃之次叙，尽其在我无有遇自疾害之事。盖周公摄政至此，已七年，太平之功已成。若更张之次，是自疾苦其身心，故唯顺前日所已厚之次叙，不再改作，不复自苦其身心，则太平之功既成，将见天下之民，虽万年之久，皆饱于成王之德。此即《既醉》醉酒饱德之时也，然非特周公饱德而已，虽殷民见周公如此，持盈守成，亦必感而化之，长有所成，谓风俗归厚，一成而不可变也。风俗既如此，故王有所

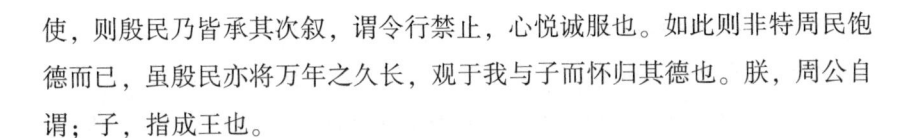

使,则殷民乃皆承其次叙,谓令行禁止,心悦诚服也。如此则非特周民饱德而已,虽殷民亦将万年之久长,观于我与子而怀归其德也。朕,周公自谓;子,指成王也。

6.《增修东莱书说》卷二十三《周书·洛诰第十五》

(宋)吕祖谦撰,(宋)石澜增修

周公拜手稽首曰,王命予来承保乃文祖受命民,越乃光烈考武王,弘朕恭。

周公为成王而留,谓王命予来,欲承保乃文祖受命之民,及乃光烈考武王受其诞保文、武受命民之命也。"弘朕恭"者,周公本有此恭,所以欲去者,谓上下全备矣。王又深以文武为言,是所以弘大我之恭,岂得而不留。

7.《尚书说》卷五《周书·洛诰》

(宋)黄度撰

周公拜手稽首曰,王命予来承保乃文祖受命民,越乃光烈考武王,弘朕恭。孺子来相宅,其大惇典殷献民,乱为四方,新辟,作周恭先。曰,其自时中乂,万邦咸休,唯王有成绩。

周公承王命,拜而答王,言王命予承保文德之祖文王受命于天之四方民,于乃先有功烈之考武王,弘大朕恭敬。"孺子来相宅",其大惇厚典,常尊礼殷之贤人,治为四方新君。"作周恭先",盖曰,其自是土中,治使万方咸休,唯王乃有成功。此言新君,以恭敬先施之,将与殷之贤臣,同自此土中治四方,使王有成功也。

8.《絜斋家塾书钞》卷十一《周书·洛诰》

(宋)袁燮撰

周公拜手稽首曰,王命予来承保乃文祖受命民,越乃光烈考武王,弘朕恭。孺子来相宅,其大惇典殷献民,乱为四方,新辟,作周恭先。曰,其自时中乂,万邦咸休,唯王有成绩。予旦以多子,越御事,笃前人成烈,答其师,作周孚先。考朕昭子刑,乃单文祖德。

恭先者，以恭敬之德，先天下也。孚先者，使天下皆信之，以诚信先天下也。周公于成王言恭，于己言孚。盖人主处九重之上，据崇高富贵之极，莫难于恭；而为宰相大臣，必须举天下皆信服，乃可。"考朕昭子刑"，刑，即"公勿替刑"之"刑"也，言我之所示以典刑，皆文王之德也。

9.《书经集传》卷五《周书·洛诰》

（宋）蔡沈撰

周公拜手稽首曰，王命予来承保乃文祖受命民，越乃光烈考武王，弘朕恭。

此下周公许成王留等事也。来者，来洛邑也。"承保乃文祖受命民及光烈考武王"者，答"诞保文武受民"之言也。责难于君谓之恭。弘朕恭者，大其责难之义也。

10.《尚书精义》卷三十八《周书·洛诰》

（宋）黄伦撰

周公拜手稽首曰，王命予来承保乃文祖受命民，越乃光烈考武王，弘朕恭。

无垢曰，文祖命民，武王能承保之，光扬大业不坠文王之绪，故称"光烈考"倘周公相成王，以承保命民，则非特不坠文王之德，而武王之业亦不坠矣。成王能承保命民不坠文武德业，乃得为严恭之主，盖子孙所以承奉保绥祖宗德业者，在恭畏而已矣。不恭则肆，肆则祖宗德业坠地矣。恭则畏，畏则祖宗德业常在矣。成王使周公辅相，以大其恭德，则成王之所守所见，亦可知矣。

林氏曰，无忝于祖考者，一人之恭；成祖考之功，而大一人之恭者，相臣之能。成王之所以留公，岂有他哉，盖将安天下之民，而显武王之功，使一己之恭德，无愧于幽冥之中而后已。人君之命如此其大，为周公者，其敢以弃王之命，而不恢大其一人之恭哉。此公所以致钦尽礼，而欲留以相王也。

11.《尚书详解》卷三十三《周书·洛诰》

(宋)陈经撰

周公拜手稽首曰，王命予来承保乃文祖受命民，越乃光烈考武王，弘朕恭。孺子来相宅，其大惇典殷献民，乱为四方，新辟，作周恭先。曰，其自时中乂，万邦咸休，唯王有成绩。予旦以多子，越御事，笃前人成烈，答其师，作周孚先。

周公拜手稽首，受成王之命，许成王之留也。遂述成王之意，谓王命我而来。以退为去，以留为来。今我来诚敬保安乃文祖之德文王所受命之民，于汝功烈之考武王而光显之。文王之民，皆受之天。故曰"受命民"，非周公保之，则不得其安。烈考武王之功，非周公有以光之，则无自而显。"弘朕恭"，即"敉公功"之意也。周公前日居摄之功，皆以恭敬为之。成王以其未备也，复留公以承保文祖受命民，光烈考武王，则周公之恭，至此而始大。周公闻成王之命，不得不留也。

自今以后，君当尽其所以为君；臣当尽其所以为臣。君尽其所以为君，则厚其常道，以待商之贤臣，治为四方之新君，以"作周恭先"可也。臣尽其所以为臣。则率卿大夫、御事，厚前人之功，以答天下之望，"为周孚先"可也。周公之意谓，君臣之间，当自此为始，孺子来相视所居于洛邑，自此新邑，当大厚其与常之道，以待商贤臣之有老成人者，欲成王有以安商人之心，其治为四方之新君，则天下皆于此而更始，使后世子孙言，为君之恭者，必推成王为先。曰"其自时中乂"，言为君恭敬之道，欲为后世之所尊，则其治亦当极其盛而后可。治未至于"万邦咸休，唯王有成绩"，安得谓之"恭"乎？其自是土中以致治，必使万邦皆被其美，而无有一邦之不美；必使王之功皆成，而无一毫之亏，则治至此，可谓盛矣。"予旦以多子越御事"，我周尽为臣之职，则当率其多子众大夫也，率其御事治事之臣也。厚前人之成烈。前人，即闳夭、散宜生之徒，辅文武已有成烈，我旦厚之，以答众人之望，使后世言为臣之信者，必推尊于我。如此，则君臣两尽其道矣。君非无信也，而恭为君德之大。人主为恭于上，而天下自平。臣非无恭也，而信为臣德之大。人臣忠，信于下，则不欺其君。此"恭"与"孚"之所以异也。

12.《融堂书解》卷十四《周书·洛诰》

(宋) 钱时撰

周公拜手稽首曰,王命予来承保乃文祖受命民,越乃光烈考武王,弘朕恭。孺子来相宅,其大惇典殷献民,乱为四方,新辟,作周恭先。曰,其自时中乂,万邦咸休,唯王有成绩。予旦以多子,越御事,笃前人成烈,答其师,作周孚先。考朕昭子刑,乃单文祖德,伻来毖殷,乃命宁。予以秬鬯二卣,曰明禋,拜手稽首,休享。予不敢宿,则禋于文王、武王。惠笃叙,无有遘自疾,万年厌于乃德,殷乃引考。王伻殷乃承叙万年,其永观朕子怀德。

此周公致敬尽礼,而告以许留之意也。来者,来洛也。先儒,谓此书作于镐京。愚灼知其非者,以此实证不诬故也。后又曰"孺子来相宅",又曰"其自时中乂",若在镐,则何言"来相宅",何以指是自中而乂乎?往往泥"往新邑"及"予往矣"之文,而不悟告卜为洛之近地也。参《召诰》而观之,事理甚明。新辟,新君也。成王即位虽久,然始复辟,故曰新辟也。先儒谓成王不当言复辟者,误矣。"弘朕恭"者,言成王以承保之事留我,礼敬有加,大于我而致恭也。或谓弘大周公之恭未安,岂周公之恭尚小,而待成王弘之耶。此"恭"与下文"恭先"正相应。周公言成王大恭于我,今孺子来此相宅,其亦大厚典礼于殷之贤人乎。成王以此出治,为四方之新辟,作周家恭敬之先。断断曰,其将自是中土而治,则惇典之诚,达乎万邦,莫不欢欣踊跃,同此休美,而周之功绩,唯于王而有成矣。周公谓成王,但以承保之事望我,而不知咸休之机实在成王,以其恭于我者,而恭殷之贤人,万邦之广,同在此恭之中。此正笃恭而天下平之要道也。

成王既云"予往",而周公复申之曰"其自时中乂",所以必成王决□于迁都欤。大哉中孚之旨乎。周公平日之所践行,正在此上。周公以恭先望成王,而以孚先自许。恭与孚不必差别,未有恭而不孚,亦未有孚而不恭者。接下有礼因以恭言诚实,无他,因以孚言,非君不可谓孚,而臣不可谓恭也。昭者,昭德之致同。周公于是遂谓,考我所以昭子之典于天下,非我一己之私也,乃所以究竟文祖之德也。今日使来告卜,为区处殷

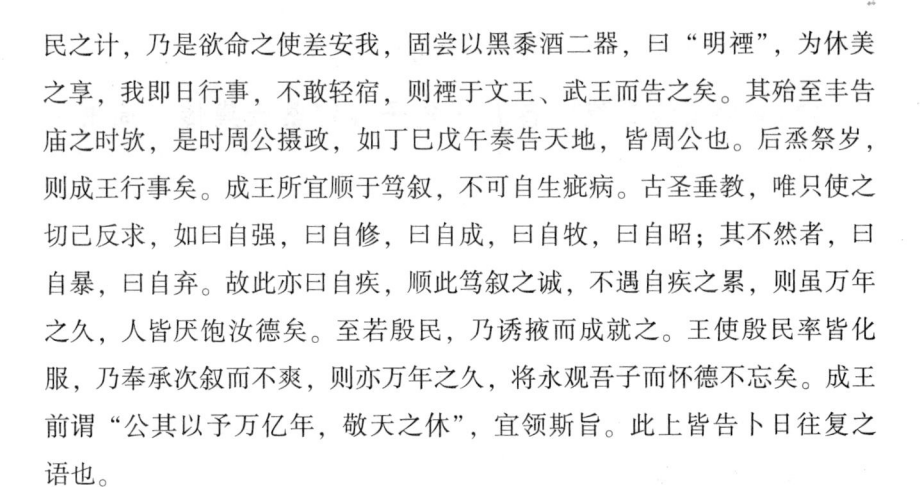

民之计,乃是欲命之使差安我,固尝以黑黍酒二器,曰"明禋",为休美之享,我即日行事,不敢轻宿,则禋于文王、武王而告之矣。其殆至丰告庙之时欤,是时周公摄政,如丁巳戊午奏告天地,皆周公也。后烝祭岁,则成王行事矣。成王所宜顺于笃叙,不可自生疵病。古圣垂教,唯只使之切己反求,如曰自强,曰自修,曰自成,曰自牧,曰自昭;其不然者,曰自暴,曰自弃。故此亦曰自疾,顺此笃叙之诚,不遇自疾之累,则虽万年之久,人皆厌饱汝德矣。至若殷民,乃诱掖而成就之。王使殷民率皆化服,乃奉承次叙而不爽,则亦万年之久,将永观吾子而怀德不忘矣。成王前谓"公其以予万亿年,敬天之休",宜领斯旨。此上皆告卜日往复之语也。

13.《尚书要义》

(宋)魏了翁撰
(归善斋按,原缺)

14.《书集传或问》卷下《洛诰》

(宋)陈大猷撰
(归善斋按,未解)

15.《尚书详解》卷九《周书·洛诰第十五》

(宋)胡士行撰
(归善斋按,见"王曰,公功棐迪笃,罔不若时")

16.《书纂言》卷四上《周书·洛诰》

(元)吴澄撰

周公拜手稽首曰,王命予来承保乃文祖受命民,越乃光烈考武王,弘朕恭。

此周公拜受王命,而许之留洛,亦以此文,授使者以答王也。来者,来洛邑。承保汝文祖之受命民,及汝光烈考武王之受命民,此答"王诞保文武受命民"之言也。武王之下,不再言受命民者,省文。恪恭臣事,君之职也。今又命我治洛，是欲弘大我事君之恭也。

17.《书集传纂疏》卷五《朱子订定蔡氏集传·周书·洛诰》

（元）陈栎撰

周公拜手稽首曰，王命予来承保乃文祖受命民，越乃光烈考武王，弘朕恭。

此下周公许成王留等事也。来者，来洛邑也。承保乃文祖受命民，及光烈考武王者，答"诞保文武受民"之言也。责难于君谓之恭。"弘朕恭"者，大其责难之义也。

纂疏：

陈氏曰，弘大我事君之恭。

18.《读书丛说》卷六《洛诰》

（元）许谦撰

（归善斋按，未解）

19.《书传辑录纂注》卷五《周书·洛诰》

（元）董鼎撰

周公拜手稽首曰，王命予来承保乃文祖受命民，越乃光烈考武王，弘朕恭。

此下周公许成王留等事也。来者，来洛邑也。承保乃文祖受命民，及光烈考武王者，答"诞保文武受民"之言也，责难于君谓之恭。"弘朕恭"者，大其责难之义也。

辑录：

此王归后，使人来劳周公，公拜受之辞也。《书说》。

20.《尚书句解》卷九《周书·洛诰第十五》

（元）朱祖义撰

周公拜手稽首曰（公于是手至首，首至地，致敬于王，许以留），王命予来(谓王前所言乃命我来洛邑者),承保乃文祖受命民(欲我奉安汝文德之祖文王受命于天所得之民)。

21.《尚书日记》卷十二《周书·洛诰》

(明)王樵撰

"周公拜手稽首曰,王命予来"至"弘朕恭,拜手稽首"当句绝。孔氏曰,拜而后言,许王留。正义曰,拜是从命之事,故云拜而后言,许成王留也。以退为去,以留为来。王于文王、武王,皆欲令周公奉其道,安其民。周公分言之尔。

按,拜是受命之礼。王曰"诞保文武受民",故周公曰"承保",亦自任之意。曰"文祖受命民,越乃光烈考武王",辞繁而不杀者,见其所承之重也。"弘朕恭",欲展其事上之敬意。在下文下两节,一以治洛之效望之成王,即所谓"弘朕恭"也;一以治洛之事自效,即所谓"承保"也。

唯此洛邑之民,文祖诞膺天命,为受民之始;光烈考武王永清四海,为受民之终。所以保之者,不无待于后人之承也。而王以命予予以来此洛,而岂徒哉。承保文祖之受民,使其德之所未洽者,于是而大行;越乃光烈考武王,使其功之所未被者,于是而有终。此周公许王留而自任意也。又云"弘朕恭"者,即诰告庶士越乃御事之意,似不必引证孟子。孟子在周公后,周公此时,何尝曰大我责难之恭也。

22.《日讲书经解义》卷八《周书·洛诰》

(清)库勒纳等撰

周公拜手稽首曰,王命予来承保乃文祖受命民,越乃光烈考武王,弘朕恭。

此一节书,是周公许成王留洛之言。来者,来洛邑也。恭者,责难之谓。周公拜手稽首,致敬以对曰,治洛之事,臣固当尽力。治洛之本,君尤当勉图。今王命我来此洛邑,我当仰承王命,诞保乃祖文王所受命于天之民,而教养兼至,及光显乃烈考武王之功,而永图治安。吾固不敢负王之委托矣,但诞保之功我能任之,而诞保之原,我岂能主之哉,是在王之勉于棐彝，敬于笃叙而已。我将启迪王心，益励新政，大尽我责难之恭。王不可不亹勉以自图也。大抵分猷分念，臣职之小者；启心沃心，臣职之大者。公所以进弘恭之诰也。然责难在臣，而自尽其难则在君。人君念此，则夙夜基命，宵旰经营，有不敢须臾自懈者矣。

《书义断法》卷五《周书·洛诰》

（元）陈悦道撰

周公拜手稽首曰，王命予来承保乃文祖受命民，越乃光烈考武王，弘朕恭。

（此下周公许成王留之辞）

为人臣止于敬，责难于君谓之恭。周公拜手稽首，以复王命，此所以尊祖其君而行吾敬也。周公之承命，留以保文祖受命民，所以责难于君上，而大居敬也。留治洛邑，奉令唯谨深思所以承保文祖受命民，及光烈考受命民（二句皆为受命民，设烈考以下有义），使天下人心之久安，文谟、武烈之益著。此其所以弘大责难之恭，岂徒在威仪进退之间哉。

《尚书疑义》卷五《洛诰》

（明）马明衡撰

"王命予来"至"永观朕子怀德"，是周公许王留，而相勉以成绩之辞。其屡属意于殷者，殷人引考，乃为道化之成也。以后世言之，区区殷遗，何足介意，即不殄灭之，亦必拘系禁锢，而使之无能为也。唯王者则不然，彼其心以天地万物为一体，一夫未格，疾痛在身，故必使殷民皆革心向化，忻然如一家而后已。故置之不较，非王政也；驱之以刑，非王政也。优游于道化之中，如阳春动，而万物生，此圣人之所以成化也。故受有臣亿万，唯亿万心。武王有臣三千，唯一心。古人明明德于天下，皆是如此。此周公所以拳拳于殷之遗民，非若后世自私自便，富有天下之意也。

"王命予来"以下，周公语气大略谓，王命我留，承保光明文、武之业，以益大我责难之恭。王之意，固云善矣。但王孺子来相宅，方新邑新政之初，其大惇厚其典礼与殷之贤人，以致盛治，为四方瞻仰新君，作周家恭敬之先。盖王能恭，则臣下罔敢不恭，而后王亦无不承其恭矣，所谓"恭先"也。由是而咸曰，其自是中立，以治万邦，咸有休美，唯王有成绩，此今日营洛之意也。王能如是，我且岂敢必其去耶，当倡率众卿大夫及治事之臣，笃厚文、武成烈，答天下之心，作周家信臣之先。君臣各相勉于为治，庶几成我明子仪型于天下，而尽文王之德矣。使时时谨慎殷民。殷民亦自然从化，此时乃命予安宁也。谓之"宁"者，是致政之事也。予于此时，乐周道之有成，以郁鬯之酒，致其精神，拜手稽首以休美致享，不敢越宿，而告于文王、武王，以慰二圣之心，且致其祈祷之辞也。"曰明禋"者，即以秬鬯之酒，谓之明禋，所谓黍稷非馨，明德唯馨也。"王伻殷乃承叙万年，其永观朕子怀德"，又总结而勉之，以致意于化殷也。观成王留周公。皆是广及四方之辞。周公戒成王，则尤以殷为重。

《五诰解》卷四《洛诰》

（宋）杨简撰

周公拜手稽首曰，王命予来承保乃文祖受命民，越乃光烈考武王，弘朕恭。孺子来相宅，其大惇典殷献民，乱为四方，新辟，作周恭先。

周公既承王命，因上述祖考之德，祈王开基于后世也。民为文王受命之民，恶可不思惠保乎？武王末受命，其所以贻于后王者，以能充夫我恭敬之心，以保民为辅相也。王今相宅既定，将考定典礼，抚殷遗民，为四方新主矣。其所以承先业，裕后昆者，不外乎恭。盖尧舜所以为后世帝王之法者，唯以恭为本，故周公屡以为言。

越乃光烈考武王，弘朕恭

1.《尚书注疏》卷十四《周书》

（汉）孔氏传，（唐）陆德明音义，（唐）孔颖达疏

越乃光烈考武王，弘朕恭。

传，于汝大业之父武王，大使我恭奉其道，叙成王留己意。

疏，正义曰，又于汝大业父武王，大使我恭奉其道，王意以此留我，其事甚大。我所以为王留也。

传，正义曰，于汝成王大功业之父武王，王意大使我恭奉其道，叙成王留己之意也。王于文王、武王，皆欲令周公奉其道安其民，其意一也，周公分言之耳。承安其文王之民，恭奉其武王之道，互相通也。

2.《书传》卷十三《周书·洛诰第十五》

（宋）苏轼撰

（归善斋按，见"周公拜手稽首曰，王命予来承保乃文祖受命民"）

3.《尚书全解》卷三十一《周书·洛诰》

（宋）林之奇撰

（归善斋按，见"周公拜手稽首曰，王命予来承保乃文祖受命民"）

4.《尚书讲义》卷十五

（宋）史浩撰

（归善斋按，见"周公拜手稽首曰，王命予来承保乃文祖受命民"）

5.《尚书详解》卷二十《周书·洛诰》

（宋）夏僎撰

（归善斋按，见"周公拜手稽首曰，王命予来承保乃文祖受命民"）

6.《增修东莱书说》卷二十三《周书·洛诰第十五》

（宋）吕祖谦撰，（宋）石澜增修

（归善斋按，见"周公拜手稽首曰，王命予来承保乃文祖受命民"）

7.《尚书说》卷五《周书·洛诰》

（宋）黄度撰

（归善斋按，见"周公拜手稽首曰，王命予来承保乃文祖受命民"）

8.《絜斋家塾书钞》卷十一《周书·洛诰》

(宋）袁燮撰

(归善斋按，见"周公拜手稽首曰，王命予来承保乃文祖受命民"）

9.《书经集传》卷五《周书·洛诰》

(宋）蔡沈撰

(归善斋按，见"周公拜手稽首曰，王命予来承保乃文祖受命民"）

10.《尚书精义》卷三十八《周书·洛诰》

(宋）黄伦撰

(归善斋按，见"周公拜手稽首曰，王命予来承保乃文祖受命民"）

11.《尚书详解》卷三十三《周书·洛诰》

(宋）陈经撰

(归善斋按，见"周公拜手稽首曰，王命予来承保乃文祖受命民"）

12.《融堂书解》卷十四《周书·洛诰》

(宋）钱时撰

(归善斋按，见"周公拜手稽首曰，王命予来承保乃文祖受命民"）

13.《尚书要义》

(宋）魏了翁撰

(归善斋按，原缺）

14.《书集传或问》卷下《洛诰》

(宋）陈大猷撰

(归善斋按，未解）

15. 《尚书详解》卷九《周书·洛诰第十五》

（宋）胡士行撰

（归善斋按，见"王曰，公功棐迪笃，罔不若时"）

16. 《书纂言》卷四上《周书·洛诰》

（元）吴澄撰

（归善斋按，见"周公拜手稽首曰，王命予来承保乃文祖受命民"）

17. 《书集传纂疏》卷五《朱子订定蔡氏集传·周书·洛诰》

（元）陈栎撰

（归善斋按，见"周公拜手稽首曰，王命予来承保乃文祖受命民"）

18. 《读书丛说》卷六《洛诰》

（元）许谦撰

（归善斋按，未解）

19. 《书传辑录纂注》卷五《周书·洛诰》

（元）董鼎撰

（归善斋按，见"周公拜手稽首曰，王命予来承保乃文祖受命民"）

20. 《尚书句解》卷九《周书·洛诰第十五》

（元）朱祖义撰

越乃光烈考武王（及增光汝功烈之父武王之功），弘朕恭（以此大我恭敬之心，使我大尽其敬以为之也）。

21. 《尚书日记》卷十二《周书·洛诰》

（明）王樵撰

（归善斋按，见"周公拜手稽首曰，王命予来承保乃文祖受命民"）

22.《日讲书经解义》卷八《周书·洛诰》

(清) 库勒纳等撰

(归善斋按,见"周公拜手稽首曰,王命予来承保乃文祖受命民")

《五诰解》卷四《洛诰》

(宋) 杨简撰

(归善斋按,见"周公拜手稽首曰,王命予来承保乃文祖受命民")

《书义断法》卷五《周书·洛诰》

(元) 陈悦道撰

(归善斋按,见"周公拜手稽首曰,王命予来承保乃文祖受命民")

孺子来相宅,其大惇典殷献民

1.《尚书注疏》卷十四《周书》

(汉) 孔氏传,(唐) 陆德明音义,(唐) 孔颖达疏

孺子来相宅,其大惇典殷献民。

传,少子今所以来相宅于洛邑,其大厚行典常于殷贤人。

疏,正义曰,公呼成王云,少子今所以来相宅于洛邑者,欲其大厚行常道于殷贤人。

传,正义曰,少子者,呼成王之辞,言我今所以来相宅于洛邑者,欲令王居洛,其大厚行典常于殷贤人,而据洛为政,故言来。训"典"为"常",故连言"典常",言其行常道也。周受于殷,故继之于殷人有贤性,故称贤人。

2.《书传》卷十三《周书·洛诰第十五》

(宋) 苏轼撰

孺子来相宅,其大惇典殷献民。

厚施典法于贤人。

3.《尚书全解》卷三十一《周书·洛诰》

（宋）林之奇撰

（归善斋按，见"周公拜手稽首曰，王命予来承保乃文祖受命民"）

4.《尚书讲义》卷十五

（宋）史浩撰

（归善斋按，见"周公拜手稽首曰，王命予来承保乃文祖受命民"）

5.《尚书详解》卷二十《周书·洛诰》

（宋）夏僎撰

（归善斋按，见"周公拜手稽首曰，王命予来承保乃文祖受命民"）

6.《增修东莱书说》卷二十三《周书·洛诰第十五》

（宋）吕祖谦撰，（宋）石澜增修

孺子来相宅，其大惇典殷献民，乱为四方，新辟，作周恭先。曰，其自时中乂，万邦咸休，唯王有成绩。予旦以多子，越御事，笃前人成烈，答其师，作周孚先。

周公谓我既留，君臣之间，当同用工，大立规摹（模）。孺子来相视洛邑，其大惇厚其法，用殷之贤人。周、召之言，多加大者。天下之工夫，未有小为之而能有成者也，是必委一身于其中。如人为学，学之外无他事乃可。若一出一入，始勤终怠，岂能成德。必大惇其典，大用殷之贤人，治为四方之新君，作周恭敬之君第一人。又言其自是洛邑中天下而立，定四海之民，万邦皆休，唯王乃有成绩。苟一二邦不休，则绩安可谓之成。且者，周公自言，我以诸侯大夫及御事之人，笃厚前人已成之烈，答天下之众，作周家诚信之臣第一人。子者，男子之通称也。于王言"恭先"，于己言"孚先"者，盖恭者，治之原。治原当出于君，而臣但作孚信之先者而已，亦归政之指也。大抵功成则退，臣之道也。周公谓制作已备，可以去矣，其本心也。成王留之，则又更立规摹（模），终则有始，天行健之意也。

7.《尚书说》卷五《周书·洛诰》

（宋）黄度撰

（归善斋按，见"周公拜手稽首曰，王命予来承保乃文祖受命民"）

8.《絜斋家塾书钞》卷十一《周书·洛诰》

（宋）袁燮撰

（归善斋按，见"周公拜手稽首曰，王命予来承保乃文祖受命民"）

9.《书经集传》卷五《周书·洛诰》

（宋）蔡沈撰

孺子来相宅，其大惇典殷献民，乱为四方，新辟，作周恭先。曰，其自时中乂，万邦咸休，唯王有成绩。

典，典章也。殷献民，殷之贤者也，言当大厚其典章，及殷之献民。盖文献者，为治之大要也。乱，治也，言成王于新邑致治，为四方新主也。"作周恭先"者，人君恭以接下，以恭而倡后王也。公又言，其自是宅中图治，万邦咸底休美，则王其有成绩矣。此周公以治洛之效，望之成王也。

10.《尚书精义》卷三十八《周书·洛诰》

（宋）黄伦撰

孺子来相宅，其大惇典殷献民，乱为四方，新辟，作周恭先。曰，其自时中乂，万邦咸休，唯王有成绩。予旦以多子，越御事，笃前人成烈，答其师，作周孚先。

无垢曰，成王来洛邑，新莅君位，当有以慰天下之心者。使成王一即位，首以厚礼常道待接殷之贤者，风闻四方，岂不耸动激励，而仰慕仁君之器识乎？其慰天下之心如此，天下翕然而治无疑矣。夫其所以至此者，不难也，恭而已矣。以恭为心，故不敢忽前朝之贤者，而坐以成天下之治，使后之人主，究周以恭德致治者，推先于成王，岂不美哉。

又曰，周公之意，以为四方民大和会，侯、甸、男邦、采、卫、百工，皆在周行人心耸瞻，倘不以此大会中，有新号令，以慰藉天下，而区区归宗周，以议所施设，可谓失时失几矣。故拳拳欲成王"自时中乂"也。

又曰，诸侯谓之君；卿大夫谓之子。多子者，谓众大夫也。前人，谓虢叔而下也。前人成烈无他，信而已矣。成王言"恭先"，周公言"孚先"者，何也？盖君以恭为德，臣以信为德。臣下一言不信，则附上罔下，附下罔上，欺诳诞谩，诪张愚弄，无所不至。故周公以孚为先，以警天下后世为臣子之奸者也。

东坡曰，国之所恃者，法与人也。《诗》曰"虽无老成人，尚有典刑"。故周公以为惇典而用贤，可以定国。后之言恭者，必稽焉傅说有言"事不师古，以克永世，匪说攸闻"。今不师古，后不师今，故周公以为我当与卿大夫士，笃前人成烈，以答众心，则后之言信者，必师焉。夫以成王之贤，周公之信，其所以为后世先者，不过于恭与信而已。《诗》曰"自古在昔，先民有作，温恭朝夕，执事有恪"。

闵马父曰，古之称恭者，曰自古，曰在昔，曰先民，其严如是。愚以是知恭之大者。盖尧之允恭，孔子之温恭，非独世子之恭，楚共王之恭也。成王以是为后世先也，不亦宜乎。大有上九"履信思乎顺，又以尚贤也"。是以自天佑之，吉无不利。

又曰，自古皆有死。民无信不立，信之为德也。重于兵而急于食，周公以是为后世先也，不亦宜乎。

11.《尚书详解》卷三十三《周书·洛诰》

（宋）陈经撰

（归善斋按，见"周公拜手稽首曰，王命予来承保乃文祖受命民"）

12.《融堂书解》卷十四《周书·洛诰》

（宋）钱时撰

（归善斋按，见"周公拜手稽首曰，王命予来承保乃文祖受命民"）

13. 《尚书要义》

（宋）魏了翁撰

（归善斋按，原缺）

14. 《书集传或问》卷下《洛诰》

（宋）陈大猷撰

（归善斋按，未解）

15. 《尚书详解》卷九《周书·洛诰第十五》

（宋）胡士行撰

孺子来相宅，其大惇（厚）典（法则）殷献（贤）民（人），乱（治）为四方，新辟，作（为）周（周家一代）恭（恭敬之君）先（第一由后溯为先）。曰，其自时中乂，万邦咸休（笃恭而天下平），唯王有成绩。予旦以多（众）子（卿大夫），越（及）御事（治事之臣），笃（厚）前人（文武）成烈，答其师（众望），作周孚（信德之臣）先（第一）。

此立治之规模，君尽君道，臣尽臣道也。恭，治之原，治原自君出。臣但作孚信之先而已。盖不欺者，臣之大节也。

16. 《书纂言》卷四上《周书·洛诰》

（元）吴澄撰

孺子来相宅，其大惇典殷献民，乱为四方，新辟，作周恭先。曰，其自时中乂，万邦咸休，唯王有成绩。

前此王未至洛，唯召公先相之，周公胤相之。今王初来至洛，故言相宅。典，犹主掌也。献民，犹曰良民。王来相此洛邑之宅，其大敦督主掌在洛之殷民，致治而为四方之新君，作周家人君恭以礼下者之倡。"曰"者，人所期望之言。其自是居土中而治，非但治殷民，兼治四方，使万邦无一不宁，是唯王治功之成。

17.《书集传纂疏》卷五《朱子订定蔡氏集传·周书·洛诰》

（元）陈栎撰

孺子来相宅，其大惇典殷献民，乱为四方，新辟，作周恭先。曰，其自时中乂，万邦咸休，唯王有成绩。

典，典章也。殷献民，殷之贤者也，言当大厚其典章，及殷之献民。盖文献者，为治之大要也。乱，治也，言成王于新邑致治，为四方新主也。"作周恭先"者，人君恭以接下，以恭而倡后王也。公又言，其自是宅中图治，万邦咸底休美，则王其有成绩矣。此周公以治洛之效，望之成王也。

纂疏：

愚按，"孺子来相宅"，乃公述王之此行也。"作周恭先"为周家恭敬之王之先，以恭而率先夫后之为王者也。"曰"者，公期望于王之辞。"其自时中乂"，"其"，即将然之辞也。

18.《读书丛说》卷六《洛诰》

（元）许谦撰

（归善斋按，未解）

19.《书传辑录纂注》卷五《周书·洛诰》

（元）董鼎撰

孺子来相宅，其大惇典殷献民，乱为四方，新辟，作周恭先。曰，其自时中乂，万邦咸休，唯王有成绩。

典，典章也。殷献民，殷之贤者也，言当大厚其典章，及殷之献民。盖文献者，为治之大要也。乱，治也，言成王于新邑致治，为四方新主也。"作周恭先"者，人君恭以接下，以恭而偈后王也。公又言，其自是宅中图治，万邦咸底休美，则王其有成绩矣。此周公以治洛之效，望之成王也。

纂注：

新安胡氏曰,"孺子来相宅",乃公述王之此行也。"作周恭先",为周家恭敬之王之先,以恭而率先后之为王者也。"曰"者,公期望于王之辞。"其自时中乂","其",即将然之辞也。

20.《尚书句解》卷九《周书·洛诰第十五》

(元)朱祖义撰

孺子来相宅(则为孺子者,自今来洛相其所居),其大惇典殷献民(必当大厚其常礼,以待商贤臣之有老成人者,以安商人之心)。

21.《尚书日记》卷十二《周书·洛诰》

(明)王樵撰

"孺子来相宅"至"唯王有成绩"。

因其来而不果居,故止曰"相宅"。周公以治洛之本在王,故以事之在王者言之。典者,文、武之所讲画,咸以正而罔缺者也。大惇典,则法必监于先王,而无不举之政。殷献民,前代之旧臣世家,能知其善政,而守其遗风者也。大惇献,欲王尽简而用之,则材不弃于异代,而习其故事,知其土俗,以治其民,又易入者。此二者治之要也。治为四方新辟,即作民明辟之意。君德,莫大于恭。伊尹曰"接下思恭",《孟子》曰"贤君必恭俭礼下"。"作周恭先"者,以恭而倡后王也。汉帝之谥,常冠"孝"字,如孝惠,孝文,孝景,欲以孝相传也,亦恭先之意。下因言,予将何以为王期哉,亦唯曰,其自是宅中图治,万邦咸底休美,则王其有成绩矣。此三句相连,盖"中乂"则"咸休";"咸休"则"成绩"也。成王既不果居洛,而犹曰"自时中乂"者,因朝会而出政令,不必王之常居于斯,而后谓之"中乂"也。

22.《日讲书经解义》卷八《周书·洛诰》

(清)库勒纳等撰

孺子来相宅,其大惇典殷献民,乱为四方,新辟,作周恭先。曰,其自时中乂,万邦咸休,唯王有成绩。

此一节书,是周公所以望成王者,正上文"弘朕恭"之实也。惇,厚也。典，谓典章。殷献民，殷之贤人。乱，治也。恭先，言以恭敬倡后王之先也。周公曰，我之所以责难于王者，以我王实四方之主，不可以治洛之事，独委之予也。王今者，虽归镐京，当常来视事洛邑。如国之典章，皆文武之所讲画也，王宜厚加遵守，使法必监于先王，而无不举之政。殷之贤民，皆前代之所播弃也，王宜厚加简拔，使才弗遗于异代，而无不举之贤。由是，法度修明，贤智奋起，治功赫然，为四方之新主，而且以此惇典、惇献之恭德，作倡于周家后王之先，则治洛之务，秩然而得其要矣。自此宅中图治，既以旧典治新邑，而耳目不惊，且以殷贤治殷民，而顽梗皆化。洛邑既治，将万邦之大，无不底于休美，而王之治有成绩矣。此予责难之恭，所不容自已者也。盖法祖用人，乃为治之大要，监于祖，则法度可以传世；资于贤，则膏泽可以及民。古大臣惓惓入告，其道皆本诸此。

《五诰解》卷四《洛诰》

（宋）杨简撰

（归善斋按，见"周公拜手稽首曰，王命予来承保乃文祖受命民"）

《书蔡氏传旁通》卷五《周书·洛诰》

（元）陈师凯撰

又言其自是宅中图治。

此言曰"其自时中乂"，按《召诰》云"旦曰，其作大邑，其自时配皇天，毖祀于上下，其自时中乂"。周公固尝举与召公言之，此又举以答成王也。

《书义断法》卷五《周书·洛诰》

（元）陈悦道撰

其大惇典殷献民，乱为四方，新辟，作周恭先。曰，其自时中乂，万邦咸休，唯王有成绩。（典，即典章之文也。献，即所谓献臣也。人君恭以接下，以恭而倡后王故曰恭先。）

厚于文献，为周家恭敬之令主，所以正己待人，图治之本厚也。化行中土，开万邦休美之盛治，所以宅中图治之极功也。皆周公所以期望于成王之辞，故有两"其"字。然欲期以至治之功，必究其出治之原，故虽特言其成绩，而治洛之政，一本于王之恭敬，其独惇厚于典章殷民者，则其恭先之目耳，此周公以治洛之效，望成王也。

《读书管见》卷下《洛诰》

（元）王充耘撰

其大惇典殷献民。

"其大惇典殷献民"，此周公教成王以宅洛之务，必恪守国之典章，任用殷之贤者。盖出治不可以无法；辅治不可以无人也。且宅洛将以化殷民，安可不就用殷士，必使出治竦四方之观听，而为新辟。恭以接下，足以为后王之率先，若此者何，亦曰自是居中出治，使万邦皆得以蒙其休，而王有成功也。成王即位久矣，而此曰"新辟"者，盖即政自今始。文武固恭以接下矣，而曰恭先者，盖宅洛自成王。绩曰成绩，则万邦之广，有一民不被其泽，岂可以言成哉。

《尚书疑义》卷五《洛诰》

（明）马明衡撰

若谓"王命予来"以下，为周公许留治洛，则"孺子来相宅，其大惇典殷献民，乱为四方，新辟，作周恭先。曰，其自时中"，又皆是教成王治洛之言，方勉之以往，何尝听成王之归镐京，而以己任之耶。"予旦以多子，（越）御事"云者，只是许王以不去，而率诸臣以尽辅弼之道而已，何尝见其许之治洛耶。此等辞语，尤为可验。

乱为四方，新辟，作周恭先

1. 《尚书注疏》卷十四《周书》

（汉）孔氏传，（唐）陆德明音义，（唐）孔颖达疏

乱为四方，新辟，作周恭先。

传,言当治理天下,新其政化,为四方之新君,为周家见恭敬之王后世所推先也。

疏,正义曰,王当治理天下新其政化,为四方之新君,为周家后世见恭敬之王所推先也。

传,正义曰,《易》称"日新之谓盛德",虽旧有美政,令王更复新之,言当治理天下,新其政化,为四方之新君,与后人为轨训,为周家见恭敬之王,后世所推先也,谓周家后世子孙有德之王,被人恭敬,推先王。戒成王使为善政,令后王崇重之。

2.《书传》卷十三《周书·洛诰第十五》

(宋)苏轼撰

乱为四方,新辟,作周恭先。

后世言周之恭王者,以成王为先。古之言"恭"者,甚盛德不敢居也。《诗》曰"自古在昔,先民有作,温恭朝夕,执事有恪"。

3.《尚书全解》卷三十一《周书·洛诰》

(宋)林之奇撰

(归善斋按,见"周公拜手稽首曰,王命予来承保乃文祖受命民")

4.《尚书讲义》卷十五

(宋)史浩撰

(归善斋按,见"周公拜手稽首曰,王命予来承保乃文祖受命民")

5.《尚书详解》卷二十《周书·洛诰》

(宋)夏僎撰

(归善斋按,见"周公拜手稽首曰,王命予来承保乃文祖受命民")

6.《增修东莱书说》卷二十三《周书·洛诰第十五》

(宋)吕祖谦撰,(宋)石澜增修

(归善斋按,见"孺子来相宅,其大惇典殷献民")

7.《尚书说》卷五《周书·洛诰》

(宋)黄度撰

(归善斋按,见"周公拜手稽首曰,王命予来承保乃文祖受命民")

8.《絜斋家塾书钞》卷十一《周书·洛诰》

(宋)袁燮撰

(归善斋按,见"周公拜手稽首曰,王命予来承保乃文祖受命民")

9.《书经集传》卷五《周书·洛诰》

(宋)蔡沈撰

(归善斋按,见"孺子来相宅,其大惇典殷献民")

10.《尚书精义》卷三十八《周书·洛诰》

(宋)黄伦撰

(归善斋按,见"孺子来相宅,其大惇典殷献民")

11.《尚书详解》卷三十三《周书·洛诰》

(宋)陈经撰

(归善斋按,见"周公拜手稽首曰,王命予来承保乃文祖受命民")

12.《融堂书解》卷十四《周书·洛诰》

(宋)钱时撰

(归善斋按,见"周公拜手稽首曰,王命予来承保乃文祖受命民")

13.《尚书要义》

(宋)魏了翁撰

(归善斋按,原缺)

14.《书集传或问》卷下《洛诰》

（宋）陈大猷撰

（归善斋按，未解）

15.《尚书详解》卷九《周书·洛诰第十五》

（宋）胡士行撰

（归善斋按，见"孺子来相宅，其大惇典殷献民"）

16.《书纂言》卷四上《周书·洛诰》

（元）吴澄撰

（归善斋按，见"孺子来相宅，其大惇典殷献民"）

17.《书集传纂疏》卷五《朱子订定蔡氏集传·周书·洛诰》

（元）陈栎撰

（归善斋按，见"孺子来相宅，其大惇典殷献民"）

18.《读书丛说》卷六《洛诰》

（元）许谦撰

（归善斋按，未解）

19.《书传辑录纂注》卷五《周书·洛诰》

（元）董鼎撰

（归善斋按，见"孺子来相宅，其大惇典殷献民"）

20.《尚书句解》卷九《周书·洛诰第十五》

（元）朱祖义撰

乱为四方，新辟（将以致治，为四方之新君。辟，壁），作周恭先（为周家敬德之王，相继敬德者，皆推成王为先）。

21.《尚书日记》卷十二《周书·洛诰》

（明）王樵撰

（归善斋按，见"孺子来相宅，其大惇典殷献民"）

22.《日讲书经解义》卷八《周书·洛诰》

（清）库勒纳等撰

（归善斋按，见"孺子来相宅，其大惇典殷献民"）

《五诰解》卷四《洛诰》

（宋）杨简撰

（归善斋按，见"周公拜手稽首曰，王命予来承保乃文祖受命民"）

《书义断法》卷五《周书·洛诰》

（元）陈悦道撰

（归善斋按，见"孺子来相宅，其大惇典殷献民"）

《书经衷论》卷三《周书·洛诰》

（清）张英撰

周公以君道望成王曰"作周恭先"。盖人君之道，莫大于恭，欲成王以恭为后人之法也。以臣道自任，曰作"周孚先"，盖人臣之道，莫大于信，周公欲与当时之臣工，以忠为后人之法也。责难于君，自任者，重兼有之矣。

曰，其自时中乂，万邦咸休，唯王有成绩

1.《尚书注疏》卷十四《周书》

（汉）孔氏传，（唐）陆德明音义，（唐）孔颖达疏

曰，其自时中乂，万邦咸休，唯王有成绩。

传，曰其当用是土中为治，使万国皆被美德，如此唯王乃有成功。

疏，正义曰，重诲王曰，其当用是土中为治，使万国皆被美德，如此唯王乃有成功也。

2.《书传》卷十三《周书·洛诰第十五》

（宋）苏轼撰

曰，其自时中乂，万邦咸休，唯王有成绩。予旦以多子，越御事，笃前人成烈，答其师，作周孚先。

多子，众贤也。后世言周之信臣者，以周公为先也。

3.《尚书全解》卷三十一《周书·洛诰》

（宋）林之奇撰

（归善斋按，见"周公拜手稽首曰，王命予来承保乃文祖受命民"）

4.《尚书讲义》卷十五

（宋）史浩撰

（归善斋按，见"周公拜手稽首曰，王命予来承保乃文祖受命民"）

5.《尚书详解》卷二十《周书·洛诰》

（宋）夏僎撰

（归善斋按，见"周公拜手稽首曰，王命予来承保乃文祖受命民"）

6.《增修东莱书说》卷二十三《周书·洛诰第十五》

（宋）吕祖谦撰，（宋）石澜增修

（归善斋按，见"孺子来相宅，其大惇典殷献民"）

7.《尚书说》卷五《周书·洛诰》

（宋）黄度撰

（归善斋按，见"周公拜手稽首曰，王命予来承保乃文祖受命民"）

8.《絜斋家塾书钞》卷十一《周书·洛诰》

（宋）袁燮撰
(归善斋按，见"周公拜手稽首曰，王命予来承保乃文祖受命民")

9.《书经集传》卷五《周书·洛诰》

（宋）蔡沈撰
(归善斋按，见"孺子来相宅，其大惇典殷献民")

10.《尚书精义》卷三十八《周书·洛诰》

（宋）黄伦撰
(归善斋按，见"孺子来相宅，其大惇典殷献民")

11.《尚书详解》卷三十三《周书·洛诰》

（宋）陈经撰
(归善斋按，见"周公拜手稽首曰，王命予来承保乃文祖受命民")

12.《融堂书解》卷十四《周书·洛诰》

（宋）钱时撰
(归善斋按，见"周公拜手稽首曰，王命予来承保乃文祖受命民")

13.《尚书要义》

（宋）魏了翁撰
(归善斋按，原缺)

14.《书集传或问》卷下《洛诰》

（宋）陈大猷撰
(归善斋按，未解)

15.《尚书详解》卷九《周书·洛诰第十五》

（宋）胡士行撰

（归善斋按，见"孺子来相宅，其大惇典殷献民"）

16.《书纂言》卷四上《周书·洛诰》

（元）吴澄撰

（归善斋按，见"孺子来相宅，其大惇典殷献民"）

17.《书集传纂疏》卷五《朱子订定蔡氏集传·周书·洛诰》

（元）陈栎撰

（归善斋按，见"孺子来相宅，其大惇典殷献民"）

18.《读书丛说》卷六《洛诰》

（元）许谦撰

（归善斋按，未解）

19.《书传辑录纂注》卷五《周书·洛诰》

（元）董鼎撰

（归善斋按，见"孺子来相宅，其大惇典殷献民"）

20.《尚书句解》卷九《周书·洛诰第十五》

（元）朱祖义撰

曰（公又言），其自时中乂（王自是中土洛邑以治），万邦咸休（万邦至皆有治平之美），唯王有成绩（唯独成王有成功矣）。

21.《尚书日记》卷十二《周书·洛诰》

（明）王樵撰

（归善斋按，见"孺子来相宅，其大惇典殷献民"）

22.《日讲书经解义》卷八《周书·洛诰》

（清）库勒纳等撰
（归善斋按，见"孺子来相宅，其大惇典殷献民"）

《书义断法》卷五《周书·洛诰》

（元）陈悦道撰
（归善斋按，见"孺子来相宅，其大惇典殷献民"）

《五诰解》卷四《洛诰》

（宋）杨简撰

曰，其自时中乂，万邦咸休，唯王有成绩。予旦以多子，越御事，笃前人成烈，答其师，作周孚先。

周公良久而再言，故书"曰"。自是居土中而乂治。多子，谓周公比肩在朝诸贤，及小官御事，因前人已成之烈，而笃守之，以此答其众。师，众也。笃者，笃守前人之德。故能守其成烈而不失也。唯笃其德，故以之答其众心，所望为周孚信之先。因前者成王疑周公，故此言孚，以默感成王之心。王今信矣。及孚先，助明公心，以坚王心。

予旦以多子，越御事，笃前人成烈，答其师，作周孚先

1.《尚书注疏》卷十四《周书》

（汉）孔氏传，（唐）陆德明音义，（唐）孔颖达疏

予旦以多子，越御事，笃前人成烈，答其师，作周孚先。
传，我旦以众卿大夫，于御治事之臣，厚率行先王成业，当其众心，为周家立信者之所推先。
疏，正义曰，公自称名曰，若王居洛邑，则我旦以多众君子卿大夫等

及于御治事之臣，厚率行前人先王成业，使当其众心，为周家后世人臣立信者之所推先。言我留辅王，使君臣皆为后世所推先，期于上下俱显也。

传，正义曰，重以诲王，成其上事，故言曰，以"起"之。且，是周公之名，故自称我旦也。子者，有德之称，大夫皆称子，故以多子为众卿、大夫，同欲令成王行善政，为后世贤王所推先；公与群臣尽诚节，为后世贤臣所推先，故欲以众卿、大夫，及于御治事之臣，深厚率行先王之业，使当其人众之心，为周家后世贤臣立信者之所推先也。传于此不言后世，从上省文也。于君言见恭敬，于臣言立信者，以君尊言人敬，臣卑言自立信，因其所宜，以设文也。

2.《书传》卷十三《周书·洛诰第十五》

（宋）苏轼撰

（归善斋按，见"曰，其自时中乂，万邦咸休，唯王有成绩"）

3.《尚书全解》卷三十一《周书·洛诰》

（宋）林之奇撰

（归善斋按，见"周公拜手稽首曰，王命予来承保乃文祖受命民"）

4.《尚书讲义》卷十五

（宋）史浩撰

（归善斋按，见"周公拜手稽首曰，王命予来承保乃文祖受命民"）

5.《尚书详解》卷二十《周书·洛诰》

（宋）夏僎撰

（归善斋按，见"周公拜手稽首曰，王命予来承保乃文祖受命民"）

6.《增修东莱书说》卷二十三《周书·洛诰第十五》

（宋）吕祖谦撰，（宋）石澜增修

（归善斋按，见"孺子来相宅，其大惇典殷献民"）

7.《尚书说》卷五《周书·洛诰》

（宋）黄度撰

予旦以多子，越御事，笃前人成烈，答其师，作周孚先。考朕昭子刑，乃单文祖德，伻来毖殷。

予旦以此多于群卿大夫于治事之臣，笃厚前人已成之烈，答其众，作周孚先，成朕昭明子臣王典刑，乃尽文王、武王之德，使之慎殷事。此言周公帅百官，以忠信先施之，共成周公昭明成王典刑，慎殷事也。此亦为终服殷御事比介周御事之意。

8.《絜斋家塾书钞》卷十一《周书·洛诰》

（宋）袁燮撰

（归善斋按，见"周公拜手稽首曰，王命予来承保乃文祖受命民"）

9.《书经集传》卷五《周书·洛诰》

（宋）蔡沈撰

予旦以多子，越御事，笃前人成烈，答其师，作周孚先。考朕昭子刑，乃单文祖德。

多子者，众卿大夫也。唐孔氏曰，子者，有德之称。大夫，皆称子。师，众也。周公言，我以众卿大夫，及治事之臣，笃厚文、武成功，以答天下之众也。孚，信也。"作周孚先"者，人臣信以事上，以信而倡后人也。考，成也。昭子，犹所谓"明辟"也。亲之，故曰"子"。刑，仪刑也。单，殚也，言成我明子仪刑，而殚尽文王之德。盖周公与群臣，笃前人成烈者，所以成成王之刑，乃殚文祖德也。此周公以治洛之事自效也。

10.《尚书精义》卷三十八《周书·洛诰》

（宋）黄伦撰

（归善斋按，见"孺子来相宅，其大惇典殷献民"）

11.《尚书详解》卷三十三《周书·洛诰》

（宋）陈经撰

（归善斋按，见"周公拜手稽首曰，王命予来承保乃文祖受命民"）

12.《融堂书解》卷十四《周书·洛诰》

（宋）钱时撰

（归善斋按，见"周公拜手稽首曰，王命予来承保乃文祖受命民"）

13.《尚书要义》

（宋）魏了翁撰

（归善斋按，原缺）

14.《书集传或问》卷下《洛诰》

（宋）陈大猷撰

（归善斋按，未解）

15.《尚书详解》卷九《周书·洛诰第十五》

（宋）胡士行撰

（归善斋按，见"孺子来相宅，其大惇典殷献民"）

16.《书纂言》卷四上《周书·洛诰》

（元）吴澄撰

予旦以多子，越御事，笃前人成烈，答其师，作周孚先。考朕昭子刑，乃单文祖德。

多子，众士也。予统率群士大夫，增广前人已成之烈，副答民众之望，为周家人臣信以事上者之倡，成我所以昭明乎子之仪刑，乃能使王殚尽文祖之德。昭，犹前篇"昭文王""昭武王"之"昭"。殚，谓率而行之无不尽也。

17.《书集传纂疏》卷五《朱子订定蔡氏集传·周书·洛诰》

(元)陈栎撰

予旦以多子,越御事,笃前人成烈,答其师,作周孚先。考朕昭子刑,乃单文祖德。

多子者,众卿大夫也。唐孔氏曰,子者,有德之称。大夫皆称子。师,众也。周公言,我以众卿大夫,及治事之臣,笃厚文、武成功,以答天下之众也。孚,信也。"作周孚先"者,人臣信以事上,以信而倡后人也。考,成也。昭子,犹所谓"明辟"也。亲之,故曰"子",刑,仪刑也。单,殚也。言成我明子仪刑,而殚尽文王之德。盖周公与群臣,笃前人成烈者,所以成成王之刑,乃殚文祖德也。此周公以治洛之事自效也。

纂疏:

吕氏曰,考察我告子之言,乃尽本于文祖之德。盖文德之精微,皆在此。自加考察可也。

愚谓,"作周孚先",为周家孚信之臣之先,以信而率先夫后之为臣者也。"乱为四方新辟",当与前"乱为四辅"对观;"作周孚先"当与前"作周恭先"对观。盖公与王交相期望,各尽责任之辞。"考朕昭子刑",即答前"公勿替刑"之言,此云昭示子之仪刑,则"勿替刑",其为勿替示王以仪刑明矣。

陈氏大猷曰,此处上下疑有缺文。

18.《读书丛说》卷六《洛诰》

(元)许谦撰

(归善斋按,未解)

19.《书传辑录纂注》卷五《周书·洛诰》

(元)董鼎撰

予旦以多子,越御事,笃前人成烈,答其师,作周孚先。考朕昭子刑,乃单文祖德。

多子者，众卿大夫也。唐孔氏曰，子者，有德之称。大夫皆称子。师，众也。周公言，我以众卿大夫，及治事之臣，笃厚文、武成功，以答天下之众也。孚，信也。"作周孚先"者，人臣信以事上，以信而倡后人也。考，成也。昭子，犹所谓"明辟"也。亲之，故曰"子"。刑，仪刑也。单，殚也。言成我明子仪刑，而殚尽文王之德。盖周公与群臣，笃前人成烈者，所以成成王之刑，乃殚文祖德也，此周公以治洛之事自效也。

纂注：

吕氏曰，于王言"恭先"，于己言"孚先"。考，察也。察我告子之言，乃尽本于文祖之德。盖文德之精微皆在此，自加考察可也。

新安陈氏曰，"作周孚先"，为周家孚信之臣之先，以信而率先后之为臣者也。"乱为四方新辟"，当与"乱为四辅"对观。"作周孚先"，当与"作周恭先"对观。盖公与王交相期望，各尽责任之辞。"考朕昭子刑"，即答前"公勿替刑"之言，此云昭示成王之仪刑，则"勿替刑"，其为勿替示成王以仪刑可见矣。蔡氏以"昭子"为如所谓"明辟"，恐未当。

陈氏大猷曰，此处上下疑有缺文。

20.《尚书句解》卷九《周书·洛诰第十五》

(元) 朱祖义撰

予旦以多子，越御事（周公称名而言，我旦但与众卿大人及治事之臣），笃前人成烈（相与以笃厚增光前人文、武之成功），答其师（还以是功答天下众民之望），作周孚先（与周家有信德之臣，凡躬行信德者，皆推周公为先）。

21.《尚书日记》卷十二《周书·洛诰》

(明) 王樵撰

"予旦以多子，越御事"至"乃单文祖德"。

多子，众卿大夫也。大夫皆称子。"笃前人成烈"，前人成烈，即咸和大定是也。周公何以笃之，即诞保受民，化雠民为友民是也。此句最重。下四句皆本此。"答其师"，答文、武之民也。孚，信也。臣道莫大于信，以此许于君而能践之，以此为天下所仰望，而能副之，斯可以言信矣。"作周孚先"者，周公欲以信，而倡后人也。考，成也。昭子，成王也。刑，仪刑也。仪刑四方，固在王身，导迪彝教以成之者，公也。"单文祖之德"，单，尽也。文王之德，百年而后崩，犹未洽于天下，武王、周公继之，然后大行文王之德，至是而始为单尽也。成烈，以事功言笃者，继有所事之，谓内有工夫文祖德。以风化言单之者，无所不被也。是自然无工夫，此周公以治洛之事自效也。

22.《日讲书经解义》卷八《周书·洛诰》

（清）库勒纳等撰

予旦以多子，越御事，笃前人成烈，答其师，作周孚先。考朕昭子刑，乃单文祖德。

此一节书，是周公所以自效者。正上文"承保受民"之实也。多子，指公卿大夫；御事，治事之臣；笃，厚也。师，众也。孚先，言以诚信倡后臣之先也。考，成也。昭子，指成王，犹言"明辟"也。亲之，故曰"子"。周公曰，为君者既守法任贤，以励精于上，则为臣者，敢不宣猷效力，以夹辅于下哉。我文王当日所为，求宁观成，以勤之于前。我武王当日所为，成孚作式，以承之于后，昭然固有前烈在也。予旦仰承诞保之命，敢以公卿大夫，越御事百工，共奋职业，益笃厚前人所成之功，俾永久而弗替。是故，下则欲有以慰民之心，以康乂而抚愿治之民，使不虚其仰望之志，而答其师。上则欲有以立臣之极，本诚信以倡后臣之忠，使各尽其事主之道，而"作周孚先"。一民未化，吾王之仪刑犹未尽也。予则左右王躬，使言行政事无不可法，而昭子之刑成焉。一民未安，前人之德泽，犹未殚也。予则宣布恩泽，使溥博周遍，无所不被，而文祖之德单焉。凡此，皆予旦之所自尽者。然则，诞保之责，予敢终辞哉。夫慰民心，立臣极，成君德，弘祖功，公之自任亦大矣。然非王以恭倡于上，则公亦罔以自效于下信乎？表率之机不在臣，而在君也。

《五诰解》卷四《洛诰》

(宋)杨简撰

(归善斋按,见"曰,其自时中乂,万邦咸休,唯王有成绩")

《书义断法》卷五《周书·洛诰》

(元)陈悦道撰

予旦以多子,越御事,笃前人成烈,答其师,作周孚先。考朕昭子刑,乃单文祖德。

(人臣信以事上以信而倡后人故曰孚先)。

周家一代文、武之成功,何往非文祖世德之所及,今日洛邑之新政,多子御事共厚前人之功,信可慰民庶之心矣。然非德无以为功也,非臣倡之以信,非君示之以刑,无以殚文祖之德也。笃成烈者,群臣之所不敢辞;继世德者,君臣之所当勉。故周公以"孚先"自任,而以"仪刑"之成,望于昭子。盖必其所孚,所刑者,无一不尽文祖之德,然后可以图功攸终耳。功,则兼言文武;德,则唯文王之德,纯亦不已,故以此自勉,而亦以勉成王云,此周公以治洛之事自效也。

考朕昭子刑,乃单文祖德,伻来毖殷,乃命宁

1.《尚书注疏》卷十四《周书》

(汉)孔氏传,(唐)陆德明音义,(唐)孔颖达疏

考朕昭子刑,乃单文祖德,伻来毖殷,乃命宁。

传,我所成明子法,乃尽文祖之德,谓典礼也。所以君土中,是文武使已来慎教殷民,乃见命而安之。

音义,单,音丹,马丁但反,信也。

疏,正义曰,周公又说制礼授王,使王奉之,我所成明子之法,乃尽是汝文祖之德。言用文王之道制礼,其事大不可轻也。又言所以须善治殷

献民者，文、武使已来居土中，慎教殷民，乃是见命于文、武而安之故也。制典当待太平。

传，正义曰，典礼治国，事资圣人，前圣后圣，其终一揆。故言所欲成明子之法，乃尽是汝祖文王之德也。予斥成王下句，并告文武，兼用武王可知。又述居洛邑之意，所以居土中者，是文、武使已来居此地。周公自非己意也。文、武令我营此洛邑，欲使居土中，慎教殷民，乃是见命于文、武而安殷民也。顾氏云，文、武使我来慎教殷民，我今受文、武之命以安民也。《康诰》之作，事在七年，云四方民大和会。和会，即太平之验，是周公摄政七年致太平也。

《尚书注疏》卷十四《考证》

考朕昭子刑。

李光地曰，昭子当是武王对文考言，则曰昭子。又曰，对成王言，武王则曰乃光烈考。周公自称武王，则曰朕昭子。

乃命宁（句）。

古读如此，蔡沈传连下"予"字为句。

2.《书传》卷十三《周书·洛诰第十五》

（宋）苏轼撰

考朕昭子刑，乃单文祖德。

考我所以明子之法，乃尽文王德也。

伻来毖殷，乃命宁。予以秬鬯二卣，曰明禋，拜手稽首，休享。

秬，黑黍也。鬯，郁金香草也。卣，中樽也。以黑黍为酒，合以郁鬯。所以祼也，宗庙之礼莫盛于祼，王使人来戒饬庶殷，且以秬鬯二卣绥宁。周公拜手稽首而致之公，曰明禋，曰休享者，何也？事周公如神明也。古者，有大宾客，以享礼礼之。酒清人渴而不饮，肉干人饥而不食也。故享有体荐，岂非敬之至者，则其礼如祭也欤。

3.《尚书全解》卷三十一《周书·洛诰》

（宋）林之奇撰

（归善斋按，见"周公拜手稽首曰，王命予来承保乃文祖受命民"）

4. 《尚书讲义》卷十五

（宋）史浩撰
（归善斋按，见"周公拜手稽首曰，王命予来承保乃文祖受命民"）

5. 《尚书详解》卷二十《周书·洛诰》

（宋）夏僎撰
（归善斋按，见"周公拜手稽首曰，王命予来承保乃文祖受命民"）

6. 《增修东莱书说》卷二十三《周书·洛诰第十五》

（宋）吕祖谦撰，（宋）石𬭩增修
考朕昭子刑，乃单文祖德，伻来毖殷，乃命宁。

周公谓成王，考我告子之言，乃尽本于文祖之德。盖文德之精微，皆在此，自加考察可也。"考"之一辞甚要，如法语之言，能无从乎。巽与之言，能无说乎。必改之绎之可也。使来毖慎治殷之民，其必命之以宁。命者，如射命中之"命"。命中者，必中之谓。"命宁"者，至于必宁也。

7. 《尚书说》卷五《周书·洛诰》

（宋）黄度撰
（归善斋按，见"予旦以多子，越御事，笃前人成烈，答其师，作周孚先"）

8. 《絜斋家塾书钞》卷十一《周书·洛诰》

（宋）袁燮撰
伻来毖殷，乃命宁。予以秬鬯二卣，曰明禋，拜手稽首，休享。予不敢宿，则禋于文王、武王。惠笃叙，无有遘自疾，万年厌于乃德，殷乃引考。王伻殷乃承叙万年，其永观朕子怀德。

秬鬯，祭宗庙社稷之所用也。成王以秬鬯二卣遗周公，用安宁周公之心，分明待之如神明，尊之至也。古者，大飨之礼，皆如宗庙之礼，则以

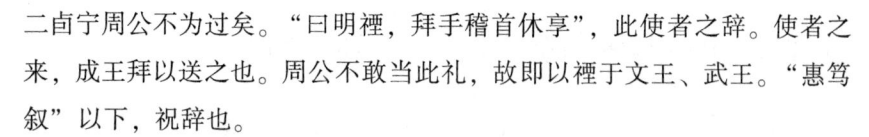

二卣宁周公不为过矣。"曰明禋，拜手稽首休享"，此使者之辞。使者之来，成王拜以送之也。周公不敢当此礼，故即以禋于文王、武王。"惠笃叙"以下，祝辞也。

（归善斋按，另见"周公拜手稽首曰，王命予来承保乃文祖受命民"）

9.《书经集传》卷五《周书·洛诰》

（宋）蔡沈撰

伻来毖殷，乃命宁。绝句。予以秬鬯二卣，曰明禋，拜手稽首，休享。

秬，曰许反。鬯，丑亮反。卣，音由。禋，音因。此谨毖殷民而命宁周公也。秬，黑黍也，一稃二米，和气所生。鬯，郁金香草也，卣，中樽也，明，洁；禋，敬也。以事神之礼事公也。苏氏曰，以黑黍为酒，合以郁鬯。所以祼也，宗庙之礼，莫盛于祼。王使人来戒敕庶殷，且以秬鬯二卣，绥宁周公，曰明禋，曰休享者，何也？事周公如事神明也。古者，有大宾客，以享礼礼之。酒清人渴而不饮，肉干人饥而不食也。故享有体荐，岂非敬之至者，则其礼如祭也欤。

（归善斋按，另见"予旦以多子，越御事，笃前人成烈，答其师，作周孚先"）

10.《尚书精义》卷三十八《周书·洛诰》

（宋）黄伦撰

考朕昭子刑，乃单文祖德。

无垢曰，周公言，凡我所以启迪开诱成王之法，皆文王所传之心也。如戒成王初即位，有朋党之心，及训成王初即政，以大惇典殷贤者，此皆文王之心如此，不必尽考验其事。盖周公所传于文王，以心，不以事也，此所以言德与。

东坡曰，考我所以明子之法，乃尽文王之德也。

（归善斋按，另见后文"予以秬鬯二卣，曰明禋，拜手稽首，休享"）

11. 《尚书详解》卷三十三《周书·洛诰》

（宋）陈经撰

考朕昭子刑，乃单文祖德，伻来毖殷，乃命宁。予以秬鬯二卣，曰明禋，拜手稽首，休享。予不敢宿，则禋于文王、武王。惠笃叙，无有遘自疾，万年厌于乃德，殷乃引考。王伻殷乃承叙万年，其永观朕子怀德。

昭，明也。子，成王也。刑，法也。单，尽也。文祖，文王也。我之所以明成王之法，汝成王考之，以尽文王之德故也。汝成王能行此法，可以为明君。周公之心，与文王合，虽不必事求合于文王，而心与之同，则其为法，自与之合。所谓明子之法者，如上文所告成王者皆是也。今之所以居此土中，皆文武使我毖谨殷之顽民，而命我以安宁之。以此见周公之举措，皆非周公之始创为之，皆本于文、武也。秬，黑黍也。鬯，郁鬯也。卣，中樽也。以黑黍为酒，煮郁金之草以和之，使芬香调畅。"曰"者，命之。"曰明禋"也，明洁禋敬也。以秬鬯二卣，为明洁禋敬。拜手稽首，以太平之美致享焉。予不敢经宿，则遂以此速祭于文王、武王之庙。精意以享，谓之禋。周公之意，以摄政七年之间，制礼作乐，文致太平，无非文、武之遗休余泽。今已致政复辞于成王矣，不敢不致告归功于文、武。祭祀之礼，在诚不在物。谓之明禋，谓之休享，谓之予不敢宿皆，虔恭之至也。时假秬鬯二卣，以达其诚而已。惠，顺也。叙，次叙也。汝成王自今为政，当顺其正道厚行之，使有次序。疾，患也。无使民遇于患苦之虐政，则万年之久，天下厌致汝之德泽。引，渐也。考，成也。商民日渐月渍，渐至于成。王能使商民承奉汝之叙，汝成王"惠笃叙"矣。商民承汝之叙，精白一心，以承休德，则不特见于一时，万年之久长，观感朕子成王，而怀归其德矣。"万年厌于乃德"者，周之民也；"万年其永，观朕子怀德"者，商之顽民也。周公之心，以商民为念，故分别告之，亦若召公言"先服殷御事"，比介于我有周御事，与仇民友民之意也。

12. 《融堂书解》卷十四《周书·洛诰》

（宋）钱时撰

（归善斋按，见"周公拜手稽首曰，王命予来承保乃文祖受命民"）

13.《尚书要义》

（宋）魏了翁撰

（归善斋按，原缺）

14.《书集传或问》卷下《洛诰》

（宋）陈大猷撰

（归善斋按，未解）

15.《尚书详解》卷九《周书·洛诰第十五》

（宋）胡士行撰

考（察）朕昭（明示）子（王）刑（法），乃单（尽）文（文王）祖德，伻（王使。注云文、武使）来（我来）毖（谨治）殷（殷民），乃命宁（命之以宁。吕云，命，如射命中之命，期必之辞）。予以秬（黑黍）鬯（香草）二卣（中樽），曰明（洁）禋（精意以享），拜手稽首，休（以治之美）享（祭告）。予不敢宿（经宿），则禋于文王、武王。惠（顺）笃（厚）叙（次），无有遘（遇至）自疾（自疾害之事），万年（人皆）厌（饫）于乃（汝）德，殷（民）乃引（日渐月渍）考（有所成）。王伻（使）殷（民）乃承（继）叙（次叙）万年，其永（长）观（仰）朕（我）子（子孙）怀（感）德。

公昔所以示王者，文德而已。今王使公留而来宁殷民。公既许留，即告文、武。一去一留，对越无愧，遂勉王以惠笃叙，无遘疾，以成宁殷之效，而至于万年也。夏云，王伻来命，安慰我以二卣，使我明禋，拜稽以休享。我以时不敢宿王命于家，即以禋于文、武。

16.《书纂言》卷四上《周书·洛诰》

（元）吴澄撰

伻来毖殷，乃命宁。予以秬鬯二卣，曰明禋，拜手稽首，休享。予不敢宿，则禋于文王、武王。

宁，犹"牧"也。秬黍为酒，芬香条畅，谓之秬鬯，所以祼神也。

以赐公者，敬公如神也。卣，中樽也。明，洁也。精意以享，曰禋。王使我来洛邑，化诲殷民，乃有命绥宁我，赍以秬鬯二卣，命曰此洁而可禋。今拜手稽首，以赍于公。其承此休而享受之，周公不敢留以经宿，即以禋于文王、武王，敬之至也。

(归善斋按，另见"予旦以多子，越御事，笃前人成烈，答其师，作周孚先")

17.《书集传纂疏》卷五《朱子订定蔡氏集传·周书·洛诰》

(元) 陈栎撰

伻来毖殷，乃命宁。(绝句) 予以秬鬯二卣，曰明禋，拜手稽首，休享。

此谨毖殷民，而命宁周公也。秬，黑黍也。一稃二米，和气所生。鬯，郁金香草也。卣，中樽也。明，洁；禋，敬也。以事神之礼事公也。苏氏曰，以黑黍为酒，合以郁鬯。所以祼也，宗庙之礼，莫盛于祼。王使人来戒敕庶殷，且以秬鬯二卣绥宁周公，曰明禋，曰休享者，何也？事周公如事神明也。古者有大宾客，以享礼礼之。酒清人渴而不饮，肉干人饥而不食也。故享有体荐，岂非敬之至者，则其礼如祭也欤。

纂疏：

愚谓，自此至"万年其永观朕子怀德"，乃王归镐后，使人来劳周公。公因祭文、武而全载其祝辞也。宁，如归宁父母之"宁"。"曰明禋，拜手稽首，休享"者，述王命，使之辞曰，此明洁以禋祀之酒，今拜稽而致休美，以享公焉。敬之至者，其礼如祭。传曰，享有体荐，一证也。《记》曰"君子敬则用祭器"，又一证也。碎分不贯，必通全章说之。"不敢越宿"，如不宿肉，君言不宿于家。蔡氏谓与"三宿"之"宿"同。宿，乃进爵也。"惠笃叙"至"朕子怀德"，此祝辞全文，不必分为二节。祝辞之意云，愿惠顺笃厚，而有次叙，身其康强，无有遇自己之疾，子孙逢吉，万年厌饱文武之德焉。此公自致祷祝之辞也。殷人亦引长寿考。王使殷人乃皆承顺其教条次序，将万年永观法朕子，而怀其德焉。朕子，指成王。曰王，尊之；曰朕子，亲之。此公为王祷祝之辞也。虽曰祝辞，然祷祝之中，有规勉之意，末二句归重于王，然非徒徼福于先王而已也。

（归善斋按，另见"予旦以多子，越御事，笃前人成烈，答其师，作周孚先"）

18.《读书丛说》卷六《洛诰》

（元）许谦撰

（归善斋按，未解）

19.《书传辑录纂注》卷五《周书·洛诰》

（元）董鼎撰

伻来毖殷，乃命宁。（绝句）予以秬鬯二卣，曰明禋，拜手稽首，休享。

此谨毖殷民，而命宁周公也。秬，黑黍也，一稃二米，和气所生。鬯，郁金香草也，卣，中樽也。明，洁；禋，敬也。以事神之礼事公也。苏氏曰，以黑黍为酒，合以郁鬯。所以祼也，宗庙之礼，莫盛于祼。王使人来戒敕庶殷，且以秬鬯二卣绥宁周公，曰明禋，曰休享者，何也？事周公如事神明也。古者有大宾客。以享礼礼之。酒清人渴而不饮。肉干人饥而不食也。故享有体荐，岂非敬之至者，则其礼如祭也欤。

纂注：

新安陈氏曰，自此至"万年其永观朕子怀德"，乃王归镐后，使人来劳周公。公因祭文、武而全载其祝辞也。宁，如归宁父母之"宁"。"曰明禋。拜手稽首，休享"者，述王命，使之辞曰，此明洁以禋祀之酒，今拜稽而致休美以享公焉。敬之至者，其礼如祭。传曰"享有体荐"一证也；《记》曰"君子敬则用祭器"，又一证也。

（归善斋按，另见"予旦以多子，越御事，笃前人成烈，答其师，作周孚先"）

20.《尚书句解》卷九《周书·洛诰第十五》

（元）朱祖义撰

考朕昭子刑（王试考我前此所明示子以仪刑之道），乃单文祖德（乃尽是文德之祖文王之德），伻来毖殷（前日我在洛邑营作时王使使来毖谨劳来殷民伻絣）。

21.《尚书日记》卷十二《周书·洛诰》

（明）王樵撰

"伻来毖殷"至"拜手稽首，休享"。

上文成王留公，公为许留皆在洛时语，既而成王还归镐京遣使来洛。诰毖殷民因命宁公。宁者，慰问公安乎？以公初离镐居洛，恐有未习，故来安之敬爱公之至也。于是使者且归公述其事及已祭告陈劝之辞，以授使者归达之王也。秬黑黍一秠二米和气所生酿为酒名，秬鬯以其调鬯也。樽以彝为上，罍为下，卣居中未祭，则秬鬯盛于卣及祭则郁鬯实于彝明洁禋敬也。言致其明禋拜手稽首以休享于公也。郁，郁金香草煮以和酒者，不和郁单谓之秬鬯和郁始谓之郁鬯经文。但言秬鬯，盖临祭以灌始，和郁蔡传云鬯郁金香草误。

（归善斋按，另见"予旦以多子，越御事，笃前人成烈，答其师，作周孚先"）

22.《日讲书经解义》卷八《周书·洛诰》

（清）库勒纳等撰

伻来毖殷，乃命宁。予以秬鬯二卣，曰明禋，拜手稽首，休享。予不敢宿，则禋于文王、武王。

此二节书，是见周公不敢当成王来宁之命，故禋于文武而归功于先王也。毖者，戒饬之意。宁者，慰安之意。秬黑黍鬯，郁金香草以黑黍为酒合以郁鬯灌地以降神也。明洁也，禋敬也，宿进爵饮酒也。明禋二句是来宁之词成王命公治洛之后已。归于周复遣使诰诫殷民，因念周公之功而来慰宁之锡，以殊典周公不敢当王之。宁故叙其词以答王以为殷民不靖，必须谨饬训诰然后可以静其身心。而和其家室王今者，乃因毖殷之使而复命宁。予赐我以秬鬯二卣且致词曰，夫此秬鬯之酒所以明洁禋敬以奉神而格帝者也。我敢拜手稽首，以此休美之物而致享于公焉。王之礼数隆重如此予人臣也，岂敢当此礼而遽进爵以饮乎。予思基新命而大戡商之业者，文王也。集大勋而成胜殷之烈者，武王也。启之翼之唯二后在天之灵是赖，予唯用此以禋祀我先王庶几为王退福之祈耳。于此见成王之勤能饬民也，敬能报功也，周公之谦不居劳也，孝不忘本也，盖一事而君臣之间数善备焉。

（归善斋按，另见"予旦以多子，越御事，笃前人成烈，答其师，作周孚先"）

《五诰解》卷四《洛诰》

（宋）杨简撰

考朕昭子刑，乃单文祖德，伻来毖殷，乃命宁。

刑法也，单尽也，观朕所以昭示子之法，乃尽文祖德使王来新邑。致谨于殷地殷民，则天命宁矣。毖致谨也，即禹克艰皋陶兢兢之意。

《读书管见》卷下《洛诰》

（元）王充耘撰

考朕昭子刑，乃单文祖德。

"考朕昭子刑，乃单文祖德"者，言欲成就君之仪刑，而殚尽文祖之德。盖威仪，德之刑乎外，动容周旋，无不中礼，是方成其仪刑，必使其君，雍雍在宫，肃肃在庙，如文王然，然后得为殚文祖德，不然是未免有愧于前人也。于成王，则曰"其自时中乂，万邦咸休"；周公自效，则曰"考朕昭子刑，殚文祖德"，盖君以出治为功，臣以辅君为职，各欲自尽而已。

伻来毖殷。

此所谓以"功作元祀"者也，故既奉灌地降神之酒，而又重以"明禋""休享"之辞，岂非生祀周公也欤。周公能为人臣所不能为之功，固当受人臣所不当受之礼公，则自以为凡己之所能为者，皆臣子之分所当为，安得受此非常之祀哉。故不敢歆其祀，而以之禋祭文、武，而徼福于先王焉。"惠笃叙"至"殷乃引考"，此周公自祷之辞。"王伻殷"至"朕子怀德"乃为王祷祝之辞，盖"无有遘自疾"，即自身康强，而无有厌于乃德者，乃指成王言。饱汝福泽，至于殷人亦引考，则周公留洛，主掌殷民，故亦愿其不为叛乱，得保首领以没而蒙寿考之福也。且殷乃雠民，令之而有不从，禁之而有不听，而王能使之承汝条教，听从号令，不复怀思其旧主，而乃观法于汝，怀思汝德焉，是虽成王化之有道，然非文武在天之灵，阴驱默相，安能至此。故周公为成王愿之。

《尚书疑义》卷五《洛诰》

（明）马明衡撰

"乃命宁"，蔡注以"宁"字属下句，为绥宁周公，而又谓"明禋""休享"，事周公如事神明也。《周礼》王礼"上公再祼而酢"，固有尊之以神明之礼，但此是周公自言，周公岂应预令，王以神明之礼来礼己耶。古人郁鬯最重，皆不宜周公自言，今只依古注，"宁"字为句，以宁为致政而安宁。如蔡以周公治洛，则是方有政事，亦不可自处，以谓之宁矣。

予以秬鬯二卣，曰明禋，拜手稽首，休享

1.《尚书注疏》卷十四《周书》

（汉）孔氏传，（唐）陆德明音义，（唐）孔颖达疏

予以秬鬯二卣，曰明禋，拜手稽首，休享。

传，周公摄政七年致太平，以黑黍酒二器明洁致敬，告文武以美享，既告而致政，成王留之，本说之。

音义，秬，音巨。鬯，敕亮反，香酒也。卣，由手反，又音由，中樽也。

疏，正义曰，我以时既太平，即以秬黍鬯酒盛于二卣樽内，我言曰，当以此酒，须明洁致敬于文武，我则拜手稽首，告文武以美享告。

传，正义曰，《释草》云，秬，黑黍。《释器》云，卣，中樽也。以黑黍为酒，煮郁金之草，筑而和之，使芬香调畅，谓之秬鬯。鬯酒二器，明洁致敬告文王武王以美享，谓以太平之美事享祭也。《国语》称，"精意以享谓之禋"。《释诂》云，禋，敬也。是明禋为明洁致敬也。太平是

王之美事，故太平告庙，是以美享祭也，公既告太平而致政成王，成王留之，故本而说之。此事者，欲令成王重其事，厚行之周礼。郁鬯之酒实之于彝，此言在"卣"者，《诗·大雅·江汉》及《文侯之命》皆言"秬鬯一卣，告于文人"，则未祭实之于卣，祭时实之于彝。彼一卣，此二卣者，此一告文王，一告武王。彼王赐臣使告其太祖故唯一卣耳此经卣下言"曰"者，说本盛酒于樽，乃为此辞，故言"曰"也。

2. 《书传》卷十三《周书·洛诰第十五》

（宋）苏轼撰
（归善斋按，见"考朕昭子刑，乃单文祖德，伻来毖殷，乃命宁"）

3. 《尚书全解》卷三十一《周书·洛诰》

（宋）林之奇撰
（归善斋按，见"周公拜手稽首曰，王命予来承保乃文祖受命民"）

4. 《尚书讲义》卷十五

（宋）史浩撰
（归善斋按，见"周公拜手稽首曰，王命予来承保乃文祖受命民"）

5. 《尚书详解》卷二十《周书·洛诰》

（宋）夏僎撰
（归善斋按，见"周公拜手稽首曰，王命予来承保乃文祖受命民"）

6. 《增修东莱书说》卷二十三《周书·洛诰第十五》

（宋）吕祖谦撰，（宋）石澜增修

予以秬鬯二卣，曰明禋，拜手稽首，休享。予不敢宿，则禋于文王、武王。惠笃叙，无有遘自疾，万年厌于乃德，殷乃引考。王伻殷乃承叙万年，其永观朕子怀德。

周公既留，即告于文王、武王以秬鬯二卣，拜手稽首，以此心休享，不敢宿。而禋于文武之前，公之一去一留，对越文、武也，亦以坚成王之心，谓汝之不可不勉者，已告于文、武矣。"予不敢宿"者，对成王之时，此心此意，即对于文武也。自是当惠顺笃厚次叙而行，无至于遘自疾之地，能如此，则万年皆厌饫汝之德。殷之民亦日渐月渍，而有所成矣。殷之民"乃承叙万年，其永观朕子怀德"，盖殷民乃雠民，能使之承叙，然后万年永观朕子怀德也。

7.《尚书说》卷五《周书·洛诰》

（宋）黄度撰

予以秬鬯二卣，曰明禋，拜手稽首，休享。予不敢宿，则禋于文王、武王。

孔氏"乃命宁"句绝，非。周公言，王乃明安我，以黑秬黍酒二卣中器，言曰明洁致敬文武。美享，谓告文、武，此为休美必享也。言安我者周公，遂留也。予承王命，不敢经宿，洁告文王、武王。不敢经宿，不暇齐也。周制九命，作伯赐秬鬯、圭瓒，周公为东伯久矣。至此，成王亲政始赐之。

8.《絜斋家塾书钞》卷十一《周书·洛诰》

（宋）袁燮撰

（归善斋按，见"考朕昭子刑，乃单文祖德，伻来毖殷，乃命宁"）

9.《书经集传》卷五《周书·洛诰》

（宋）蔡沈撰

（归善斋按，见"考朕昭子刑，乃单文祖德，伻来毖殷，乃命宁"）

10.《尚书精义》卷三十八《周书·洛诰》

（宋）黄伦撰

伻来毖殷，乃命宁。予以秬鬯二卣，曰明禋，拜手稽首，休享。予不敢宿，则禋于文王、武王。惠笃叙，无有遘自疾，万年厌于乃德，殷乃引考。王伻殷乃承叙万年，其永观朕子怀德。

东坡曰，周公以秬鬯二卣，禋于文、武，且祝使国家顺厚以叙，身其康强，无有过疾，子孙万年厌饱乃德，殷人亦永寿考。王使殷人承叙万年，其永观法我孺子，而怀其德。

无垢曰，成王以神明事周公，此盛礼也。周公其敢当之哉，所以不敢留秬鬯于家，而即以精意致于文、武也。观周公此事，则夫天子之礼乐，周公其敢当之乎。

11. 《尚书详解》卷三十三《周书·洛诰》

（宋）陈经撰

（归善斋按，见"考朕昭子刑，乃单文祖德，伻来毖殷，乃命宁"）

12. 《融堂书解》卷十四《周书·洛诰》

（宋）钱时撰

（归善斋按，见"周公拜手稽首曰，王命予来承保乃文祖受命民"）

13. 《尚书要义》

（宋）魏了翁撰

（归善斋按，原缺）

14. 《书集传或问》卷下《洛诰》

（宋）陈大猷撰

（归善斋按，未解）

15. 《尚书详解》卷九《周书·洛诰第十五》

（宋）胡士行撰

（归善斋按，见"考朕昭子刑，乃单文祖德，伻来毖殷，乃命宁"）

16. 《书纂言》卷四上《周书·洛诰》

（元）吴澄撰

（归善斋按，见"考朕昭子刑，乃单文祖德，伻来毖殷，乃命宁"）

17.《书集传纂疏》卷五《朱子订定蔡氏集传·周书·洛诰》

(元) 陈栎撰

(归善斋按,见"考朕昭子刑,乃单文祖德,伻来毖殷,乃命宁")

18.《读书丛说》卷六《洛诰》

(元) 许谦撰

王以秬鬯二卣,曰明禋以休享于周公,以为事周公如事神明也。禋,精意以享也。郁鬯,虽所以祭宗庙,而宾客亦以此祼之。如《周礼·大行人》"上公再祼而酢,侯伯一祼而酢"之类,是天子待诸侯之礼也。然则此文,唯"禋"字为主尔,鬯非必事神明也。

19.《书传辑录纂注》卷五《周书·洛诰》

(元) 董鼎撰

(归善斋按,见"考朕昭子刑,乃单文祖德,伻来毖殷,乃命宁")

20.《尚书句解》卷九《周书·洛诰第十五》

(元) 朱祖义撰

乃命宁,予以秬鬯二卣(乃因而命安慰我,以秬鬯二卣。秬,黑黍也,一稃二米,天地中和之气所产也。鬯,香草也。以此米与此草揉而为酒。卣,中樽也。王以此酒二樽,与我时),曰明禋(乃言"明禋"。精意以享谓之禋,谓使我以此酒明洁禋祀也),拜手稽首,休享(周公于是拜手稽首,而致美以享神)。

21.《尚书日记》卷十二《周书·洛诰》

(明) 王樵撰

(归善斋按,见"考朕昭子刑,乃单文祖德,伻来毖殷,乃命宁")

22.《日讲书经解义》卷八《周书·洛诰》

(清) 库勒纳等撰

(归善斋按,见"考朕昭子刑,乃单文祖德,伻来毖殷,乃命宁")

《书蔡氏传旁通》卷五《周书·洛诰》

(元) 陈师凯撰

秬,黑黍也,一秠二米,和气所生。鬯,郁金香草也。

正义云,以黑黍为酒,煮郁金之草,筑而和之,使芬香调畅,谓之秬鬯。徐铉云,秠,米殻也,音孚。《尔雅》曰,秬,黑黍,秠一秠二米。郭云,秠,亦黑黍,但中米异耳。汉和帝时,任城生黑黍,或三四实,实二米,得黍三斛八斗是也。详此则一秠二米,名曰秠,常罕得。既名秬鬯,则不必其皆一秠二米也。

卣,中樽也。

《尔雅》文也。孙炎云,樽彝为上,罍为下,卣居中。郭璞云,卣不大不小者。《尔雅》疏云,是在罍彝之间,即《周礼》牺象壶著大山六樽是也。罍者樽之大者也。按《礼图》云六,彝为上,受三斗六;樽为中,受五斗六;罍为下,受一斛。《毛诗》说"金罍大一硕"是也。彝、卣、罍三者,皆为盛酒器也。

酒清人渴而不敢饮也,肉干人饥而不敢食也。

《聘义》文。

享有体荐。

见《左传》宣十六年。

敬之至者,其礼如祭。

新安陈氏曰,宁,如归宁父母之"宁"。"曰明禋,拜手稽首,休享"者,述王命,使之辞曰,此明洁以敬祀之酒,今拜稽而致休美以享公焉。敬之至者,其礼如祭。传曰"享有体荐",一证也,《记》曰"君子敬则用祭器",又一证也。

《书经衷论》卷三《周书·洛诰》

（清）张英撰

周公归政，而有明农之请者，宠利不居之哲也；因王之留而终任诞保之责者，乃心王室之忠也；以秬鬯而明禋、休享者，尊贤之义也；不敢宿而禋于文王武王者，宁亲之孝也。一篇之中，君臣之道备矣。

《五诰解》卷四《洛诰》

（宋）杨简撰

予以秬鬯二卣，曰明禋，拜手稽首，休享。予不敢宿，则禋于文王、武王。

《周礼》有郁鬯，有秬鬯。秬，黑黍。黑黍为鬯酒。秬鬯，不和郁金者。卣，中樽。不用郁鬯，周公以臣礼，降等欤。唯以精明，禋祀不在牲物上。言"笃前人成烈"，又曰"单文祖德继"，言此明禋于文王武王，又曰不敢宿，又曰休享，言致其善享，即前言告成王之善，善善无二。孔子曰，"孝弟之至，通于神明，光于四海，无所不通"。周公明禋文、武，用坚明训。凡祀，必先斋。今公不敢宿，亦敬也。圣人心常精一，虽不斋如斋，他人则不可继言。

予不敢宿，则禋于文王、武王

1.《尚书注疏》卷十四《周书》

（汉）孔氏传，（唐）陆德明音义，（唐）孔颖达疏

予不敢宿，则禋于文王、武王。

传，言我见天下太平，则洁告文武，不经宿。

音义，禋，音因。

疏，正义曰，云今太平即速告庙。我不敢经宿，则禋告文王、武王以致太平之事。

传，正义曰，予不敢宿者，此申述上明禋之事，言我见天下太平，则洁告文、武。不敢经宿，示虔恭之意也。此三月营洛邑，民已和会，则三月之时已太平矣，既告而致政，则告在岁末而云不经宿者，盖周公营洛邑至冬始成，得还镐京祭文武，是为不经宿也。且太平非一日之事。公云不经宿者，示虔恭之意耳，未必旦见太平，即此日告也。郑玄以文祖为明堂，曰明禋者，六典成，祭于明堂，告五帝太皞之属也。既告明堂，则复禋于文、武之庙，告成洛邑。

2.《书传》卷十三《周书·洛诰第十五》

（宋）苏轼撰

予不敢宿。

周公不敢当此礼，即日致之文、武，不敢以王命宿于家。

则禋于文王、武王。惠笃叙，无有遘自疾，万年厌于乃德，殷乃引考。王伻殷乃承叙万年，其永观朕子怀德。

周公以秬鬯二卣，禋于文、武，且祝之曰，使我国家顺厚以叙，身其康强，无有遘疾，子孙万年厌饱乃德，殷人亦永寿考。王使殷人承叙万年，其永观法我孺子，而怀其德。

3.《尚书全解》卷三十一《周书·洛诰》

（宋）林之奇撰

（归善斋按，见"周公拜手稽首曰，王命予来承保乃文祖受命民"）

4.《尚书讲义》卷十五

（宋）史浩撰

（归善斋按，见"周公拜手稽首曰，王命予来承保乃文祖受命民"）

5.《尚书详解》卷二十《周书·洛诰》

（宋）夏僎撰

（归善斋按，见"周公拜手稽首曰，王命予来承保乃文祖受命民"）

6.《增修东莱书说》卷二十三《周书·洛诰第十五》

（宋）吕祖谦撰，（宋）石澜增修

（归善斋按，见"予以秬鬯二卣，曰明禋，拜手稽首，休享"）

7.《尚书说》卷五《周书·洛诰》

（宋）黄度撰

（归善斋按，见"予以秬鬯二卣，曰明禋，拜手稽首，休享"）

8.《絜斋家塾书钞》卷十一《周书·洛诰》

（宋）袁燮撰

（归善斋按，见"考朕昭子刑，乃单文祖德，伻来毖殷，乃命宁"）

9.《书经集传》卷五《周书·洛诰》

（宋）蔡沈撰

予不敢宿，则禋于文王、武王。

宿，与《顾命》"三宿"之"宿"同。禋，祭名。周公不敢受此礼，而祭于文、武也。

10.《尚书精义》卷三十八《周书·洛诰》

（宋）黄伦撰

（归善斋按，见"予以秬鬯二卣，曰明禋，拜手稽首，休享"）

11.《尚书详解》卷三十三《周书·洛诰》

（宋）陈经撰

（归善斋按，见"考朕昭子刑，乃单文祖德，伻来毖殷，乃命宁"）

12.《融堂书解》卷十四《周书·洛诰》

（宋）钱时撰

（归善斋按，见"周公拜手稽首曰，王命予来承保乃文祖受命民"）

13. 《尚书要义》

（宋）魏了翁撰

（归善斋按，原缺）

14. 《书集传或问》卷下《洛诰》

（宋）陈大猷撰

（归善斋按，未解）

15. 《尚书详解》卷九《周书·洛诰第十五》

（宋）胡士行撰

（归善斋按，见"考朕昭子刑，乃单文祖德，伻来毖殷，乃命宁"）

16. 《书纂言》卷四上《周书·洛诰》

（元）吴澄撰

（归善斋按，见"考朕昭子刑，乃单文祖德，伻来毖殷，乃命宁"）

17. 《书集传纂疏》卷五《朱子订定蔡氏集传·周书·洛诰》

（元）陈栎撰

予不敢宿，则禋于文王、武王。

宿，与《顾命》"三宿"之"宿"同。禋，祭名。周公不敢受此礼，而祭于文、武也。

18. 《读书丛说》卷六《洛诰》

（元）许谦撰

（归善斋按，未解）

19. 《书传辑录纂注》卷五《周书·洛诰》

（元）董鼎撰

予不敢宿，则禋于文王、武王。

宿，与《顾命》"三宿"之"宿"同。禋，祭名。周公不敢受此礼，而祭于文、武也。

纂注：

息斋余氏曰，《顾命》"宿"训为"进爵"，孔氏说也。唐孔氏申其义，以为进爵于神前。今谓予不敢宿，与此同，殊不可晓意者，与上文传意不相接。"宁予"之训，既从苏氏。则"予不敢宿"之义，只合并从苏氏不宿于家之说，方为通，不然则既不敢进爵于神前，而又曰"禋于文武"，何邪？

20.《尚书句解》卷九《周书·洛诰第十五》

（元）朱祖义撰

予不敢宿（我于此时，不敢宿留王命于家），则禋于文王、武王（即以此酒，精意以致祭于文、武之庙，此乃成王以公有人臣所莫能为之功，故赐公以人臣所不用之礼乐也）。

21.《尚书日记》卷十二《周书·洛诰》

（明）王樵撰

予不敢宿，则禋于文王、武王。

周公不敢当成王之礼，则以禋于文、武，为成王祷焉。

22.《日讲书经解义》卷八《周书·洛诰》

（清）库勒纳等撰

（归善斋按，见"考朕昭子刑，乃单文祖德，伻来毖殷，乃命宁"）

《五诰解》卷四《洛诰》

（宋）杨简撰

（归善斋按，见"予以秬鬯二卣，曰明禋，拜手稽首，休享"）

《书蔡氏传旁通》卷五《周书·洛诰》

（元）陈师凯撰

宿，与《顾命》"三宿"之"宿"同。

宿，进爵也。《顾命》则谓三进爵于神前。此则周公言，我不敢自进此酒，则用以祭文、武也。

惠笃叙，无有遘自疾，万年厌于乃德，殷乃引考

1.《尚书注疏》卷十四《周书》

（汉）孔氏传，（唐）陆德明音义，（唐）孔颖达疏

惠笃叙，无有遘自疾，万年厌于乃德，殷乃引考。

传，汝为政，当顺典常厚行之，使有次序，无有遘用患疾之道者，则天下万年厌于汝德，殷乃长成为周。

音义，遘，工豆反。厌，于艳反，注同，马云，厌，饫也，徐于廉反。

疏，正义曰，汝王为政，当顺典常厚行之，使有次序，则诸为政者，无云有遘用患疾之道，苦毒下民，则天下万年，厌饱于汝王之德，殷乃长成为周。

传，正义曰，《释言》云，惠，顺也。此经述上惇典，故言汝为政当顺典常厚行之，使有次序。《释诂》云，遘，遇也。患疾之道，谓虐政，使人患疾之。厚行典常，使有次序，则百官诸侯，凡为政者，皆无有遘用患疾之政以害下民，则经历万年，厌饱于汝德，则殷国乃长成为周。

2.《书传》卷十三《周书·洛诰第十五》

（宋）苏轼撰

（归善斋按，见"予不敢宿，则禋于文王、武王"）

3.《尚书全解》卷三十一《周书·洛诰》

（宋）林之奇撰

（归善斋按，见"周公拜手稽首曰，王命予来承保乃文祖受命民"）

4. 《尚书讲义》卷十五

（宋）史浩撰

（归善斋按，见"周公拜手稽首曰，王命予来承保乃文祖受命民"）

5. 《尚书详解》卷二十《周书·洛诰》

（宋）夏僎撰

（归善斋按，见"周公拜手稽首曰，王命予来承保乃文祖受命民"）

6. 《增修东莱书说》卷二十三《周书·洛诰第十五》

（宋）吕祖谦撰，（宋）石澜增修

（归善斋按，见"予以秬鬯二卣，曰明禋，拜手稽首，休享"）

7. 《尚书说》卷五《周书·洛诰》

（宋）黄度撰

惠笃叙，无有遘自疾，万年厌于乃德，殷乃引考。王伻殷乃承叙万年，其永观朕子怀德。

周公又谓，王当顺厚其叙，言事有先后，无有不顺不厚，而遇自疾。盖祸福无有不自己求之者，必使至千万年，厌饫乃德如此，殷乃能长成。言殷民服化也。王使殷乃承此叙，万年其长，观朕子成王而怀其德。

8. 《絜斋家塾书钞》卷十一《周书·洛诰》

（宋）袁燮撰

（归善斋按，见"考朕昭子刑，乃单文祖德，伻来毖殷，乃命宁"）

9. 《书经集传》卷五《周书·洛诰》

（宋）蔡沈撰

惠笃叙，无有遘自疾，万年厌于乃德，殷乃引考。

遘，居候反。厌，于艳反。此祭之祝辞，周公为成王祷也。惠，顺也。笃叙，与"笃叙乃正父"同，顺笃叙文武之道，身其康强，无有遘遇自罹疾害者，子孙万年厌饱乃德，殷人亦永寿考也。

10.《尚书精义》卷三十八《周书·洛诰》

（宋）黄伦撰

（归善斋按，见"予以秬鬯二卣，曰明禋，拜手稽首，休享"）

11.《尚书详解》卷三十三《周书·洛诰》

（宋）陈经撰

（归善斋按，见"考朕昭子刑，乃单文祖德，伻来毖殷，乃命宁"）

12.《融堂书解》卷十四《周书·洛诰》

（宋）钱时撰

（归善斋按，见"周公拜手稽首曰，王命予来承保乃文祖受命民"）

13.《尚书要义》

（宋）魏了翁撰

（归善斋按，原缺）

14.《书集传或问》卷下《洛诰》

（宋）陈大猷撰

（归善斋按，未解）

15.《尚书详解》卷九《周书·洛诰第十五》

（宋）胡士行撰

（归善斋按，见"考朕昭子刑，乃单文祖德，伻来毖殷，乃命宁"）

16.《书纂言》卷四上《周书·洛诰》

（元）吴澄撰

惠笃叙，无有遘自疾，万年厌于乃德。

遘，遇；自，周公自己；厌，饱也，言行之无已时也。乃，文、武也。周公禋于文、武，且为自己祝曰，愿笃叙文武所行，庶获助佑，身其康强，无有遇己身之疾，至于万年之久，饱于文、武之德。

17.《书集传纂疏》卷五《朱子订定蔡氏集传·周书·洛诰》

（元）陈栎撰

惠笃叙，无有遘自疾，万年厌于乃德，殷乃引考。

此祭之祝辞。周公为成王祷也。惠，顺也。笃叙，与"笃叙乃正父"同。顺笃叙文、武之道，身其康强，无有遘遇自罹疾害者，子孙万年厌饱乃德，殷人亦永寿考也。

纂疏：

陈氏大猷曰，惠顺文、武之道笃叙而行之。

18.《读书丛说》卷六《洛诰》

（元）许谦撰

（归善斋按，未解）

19.《书传辑录纂注》卷五《周书·洛诰》

（元）董鼎撰

惠笃叙，无有遘自疾，万年厌于乃德，殷乃引考。

此祭之祝辞，周公为成王祷也。惠，顺也。笃叙，与"笃叙乃正父"同。顺笃叙文、武之道，身其康强，无有遘遇自罹疾害者，子孙万年厌饱乃德，殷人亦永寿考也。

20.《尚书句解》卷九《周书·洛诰第十五》

（元）朱祖义撰

惠笃叙（周公蒙如此之赐，当如何哉？不过顺治功已厚之次序，不可改作），无有遘自疾（无有遘自疾苦之事，以自害其良心），万年厌于乃德（将见治功愈厚，而天下之民，虽万年之久，皆饱于成王之德，即醉酒饱德之时），殷乃引考（殷民亦必感化，长有所成，谓风俗归厚，一成不变也)。

21.《尚书日记》卷十二《周书·洛诰》

(明) 王樵撰

"惠笃叙"至"殷乃引考"。

此祭之祝辞,惠笃叙文武之道。身其康强无有遘罹,自疾福及子孙万年,厌于乃德,无不惠顺福及殷人,亦乃引考。引考,犹言寿考也。子孙黎民之福,亦王之福,故曰皆为王祷也。

22.《日讲书经解义》卷八《周书·洛诰》

(清) 库勒纳等撰

惠笃叙,无有遘自疾,万年厌于乃德,殷乃引考。

考此一节书,是禋文、武而为王祈祷之词也。惠,顺也。遘,遇也。引考,犹长寿也。周公祝词曰,神之所以佑人主者,内而有心,外而有身,亲而子孙,疏而百姓,莫非福极之所系,则莫非保佑之所及也,予窃敢为王祈之矣。夫攸好德者,福之本也。谟烈之垂,盖百世不易者,先王岂无所以阴诱之乎?愿使王顺承先业,笃之而不遗;叙之而不紊,宪章是守,无有愆忘,而后可焉。身其康强者,福之盛也。曾孙有庆,盖宗社攸赖者,先王岂无所以默佑之乎?愿使王惠迪维祺,无遘遇不祥,无自罹疾病,福禄攸同,无复灾眚而后可焉。然不但王之一身惠笃叙已也,使德可以厌足于王,而不能厌足于王之子孙,则再传而后,何以答文、武而绵国祚乎?愿使万年之后,不替祖功宗德之诒,则合百代之福,以为福者在此矣。抑不但王之一身无有遘自疾已也,使寿可以永王之一人,而不能考殷之庶民,则新迁之众,何以遂生养,而延民命乎?愿使殷余之氓,长享有干有年之乐,则统万姓之福,以为福者在此矣。公之祝词如此,盖于祈祷之中,而期以可久可大之意;于称颂之际,而阴讽以建极锡福之功。古大臣谠不忘规忠爱之心较然矣。

《五诰解》卷四《洛诰》

（宋）杨简撰

惠笃叙，无有遘自疾。则知裡文武，实坚明训旨。

惠笃叙，无有遘自疾，万年厌于乃德，殷乃引考。王伻殷乃承叙万年，其永观朕子怀德。

公告王，当惠顺笃志，凡百有叙而无乱，无自构成其疾也，使万年厌足于汝德，言洪德备足，流泽万年，则此新邑之殷，乃长久有成引长也。考，成也。王当使殷之臣民，奉承有叙不乱，至于万年。朕子，谓伯禽，常与成王同处，故公因及之意，谓公老矣，不复永怀王德，唯朕子永怀王德。

王伻殷乃承叙万年，其永观朕子怀德

1. 《尚书注疏》卷十四《周书》

（汉）孔氏传，（唐）陆德明音义，（唐）孔颖达疏

王伻殷乃承叙万年，其永观朕子怀德。

传，王使殷民上下相承有次序，则万年之道，民其长观我子孙，而归其德矣，勉使终之。

疏，正义曰，王使殷民上下相承有次序，则万年之道，下民其长观我子孙而归其德矣，劝王使终之，皆是诲王之言也。

传，正义曰，王伻殷乃承叙者，上言天下民万年厌饱王德。此教为王德使万年，令民厌饱王德也能使殷民上下有次序，则王德堪至万年之道。王之子孙当行不息，则民其长观我子孙，知其有德而归其德矣。此则长成为周劝勉王使终之。

传，正义曰，王伻殷乃承叙者，上言天下民万年厌饱王德，此教为王德，使万年令民厌饱王德也。能使殷民上下有次序，则王德堪至万年之道，王之子孙当行不息，则民其长观我子孙，知其有德而归其德矣。此则

长成为周,劝勉王使终之。

2.《书传》卷十三《周书·洛诰第十五》

(宋)苏轼撰
(归善斋按,见"予不敢宿,则禋于文王、武王")

3.《尚书全解》卷三十一《周书·洛诰》

(宋)林之奇撰
(归善斋按,见"周公拜手稽首曰,王命予来承保乃文祖受命民")

4.《尚书讲义》卷十五

(宋)史浩撰
(归善斋按,见"周公拜手稽首曰,王命予来承保乃文祖受命民")

5.《尚书详解》卷二十《周书·洛诰》

(宋)夏僎撰
(归善斋按,见"周公拜手稽首曰,王命予来承保乃文祖受命民")

6.《增修东莱书说》卷二十三《周书·洛诰第十五》

(宋)吕祖谦撰,(宋)石澜增修
(归善斋按,见"予以秬鬯二卣,曰明禋,拜手稽首,休享")

7.《尚书说》卷五《周书·洛诰》

(宋)黄度撰
(归善斋按,见"惠笃叙,无有遘自疾,万年厌于乃德,殷乃引考")

8.《絜斋家塾书钞》卷十一《周书·洛诰》

(宋)袁燮撰
(归善斋按,见"考朕昭子刑,乃单文祖德,伻来毖殷,乃命宁")

9.《书经集传》卷五《周书·洛诰》

(宋)蔡沈撰

王伻殷乃承叙万年,其永观朕子怀德。

承,听受也。叙,教条次第也。王使殷人承叙万年,其永观法我孺子,而怀其德也。盖周公虽许成王留洛,然且谓王伻殷者,若曰迁洛之民,我固任之,至于使其"承叙万年"则实系于王也。亦责难之意,与《召诰》末"用供王能祈天永命"语脉相类。

10.《尚书精义》卷三十八《周书·洛诰》

(宋)黄伦撰
(归善斋按,见"予以秬鬯二卣,曰明禋,拜手稽首,休享")

11.《尚书详解》卷三十三《周书·洛诰》

(宋)陈经撰
(归善斋按,见"考朕昭子刑,乃单文祖德,伻来毖殷,乃命宁")

12.《融堂书解》卷十四《周书·洛诰》

(宋)钱时撰
(归善斋按,见"周公拜手稽首曰,王命予来承保乃文祖受命民")

13.《尚书要义》

(宋)魏了翁撰
(归善斋按,原缺)

14.《书集传或问》卷下《洛诰》

(宋)陈大猷撰
(归善斋按,未解)

15. 《尚书详解》卷九《周书·洛诰第十五》

（宋）胡士行撰

（归善斋按，见"考朕昭子刑，乃单文祖德，伻来毖殷，乃命宁"）

16. 《书纂言》卷四上《周书·洛诰》

（元）吴澄撰

殷乃引考。王伻殷乃承叙万年，其永观朕子怀德。

又为殷人祝曰，愿殷人以长寿考。王能使之顺从，即叙至于万年之久，永永观瞻我王所以怀之之德盖公既许留洛治殷民故为己与殷民致祝也。

此第三章，后章所谓"王命周公后作册逸诰"者，册之所书，盖即此章"王曰"之辞，而逸传王命，以诰周公也。或谓此章问答，疑在烝祭之前者，非是。盖周公既拜手稽首，以受王命矣，岂公既受命而始告文、武也哉。

17. 《书集传纂疏》卷五《朱子订定蔡氏集传·周书·洛诰》

（元）陈栎撰

王伻殷乃承叙万年，其永观朕子怀德。

承，听受也。叙，教条次第也。王使殷人承叙万年，其永观法我孺子，而怀其德也。盖周公虽许成王留洛，然且谓"王伻殷"者，若曰迁洛之民，我固任之，至于使其承叙万年，则实系于王也。亦责难之意，与《召诰》末"用供王能祈天命"语脉相类。

纂疏：

张氏曰，观此书，周公不敢当成王秬鬯之礼，则天子之礼乐，公其敢当而安之乎？所以春秋于鲁之郊禘，皆贬其僭，成王之赐，伯禽之受，失可见也。

18. 《读书丛说》卷六《洛诰》

（元）许谦撰

（归善斋按，未解）

19. 《书传辑录纂注》卷五《周书·洛诰》

（元）董鼎撰

王伻殷乃承叙万年，其永观朕子怀德。

承，听受也。叙，教条次第也。王使殷人承叙万年，其永观法我孺子，而怀其德也。盖周公虽许成王留洛，然且谓"王伻殷"者，若曰迁洛之民，我固任之，至于使其承叙万年，则实系于王也。亦责难之意，与《召诰》末"用供王能祈天永命"语脉相类。

纂注：

新安陈氏曰，"惠笃叙"至"朕子怀德"，此祝辞全文。蔡氏分为二节，似不以末二句为祝辞，何也？"惠笃"至"乃德"，此公自致祷祝之辞也。"殷乃"至"怀德"，此公为王祷祝之辞也。虽曰祝辞，然祷祝之中，有规勉之意。末二句归重于王，非徒徼福于先王而已。

张氏曰，观此书，周公不敢当成王秬鬯之礼，则天子之礼乐，公其敢当乎？所以《春秋》于鲁之郊禘，皆贬其僭，则成王之赐，伯禽之受，其失可见。岂周公之所敢安乎？

20. 《尚书句解》卷九《周书·洛诰第十五》

（元）朱祖义撰

王伻殷乃承叙（故王有所使令，则殷民乃承其事之次叙，顺旨无有或违）万年，其永观朕子怀德（如此，则非特周民饱德，虽殷民亦将万年之久，长观于我与子成王，而怀归其德也）。

21. 《尚书日记》卷十二《周书·洛诰》

（明）王樵撰

"王伻殷"至"其永观朕子怀德"。

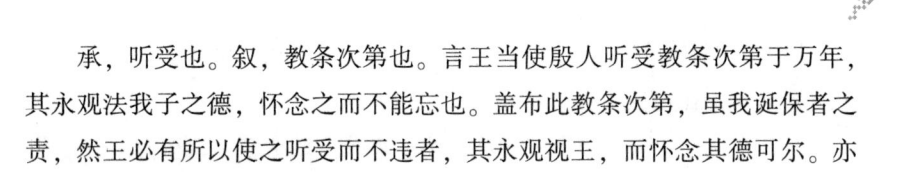

承，听受也。叙，教条次第也。言王当使殷人听受教条次第于万年，其永观法我子之德，怀念之而不能忘也。盖布此教条次第，虽我诞保者之责，然王必有所以使之听受而不违者，其永观视王，而怀念其德可尔。亦《诰告》"庶殷越自乃御事"之意。

此是一句，书意谓，使无德可观法可系念，则虽有教条次第，不能使之听受也。

22.《日讲书经解义》卷八《周书·洛诰》

（清）库勒纳等撰

王伻殷乃承叙万年，其永观朕子怀德。

此一节书，是见周公虽任治洛之事，而仍以化服之本望王也。承，听受也。叙，教条之次第也。周公既述祈祷之辞，又叮咛成王曰，治洛之事予固任之，而端本澄源，则仍在于王。今者，惄戒殷民，其为条教，固秩然有次第矣。然非王有以感发而兴起之，则法令亦虚文耳。王必躬行实践，志气清，明德行，强固使殷之民感动于天子之化，而听受今日之条教。由是一代之纪纲，布之方□者，子孙可守一；王之典礼，见之约束者，顽梗俱消，虽至万年之久，莫不永观朕孺子之德而怀服之矣。此非王伻之，而孰为伻之哉。夫公以治洛之事自任，而必推本于王者。所为君身正，而远近莫不一于正也。有天下者其致意焉。

《五诰解》卷四《洛诰》

（宋）杨简撰

（归善斋按，见"惠笃叙，无有遘自疾，万年厌于乃德，殷乃引考"）

戊辰，王在新邑

1.《尚书注疏》卷十四《周书》

（汉）孔氏传，（唐）陆德明音义，（唐）孔颖达疏

戊辰，王在新邑。

传，成王既受周公诰，遂就居洛邑，以十二月戊辰晦到。

音义，王在新邑，孔、马绝句。

疏，正义曰，自此以下，史终述之。周公归政成王，既受言诰之，王即东行赴洛邑。其年十二月晦戊辰日，王在新邑。

传，正义曰，周公告成王，令居洛邑为治。王既受周公之诰，遂东行就居洛邑，以十二月戊辰晦日到洛。指言"戊辰王在新邑"，知其晦日始到者。此岁入戊午蔀五十六年三月。云丙午朏，以算术计之，三月甲辰朔大，四月甲戌朔小，五月癸卯朔大，六月癸酉朔小，七月壬寅朔大，八月壬申朔小，九月辛丑朔大，又有闰九月辛未朔小，十月庚子朔大，十一月庚午朔小，十二月己亥朔大。计十二月三十日，戊辰晦，到洛也。

《尚书注疏》卷十四《考证》

戊辰，王在新邑，烝祭岁。

臣召南按，《周颂·清庙》之诗作于此时。《诗》序曰，清庙，祀文王也。周公既成洛邑，朝诸侯，率以祀文王焉，是其明证。

2.《书传》卷十三《周书·洛诰第十五》

（宋）苏轼撰

戊辰，王在新邑，烝祭岁。

是岁，始冬烝于洛。

3.《尚书全解》卷三十一《周书·洛诰》

（宋）林之奇撰

（归善斋按，见"周公拜手稽首曰，王命予来承保乃文祖受命民"）

4.《尚书讲义》卷十五

（宋）史浩撰

戊辰，王在新邑，烝祭岁，文王骍牛一，武王骍牛一。王命作册，逸祝册，唯告周公其后。王宾，杀禋，咸格，王入太室，祼。王命周公后，作册逸诰。在十有二月，唯周公诞保文武受命，唯七年。

此自《召诰》之首用牲于郊，社于新邑之后，至是禋于文王、武王之庙，天神、地祇、人、鬼俱享矣，皆史氏之纪。圣人定书，分而附于二篇之前后，使当时作洛之次序，虽百世之下可考而知也，其遗后世亦厚矣。戊午，社于新邑。又七日甲子，周公乃以成王朝诸侯、庶殷，既皆用命，王乃告以使公居洛之意。与公反复言之已定矣，乃用牛以告文、武，使知周公居洛之意。其曰"后"者，不敢绝周公之归意，姑留以镇洛之辞也。说者乃谓，王立周公之后于鲁，夫使之居洛，而立其子，是成王疑周公不用命，立其子，以坚其心也。周公岂反侧而跋扈者，何必为此。使成王果有是心，周公方且恐惧之不暇，而敢受之乎？此后世求经太深，至于如此之凿也。其实王欲归周，百工既从王于周，独使公少留而后归也。烝，冬祭也。岁十二月，索享之祭，故备物而熟之，故曰烝。今祭于文、武之庙，加牛以彰其备礼也。逸，史之名也。王宾，周公杀牲以祭，而祖考咸格。太室者，太庙之中室。按《月令》，冬居玄堂，夏秋之间，土用事四，居太庙之太室。祭有九，祼在馈先，先其诚也。保事既毕，乃明告周公之居洛中，册使逸安之。在十二月，周公乃还政，以居洛。周公相成王诞保文、武之民，至是七年，亦可以还政矣。此皆史氏之纪也。

5. 《尚书详解》卷二十《周书·洛诰》

（宋）夏僎撰

戊辰，王在新邑，烝祭岁，文王骍牛一，武王骍牛一。王命作册，逸祝册，唯告周公其后。王宾，杀禋，咸格，王入太室，祼。王命周公后，作册逸诰。在十有二月，唯周公诞保文武受命，唯七年。

史官上既叙成王留周公，与立公后之言，又继叙周公许留之语。故此遂叙成王到洛，命公之后所行之事。戊辰，先儒谓，七年十二月晦。唐孔氏以历法推之，谓其年三月甲辰朔小，四月癸酉朔大，五月癸卯朔小，六月癸酉朔小，七月壬寅朔大，八月壬申朔小，九月辛丑朔大，闰九月辛未朔小，十月庚子朔大，十一月庚午朔小，十二月己亥朔大，计十二月晦，正得戊辰。王以是日到洛邑，故史官言"戊辰王在新邑"本此。十二月，乃周之十二月，夏之十月。然既言"王在新邑，烝祭岁"，不应当日到洛，即行祀礼。当是戊辰前到洛，至戊辰日行祀礼也。其所谓"烝祭岁"者，烝，乃冬祭之名。是时，乃周十二月晦，故王亲行烝礼，而祭于岁尽之日，故谓之"烝祭岁"，非谓以烝礼而祭新岁也。其烝所祭者，即祭文、武也，故下文言，文王骍牛一，武王骍牛一，谓二王之庙，各用赤色之牛一头也。周尚赤。故牲用骍也。说者谓，宗庙用太牢，而此用特牛者，为封周公后，故用盛礼也。

成王此祭，既专为封周公后而设，故王乃命有司之官，作告神之册，又命史官名逸者，为之祝。其所作之册祝，谓读其辞以祷于神，故谓之"祝"。然其所祝，唯告于文、武，言将谓周公立其后，故曰，王命作册，逸祝册，唯告周公其后。盖言王之所命，有司以作册，与命史以祝册，皆为告周公后也。是时，成王既命作册，又命祝册，而王宾，谓诸侯，乃王国之宾，闻王将杀牲禋祭祖庙，故皆至于洛，以助祭。王既见诸侯咸至，于是遂入清庙之太室，祼以告神。祼，灌也。谓以圭瓒酌郁鬯之酒以献尸，尸受酒而不饮，因灌于地，故谓"祼"也。然则，成王此祼，即谓告文、武，以立公后之事也。成王既祼告于神已，于是遂即庙，而命周公之后，复作命伯禽之书，使史逸读而告伯禽。故曰"王命周公后，作册逸告"，而说者见先言"王宾，杀禋，咸格"，后言"王入太室祼"，乃谓《郊特牲》言，既灌，然后出迎牲，则祼在前，杀牲在后。今此先杀后祼，与彼不同。殊不知，此所谓"王宾，杀禋，咸格"，非谓诸侯至，杀牲始至也。乃谓诸侯闻王将杀牲禋祭，故皆来助祭。诸侯既至，然后王入清庙，灌酒，则前言"杀禋"者，非谓杀牲时也，乃诸侯闻王将举此杀牲禋祭盛礼，故皆来也。以此言之，则与《郊特牲》之义，又何异哉。第弗深思耳。史官既叙成王告祭之事毕，于是总记周公摄政之年月，谓在是年十二月，则周公摄政保安文、武所受之天命，始终七年。自武王崩后，周公居摄至此年十二月，实得七年也。

6.《增修东莱书说》卷二十三《周书·洛诰第十五》

（宋）吕祖谦撰，（宋）时澜增修

戊辰，王在新邑，烝祭岁，文王骍牛一，武王骍牛一。王命作册，逸祝册，唯告周公其后。王宾，杀禋，咸格，王入太室，祼。王命周公后，作册逸诰。在十有二月，唯周公诞保文武受命，唯七年。

此史臣记当时事也。戊辰，十二月戊辰也。王在新邑，在洛也。烝祭，常祭岁也。"文王骍牛一，武王骍牛一"，常祭止用骍牛一也。因烝祭，封伯禽于鲁王宾，杀禋于常祭之外，又杀牛以祭封伯禽与祭岁对言。故曰，宾以岁为主，此为宾也。唯周公诞保文武受命。唯七年者，史官记周公辅成王保文武受命终始，至此凡七年也。

7.《尚书说》卷五《周书·洛诰》

（宋）黄度撰

戊辰，王在新邑，烝祭岁，文王骍牛一，武王骍牛一。王命作册，逸祝册，唯告周公其后。王宾，杀禋，咸格。

成王八年十一月戊辰也，史载作洛复辟，成王至新邑，前后皆可考。周公七年三月至洛经营，命殷丕作。周公还周，经无日月，至建子十一月，周正月朔复辟，是为成王八年。伊尹还政，以冕服奉太甲归亳，亦以建丑十二月，殷正月朔。以此见成王即辟，亦必以建子十一月，周正月朔明矣。《春秋》书即位，必正月，王即以此月往洛。戊辰，烝祭岁事，《周官·司马》中冬大阅。享烝，则建子之月也。

又至十二月，是为周公摄政七年，建丑十二月岁终。史特于篇末，总其事曰"在十有二月，唯周公诞保文武受命，唯七年"。此其岁月，前后皆可考。商周正建虽异，而史序事数月，必用夏正，所以正天时也。因烝祭文、武庙，各加特牲。"王命作册"也，命史逸作之书于册，唯告文、武立鲁侯为公后。祭，有宾杀牲禋告。此告也，亦有宾杀牲。格至，言王自命宾至祼太室，皆亲至行礼，重其事也。即辟，因朝王于丰，告文、武。"命周公后"，因烝祭于洛告文武，洛有文、武庙，祖文王，而宗武王也。丰庙已如此。

8.《絜斋家塾书钞》卷十一《周书·洛诰》

（宋）袁燮撰

戊辰，王在新邑，烝祭岁，文王骍牛一，武王骍牛一。王命作册，逸祝册，唯告周公其后。王宾，杀禋，咸格，王入太室，祼。王命周公后，作册逸诰。在十有二月，唯周公诞保文武受命，唯七年。

此一篇书，自"周公拜手稽首曰，朕复子明辟"至"拜手稽首诲言"

是成王在宗周，周公在成周，使来告卜之辞。卜洛者，召公，周公实未尝卜，而曰"我卜河朔黎水"者，召公之卜也。自"周公曰，王，肇称殷礼"以下，是周公使来告卜之后，归于宗周，面告成王之辞。使成王来洛邑，做这许多事也。如曰"王，肇称殷礼，祀于新邑"，如曰"汝往，敬哉"，如曰"孺子来相宅"，如曰"往新邑，伻向即有僚"，皆是使成王往兹新邑也。至"戊辰，王在新邑"，则成王即来洛邑，遂祭于文、武之庙，因以册命鲁侯也。此书之节次，盖如此。方周公有"明农"之言，分明有退归之意。至成王苦留之，周公见其意之诚笃，又见其"即辟于周，命公后"，处之得其当如此，于是复为成王留。观其告王以"作周恭先"，而自勉以"作周孚先"，则与前日"兹予其明农"之言不同矣，是周公复留，以辅成王也。"诞保文武受命，唯七年"，自此以上，皆摄政七年间之事也。

9.《书经集传》卷五《周书·洛诰》

（宋）蔡沈撰

戊辰，王在新邑，烝祭岁，文王骍牛一，武王骍牛一。王命作册，逸祝册，唯告周公其后。王宾，杀禋，咸格，王入太室，祼。

戊，音茂。祼，古玩反。此下史官记祭祀、册诰等事，以附篇末也。戊辰，十二月之戊辰日也。是日成王在洛举烝祭之礼。曰"岁"云者，岁举之祭也。周尚赤，故用骍。宗庙礼太牢，此用特牛者，命周公留后于洛，故举盛礼也。逸，史佚也。作册者，册书也。逸祝册者，史逸为祝册，以告神也。"唯告周公其后"者，祝册所载，更不他及，唯告周公留守其后之意，重其事也。王宾，犹虞宾杞宋之属，助祭诸侯也。诸侯以王杀牲禋祭祖庙，故咸至也。太室，清庙中央室也。祼，灌也，以圭瓒酌秬鬯灌地，以降神也。

10.《尚书精义》卷三十八《周书·洛诰》

（宋）黄伦撰

戊辰，王在新邑，烝祭岁，文王骍牛一，武王骍牛一。王命作册，逸祝册，唯告周公其后。王宾，杀禋，咸格，王入太室，祼。王命周公后，作册逸诰。在十有二月,唯周公诞保文武受命,唯七年。

王氏曰,太室,清庙中央之室。清庙神之所在,故王入太室,祼献鬯酒,以告神也。祼者,灌也。王以圭瓒酌郁鬯之酒以献尸,尸受祭而灌于地,因奠不饮,谓之祼。

无垢曰,王在洛邑,至夏之仲冬,行烝祭,乃举行尊周公之礼于文王、武王前。各以一骍牛,告文武,此异礼也。成王命史官作册,又使史官名逸者,祝读此册,唯告文王、武王,为周公立伯禽为后于鲁也。《祭统》云,古者明君爵有德,而禄有功,必赐爵禄于太庙,示不敢专也。为周公立后而告于文、武,其《祭统》之意与然,而成王在新邑,其大号令,大政事,所以欲新天下耳目者,宜非一矣。而史官所载区区以报周公功为大,何也?曰所以固结人心,感动天下者,莫大于忠厚。汉高祖既得天下,首杀韩彭;唐明皇既得天下,首贬钟绍京、刘幽求辈,皆非忠厚之道。

又曰,自"戊辰,王在新邑"至"唯七年",皆史官所记也。周公自摄政至宅洛时,十二月,史官计其诞保文武受命已七年矣,此语所以尊周公也。七年而复辟于成王,以言周公于七年间,诞保文武所受天命,奉以周旋,不敢失坠。今幸制礼作乐,时为太平,已免责于文武,而得释谤于天下,解疑于异意之人,岂不庆幸乎?其间经历流言、叛乱,艰难险阻,得见今日,非周公大圣,其何以堪之。史官记此一节,所以尊周公也。

林氏曰,前言逸祝,所以告神也;后言逸诰,所以告伯禽也。至若"周公诞保文武受命,唯七年"者,盖史氏记摄政之历年,至是而复辟也。

11. 《尚书详解》卷三十三《周书·洛诰》

(宋)陈经撰

戊辰,王在新邑,烝祭岁,文王骍牛一,武王骍牛一。王命作册,逸祝册,唯告周公其后。王宾,杀禋,咸格,王入太室,祼。王命周公后,作册逸诰。在十有二月,唯周公诞保文武受命,唯七年。

孔安国曰,成王既受周公告,遂就居洛邑,以十二月戊辰晦到,知此十二月者,即七年建亥之月也。自此以下,皆史官述其事。"烝祭岁"

者，次年之正月，成王即政之始，周之正月，即夏之十一月仲冬。烝祭谓之"岁"者，周人以是月为岁首也。宗庙用太牢，常礼也。周人尚赤，故曰骍。成王欲立周公之后，命伯禽于鲁，故于烝祭，特加一牢。王命史作册文以告，史之官名逸者，祝读其册。册之所载者，唯告周公立其后伯禽。古者，褒德赏功，必于祭日者，示不专也。若《祭统》所谓"爵有德而禄有功，必赐爵禄以太庙"，故启之。《誓》亦曰"用命赏于祖"，然则无功者赏之与乎？无功而受赏者此，得无愧于神乎？王宾，即诸侯来助祭也。二王之后，以客礼待之，举王宾则诸侯咸有。《周颂·烈文》序曰"成王即政，诸侯助祭"是也。成王举行杀牛禋祀之礼，而诸侯之助祭者，皆至太室清庙中央之室。庙有五室，中者曰太室，神之所在也。王入太室之中行祼礼。祼，灌鬯也。祭之礼，或先求诸阳，或先求诸阴。商人尚声臭味，未成乐三阕，然后出迎牲，此求诸阳也。周人尚臭，故灌以圭璋，用玉气，然后迎牲，此求诸阴也。祼者，祭之始也。盖王以圭瓒酌郁鬯之斋以献，尸受祭而灌于地。既灌，然后迎牲，则祼者，祭礼以祼，为重其封伯禽，乃祭之末非将祼时也。《祭统》赐臣爵禄之法曰，祭之日一献，君降立于阼阶之南，南向；所命者，北面；史由君右，执策命之。是祭毕，乃命伯禽也。"王命周公后，作册逸诰"，祭既毕，乃命周公之后伯禽于鲁，作册文，使史逸诰之。前言"王命作册，逸祝册唯告周公其后"者，作册书以告神也，故曰"祝"；此言"王命周公后，作册逸诰"者，作册书以命伯禽也，故曰"诰"。"在十有二月，唯周公诞保文武受命，唯七年"，周公自摄政至宅洛时十二月，史官计其诞保文武受命已七年矣。夫以七年之中，辅相成王，诛三监，黜商命，营洛邑，致太平文、武所以受命于天者，至此有成而无亏，岂非"诞保"乎？史官计此一段，足以见周公有大勋劳于周，而成王崇德报功之礼，亦于此而尽，君臣之际可谓盛矣哉。

12.《融堂书解》卷十四《周书·洛诰》

（宋）钱时撰

戊辰，王在新邑，烝祭岁，文王骍牛一，武王骍牛一。王命作册，逸祝册，唯告周公其后。王宾，杀禋，咸格，王入太室，祼。王命周公后，作册逸诰。在十有二月,唯周公诞保文武受命,唯七年。

"戊辰,王在新邑",张横浦谓,三月二十五日戊辰。愚细考之,良是。前书"乙卯",乃承《召诰》之后,故不著月。此戊辰与乙卯,正相因,则同是三月,复何疑哉。若"烝祭岁",却是十二月事,故系之曰,在十有二月也。此节当作三截看,"戊辰"下一截,是纪王在新邑之始也;"烝祭"下一截,是纪命周公后之事也;"唯周公诞保"下一截,是纪周公居摄之年也。烝者,冬祭之名,《大司马》"仲冬教大阅遂以享烝",而此云"十二月"者,岂营洛之初,特未定欤。抑将命周公后,于事体有宜缓者,故特迟之欤。前言"王命作册,逸祝册,唯告周公其后"者,告神也;后言"王命周公后,作册逸诰"者,诰伯禽而命为鲁侯也。愚窃意,"烝"与"禘"是两祭。烝祭,言岁,明此祭乃岁事之常。既先以"命公后"告于神矣,于再举禘礼,命伯禽于庙欤。观"唯告周公其后",与"王命周公后"截然分属,烝、禘之下则可见矣。

13.《尚书要义》

(宋)魏了翁撰

(归善斋按,原缺)

14.《书集传或问》卷下《洛诰》

(宋)陈大猷撰

(归善斋按,未解)

15.《尚书详解》卷九《周书·洛诰第十五》

(宋)胡士行撰

戊辰(十二月晦),王在新邑,烝(冬祭)祭岁(岁尽),文王骍牛一,武王骍牛一。王命作册(告神之册),逸(史逸)祝册(读其辞以祷神),唯告(文武)周公其后(命周公子伯禽)。王宾(助祭诸侯),杀(杀牲)禘,(禘祭时)咸(皆)格(至),王入太室(清庙太室),祼(圭瓒酌郁鬯酒献尸,尸受酒不饮因灌于地)。王命周公后,作册(命伯禽之书)逸(史逸)诰(告伯禽)。

此史记当时事也。

16. 《书纂言》卷四上《周书·洛诰》

（元）吴澄撰

戊辰，王在新邑，烝祭岁，文王骍牛一，武王骍牛一。

此以下记成王在洛之事。考《汉书·律历志》，成王七年正月乙巳朔大，二月乙亥朔小，三月甲辰朔大，四月甲戌朔小，五月癸卯朔大，六月癸酉朔小，七月壬寅朔大，八月壬申朔小，九月辛丑朔大，十月辛未朔小，十有一月庚子朔大，闰月庚午朔小，十有二月己亥朔大。戊辰，晦日也。烝，冬祭之名。岁者，适当岁终也。骍，赤色，周尚赤，故用骍。宗庙，礼太牢。此用特牛者，命周公留后于洛，故举盛礼也。

17. 《书集传纂疏》卷五《朱子订定蔡氏集传·周书·洛诰》

（元）陈栎撰

戊辰，王在新邑，烝祭岁，文王骍牛一，武王骍牛一。王命作册，逸祝册，唯告周公其后。王宾，杀禋，咸格，王入太室，祼。

此下史官记祭祀、册诰等事，以附篇末也。戊辰，十二月之戊辰日也。是日，成王在洛举烝祭之礼。曰"岁"云者，岁举之祭也。周尚赤，故用骍。宗庙礼太牢，此用特牛者，命周公留后于洛，故举盛礼也。逸，史佚也。作册者，册书也。"逸祝册"者，史逸为祝册，以告神也。"唯告周公其后"者，祝册所载更不他及，唯告周公留守其后之意，重其事也。王宾，犹虞宾杞宋之属，助祭诸侯也，诸侯以王杀牲禋祭祖庙，故咸至也。太室，清庙中央室也。祼，灌也，以圭瓒酌秬鬯灌地，以降神也。

18. 《读书丛说》卷六《洛诰》

（元）许谦撰

（归善斋按，未解）

19.《书传辑录纂注》卷五《周书·洛诰》

(元) 董鼎撰

戊辰,王在新邑,烝祭岁,文王骍牛一,武王骍牛一。王命作册,逸祝册,唯告周公其后。王宾,杀禋,咸格,王入太室,祼。

此下史官记祭祝、册诰等事,以附篇末也。戊辰,十二月之戊辰日也。是日,成王在洛,举烝祭之礼。曰"岁"云者,岁举之祭也。周尚赤,故用骍。宗庙,礼太牢。此用特牛者,命周公留后于洛,故举盛礼也。逸,史佚(逸)也。作册者,册书也。"逸祝册"者,史逸为祝册,以告神也。"唯告周公其后"者,祝册所载更不他及,唯告周公留守其后之意,重其事也。王宾,犹虞宾杞宋之属,助祭诸侯也。诸侯以王杀牲禋祭祖庙,故咸至也。太室,清庙中央室也。祼,灌也,以圭瓒酌秬鬯灌地,以降神也。

20.《尚书句解》卷九《周书·洛诰第十五》

(元) 朱祖义撰

戊辰(周公摄政之七年十二月晦日,戊辰),王在新邑(王到洛在新邑)。

21.《尚书日记》卷十二《周书·洛诰》

(明) 王樵撰

"戊辰,王在新邑,烝祭岁"至"王入太室,祼"。

此史臣记成王在洛之事也。戊辰,十二月之日也。"烝祭岁"者,犹云烝祭以修岁事也,因岁事之常。告文武以周公留洛之事,盛其礼而用特牲。骍,赤色。册,告神之册书。逸,史逸也。读册告神,谓之"祝"。"逸祝册"者,使史逸读册书也。古者,褒赏功德,必于祭日,示不专也。王宾,助祭诸侯也。诸侯以王杀牲禋祭祖庙,故皆至也。太室,清庙中央室也。祼,灌也,以圭瓒酌郁鬯灌地,以降神也。传中"秬鬯"当作"郁鬯"说。见前《郊特牲》云"既灌然后迎牲",则杀在祼后。此经先言杀,后言祼者,"杀禋咸格",表敬重之意,非行事之次也。其"王入太室祼"，乃是祭时行事尔。周人尚臭，祭礼以祼为重，故言王祼，其命周公，乃是祭之将末，非祼时也。《祭统》赐臣爵禄之法云，祭之日一献，君降立于阼阶之南，南面；所命者，北面，史由君右执□命之。

22.《日讲书经解义》卷八《周书·洛诰》

（清）库勒纳等撰

戊辰，王在新邑，烝祭岁，文王骍牛一，武王骍牛一。王命作册，逸祝册，唯告周公其后。王宾，杀禋，咸格，王入太室，祼。王命周公后，作册逸诰。在十有二月，唯周公诞保文武受命，唯七年。

此三节书，是史臣记祭祀册诰等事，乃周公许留之后，成王特重其礼，以致付托之重也。烝祭曰岁者，岁举之祭也。周尚赤，故用骍。逸，史臣名。王宾，诸侯助祭者。杀禋，杀牲以禋祭也。逸诰，是史逸诰周公留后之事。史臣记成王留公治洛，乃于戊辰之日，王在洛适当烝祭，以修岁事之时，将有非常之命，必举非常之仪，乃因岁烝之祭，而行告庙之礼。文王则骍牛一焉，武王亦骍牛一焉。数用简，色尚正，于是命作册书。唯时，有史臣名逸者，即承命为册祝，无有他告，唯告周公留后治洛而已。于是，诸侯为王宾者，因王杀牲禋祭，其事重大，咸恭承而来助祭。王乃入太室，祼地以降神。盖文、武所受之命付托，贵于得人，而周公任诞保之责，告祭必期盛典故也。"王命周公后，作册逸诰。在十有二月"，命在庙中，不敢专也；即于是月不敢缓也。周公既奉成王之诰，于是师保万民，抚化殷士，诞保文、武所受之命，前后凡七年。盖终始于王室，而身且不暇顾矣。

按《洛诰》一篇，成王以治洛之事属周公，而公必推本于王身。其间祀神记功之礼，若彝抚事之法，驭侯绥民之要，法祖用人之方，莫不委曲详尽，剀切条明。而其大要，则不过曰公、曰敬、曰恭而已。盖公，则吾心虚而无偏徇之失；敬，则吾心慎而无疏玩之愆；恭，则吾心敛而无傲慢之气，故能远至迩安，怀保万姓。成周八百年之景祚，实基于此。至若周公，洛邑方成，而即以"明农"为志，迨成王再四请留，然后效弘恭之忠，扩诞保之烈，一心王室，始终无二，所为名高而不居，功大而不有，知进退而不失其正者。千古之君道臣道，于斯篇，盖尽善矣。

《书蔡氏传旁通》卷五《周书·洛诰》

（元）陈师凯撰

戊辰，十二月之戊辰日也。

蔡氏于《康诰》篇首，以"三月哉生魄"为周公摄政七年之三月，则此十二月，亦在七年也。《康诰》篇首，乃《洛诰》脱简，及《召诰》《洛诰》月日，皆第七年中事。今以《汉志》考之云，周公摄政七年二月乙亥朔，《召诰》言"二月既望"，十六日庚寅也。越六日乙未，二十一日也。三月甲辰朔，唯丙午朏，三月初三也。越三日戊申，初五日也。越三日庚戌，初七日也。越五日甲寅，十一日也。若翼日乙卯，十二日也。越三日丁巳，十四日也。越翼日戊午，十五日也。此接《康诰》"三月哉生魄"，十六日己未也。又《召诰》越七日甲子，二十一日也。《洛诰》子唯乙卯，即《召诰》三月十二日也。"戊辰，王在新邑"十二月三十日也。唐孔氏谓，此岁有闰九月，辛未朔小，则十二月三十日，戊辰晦也。

《读书管见》卷下《洛诰》

（元）王充耘撰

新邑，烝祭岁。

成王烝祭，其日则戊辰，其月则十二月，其年则"周公诞保文武受命"之七年。此史倒载之法也。古无年号，如此纪年，犹云会于承筐之岁耳。命公留后，不当在此，岂简编错乱邪，抑史臣追书之也。

《尚书考异》卷五《洛诰》

（明）梅鷟撰

戊辰，王在新邑。

马本与晋人如此点句，郑云"王在新邑，烝祭"句。

《尚书疑义》卷五《洛诰》

（明）马明衡撰

"戊辰，王在新邑"以下，方是纪王往新邑之事。"诞保文武受命，唯七年"，则只是摄政之七年也。朱子谓前已屡有答问之词，其后乃言"王在新邑"有不可晓，因以诘吕伯恭，无以答。以愚观之，正为前面问答，为词未有下落，故此遂不通。前面既是在洛问答如许之详，此方纪"戊辰，王在新邑"为说，不去于此，又可以证前面通是将往洛之言，是犹在镐京也。

《五诰解》卷四《洛诰》

（宋）杨简撰

戊辰，王在新邑，烝祭岁，文王骍牛一，武王骍牛一。王命作册，逸祝册，唯告周公其后。王宾，杀禋，咸格，王入太室，祼。王命周公后，作册逸诰。在十有二月，唯周公诞保文武受命，唯七年。

《春秋》鲁文公十三年《公羊传》曰"周公拜乎前，鲁公拜乎后，曰生以养周公，死以为周公主"，《礼》"祭必有宾"，《祭礼》"君牵牲"，《周礼》冢宰"赞王牲事"意者，宾其周公乎。自"王宾杀禋"至"逸诰"，正祭行事也。咸格，谓凡与祭者毕至也。孔安国曰，自"戊辰"以下，史所终述。

烝祭岁，文王骍牛一，武王骍牛一。王命作册，逸祝册，唯告周公其后

1.《尚书注疏》卷十四《周书》

（汉）孔氏传，（唐）陆德明音义，（唐）孔颖达疏

烝祭岁，文王骍牛一，武王骍牛一。王命作册，逸祝册，唯告周公其后。

传，明月夏之仲冬，始于新邑烝祭，故曰"烝祭岁"。古者，襃德赏功，必于祭日，示不专也，特加文、武各一牛，告曰尊周公，立其后为鲁侯。

音义，烝，之承反。郑读，王在新邑烝。骍，息营反。祝，之又反，

一音之六反。

疏，正义曰，后月是夏之仲冬，为冬节，烝祭其月节，是周之岁首，特异常祭，加文王骍牛一，武王骍牛一。王命有司作□书，乃使史官名逸者，祝读此策，唯告文、武之神，言周公有功，宜立其后为国君也。

传，正义曰，明月夏之仲冬者，下云在十有二月者，周之十二月建亥之月也，戊辰是其晦日，故明日即是夏之仲冬，建子之月也。言明月者，此烝祭，非朔日，故言月也。自作新邑已来，未尝于此祭祀。此岁始于新邑烝祭，故曰烝祭岁也。《周礼·大司马》"仲冬教大阅，遂以享烝"是也。王者冬祭，必用仲月此是周之岁首，故言岁耳。王既戊辰晦到，又须戒日致齐，不得以朔日即祭之。《祭统》云，古者明君，爵有德，而禄有功，必赐爵禄于太庙，示不敢专也。故云，古者，褒德赏功，必于祭日，示不专也。因封之特设祭烝之礼，宗庙用太牢，此文、武皆言牛一，知于太牢之外特加一牛。告白文、武之神，言为尊周公，立其后为鲁侯。《鲁颂》所云"王曰叔父，建尔元子，俾侯于鲁"是此时也。王命作□者，命有司作□书也。读□告神，谓之祝。逸祝□者，使史逸读□书也。郑玄以"烝祭"上属"岁"。文王骍牛一者，岁，是成王元年正月朔日，特告文、武，封周公也。按《周颂·烈文》序云"成王即政，诸侯助祭"郑笺云，新王即政，必以朝享之礼，祭于祖考，告嗣位也，则郑意以朝享之后，特以二牛告文、武封周公之后，与孔义不同。

2. 《书传》卷十三《周书·洛诰第十五》

（宋）苏轼撰

文王骍牛一，武王骍牛一。

宗庙用太牢，此云牛一者，告立周公后加之，周尚赤，故骍牛。

王命作册，逸祝册，唯告周公其后。王宾，杀禋，咸格。

王宾，诸侯。杀骍以禋，诸侯咸格。

3. 《尚书全解》卷三十一《周书·洛诰》

（宋）林之奇撰

（归善斋按，见"周公拜手稽首曰，王命予来承保乃文祖受命民"）

4.《尚书讲义》卷十五

（宋）史浩撰
（归善斋按，见"戊辰，王在新邑"）

5.《尚书详解》卷二十《周书·洛诰》

（宋）夏僎撰
（归善斋按，见"戊辰，王在新邑"）

6.《增修东莱书说》卷二十三《周书·洛诰第十五》

（宋）吕祖谦撰，（宋）时澜增修
（归善斋按，见"戊辰，王在新邑"）

7.《尚书说》卷五《周书·洛诰》

（宋）黄度撰
（归善斋按，见"戊辰，王在新邑"）

8.《絜斋家塾书钞》卷十一《周书·洛诰》

（宋）袁燮撰
（归善斋按，见"戊辰，王在新邑"）

9.《书经集传》卷五《周书·洛诰》

（宋）蔡沈撰
（归善斋按，见"戊辰，王在新邑"）

10.《尚书精义》卷三十八《周书·洛诰》

（宋）黄伦撰
（归善斋按，见"戊辰，王在新邑"）

11. 《尚书详解》卷三十三《周书·洛诰》

（宋）陈经撰

（归善斋按，见"戊辰，王在新邑"）

12. 《融堂书解》卷十四《周书·洛诰》

（宋）钱时撰

（归善斋按，见"戊辰，王在新邑"）

13. 《尚书要义》

（宋）魏了翁撰

（归善斋按，原缺）

14. 《书集传或问》卷下《洛诰》

（宋）陈大猷撰

（归善斋按，未解）

15. 《尚书详解》卷九《周书·洛诰第十五》

（宋）胡士行撰

（归善斋按，见"戊辰，王在新邑"）

16. 《书纂言》卷四上《周书·洛诰》

（元）吴澄撰

王命作册，逸祝册，唯告周公其后。

作册者，作为册书也。逸，史逸也。祝，读册以告神也。作册在祭前，读册在祭之日。"册唯告周公其后"，谓册书之辞，唯是诰文、武以周公留后于洛之事。

（归善斋按，另见"戊辰，王在新邑"）

17. 《书集传纂疏》卷五《朱子订定蔡氏集传·周书·洛诰》

（元）陈栎撰

（归善斋按，见"戊辰，王在新邑"）

18. 《读书丛说》卷六《洛诰》

（元）许谦撰

（归善斋按，未解）

19. 《书传辑录纂注》卷五《周书·洛诰》

（元）董鼎撰

（归善斋按，见"戊辰，王在新邑"）

20. 《尚书句解》卷九《周书·洛诰第十五》

（元）朱祖义撰

烝祭岁（亲行烝礼，祭文、武于岁尽之日），文王骍牛一，武王骍牛一（周尚赤，二王庙各用赤色牛一头。骍音辛）。王命作册（成王命有司之言告神册书），逸祝册（又命史官名逸者，为之祝其所作之册书），唯告周公其后（祝告文、武，言将为周公立其后）。

21. 《尚书日记》卷十二《周书·洛诰》

（明）王樵撰

（归善斋按，见"戊辰，王在新邑"）

22. 《日讲书经解义》卷八《周书·洛诰》

（清）库勒纳等撰

（归善斋按，见"戊辰，王在新邑"）

《五诰解》卷四《洛诰》

(宋)杨简撰

(归善斋按,见"戊辰,王在新邑")

《书蔡氏传旁通》卷五《周书·洛诰》

(元)陈师凯撰

烝祭之礼。

冬曰烝。周尚赤,故用骍。骍,赤色毛也。宗庙礼太牢。合用牛一羊一豕一。逸,史佚也。时太史名佚,古字通作"逸"。此用特牛举盛礼。文武各一牛,故为盛。

王宾,杀禋,咸格,王入太室,祼

1. 《尚书注疏》卷十四《周书》

(汉)孔氏传,(唐)陆德明音义,(唐)孔颖达疏

王宾,杀禋,咸格,王入太室,祼。

传,王宾异周公,杀牲精意以享文武,皆至其庙亲诰也,太室,清庙,祼鬯诰神。

音义,王宾,绝句。杀禋,绝句。一读连"咸格"绝句。大室,马云,庙中之夹室。祼,官唤反。

疏,正义曰,其时王尊异周公,以为宾,杀牲享祭文王、武王,皆亲至其庙。王入庙之太室,行祼鬯之礼。言其尊兴周公,而礼敬深也。

传,正义曰,王宾异周公者,王尊周公为宾,异于其臣。王肃云,成王尊周公,不敢臣之,以为宾,故封其子是也。《周语》云"精意以享谓之禋",既杀二牲,精诚其意,以享祭文武。咸,皆也。格,至也。皆至其庙,言王重其事亲告之也。太室,室之大者,故为清庙。庙有五室,中央曰,太室。王肃云,太室,清庙中央之室。清庙神之所在,故王入太

室,祼献鬯酒以诰神也。祼者,灌也,王以圭瓒酌郁鬯之酒,以献尸,尸受祭而灌于地,因奠不饮,谓之祼。《郊特牲》云,既灌然后迎牲,则杀在祼后。此经先言杀,后言祼者,杀者、咸格,表王敬公之意,非行事之次也。其王入太室祼,乃是祭时行事耳。周人尚臭,祭礼以祼为重,故言王祼。

2.《书传》卷十三《周书·洛诰第十五》

(宋)苏轼撰

王入太室,祼。

太室,清庙中央室也,祼以圭瓒酌柜鬯,以灌地求神也。

(归善斋按,另见"烝祭岁,文王骍牛一,武王骍牛一。王命作册,逸祝册,唯告周公其后")

3.《尚书全解》卷三十一《周书·洛诰》

(宋)林之奇撰

(归善斋按,见"周公拜手稽首曰,王命予来承保乃文祖受命民")

4.《尚书讲义》卷十五

(宋)史浩撰

(归善斋按,见"戊辰,王在新邑")

5.《尚书详解》卷二十《周书·洛诰》

(宋)夏僎撰

(归善斋按,见"戊辰,王在新邑")

6.《增修东莱书说》卷二十三《周书·洛诰第十五》

(宋)吕祖谦撰,(宋)石澜增修

(归善斋按,见"戊辰,王在新邑")

7. 《尚书说》卷五《周书·洛诰》

(宋)黄度撰

王入太室,祼。王命周公后,作册逸诰。

太室,清庙封于祖庙,故王入太室祼鬯,此所谓禋也。成王命周公,以秬鬯二卣告文、武,亦曰禋。此言"王入太室,祼。王命周公后",谓告立伯禽也。作册,诰册也,王作之。韩奕曰,王亲命之是也。以王命书于册,史逸告之,故曰"逸诰"。《内史》"王命诸侯则册命之"是也。祝册命作,诰册亲作,足见王言之体,史皆详之。周公本与太公、召公同封,皆留为王官。今命伯禽为鲁侯,使之国,为周公后,则周公为鲁始祖,而犹食采于周,号周公。周公传嫡国于鲁,庶封邑于周,皆特制也。

(归善斋按,另见"戊辰,王在新邑")

8. 《絜斋家塾书钞》卷十一《周书·洛诰》

(宋)袁燮撰

(归善斋按,见"戊辰,王在新邑")

9. 《书经集传》卷五《周书·洛诰》

(宋)蔡沈撰

(归善斋按,见"戊辰,王在新邑")

10. 《尚书精义》卷三十八《周书·洛诰》

(宋)黄伦撰

(归善斋按,见"戊辰,王在新邑")

11. 《尚书详解》卷三十三《周书·洛诰》

(宋)陈经撰

(归善斋按,见"戊辰,王在新邑")

12. 《融堂书解》卷十四《周书·洛诰》

（宋）钱时撰

（归善斋按，见"戊辰，王在新邑"）

13. 《尚书要义》

（宋）魏了翁撰

（归善斋按，原缺）

14. 《书集传或问》卷下《洛诰》

（宋）陈大猷撰

（归善斋按，未解）

15. 《尚书详解》卷九《周书·洛诰第十五》

（宋）胡士行撰

（归善斋按，见"戊辰，王在新邑"）

16. 《书纂言》卷四上《周书·洛诰》

（元）吴澄撰

王宾，杀禋，咸格，王入太室，祼。

王宾，犹虞宾，二王之后来助祭者。或曰，凡诸侯之君，皆曰宾。杀，杀牲之时；禋，初祭之时。祼，酌鬯以享也，杀牲初禋之时，助祭诸侯咸至，及祼献，则王独入太室之中也。

17. 《书集传纂疏》卷五《朱子订定蔡氏集传·周书·洛诰》

（元）陈栎撰

（归善斋按，见"戊辰，王在新邑"）

18. 《读书丛说》卷六《洛诰》

（元）许谦撰

（归善斋按，未解）

19. 《书传辑录纂注》卷五《周书·洛诰》

（元）董鼎撰

（归善斋按，见"戊辰，王在新邑"）

20. 《尚书句解》卷九《周书·洛诰第十五》

（元）朱祖义撰

王宾，杀禋，咸格（王国之宾，诸侯，闻王将杀牲，精意祭祖庙，故皆至于洛，以助祭）王入太室。祼（王遂入清庙之太室，灌以告神。祼，灌也，谓以圭瓒酌于爵以献尸，尸受酒而不饮，因灌于地，故谓祼。祼，贯）。

21. 《尚书日记》卷十二《周书·洛诰》

（明）王樵撰

（归善斋按，见"戊辰，王在新邑"）

22. 《日讲书经解义》卷八《周书·洛诰》

（清）库勒纳等撰

（归善斋按，见"戊辰，王在新邑"）

《五诰解》卷四《洛诰》

（宋）杨简撰

（归善斋按，见"戊辰，王在新邑"）

《书蔡氏传旁通》卷五《周书·洛诰》

（元）陈师凯撰

太室，清庙中央室也。

明堂中央，曰太庙太室。《乐记》注云，文王之庙为明堂制。《周颂》云"《清庙》祀文王"也。疏云，天德清明，文王能象天之清明，故谓其庙为清庙。然则，清庙者，洛邑文王庙名，以其制如明堂，故亦有中央太室，此蔡氏所以训"太室"为"清庙中央室"也。

王命周公后，作册逸诰

1.《尚书注疏》卷十四《周书》

（汉）孔氏传，（唐）陆德明音义，（唐）孔颖达疏

王命周公后，作册逸诰。

传，王为册书，使史逸诰伯禽封命之书，皆同在烝祭日，周公拜前，鲁公拜后。

疏，正义曰，于此祭时，王命周公后，令作策书，使逸读此□辞，以告伯禽言封之于鲁，命为周公后也。

传，正义曰，其封伯禽乃是祭之将末，非祼时也。《祭统》赐臣爵禄之法，示祭之日一献。君降立于阼阶之南，南向；所命者，北面。史由君右，执策命之。郑云，一献一酳尸也。《礼》，酳尸尸献而祭毕，是祭末乃命之，以祼为重，故特言之。王为策书，亦命有司为之也。上云作策，作告神之策；此言作策，诰伯禽之策。祭于神，谓之祝于人，谓之诰。故云，使史逸诰伯禽封命之书。封康叔，谓之《康诰》，此命伯禽当云《伯禽之诰》。定四年《左传》云"命以伯禽"，即史逸所读之□也。上言逸祝□，此诰下不言"策"者，祝是读书之名，故上云祝策。此诰是诰伯禽使知。虽复读书以诰之，不得言诰□也。上告周公其后，已言告神封周公，嫌此逸诰以他日告之，故云"皆同在烝祭日"。以《祭统》言一献命之，知此亦祭日也。文十三年《公羊传》曰，封鲁公以为周公也，周公拜乎前，鲁公拜乎后，曰生以养周公死则为周公主。

2. 《书传》卷十三《周书·洛诰第十五》

（宋）苏轼撰

王命周公后，作册逸诰。

前诰神，后诰伯禽也。

3. 《尚书全解》卷三十一《周书·洛诰》

（宋）林之奇撰

(归善斋按，见"周公拜手稽首曰，王命予来承保乃文祖受命民")

4. 《尚书讲义》卷十五

（宋）史浩撰

(归善斋按，见"戊辰，王在新邑")

5. 《尚书详解》卷二十《周书·洛诰》

（宋）夏僎撰

(归善斋按，见"戊辰，王在新邑")

6. 《增修东莱书说》卷二十三《周书·洛诰第十五》

（宋）吕祖谦撰，（宋）时澜增修

(归善斋按，见"戊辰，王在新邑")

7. 《尚书说》卷五《周书·洛诰》

（宋）黄度撰

(归善斋按，见"王宾，杀禋，咸格，王入太室，祼")

8. 《絜斋家塾书钞》卷十一《周书·洛诰》

（宋）袁燮撰

(归善斋按，见"戊辰，王在新邑")

9. 《书经集传》卷五《周书·洛诰》

（宋）蔡沈撰

王命周公后，作册逸诰，在十有二月。

逸诰者，史逸诰周公治洛留后也。"在十有二月"者，明戊辰为十二月日也。

10. 《尚书精义》卷三十八《周书·洛诰》

（宋）黄伦撰
（归善斋按，见"戊辰，王在新邑"）

11. 《尚书详解》卷三十三《周书·洛诰》

（宋）陈经撰
（归善斋按，见"戊辰，王在新邑"）

12. 《融堂书解》卷十四《周书·洛诰》

（宋）钱时撰
（归善斋按，见"戊辰，王在新邑"）

13. 《尚书要义》

（宋）魏了翁撰
（归善斋按，原缺）

14. 《书集传或问》卷下《洛诰》

（宋）陈大猷撰
（归善斋按，未解）

15. 《尚书详解》卷九《周书·洛诰第十五》

（宋）胡士行撰
（归善斋按，见"戊辰，王在新邑"）

16.《书纂言》卷四上《周书·洛诰》

（元）吴澄撰

王命周公后，作册逸诰。

王命周公留后，亦作册书，载命之之辞。逸诰者，读册以诰周公也。作册在祭前，祭毕，而逸就公所授册也。

17.《书集传纂疏》卷五《朱子订定蔡氏集传·周书·洛诰》

（元）陈栎撰

王命周公后，作册逸诰，在十有二月。

逸告者，史逸诰周公治洛留后也。"在十有二月"者，明戊辰为十二月日也。

18.《读书丛说》卷六《洛诰》

（元）许谦撰

（归善斋按，未解）

19.《书传辑录纂注》卷五《周书·洛诰》

（元）董鼎撰

王命周公后，作册逸诰，在十有二月。

逸诰者，史逸诰周公治洛留后也。"在十有二月"者，明戊辰为十二月日也。

20.《尚书句解》卷九《周书·洛诰第十五》

（元）朱祖义撰

王命周公后（王就庙命周公之后，封伯禽于鲁），作册逸诰（复作命伯禽之册书，使史逸读以诰伯禽）。

21.《尚书日记》卷十二《周书·洛诰》

（明）王樵撰

"王命周公后"至"诞保文武受命，唯七年"。

册者，诰周公之□命也。逸诰，即所谓"史由君右执策命之"也。"在十有二月"，明戊辰为十二月之日也。"唯七年"明上文皆为七年事也。详见《召诰》年月日谱。成王烝祭，其日则戊辰，其月则十二月，其年则成王之七年。作洛还政，皆在此年。此史家倒记之法也。"唯周公诞保文武受命"句，"唯七年"句。吴氏不知古史之体，乃云"周公留洛凡七年而薨"，未见何据，乃臆说也。逸书《亳姑》之序曰，周公在丰将没，欲葬成周。公薨成王葬于毕。孔氏谓，欲葬成周者，公以己所营，示终始念之。成王葬之于毕者，不敢臣周公，使近文、武之墓。孔颖达谓，周公既还政成王，成王又留为太师。今言在丰，则是去离王朝，又致太师之政。告老归丰，如伊尹之告归也。然则，周公留后于洛，不知几年，又曾告老在丰，其非薨于治洛明矣。《亳姑》在《周官》之后，《君陈》之前。

22.《日讲书经解义》卷八《周书·洛诰》

（清）库勒纳等撰

（归善斋按，见"戊辰，王在新邑"）

《五诰解》卷四《洛诰》

（宋）杨简撰

（归善斋按，见"戊辰，王在新邑"）

《读书管见》卷下《洛诰》

（元）王充耘撰

王命周公后，作册逸诰。

是又以册书命公。前面作册以告文、武。此作册以命公，重其事，故也。

在十有二月，唯周公诞保文武受命，唯七年

1.《尚书注疏》卷十四《周书》

（汉）孔氏传，（唐）陆德明音义，（唐）孔颖达疏

在十有二月，唯周公诞保文武受命，唯七年。

传，言周公摄政，尽此十二月，大安文武受命之事，唯七年，天下太平。自戊辰已下，史所终述。

音义，诞保文武受命，绝句，马同。唯七年，周公摄政七年天下太平，马同。郑云，文王、武王受命，及周公居摄，皆七年。

疏，正义曰，又总述之，在十有二月，唯周公大安文、武受命之事。于此时，唯摄政七年矣。

传，正义曰，自戊辰已上周公与成王相对语未有致政年月。故史于此总结之。自"戊辰"下，非是王与周公之辞，故辨之云，史所终述也。

《尚书注疏》卷十四《考证》

"唯周公诞保文武受命"疏，故史于此总结之。

"史"字，监本讹"安"今改正。

2.《书传》卷十三《周书·洛诰第十五》

（宋）苏轼撰

在十有二月，唯周公诞保文武受命，唯七年。

（归善斋按，未解）

3.《尚书全解》卷三十一《周书·洛诰》

（宋）林之奇撰

（归善斋按，见"周公拜手稽首曰，王命予来承保乃文祖受命民"）

4.《尚书讲义》卷十五

(宋）史浩撰

(归善斋按，见"戊辰，王在新邑"）

5.《尚书详解》卷二十《周书·洛诰》

(宋）夏僎撰

(归善斋按，见"戊辰，王在新邑"）

6.《增修东莱书说》卷二十三《周书·洛诰第十五》

(宋）吕祖谦撰，（宋）石𬤇增修

(归善斋按，见"戊辰，王在新邑"）

7.《尚书说》卷五《周书·洛诰》

(宋）黄度撰

在十有二月，唯周公诞保文武受命，唯七年。

孔氏曰，自"戊辰"以下，史所终述。

8.《絜斋家塾书钞》卷十一《周书·洛诰》

(宋）袁燮撰

(归善斋按，见"戊辰，王在新邑"）

9.《书经集传》卷五《周书·洛诰》

(宋）蔡沈撰

在十有二月，唯周公诞保文武受命，唯七年。

吴氏曰，周公自留洛之后，凡七年而薨也。成王之留公也，言"诞保文武受民"，公之复成王也，亦言"承保乃文祖受命民，越乃光烈考武王"，故史臣于其终，计其年，曰"唯周公诞保文武受命，唯七年"，盖始终公之辞云。

10. 《尚书精义》卷三十八《周书·洛诰》

(宋) 黄伦撰

(归善斋按,见"戊辰,王在新邑")

11. 《尚书详解》卷三十三《周书·洛诰》

(宋) 陈经撰

(归善斋按,见"戊辰,王在新邑")

12. 《融堂书解》卷十四《周书·洛诰》

(宋) 钱时撰

(归善斋按,见"戊辰,王在新邑")

13. 《尚书要义》

(宋) 魏了翁撰

(归善斋按,原缺)

14. 《书集传或问》卷下《洛诰》

(宋) 陈大猷撰

(归善斋按,未解)

15. 《尚书详解》卷九《周书·洛诰第十五》

(宋) 胡士行撰

在十有二月,唯周公诞保文武受命,唯七年。
此史记公摄政之年也。

16. 《书纂言》卷四上《周书·洛诰》

(元) 吴澄撰

在十有二月。
以上事皆在十有二月,明戊辰之为十二月之日也。《书》之常法,当以日系月，以事系日。此先记日，记事，后乃记月，变例也。《大戴记·公冠》篇，先载祝辞后，乃曰维某年某月上日，亦此例。

唯周公诞保文武受命。

题上事也。此篇自"予小子其退，即辟于周"以后，皆载王命周公留后于洛，诞保文武受命民之辞，此九字，犹《礼记·文王世子》篇"文王之为世子"章，"周公践阼"章，"教世子"章，并题上事于章后。

唯七年。

题上年也，虽已题其事，未表其年，故又记此言。此篇所载事辞，皆在成王之七年也。《洪范》"唯十有三祀"，表年于篇端也。此篇"唯七年"，表年于篇终也。

此第五章，前四章记言，此一章记事也。

17.《书集传纂疏》卷五《朱子订定蔡氏集传·周书·洛诰》

(元) 陈栎撰

在十有二月，唯周公诞保文武受命，唯七年。

吴氏曰，周公自留洛之后，凡七年而薨也。成王之留公也，言"诞保文武受民"。公之复成王也，亦言"承保乃文祖受命民，越乃光烈考武王"，故史臣于其终，计其年，曰"唯周公诞保文武受命，唯七年"，盖终始公之辞云。

纂疏：

张氏曰，公辅成王，大保文武所受命，至此为七年矣。

愚谓此三节，史臣记王在洛，以留公治洛之事，祭告文武及命公也。戊辰，先儒谓七年十二月晦日，唐孔氏推之，谓是岁三月丙午朏，闰九月辛未朔小，则十二月三十日戊辰晦，周十二月建亥之月也。其言良是。上言"逸祝册"，告文、武之册也；下言"作册逸诰"告命周公之册也，重其事，故既庙祭，而册祝先王，又因庙祭而册命周公也。前言"戊辰"而结以"在十有二月"，明戊辰为十二月之戊辰。言十二月，而继以"唯周公诞保文武受命，唯七年"，明十二月为此七年之十二月也。此乃古史记载倒文法也。此章次第，当在成王至洛举大祀行大政之后，与公别而归镐之前。今以成王归镐后，遣使宁公之下，次序倒矣。其错简颠倒邪，抑史追书之也，不可考矣。唯七年有二说，蔡本叶吴，今从张氏者，按《记》云，七年致政于成王。王肃于《金縢》末云，武王年九十三，冬十一月崩，其明年称元年，周公摄政，遭流言，东征三年而归，制礼作乐，出入四年六年而成，七年营洛邑，归政成王。武王崩时，成王年已十三，至是年二十。王肃此说，与《记》合七年，始终班班可考。叶、吴留洛七年而后公薨之说，未见所据，何苦舍有据之说而从此乎。古无年号，只得表之曰，周公诞保文武受命之七年，亦如左氏所谓，会于沙随之岁，溴梁之明年之类耳。兼之《康诰》脱简之"唯三月哉生魄"，蔡传既曰周公摄政七年之三月矣，此云"唯七年"，乃曰留洛之后七年而薨，岂应摄政至是恰第七年，留后至薨又恰七年邪，由此言之，则知蔡传二说，自相抵牾，《康诰》得之，而《洛诰》失之也。

18.《读书丛说》卷六《洛诰》

（元）许谦撰

（归善斋按，未解）

19.《书传辑录纂注》卷五《周书·洛诰》

（元）董鼎撰

在十有二月，唯周公诞保文武受命，唯七年。

吴氏曰，周公自留洛之后，凡七年而薨也。成王之留公也，言"诞保文武受民"；公之复成王也，亦言"承保乃文祖受命民，越乃光烈考武王"，故史臣于其终，计其年曰"唯周公诞保文武受命，唯七年"，盖终始公之辞云。

纂注：

张氏曰，公辅成王大保文武所受命，至此为七年矣。

新安陈氏曰，此三节，史臣记王在洛，以留公在后治洛之事，祭告文、武及命公也。戊辰，先儒谓七年十二月晦日。唐孔氏推之，谓此岁三月丙午朏，闰九月辛未朔小，则十二月三十日戊辰晦，月建亥之月也。其言良是。上言"逸祝册"，告文武之册也。下云"作册逸诰"，告命周公之册也。重其事，故既庙祭而册祝先王，又因庙祭而册命周公也。前言"戊辰"，而结以"在十有二月"，明戊辰为十二月之戊辰。言十二月，而继以"唯周公诞保文武受命，唯七年"，明十二月为此七年之十二月也。此乃古史记载倒文法也。此章次第当在成王至洛，举大祀行大政之后，与公别而归镐之前。今以成王归镐后，遣使宁公之后，次序倒矣。其错简颠倒邪，抑史追书之也，不可考矣。

又曰，唯七年有二说。朱、蔡本叶吴说，今从张氏者，按《礼记》云，七年致政于成王。王肃于《金縢》篇末云，武王年九十三，冬十一月崩，其明年称元年，周公摄政，遭流言，东征三年而归，制礼作乐，出入四年六年而，成七年营洛邑，归政成王。武王崩时，成王年已十三矣，至是年二十。王肃此说与《记》合。七年始终，凿凿可考；叶、吴留洛七年而后公薨之说，未见所据。何若舍有据之旧说，而从此乎。古无年号，只得表之曰"周公诞保文武受命"之七年，亦如左氏所谓"会于沙随之岁溴梁"之明年之类耳。兼之《康诰》脱简之"唯三月哉生魄"，蔡传既曰，周公摄政七年之三月矣。此之"唯七年"，乃曰，留洛之后七年而薨，岂应摄政至是既当第七年，留后至薨，又恰七年邪。由此言之，则知蔡传二处，自相抵牾。《康诰》得之，而《洛诰》失之也。

20.《尚书句解》卷九《周书·洛诰第十五》

（元）朱祖义撰

在十有二月（此又史官总记周公摄政之年月，谓自武王崩后，居摄至此年十二月），唯周公诞保文武受命，唯七年（唯周公大保安文武所受之大命者，终始唯七年矣）。

21.《尚书日记》卷十二《周书·洛诰》

（明）王樵撰

（归善斋按，见"王命周公后，作册逸诰"）

22.《日讲书经解义》卷八《周书·洛诰》

(清)库勒纳等撰

(归善斋按,见"戊辰,王在新邑")

《五诰解》卷四《洛诰》

(宋)杨简撰

(归善斋按,见"戊辰,王在新邑")

《书蔡氏传旁通》卷五《周书·洛诰》

(元)陈师凯撰

周公自留洛之后,凡七年而薨也。

周公位冢宰摄政已七年;欲退休,成王留之治洛又历七年。自武王丧后,共十四年也,两经七年。新安陈氏以为唯七年,即摄政之七年者,非是。

周书　康王之诰第二十五

《增修东莱书说》卷三十二《周书·康王之诰第二十五》

（宋）吕祖谦撰，（宋）石澜增修

舜除尧之丧，格庙而咨岳牧；成王除武王之丧，朝庙而访群臣，皆百代之正礼。然成汤方没，伊尹遽偕群后侯、甸训太甲焉，礼固有时而变矣。说者不疑太甲受伊尹、群后之训于居忧之时。乃疑康王受召毕诸侯之戒于宅□之日，甚者，或以晋辞诸侯为证，然则，隆周之元老，反不若衰晋之陪臣邪。

《尚书详解》卷十一《周书·康王之诰第二十五》

（宋）胡士行撰

除丧乃咨岳牧，访群臣，经也；康王之诰，权也；太甲受伊训于居忧之时，礼之变，昉此矣。

《尚书句解》卷十一《周书·康王之诰第二十五》

（元）朱祖义撰

《康王之诰第二十五》（诸侯奔赴王丧，见新君，受顾命，尸天子之位，出于应门之内，将受百辟之朝。百辟既朝，因而进戒康王，于是作此篇，以报诰之）。

康王既尸天子

1.《尚书注疏》卷十八《周书》

（汉）孔氏传，（唐）陆德明音义，（唐）孔颖达疏

序，康王既尸天子。

传，尸，主也。主天子之正号。

音义，马本此句上更有"成王崩"三字。

《尚书注疏》卷十八《考证》

《康王之诰》序。

朱子曰，伏生以《康王之诰》合于《顾命》。今除却序文读，则文自相接连。

2.《书传》卷十七《周书·康王之诰第二十五》

（宋）苏轼撰

康王既尸天子，遂诰诸侯，作《康王之诰》。

3.《尚书全解》卷三十七《周书·康王之诰》

（宋）林之奇撰

康王既尸天子，遂诰诸侯，作《康王之诰》。

《康王之诰》。王出，在应门之内，太保率西方诸侯入应门左，毕公率东方诸侯入应门右，皆布乘黄朱，宾称奉圭兼币，曰，一二臣卫，敢执壤奠，皆再拜稽首。王义嗣德，答拜。太保暨芮伯咸进，相揖，皆再拜稽首，曰，敢敬告天子，皇天改大邦殷之命。唯周文、武诞受羑若，克恤西土。唯新陟王，毕协赏罚，戡定厥功，用敷遗后人休。今王敬之哉。张皇六师，无坏我高祖寡命。王若曰，庶邦侯、甸、男、卫，唯予一人钊报诰。昔君文、武丕、平富，不务咎。底至齐信，用昭明于天下，则亦有熊罴之士，不二心之臣，保乂王家，用端命于上帝。皇天用训厥道，付畀四

方。乃命建侯树屏，在我后之人。今予一二伯父，尚胥暨顾，绥尔先公之臣，服于先王。虽尔身在外，乃心罔不在王室。用奉恤厥若，无遗鞠子羞。群公既皆听命，相揖趋出。王释冕，反丧服。

成王之命群臣，以受遗托孤之事。盖惧夫康王以幼冲之资，不克负荷，欲群臣辅翼赞襄，以弘济于艰难。康王既受顾命矣，则始居天子之位。群臣进戒于王，而王申诰于诸侯，与之正始，而后居丧，此篇之所以作也。盖成王之顾命，欲康王之率循大下，以燮和天下。此群臣之所以进戒。于王，欲群臣敬保元子钊，弘济于艰难，此康王所以申诰于诸侯。古者，天子始受命，以奄宅四海，则诸侯各率其职，奉朝会于天子之都，以致礼于新君，所以正始也。舜禹之受禅，既祭告于天地、宗庙、山川、百神矣。于是"辑五瑞""日觐四岳群牧，班瑞于群后"；汤之克夏，武王之克商，其反国也，则庶邦冢君，率职而受命，王于是有以告戒之，《汤诰》《武成》是也。舜、禹以揖逊而得天下；汤、武以征伐而得天下，其始受命，固不可以不正其始。若夫康王继世而立，而其始亦不可不正。"宾称奉圭兼币，曰，一二臣卫，敢执壤奠"，此即舜禹之"辑五瑞，日觐四岳、群牧"也。"王若曰，庶邦侯、甸、男、卫，唯予一人钊报诰"，此即《汤诰》之"嗟尔万方有众"，《武成》之"王若曰，呜呼！群后"也。成王以乙丑之日崩。其传命也，以癸酉之日，而邦君与焉。不应诸侯闻康王之立，而辐凑王都如此之速。苏氏谓，成王之疾久矣。此诸侯来问王疾者欤。按，《顾命》之序曰，成王将崩命，召公毕公率诸侯相康王，则成王之大渐，而讬群臣以幼孤，诸侯盖以预于受命矣。谓之来问王疾可也，然成王以四月始生魄之日得疾，即以其月之乙丑日晏驾，谓成王之疾为久，不知何所据也。

"尸天子"者，如祭祀之尸，居其位而无所为也。康王之宅忧也，召公以冢宰摄政，百官总己以听焉。唯百官听于冢宰，故康王可以居其位，而无所为，此所以曰尸天子也。子张曰，《书》云，高宗谅阴三年不言，何谓也？子曰，何必高宗，古之人皆然。夫古之人，当谅阴之时，三年不言。而康王乃告诸侯者，盖康王之受顾命也。其言曰，眇眇予末小子，其能而乱四方以敬忌天威。及其朝诸侯也，又报诰于庶邦侯、甸、男、卫，盖所以继承大统，而与天下正始，故不得不有言。自此之外，则不复有言，必至于三年而后，始亲万几，发号施令也。如太甲之嗣位，伊尹祭于成汤之庙，奉之以祗见于祖明，言烈祖之成德，以训于王。伊尹之训王，亦群臣进戒康王之意也。然当是时也，侯、甸群后咸在，则岂无告戒诸侯之言乎？以康王观之，则可见矣。

以《康王之诰》名篇，亦犹《汤诰》也。《汤诰》二字，足以成文，"康王诰"，三字，非述作之体，故加"之"字，以足成之。《说命》《毕命》则二字，而《微子之命》《蔡仲之命》，则加"之"字，亦以其三字故也。伏氏以此篇合于《顾命》共为一篇。盖"王出在应门之外"，与诸侯出庙门俟，其文正相接。正如《舜典》之"慎徽五典"，上接《尧典》之"帝曰，钦哉"，故伏生亦合而为一也。然合之则无以足百篇之数，且既有此二篇之序，其可以合之？故王、郑诸家，又以自高祖寡命以上，入于《顾命》；以"王若曰"以下，为《康王之诰》。夫康王立于应门之内，而诸侯各以其方，入朝见新君，以其土地所有之物为贽，然后群臣进戒于王，而王则报诰之。盖因朝诸侯而诰之，此一篇终始之义也。而中析之可乎。唐孔氏曰，诸侯告王，王报诰诸侯，而使告报异篇，失其义也。此言尽之。

王之受顾命也，在路门之内，故其出也，则在应门之外，以路门之外，即应门也。太保，西方之伯，故率西方诸侯；毕公，东方之伯，故率东方诸侯。上篇末曰，诸侯出庙门俟，庙门亦路门也。出路门，即应门，而此又言入应门，则知诸侯之出庙门。俟者，但言其自庙门，而出于外耳，非俟于庙门之外也。王氏曰，东方宜由左而入右；西方宜由右而入左，以明人臣事君，莫敢固有其所以自便。此非也。按《曲礼》曰，主人入门而右，客入门而左；主人就东阶，客就西阶。唯主人之就东阶，而其入自门之右，则东方之入应门右，乃其所也。唯客之就西阶，而其入自门之左，则西方之入应门左，亦其所也。何必又为之说哉。王之出在应门也，南面而立，故诸侯之入者，东方之国，则在门内之东厢；西方之国，则在门内之西厢，皆北面而立焉。

乘，四马也。乘黄者，四马皆黄也。《诗》传曰"黄骍曰黄"，谓黄而杂赤者也。《大叔于田》曰"乘乘黄"；《车攻》曰"四黄既驾"；《駉》曰"有骊有黄"；《有駜》曰"駜彼乘黄"，则黄色者，是古人之所贵。朱者，朱其尾鬣也。《左传》曰，宋公子地，有白马四，向魋欲之，公取而朱其尾鬣以与之，即此"朱"是也。王氏以黄为臣道，以朱为君，从人以变，皆凿说也。宾，即诸侯也。《周官》，大行人，掌大宾之礼。注曰，大宾，要服以纳诸侯。盖诸侯入至于王都，则有宾之道。称，即奉也。奉圭而又兼以币献，盖圭、币者，人臣所以贽见天子也。奉圭，即"辑五瑞"是也。诸侯各以其所执之圭，奉之以授天子。天子则以瑁圭冒之，以合信也。《小行人》曰"合六币，圭以马，璋以皮，璧以帛，琮以锦，琥以绣，璜以黼"。此六物者，以和诸侯之好，故注曰"用圭璋"者，二王之后也。唐孔氏因之以帛即马。陈马者，是二王之后享王之物。经既言"乘黄朱"而又言"兼币"，安得以"币"为"马"乎？曰"皆布乘黄朱"，谓诸侯皆陈其四马于王之庭，不独二王之后也。当从苏氏之说，谓"马"所以先"圭"币言，诸侯之来朝，各以其土地所有之物，以为"币"而贽见于王。马所以先"圭"币也。《左传》□公十九年，"公贿荀偃束锦加璧、乘马，先吴寿梦之鼎"。杜元凯曰，古之献物，必有所先，今以璧、马为鼎之先。故苏氏谓马所以先"圭"币也。先王之所以列爵分土，以建邦国，封诸侯者，凡欲以为王室之卫敌王，所忾而已。故诸侯自以为臣。卫，言外臣之卫王室者也。是时，侯、甸、男邦、卫咸在。而曰"一二臣卫"，此让辞也。"奠贽"曰"壤奠"者，即以其土壤所出者，以为贽。盖诸侯执以见王，其曰"敢执"者，亦其谦辞，言不自安之意。稽首，首至地，礼之至也。诸侯以其币致之于王，故拜而送之。王以其义，既嗣先王之德继世而为天子，则与诸侯为宾主，故答拜也。君臣虽无答拜之礼，既为宾主，故不可以不答。

　　王既答拜，则见诸侯之礼毕矣，故群臣进戒于王也。太保，冢宰；芮伯，司徒。冢宰、司徒最尊，故皆进而与群臣相揖，盖率之以进也。前者率诸侯以朝于王，而太保、毕公为诸侯之伯，故毕公与太保率之而入。此则率群臣以进戒于王。而太保、芮伯为群臣之长，故芮伯与太保进而揖之。既揖之而进，故"再拜稽首"，将有以警戒于王，不可以不敬也。故下文曰"敢敬告天子"。观下文之报诰，所以告庶邦，此则进戒，诸侯百官皆与焉。群臣之进戒，则曰殷之贵为天子，富有天下传世三十历年六百，可谓大国矣，唯以纣自绝于天之故，故虽大邦，而上天之所庸释，以改命我周。我周之文、武，大能受天道而顺之，不以私意小智挠乎其间，故能忧此西土之民，取彼凶残，以救民于水火之中。盖言其应天顺人也。《诗》曰"不识不知，顺帝之则"，此"诞受羑若"也。先儒以"羑"为道。王肃亦曰"道"也。特言"西土"者，本其所起之地也。"唯新陟王"，指成王也。陟，与"陟方乃死"之"陟"同。曰"新陟王"，犹后世曰"大行皇帝"也。成王以赏罚之柄，怀来天下。赏一人而千万人莫不劝；刑一人而千万人莫不畏。盖赏当其功，而罚当其罪。或赏或罚，无有不协。此其大功所以戡定，而休命之无穷，有以布遗我后之人也。戡定，言能定之也。文、武创业于前，而成王持盈守成于后，然后能享太平之治。故其功之定，在于成王之世。成王既定其功以遗后之人，则康王继之，当何如哉？唯善守之，则可矣。故唯欲其张大六师之众，谨修武备，使天下之有不庭者，无所投其隙，而逞其吞噬虔刘之志，则我祖文武所以受天之寡命，不于今王之世而坏之也。寡命，言其难得也。侯、甸、男、卫，五服之诸侯也。采服，在男之外，卫之内，既言男、卫，则采服可知矣。《伊训》曰"侯、甸群后咸在"。侯、甸，近于王畿。故闻太甲之继世而来见。其他道途辽远，未能遽至。今则虽卫服之外，亦已至矣。但不知其何以咸在也。群臣先进戒于王，王方从而告戒之，故曰"报诰"。曰"钊"者，唐孔氏曰，《礼》，天子自称曰"予一人"，不言名此。自称名者，新即王位，谦也。孔子曰"丘也，闻有国有家者，不患寡而患不均；不患贫而患不安。盖均无贫，和无寡，安无倾"。盖"平富"者，所谓"均无贫"也。唯先君文、武大以"平富"之政，推之于民，则何怨咎之有哉？盖使其政之不均，则必有怨之者矣。天下而有一人得以侥幸，而独遂其私，则亦必有一人而受其弊，是不均者，务为怨咎之方也。齐信者，言其有此二德也。先儒以"齐"训"中"。《左氏传》注亦训"中"。史记注则训"速"。《谥法》曰"执心克庄曰齐"，则又训"庄"。"底至"，言致其至于此二德，若《大学》所谓"用其极"也。唯致其至，则无不尽善尽美，故能昭明于天下也。时又有勇勐之士，如熊如罴，折冲御侮，以为社稷之卫。忠直之臣，无有二心，殚谋竭虑，唯知有公家之利而为之，此所以能保乂王家，如太山之安，故能端命于上帝。天遂顺其道，而付畀之以四方，使为之君也。盖文、武之道，有以顺天，故天亦顺之。桀、纣、幽、厉之所为，皆逆天理，故天亦逆之，而不畀以命。未有己则逆之，而可以使天顺之也。文、武既为四方之君，故疆理天下，建为诸侯，以立王室之屏翰。其意在"我后之人"，盖言为子孙计，故"建侯树屏"也。端命，言正当上天之命。上帝、皇天，史之驳文，此类多矣。天子之于诸侯，同姓曰伯父、叔父；异姓曰伯舅、叔舅，以大小而分伯、叔。此特言一二伯父，唐孔氏曰，举同姓大国言之也。胥暨，相与也。先公，谓诸侯之祖父也。诸侯之祖父，尝臣服于周之先王，推忠协力，以保乂王家。今汝诸侯当相与而顾安之也。顾，谓顾念而不忘也。苏氏谓，此言如盘庚告戒之意，是也。盖使诸侯能尽忠于王室，如其先公之于先王，则尔先公在天之灵，于是安矣。尔之所以顾绥先公者，汝虽分土列爵，职居于外，心当拳拳于王室。盖忠臣之心，岂以内外而有间哉。心苟忠矣，则虽在外，如在内。如其不忠，则虽自侍清光，居天子之侧，其心何在？或群臣欲康王"张皇六师"，故康王为之陈文、武有熊罴之士，不二心之臣，乃能保乂王家。汝诸侯苟心存王室，则亦可以张皇六师，以惩外侮也。夫当是时也，天下安，静瀛海无波，上恬下嬉，君臣无为，可谓太平矣。而必"张皇六师"者，盖《易》之《既济》有曰"君子以思患而预防之"。康王之时，"既济"之世也。而患不可以不预防，故必"张皇六师"而后可。如晋武既平吴，诏州郡悉去兵，自以为晏然无意外之变，既而胡蝗内食，曾无藩篱之固，以其不知"张皇六师"故也。"张皇六师"，非黩武也。如唐太宗、汉武帝，从事四夷，扬兵于万里之外，则为黩矣。此但不忘武备而已也。《立政》曰"其克诘尔戎兵"，亦此意也。鞠子，稚子也，康王自谓，与"母兮鞠我"之"鞠"同，言未离于鞠养之间也。汝诸侯其职所当顺者，当奉恤之而不敢忽忘。战战兢兢，每以为忧，则可以辅翼我幼稚之人，洪济于艰难不以羞辱而遗于我也。盖我若不能保有大业，以继先王，其为羞岂不大哉。此乃诸侯之责，不可不以是自勉也。

群公既听王之命毕，则又相揖而趋出。盖其进也，相揖；故其退也，亦然。群公既出，故王释去麻冕，而服丧服。观康王之受命，君臣皆以麻冕之服行礼者，冕未释也。至此礼毕，则当反丧服。盖居成王之丧，丧服为正。未释冕者，权一时之宜，以与天下正始。故其服丧服也，则言反焉。苏氏以其冕服，为失礼，且以晋侯为证。夫晋侯之不肯见诸侯之大夫，盖在既葬之后。既葬之后，则其释冕也久矣。故不可以吉服见。此方

在殡，而冕未释，夫何不可哉？

4.《尚书讲义》卷十九

(宋) 史浩撰

康王既尸天子，遂诰诸侯，作《康王之诰》。

尸，居也，践天子位也。遂诰者，因其来会，而遂诰之也。或者谓，康王不当吉服以见诸侯。诸侯戴文武成王之德久矣，若在亮阴，而使太保传命，安有不听乎。此非知时者之言也。夫商民之顽，成王、周公勤勤于此，凡几岁几书而犹未服。今康王苟茕然在哀疚中，诸侯来吊者，不觌其面而去，安知商之士民，不起三监、武庚之念乎。其勉康王出见诸侯，所以囗消商人不轨之心也。况以冕服乎？冕服，祭服也，明不敢用朝服，而用在庙之服也。观《毕命》之言曰"邦之安危，唯兹商士"。于此可以见当时绵蕝之礼，所以绝危疑顾望之心，皆出于从权也。呜呼！岂非召公、毕公之谋乎？

5.《尚书详解》卷二十三《周书·康王之诰》

(宋) 夏僎撰

康王既尸天子，遂诰诸侯，作《康王之诰》。

康王既受顾命，昭告成王，遂即天子位，故谓之"尸天子"。尸者，主也，时康王尚宅忧，未亲政事，故谓之"尸"，如祭祀之尸，特主之而已，未尝有所事也。是时，骏奔走邦君，于王既受顾命之后，皆在门外，将朝见新君。故康王既受顾命，尸天子之后，即出于应门之内，将受百辟之朝。百辟既朝，因而进戒。康王于是作诰以报诰之，故谓之《康王之诰》。东坡苏氏，乃疑古者天子亮阴不言，今康王新即位而居成王之丧，乃告诸侯是不然。是时诸侯皆来进戒，康王乃因其进戒而报诰之，虽言无害也。

6.《增修东莱书说》卷三十二《周书·康王之诰第二十五》

(宋) 吕祖谦撰，(宋) 石澜增修

康王既尸天子，遂诰诸侯，作《康王之诰》。

此孔子之书法也。遂，继事之辞也。既宅尊位，继即诰诸侯，其辞之迫，则其势必有不容已者。四国流言之变未远，亟颁新天子之号令，所以镇浮议而折奸萌。苟其不然，哀恫不言之际，康王、二公岂得已。而不已者乎，序辞之亟所以发明康王、二公不获已之本心也。

7.《尚书说》卷七《周书·康王之诰》

(宋) 黄度撰

康王既尸天子，遂诰诸侯，作《康王之诰》。

既尸天子，以传位也。于是出诰令哉。曰"遂诰诸侯"，志晋之变也。周人大封诸侯，重监牧之权。齐、鲁、卫、晋土壤广斥，当时固有翼卫之效。数传之后，事体必变。周公、成王见其几矣。故二书变礼，皆为训饬诸侯。夫子之序，表其大要焉。

8.《絜斋家塾书钞》

(宋) 袁燮撰
(归善斋按，无)

9.《书经集传》卷六《周书·康王之诰》

(宋) 蔡沈撰
(归善斋按，未解)

10.《尚书精义》卷四十七《周书·康王之诰》

(宋) 黄伦撰

康王既尸天子，遂诰诸侯，作《康王之诰》。

林氏曰，昔高宗宅亮之际，王庸作书以诰。今康王既尸天子，遂诰诸侯。高宗亮阴二祀，而"恭默思道"。康王在位，而无所事，故曰"既尸天子"宜乎。

杨氏曰，古者无功而受禄，谓之"尸禄"。《夏书》数羲和之罪曰"羲和尸厥官"；《五子之歌》又曰"太康尸位以逸豫"，则"尸"之为言，非善辞也明矣。仲尼序《康王之诰》曰"康王既尸天子，遂诰诸侯，作《康王之诰》"，然则，"尸"之一字，其说在于讥丧礼之所由变也。

《商书》曰"王宅忧亮阴三祀"；《周书》曰"作其即位，乃或亮阴三年不言"；《论语》曰"何必高宗，古之人皆然。君薨，百官总已，以听于冢宰三年"。而康王居父之丧，既已延入翼室，恤宅宗，则当委政于冢宰，亮阴而不言，方合乎古之礼。何则，乙丑成王崩，越三日丁卯，命作策度；越七日癸酉，王麻冕黼裳，入即位。太史秉书，由宾阶跻扬其策命之辞。王再命，兴而受之，固已异于古也。虽然于是乎，亦可以遂不言矣，而复出在应门之外，称予一人，以诰于四方。群臣既皆听命相揖趋出，方"释冕"而"反丧服"，噫，所谓"亮阴不言"之礼无以异于此乎？《曲礼》曰"凡在丧，王曰小童"。《春秋》既书"王勐居于皇"，及其没也，止书"王子勐卒"，以其未逾年也，则天子逾年称王，明矣。今圣人序其诰之首，曰"康王既尸天子，遂诰诸侯"，得非讥丧礼之所由变乎？

吕氏曰，礼，有正有变，三年除丧，朝于庙之时，所谓进戒于嗣王，则是礼之正。到得方在丧服中，以请诸侯进戒，则是礼之变。成王之诗所谓《敬之》"嗣王朝于庙"是礼之正也。如《太甲》，成汤既没，太甲元年，伊尹作《伊训》，"祠于先王，奉嗣王，祗见厥祖，侯、甸群后咸在"，此是礼之变。何故？太甲正是未除丧之时，有败度之渐，伊尹恐太甲不能保天位，所以用变礼进戒也。自古有变礼，有正礼。后世论《康王之诰》引晋不见诸侯，以为晋尚能守礼之常而已。

11.《尚书详解》卷四十三《周书·康王之诰》

（宋）陈经撰

康王既尸天子，遂诰诸侯，作《康王之诰》。

读《顾命》之书，当知《春秋》书公薨路寝之法；读《康王之诰》之书当知《春秋》书公即位之事。即位而谨始，本不可以不正。为子受之父，为诸侯受之王，此大本也，咸无焉则不书。鲁昭公之薨于干侯也，不得正其终，故定公制于权臣，不得以正其始。《春秋》元年必书正月，而定公独无正月。鲁于是乎旷年无君也。康王既受成王之顾命，则是得以正其始矣。夫子序书直曰，"康王既尸天子，遂诰诸侯"。奔赴王丧，因新君即位而相见，故康王因此报诰之，此《康王之诰》所以作也。

12.《融堂书解》卷十八《周书·康王之诰》

(宋)钱时撰

《康王之诰》。

康王既尸天子,遂诰诸侯,作《康王之诰》。

先儒谓"太保暨芮伯咸进,相揖"而下,是冢宰及群臣诸侯并进陈戒,不言诸侯者,以内见外也王。"若曰,庶邦侯、甸、男、卫"而下,是康王报诰,不言群臣者,以外见内也。古今说者,往往而是。然则,孔子序书何以独曰"遂诰诸侯"耶?愚尝以为,新天子践阼,元老大臣,宜盛陈端本澄源之论,如伊尹之告太甲"嗣德在初"者矣;如召公之告成王"敬德历年"者矣。且成王"缉熙光明"之学,非无可为嗣王言者。而太保芮伯所称,则自"毕协赏罚,戡定厥功"之外,无他辞勉今王;则又自"张皇六师,无坏我高祖寡命"之外,无余事。成王德业,顾止于戡定;而今王之所宜汲汲者,又独在乎六师之张大也耶?抑尝反复深思而后知孔子所叙的的不诬。盖自武王崩,群叔流言,四国交乱,成王征伐凡几何年而后定。商俗余风今犹未殄也。册命之初,四方群辟,"奉圭兼币"咸来在庭,此诚振举权纲之时,耸动观瞻之始。太伯、芮伯,老成定虑,岂不知新天子践阼,不当遽以六师启之。康王亮阴不言,未宜遽有诰命也。大臣必于此时而进告,使朝廷纪纲为之一肃,嗣王必于此时而出命,使天下耳目为之一新,所以消奸镇浮,达权中的,正在兹举,则是书也,正为诰诸侯而作也。序曰"康王既尸天子,遂诰诸侯",尸,主也。遂者,继事之辞,以见即尸即诰,有不容缓者。噫!不明乎序,乌可以观《书》也哉。

13.《尚书要义》卷十八

(宋)魏了翁撰

六十、既尸天子,告诸侯求匡弼。

"康王既尸天子",尸,主也。主天子之正号,遂诰诸侯,作《康王之诰》。既受顾命,群臣陈戒,遂报诰之,因事曰遂。《康王之诰》求诸侯之是匡弼。

14. 《书集传或问》卷下

（宋）陈大猷撰
（归善斋按，无此篇）

15. 《尚书详解》卷十一《周书·康王之诰第二十五》

（宋）胡士行撰
康王既尸（主）天子，遂（乃）诰诸侯，作《康王之诰》。
所以镇浮议，折奸萌也。

16. 《书纂言》卷四下《周书·顾命》

（元）吴澄撰
（归善斋按，未解）

17. 《书集传纂疏》卷六《朱子订定蔡氏集传·周书·康王之诰》

（元）陈栎撰
（归善斋按，未解）

18. 《读书丛说》卷六《康王之诰》

（元）许谦撰
（归善斋按，未解）

19. 《书传辑录纂注》卷六《周书·康王之诰》

（元）董鼎撰
（归善斋按，未解）

20. 《尚书句解》卷十一《周书·康王之诰第二十五》

（元）朱祖义撰

康王既尸天子（主天子之位）。

21. 《尚书日记》卷十五《周书·康王之诰》

（明）王樵撰

（归善斋按，未解）

22. 《日讲书经解义》卷十二《周书·康王之诰》

（清）库勒纳等撰

（归善斋按，未解）

《尚书考异》卷五《康王之诰小序》

（明）梅鷟撰

成王崩，康王既尸天子。

马本如此，晋人无"成王崩"三字。

遂诰诸侯，作《康王之诰》

1. 《尚书注疏》卷十八《周书》

（汉）孔氏传，（唐）陆德明音义，（唐）孔颖达疏

遂诰诸侯，作《康王之诰》。

传，既受顾命，群臣陈戒，遂报诰之，因事曰"遂"。

疏，正义曰，康王既受顾命，主天子之位，群臣进戒于王，王遂报诰诸侯。史叙其事，作《康王之诰》。伏生以此篇合于《顾命》，共为一篇。后人知其不可，分而为二。马、郑、王本，此篇自"高祖寡命"已上，内于《顾命》之篇。"王若曰"已下，始为《康王之诰》诸侯告王。王报

诰诸侯，而使告报，异篇失其义也。

2.《书传》卷十七《周书·康王之诰第二十五》

（宋）苏轼撰

（归善斋按，见"康王既尸天子"）

3.《尚书全解》卷三十七《周书·康王之诰》

（宋）林之奇撰

（归善斋按，见"康王既尸天子"）

4.《尚书讲义》卷十九

（宋）史浩撰

（归善斋按，见"康王既尸天子"）

5.《尚书详解》卷二十三《周书·康王之诰》

（宋）夏僎撰

（归善斋按，见"康王既尸天子"）

6.《增修东莱书说》卷三十二《周书·康王之诰第二十五》

（宋）吕祖谦撰，（宋）石澜增修

（归善斋按，见"康王既尸天子"）

7.《尚书说》卷七《周书·康王之诰》

（宋）黄度撰

（归善斋按，见"康王既尸天子"）

8.《絜斋家塾书钞》

（宋）袁燮撰

（归善斋按，无）

9.《书经集传》卷六《周书·康王之诰》

（宋）蔡沈撰

（归善斋按，未解）

10.《尚书精义》卷四十七《周书·康王之诰》

（宋）黄伦撰

（归善斋按，见"康王既尸天子"）

11.《尚书详解》卷四十三《周书·康王之诰》

（宋）陈经撰

（归善斋按，见"康王既尸天子"）

12.《融堂书解》卷十八《周书·康王之诰》

（宋）钱时撰

（归善斋按，见"康王既尸天子"）

13.《尚书要义》卷十八

（宋）魏了翁撰

（归善斋按，未引）

14.《书集传或问》卷下

（宋）陈大猷撰

（归善斋按，无此篇）

15.《尚书详解》卷十一《周书·康王之诰第二十五》

（宋）胡士行撰

（归善斋按，见"康王既尸天子"）

16. 《书纂言》卷四下《周书·顾命》

（元）吴澄撰
（归善斋按，未解）

17. 《书集传纂疏》卷六《朱子订定蔡氏集传·周书·康王之诰》

（元）陈栎撰
（归善斋按，未解）

18. 《读书丛说》卷六《康王之诰》

（元）许谦撰
（归善斋按，未解）

19. 《书传辑录纂注》卷六《周书·康王之诰》

（元）董鼎撰
（归善斋按，未解）

20. 《尚书句解》卷十一《周书·康王之诰第二十五》

（元）朱祖义撰
遂诰诸侯（遂报告诸侯），作《康王之诰》（作此篇）。

21. 《尚书日记》卷十五《周书·康王之诰》

（明）王樵撰
（归善斋按，未解）

22. 《日讲书经解义》卷十二《周书·康王之诰》

（清）库勒纳等撰
（归善斋按，未解）

《康王之诰》

《尚书注疏》卷十八《周书》

（汉）孔氏传，（唐）陆德明音义，（唐）孔颖达疏

《康王之诰》。

传，求诸侯之见匡弼。

《书经集传》卷六《周书·康王之诰》

（宋）蔡沈撰

《康王之诰》。

今文古文皆有，但今文合于《顾命》。

《尚书详解》卷四十三《周书·康王之诰》

（宋）陈经撰

《康王之诰》。

此篇与《顾命》之书相连，伏生之书，以《康王之诰》合《顾命》。后人分之为二篇。然天子之居丧也，百官总己以听冢宰，啜粥，面深墨，寝苫枕块之时，何暇以冕服朝群臣，何暇出诰命？若"高宗亮阴，三年不言"。滕公，小国之君耳，一闻孟子性善之论，滕定公薨，五月居庐，未有命戒百官族人，可谓曰知，未闻以言语诰臣下也。虽太甲即位之初，既葬成汤之后，伊尹"奉嗣王祗见厥祖"，伊尹"明言烈祖之成德"，作《伊训》《肆命》《徂后》，亦未闻太甲以冕服朝群臣出命令也。然则，康王，贤主也。召毕之徒，又皆元老大臣，曷为其如此哉？说者曰礼有正有变，丧服正礼也；冕服变礼也。然嫂溺援之以手者，皆其不得已而后有变。非有不得已，则何用变哉。东坡引《左传》子皮如晋之事，考据甚详。然其书既定于孔子之手，为后世之法，谓之非礼有不可也姑存厥疑，以待能辨之者。

《书集传纂疏》卷六《朱子订定蔡氏集传·周书·康王之诰》

（元）陈栎撰

《康王之诰》。

今文古文皆有，但今文合于《顾命》。

《书传辑录纂注》卷六《周书·康王之诰》

（元）董鼎撰

《康王之诰》。

今文古文皆有，但今文合于《顾命》。

辑录：

伏生以《康王之诰》合于顾命，今除却序文，读着则文势自相接连。道夫。

《尚书句解》卷十一《周书·康王之诰第二十五》

（元）朱祖义撰

《康王之诰》（旧简标题）。

《日讲书经解义》卷十二《周书·康王之诰》

（清）库勒纳等撰

《康王之诰》。

此一篇书，是康王初登大位，群臣进戒于王，及王望助群臣之词，故以《康王之诰》名篇。

《尚书考异》卷五《康王之诰小序》

（明）梅鷟撰

正义，伏生以此篇合于《顾命》共为一篇，后人知其不可分而为二。马、郑、王本，此篇自"高祖寡命"以上，内于《顾命》之篇，《王若曰》以下，始为《康王之诰》。诸侯告王，王报诰诸侯，而使告报异篇，失其义也。

《尚书疑义》卷六《顾命康王之诰》

（明）马明衡撰

此与《康王之诰》今文合为一篇，须是如此，事体方备语脉亦相承。

王出，在应门之内

1.《尚书注疏》卷十八《周书》

（汉）孔氏传，（唐）陆德明音义，（唐）孔颖达疏

王出，在应门之内。

传，出毕门，立应门内之中庭，南面。

疏，正义曰，此叙诸侯见新王之事。王出毕门，在应门之内，立于中庭。

传，正义曰，出在门内，不言王坐，诸侯既拜，王即答拜，复不言兴，知立庭中南面也。

2.《书传》卷十七《周书·康王之诰第二十五》

（宋）苏轼撰

王出，在应门之内。

出毕门，立应门内之中庭南面。

3.《尚书全解》卷三十七《周书·康王之诰》

（宋）林之奇撰

（归善斋按，见"康王既尸天子"）

4.《尚书讲义》卷十九

（宋）史浩撰

《康王之诰》。

王出，在应门之内，太保率西方诸侯入应门左，毕公率东方诸侯入应门右，皆布乘黄朱，宾称奉圭兼币，曰，一二臣卫，敢执壤奠，皆再拜稽首。王义嗣德，答拜。太保暨芮伯咸进，相揖，皆再拜稽首，曰，敢敬告天子，皇天改大邦殷之命。唯周文、武诞受羑若，克恤西土。唯新陟王，毕协赏罚，戡定厥功，用敷遗后人休。今王敬之哉。张皇六师，无坏我高祖寡命。王若曰，庶邦侯、甸、男、卫，唯予一人钊报诰。昔君文、武丕，平富，不务咎。底至齐信，用昭明于天下。则亦有熊罴之士，不二心之臣，保乂王家。用端命于上帝，皇天用训厥道，付畀四方。乃命建侯树屏，在我后之人。今予一二伯父，尚胥暨顾，绥尔先公之臣，服于先王。虽尔身在外，乃心罔不在王室。用奉恤厥若，无遗鞠子羞。群公既皆听命，相揖趋出。王释冕，反丧服。

王出立于毕门，诸侯朝于应门之左右，礼也。古者，天子不下堂而见诸侯。康王出于应门之内，天子之失礼也。诚以方其居庐，不敢御正衙以行朝觐之义，此亦从权之义也。乘者，四马也。朱黄，马饰也，而以布幂之，缟素也。宾称者，以客礼待诸侯也。奉圭，币；庭，实也。执壤奠，土贡也。皆称"拜稽首"臣礼也。夫朝觐会同诸侯，一德以尊于天子也。王义其能嗣乃祖乃父之德，以来朝，故答拜，享其诚也。答拜，非君臣之礼也，故曰"宾称"。夫君臣相戒，当在闲暇时。康王方颜色之戚，哭泣之哀，群臣遽进戒嗣王，何哉？盖太保之意，欲诸侯闻之，知王亦如成王，能受臣下之言。而称颂祖德，"张皇六师"，不坏高祖之命，言其制驭之道不异成王，此所以警诸侯也。大臣受遗命，其拳拳之心，唯恐不克负荷，受命之初欲以先声服诸侯也。太保之意深矣。"王若曰"者，召公传命之言也。"唯予一人报诰"，告群臣及皆来之诸侯也，言文、武致太平而无过咎，以其保乂王家，内则有不二心之群臣；其建侯树屏，外则有乃心王室之诸侯，尔等诚能恤我，而顺其乃祖乃父所以事文武之道，以无贻稚子之羞者，望之切也。康王当三年不言之时，乃有是诰，亦非礼也。当危疑之际，诸侯皆在，而无一言，所谓"臣下罔攸禀令"。今而有言，亦从权之义也。内而群臣，外而诸侯，故总谓之群公，既皆闻是诰命，安敢不服乎？群公一见天日之表，一听丁宁之诰，想见相见而揖，揖而趋出之际，昌言偶语，必皆曰真吾君之子也。《孟子》曰"吊者大悦"，正此义也。如是则太保之谋效矣。

5.《尚书详解》卷二十三《周书·康王之诰》

(宋) 夏僎撰

《康王之诰》。

王出，在应门之内，太保率西方诸侯入应门左，毕公率东方诸侯入应门右，皆布乘黄朱，宾称奉圭兼币，曰，一二臣卫，敢执壤奠，皆再拜稽首。王义嗣德，答拜。

此《康王之诰》四字，旧竹简所标之题也。而孔安国存之。

天子五门，其内者为寝门，即《诗》所谓毕门也。成王殡宫在毕门之内，故《顾命》所谓"出庙门俟"者，即出此毕门之外也。以殡在焉，故谓之庙门。诸侯皆出在毕门外，以俟朝。故康王于是出在应门之内。应门之内，即毕门之外也。此毕门之外，应门之内，即《周礼》所谓内朝也。王有三朝，外朝，在雉门之内，朝士之所掌也。内朝，在应门之内，司士之所掌也。燕朝，在路寝，太仆之所掌也。时殡宫，既在路寝门内，故王于是以内朝，见诸侯也。是时，太保召公，为西伯，故率西方诸侯入应门之左；毕公为太师，代周公为东伯，故率东方诸侯入应门之右。孔颖达谓，北面以东为右，西为左。是时，二公率诸侯，将朝王，皆北面而立，故以东为右，以西为左。召公率西方诸侯，所以入应门之左，乃立于西厢。毕公率东方诸侯，所以入应门之右，乃立于东厢也。少颖诸儒乃谓，自西来入左；自东来入右，以明人臣事君，不敢自便。其意则以应门之左右，自南面而观之，乃东为左，西为右。今召公率西方诸侯，宜入右，今乃入左；毕公率东方诸侯，宜入左，今乃入右，故为不敢自便。要之，不若孔氏之训为明白简直也。

诸侯既入，于是皆布陈黄马四匹，而朱其尾鬣，以为庭实之物。唐孔氏谓成王新崩，即得有诸侯在京师者，以来而遇国丧，因而见新君也。此亦有理。孔氏谓《小行人》"合六币，圭以马，璋以皮，璧以帛，琮以锦，琥以绣，璜以黼"，五等诸侯，享天子用璧帛；用圭璋，乃二王之后。此陈马者，是二王之后享王之物，独取此物，以总表众诸侯献享之意，故言诸侯皆陈也。盖诸侯朝王，皆有币，或以马，或以皮，或以帛，或以锦，或以绣黼，物多岂能列陈于王庭，故各有所兼之物奉之以进于王。如以马为币也，以圭兼之；以皮为币，则以璋兼之。故在《周礼》，则谓之"合币"；在《书》则谓之"兼币"，此上文既言"皆布乘黄朱"，是言以马为币也。故宾，则奉圭以兼之宜矣。宾，即众诸侯中一人也。诸侯于王为宾，故言宾。盖诸侯列在王庭，其中一人乃举其兼币奉圭之辞以告于王曰，一二臣为王蕃卫者，敢各执其土地所有者，以奠之于庭，以为贽见之物。既言已，于是各再拜稽首，以极其敬。以此壤奠，推之则知"布乘黄朱"，不特陈马而已，特作书者取尊者所陈，以总表诸侯所陈之物而已。孔氏之言，所以益为有理。诸侯既奠币，而又致敬如此。时王新为天子，嗣前人之明德。所谓列庭之侯，皆先朝旧臣，故王以义，权之谓吾今日乃新嗣前人明德，虽答拜无嫌也。

6.《增修东莱书说》卷三十二《周书·康王之诰第二十五》

（宋）吕祖谦撰，（宋）石澜增修

王出，在应门之内，太保率西方诸侯入应门左，毕公率东方诸侯入应门右，皆布乘黄朱，宾称奉圭兼币，曰，一二臣卫，敢执壤奠，皆再拜稽首。王义嗣德，答拜。太保暨芮伯咸进，相揖，皆再拜稽首。

周之朝仪，略见于此。孔安国谓，王出毕门，立应门内南面。郑众《周礼》谓，王有五门，一曰皋门，二曰雉门，三曰库门，四曰应门，五曰路门。路门，一曰毕门。外朝在路门外，则应门之内，盖外朝所在也。周中分天下，诸侯主以二伯，自陕以东，周公主之；自陕以西，召公主之。召公率西方诸侯，盖仍西伯之旧职；毕公率东方诸侯，则继周公为东伯矣。诸侯入应门，列于左右，此朝会分班仪也。布乘者，陈四马。黄朱，若"匪厥玄黄"之类，皆庭实也。"宾称奉圭兼币，曰，一二臣卫，敢执壤奠"者，王朝谓诸侯为宾，谓诸侯之孤卿为客。诸侯致辞，贡其圭币。"一二臣卫"，犹言"二三臣"。壤奠，犹言"川奠泽物"之"奠"，谓土产也。"皆再拜稽首"，盖拜而献其币也。"王义嗣德，答拜"者，言非常礼，新履尊位，义诸侯之嗣德不忘，故答拜，而特受其币也。"太保暨芮伯咸进，相揖，皆再拜稽首"者，此朝会，合班仪也。始而分班，则诸侯两列，西伯与东伯之位相对，今而合班，则六卿前列，冢宰与司徒之位相次，故太保与芮伯咸进相揖，移位少前，与在位者皆再拜稽首而进戒也。乃若《周官》外朝之法，左九棘，孤卿大夫位焉；右九棘，公、侯、伯、子、男位焉。面三槐，三公位焉。此常朝之仪尔，非新天子朝诸侯群臣之仪也。

7.《尚书说》卷七《周书·康王之诰》

（宋）黄度撰

王出，在应门之内，太保率西方诸侯入应门左，毕公率东方诸侯入应门右，皆布乘黄朱，宾称奉圭兼币，曰，一二臣卫，敢执壤奠，皆再拜稽首。王义嗣德，答拜。

应门在路门之外，治朝在应门内，不曰朝。而曰应门内，非行朝礼也。召公、毕公各以所领诸侯入见。西方入左，东方入右，各从其长也，皆朝见诸侯与赴国丧者也。布，陈；乘，四马；黄朱，驵；庭，实也。《小行人》合六币，圭以马，宾诸侯也。圭，贽币篚朝，以圭缫以币，"奉圭兼币"，略用朝飨之礼，而并行之。一二，非一也。臣卫，蕃卫之臣；壤，土物，执土物奠，献拜送币进礼，首至地。王答拜，受币非常礼，新嗣先德，未敢当主也。

8.《絜斋家塾书钞》

（宋）袁燮撰
（归善斋按，无）

9.《书经集传》卷六《周书·康王之诰》

（宋）蔡沈撰

王出，在应门之内，太保率西方诸侯入应门左，毕公率东方诸侯入应门右，皆布乘黄朱，宾称奉圭兼币，曰，一二臣卫，敢执壤奠，皆再拜稽首。王义嗣德，答拜。

汉孔氏曰，王出毕门，立应门内。郑氏曰，《周礼》五门，一曰皋门，二曰雉门，三曰库门，四曰应门，五曰路门。路门，一曰毕门。外朝在路门外，则应门之内，盖内朝所在也。周中分天下诸侯，主以二伯，自陕以东周公主之；自陕以西，召公主之。召公率西方诸侯，盖西伯旧职。毕公率东方诸侯，则继周公为东伯矣。诸侯入应门列于左右。布，陈也。乘，四马也。诸侯皆陈四黄马而朱其鬣，以为庭实。或曰，黄朱，若"篚厥玄黄"之类。宾，诸侯也。称，举也。诸侯举所"奉圭兼币，曰，一二臣卫"，一二，见非一也。为王蕃卫，故曰臣卫，"敢执壤"地所出；奠，贽。皆再拜首至地，以致敬。义，宜也。"义嗣德"云者，史氏之辞也。康王宜嗣前人之德，故答拜也。吴氏曰，穆公使人吊公子重耳，重耳稽颡而不拜。穆公曰，仁夫公子。"稽颡而不拜"，则未为后也。盖为后者拜；不拜故未为后也。吊者，含者，襚者，升堂致命，主孤拜稽颡，成为后者也。康王之见诸侯，若以为不当拜而不拜，则疑未为后也。且纯乎吉也，答拜既正其为后，且知其以丧见也。

10.《尚书精义》卷四十七《周书·康王之诰》

（宋）黄伦撰

王出，在应门之内，太保率西方诸侯入应门左，毕公率东方诸侯入应门右，皆布乘黄朱，宾称奉圭兼币，曰，一二臣卫，敢执壤奠，皆再拜稽首。王义嗣德，答拜。

无垢曰，毕门之外，为应门之内者，以毕门有殡宫，乃庙门也。庙门则殡宫为主，不可以见诸侯。故孔安国谓出毕门，立应门之中庭，南面也。孔颖达曰，出在门内，不言王坐。诸侯既拜，王即答拜，复不言兴，知立中庭南面也。又曰，太保召公，时为西伯，故率西方诸侯入见；毕公，太师也，时为东伯，故率东方诸侯入见。师、保职位自有高卑，今以太保为首，何也？时召公为冢宰。孔颖达云，北面以东为右，西为左。入左、入右，随其方为位也。其训甚明，不事穿凿。

又曰，宾，指诸侯也。孔颖达谓，天子于诸侯，有不纯臣之义，故以诸侯为宾，其训甚当。天子为主，故诸侯称宾。称，举也，举所奉之圭，并马币，进而言曰，一二臣，为国之卫者，敢执土地所出，以奠见也。一二臣，言诸侯也。

又曰，既致壤奠，乃皆再拜稽首以献焉。稽首者。孔颖达曰，九拜，一曰稽首，施之于极尊，故为尽礼也。其说甚当。为王之义，当继先王之德，以为诸侯主。今诸侯以诚归我，以先王望我，故答其善意而拜之者，尊先王也。"义嗣德"三字，乃史官立此意也。

林氏曰，自西方来者，宜入其左；自东方来者，宜入其右；以明人臣事君，莫敢固有所以自便。坤之六五，黄裳元吉者，言臣事也。《斯干》之诗曰"朱芾斯皇"者，言臣道也。康王于此释服，而接诸侯，于是屈至尊而答拜。答拜者，德也。

张氏曰，《易》曰"牝马地类，行地无疆"，故以马喻臣。布乘，则陈者四马也。黄，则物色朱，则人朱而已。《有驰》之诗曰"驰彼乘黄"，则黄出乎自然者也。宋公取白马而朱其尾鬣，则朱出乎人为者也。马必以黄，而黄有中顺之色，则黄者，臣之道也。饰必以朱，而朱有含阳之色，则朱者，君之道也。诸侯体臣道，而从君令，故黄而朱之，以示其不敢以有己也。

又曰，"王义嗣德答拜"，言王以释丧，接诸侯之入，而嗣先王屈至尊礼诸侯之德，诸侯之见天子，皆再拜稽首，王不敢以尊大自居，而答拜焉。此所以为德。是德也，先王之所常行，而康王继之，故谓之嗣德。

11.《尚书详解》卷四十三《周书·康王之诰》

（宋）陈经撰

王出，在应门之内，太保率西方诸侯入应门左，毕公率东方诸侯入应门右，皆布乘黄朱，宾称奉圭兼币，曰，一二臣卫，敢执壤奠，皆再拜稽首。王义嗣德，答拜。

毕门之外，为应门。毕门及路寝，殡宫在焉。故王出应门内，太保，为西伯，率西方诸侯而入，在应门之左；毕公，为东伯，率东方诸侯而入，在应门之右，北面而立。"布乘黄朱"，布，陈也；乘，四匹马也。黄，马之色；朱者，其尾鬣也。诸侯朝见天子，毕献国之所有，以表忠敬之心，所谓"享多仪"是也。故诸侯皆陈四马，黄朱鬣，以为廷实。《诗》曰"驷彼乘黄"，则黄者出于自然。《左氏传》曰，宋公子有白马公，取而朱其尾鬣，则朱出于人为。诸侯所献之马，必用黄，而以朱饰者，盖黄有中顺之色，象臣道；朱者，君之服，象君道。诸侯体臣道，以从君令，故黄而朱之。宾者，诸侯有宾客之义。称，举也。举"奉圭兼币"之辞。《周礼·小行人》"合六币，曰，圭以马，璋以皮，璧以帛，琮以锦，琥以绣，璜以黼"。是圭以马为币。说者谓六币，所以享也。此特"享礼"之一。盖因丧礼而行朝，故简"享礼"之数。宾称奉圭兼币之辞而进曰一二臣，言诸侯非一人也。卫，为王之藩卫也。"敢执壤奠"，言执土所出之物以奠于王，皆称再拜稽首，拜送币而手至地，以尽礼也。康王义在于继前人之德，则为诸侯之主，受其币，故答拜。王无答拜礼，以即位初，谦退如此。

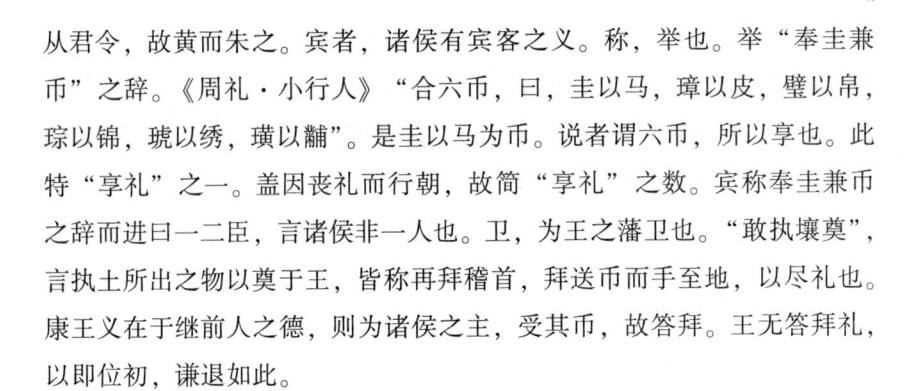

12.《融堂书解》卷十八《周书·康王之诰》

（宋）钱时撰

王出，在应门之内，太保率西方诸侯入应门左，毕公率东方诸侯入应门右，皆布乘黄朱，宾称奉圭兼币，曰，一二臣卫，敢执壤奠，皆再拜稽首。王义嗣德，答拜。

此太保、毕公率诸侯入见也。外朝在雉门之内。朝士掌之；治朝在应门之内，司士掌之；燕朝，在路寝，太仆掌之。时殡在路寝，故王出应门内，见诸侯，于内朝也。毕公反居于东者，本其所掌之方也。然而必先言太保率西方诸侯者，为冢宰故也。《小行人》"合六币，圭以马，璋以皮，璧以帛，琮以锦，琥以绣，璜以黼"。说者谓，五等诸侯，享天子用璧；二王之后，用圭璋。如此则用圭而币以马者，二王之后也，非诸侯皆用明矣。此云"皆布乘黄朱"者，布，陈也。乘，四马也。黄朱，乃杂言他币，如"篚厥玄黄"之类，谓黄马朱鬣者，殆不然也。入见之时，但一人尊者致辞。二王之后作宾于王家，于诸侯为最尊，是向前所称举。其说者宾也，故曰"宾称"。而独言"奉圭"，宾自据其所贽而言也。"兼币"者，用圭而兼以马为币，于以验宾之为二王后也。"曰"者，宾称之辞也。诸侯为王藩屏，故曰"臣卫"。"一二"者，概举以包众也。敢执其壤，地所出而奠贽。此则普言诸侯所贽之币矣。宾称毕，遂与诸侯，皆再拜稽首。康王是时本未可受币，义其继先德而朝王，遂答拜而受之。"义嗣德"三字，正是明礼之变。先儒议康王受币之非，致援叔向辞诸侯之见新君者为证，天子践而诸侯朝，与邦交固不同也。是乌知"义嗣德"

云哉。虽然成王崩，至康王受册才数日耳，四方诸侯曷为咸在？因来朝，而遇国丧，遂同预册命，而朝新天子。先儒之言是也。然则所贽，皆其国中素备而来，乃朝王之礼也。夫是之谓"壤奠"，或者不明。二王之后，圭以马，遂谓国丧之故，诸侯皆用之。此岂一旦至京师遇国丧后，所可旋备者耶？既于礼不合，又乖"壤奠"之义。

13.《尚书要义》卷十八

（宋）魏了翁撰

六一、召毕率东西诸侯，执壤奠，王答拜。

"王出，在应门之内"，出毕门，立应门内之中庭，南面。"太保率西方诸侯入应门左；毕公率西方诸侯入应门右"。二公，为二伯，各率其所掌诸侯，随其方为位，皆北面。"皆布乘黄朱"，诸侯皆陈四黄马，朱鬣以为庭实。"宾称奉圭兼币，曰，一二臣卫，敢执壤奠"，宾，诸侯也。举，奉圭兼币之辞，言一二，见非一也。为藩卫，故曰"臣卫"。来朝而遇国丧，遂因见新王，敢执壤地所出而奠贽也，皆再拜稽首。"王义嗣德，答拜"，诸侯拜送币，而首至地，尽礼也。康王以义继先人明德，答其拜，受其币。

14.《书集传或问》卷下

（宋）陈大猷撰

（归善斋按，无此篇）

15.《尚书详解》卷十一《周书·康王之诰第二十五》

（宋）胡士行撰

《康王之诰》。

王出，在应门之内（即毕门外，内朝也，图见前），太保（召公）率西方（陕以西）诸侯入应门左，毕公率东方（陕以东，代周公）诸侯入应门右（北面，以东为右，西为左），皆布（陈）乘（四马）黄朱（厥篚为庭实见新君），宾（诸侯于王为宾）称（诸侯中一人前举致辞）奉（执）圭兼币，曰，一二臣卫（藩臣），敢执壤（土所生物）奠（贽见），皆再拜稽首。王义（以义）嗣（继）德（先人德），答拜。

此分班也，诸侯两列，二伯率之。

16.《书纂言》卷四下《周书·顾命》

（元）吴澄撰

"王出，在应门之内"，天子五门，皋、库、雉、应、毕。毕门，即路寝门，以诸门至此而毕也。应门之内，内朝也。天子三朝，外朝在雉门内，朝士掌之；内朝在应门内，司士掌之；燕朝在路寝，太仆掌之。时殡在路寝，故王于内朝见诸侯。

17.《书集传纂疏》卷六《朱子订定蔡氏集传·周书·康王之诰》

（元）陈栎撰

王出，在应门之内，太保率西方诸侯入应门左，毕公率东方诸侯入应门右，皆布乘黄朱，宾称奉圭兼币，曰，一二臣卫，敢执壤奠，皆再拜稽首。王义嗣德，答拜。

汉孔氏曰，王出毕门，立应门内。郑氏曰，《周礼》五门，一曰皋门，二曰雉门，三曰库门，四曰应门，五曰路门。路门，一曰毕门。外朝在路门外，则应门之内，盖内朝所在也。周中分天下诸侯，主以二伯，自陕以东周公主之；自陕以西，召公主之。召公率西方诸侯，盖西伯旧职。毕公率东方诸侯，则继周公为东伯矣。诸侯入应门列于左右。布，陈也。乘，四马也。诸侯皆陈四黄马而朱其鬣，以为庭实。或曰，黄朱，若"篚厥玄黄"之类。宾，诸侯也。称，举也。诸侯举所"奉圭兼币，曰，一二臣卫"，一二，见非一也。为王蕃卫，故曰臣卫，"敢执壤"地所出；奠，贽。皆再拜首至地，以致敬。义，宜也。"义嗣德"云者，史氏之辞也。康王宜嗣前人之德，故答拜也。吴氏曰，穆公使人吊公子重耳，重耳稽颡而不拜。穆公曰，仁夫公子。"稽颡而不拜"，则未为后也。盖为后者拜；不拜故未为后也。吊者，含者，襚者，升堂致命，主孤拜稽颡，成为后者也。康王之见诸侯，若以为不当拜而不拜，则疑未为后也。且纯乎吉也，答拜既正其为后，且知其以丧见也。

纂疏：

夏氏曰，敢执上地所有，奠之于王庭。

愚谓，奠，如"奠鴈"之"奠"。

18.《读书丛说》卷六《康王之诰》

(元) 许谦撰

天子五门：一曰皋门，外朝所在，朝觐四方诸侯之所；二曰库门，府库所在；三曰雉门，外设两观，悬象魏其内，左祖，右社之途；四曰应门，其内治朝之所在，日朝群臣之所；五曰毕门，其内燕朝之所在，既日朝群臣于治朝，而退适路寝听政，即此地也。今曰应门之内，则宜曰治朝，或曰内朝。蔡传既言外朝在路门外，而又曰应门之内盖内朝所在，两语不相应，恐上"外"字误。

19.《书传辑录纂注》卷六《周书·康王之诰》

(元) 董鼎撰

王出，在应门之内，太保率西方诸侯入应门左，毕公率东方诸侯入应门右，皆布乘黄朱，宾称奉圭兼币，曰，一二臣卫，敢执壤奠，皆再拜稽首。王义嗣德答拜。

汉孔氏曰，王出毕门，立应门内。郑氏曰，《周礼》五门，一曰皋门，二曰雉门，三曰库门，四曰应门，五曰路门。路门，一曰毕门。外朝在路门外，则应门之内，盖内朝所在也。周中分天下诸侯，主以二伯，自陕以东周公主之；自陕以西，召公主之。召公率西方诸侯，盖西伯旧职。毕公率东方诸侯，则继周公为东伯矣。诸侯入应门列于左右。布，陈也。乘，四马也。诸侯皆陈四黄马而朱其鬛，以为庭实。或曰，黄朱，若"筐厥玄黄"之类。宾，诸侯也。称，举也。诸侯举所"奉圭兼币，曰，一二臣卫"，一二，见非一也。为王藩卫，故曰臣卫，"敢执壤"地所出；奠，贽。皆再拜首至地，以致敬。义，宜也。"义嗣德"云者，史氏之辞也。康王宜嗣前人之德，故答拜也。吴氏曰，穆公使人吊公子重耳，重耳稽颡而不拜。穆公曰，仁夫公子。"稽颡而不拜"，则未为后也。盖为后者拜；不拜故未为后也。吊者，含者，襚者，升堂致命，主孤拜稽颡，成为后者也。康王之见诸侯，若以为不当拜而不拜，则疑未为后也。且纯乎吉也，答拜既正其为后，且知其以丧见也。

20.《尚书句解》卷十一《周书·康王之诰第二十五》

（元）朱祖义撰

王出，在应门之内（皋门之外，为应门。毕门乃内寝，殡宫在焉。故王出在应门之内）。

21.《尚书日记》卷十五《周书·康王之诰》

（明）王樵撰

"王出，在应门之内"至"王义嗣德，答拜"。

孔氏曰，出毕门，立应门内之中庭，南面。二公，为二伯，各率其所掌诸侯，随其方为位，皆北面。诸侯皆陈四黄马朱鬣，以为庭实。宾，诸侯也。举"奉圭兼币"之辞。言一二，见非一也。为蕃卫，故曰"臣卫"。来朝而遇国丧，遂因见新王，敢执壤地所出而奠贽也。诸侯拜送币，而首至地，尽礼也。康王以义继先人明德，答其拜受其币。

《周礼》天子之门五，一曰皋门，二曰库门，三曰雉门，四曰应门，五曰路门，又曰毕门。外朝一，内朝二。外朝，在库门之外，听狱蔽讼之朝也。治朝，在路门之外，王日视治之朝也。燕朝在路门之内，会宗人图嘉事之朝也。《玉藻》云，君日出而视朝，退适路寝听政。视朝即治朝，听政即燕朝。此经云，"王出，在应门之内"，即路门之外，然则王日视事与朝会皆在治朝矣。

正义曰，《礼记·曲礼》云，九州岛之长，曰牧；五官之长曰伯，是职方。郑玄云，职，主也，谓为三公者是伯，分主东西者也。《周礼·大宗伯》云，八命作牧；九命作伯。郑云谓，上公有功德者，加命为二伯，此礼文皆伯，尊于牧。牧，主一州，明"伯"是中分天下者也。《礼》言"职方"，是各主一方也。此二伯，即以三公为之。隐五年《公羊传》云，诸公者何？天子三公。天子三公者何？天子之相也。天子之相何？以三自陕而东者，周公主之；自陕而西者，召公主之一，相处乎内，是三公为二伯也。《公羊传》汉世之书，陕县者，汉之弘农郡，其地居二京之中，故以为二伯分掌之，界周之所分，亦当然也。《公羊传》所言，周、召分主，谓成王即位之初。此时周公已薨，故毕公代之。王肃云，毕公代周公为东伯，故率东方诸侯。然则毕公是太师也，当太师之名，在太保之上，此先言太保者，于时太保领冢宰，相王室，任重，故先言西方。北面，以东为右，西为左。入左入右，随其方为位，嫌东西相向，故云皆北面。将拜王，明北面也。四马曰乘，言乘黄，正是马色。"黄"下言"朱"，知"朱"者，朱其尾鬣也。"义嗣德"三字，史言王答拜之意。康王正嫡，以义继先人明德，故答其拜，受其币，自许与诸侯为主也。

22.《日讲书经解义》卷十二《周书·康王之诰》

（清）库勒纳等撰

王出，在应门之内，太保率西方诸侯入应门左，毕公率东方诸侯入应门右，皆布乘黄朱，宾称奉圭兼币，曰，一二臣卫，敢执壤奠，皆再拜稽首。王义嗣德，答拜。

此一节书，是康王朝见群臣与之正始也。应门是内朝所在。太保即召公。马四疋曰乘，布，陈列也。布乘黄朱者，言陈布四黄马，而朱其鬣也。宾，是诸侯。称，举也。壤奠，以地所出为赘也。义，宜也。史臣曰，康王既受顾命，登大位，群臣皆候见新主，康王乃出庙门立于应门之内，盖执珪以朝诸侯也。是时，太保召公，为西伯，乃率领西方之诸侯入应门左；毕公，为东伯，乃率领东方之诸侯入应门右，分领所属，叙立已定，遂皆陈布黄马四匹，而朱其鬣，以为庭实。诸侯乃举所奉之守圭及币帛致敬，而言曰，天子新即大位，群臣礼宜朝见。我一二臣子，为王藩卫者，敢各执壤地所出之马与币，以为赘见之仪。致词已毕，遂相率再拜稽首至地，而致敬尽礼焉。维时，康王为继统之新君，宅忧之宗主，揆之于义，宜嗣前人之德者，故亦答拜，盖礼当如是也。

《书蔡氏传旁通》卷六下《周书·康王之诰》

（元）陈师凯撰

一曰皋门。

在外第一门，建皋鼓，询事，弊讼，朝士掌之。

二曰雉门（《周礼》图作库门）。

自外入内第二门也，有宝藏之所。

三曰库门（图作雉门）。

自外入内第三门也。画，雉，居五门之中，又曰中门，旁有两观，后有明堂。

四曰应门。

自外入内第四门也，建应鼓，又曰朝门。

五曰路门。路门，一曰毕门。

自外入内第五门也，又曰虎门，下建路鼓。

外朝在路门，外则应门之内，盖内朝所在也（内朝当作外朝）。

路门之外，即应门之内，实外朝所在也。又谓之治朝。经言王出，盖出路门也。内朝在路门里。传文不得言应门内有内朝也，传写误耳。

《尚书疑义》卷六《顾命康王之诰》

（明）马明衡撰

王者之朝有三，外朝一，在雉门之外，朝士所掌。内朝二，路门外之朝，天子受贽见诸侯之所；路门内之朝，则与宗人图嘉事者。而黼扆之设，想皆然也。今因王崩于寝，殡于寝，故传册命于寝。若见诸侯，则当在路门外之朝也。故康王受册毕，出在应门之内，则是路门外之朝矣。

康王吉服受册，及朝诸侯受币，苏氏以为非礼，而诸儒咸以为未达礼之权。至文公亦言，天子诸侯之礼不同。故《孟子》云"诸侯之礼，吾未之学"，所谓未学者，礼之纤悉条贯也，至于三年之丧，齐衰之服，馆粥之食，此不待言者。《孟子》固已明言之矣，岂有方在五内分崩之时，而从容衮冕之服，其心岂能忍于是哉？况在路门外见诸侯，犹不见殡也，而传命在殡前，则又甚矣。苏氏引《礼经》《春秋传》为证，愚谓反诸心而未安。虽圣人之言，犹当阙其疑，而又何必援引证据之多耶？如以为宝位相传，天下之大义，则即以凶服行之，何为不可？夫吉凶之服不相为用，较之父子死生之至情，其轻重何如耶？今必执凶服不可以行大事，则是忽父子之至情，而急观听之细故；轻死生之大礼，而重服色之微文，亦舛甚矣。说者又以为授受之际，须要明白，始足以服天下之心，而定众志。又以谓周公之时，尚有流言之变，天下岌岌几殆，故于康王之立，特为非常之礼。秦汉而下，授受暗昧，祸天下国家不少。夫秦汉而下，贻祸国家者，皆由于平时宠幸之失宜，故流为临时废置之无度。苟平时根本一定，天下之人已晓然矣。所谓"朝委裘，植遗腹，不乱"者，而况有圣贤为之师保，先王训法具存。至成王末年，所谓世变风移，四方无虞之时也，亦何至"张皇"而特为非常之礼以临之耶？盖所叙迎立之节，陈设之仪，自是朝廷规制当如是，而非以为非常之礼也。特服衮冕在殡前，则是非常之礼耳。今若不服衮冕，只以凶服受册，迎立之节如常也，陈设之仪如常也，群臣教戒如常也，康王报诰如常也，在朝见之，天下闻之，亦何涉暧昧不明之有哉？岂明不明之所系，只在凶服、吉服之间耶。而召公诸贤行之，夫子录之，是皆不可晓者，姑记以俟正。

叶氏少蕴曰，天子即位之礼，后世无传焉。《春秋》犹有可考。君薨，世子嗣位于丧次，殡而未葬，葬而未逾年者，不能践其正位，不敢朝庙，不敢主祭封内，三年称子，逾年而后，朝庙改元。《春秋》始书即位。

又曰，诸侯逾年而朝庙即位，以吉服乎，以凶服乎，不可知也。

愚谓，天子、诸侯之礼，大抵略同。《春秋》继世之君，无有以吉服受命于丧次者。晋襄公有文公之丧，西师来轶，墨以即戎，遂墨以葬。记者记其礼之变，谓晋于是乎始墨。今康王之事，不亦礼之变之极耶。夫子既录于经，则周家后世必以为故事，何列国之君，又不然耶。岂天子诸侯之礼，亦自有所不同耶。抑或在夫子之时，天子居丧之礼，礼经自备，不患其不明，至经秦火，乃今无所考。而夫子于此，特以其终始之际，成王有付托之勤，康王有篡述之志，诸臣有辅道之美，亦足以为后世劝，而不暇责其一事之失，故亦录之。如《吕刑》《秦誓》取善于周公既没之后，岂可责其纯哉。

予观世至周时，人情变故，大抵与唐虞之时不同。故其所处之事亦异，与后世缘人情而行之者，多不甚相远。康王即位之事，前后摆布，如许齐整。唐虞之时，想无有也。且尧舜之治天下，以其一身公天地之间。天下者，公共之天下也。尧舜之身，天下公共之身也。子足治天下，则治之；子不足以治天下，则付之能者，其心何尝有一毫芥蒂耶？何尝以天下为己之基业，而汲汲以保守，而恐失之乎？迨至周时，积累勤劳，以成基业，如人家创业勤苦一般，又兢兢保守，恐一旦失之，如人家守业艰难一般。此其心之，视天下与尧舜之心，何如耶？故一则曰"丕丕基"，二则曰"丕丕基"，则亦近乎后世之事矣。尧舜之时，恐亦不如是也。愚尝读"丕丕基"之言，而感叹上古之事之不可及也。后世世变既如是，则其缘人情以行之者，亦不能免也。康王即位之事，亦缘后世人情而行之者，以周公之大圣，不能必反尧舜之事。召公虽贤，亦安能免于世变之人情耶？不敢辞其僭妄，敬附于此。

太保率西方诸侯入应门左，毕公率东方诸侯入应门右

1. 《尚书注疏》卷十八《周书》

（汉）孔氏传，（唐）陆德明音义，（唐）孔颖达疏

太保率西方诸侯入应门左，毕公率东方诸侯入应门右。

传，二公为二伯，各率其所掌诸侯，随其方为位，皆北面。

疏，正义曰，太保召公为西伯，率西方诸侯入应门左，立于门内之西厢也。太师毕公为东伯，率东方诸侯入应门右，立于门内之东厢也。

传，正义曰，二公率领诸侯，知其为二伯各率其所掌诸侯。《曲礼》所谓职方者，此之义也。王肃云，毕公代周公为东伯，故率东方诸侯。然则毕公是太师也，当太师之名，在太保之上，此先言太保者，于时太保领冢宰，相王室，任重，故先言西方。若使东伯任重，亦当先言东方。北面以东为右，西为左，入左，入右随其方为位，嫌东西相向，故云皆北面，将拜王，明北面也。传，正义曰，诸侯朝见天子，必献国之所有，以表忠敬之心，故诸侯皆陈四黄马朱鬣，以为庭实，言实之于王庭也。

2. 《书传》卷十七《周书·康王之诰第二十五》

（宋）苏轼撰

太保率西方诸侯入应门左，毕公率东方诸侯入应门右。

二公,为二伯各率其所领诸侯,随其方为位,皆北面。成王之疾久矣,岂西方、东方诸侯来问王疾者欤。

3.《尚书全解》卷三十七《周书·康王之诰》

(宋)林之奇撰

(归善斋按,见"康王既尸天子")

4.《尚书讲义》卷十九

(宋)史浩撰

(归善斋按,见"王出,在应门之内")

5.《尚书详解》卷二十三《周书·康王之诰》

(宋)夏僎撰

(归善斋按,见"王出,在应门之内")

6.《增修东莱书说》卷三十二《周书·康王之诰第二十五》

(宋)吕祖谦撰,(宋)石澜增修

(归善斋按,见"王出,在应门之内")

7.《尚书说》卷七《周书·康王之诰》

(宋)黄度撰

(归善斋按,见"王出,在应门之内")

8.《絜斋家塾书钞》

(宋)袁燮撰

(归善斋按,无)

9. 《书经集传》卷六《周书·康王之诰》

（宋）蔡沈撰
（归善斋按，见"王出，在应门之内"）

10. 《尚书精义》卷四十七《周书·康王之诰》

（宋）黄伦撰
（归善斋按，见"王出，在应门之内"）

11. 《尚书详解》卷四十三《周书·康王之诰》

（宋）陈经撰
（归善斋按，见"王出，在应门之内"）

12. 《融堂书解》卷十八《周书·康王之诰》

（宋）钱时撰
（归善斋按，见"王出，在应门之内"）

13. 《尚书要义》卷十八

（宋）魏了翁撰

六二、毕公代周公为东伯，以召领冢宰，先西方。

王肃云，毕公代周公为东伯，故率东方诸侯。然则，毕公是太师也，当太师之名在太保之上，此先言太保者，于时太保领冢宰，相王室，任重，故先言西方。若使东伯任重，亦当先言东方。北面以东为右，西为左。入左入右，随其方为位，嫌东西相向，故云皆北面。将拜王，明北面也。

14. 《书集传或问》卷下

（宋）陈大猷撰
（归善斋按，无此篇）

15. 《尚书详解》卷十一《周书·康王之诰第二十五》

（宋）胡士行撰

（归善斋按，见"王出，在应门之内"）

16. 《书纂言》卷四下《周书·顾命》

（元）吴澄撰

太保率西方诸侯入应门左，毕公率东方诸侯入应门右，皆布乘黄朱，宾称奉圭兼币，曰，一二臣卫，敢执壤奠，皆再拜稽首。王义嗣德，答拜。

周中分天下，诸侯以二伯，自陕以东，周公主之；自陕以西，召公主之。召公率西方诸侯，盖西伯旧职。毕公率东方诸侯者，继周公为东伯也。诸侯各随其方而入，分左右班，皆北面，以东为右，以西为左。布，陈也。乘，四马也。黄朱，黄马，而朱其鬣，以为庭实。其时，诸侯必众。众国皆陈四马，非王庭所容，必少陈之，余者在外。宾，诸侯也。或曰当作"摈"。按《周官·小行人》"合六币，圭以马，璋以皮，璧以帛，琮以锦，琥以绣，璜以黼"，谓以马为币，则以圭合之。兼币，即合币也。"布乘黄朱"，是马为币也。故宾举所奉之圭以兼其所陈之币，而致辞于王云云。一二，见非一也。为王藩卫，故曰"臣卫"。敢执壤地所出之贽奠之。再拜稽首，臣拜君之礼也。"义嗣德"，史氏之辞。义，宜也。王义嗣前人之德，故答拜也。

吴氏曰，穆公使人吊公子重耳，重耳稽颡而不拜。穆公曰，仁夫公子稽颡而不拜，则未为后也。《丧礼》吊者，含者，襚者，升堂致命，主孤拜稽颡，成为后者也。康王见诸侯，若以为不当拜，则疑未为后，且纯乎吉也。答拜，既正其为后，且知其以丧见也。吕氏曰，此非常礼也。

17. 《书集传纂疏》卷六《朱子订定蔡氏集传·周书·康王之诰》

（元）陈栎撰

（归善斋按，见"王出，在应门之内"）

18. 《读书丛说》卷六《康王之诰》

(元) 许谦撰

(归善斋按，未解)

19. 《书传辑录纂注》卷六《周书·康王之诰》

(元) 董鼎撰

(归善斋按，见"王出，在应门之内")

20. 《尚书句解》卷十一《周书·康王之诰第二十五》

(元) 朱祖义撰

太保率西方诸侯入应门左（召公为西伯，率领西方诸侯入应门之左，北面而立），毕公率东方诸侯入应门右（毕公为东伯，率领东方诸侯入应门之右，北面而立）。

21. 《尚书日记》卷十五《周书·康王之诰》

(明) 王樵撰

(归善斋按，见"王出，在应门之内")

22. 《日讲书经解义》卷十二《周书·康王之诰》

(清) 库勒纳等撰

(归善斋按，见"王出，在应门之内")

《书蔡氏传旁通》卷六下《周书·康王之诰》

(元) 陈师凯撰

自陕以东。

陕于周时，在虢国封内，今河南府路陕州也。

《书经衷论》卷四周书《康王之诰》

（清）张英撰

周之二伯，即虞廷之四岳，所以统率四方之诸侯，为方伯连属之长，而兼三公于朝者也。召公以太保率西方诸侯，毕公率东方诸侯。二伯分陕，周之制也。下言太保暨芮伯，太保率外之诸侯，芮伯率内之公卿。此时公卿、诸侯咸在。专言太保、芮伯，而毕公在其中矣。

皆布乘黄朱

1.《尚书注疏》卷十八《周书》

（汉）孔氏传，（唐）陆德明音义，（唐）孔颖达疏

皆布乘黄朱。

传，诸侯皆陈四黄马朱鬣，以为庭实。

音义，乘，绳证反。鬣，力辄反。

疏，正义曰，诸侯皆布陈一乘四匹之黄马朱鬣，以为见新王之庭实。

传，正义曰，四马曰乘，言乘黄，正是马色黄矣。黄下言朱，朱非马色。定十年《左传》云，宋公子地有白马四，公嬖向魋，魋欲之，公取而朱其尾鬣以与之。是古人贵朱鬣，知朱者，朱其尾鬣也。于时诸侯其数必众，众国皆陈四马，则非王庭所容。诸侯各有所献，必当少陈之也。

2.《书传》卷十七《周书·康王之诰第二十五》

（宋）苏轼撰

皆布乘黄朱。

陈四黄马，朱鬣。

3.《尚书全解》卷三十七《周书·康王之诰》

（宋）林之奇撰

（归善斋按，见"康王既尸天子"）

4.《尚书讲义》卷十九

（宋）史浩撰
（归善斋按，见"王出，在应门之内"）

5.《尚书详解》卷二十三《周书·康王之诰》

（宋）夏僎撰
（归善斋按，见"王出，在应门之内"）

6.《增修东莱书说》卷三十二《周书·康王之诰第二十五》

（宋）吕祖谦撰，（宋）石澜增修
（归善斋按，见"王出，在应门之内"）

7.《尚书说》卷七《周书·康王之诰》

（宋）黄度撰
（归善斋按，见"王出，在应门之内"）

8.《絜斋家塾书钞》

（宋）袁燮撰
（归善斋按，无）

9.《书经集传》卷六《周书·康王之诰》

（宋）蔡沈撰
（归善斋按，见"王出，在应门之内"）

10.《尚书精义》卷四十七《周书·康王之诰》

（宋）黄伦撰
（归善斋按，见"王出，在应门之内"）

11.《尚书详解》卷四十三《周书·康王之诰》

(宋)陈经撰
(归善斋按,见"王出,在应门之内")

12.《融堂书解》卷十八《周书·康王之诰》

(宋)钱时撰
(归善斋按,见"王出,在应门之内")

13.《尚书要义》卷十八

(宋)魏了翁撰
(归善斋按,见"王出,在应门之内")

14.《书集传或问》卷下

(宋)陈大猷撰
(归善斋按,无此篇)

15.《尚书详解》卷十一《周书·康王之诰第二十五》

(宋)胡士行撰
(归善斋按,见"王出,在应门之内")

16.《书纂言》卷四下《周书·顾命》

(元)吴澄撰
(归善斋按,见"太保率西方诸侯入应门左")

17.《书集传纂疏》卷六《朱子订定蔡氏集传·周书·康王之诰》

(元)陈栎撰
(归善斋按,见"王出,在应门之内")

18. 《读书丛说》卷六《康王之诰》

(元) 许谦撰

(归善斋按,未解)

19. 《书传辑录纂注》卷六《周书·康王之诰》

(元) 董鼎撰

(归善斋按,见"王出,在应门之内")

20. 《尚书句解》卷十一《周书·康王之诰第二十五》

(元) 朱祖义撰

皆布乘黄朱(诸侯皆布陈一乘黄马四匹,朱以饰尾鬣,以为庭实之物。黄出于自然,朱出于人为)。

21. 《尚书日记》卷十五《周书·康王之诰》

(明) 王樵撰

(归善斋按,见"王出,在应门之内")

22. 《日讲书经解义》卷十二《周书·康王之诰》

(清) 库勒纳等撰

(归善斋按,见"王出,在应门之内")

宾称奉圭兼币,曰,一二臣卫,敢执壤奠

1. 《尚书注疏》卷十八《周书》

(汉) 孔氏传,(唐) 陆德明音义,(唐) 孔颖达疏

宾称奉圭兼币,曰,一二臣卫,敢执壤奠。

传，宾，诸侯也。举奉圭兼币之辞。言一二，见非一也。为蕃卫，故曰臣卫。来朝而遇国丧，遂因见新王，敢执壤地所出，而奠贽也。

音义，壤，如丈反。见，贤遍反，下同。蕃，方袁反，朝，直遥反，丧，息浪反。贽，音至。尽，子忍反。

疏，正义曰，诸侯为王之宾，共使一人少前进，举奉圭兼币之辞，言曰一二天子之臣，在外为蕃卫者，敢执壤土所有，奠之于庭。

传，正义曰，按《周礼·小行人》云，合六币，圭以马，璋以皮，璧以帛，琮以锦，琥以绣，璜以黼。此六物者，以和诸侯之好。郑玄云，六币所以享也。五等诸侯享天子用璧，享后用琮。用圭璋者，二王之后也。如郑彼言，则诸侯之享天子，唯二王之后用马。此云皆陈马者，下云奉圭兼币，币即马是也。圭是致马之物。郑云，此币圭以马，盖举王者之后以言耳。诸侯当璧以帛，亦有庭实。然则此陈马者，是二王之后享王物也，独取此物以总表诸侯之意，故云诸侯皆陈马也。圭亦享王之物，下言奉圭，此不陈圭者，圭奉以致命，不陈之也。按《觐礼》，诸侯享天子，马卓上，九马随之。此用乘黄者，因丧礼而行朝，故略之。天子于诸侯，有不纯臣之义，故以诸侯为宾。"称"训"举"也。举奉圭兼币之辞，以圭币奉王而为之作辞。辞出一人之口，而言一二者，见诸侯同为此意，意非一人也。郑玄云，释辞者一人，其余奠币拜者，稽首而已，是也。言卫者，诸侯之在四方，皆为天子蕃卫，故曰臣卫。此时成王始崩，即得有诸侯在京师者，来朝而遇国丧，遂因见新王也。诸侯享天子其物甚众，非徒圭马而已，皆是土地所有，故云敢执壤地所出而奠贽也。然举奉圭兼币，乃是享礼。凡享礼，则每一国事毕，乃更余国复入其朝，则侯氏总入。故郑玄注《曲礼》云，春受贽于朝，受享于庙，是朝与享别。此既诸侯总入，而得有庭实享礼者，以新朝嗣王，因行享礼，故郑注云朝兼享礼也，与常礼不同。

《尚书注疏》卷十八《考证》

"宾称奉圭兼币"疏，圭，是致马之物。

臣召南按，致马，旧本作"文马"非也。据《觐礼》贾疏，皆以璧帛致之。监本作"致"字，是。

又疏按《觐礼》，诸侯享天子，马卓上，九马随之。

臣召南按，《觐礼》奉束帛匹，卓马上，九马随之，郑康成注"卓"读如"卓王孙"之"卓"。"卓"犹"的"也。以素的一马，以为上书其国名后，当识其何产也。马必十匹者，不敢斥王之乘，用成数，敬也。此疏"马卓"上，当有"匹"字，而"卓"字讹（作）"阜"则刊本之误也，今改正。

2. 《书传》卷十七《周书·康王之诰第二十五》

（宋）苏轼撰

宾称奉圭兼币。

马所以先圭币。

曰，一二臣卫，敢执壤奠。

贽土所出。

3. 《尚书全解》卷三十七《周书·康王之诰》

（宋）林之奇撰

（归善斋按，见"康王既尸天子"）

4. 《尚书讲义》卷十九

（宋）史浩撰

（归善斋按，见"王出，在应门之内"）

5. 《尚书详解》卷二十三《周书·康王之诰》

（宋）夏僎撰

（归善斋按，见"王出，在应门之内"）

6. 《增修东莱书说》卷三十二《周书·康王之诰第二十五》

（宋）吕祖谦撰，（宋）石澜增修

（归善斋按，见"王出，在应门之内"）

7. 《尚书说》卷七《周书·康王之诰》

（宋）黄度撰

（归善斋按，见"王出，在应门之内"）

8. 《絜斋家塾书钞》

（宋）袁燮撰

（归善斋按，无）

9. 《书经集传》卷六《周书·康王之诰》

（宋）蔡沈撰

（归善斋按，见"王出，在应门之内"）

10. 《尚书精义》卷四十七《周书·康王之诰》

（宋）黄伦撰

（归善斋按，见"王出，在应门之内"）

11. 《尚书详解》卷四十三《周书·康王之诰》

（宋）陈经撰

（归善斋按，见"王出，在应门之内"）

12. 《融堂书解》卷十八《周书·康王之诰》

（宋）钱时撰

（归善斋按，见"王出，在应门之内"）

13. 《尚书要义》卷十八

（宋）魏了翁撰

六三、诸侯来朝遇丧因见新王。

诸侯之在四方，皆为天子蕃卫，故曰"臣卫"。此时成王始崩，即得有诸侯在京师者来朝,而遇国丧,遂因见新王也。

14.《书集传或问》卷下

(宋)陈大猷撰
(归善斋按,无此篇)

15.《尚书详解》卷十一《周书·康王之诰第二十五》

(宋)胡士行撰
(归善斋按,见"王出,在应门之内")

16.《书纂言》卷四下《周书·顾命》

(元)吴澄撰
(归善斋按,见"太保率西方诸侯入应门左")

17.《书集传纂疏》卷六《朱子订定蔡氏集传·周书·康王之诰》

(元)陈栎撰
(归善斋按,见"王出,在应门之内")

18.《读书丛说》卷六《康王之诰》

(元)许谦撰
(归善斋按,未解)

19.《书传辑录纂注》卷六《周书·康王之诰》

(元)董鼎撰
(归善斋按,见"王出,在应门之内")

20.《尚书句解》卷十一《周书·康王之诰第二十五》

(元)朱祖义撰
宾称奉圭兼币(《周礼·小行人》"合六币,曰,珪以马,璋以皮,璧以帛，琮以锦，琥以绣，璜以黼"，是珪以马为币，谓奉珪又兼以马也。诸侯于王为宾，举奉珪兼币之礼以进)，曰（致辞于王），一二臣卫（一二诸侯），敢执壤奠（为王藩卫，敢各执土所出者，以实之于庭，以为贽见之物）。

21.《尚书日记》卷十五《周书·康王之诰》

（明）王樵撰

（归善斋按，见"王出，在应门之内"）

22.《日讲书经解义》卷十二《周书·康王之诰》

（清）库勒纳等撰

（归善斋按，见"王出，在应门之内"）

皆再拜稽首。王义嗣德，答拜

1.《尚书注疏》卷十八《周书》

（汉）孔氏传，（唐）陆德明音义，（唐）孔颖达疏

皆再拜稽首。王义嗣德，答拜。

传，诸侯拜送币，而首至地尽礼也。康王以义继先人明德，答其拜受其币。

正义曰：既为此言乃皆再拜稽首，用尽礼致敬，以正王为天子也。康王先为太子以义嗣先人明德，不以在丧为嫌，答诸侯之拜，以示受其圭币，与之为主也。

传，正义曰，《周礼·太祝》辨九拜，一曰稽首，施之于极尊，故为尽礼也。"义嗣德"三字，史言王答拜之意也。康王先是太子，以义继先人明德，今为天子无所嫌，故答其拜，受其币，自许与诸侯为主也。

2.《书传》卷十七《周书·康王之诰第二十五》

（宋）苏轼撰

皆再拜稽首。王义嗣德，答拜。

王义诸侯不忘先王之德，故答拜。

3. 《尚书全解》卷三十七《周书·康王之诰》

（宋）林之奇撰

（归善斋按，见"康王既尸天子"）

4. 《尚书讲义》卷十九

（宋）史浩撰

（归善斋按，见"王出，在应门之内"）

5. 《尚书详解》卷二十三《周书·康王之诰》

（宋）夏僎撰

（归善斋按，见"王出，在应门之内"）

6. 《增修东莱书说》卷三十二《周书·康王之诰第二十五》

（宋）吕祖谦撰，（宋）石澜增修

（归善斋按，见"王出，在应门之内"）

7. 《尚书说》卷七《周书·康王之诰》

（宋）黄度撰

（归善斋按，见"王出，在应门之内"）

8. 《絜斋家塾书钞》

（宋）袁燮撰

（归善斋按，无）

9. 《书经集传》卷六《周书·康王之诰》

（宋）蔡沈撰

（归善斋按，见"王出，在应门之内"）

10. 《尚书精义》卷四十七《周书·康王之诰》

（宋）黄伦撰

（归善斋按，见"王出，在应门之内"）

11. 《尚书详解》卷四十三《周书·康王之诰》

（宋）陈经撰

（归善斋按，见"王出，在应门之内"）

12. 《融堂书解》卷十八《周书·康王之诰》

（宋）钱时撰

（归善斋按，见"王出，在应门之内"）

13. 《尚书要义》卷十八

（宋）魏了翁撰

六四、诸侯稽首王义嗣德答拜。

《周礼》太祝辨九拜，一曰稽首，施之于极尊，故为尽礼也。"义嗣德"三字，史原王答拜之意也。康王先是太子，以义继先人明德，今为天子，无所嫌，故答其拜，受其币，自许与诸侯为主也。

14. 《书集传或问》卷下

（宋）陈大猷撰

（归善斋按，无此篇）

15. 《尚书详解》卷十一《周书·康王之诰第二十五》

（宋）胡士行撰

（归善斋按，见"王出，在应门之内"）

16. 《书纂言》卷四下《周书·顾命》

（元）吴澄撰

（归善斋按，见"太保率西方诸侯入应门左"）

17. 《书集传纂疏》卷六《朱子订定蔡氏集传·周书·康王之诰》

（元）陈栎撰

（归善斋按，见"王出，在应门之内"）

18. 《读书丛说》卷六《康王之诰》

（元）许谦撰

（归善斋按，未解）

19. 《书传辑录纂注》卷六《周书·康王之诰》

（元）董鼎撰

（归善斋按，见"王出，在应门之内"）

20. 《尚书句解》卷十一《周书·康王之诰第二十五》

（元）朱祖义撰

皆再拜稽首（皆拜而又拜以送币，首至地稽首）。王义嗣德，答拜（以尽礼。康王义在于继前人之德，以为诸侯之主，不敢不受其币，故答拜。王无答拜之礼，以即位之初而谦退）。

21. 《尚书日记》卷十五《周书·康王之诰》

（明）王樵撰

（归善斋按，见"王出，在应门之内"）

22.《日讲书经解义》卷十二《周书·康王之诰》

（清）库勒纳等撰

（归善斋按，见"王出，在应门之内"）

太保暨芮伯咸进，相揖，皆再拜稽首

1.《尚书注疏》卷十八《周书》

（汉）孔氏传，（唐）陆德明音义，（唐）孔颖达疏

太保暨芮伯咸进，相揖，皆再拜稽首。

传，冢宰与司徒，皆共群臣诸侯并进陈戒，不言诸侯以内见外。

疏，正义曰，太保召公与司徒芮伯，皆其诸侯并进，相顾而揖，乃并再拜稽首。

传，正义曰，召公为冢宰，芮伯为司徒。司徒位次冢宰，故言太保与芮伯咸进。芮伯已下，其告群臣，诸侯并皆进也。相揖者，揖之使俱进也。太保揖群臣群臣，又报揖太保，故言相揖。动足然后相揖，故相揖之文，在咸进之下。

2.《书传》卷十七《周书·康王之诰第二十五》

（宋）苏轼撰

太保暨芮伯咸进，相揖。

冢宰、司徒与群臣进戒。

3.《尚书全解》卷三十七《周书·康王之诰》

（宋）林之奇撰

（归善斋按，见"康王既尸天子"）

4.《尚书讲义》卷十九

(宋)史浩撰

(归善斋按,见"王出,在应门之内")

5.《尚书详解》卷二十三《周书·康王之诰》

(宋)夏僎撰

太保暨芮伯咸进,相揖,皆再拜稽首,曰,敢敬告天子,皇天改大邦殷之命。唯周文、武诞受羑若,克恤西土。唯新陟王,毕协赏罚,戡定厥功,用敷遗后人休。今王敬之哉。张皇六师,无坏我高祖寡命。

王既答拜,于是太保召公,与芮伯二人,率诸侯百官皆进。独言二公者,时太保为冢宰,芮伯为司徒,二公实为六卿之长,故作书者举而言之。其实诸侯皆进也。相揖者,王氏谓,为殡礼之人,言二公率诸侯百官咸进,相于是乎揖之。乃又再拜稽首,盖致敬,将以进戒也。先儒皆以"相揖"为相顾而揖,谓太保揖群臣,群臣又报揖太保。盖揖之,使之俱进。然经言"咸进相揖",则非揖使俱进明矣。又篇末言"相揖趋出",则既进之后,相者,揖之乃拜。既受命之后,相者揖之乃趋,出于经文,既安于礼,亦宜也。"曰,敢敬告天子",自此乃太保以下进戒之辞也。言臣等敢敬告康王。敬告则见其告之非苟简无用之空言也。"皇天改大邦殷之命,唯周文、武诞受羑若,克恤西土"者,言周之天下,本商之天下。纣为不道,故皇天改殷为周也。"羑若"之说,诸家不同。二孔谓,天改殷命,文、武大受天道而顺之,此则以"羑"训"顺",谓文武能顺天道也。王氏之说则以为,文武所以诞受天命者,以其羑而无恶,若而无逆。无逆恶,所以能爱人,故克恤西土。其说迂凿,不可从。苏氏则以"羑"为"羑里"之"羑",谓文王出"羑里"之囚,天命始顺。周人记之,谓之"羑若"。康王初即位,故告以文、武艰难之事。此解"羑"字极明。但"若"字谓周人记之,谓之"羑若",恐未安,皆不若二孔平而安。盖天改殷命,唯文武大受之其道,能顺天,故能矜恤西土之人,而安存之,以见文武之有天下,本于行仁也。

"唯新陟王",孔氏谓,文、武能矜恤西土,故能新陟王位。不若诸儒以"新陟"为"成王",盖"陟"者,升也。天子死曰"升遐",盖召公言文武有天下如此,唯此新升遐之成王继之,能尽和赏罚,以戡定文、武之功。盖治天下之道,当罚而已。赏当功,罚当罪,则天下治。所谓"协赏罚"者,盖燮调其赏罚,使当功罪也。如衮衣锡周公,用兵践淮夷,即赏罚也。唯成王能如此,故文、武之功,以此能戡定之。戡,胜也,犹言克也,言克能定其功也。成王能如此,故今日敷施以遗尔后人以休美者,皆自戡定中来也。"今王敬之哉",召公言康王继此,诚不可忽也。张先生谓,敬则历年,不敬则早坠厥命。此召公平生所学,所以陈于成王者屡矣。故今复以告康王。"张皇六师,无坏我高祖寡命",此盖召公戒康,谓成王既以赏罚定功,庶几康王亦张大六师,以强壮王室,使不替文武寡有之命也。

张无垢谓,此章予切疑之。夫新王即位,老大臣当以道德进戒,而区区以赏罚六师为言,何也?盖自后稷至文、武,积累基业,深仁厚泽浸渍,人心已固。唯有商余民,心怀旧主,每伺间隙,欲逞其奸。周家素有仁厚之化,以结其心,今却又以赏罚之明,六师之备,以沮其奸如此之至,则小人化为君子,此召公深谋远虑,体物度情,为此策也。故赏罚六师之说,施于康王即政之时,非有商民之变,则不可以为训,深哉虑也。

6.《增修东莱书说》卷三十二《周书·康王之诰第二十五》

(宋)吕祖谦撰,(宋)石澜增修
(归善斋按,见"王出,在应门之内")

7.《尚书说》卷七《周书·康王之诰》

(宋)黄度撰

太保暨芮伯咸进,相揖,皆再拜稽首,曰,敢敬告天子,皇天改大邦殷之命。唯周文、武诞受羑若,克恤西土。唯新陟王,毕协赏罚,戡定厥功,用敷遗后人休。今王敬之哉。张皇六师,无坏我高祖寡命。

太保冢宰及司徒,咸进相揖。咸,皆也。谓自司徒以下群卿皆进相揖,同戒王也。羑,古字,今作诱,教也。教迪而顺于道。康王所谓"皇天用训厥道"也。"克恤西土",本王业之所由始也。陟,升也。天子崩曰升遐。新陟王,成王也,未谥故称之曰"新陟王"。"毕协赏罚",故能戡定文、武之功以敷遗后人,王必敬之。"薄言震之,莫不震叠",张皇六师也。使刑政修明,六师常有张皇之势,则可以无坏高祖文王之命矣。王公自称孤、寡、不穀。故曰"寡命"。诸侯初见嗣王,公卿进戒如此,此成王命二伯率诸侯相康王之本意也。天下乂安,诸侯轨道,陟明黜幽,赏罚固不可废,又至于强梗恣肆不式,王命则六师出矣。故《立政》终篇曰"其克诘尔戎兵,方行天下,以陟禹之迹,至于海表,罔有不服",与此意同。

8.《絜斋家塾书钞》

(宋)袁燮撰

(归善斋按,无)

9.《书经集传》卷六《周书·康王之诰》

(宋)蔡沈撰

太保暨芮伯咸进,相揖,皆再拜稽首,曰,敢敬告天子,皇天改大邦殷之命。唯周文、武诞受羑若,克恤西土。

冢宰及司徒,与群臣皆进相揖定位,又皆再拜稽首,陈戒于王曰,敢敬告天子,示不敢轻告,且尊称之,所以重其听也。曰"大邦殷"者,明有天下不足恃也。"羑若"未详。苏氏曰,羑,羑里也。文王出羑里之囚,天命自是始顺。或曰,"羑若",即下文之"厥若"也。羑、厥。或字有讹谬。西土,文、武所兴之地,言文、武所以大受命者,以其能恤西土之众也。进告不言诸侯,以内见外。

10.《尚书精义》卷四十七《周书·康王之诰》

(宋)黄伦撰

太保暨芮伯咸进,相揖,皆再拜稽首,曰,敢敬告天子,皇天改大邦殷之命。唯周文、武诞受羑若,克恤西土。唯新陟王,毕协赏罚,戡定厥功,用敷遗后人休。今王敬之哉。张皇六师,无坏我高祖寡命。

林氏曰，保莫大之业者，必在乎恭敬；成前人之功者，莫先乎底定。前人所以贻厥后人，后人所以绍前烈者，不外此道也。言"皇天改大邦殷之命"，命我文王，顺天大道，以安恤西土之民。言"西土"者，言其创业之初也。唯成王受其成法，绍有令绪，兴大利，除大害，去其残虐，保定厥功，对扬至大之休，建立可久之业，施及子孙，无有穷尽之期，岂不艰哉？今康王小子，固当若涉渊水，罔求于济。夙兴夜寐，栗栗危惧；出入起居，罔有不钦。可不敬之哉？然国之大事，在于强兵，故当张大六师之众，嗣成文武之命，壮我国威，张我王略，无忝前日之功，斯可也。

吕氏曰，继体守成之君，多不知忧患。太保之戒，所以先及此者，即怕康王，但见富盛宴安而已。新陟，是新升遐之成，王亦犹今人言物故。毕协，是一赏一罚，无有不当，所以能戡定厥功。诛武庚，伐淮夷，践奄，唯其如此，所以大遗后人无穷之休论。成王能敬迓天威，则盛德事亦甚多，何故独说赏罚，盖此正为太子自齿胄之时入学，所以师保辅相，相与正戒。凡道德性命之说，告之熟矣。唯赏罚治道，乃天下之事，恐未曾熟，所以进戒首言及此。

11. 《尚书详解》卷四十三《周书·康王之诰》

(宋) 陈经撰

太保暨芮伯咸进，相揖，皆再拜稽首，曰，敢敬告天子，皇天改大邦殷之命。唯周文、武诞受羑若，克恤西土。唯新陟王，毕协赏罚，戡定厥功，用敷遗后人休。今王敬之哉。张皇六师，无坏我高祖寡命。

太保，为冢宰第一；芮伯，为司徒第二。"咸进相揖"，率群臣诸侯皆进戒也。不言诸侯者，以内而言外也。再拜稽首，而后戒王曰，敢敬以告天子，以敬而告，欲王听之专。皇天改大国殷家之命而归周。"唯文、武诞受羑若"，盖自出"羑里"之囚，天命始顺，用能忧恤西土之民。文、武兴邦，自西土始也。太保所言"羑若"者，盖康王生长于深宫，富贵之中不知祖宗之得天命，皆自艰难之中得之，故举此以为戒。"唯新陟王"。升遐曰陟，指成王也。"毕协赏罚"，言或赏或罚，无不当理。如"记功宗，以功作元祀"，赏也；如践奄、伐淮夷，罚也。

"戡定厥功"，能胜天下之强，定天下之业，所以有此休美敷布，以遗之子孙。"今王敬之哉"，文、武、成王，所以有天下者，亦唯敬而已。今王当以敬为主。张大六师之众，俾国威振而天下服，无使我高祖之德，寡有之命，至于隳坏。然而当康王即位之始，群臣进陈，不闻有盛德之言，唯曰"张皇六师"，成王之所以持盈守承者，盛德之事非一端，而第及于赏罚，无乃群臣教康王以好大穷兵，严刑酷法欤，非也。人臣之进言也，必因其君之资而为之言。贾谊进权势法制之说，于宽仁之主，君子以为通达。贡禹进恭俭，于优游不断之主，君子以为不切。盖康王贤主，其仁爱出于天性，所患者，唯恐失之过谦，况守成之世，易以废弛，故《谦》之六五必曰"利用侵伐"。《大有》于六五亦曰"厥孚交如，威如"，正此意也。

12. 《融堂书解》卷十八《周书·康王之诰》

（宋）钱时撰

太保暨芮伯咸进，相揖，皆再拜稽首，曰，敢敬告天子，皇天改大邦殷之命。唯周文、武诞受羑若，克恤西土。唯新陟王，毕协赏罚，戡定厥功，用敷遗后人休。今王敬之哉。张皇六师，无坏我高祖寡命。

此太保、芮伯，因诸侯入见，而进告也。召、毕同受顾命，率诸侯以相康王，于此进告。太保乃暨芮伯，何耶？太保，冢宰；芮伯，司徒，六卿之长也。先率诸侯，则召、毕其职焉。至于立班庭陛，冢宰、司徒实为班首，则又自有定序也。暨，及也。谓之"暨芮伯"，止是及芮伯一人，甚明。禹之"暨益""暨稷"是益、稷而已，岂复他及也哉。先儒以为群臣诸侯皆同进告。殆不然也。羑，《说文》进善也。若，顺也。谓天命本在大国之殷，天既厌殷而改之，唯周文，武从而大受，盖进善不懈，顺而无违，以能恫恤西土。

13. 《尚书要义》卷十八

（宋）魏了翁撰

六五、太宰以下，陈戒，不言诸侯，以内见外。

"太保暨芮伯咸进，相揖，皆再拜稽首"，冢宰与司徒，皆共群臣诸侯并陈戒，不言诸侯，以内见外。"曰，敢敬告天子皇天，改大邦殷之命"，大天改大国殷之王命，谓诛纣也。

14.《书集传或问》卷下

（宋）陈大猷撰
（归善斋按，无此篇）

15.《尚书详解》卷十一《周书·康王之诰第二十五》

（宋）胡士行撰

太保（冢宰）暨芮伯（司徒二公为班首）咸进（少进），相（相礼者）揖（揖在位皆进），皆再拜稽首。

此合班也，六卿前列，冢宰、司徒班首也。

16.《书纂言》卷四下《周书·顾命》

（元）吴澄撰

太保暨芮伯咸进，相揖，皆再拜稽首。

诸侯朝王，而召、毕为二伯，故召、毕率之以入。群臣见王，而冢宰、司徒最尊，故太保与芮伯咸进，相摈相之人，太保、司徒率群臣而相者，举手揖之使拜，遂皆再拜稽首也。前之拜，诸侯拜，群臣不拜；此之拜，群臣拜，诸侯不拜也。王答诸侯拜，而不答群臣拜。盖诸侯自外初见，群臣在内日见也。

17.《书集传纂疏》卷六《朱子订定蔡氏集传·周书·康王之诰》

（元）陈栎撰

太保暨芮伯咸进，相揖，皆再拜稽首，曰，敢敬告天子，皇天改大邦殷之命。唯周文、武诞受羑若，克恤西土。

冢宰及司徒，与群臣皆进相揖定位，又皆再拜稽首，陈戒于王曰，敢敬告天子，示不敢轻告，且尊称之，所以重其听也。曰"大邦殷"者，明有天下不足恃也。"羑若"未详。苏氏曰，羑，羑里也。文王出羑里之囚，天命自是始顺。或曰，"羑若"，即下文之"厥若"也。羑、厥。或字有讹谬。西土，文、武所兴之地，言文、武所以大受命者，以其能恤西土之众也。进告不言诸侯，以内见外。

纂疏：

吕氏曰，二伯率诸侯，列门左右，朝会分班仪也。太保及芮伯，咸进相揖，朝会合班仪也。始而分班，则诸侯两列，西伯与东伯之位相对；继而合班，则六卿前列，冢宰与司徒之位相次。

张氏曰，"恤西"上以周业基于西土，不忘本也。

愚谓，"羑若"，难强解，合缺。

18.《读书丛说》卷六《康王之诰》

（元）许谦撰

（归善斋按，未解）

19.《书传辑录纂注》卷六《周书·康王之诰》

（元）董鼎撰

太保暨芮伯咸进，相揖，皆再拜稽首，曰，敢敬告天子，皇天改大邦殷之命。唯周文、武诞受羑若，克恤西土。

冢宰及司徒，与群臣皆进相揖定位，又皆再拜稽首，陈戒于王曰，敢敬告天子，示不敢轻告，且尊称之，所以重其听也。曰"大邦殷"者，明有天下不足恃也。"羑若"未详。苏氏曰，羑，羑里也。文王出羑里之囚，天命自是始顺。或曰，"羑若"，即下文之"厥若"也。羑、厥。或字有讹谬。西土，文、武所兴之地，言、武所以大受命者，以其能恤西土之众也。进告不言诸侯，以内见外。

纂注：

吕氏曰，二伯率诸侯列门左右，朝会分班仪也；太保及芮伯，咸进相揖，朝会合班仪也。始而分班，则诸侯两列，西伯与东伯之位相对。继而合班，则六卿前列，冢宰与司徒之位相次。

苏氏曰，康王生长富贵，告以文王羑里之难，欲其知创业之艰难也。

新安胡氏曰，"羑若"，不如缺疑。

张氏曰，言"克恤西土"，以文、武基业本于西土，示不忘本也。

20.《尚书句解》卷十一《周书·康王之诰第二十五》

（元）朱祖义撰

太保暨芮伯咸进（召公与芮伯率诸侯百官皆进），相揖（相，王氏以为傧礼之人，相礼者，揖之），皆再拜稽首（然后太保与诸侯，皆再拜稽首于王前）。

21.《尚书日记》卷十五《周书·康王之诰》

（明）王樵撰

"太保暨芮伯咸进"至"克恤西土"。

孔氏曰，冢宰与司徒，皆共群臣、诸侯并进陈戒，不言诸侯，以内见外。"天改大国殷之命"，谓诛纣也。言文、武大受天道而顺之，能忧我西土之民，本其所起。

正义曰，动足，然后相揖，故"相揖"之文，在"咸进"之下。

吕氏曰，二伯率诸侯列门左右，朝会分班仪也；太保及芮伯，咸进相揖，朝会合班仪也。始而分班，则诸侯两列，西伯与东伯之位相对。今而合班，则六卿前列，冢宰与司徒之位相次。

吴氏曰，前之拜，诸侯拜，群臣不拜；此之拜，群臣拜，诸侯不拜也。王答诸侯拜，而不答群臣拜。盖诸侯自外初见，群臣在内日见也。"曰"者，太保言也。太保为外诸侯之伯，内群臣之长，故率诸侯群臣进戒于王也。西土，文、武所兴之地，言文、武所以诞受天命，以其能恤西土之民也。

按，"羑若"之语难晓，不如缺之。详此文在天改殷命之下，正为文、武诞受天命之义，"羑若"与"面稽天若"之意相似。后云"奉恤厥若"，正应此语，欲诸侯助己，奉忧天命之意。"羑"字，马融、王肃，及孔安国，皆训为"道"，恐古有所受，诞受天道而顺之，即受命也。"奉恤厥若"谓奉忧所顺，指天命也。

22.《日讲书经解义》卷十二《周书·康王之诰》

(清)库勒纳等撰

太保暨芮伯咸进，相揖，皆再拜稽首，曰，敢敬告天子，皇天改大邦殷之命。唯周文、武诞受羑若，克恤西土。唯新陟王，毕协赏罚，戡定厥功，用敷遗后人休。今王敬之哉。张皇六师，无坏我高祖寡命。

此二节书，是召公率群臣进戒康王之词。第一节，是述文武得天下之难；第二节，是叙成王守天下之难。因以劝勉之也。"羑若"当作"厥若诞受"。"羑若"，言能大受天命而顺承之也。"新陟王"，成王新升遐也。张皇，振厉奋扬也。寡命，言艰难寡得之基命。史臣曰，诸侯既礼见康王毕，维时太保召公，及司徒芮伯，与在朝之臣，遂皆前进相与揖让，以定其序，复皆再拜稽首，以致其敬，乃言曰，今王贵为天子，臣等有所欲言，敢敬告焉。夫王所仰而承之者，天也。然天命之去就无常，甚为可畏。在昔，商之成汤实有圣德，乃克享天心。逮纣肆行无道，皇天遂一旦改革大邦殷之命。天之弃殷如此，其不少宽假也，是时，唯我周之文王、武王二圣，相继大受天命，而顺承之，抚恤西土之人，使之莫不各得其所，是以人心归于下，天命眷于上。我周之创业，盖如此其艰难也，岂偶然哉。唯我新升遐之成王，凡事莫不以兢业处之，而于赏罚之际，尤加意焉。一赏一罚，必合乎大公至正之理，而不少徇一己之私。是以赏必当功，赏一人，而天下莫不知劝。罚必当罪，罚一人，而天下莫不知惩。民志定，王业安，而文、武之大功，然后底定而不至于摇动。用以施及后世之子孙，亦有盈成熙洽之休。成王之继统，盖亦如此其不易也。今王嗣位，承皇天眷佑之隆，受祖宗付畀之重，尚其敬之哉。敬之维何，自我文武以来，深仁厚泽，规模已定。但治安之久，易有陵迟之渐，践祚之初，宜绝觊觎之萌，必也振饬戒备，奋扬武烈，张大六师之制，使器械严整，士气鼓励，以镇定天下之人心，断毋徒为一切姑息废弛之政，使我高祖文、武不易得之天命，或坠坏而不终也。臣等之所深期于王者如此。按此述文、武创业之艰难；成王守成之不易，可见嗣服图终，防危保泰，非安享太平已也。至于兵者，非圣人所轻试，乃曰"张皇六师"，盖兵，可百年不用，不可一日无备，控制中外，镇服人心，必先于此。绸缪未雨之意，至深远矣。

《尚书地理今释·顾命》

（清）蒋廷锡撰

芮。

孔传云，周同姓圻内之国。杜预云，冯翊，临晋县芮乡。今陕西西安府朝邑县，有南芮乡，北芮乡，古芮伯。

曰，敢敬告天子，皇天改大邦殷之命

1.《尚书注疏》卷十八《周书》

（汉）孔氏传，（唐）陆德明音义，（唐）孔颖达疏

曰，敢敬告天子，皇天改大邦殷之命。

传，大天改大国殷之王命，谓诛纣也。

疏，正义曰，起而言曰：敢告天子，大天改大国殷之王命，诛杀殷纣。

2.《书传》卷十七《周书·康王之诰第二十五》

（宋）苏轼撰

皆再拜稽首，曰，敢敬告天子，皇天改大邦殷之命。唯周文、武诞受羑若。

文王出羑里之囚，天命自是始顺。周人记之，谓之"羑若"，犹管仲、鲍叔愿齐威公不忘在莒时也。康王生而富贵，故于其初即位，告以文、武造邦之艰难，以忧患受命也。

3.《尚书全解》卷三十七《周书·康王之诰》

（宋）林之奇撰

（归善斋按，见"康王既尸天子"）

4.《尚书讲义》卷十九

(宋)史浩撰

(归善斋按,见"王出,在应门之内")

5.《尚书详解》卷二十三《周书·康王之诰》

(宋)夏僎撰

(归善斋按,见"太保暨芮伯咸进,相揖")

6.《增修东莱书说》卷三十二《周书·康王之诰第二十五》

(宋)吕祖谦撰,(宋)石澜增修

曰,敢敬告天子,皇天改大邦殷之命。唯周文、武诞受羑若,克恤西土。唯新陟王,毕协赏罚,戡定厥功,用敷遗后人休。今王敬之哉。张皇六师,无坏我高祖寡命。

此进戒之辞也,堂堂大邦之殷,而皇天改其命,先儆之以天命不易也。"唯周文、武诞受羑若,克恤西土"者,复告以文、武之所成就,盖自忧患艰难得之也。羑里之囚,厄莫甚焉,于此能顺,则天下之理无乎不顺。天所以畀付文王,而进德作圣者,庶其在此,而武王则亲传之于文王也。故谓之"诞受羑若"。文、武得之于忧患艰难,故能视民如伤,轸恤西土,盖身常履之,推己以及人也。"唯新陟王,毕协赏罚,戡定厥功,用敷遗后人休"者,时成王未溢,故谓之"新陟王"。"赏罚"谓之"毕协"盖无不合于理,所以人心悦服,故能戡定天下,业垂后嗣也。成王缉熙光明之学,与夫礼乐教化,可举以告康王者固多,今独举赏罚之末以戒,似非责难之义。盖康王,自为太子,齿胄保傅之教,固已识其体矣。今而嗣服见于用者,方自此始赏罚学之见于用者也。尽己之性,然后能尽人之性,一毫未尽,则物不能遍察,而赏罚不能无差。成王赏罚之"毕协"是乃其学之"缉熙光明"者也。"张皇六师,无坏我高祖寡命",岂导康王以穷兵黩武哉?守成之主多溺于宴安而无立志,故告之以奋振自强,大戒戎备,无弛惰而隳坏祖宗艰难寡德之基命也。不知畏天,不知忧患,不习世故,不自振起,乃继世者之所共病,故召公必精言之。

7.《尚书说》卷七《周书·康王之诰》

(宋)黄度撰
(归善斋按,见"太保暨芮企咸进,相揖")

8.《絜斋家塾书钞》

(宋)袁燮撰
(归善斋按,无)

9.《书经集传》卷六《周书·康王之诰》

(宋)蔡沈撰
(归善斋按,见"太保暨芮企咸进,相揖")

10.《尚书精义》卷四十七《周书·康王之诰》

(宋)黄伦撰
(归善斋按,见"太保暨芮企咸进,相揖")

11.《尚书详解》卷四十三《周书·康王之诰》

(宋)陈经撰
(归善斋按,见"太保暨芮企咸进,相揖")

12.《融堂书解》卷十八《周书·康王之诰》

(宋)钱时撰
(归善斋按,见"太保暨芮企咸进,相揖")

13.《尚书要义》卷十八

(宋)魏了翁撰
(归善斋按,未引)

14.《书集传或问》卷下

（宋）陈大猷撰
（归善斋按，无此篇）

15.《尚书详解》卷十一《周书·康王之诰第二十五》

（宋）胡士行撰

曰（太保以下进戒），敢敬告天子，皇天改大邦殷之命。唯周文、武诞（大）受羑（纣囚文王羑里，忧患艰难莫甚焉）若（于此能顺，则天下之理无不顺矣），克恤（忧念）西土（以己体人，视民如伤）。唯新陟（升遐）王（成王时未谥），毕（尽）协（合于理）赏罚，戡（能）定厥功（文、武功），用敷（布）遗（与）后人休（美）。今王敬之哉。张皇（大）六师，无坏我高祖寡（少得）命（之命）。

此太保以下，进戒之辞也。

16.《书纂言》卷四下《周书·顾命》

（元）吴澄撰

曰，敢敬告天子，皇天改大邦殷之命。唯周文、武诞受羑若，克恤西土。唯新陟王，毕协赏罚，戡定厥功，用敷遗后人休。今王敬之哉。张皇六师，无坏我高祖寡命。

"曰"者，太保言也。太保，为外诸侯之伯，内群臣之长，故率诸侯、群臣进戒于王也。"羑若"未详。或曰若，顺也。羑里之囚，逆境也。而文王以顺处之，因此遂受天命；或曰文王自出羑里之囚，而天命始顺；或曰"羑"，善也，天所善，天所若，谓眷佑之也；或曰"羑若"，即下文"厥若"，或字有讹。澄按，四说俱未安。西土，文武所兴之地，言文、武所以诞受天命，以其能恤西土之民也。陟，升遐也。成王未谥，故称"新陟王"。毕，尽；协，合，赏当功，罚当罪，尽合其宜，克胜其任，安定文武之功，用能延及于今，后人有此休美。今王嗣位，其敬之哉。张，犹"张弓"之"张"，言无弛也。皇，大也。六师，六军也。天子六军。高祖，谓文、武。寡命，言周之受命，世所寡有。今王当不忘戒备，无或弛怠，而堕坏我文、武不易得之天命也。

17.《书集传纂疏》卷六《朱子订定蔡氏集传·周书·康王之诰》

（元）陈栎撰

（归善斋按，见"太保暨芮伯咸进，相揖"）

18.《读书丛说》卷六《康王之诰》

（元）许谦撰

（归善斋按，未解）

19.《书传辑录纂注》卷六《周书·康王之诰》

（元）董鼎撰

（归善斋按，见"太保暨芮伯咸进，相揖"）

20.《尚书句解》卷十一《周书·康王之诰第二十五》

（元）朱祖义撰

曰（拜兴致辞于王），敢敬告天子（致恭戒告），皇天改大邦殷之命（纣不道，天改大国殷命而归周）。

21.《尚书日记》卷十五《周书·康王之诰》

（明）王樵撰

（归善斋按，见"太保暨芮伯咸进，相揖"）

22.《日讲书经解义》卷十二《周书·康王之诰》

（清）库勒纳等撰

（归善斋按，见"太保暨芮伯咸进，相揖"）

唯周文、武诞受羑若，克恤西土

1.《尚书注疏》卷十八《周书》

（汉）孔氏传，（唐）陆德明音义，（唐）孔颖达疏

唯周文、武诞受羑若，克恤西土。

传，言文、武大受天道而顺之，能忧我西土之民，本其所起。

音义，羑，羊九反，马云道也。

疏，正义曰，唯周家文王、武王大受天道而顺之，能忧我西土之民，以此王有天下。

传，正义曰，羑，声近"猷"故训之为"道"。王肃云，羑，道也。文王所忧，非忧西土而已。特言能忧西土之民，本其初起于西土故也。

《尚书注疏》卷十八《考证》

"诞受羑若"传，言文、武大受天道而顺之。

金履祥曰，孔传解"羑"字作"天道"，苏氏解作"羑里"，俱非也。即今"诱"字，《说文》"羑"或作"诱"，则"羑若"，乃天诱其衷之意。

2.《书传》卷十七《周书·康王之诰第二十五》

（宋）苏轼撰

克恤西土，唯新陟王。

陟，升遐也。成王未有谥，故称"新陟王"。

（归善斋按，另见"曰，敢敬告天子"）

3.《尚书全解》卷三十七《周书·康王之诰》

（宋）林之奇撰

（归善斋按，见"康王既尸天子"）

4.《尚书讲义》卷十九

(宋)史浩撰
(归善斋按,见"王出,在应门之内")

5.《尚书详解》卷二十三《周书·康王之诰》

(宋)夏僎撰
(归善斋按,见"太保暨芮伯咸进,相揖")

6.《增修东莱书说》卷三十二《周书·康王之诰第二十五》

(宋)吕祖谦撰,(宋)石澜增修
(归善斋按,见"曰,敢敬告天子")

7.《尚书说》卷七《周书·康王之诰》

(宋)黄度撰
(归善斋按,见"太保暨芮伯咸进,相揖")

8.《絜斋家塾书钞》

(宋)袁燮撰
(归善斋按,无)

9.《书经集传》卷六《周书·康王之诰》

(宋)蔡沈撰
(归善斋按,见"太保暨芮伯咸进,相揖")

10.《尚书精义》卷四十七《周书·康王之诰》

(宋)黄伦撰
(归善斋按,见"太保暨芮伯咸进,相揖")

11. 《尚书详解》卷四十三《周书·康王之诰》

（宋）陈经撰

（归善斋按，见"太保暨芮伯咸进，相揖"）

12. 《融堂书解》卷十八《周书·康王之诰》

（宋）钱时撰

（归善斋按，见"太保暨芮伯咸进，相揖"）

13. 《尚书要义》卷十八

（宋）魏了翁撰

六六、文、武诞受羑若，言大受天道而顺之。

"唯文武诞受羑若，克恤西土"，言文、武大受天道而顺之，能忧我西土之民，本其所起。"唯新陟王，毕协赏罚，戡定厥功，用敷遗后人休"，唯周家新升王位，当尽天下赏罚，能定其功，用布遗后人之美言，施及子孙无穷。"今王敬之哉"，敬天道，务崇先人之美。

六七、羑，声近"猷"，故训"道"。

羑，声近猷，故训之为"道"。王肃云，羑，道也。文、武所忧，非忧西土而已，特言能忧西土之民，本其初起于西土故也。

14. 《书集传或问》卷下

（宋）陈大猷撰

（归善斋按，无此篇）

15. 《尚书详解》卷十一《周书·康王之诰第二十五》

（宋）胡士行撰

（归善斋按，见"曰，敢敬告天子"）

16. 《书纂言》卷四下《周书·顾命》

（元）吴澄撰

（归善斋按，见"曰，敢敬告天子"）

17. 《书集传纂疏》卷六《朱子订定蔡氏集传·周书·康王之诰》

（元）陈栎撰

(归善斋按，见"太保暨芮伯咸进，相揖")

18. 《读书丛说》卷六《康王之诰》

（元）许谦撰

羑。金先生曰，字书羑，进善也，即"诱"字。"羑若"，盖天诱其衷之意，言皇天以大邦之命，而改命周，亦以文、武大能承受其诱衷助顺之理，而忧勤西土之民尔。

19. 《书传辑录纂注》卷六《周书·康王之诰》

（元）董鼎撰

(归善斋按，见"太保暨芮伯咸进，相揖")

20. 《尚书句解》卷十一《周书·康王之诰第二十五》

（元）朱祖义撰

唯周文、武（文王、武王）诞受羑若（所以大受天命者，以文王出羑里之囚，天命始顺。羑，西），克恤西土（故能忧恤西土之民，兴邦自西伯始）。

21. 《尚书日记》卷十五《周书·康王之诰》

（明）王樵撰

(归善斋按，见"太保暨芮伯咸进，相揖")

22. 《日讲书经解义》卷十二《周书·康王之诰》

（清）库勒纳等撰

(归善斋按，见"太保暨芮伯咸进，相揖")

《书蔡氏传旁通》卷六下《周书·康王之诰》

(元) 陈师凯撰

羑里。

在相州,今彰德路也。

《书经衷论》卷四周书《康王之诰》

(清) 张英撰

"诞受羑若","羑"字作"羑里"解,终未安,且与上言文、武未合。"羑若",当是"厥若"之讹。若,顺也,谓大受天之顺命也。观下文"用奉恤厥若"可见。

唯新陟王,毕协赏罚,戡定厥功,用敷遗后人休

1.《尚书注疏》卷十八《周书》

(汉) 孔氏传,(唐) 陆德明音义,(唐) 孔颖达疏

唯新陟王,毕协赏罚,戡定厥功,用敷遗后人休。

传,唯周家新升王位,当尽和天下赏罚,能定其功,用布遗后人之美,言施及子孙无穷。

音义,戡,音堪。遗,唯季反,注及下同。施,以□反。

疏,正义曰,唯我周家新升王位,当尽和天下赏罚,戡定其为王之功,用布遗后人之美,将使施及子孙无有穷尽之期。

2.《书传》卷十七《周书·康王之诰第二十五》

(宋) 苏轼撰

毕协赏罚,戡定厥功,用敷遗后人休。今王敬之哉。张皇六师,无坏我高祖寡命。王若曰,庶邦侯、甸、男、卫,唯予一人钊报诰。昔君文、武丕,平富,不务咎。厎至齐信,用昭明于天下。

2645

《诗》歌文王之德曰"陈锡哉周",言其布大利以赐天下,则天下相率而戴周。及其亡也,以荣夷公"专利"。今康王所谓"丕平富"者,岂非陈锡布利也欤,所谓"不务咎"者,岂非不"专利",以消怨咎也欤。即位而首言此,其与成王,皆致刑措宜也。

3. 《尚书全解》卷三十七《周书·康王之诰》

(宋)林之奇撰

(归善斋按,见"康王既尸天子")

4. 《尚书讲义》卷十九

(宋)史浩撰

(归善斋按,见"王出,在应门之内")

5. 《尚书详解》卷二十三《周书·康王之诰》

(宋)夏僎撰

(归善斋按,见"太保暨芮伯咸进,相揖")

6. 《增修东莱书说》卷三十二《周书·康王之诰第二十五》

(宋)吕祖谦撰,(宋)石澜增修

(归善斋按,见"曰,敢敬告天子")

7. 《尚书说》卷七《周书·康王之诰》

(宋)黄度撰

(归善斋按,见"太保暨芮伯咸进,相揖")

8. 《絜斋家塾书钞》

(宋)袁燮撰

(归善斋按,无)

9.《书经集传》卷六《周书·康王之诰》

(宋)蔡沈撰

唯新陟王,毕协赏罚,戡定厥功,用敷遗后人休。今王敬之哉。张皇六师,无坏我高祖寡命。

陟,升遐也。成王初崩未葬未谥,故曰"新陟王"。毕,尽;协,合也。好恶在理,不在我,故能尽合其赏之所当赏,罚之所当罚,而克定其功,用施及后人之休美。今王嗣位,其敬勉之哉。皇,大也。"张皇六师",大戒戎备,无废坏我文、武艰难寡得之基命也。按,召公此言,若导王以尚威武者,然守成之世,多溺宴安而无立志,苟不诘尔戎兵,奋扬武烈,则废弛怠惰,而陵迟之渐见矣。成康之时,病正在是,故周公于《立政》亦恳恳言之。后世坠先王之业。忘祖父之雠。上下苟安。甚至于口不言兵。亦异于召公之见矣。可胜叹哉。

10.《尚书精义》卷四十七《周书·康王之诰》

(宋)黄伦撰
(归善斋按,见"太保暨芮伯咸进,相揖")

11.《尚书详解》卷四十三《周书·康王之诰》

(宋)陈经撰
(归善斋按,见"太保暨芮伯咸进,相揖")

12.《融堂书解》卷十八《周书·康王之诰》

(宋)钱时撰
(归善斋按,见"太保暨芮伯咸进,相揖")

13.《尚书要义》卷十八

(宋)魏了翁撰
(归善斋按,未引)

14. 《书集传或问》卷下

（宋）陈大猷撰
（归善斋按，无此篇）

15. 《尚书详解》卷十一《周书·康王之诰第二十五》

（宋）胡士行撰
（归善斋按，见"曰，敢敬告天子"）

16. 《书纂言》卷四下《周书·顾命》

（元）吴澄撰
（归善斋按，见"曰，敢敬告天子"）

17. 《书集传纂疏》卷六《朱子订定蔡氏集传·周书·康王之诰》

（元）陈栎撰

唯新陟王，毕协赏罚，戡定厥功，用敷遗后人休。今王敬之哉。张皇六师，无坏我高祖寡命。

陟，升遐也。成王初崩未葬未谥，故曰"新陟王"。毕，尽；协，合也。好恶在理，不在我，故能尽合其赏之所当赏，罚之所当罚，而克定其功，用施及后人之休美。今王嗣位，其敬勉之哉。皇，大也。"张皇六师"，大戒戎备，无废坏我文、武艰难寡得之基命也。按，召公此言，若导王以尚威武者，然守成之世，多溺宴安而无立志，苟不诘尔戎兵，奋扬武烈，则废弛怠惰，而陵迟之渐见矣。成康之时，病正在是，故周公于《立政》亦恳恳言之。后世坠先王之业。忘祖父之雠。上下苟安。甚至于口不言兵。亦异于召公之见矣。可胜叹哉。

纂疏：

问，称成王，独言"毕协赏罚"何也？曰，只为赏不当功，罚不当罪。故事差错。若"毕协赏罚"，非至公至明，何以能此。又问"张皇六师"。曰，古者兵藏于农，故六军皆寓于农。"张皇六师"，只是整理民众底意思。

张氏曰,继"新陟王"唯在于敬。敬,则历年;不敬,则坠命。此召公平生所学,昔以告成王,今又以告康王也。新王即位,元老当以道德进告,乃先以赏罚六师言,何也?曰周自祖宗以来,仁深泽厚,规模已定。唯商民,犹伺间隙,欲逞其祸。元老深谋远虑,不得已而及此是说,施于康王之时,则可不可泛言于新王之前也。一说,高祖,犹《说命》言"高后",谓文王也。

愚谓,周以仁厚立国,盈成之久,流弊易弛而弱,弊政虽甚于东迁之后,几微已兆于一再传之余,周、召、毕诸公已预见,先忧于未然之前矣。正如太公言,鲁后世浸弱矣是也。康王之子昭王。即有舟胶楚泽之陵夷,召公之言,岂过也哉。

18.《读书丛说》卷六《康王之诰》

(元) 许谦撰

(归善斋按,未解)

19.《书传辑录纂注》卷六《周书·康王之诰》

(元) 董鼎撰

唯新陟王,毕协赏罚,戡定厥功,用敷遗后人休。今王敬之哉。张皇六师,无坏我高祖寡命。

陟,升遐也。成王初崩未葬未谥,故曰"新陟王"。毕,尽;协,合也。好恶在理,不在我,故能尽合其赏之所当赏,罚之所当罚,而克定其功,用施及后人之休美。今王嗣位,其敬勉之哉。皇,大也。"张皇六师",大戒戎备,无废坏我文、武艰难寡得之基命也。按,召公此言,若导王以尚威武者,然守成之世,多溺宴安而无立志,苟不诘尔戎兵,奋扬武烈,则废弛怠惰,而陵迟之渐见矣。成康之时,病正在是,故周公于《立政》亦恳恳言之。后世坠先王之业。忘祖父之雠。上下苟安。甚至于口不言兵。亦异于召公之见矣。可胜叹哉。

辑录:
铢问,太保称成王,独言毕协赏罚,何也?曰。只为赏不当功,罚不当罪，故事差错。若"毕协赏罚"。非至公至明，何以能此。又问"张皇六师"。曰，古者兵藏于农，故六军皆寓于农。张皇六师，则是整理民众底意思。

纂注：

张氏曰，今王继新陟王，唯敬而已。敬，则历年；不敬，则早坠。此召公平生所学。昔以告成王，今又以告康王。然有疑焉，新王即位，老大臣当以道德进戒，乃先区区以赏罚、六师言，何也？曰，周自祖宗以来，仁深泽厚，规模已定。唯商民，犹伺闲隙，欲逞其祸。元老深谋远虑，不得已而及此是说也。施于康王之时，则可不可泛言之于新王之前也。

孔氏曰，高德之祖，寡有之命。

一说，高祖，犹《说命》"高后"此谓文王也。

新安陈氏曰，周以仁厚立国，太平之久，其流弊易至于弛而弱，弊政虽甚于东迁之后，几微已兆于一再传之余。周、召、毕诸公，已预见，先忧于未然之前矣。正如太公言，鲁后世浸弱矣是也。康王之子昭王，即有舟胶楚泽之陵夷。召公之言岂过也哉。

20.《尚书句解》卷十一《周书·康王之诰第二十五》

（元）朱祖义撰

唯新陟王（是"周虽旧邦，其命维新"，乃新升为天下主），毕协赏罚（尽和协赏罚，无不得其当），戡定厥功（故能胜天下之强，定天下之业。戡，康），用敷遗后人休（用此休美，敷布以遗子孙）。

21.《尚书日记》卷十五《周书·康王之诰》

（明）王樵撰

"唯新陟王"至"无坏我高祖寡命"。

正义曰，高祖，文王也。

问太保称成王，独言"毕协赏罚"何也？朱子曰，只为赏不当功，罚不当罪，故事差错。若"毕协赏罚"，非至公至明，何以能此。

按，汉高帝斩丁公，赦季布，而人服其义。及韩、彭以见忌而诛，而叛者屡起，几乎不克定其功。然则，先王以至诚大义，"毕协赏罚，戡定其功"岂不信哉。

文、武能受命，以有天下耳。定天下，致太平，以遗后人者，成王也。其所以戡定者，无他，唯"毕协赏罚"而已。盖刑赏，人君之大权，劝惩天下之大义。赏必当功，罚必当罪，则赏一人，罚一人，而天下以惩，以劝，此成王所以能"戡定其功"，而"用敷遗后人休"也。六军，天子之常制。张皇，则不弛其备，而有以待其用也。昔周公告成王以"克诘戎兵，陟禹之迹"，而成王能用其言，巡侯甸，四征弗庭，至于六服群辟，罔不承德。此正"毕协赏罚"之大者。故召公今致告，而复及此焉。"张皇六师"，亦本"毕协赏罚"之意而言。蔡仲默谓，守成之主多溺宴安，而无立志，甚至忘祖父之雠，以兵为讳，其意似为宋事而发。然当知召公本意有"毕协赏罚"之明，以为之本，而后"张皇六师"之事可得而举，不然亦安济哉。

22.《日讲书经解义》卷十二《周书·康王之诰》

（清）库勒纳等撰

（归善斋按，见"太保暨芮伯咸进，相揖"）

《书蔡氏传旁通》卷六下《周书·康王之诰》

（元）陈师凯撰

成王初崩未葬未谥，故曰新陟王。

新陟，后世谓之"大行"。

好恶在理，不在我。

程子所谓，喜怒在事，则理之当喜怒者也。又言，颜子之怒在物，不在己。若舜之诛四凶也，可怒在彼，己何与焉？如鉴之照物，妍媸在彼，随物应之而已。

《读书管见》卷下《康王之诰》

（元）王充耘撰

唯新陟王，毕协赏罚，戡定厥功，用敷遗后人休。

盖文、武能受天命，以有天下耳。定大下，致太平，以遗后人者，成王也。其所以戡定者，无他，唯"毕协赏罚"而已。盖刑赏乃人君之大权，使赏必当功而不僭，刑必当罪而不滥，则天下不劳而定矣。

《书经衷论》卷四周书《康王之诰》

（清）张英撰

守成之主，所以仰承前烈维持天下者，莫大于赏罚。故诵成王之功，曰"毕协赏罚，戡定厥功"，而君道之大端举矣。"毕协"者，尽当于理也。赏罚，期于当理耳，不必以己意与之也。

今王敬之哉

1. 《尚书注疏》卷十八《周书》

（汉）孔氏传，（唐）陆德明音义，（唐）孔颖达疏

今王敬之哉。

传，敬天道，务崇先人之美。

疏，正义曰，今王新即王位，其敬之哉。

2. 《书传》卷十七《周书·康王之诰第二十五》

（宋）苏轼撰

（归善斋按，见"毕协赏罚，戡定厥功，用敷遗后人休"）

3. 《尚书全解》卷三十七《周书·康王之诰》

（宋）林之奇撰

（归善斋按，见"康王既尸天子"）

4. 《尚书讲义》卷十九

（宋）史浩撰

（归善斋按，见"王出，在应门之内"）

5.《尚书详解》卷二十三《周书·康王之诰》

（宋）夏僎撰

（归善斋按，见"太保暨芮伯咸进，相揖"）

6.《增修东莱书说》卷三十二《周书·康王之诰第二十五》

（宋）吕祖谦撰，（宋）石澜增修

（归善斋按，见"曰，敢敬告天子"）

7.《尚书说》卷七《周书·康王之诰》

（宋）黄度撰

（归善斋按，见"太保暨芮伯咸进，相揖"）

8.《絜斋家塾书钞》

（宋）袁燮撰

（归善斋按，无）

9.《书经集传》卷六《周书·康王之诰》

（宋）蔡沈撰

（归善斋按，见"唯新陟王，毕协赏罚，戡定厥功"）

10.《尚书精义》卷四十七《周书·康王之诰》

（宋）黄伦撰

（归善斋按，见"太保暨芮伯咸进，相揖"）

11.《尚书详解》卷四十三《周书·康王之诰》

（宋）陈经撰

（归善斋按，见"太保暨芮伯咸进，相揖"）

12. 《融堂书解》卷十八《周书·康王之诰》

（宋）钱时撰

（归善斋按，见"太保暨芮伯咸进，相揖"）

13. 《尚书要义》卷十八

（宋）魏了翁撰

（归善斋按，未引）

14. 《书集传或问》卷下

（宋）陈大猷撰

（归善斋按，无此篇）

15. 《尚书详解》卷十一《周书·康王之诰第二十五》

（宋）胡士行撰

（归善斋按，见"曰，敢敬告天子"）

16. 《书纂言》卷四下《周书·顾命》

（元）吴澄撰

（归善斋按，见"曰，敢敬告天子"）

17. 《书集传纂疏》卷六《朱子订定蔡氏集传·周书·康王之诰》

（元）陈栎撰

（归善斋按，见"唯新陟王，毕协赏罚，戡定厥功"）

18. 《读书丛说》卷六《康王之诰》

（元）许谦撰

（归善斋按，未解）

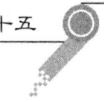

19. 《书传辑录纂注》卷六《周书·康王之诰》

（元）董鼎撰
（归善斋按，见"唯新陟王，毕协赏罚，戡定厥功"）

20. 《尚书句解》卷十一《周书·康王之诰第二十五》

（元）朱祖义撰
今王敬之哉（今康王当以诚敬为主）。

21. 《尚书日记》卷十五《周书·康王之诰》

（明）王樵撰
（归善斋按，见"唯新陟王，毕协赏罚，戡定厥功"）

22. 《日讲书经解义》卷十二《周书·康王之诰》

（清）库勒纳等撰
（归善斋按，见"太保暨芮伯咸进，相揖"）

张皇六师，无坏我高祖寡命

1. 《尚书注疏》卷十八《周书》

（汉）孔氏传，（唐）陆德明音义，（唐）孔颖达疏
张皇六师，无坏我高祖寡命。
传，言当张大六师之众，无坏我高德之祖寡有之教命。
音义，坏，音怪。
疏，正义曰，当张大我之六师，令国常强盛，无令倾坏我高祖寡有之命，戒王使继先王之业也。
传，正义曰，皇，训"大"也。国之大事在于强兵，故令张大六师之众。高德之祖，谓文王也。王肃云，美文王。少有及之，故曰"寡

有"也。

2.《书传》卷十七《周书·康王之诰第二十五》

（宋）苏轼撰

（归善斋按，见"毕协赏罚，戡定厥功，用敷遗后人休"）

3.《尚书全解》卷三十七《周书·康王之诰》

（宋）林之奇撰

（归善斋按，见"康王既尸天子"）

4.《尚书讲义》卷十九

（宋）史浩撰

（归善斋按，见"王出，在应门之内"）

5.《尚书详解》卷二十三《周书·康王之诰》

（宋）夏僎撰

（归善斋按，见"太保暨芮伯咸进，相揖"）

6.《增修东莱书说》卷三十二《周书·康王之诰第二十五》

（宋）吕祖谦撰，（宋）石澜增修

（归善斋按，见"曰，敢敬告天子"）

7.《尚书说》卷七《周书·康王之诰》

（宋）黄度撰

（归善斋按，见"太保暨芮伯咸进，相揖"）

8.《絜斋家塾书钞》

（宋）袁燮撰

（归善斋按，无）

9.《书经集传》卷六《周书·康王之诰》

(宋)蔡沈撰
(归善斋按,见"唯新陟王,毕协赏罚,戡定厥功")

10.《尚书精义》卷四十七《周书·康王之诰》

(宋)黄伦撰
(归善斋按,见"太保暨芮伯咸进,相揖")

11.《尚书详解》卷四十三《周书·康王之诰》

(宋)陈经撰
(归善斋按,见"太保暨芮伯咸进,相揖")

12.《融堂书解》卷十八《周书·康王之诰》

(宋)钱时撰
(归善斋按,见"太保暨芮伯咸进,相揖")

13.《尚书要义》卷十八

(宋)魏了翁撰
(归善斋按,未引)

14.《书集传或问》卷下

(宋)陈大猷撰
(归善斋按,无此篇)

15.《尚书详解》卷十一《周书·康王之诰第二十五》

(宋)胡士行撰
(归善斋按,见"曰,敢敬告天子")

16. 《书纂言》卷四下《周书·顾命》

（元）吴澄撰

（归善斋按，见"曰，敢敬告天子"）

17. 《书集传纂疏》卷六《朱子订定蔡氏集传·周书·康王之诰》

（元）陈栎撰

（归善斋按，见"唯新陟王，毕协赏罚，戡定厥功"）

18. 《读书丛说》卷六《康王之诰》

（元）许谦撰

（归善斋按，未解）

19. 《书传辑录纂注》卷六《周书·康王之诰》

（元）董鼎撰

（归善斋按，见"唯新陟王，毕协赏罚，戡定厥功"）

20. 《尚书句解》卷十一《周书·康王之诰第二十五》

（元）朱祖义撰

张皇六师（张大六师，俾国威振而天下服），无坏我高祖寡命（无隳我文武少有之天命。坏，怪）。

21. 《尚书日记》卷十五《周书·康王之诰》

（明）王樵撰

（归善斋按，见"唯新陟王，毕协赏罚，戡定厥功"）

22. 《日讲书经解义》卷十二《周书·康王之诰》

（清）库勒纳等撰

（归善斋按，见"太保暨芮伯咸进，相揖"）

《书蔡氏传旁通》卷六下《周书·康王之诰》

（元）陈师凯撰

后世坠先王之业，忘祖父之雠，上下苟安，甚至于口不言兵，亦异于召公之见矣。

蔡氏此言，盖有感而垂戒。周幽王为申侯犬戎所杀，晋文侯迎立平王于申，迁于东都，西周故宫，鞠为禾黍，而平王以申侯立己，为有德，而忘其弑父为当诛。及其锡命文侯，则曰"其归视尔师，宁尔邦"，"柔远能迩，惠康小民"，则其"口不言兵"可见矣。蔡氏固有感于此，其意又在于建炎、绍兴之事也。

《书经衷论》卷四周书《康王之诰》

（清）张英撰

成康之时，文武之德犹在，所浸衰者，武备耳。周、召皆见于几先，故于此已，鳃鳃然虑之。观周公之言曰"其克诘尔戎兵，以陟禹之迹，方行天下，至于海表"；召公之言曰"张皇六师，无坏我高祖寡命"。盖承平之久，惮于兵戎；守文之君，弛于武备，从古皆然。二公老成，谋国预戒于事前，非若后世之好兵喜事者流；亦非如后世之积玩久，而仓卒莫措者，比也。

王若曰，庶邦侯、甸、男、卫

1.《尚书注疏》卷十八《周书》

（汉）孔氏传，（唐）陆德明音义，（唐）孔颖达疏

王若曰，庶邦侯、甸、男、卫。

传，顺其戒而告之，不言群臣，以外见内。

音义，甸、男、卫，马本从此以下，为《康王之诰》。又云与《顾命》差异。叙欧阳、大小夏侯，同为《顾命》。

疏，正义曰，群臣诸侯既进戒王，王顺其戒，呼而告之曰，众邦在侯、甸、男、卫诸服内之国君。

传，正义曰，群臣戒王使勤。王又戒之使辅己，以外见内，欲令互相备也。周制六服，此唯四服，不言采要者，略举其事，犹《武成》云"甸、侯、卫骏奔走"亦略举之矣。

2.《书传》卷十七《周书·康王之诰第二十五》

（宋）苏轼撰

（归善斋按，见"毕协赏罚，戡定厥功，用敷遗后人休"）

3.《尚书全解》卷三十七《周书·康王之诰》

（宋）林之奇撰

（归善斋按，见"康王既尸天子"）

4.《尚书讲义》卷十九

（宋）史浩撰

（归善斋按，见"王出，在应门之内"）

5.《尚书详解》卷二十三《周书·康王之诰》

（宋）夏僎撰

王若曰，庶邦侯、甸、男、卫，唯予一人钊报诰。昔君文、武丕，平富，不务咎。底至齐信，用昭明于天下。则亦有熊罴之士，不二心之臣，保乂王家，用端命于上帝，皇天用训厥道，付畀四方。乃命建侯树屏，在我后之人。今予一二伯父，尚胥暨顾，绥尔先公之臣，服于先王。虽尔身在外，乃心罔不在王室。用奉恤厥若，无遗鞠子羞。

召公等既率诸侯进戒，王于是报诰之。凡经言"王若曰"者，非大臣以王意作诰，即史官不能尽存王言，乃以王意所言而录之，不无润色于其间也。然则此"王若曰"，岂非史官以康王之意而载其言乎？"庶邦侯、甸、男、卫"，呼其人而告之也。前"进戒"，则召公、芮伯并进，此报诰则不及二公，而独呼庶邦者，以二公顾命大臣，康王所师承，不敢斥以告之也。康王初即位，庶邦皆先朝列土之侯，故称"唯予一人钊"者，自谦而召示尊诸侯之意。报诰，盖彼以是戒我，故我以诰而报之也。"昔君文、武丕，平富，不务咎"者，康王之意盖，谓召公等进戒，皆言成王以赏罚定功，欲己以六师保命，康王则以为揆之以己意，若有所未安，故引文、武之事，以报告之。谓昔君文王、武王之于天下，皆大均，平其富，厚之泽，使之家给人足，不以咎罚治人为务。凡其庙堂之上，所以躬行者，唯底至治，信以此道，充实于己，故发而为辉光，则昭明于天下。言爱民之德，自足昭明着见于天下，使天下见德而不见刑，不待协赏罚，张六师也。王氏谓，"底至"，致其至也。大学之道物格而后知至。盖穷理之事，言极其穷理之妙也。张彦政推广其意，谓"底至"，致至也。致至，所以穷理。齐信，致一也，致一所以尽性。此又因王氏之说而强加牵合，未为切当。盖齐者，圣人"肃敬"之德也；信者，圣人"诚悫"之德也。文、武于"齐信"之德，能致其所至，盖极其至也。康王既言文武务德，不务刑之事，以见己当唯德之尚。盖文武之时，唯其务德，不务刑，故一时之臣，则有熊罴之士，以奋其忠力，以捍卫于外；有不二心之臣，以效其忠直，以弥缝于内。内外同心，以保安义，治王家。故国祚至今，绵延巩固，又有以见得人，则六师不必张也。文武唯能如此，所以能端命于上天。端命之说，诸家不同。孔氏谓受上天端直之命，加一"受"字，此说不可用也。少颖谓"端"为"当"亦未安。张无垢为用此端直以命于帝，亦自牵强。不若谓文、武唯用上文之事，以肇端大命于上天，其说为简易，不费辞。文、武既用此道，以肇端大命于上天，故上天用顺其道，而付与以天下四方，使之为君也。文、武既为天下君，又不止为一时计，于是众建诸侯，以正其屏翰之助，以蕃卫在我后嗣子孙。康王于此，盖报诰诸侯，欲其推诚匡卫王室，故言文、武所以建侯者，实为我子孙设也。然则，为诸侯者，当如何哉？唯当相与顾念，安行尔祖先公所以臣服于我先王之事，而辅我一人足矣。胥，相也。暨，与也。顾，念也。盖欲相与顾念，以安行乃祖之事。故言"胥暨顾"也。同姓，谓之伯父叔父；异姓，谓之伯舅、叔舅。康王独言伯父者，举尊者告，则卑者在其中也。"虽尔身在外，乃心罔不在王室"者，盖康王谓，尔诸侯莫以身远王室，不念人君，言身虽在外，而心则当念念不忘王家也。无垢谓，人臣无己，以人主为己；人臣无心，以人主为心。以人主为己，故身在外，而不以在外自弃；以人主为心，故心在王室，而不以王室为远。此说甚当。"用奉恤厥若，无遗鞠子羞"，此又康王责之之切也。谓尔侯，当用我此言，奉忧其所顺，谓当忧其所当行之事，以辅我一人，使我一人赖之，不可违背其训，而反与我以羞辱之事也。顺此言，则为我之荣也；反此言则为我之辱也。

6.《增修东莱书说》卷三十二《周书·康王之诰第二十五》

（宋）吕祖谦撰，（宋）石澜增修

王若曰，庶邦侯、甸、男、卫，唯予一人钊报诰。昔君文、武丕，平富，不务咎。底至齐信，用昭明于天下。则亦有熊罴之士，不二心之臣，保乂王家。用端命于上帝，皇天用训厥道，付畀四方。乃命建侯树屏，在我后之人。今予一二伯父，尚胥暨顾，绥尔先公之臣，服于先王。虽尔身在外，乃心罔不在王室。用奉恤厥若，无遗鞠子羞。

康王之论文、武，非深达君德，而明仁体者，不足以与此。"丕平富"者，覆载溥博，均平富，养至仁，无外之体也。苟志于仁矣，无恶也。况文、武之仁，溥博如天，何由复务咎虐乎？"不务咎"，若不待言，所以必言之者，盖形容文、武天地发生之心，粹然专以爱育长养为事，犹《孟子》不嗜杀人之论也。是心也，有毫发之未尽，则不得谓之底止其至；有毫发之未实，则不得谓之齐壹于信。曰"底至齐信"者，又所以形容是心之尽而实也。笃实，则辉光用昭明于天下，表里之符也。"则亦有熊罴之士，不二心之臣，保乂王家"者，非一人也。使在庭之臣，犹有未竭其忠力者，固为吾心之未孚。若曰圣而无待于助，则狭隘私吝，愈非是心之体矣，莫非命也。顺受其正，则谓之"端命"。文、武君臣尽道以正理，而受正命于上帝，端直相当，无少回曲也。"皇天用训厥道，付畀四方"，训，顺也，顺其道而付畀四方，天非有加损于其间也。"乃命建侯树屏，在我后之人"者，言文武既得天下，均天施而分天职，与天下共守之，乃所以顾存后之人。彼罢侯置守，以私其子孙，盖不知天者也。胥，相也。暨，与也。言一二诸侯，当相与顾先王建侯树屏之意，绥抚尔

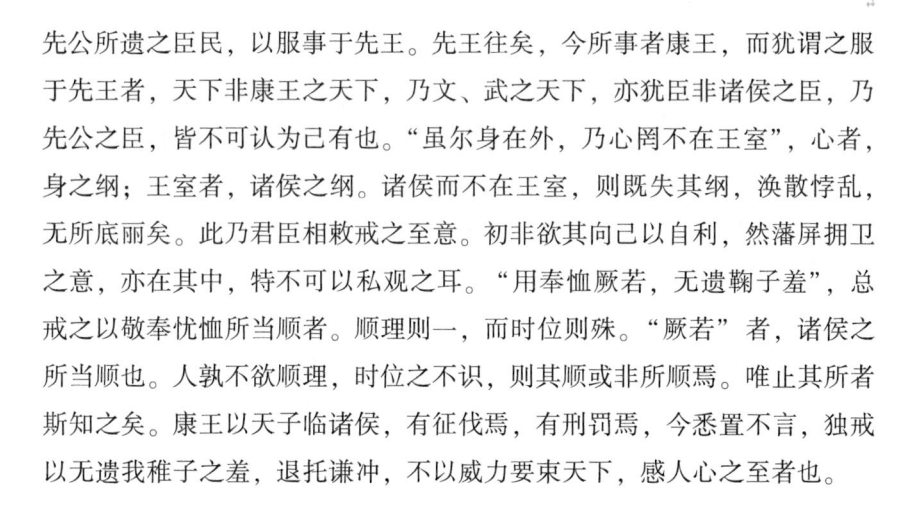

先公所遗之臣民，以服事于先王。先王往矣，今所事者康王，而犹谓之服于先王者，天下非康王之天下，乃文、武之天下，亦犹臣非诸侯之臣，乃先公之臣，皆不可认为己有也。"虽尔身在外，乃心罔不在王室"，心者，身之纲；王室者，诸侯之纲。诸侯而不在王室，则既失其纲，涣散悖乱，无所底丽矣。此乃君臣相敕戒之至意。初非欲其向己以自利，然藩屏拥卫之意，亦在其中，特不可以私观之耳。"用奉恤厥若，无遗鞠子羞"，总戒之以敬奉忧恤所当顺者。顺理则一，而时位则殊。"厥若"者，诸侯之所当顺也。人孰不欲顺理，时位之不识，则其顺或非所顺焉。唯止其所者斯知之矣。康王以天子临诸侯，有征伐焉，有刑罚焉，今悉置不言，独戒以无遗我稚子之羞，退托谦冲，不以威力要束天下，感人心之至者也。

7.《尚书说》卷七《周书·康王之诰》

（宋）黄度撰

王若曰，庶邦侯、甸、男、卫，唯予一人钊报诰。昔君文、武丕，平富，不务咎。底至齐信，用昭明于天下。则亦有熊罴之士，不二心之臣，保乂王家。用端命于上帝，皇天用训厥道，付畀四方。乃命建侯树屏，在我后之人。今予一二伯父，尚胥暨顾，绥尔先公之臣，服于先王。虽尔身在外，乃心罔不在王室。用奉恤厥若，无遗鞠子羞。

王顺群卿之戒，以告诸侯。其称名，新嗣，谦也。至公不偏，平也。积盛丰美，富也。咎恶不务，隐恶扬善也。"底致齐信，用昭明于天下"，光明溥照也。文、武之德如是，而犹有忠力之臣，保乂王家，故能正天命。商周之际，天命为危疑矣，非文、武，奚能正之。天用是训迪，以道付畀四方。命之建侯国，树藩屏，其垂创，固为我后之人，是必诸侯相与顾念，绥安尔先公之臣服于我先王者，而顺承之。胥，相；暨，及也。中外一体，其孰不为王事者。乃心王室，则必能奉忧其所当顺者，不遗天子羞矣。鞠子，稚子。或曰，鞠，穷也，亦在丧困苦之称也。成王命召公、毕公率诸侯相康王，则以天下安危之势，在诸侯也。公卿进戒，乃以为特在"毕协赏罚"，"张皇六师"，是固为有司之职。康王以为德意，未加而威慴（怵）之，教训不施。而势压之，岂先王所以待诸侯哉？《沔水》曰"邦人诸友，莫敢念乱，谁无父母"，诚使诸侯不能奉顺其上，或至于不免用兵行师，上之无以推广文、武"平富，不务咎"之德；下之无以"绥保先公"臣服先王之功业，是皆为吾凉薄致此，遗吾羞矣。盛哉忠厚长者之言，能为人君矣。成王、召公始变传位之礼，而成王付托之命如彼，康王报诰之辞如此，足为父子之懿，克绍文、武述作，盖光周德矣。贾谊言三王教世子有道，信乎其有道也。晋武帝谓卫瓘曰"太子胜前"；唐太宗曰"青雀投我怀"，口虽不尽言，心固忧惧矣。

8.《絜斋家塾书钞》

（宋）袁燮撰

（归善斋按，无）

9.《书经集传》卷六《周书·康王之诰》

（宋）蔡沈撰

王若曰，庶邦侯、甸、男、卫，唯予一人钊报诰。

报诰而不及群臣者，以外见内。康王在丧，故称名。《春秋》嗣王在丧，亦书名也。

10.《尚书精义》卷四十七《周书·康王之诰》

（宋）黄伦撰

王若曰，庶邦侯、甸、男、卫，唯予一人钊报诰。昔君文、武丕，平富，不务咎。厎至齐信，用昭明于天下。则亦有熊罴之士，不二心之臣，保乂王家。用端命于上帝，皇天用训厥道，付畀四方。乃命建侯树屏，在我后之人。

无垢曰，进戒不及于诸侯，而止言召公、芮伯；报告不及于召公，而止言侯、甸、男、卫。颖达以为互相见，此足以见为史者之尚简严也。

又曰，召公等言成王以罚赏定功，欲康王以六师保命。而康王报告乃曰，文、武时天下太平且富，不以咎罚人为务。平，谓君子、小人，各当其分。富，谓耕桑衣食，各足其愿。夫君子在位，小人在野，天下之民谷足乎腹，衣足乎体，而君上无淫刑滥罚，以扰动天下。想见文、武之世天下和乐矣。且召公等方以赏罚、六师为言，而康王以平富、不用刑为对，其见识超迈，存养渊深，表里相符，内外相协，真刑措之主欤。

又曰，盖天下之理穷，则天下之机来，无不知之矣。《记》曰"齐之为言齐也，齐不齐以致其齐也"。是齐，谓心不外驰。《孟子曰》"有诸己之谓信"，是信谓德充乎己。文、武之时，天下平富，刑罚不用，果何以致哉？以文、武"底至"，足以待天下之变；"齐信"，足以感天下之心。用此，故能至天下平富，刑罚不用。而盛德大功，昭明于天下也。

又曰，熊罴之士奋其勇力，不二心之臣效其忠赤，岂以杀人为事哉，保乂文武之德化而已。唯上下各以德为主，所以用此直心命于上帝，而日月星辰各顺其道，天不敢吝神器，付与文武四方之民，使之安养也。康王之见何其远乎？

又曰，皇天既付畀四方，文武自谓不能独治，乃命建诸侯，树藩屏，以保卫后之子孙焉。所建所树，皆当时贤者，故今诸侯子孙，得继先公之业，而为一国之君，以为藩屏焉。其可不尽心，以保乂我国家乎。

林氏曰，夫恃一己之聪明以致治，则视听不及资众贤之智略以致治，则邦家自定。先王之临莅天下，后王之嗣守大业，岂外是哉。有天下者，莫强于得人，莫不善于自任。既得其人，与之共治，则天下其有不安，国家其有不乂乎？昔宣王之时，任贤使能，如申伯，如仲山甫，如韩侯，或为相，或为将，或为诸侯；如方叔，如吉甫，如召虎，或征蛮荆，或伐猃狁，或平淮夷。想其当时将相之臣，与百执事，莫非忠正之臣，则号为中兴，其所以赖者，此也。及观周公之《立政》，观其告戒之际，亦无非以用人为先。

11.《尚书详解》卷四十三《周书·康王之诰》

（宋）陈经撰

王若曰，庶邦侯、甸、男、卫，唯予一人钊报诰。昔君文、武丕，平富，不务咎。底至齐信，用昭明于天下。则亦有熊罴之士，不二心之臣，保乂王家。用端命于上帝，皇天用训厥道，付畀四方。乃命建侯树屏，在我后之人。今予一二伯父，尚胥暨顾，绥尔先公之臣，服于先王。虽尔身在外，乃心罔不在王室。用奉恤厥若，无遗鞠子羞。

群臣既进戒康王，故康王报之以诰曰"庶邦侯、甸、男、卫"，不言群臣者，言外以见内也。天子自称曰予一人，"唯予一人钊报诰"，昔君文、武大平天下，使人莫不得其均；大富天下，使人无有不足。文、武之为君，唯务平富，不务害人，其德如此，故所至之地，凡日月所照，霜露所坠，天运所及，皆齐信齐一，其心以信上之德。文武之德，所以昭明于天下，四方万里，无不昭灼。文武之德，既达于天下，又有其臣以宣布心力于天下。熊罴之士，有力也；不二心之臣，言一心也。文、武所得有心力之臣保安义治王家，所以能受天之正命。皇天训之以道，所谓"式教用休"也。付畀之以四方之众，文武之心犹以为未足也，又建置侯国，树立藩屏，以辅赞我后之人。康王之意谓，文、武之德，尚赖人臣之助，况当时"建侯树屏"，亦欲得人，以遗其子孙。今我其赖尔诸侯群臣，协心以事上，亦犹熊罴之士，不二心之臣，所以为文武也。"今予一二伯父"，天子称同姓诸侯曰"伯父"，举同姓之大者言之，则异姓可知矣。尔先公之臣，即诸侯祖父也。尔诸侯之祖父也，所以臣服我先王之法度如何，汝当循守之，以安尔先公之臣。盖尔能循尔先公之臣所以服我先王之法，则尔祖父，亦得其安。"虽尔身在外，乃心罔不在王室"，身有彼此远近之异，心无彼此远近之异。身虽居外土，而心之所向当常在王家，用奉忧其臣道之所当顺者，敬尔侯度，心在王室，孰非臣道之所顺，则臣道尽矣。不可遗我稚子之羞辱，汝诸侯不能尽臣职，岂不为我之羞乎？此见君臣同体也。古者天子之于诸侯，其言辞责望慰抚之意思，下达如此，汝诸侯安得不以一心奉上哉。

12.《融堂书解》卷十八《周书·康王之诰》

（宋）钱时撰

王若曰，庶邦侯、甸、男、卫，唯予一人钊报诰。昔君文、武丕，平富，不务咎。底至齐信，用昭明于天下。则亦有熊罴之士，不二心之臣，保义王家。用端命于上帝，皇天用训厥道，付畀四方。乃命建侯树屏，在我后之人。今予一二伯父，尚胥暨顾，绥尔先公之臣，服于先王。虽尔身在外，乃心罔不在王室。用奉恤厥若，无遗鞠子羞。群公既皆听命，相揖趋出。王释冕，反丧服。

太保、芮伯止陈戡定之功，而欲其张皇六师耳。康王更不他及，即呼庶邦侯、甸、男、卫以报诰之。且推言文、武建侯树屏之由，以感动之。呜呼！非康王志虑通达，识见洞明察于事，机熟于世故，何以及此。与二公之告，若不相合，而实相承。君臣之间，默相应和，无非为警耸诸侯而设。唯孔子知之，所以略无文辞，而特书曰"遂诰诸侯"也。此云"庶邦侯、甸、男、卫"，可见成王之崩，适当六年五服一朝之时甚明。报诰因二公之言，而遂诰诸侯以答之也。曰"予一人"，而又自名者，即位之初未敢纯以君道自居也。端者，端本也。端本，犹言基命也。有周之命，于焉肇端。天子之称诸侯，于同姓则曰伯父、叔父；于异姓则曰伯舅、叔舅。此独言伯父者，举其尊者而告之也。

13.《尚书要义》卷十八

（宋）魏了翁撰

六八、康王报语群臣，以文武君圣臣良，故得天。

正义曰，群臣诸侯既进戒王，王顺其戒呼而告之曰，众邦在侯、甸、男、卫诸服内之国君，唯我一人钊报诰卿士、群公。昔先君文王、武王其道甚大，政化平美，专以美道教化，不务咎恶于人，致行至美中正诚信之道，用是显明于天下，言圣道博洽也。文武既圣，时臣亦贤，则亦有如熊如罴之勇士，不二心之忠臣，共安治王家。以君圣臣良之故，用能受端直之命于上天。大天用顺其道，付与四方之道，使文武受命诸国，王有天下。

14.《书集传或问》卷下

（宋）陈大猷撰

（归善斋按，无此篇）

15.《尚书详解》卷十一《周书·康王之诰第二十五》

（宋）胡士行撰

王若曰，庶邦侯、甸、男、卫，唯予一人钊（初立，谦称名）报（答）诰。昔君文、武丕（大），平（均）富（养至仁，无外也），不务咎（罪罚，志仁矣，无恶也）。底（止）至（毫发未至，则不能止其极）

齐（一）信（毫发未实则不能一于信），用昭明（笃实则辉光，表里之称也）于天下。则亦有熊罴（忠勇）之士，不二心（忠直）之臣，保乂王家（君臣尽道）。用（以）端（正理）命（受命）于上帝，皇天用训（式教）厥道，付（托）畀（予）四方。乃命建侯树（立）屏（藩），在我后之人。

文、武达君德，明仁体，长人而不嗜杀人者也。笃实辉光，而又有忠臣保之。天命之受一出于正，无少回曲。既得天下，均天施，分天职，封建以遗后人，异乎罢侯置守，以私其子孙者矣。

16.《书纂言》卷四下《周书·顾命》

（元）吴澄撰

王若曰，庶邦侯、甸、男、卫，唯予一人钊报诰。

礼，天子自称予一人，不称名。王在丧，故称名。《春秋》嗣王未逾年亦书名也。报诰，报其进戒之辞而告之也。报诰不及群臣者，以外见内。

17.《书集传纂疏》卷六《朱子订定蔡氏集传·周书·康王之诰》

（元）陈栎撰

王若曰，庶邦侯、甸、男、卫，唯予一人钊报诰。

报诰而不及群臣者，以外见内。康王在丧，故称名。《春秋》嗣王在丧，亦书名也。

18.《读书丛说》卷六《康王之诰》

（元）许谦撰

（归善斋按，未解）

19.《书传辑录纂注》卷六《周书·康王之诰》

（元）董鼎撰

王若曰，庶邦侯、甸、男、卫，唯予一人钊报诰。

报诰而不及群臣者,以外见内。康王在丧,故称名。《春秋》嗣王在丧,亦书名也。

纂注:

林氏曰,报诰者,诸侯戒我,故我以诰报之报答也。

20.《尚书句解》卷十一《周书·康王之诰第二十五》

(元)朱祖义撰

王若曰(康王之意若曰),庶邦侯、甸、男、卫(呼庶国诸侯而言之也)。

21.《尚书日记》卷十五《周书·康王之诰》

(明)王樵撰

王若曰,庶邦侯、甸、男、卫,唯予一人钊报诰。

庶邦侯、甸、男、卫,六服不言采,要略举之;不言群臣,以外见内。礼,天子自称"予一人",康王在丧,故称名。

22.《日讲书经解义》卷十二《周书·康王之诰》

(清)库勒纳等撰

王若曰,庶邦侯、甸、男、卫,唯予一人钊报诰。昔君文、武丕,平富,不务咎。底至齐信,用昭明于天下。则亦有熊罴之士,不二心之臣,保乂王家。用端命于上帝,皇天用训厥道,付畀四方。

此二节书,皆康王答群臣之词。第一节是言发命之由;第二节是举文武得天下之由,以见求助群臣诸侯之意也。丕,大也。平,谓均平;富,是富足。务者,专用力于此之意。咎,咎恶也。底至,谓极其至;齐信,兼尽其诚也。康王若曰,尔众邦侯、甸、男、卫之诸侯,皆有所陈戒于我。我固心志之矣。唯我一人钊,将亦有诰词以报之焉。尚其敬听之哉。昔我周文王、武王之为君也有溥博均平之德,轻徭役,薄赋敛,使天下家给人足,莫不富厚有余,以丰民之财。文、武务德之广如此,人或有罪不得已而用刑,则轻省而不务深刻,谨慎而不致错误,宁失出,毋失入,不专意求人之罪恶,而务置之于法。文、武用罚之谨,又如此。其务德不务罚之心，见之于外，则推行而底其至，而无一毫之疏略；存之于内，则兼尽而极其诚，而无一毫之虚伪。由是，内外充实，德辉发越，昭然显明于天下。文、武具此圣德，似无更藉于群臣之辅者，然在当时，则又有如熊如罴之武士，与忠实不二心之贤臣，相与同心协力，保护经理我周之邦国。唯其君仁于民，臣忠于君，各尽其道如此，故文、武用能受正大之命于上天。上天亦因此大顺文武之道，谓其可以君临天下，而遂付之以四方之大也。文武以大圣之德，尚赖贤臣之力，而况我今日，其有望于诸臣之尽心匡弼也，不尤亟乎。

《尚书考异》卷五《康王之诰小序》

（明）梅鷟撰

王若曰。

马、郑、王本，从此以下为《康王之诰》。又云与《顾命》差异叙。欧阳、大小夏侯，同为《顾命》。

唯予一人钊报诰

1. 《尚书注疏》卷十八《周书》

（汉）孔氏传，（唐）陆德明音义，（唐）孔颖达疏

唯予一人钊报诰。

传，报其戒。

疏，正义曰，唯我一人钊报诰卿士、群公。

2. 《书传》卷十七《周书·康王之诰第二十五》

（宋）苏轼撰

（归善斋按，见"毕协赏罚，戡定厥功，用敷遗后人休"）

3.《尚书全解》卷三十七《周书·康王之诰》

（宋）林之奇撰
（归善斋按，见"康王既尸天子"）

4.《尚书讲义》卷十九

（宋）史浩撰
（归善斋按，见"王出，在应门之内"）

5.《尚书详解》卷二十三《周书·康王之诰》

（宋）夏僎撰
（归善斋按，见"王若曰，庶邦侯、甸、男、卫"）

6.《增修东莱书说》卷三十二《周书·康王之诰第二十五》

（宋）吕祖谦撰，（宋）石𤄚增修
（归善斋按，见"王若曰，庶邦侯、甸、男、卫"）

7.《尚书说》卷七《周书·康王之诰》

（宋）黄度撰
（归善斋按，见"王若曰，庶邦侯、甸、男、卫"）

8.《絜斋家塾书钞》

（宋）袁燮撰
（归善斋按，无）

9.《书经集传》卷六《周书·康王之诰》

（宋）蔡沈撰
（归善斋按，见"王若曰，庶邦侯、甸、男、卫"）

10. 《尚书精义》卷四十七《周书·康王之诰》

（宋）黄伦撰

（归善斋按，见"王若曰，庶邦侯、甸、男、卫"）

11. 《尚书详解》卷四十三《周书·康王之诰》

（宋）陈经撰

（归善斋按，见"王若曰，庶邦侯、甸、男、卫"）

12. 《融堂书解》卷十八《周书·康王之诰》

（宋）钱时撰

（归善斋按，见"王若曰，庶邦侯、甸、男、卫"）

13. 《尚书要义》卷十八

（宋）魏了翁撰

（归善斋按，见"王若曰，庶邦侯、甸、男、卫"）

14. 《书集传或问》卷下

（宋）陈大猷撰

（归善斋按，无此篇）

15. 《尚书详解》卷十一《周书·康王之诰第二十五》

（宋）胡士行撰

（归善斋按，见"王若曰，庶邦侯、甸、男、卫"）

16. 《书纂言》卷四下《周书·顾命》

（元）吴澄撰

（归善斋按，见"王若曰，庶邦侯、甸、男、卫"）

17. 《书集传纂疏》卷六《朱子订定蔡氏集传·周书·康王之诰》

（元）陈栎撰

（归善斋按，见"王若曰，庶邦侯、甸、男、卫"）

18. 《读书丛说》卷六《康王之诰》

（元）许谦撰

（归善斋按，未解）

19. 《书传辑录纂注》卷六《周书·康王之诰》

（元）董鼎撰

（归善斋按，见"王若曰，庶邦侯、甸、男、卫"）

20. 《尚书句解》卷十一《周书·康王之诰第二十五》

（元）朱祖义撰

唯予一人钊报诰（群臣既进戒于我，唯我一人钊，亦报诰群臣）。

21. 《尚书日记》卷十五《周书·康王之诰》

（明）王樵撰

（归善斋按，见"王若曰，庶邦侯、甸、男、卫"）

22. 《日讲书经解义》卷十二《周书·康王之诰》

（清）库勒纳等撰

（归善斋按，见"王若曰，庶邦侯、甸、男、卫"）

《书蔡氏传旁通》卷六下《周书·康王之诰》

（元）陈师凯撰

春秋嗣王在丧亦书名。

昭公二十二年夏四月，景王崩，王子猛在丧。《春秋》书曰"刘子单子以王猛居于皇，秋刘子单子以王猛入王城，冬十月王子猛卒"。《曲礼》云，天子未除丧，曰予小子，生名之，死亦名之。

昔君文、武丕，平富，不务咎

1.《尚书注疏》卷十八《周书》

（汉）孔氏传，（唐）陆德明音义，（唐）孔颖达疏

昔君文、武丕，平富，不务咎。

传，言先君文、武道大，政化平美，不务咎恶。

疏，正义曰，昔先君文王、武王，其道甚大，政化平美，专以美道教化，不务咎恶于人。

传，正义曰，孔以富为美，故云政化平美。不务咎恶，于人言，哀矜下民，不用刑罚之。王肃云，文、武道大，天下以平万民以富是也。

2.《书传》卷十七《周书·康王之诰第二十五》

（宋）苏轼撰

（归善斋按，见"毕协赏罚，戡定厥功，用敷遗后人休"）

3.《尚书全解》卷三十七《周书·康王之诰》

（宋）林之奇撰

（归善斋按，见"康王既尸天子"）

4.《尚书讲义》卷十九

（宋）史浩撰

（归善斋按，见"王出，在应门之内"）

5.《尚书详解》卷二十三《周书·康王之诰》

（宋）夏僎撰

（归善斋按，见"王若曰，庶邦侯、甸、男、卫"）

6.《增修东莱书说》卷三十二《周书·康王之诰第二十五》

（宋）吕祖谦撰，（宋）石澜增修

（归善斋按，见"王若曰，庶邦侯、甸、男、卫"）

7.《尚书说》卷七《周书·康王之诰》

（宋）黄度撰

（归善斋按，见"王若曰，庶邦侯、甸、男、卫"）

8.《絜斋家塾书钞》

（宋）袁燮撰

（归善斋按，无）

9.《书经集传》卷六《周书·康王之诰》

（宋）蔡沈撰

昔君文、武丕，平富，不务咎。底至齐信，用昭明于天下。则亦有熊罴之士，不二心之臣，保乂王家。用端命于上帝，皇天用训厥道，付畀四方。

"丕平富"者，溥博均平，薄敛富民，言文武德之广也。"不务咎"者，不务咎恶，轻省刑罚，言文武罚之谨也。"底至"者，推行而底其至也。"齐信"者，兼尽而极其诚也。文、武务德，不务罚之心，推行而底其至，兼尽而极其诚，内外充实，故光辉发越用，昭明于天下。盖诚之至者，不可掩也。而又有熊罴武勇之士，不二心忠实之臣，戮力同心，保乂王室。文武用受正命于天，上天用顺文武之道，而付之以天下之大也。康王言此者，求助群臣、诸侯之意。

10. 《尚书精义》卷四十七《周书·康王之诰》

（宋）黄伦撰

（归善斋按，见"王若曰，庶邦侯、甸、男、卫"）

11. 《尚书详解》卷四十三《周书·康王之诰》

（宋）陈经撰

（归善斋按，见"王若曰，庶邦侯、甸、男、卫"）

12. 《融堂书解》卷十八《周书·康王之诰》

（宋）钱时撰

（归善斋按，见"王若曰，庶邦侯、甸、男、卫"）

13. 《尚书要义》卷十八

（宋）魏了翁撰

（归善斋按，见"王若曰，庶邦侯、甸、男、卫"）

14. 《书集传或问》卷下

（宋）陈大猷撰

（归善斋按，无此篇）

15. 《尚书详解》卷十一《周书·康王之诰第二十五》

（宋）胡士行撰

（归善斋按，见"王若曰，庶邦侯、甸、男、卫"）

16. 《书纂言》卷四下《周书·顾命》

（元）吴澄撰

昔君文、武丕，平富，不务咎。底至齐信，用昭明于天下。则亦有熊罴之士，不二心之臣，保乂王家。用端命于上帝，皇天用训厥道，付畀四方。乃命建侯树屏，在我后之人。

"丕平富",谓无一人不富也。"平"者,各得其分愿;"富"者,家给人足也。"不务咎",不以咎人之咎为务,慎刑罚也。"底至",致于极也。"齐信",谓皆信也。文、武之心,致之至极,而民丕齐其信,用能显著于天下。文武既圣,则亦有勇勐如熊罴之士,忠一不二心之臣,共保乂王家,用能受正命于上帝。君仁于民,臣忠于君,两尽其道。天用顺之,而付畀以四方,谓得天下也。既得天下之后,乃封建诸侯,树立以藩屏,在我后之人,言先王之有臣,以保乂王家,所以励群臣也,言先王之建侯,以藩屏后人所以励诸侯也。

17.《书集传纂疏》卷六《朱子订定蔡氏集传·周书·康王之诰》

(元)陈栎撰

昔君文、武丕,平富,不务咎。底至齐信,用昭明于天下。则亦有熊罴之士,不二心之臣,保乂王家。用端命于上帝,皇天用训厥道,付畀四方。

"丕平富"者,溥博均平,薄敛富民,言文武德之广也。"不务咎"者,不务咎恶,轻省刑罚,言文武罚之谨也。"底至"者,推行而底其至也。"齐信"者,兼尽而极其诚也。文、武务德,不务罚之心,推行而底其至,兼尽而极其诚,内外充实,故光辉发越用,昭明于天下。盖诚之至者,不可掩也。而又有熊罴武勇之士,不二心忠实之臣,戮力同心,保乂王室。文武用受正命于天,上天用顺文武之道,而付之以天下之大也。康王言此者,求助群臣、诸侯之意。

纂疏:

愚谓,王资助于内外,而首述文武得勇士忠臣之助者,有感于"张皇六师"之言也。

18.《读书丛说》卷六《康王之诰》

(元)许谦撰

(归善斋按,未解)

19. 《书传辑录纂注》卷六《周书·康王之诰》

(元) 董鼎撰

昔君文、武丕，平富，不务咎。底至齐信，用昭明于天下。则亦有熊罴之士，不二心之臣，保乂王家。用端命于上帝，皇天用训厥道，付畀四方。

"丕平富"者，溥博均平，薄敛富民，言文武德之广也。"不务咎"者，不务咎恶，轻省刑罚，言文武罚之谨也。"底至"者，推行而底其至也。"齐信"者，兼尽而极其诚也。文、武务德，不务罚之心，推行而底其至，兼尽而极其诚，内外充实，故光辉发越用，昭明于天下。盖诚之至者，不可掩也。而又有熊罴武勇之士，不二心忠实之臣，戮力同心，保乂王室。文武用受正命于天，上天用顺文武之道，而付之以天下之大也。康王言此者，求助群臣、诸侯之意。

纂注：

新安胡氏曰，王资助于诸侯，而首述文武得熊罴勇士，不二心忠臣之助者，盖有感于"张皇六师"之言也。

20. 《尚书句解》卷十一《周书·康王之诰第二十五》

(元) 朱祖义撰

昔君文武（昔之为君如文、武）丕，平富（大均，平其富厚之泽于天下，使家给人足），不务咎（不务以咎罚治人）。

21. 《尚书日记》卷十五《周书·康王之诰》

(明) 王樵撰

"昔君文、武丕，平富"至"付畀四方"。

"丕平富"，富，谓轻徭薄赋，使家给人足；平者，平施而无偏也。汉文帝与民休息，劝农蠲租，亦可谓之富民矣。然富者，田连阡陌，贫者无立锥之地，则以谓之"丕平富"未可也。"丕平富"三字，语简意深，最可见王者气象。不务咎者，不以咎人之咎为务，言慎罚也。刑罚虽不可废，然不以是为务，而取足于是也。唯行而底其至，谓推行此二者之心，则无所不至。以其事言也。兼尽而极其诚，谓兼举此二者之事，则皆极其诚，以其心言也。则"亦"云者，文武之圣，若无待于臣之助，而当时则亦有如是之臣，况今日乎。熊罴之士，不二心之臣，是一项人。

22.《日讲书经解义》卷十二《周书·康王之诰》

（清）库勒纳等撰

（归善斋按，见"王若曰，庶邦侯、甸、男、卫"）

《书义断法》卷六《周书·康王之诰》

（元）陈悦道撰

昔君文、武丕，平富，不务咎，底至齐信，用昭明于天下。

薄敛庶民，而丕平富，此文武之广德也。轻省刑罚而不务咎。此文、武之不务刑也。文武务德而不务刑之心，推行而底其至，兼尽而极其诚，其光辉发越，昭明于天下，则诚之不可掩也。至仁之政与至仁之心，相为贯通，而表里洞彻，真实无伪，其于诚明之极功，固有不期然而然者矣。

《读书管见》卷下《康王之诰》

（元）王充耘撰

"昔君文、武丕，平富"止"保乂王家"。

君之德，用昭明于天下，所谓"彰信兆民"，即《康诰》所谓"显民"者是也。人臣保乂王家，而用端命于上帝，即是辅相其君，扶持其国，使治效上通于天，即《君奭》所谓"乃唯时昭文王，迪见冒闻于上帝"之谓。由此然后皇天用顺文武之道，而畀付以四方。其与"帝休，天乃大命文王，殪戎殷"，皆相出入，故知"用端命于上帝"与"用昭明于天下"作对说。而"端命"二字亦若活字，犹云"感格上帝"相似。传云"文武用受正命于天下"，而经文无"受"字，其说未安。

底至齐信，用昭明于天下

1.《尚书注疏》卷十八《周书》

（汉）孔氏传，（唐）陆德明音义，（唐）孔颖达疏

底至齐信，用昭明于天下。

传，致行至中信之道，用显明于天下，言圣德洽。

音义，底至齐信，马读至齐绝句。底，之履反。

疏，正义曰，致行至美中正诚信之道，用是显明于天下，言圣道博洽也。

传，正义曰，孔以"齐"为"中"。致行中正诚信之道。王肃云，立大中之道也。

2.《书传》卷十七《周书·康王之诰第二十五》

（宋）苏轼撰

（归善斋按，见"毕协赏罚，戡定厥功，用敷遗后人休"）

3.《尚书全解》卷三十七《周书·康王之诰》

（宋）林之奇撰

（归善斋按，见"康王既尸天子"）

4.《尚书讲义》卷十九

（宋）史浩撰

（归善斋按，见"王出，在应门之内"）

5.《尚书详解》卷二十三《周书·康王之诰》

（宋）夏僎撰

（归善斋按，见"王若曰，庶邦侯、甸、男、卫"）

6.《增修东莱书说》卷三十二《周书·康王之诰第二十五》

（宋）吕祖谦撰，（宋）石澜增修

（归善斋按，见"王若曰，庶邦侯、甸、男、卫"）

7.《尚书说》卷七《周书·康王之诰》

（宋）黄度撰

（归善斋按，见"王若曰，庶邦侯、甸、absolute男、卫"）

8.《絜斋家塾书钞》

（宋）袁燮撰

（归善斋按，无）

9.《书经集传》卷六《周书·康王之诰》

（宋）蔡沈撰

（归善斋按，见"昔君文、武丕，平富，不务咎"）

10.《尚书精义》卷四十七《周书·康王之诰》

（宋）黄伦撰

（归善斋按，见"王若曰，庶邦侯、甸、男、卫"）

11.《尚书详解》卷四十三《周书·康王之诰》

（宋）陈经撰

（归善斋按，见"王若曰，庶邦侯、甸、男、卫"）

12.《融堂书解》卷十八《周书·康王之诰》

（宋）钱时撰

（归善斋按，见"王若曰，庶邦侯、甸、男、卫"）

13. 《尚书要义》卷十八

（宋）魏了翁撰

（归善斋按，见"王若曰，庶邦侯、甸、男、卫"）

14. 《书集传或问》卷下

（宋）陈大猷撰

（归善斋按，无此篇）

15. 《尚书详解》卷十一《周书·康王之诰第二十五》

（宋）胡士行撰

（归善斋按，见"王若曰，庶邦侯、甸、男、卫"）

16. 《书纂言》卷四下《周书·顾命》

（元）吴澄撰

（归善斋按，见"昔君文、武丕，平富，不务咎"）

17. 《书集传纂疏》卷六《朱子订定蔡氏集传·周书·康王之诰》

（元）陈栎撰

（归善斋按，见"昔君文、武丕，平富，不务咎"）

18. 《读书丛说》卷六《康王之诰》

（元）许谦撰

（归善斋按，未解）

19. 《书传辑录纂注》卷六《周书·康王之诰》

（元）董鼎撰

（归善斋按，见"昔君文、武丕，平富，不务咎"）

20. 《尚书句解》卷十一《周书·康王之诰第二十五》

（元）朱祖义撰

底至齐信（底，定也。至，极也。极至其齐一之德而不变；极至其极信之德而不诬），用昭明于天下（用此德昭显光明于天下）。

21. 《尚书日记》卷十五《周书·康王之诰》

（明）王樵撰
（归善斋按，见"昔君文、武丕，平富，不务咎"）

22. 《日讲书经解义》卷十二《周书·康王之诰》

（清）库勒纳等撰
（归善斋按，见"王若曰，庶邦侯、甸、男、卫"）

《书义断法》卷六《周书·康王之诰》

（元）陈悦道撰
（归善斋按，见"昔君文、武丕，平富，不务咎"）

《读书管见》卷下《康王之诰》

（元）王充耘撰
（归善斋按，见"昔君文、武丕，平富，不务咎"）

则亦有熊罴之士，不二心之臣，保乂王家

1. 《尚书注疏》卷十八《周书》

（汉）孔氏传，（唐）陆德明音义，（唐）孔颖达疏
则亦有熊罴之士，不二心之臣，保乂王家。

传,言文武既圣,则亦有勇勐如熊罴之士,忠一不二心之臣,其安治王家。

音义,熊,音雄。罴,彼皮反。

疏,正义曰,文武既圣,时臣亦贤,则亦有如熊如罴之勇士,不二心之忠臣,共安治王家。

2. 《书传》卷十七《周书·康王之诰第二十五》

(宋)苏轼撰

则亦有熊罴之士,不二心之臣,保乂王家。用端命于上帝,皇天用训厥道,付畀四方。乃命建侯树屏,在我后之人。今予一二伯父,尚胥暨顾,绥尔先公之臣,服于先王。

言诸臣忠于我所以安汝先人事先王者,如《盘庚》告教之意也。

3. 《尚书全解》卷三十七《周书·康王之诰》

(宋)林之奇撰

(归善斋按,见"康王既尸天子")

4. 《尚书讲义》卷十九

(宋)史浩撰

(归善斋按,见"王出,在应门之内")

5. 《尚书详解》卷二十三《周书·康王之诰》

(宋)夏僎撰

(归善斋按,见"王若曰,庶邦侯、甸、男、卫")

6. 《增修东莱书说》卷三十二《周书·康王之诰第二十五》

(宋)吕祖谦撰,(宋)石澜增修

(归善斋按,见"王若曰,庶邦侯、甸、男、卫")

7.《尚书说》卷七《周书·康王之诰》

（宋）黄度撰
（归善斋按，见"王若曰，庶邦侯、甸、男、卫"）

8.《絜斋家塾书钞》

（宋）袁燮撰
（归善斋按，无）

9.《书经集传》卷六《周书·康王之诰》

（宋）蔡沈撰
（归善斋按，见"昔君文、武丕，平富，不务咎"）

10.《尚书精义》卷四十七《周书·康王之诰》

（宋）黄伦撰
（归善斋按，见"王若曰，庶邦侯、甸、男、卫"）

11.《尚书详解》卷四十三《周书·康王之诰》

（宋）陈经撰
（归善斋按，见"王若曰，庶邦侯、甸、男、卫"）

12.《融堂书解》卷十八《周书·康王之诰》

（宋）钱时撰
（归善斋按，见"王若曰，庶邦侯、甸、男、卫"）

13.《尚书要义》卷十八

（宋）魏了翁撰
（归善斋按，见"王若曰，庶邦侯、甸、男、卫"）

14. 《书集传或问》卷下

(宋)陈大猷撰
(归善斋按,无此篇)

15. 《尚书详解》卷十一《周书·康王之诰第二十五》

(宋)胡士行撰
(归善斋按,见"王若曰,庶邦侯、甸、男、卫")

16. 《书纂言》卷四下《周书·顾命》

(元)吴澄撰
(归善斋按,见"昔君文、武丕,平富,不务咎")

17. 《书集传纂疏》卷六《朱子订定蔡氏集传·周书·康王之诰》

(元)陈栎撰
(归善斋按,见"昔君文、武丕,平富,不务咎")

18. 《读书丛说》卷六《康王之诰》

(元)许谦撰
(归善斋按,未解)

19. 《书传辑录纂注》卷六《周书·康王之诰》

(元)董鼎撰
(归善斋按,见"昔君文、武丕,平富,不务咎")

20. 《尚书句解》卷十一《周书·康王之诰第二十五》

(元)朱祖义撰
则亦有熊罴之士(然文武,非止特一己之德,亦有熊罴武力之士),不二心之臣(一心事上之臣),保乂王家(保安乂治王家)。

21. 《尚书日记》卷十五《周书·康王之诰》

（明）王樵撰

（归善斋按，见"昔君文、武丕，平富，不务咎"）

22. 《日讲书经解义》卷十二《周书·康王之诰》

（清）库勒纳等撰

（归善斋按，见"王若曰，庶邦侯、甸、男、卫"）

《读书管见》卷下《康王之诰》

（元）王充耘撰

（归善斋按，见"昔君文、武丕，平富，不务咎"）

用端命于上帝，皇天用训厥道，付畀四方

1. 《尚书注疏》卷十八《周书》

（汉）孔氏传，（唐）陆德明音义，（唐）孔颖达疏
用端命于上帝，皇天用训厥道，付畀四方。
传，君圣臣良，用受端直之命于上天，大天用顺其道，付与四方之国，王天下。
音义，畀，必利反，徐甫至反。王，于况反。
疏，正义曰，以君圣臣良之故，用能受端直之命于上天，大天用顺其道，付与四方之国，使文、武受此诸国，王有天下。言文、武得贤臣之力也。

2. 《书传》卷十七《周书·康王之诰第二十五》

（宋）苏轼撰
（归善斋按，见"则亦有熊罴之士，不二心之臣，保乂王家"）

3.《尚书全解》卷三十七《周书·康王之诰》

（宋）林之奇撰

（归善斋按，见"康王既尸天子"）

4.《尚书讲义》卷十九

（宋）史浩撰

（归善斋按，见"王出，在应门之内"）

5.《尚书详解》卷二十三《周书·康王之诰》

（宋）夏僎撰

（归善斋按，见"王若曰，庶邦侯、甸、男、卫"）

6.《增修东莱书说》卷三十二《周书·康王之诰第二十五》

（宋）吕祖谦撰，（宋）石澜增修

（归善斋按，见"王若曰，庶邦侯、甸、男、卫"）

7.《尚书说》卷七《周书·康王之诰》

（宋）黄度撰

（归善斋按，见"王若曰，庶邦侯、甸、男、卫"）

8.《絜斋家塾书钞》

（宋）袁燮撰

（归善斋按，无）

9.《书经集传》卷六《周书·康王之诰》

（宋）蔡沈撰

（归善斋按，见"昔君文、武丕，平富，不务咎"）

10. 《尚书精义》卷四十七《周书·康王之诰》

（宋）黄伦撰

（归善斋按，见"王若曰，庶邦侯、甸、男、卫"）

11. 《尚书详解》卷四十三《周书·康王之诰》

（宋）陈经撰

（归善斋按，见"王若曰，庶邦侯、甸、男、卫"）

12. 《融堂书解》卷十八《周书·康王之诰》

（宋）钱时撰

（归善斋按，见"王若曰，庶邦侯、甸、男、卫"）

13. 《尚书要义》卷十八

（宋）魏了翁撰

（归善斋按，见"王若曰，庶邦侯、甸、男、卫"）

14. 《书集传或问》卷下

（宋）陈大猷撰

（归善斋按，无此篇）

15. 《尚书详解》卷十一《周书·康王之诰第二十五》

（宋）胡士行撰

（归善斋按，见"王若曰，庶邦侯、甸、男、卫"）

16. 《书纂言》卷四下《周书·顾命》

（元）吴澄撰

（归善斋按，见"昔君文、武丕，平富，不务咎"）

17.《书集传纂疏》卷六《朱子订定蔡氏集传·周书·康王之诰》

（元）陈栎撰

（归善斋按，见"昔君文、武丕，平富，不务咎"）

18.《读书丛说》卷六《康王之诰》

（元）许谦撰

（归善斋按，未解）

19.《书传辑录纂注》卷六《周书·康王之诰》

（元）董鼎撰

（归善斋按，见"昔君文、武丕，平富，不务咎"）

20.《尚书句解》卷十一《周书·康王之诰第二十五》

（元）朱祖义撰

用端命于上帝（用此道肇端天命于上天），皇天用训厥道（上天于是用顺其道），付畀四方（付与以天下四方使为君）。

21.《尚书日记》卷十五《周书·康王之诰》

（明）王樵撰

（归善斋按，见"昔君文、武丕，平富，不务咎"）

22.《日讲书经解义》卷十二《周书·康王之诰》

（清）库勒纳等撰

（归善斋按，见"王若曰，庶邦侯、甸、男、卫"）

乃命建侯树屏，在我后之人

1. 《尚书注疏》卷十八《周书》

（汉）孔氏传，（唐）陆德明音义，（唐）孔颖达疏

乃命建侯树屏，在我后之人。

传，言文、武乃施政令，立诸侯，树以为藩屏，传王业在我后之人，谓子孙。

音义，传，直专反。

疏，正义曰，文武以得臣力之故，乃施政令，封立贤臣为诸侯者，树之以为藩屏，令屏卫在我后之人。先王所立诸侯，即今诸侯之祖，故举先世之事，以告今之诸侯。

2. 《书传》卷十七《周书·康王之诰第二十五》

（宋）苏轼撰

（归善斋按，见"则亦有熊罴之士，不二心之臣，保乂王家"）

3. 《尚书全解》卷三十七《周书·康王之诰》

（宋）林之奇撰

（归善斋按，见"康王既尸天子"）

4. 《尚书讲义》卷十九

（宋）史浩撰

（归善斋按，见"王出，在应门之内"）

5. 《尚书详解》卷二十三《周书·康王之诰》

（宋）夏僎撰

（归善斋按，见"王若曰，庶邦侯、甸、男、卫"）

6.《增修东莱书说》卷三十二《周书·康王之诰第二十五》

（宋）吕祖谦撰，（宋）石澜增修

（归善斋按，见"王若曰，庶邦侯、甸、男、卫"）

7.《尚书说》卷七《周书·康王之诰》

（宋）黄度撰

（归善斋按，见"王若曰，庶邦侯、甸、男、卫"）

8.《絜斋家塾书钞》

（宋）袁燮撰

（归善斋按，无）

9.《书经集传》卷六《周书·康王之诰》

（宋）蔡沈撰

乃命建侯树屏，在我后之人。今予一二伯父，尚胥暨顾，绥尔先公之臣，服于先王。虽尔身在外，乃心罔不在王室。用奉恤厥若，无遗鞠子羞。

天子称同姓诸侯曰伯父。康王言文、武所以命建侯邦，植立蕃屏者，意盖在我后之人也。今我一二伯父，庶几相与顾绥尔祖考所以臣服于我先王之道，虽身守国在外，乃心当常在王室，用奉上之忧勤，其顺承之，毋遗我稚子之耻也。

10.《尚书精义》卷四十七《周书·康王之诰》

（宋）黄伦撰

（归善斋按，见"王若曰，庶邦侯、甸、男、卫"）

11. 《尚书详解》卷四十三《周书·康王之诰》

（宋）陈经撰

（归善斋按，见"王若曰，庶邦侯、甸、男、卫"）

12. 《融堂书解》卷十八《周书·康王之诰》

（宋）钱时撰

（归善斋按，见"王若曰，庶邦侯、甸、男、卫"）

13. 《尚书要义》卷十八

（宋）魏了翁撰

（归善斋按，未引）

14. 《书集传或问》卷下

（宋）陈大猷撰

（归善斋按，无此篇）

15. 《尚书详解》卷十一《周书·康王之诰第二十五》

（宋）胡士行撰

（归善斋按，见"王若曰，庶邦侯、甸、男、卫"）

16. 《书纂言》卷四下《周书·顾命》

（元）吴澄撰

（归善斋按，见"昔君文、武丕，平富，不务咎"）

17. 《书集传纂疏》卷六《朱子订定蔡氏集传·周书·康王之诰》

（元）陈栎撰

乃命建侯树屏，在我后之人。今予一二伯父，尚胥暨顾，绥尔先公之臣，服于先王。虽尔身在外，乃心罔不在王室。用奉恤厥若，无遗鞠子羞。

天子称同姓诸侯曰伯父。康王言文、武所以命建侯邦,植立蕃屏者,意盖在我后之人也。今我一二伯父,庶几相与顾绥尔祖考所以臣服于我先王之道,虽身守国在外,乃心当常在王室,用奉上之忧勤,其顺承之,毋遗我稚子之耻也。

纂疏:

林氏曰,诸侯祖父尝臣服于先王,汝尚相与顾安之。顾,谓念而不忘,则先公之灵安矣。

吕氏曰,又戒以用奉承忧恤其所当顺者,而顺行之。顺理则一,时位则殊。"厥若"者,其所当顺也。人孰不欲顺理,时位之不识,则其顺或非所当顺者矣。

林氏曰,鞠子未离鞠养之稚子,康王自谓。

18.《读书丛说》卷六《康王之诰》

(元) 许谦撰

(归善斋按,未解)

19.《书传辑录纂注》卷六《周书·康王之诰》

(元) 董鼎撰

乃命建侯树屏,在我后之人。今予一二伯父,尚胥暨顾,绥尔先公之臣,服于先王。虽尔身在外,乃心罔不在王室。用奉恤厥若,无遗鞠子羞。

天子称同姓诸侯曰伯父。康王言文、武所以命建侯邦,植立蕃屏者,意盖在我后之人也。今我一二伯父,庶几相与顾绥尔祖考所以臣服于我先王之道,虽身守国在外,乃心当常在王室,用奉上之忧勤,其顺承之,毋遗我稚子之耻也。

纂注:

林氏曰,诸侯祖父,尝臣服于周先王,今汝当相与顾安之。顾,谓顾念而不忘,则先公在天之灵于是安矣。

吕氏曰,当相与顾先王"建侯树屏"之意,抚绥尔先公所遗之臣民,

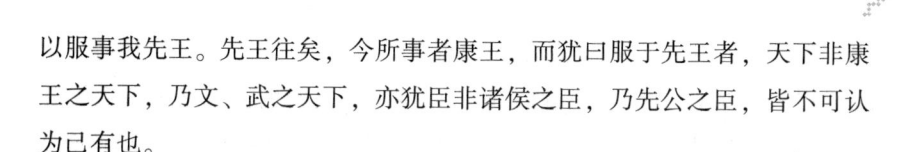

以服事我先王。先王往矣，今所事者康王，而犹曰服于先王者，天下非康王之天下，乃文、武之天下，亦犹臣非诸侯之臣，乃先公之臣，皆不可认为己有也。

一说，庶几相暨及顾念我，以安尔祖父臣服于先王之心。

吕氏曰，戒之以用奉承忧恤其所当顺者。而顺行之，顺理则一，而时位则殊。"厥若"者，诸侯之所当顺也。人孰不欲顺理，时位之不识，则其顺或非所当顺者矣。

林氏曰，鞠子未离鞠养之嗣子，康王自谓。

20.《尚书句解》卷十一《周书·康王之诰第二十五》

（元）朱祖义撰

乃命建侯树屏（乃命建置侯国，植立屏翰之助。屏，丙），在我后之人（其意在于辅赞我后之人）。

21.《尚书日记》卷十五《周书·康王之诰》

（明）王樵撰

"乃命建侯树屏"至"无遗鞠子羞"。

又言文、武既定天下，乃命封建侯国，立为藩屏，其意在我后之人，欲其左右王室而已。天子称同姓诸侯曰伯父、叔父；异姓诸侯曰伯舅、叔舅。此唯言伯父，盖举尊以及其余，不屡数也。诸侯祖父尝臣服于先王，其事有法。今尔尚相与顾安之。顾，谓怀其旧绩而不忘；安，谓安其旧服而无替。虽尔身在外，无不以王室为心，用奉忧其所若，即"羑若"，谓天命也，无自荒怠，遗我稚子羞辱。稚子，康王自谓也。

22.《日讲书经解义》卷十二《周书·康王之诰》

（清）库勒纳等撰

乃命建侯树屏，在我后之人。今予一二伯父，尚胥暨顾，绥尔先公之臣，服于先王。虽尔身在外，乃心罔不在王室。用奉恤厥若，无遗鞠子羞。

此一节书，是推文武建侯之意，以致勉励群臣、诸侯之词也。伯父，谓同姓诸侯。先公，谓诸侯之祖父。鞠子者，稚子之意，康王自谦也。康王又曰，我文王、武王，既得贤臣，以创王业，犹虑在后之子孙继体守成，无与共襄治平也，乃命建侯邦，树立屏藩，俾辅佐我在后之人。先王为子孙虑久远如此。今我一二同姓之伯父，继尔祖父为臣，唯尔祖父先公，皆能尽为臣之道，以服事于我先王，用能遗尔之休。今尔等庶几相与顾念而不忘安，定而不改，以尔先公之事我先王者，事予一人可也。夫人臣之事君，唯在一心，虽尔等之身俱奉职在外，尔等之心须孜孜报国，念念常在王室，断不可一念或忘也。用以此心仰奉在上之忧勤，而顺承无违。无或不尽此心，以遗我鞠子之羞。如此则顾绥之道尽，而无愧于尔先公矣。予一人何幸，如之予之，所深望于尔诸臣者如此。

今予一二伯父，尚胥暨顾，绥尔先公之臣，服于先王

1.《尚书注疏》卷十八《周书》

（汉）孔氏传，（唐）陆德明音义，（唐）孔颖达疏

今予一二伯父，尚胥暨顾，绥尔先公之臣，服于先王。

传，天子称同姓诸侯曰伯父，言今我一二伯父，庶几相与顾念文、武之道安汝先公之臣，服于先王而法循之。

疏，正义曰，今我一二伯父，庶几相与顾念文、武之事，安汝先公之用臣，服于先王之道而法循之。亦当以忠诚辅我天子。

传，正义曰，《觐礼》言，天子呼诸侯之礼云，同姓大国，则曰伯父。其异姓则曰伯舅。同姓小邦则曰叔父。其异姓则曰叔舅。计此时，诸侯多矣，独云伯父与同姓大国言之也。诸侯先公以臣道服于先王，其事有法，故令安汝先公之用臣，服于先王，以臣之道而法循之。王之此诰，并诰群臣、诸侯，但互相发见，其言不备。

2.《书传》卷十七《周书·康王之诰第二十五》

（宋）苏轼撰
（归善斋按，见"则亦有熊罴之士，不二心之臣，保乂王家"）

3.《尚书全解》卷三十七《周书·康王之诰》

（宋）林之奇撰
（归善斋按，见"康王既尸天子"）

4.《尚书讲义》卷十九

（宋）史浩撰
（归善斋按，见"王出，在应门之内"）

5.《尚书详解》卷二十三《周书·康王之诰》

（宋）夏僎撰
（归善斋按，见"王若曰，庶邦侯、甸、男、卫"）

6.《增修东莱书说》卷三十二《周书·康王之诰第二十五》

（宋）吕祖谦撰，（宋）石澜增修
（归善斋按，见"王若曰，庶邦侯、甸、男、卫"）

7.《尚书说》卷七《周书·康王之诰》

（宋）黄度撰
（归善斋按，见"王若曰，庶邦侯、甸、男、卫，"）

8.《絜斋家塾书钞》

（宋）袁燮撰
（归善斋按，无）

9. 《书经集传》卷六《周书·康王之诰》

(宋)蔡沈撰

(归善斋按,见"乃命建侯树屏,在我后之人")

10. 《尚书精义》卷四十七《周书·康王之诰》

(宋)黄伦撰

今予一二伯父,尚胥暨顾,绥尔先公之臣,服于先王。虽尔身在外,乃心罔不在王室,用奉恤厥若,无遗鞠子羞。

无垢曰,人臣无己,以人主为己;人臣无心,以人主为心。以人主为己,则身在外,而不以在外自弃;以人主为心,故心在王室,而不以王室为远。凡所念虑,凡所议论,凡所兴建,凡所号令,凡所趣会,皆若在人主之左右,而对人主之清光也,其敢少怠乎。康王言此,亦可谓知臣子之道矣。

又曰,盖诸侯顺道,则王室尊荣;诸侯不顺,则王室羞辱。以一二伯父之贤,岂尚有此。曰仁义何常之有?蹈之,则为君子;背之,则为小人。此康王所以儆饬之,而使戒惧也。

吕氏曰,维持天下,不在威令而在恩意。恩意是真维持天下之具尔。今日来臣,我乃是继尔先公臣我先王之臣,亦能安尔先公之臣,见得诸侯不当私有其国尔。今日来臣服王室,不是服事康王,乃是服事先王、文武、成王尔。其言服于先王,见得康王不敢私有天下。康王所以言"先王""先公"者,盖自尧、舜、禹、汤以来,都有公共意思,此康王所以不敢认为己有也。

11. 《尚书详解》卷四十三《周书·康王之诰》

(宋)陈经撰

(归善斋按,见"王若曰,庶邦侯、甸、男、卫,")

12. 《融堂书解》卷十八《周书·康王之诰》

（宋）钱时撰

（归善斋按，见"王若曰，庶邦侯、甸、男、卫"）

13. 《尚书要义》卷十八

（宋）魏了翁撰

六九、答诸侯曰伯父，举同姓大国言之。

《觐礼》言，天子呼诸侯之礼云，同姓大国则曰伯父，其异姓则曰伯舅，同姓小邦则曰叔父，其异姓则曰叔舅。计此时，诸侯多矣，独云伯父，举同姓大国言之也。诸侯先公以成道服于先王，其事有法，故令安汝先公之用臣服于先王以臣之道，而法循之。

14. 《书集传或问》卷下

（宋）陈大猷撰

（归善斋按，无此篇）

15. 《尚书详解》卷十一《周书·康王之诰第二十五》

（宋）胡士行撰

今予一二伯父（同姓），尚（庶）胥（相）暨（与）顾（念），绥（安行）尔先公之臣，服于先王（之事）。虽尔身在外，乃心罔不在王室（人臣无见，以人主为己；人臣无心，以人主为心）。用奉（承）恤（忧）厥若（所当顺者），无遗（与）鞠（稚）子羞（谦冲不以威力要求，感人心之至者也）。

此王报诰之辞。

16. 《书纂言》卷四下《周书·顾命》

（元）吴澄撰

今予一二伯父，尚胥暨顾，绥尔先公之臣，服于先王。虽尔身在外，乃心罔不在王室。用奉恤厥若，无遗鞠子羞。

天子称同姓大国曰伯父，小国曰叔父；异姓大国曰伯舅，小国曰叔舅。今独举同姓大国，以包其余也。顾绥，回视而安行之也。王室若此，汝则奉承而同恤之，言以王室之忧为忧也。鞠子，王自谓。诸侯不能尽职，岂不贻我羞乎。

17.《书集传纂疏》卷六《朱子订定蔡氏集传·周书·康王之诰》

（元）陈栎撰

（归善斋按，见"乃命建侯树屏，在我后之人"）

18.《读书丛说》卷六《康王之诰》

（元）许谦撰

（归善斋按，未解）

19.《书传辑录纂注》卷六《周书·康王之诰》

（元）董鼎撰

（归善斋按，见"乃命建侯树屏，在我后之人"）

20.《尚书句解》卷十一《周书·康王之诰第二十五》

（元）朱祖义撰

今予一二伯父（今我一二伯父，乃同姓诸侯），尚须暨顾（庶几相与顾念），绥尔先公之臣，服于先王（安行尔先公所以臣服我先王之事，以辅我）。

21.《尚书日记》卷十五《周书·康王之诰》

（明）王樵撰

（归善斋按，见"乃命建侯树屏，在我后之人"）

22.《日讲书经解义》卷十二《周书·康王之诰》

（清）库勒纳等撰

（归善斋按，见"乃命建侯树屏，在我后之人"）

虽尔身在外，乃心罔不在王室

1.《尚书注疏》卷十八《周书》

（汉）孔氏传，（唐）陆德明音义，（唐）孔颖达疏

虽尔身在外，乃心罔不在王室。

传，言虽汝身在外土为诸侯，汝心常当忠笃，无不在王室。熊罴之士励朝臣，此督诸侯。

音义，督，丁木反。

疏，正义曰，虽汝身在外土为国君，汝心常当无有不在王室。

传，正义曰，言先王有熊罴之士，励朝臣，使用力如先世之臣也。此言汝身在外土心念王室，督诸侯使然。

2.《书传》卷十七《周书·康王之诰第二十五》

（宋）苏轼撰

虽尔身在外，乃心罔不在王室，用奉恤厥若。

使我虽宅忧，而人无不顺者。

无遗鞠子羞。

鞠子，稚子也。

3.《尚书全解》卷三十七《周书·康王之诰》

（宋）林之奇撰

（归善斋按，见"康王既尸天子"）

4.《尚书讲义》卷十九

（宋）史浩撰

（归善斋按，见"王出，在应门之内"）

5. 《尚书详解》卷二十三《周书·康王之诰》

(宋)夏僎撰

(归善斋按,见"王若曰,庶邦侯、甸、男、卫")

6. 《增修东莱书说》卷三十二《周书·康王之诰第二十五》

(宋)吕祖谦撰,(宋)石澜增修

(归善斋按,见"王若曰,庶邦侯、甸、男、卫")

7. 《尚书说》卷七《周书·康王之诰》

(宋)黄度撰

(归善斋按,见"王若曰,庶邦侯、甸、男、卫")

8. 《絜斋家塾书钞》

(宋)袁燮撰

(归善斋按,无)

9. 《书经集传》卷六《周书·康王之诰》

(宋)蔡沈撰

(归善斋按,见"乃命建侯树屏,在我后之人")

10. 《尚书精义》卷四十七《周书·康王之诰》

(宋)黄伦撰

(归善斋按,见"今予一二伯父,尚胥暨顾,绥尔先公之臣,服于先王")

11. 《尚书详解》卷四十三《周书·康王之诰》

(宋)陈经撰

(归善斋按,见"王若曰,庶邦侯、甸、男、卫")

12. 《融堂书解》卷十八《周书·康王之诰》

（宋）钱时撰

（归善斋按，见"王若曰，庶邦侯、甸、男、卫"）

13. 《尚书要义》卷十八

（宋）魏了翁撰

（归善斋按，未引）

14. 《书集传或问》卷下

（宋）陈大猷撰

（归善斋按，无此篇）

15. 《尚书详解》卷十一《周书·康王之诰第二十五》

（宋）胡士行撰

（归善斋按，见"今予一二伯父，尚胥暨顾，绥尔先公之臣，服于先王"）

16. 《书纂言》卷四下《周书·顾命》

（元）吴澄撰

（归善斋按，见"今予一二伯父，尚胥暨顾，绥尔先公之臣，服于先王"）

17. 《书集传纂疏》卷六《朱子订定蔡氏集传·周书·康王之诰》

（元）陈栎撰

（归善斋按，见"乃命建侯树屏，在我后之人"）

18. 《读书丛说》卷六《康王之诰》

（元）许谦撰
（归善斋按，未解）

19. 《书传辑录纂注》卷六《周书·康王之诰》

（元）董鼎撰
（归善斋按，见"乃命建侯树屏，在我后之人"）

20. 《尚书句解》卷十一《周书·康王之诰第二十五》

（元）朱祖义撰
虽尔身在外（虽尔身在外土），乃心罔不在王室（而汝心所向，无不在王室者）。

21. 《尚书日记》卷十五《周书·康王之诰》

（明）王樵撰
（归善斋按，见"乃命建侯树屏，在我后之人"）

22. 《日讲书经解义》卷十二《周书·康王之诰》

（清）库勒纳等撰
（归善斋按，见"乃命建侯树屏，在我后之人"）

用奉恤厥若，无遗鞠子羞

1. 《尚书注疏》卷十八《周书》

（汉）孔氏传，（唐）陆德明音义，（唐）孔颖达疏
用奉恤厥若，无遗鞠子羞。

传,当各用心奉忧,其所行顺道,无自荒怠,遗我稚子之羞辱。稚子,康王自谓也。

音义,鞠,居六反。

疏,正义曰,当各用心奉忧其所行,顺道无自荒怠,以遗我稚子之羞辱。稚子,康王自谓,戒令匡弼己也。

予一人钊者,《礼》,天子自称予一人,不言名,此王自称名者,新即王位谦也。

2.《书传》卷十七《周书·康王之诰第二十五》

(宋)苏轼撰

(归善斋按,见"虽尔身在外,乃心罔不在王室")

3.《尚书全解》卷三十七《周书·康王之诰》

(宋)林之奇撰

(归善斋按,见"康王既尸天子")

4.《尚书讲义》卷十九

(宋)史浩撰

(归善斋按,见"王出,在应门之内")

5.《尚书详解》卷二十三《周书·康王之诰》

(宋)夏僎撰

(归善斋按,见"王若曰,庶邦侯、甸、男、卫,")

6.《增修东莱书说》卷三十二《周书·康王之诰第二十五》

(宋)吕祖谦撰,(宋)石澜增修

(归善斋按,见"王若曰,庶邦侯、甸、男、卫")

7.《尚书说》卷七《周书·康王之诰》

(宋)黄度撰

(归善斋按,见"王若曰,庶邦侯、甸、男、卫")

8.《絜斋家塾书钞》

(宋)袁燮撰

(归善斋按,无)

9.《书经集传》卷六《周书·康王之诰》

(宋)蔡沈撰

(归善斋按,见"乃命建侯树屏,在我后之人")

10.《尚书精义》卷四十七《周书·康王之诰》

(宋)黄伦撰

(归善斋按,见"今予一二伯父,尚胥暨顾,绥尔先公之臣,服于先王")

11.《尚书详解》卷四十三《周书·康王之诰》

(宋)陈经撰

(归善斋按,见"王若曰,庶邦侯、甸、男、卫")

12.《融堂书解》卷十八《周书·康王之诰》

(宋)钱时撰

(归善斋按,见"王若曰,庶邦侯、甸、男、卫")

13.《尚书要义》卷十八

(宋)魏了翁撰

(归善斋按,未引)

14. 《书集传或问》卷下

（宋）陈大猷撰

（归善斋按，无此篇）

15. 《尚书详解》卷十一《周书·康王之诰第二十五》

（宋）胡士行撰

（归善斋按，见"今予一二伯父，尚胥暨顾，绥尔先公之臣，服于先王"）

16. 《书纂言》卷四下《周书·顾命》

（元）吴澄撰

（归善斋按，见"今予一二伯父，尚胥暨顾，绥尔先公之臣，服于先王"）

17. 《书集传纂疏》卷六《朱子订定蔡氏集传·周书·康王之诰》

（元）陈栎撰

（归善斋按，见"乃命建侯树屏，在我后之人"）

18. 《读书丛说》卷六《康王之诰》

（元）许谦撰

（归善斋按，未解）

19. 《书传辑录纂注》卷六《周书·康王之诰》

（元）董鼎撰

（归善斋按，见"乃命建侯树屏，在我后之人"）

20. 《尚书句解》卷十一《周书·康王之诰第二十五》

（元）朱祖义撰

用奉恤厥若（用奉爱其臣道之所当顺，行而尽者），无遗鞠子羞（无遗我稚子之羞辱。汝诸侯不能尽臣道,岂不遗我之羞)。

21.《尚书日记》卷十五《周书·康王之诰》

(明)王樵撰

(归善斋按,见"乃命建侯树屏,在我后之人")

22.《日讲书经解义》卷十二《周书·康王之诰》

(清)库勒纳等撰

(归善斋按,见"乃命建侯树屏,在我后之人")

《书经衷论》卷四周书《康王之诰》

(清)张英撰

康王践祚之初,受命之始,臣戒君以缵述祖考;君望臣以乃心王室,无坏我高祖寡命。无遗鞠子羞,何其言之痛切也。成康缵绪之盛,有以哉。

群公既皆听命,相揖趋出

1.《尚书注疏》卷十八《周书》

(汉)孔氏传,(唐)陆德明音义,(唐)孔颖达疏
群公既皆听命,相揖趋出。
传,已听诰命,趋出罢退,诸侯归国,朝臣就次。
疏,正义曰,群公,总谓朝臣与诸侯也。郑玄云,群公主为诸侯,与王之三公,诸臣亦在焉。

2.《书传》卷十七《周书·康王之诰第二十五》

(宋)苏轼撰
群公既皆听命,相揖趋出。王释冕,反丧服。

成王崩未葬，君臣皆冕服，礼欤？曰非礼也。谓之变礼可乎？曰不可。礼变于不得已。嫂非溺，终不援也。三年之丧，既成服释之而即吉，无时而可者。曰先王之命不可以不传；既传不可以丧服受也。曰何为其不可也？曰以丧冠者，虽三年之丧可也；既冠，于次入哭踊者三，乃出。孔子曰，"将冠子未及期日，而有大功齐衰之服，则因丧服而冠"。冠，吉礼也。犹可以丧服行之受顾命，见诸侯独不可以丧服乎？太保使大史奉册授王，于次诸侯入哭于路寝，而见王；于次王丧服受教戒谏哭踊答拜，圣人复起，不易斯言也。始死方殡，孝子释服离次，出居路门之外，受干戈虎贲之逆此何礼也？汉宣帝以庶人入立，故遣宗正太仆奉迎，以显异之。康王，元子也，天下莫不知，何用此纷纷也。《春秋传》曰，郑子皮如晋葬晋平公，将以币行。子产曰，丧安用币？子皮固请以行。既葬，诸侯之大夫欲因见新君，叔向辞之曰大夫之事毕矣。而又命孤。孤，斩焉，在衰绖之中，其以嘉服见，则丧礼未毕；其以丧服见，一作嘉，是重受吊也。大夫将若之何？皆无辞以退。今康王既以嘉服见诸侯，又受乘黄玉帛之币，曾谓盛德之王，不若衰世之侯。召、毕公不如子产、叔向乎？使周公在，必不为此。然则孔子何取于此一书也？曰，至矣，其父子君臣之间，教戒深切著明者，犹足以为后世法，孔子何为不取哉。然其失礼，则不可以不论。

3.《尚书全解》卷三十七《周书·康王之诰》

（宋）林之奇撰

（归善斋按，见"康王既尸天子"）

4.《尚书讲义》卷十九

（宋）史浩撰

（归善斋按，见"王出，在应门之内"）

5.《尚书详解》卷二十三《周书·康王之诰》

（宋）夏僎撰

群公既皆听命，相揖趋出。王释冕，反丧服。

康王既报诰，群公，谓召公及以下诸侯、卿大夫，入即位者王诰命相礼者，于是揖之，悉皆趋出。盖既进，则必待揖而后拜；将退，则必待揖而后出，以见人臣进退唯君命是听也。"王释冕，反丧服"，盖以自受顾命时，服麻冕黼裳，今事既毕，故向所服黼冕之服则释去之，而反吉从凶，以服丧服居倚庐也。东坡疑居丧以吉服见诸侯为失礼，当时召公先朝老臣，与周公相处之久，讲肄非一日，又不至失礼。且顾命，前此未有吉服受顾命，召公必有所处，岂可执一说以疑圣贤，而不思其更有一说。召公行之，孔子定之，自当时至今无有敢议之者，必无可疑矣。且当时孔门高弟稍有可疑，无不咨访。如高宗谅阴，显然之理，一稍可疑，尚质之圣人，况此居丧吉服，若有可疑，安得不问哉？故虽苏氏之说反复有据，未敢以疑召公也。

6.《增修东莱书说》卷三十二《周书·康王之诰第二十五》

（宋）吕祖谦撰，（宋）石澜增修

群公既皆听命，相揖趋出。王释冕，反丧服。

吉凶异容，发大命而告诸侯，故服不得已而变。群公既出，即反其初，亦足以见康王之冕服，在事而不在己也。

7.《尚书说》卷七《周书·康王之诰》

（宋）黄度撰

群公既皆听命，相揖趋出。王释冕，反丧服。

观二书之变，古者六君薨听于冢宰，而六卿百官同受顾命，一也；成服传位，二也；以吉服见诸侯，三也；遂出诰命，四也；在丧称子，康王自称予一人，史亦称之曰王，五也；其见群臣拜称名，六也。先儒或曰，是得已而不已，二公之过。度窃论之，成王力疾顾命，与设几筵，陈宝，出车辂，盛传位之仪，君臣相见告戒反复，前此，书传皆未有，今而行之，殆有忧心焉。此不独为当时，虑将使后世遂以为法。夫周公之摄，天下几变。君薨，冢宰摄政，在三代非创见之事，而群叔皆至亲骨肉，而不能知周公之心，岂非时异事殊，人情之渐漓薄欤？后世柩前即位，盖本于《顾命》之书。然汉立昭帝，郭广意，为九卿，而犹不能知其事。乃曰殿中谨言上崩，诸将军共立太子为帝，年八九岁。燕王旦，由此有反谋。此事不幸时或有之。成王召公亲见周公之狼狈救乱矣。是故成王道扬末命托嗣子于六卿百官，事已稍变。古二公量事制宜，因顾命而广之，逆太子传册书。是诸侯皆不俟逾年，使天下遂知嗣君之正位，镇危疑之心，消奸慝之变，此其意深矣。虽然，是固有所因袭而损益之也。古者，逾年即位，即位必朝庙，即位朝庙皆当用吉服。《伊训》太甲元年伊尹"奉嗣王祗见厥祖"是也。伊尹于是作书训王。《颂》有"嗣王朝庙，谋访进戒"之诗，是则朝庙群臣见嗣王有训戒，嗣王亦当有报诰，是皆因于古礼而行之耳。或曰，先王之命不可不传，当以丧服受之。诸侯丧服入哭殡宫见王，于次王丧服受教谏可乎？曰，册命果可以丧服受，而亦可以丧服传乎。不可以丧服传，则君服臣不服，岂可哉？诸侯丧服见王，吊也。吊不以哭踊，而进谏又可哉。曾子问，君薨，而世子生三日名之，太宰、太、宗、太祝，皆裨冕。郑康成曰，接神则祭服，古之礼也。叔向辞诸侯何如？曰不同诸侯之殡，非吊何见乎？故叔向曰是"重受吊"。其言是也。

8.《絜斋家塾书钞》

（宋）袁燮撰

（归善斋按，无）

9.《书经集传》卷六《周书·康王之诰》

（宋）蔡沈撰

群公既皆听命，相揖趋出。王释冕，反丧服。

始"相揖"者，揖而进也；此"相揖"者揖而退也。苏氏曰，成王崩未葬，君臣皆冕服，礼欤？曰非礼也。谓之变礼可乎？曰不可。礼变于不得已。嫂非溺终不援也。三年之丧，既成服释之而即吉，无时而可者。曰成王顾命，不可以不传。既传不可以丧服受也。曰何为其不可也？孔子曰，"将冠子未及期日，而有齐衰大功之丧，则因丧服而冠"。冠，吉礼也。犹可以丧服行之受顾命，见诸侯独不可以丧服乎？太保使太史奉册授王，于次诸侯入哭于路寝而见王，于次王丧服受教戒谏哭踊答拜，圣人复起不易斯言矣。《春秋传》曰，郑子皮如晋葬晋平公，将以币行。子产曰，丧安用币。子皮固请以行。既葬，诸侯之大夫欲因见新君，叔向辞之曰，大夫之事毕矣。而又命孤。孤，斩焉，在衰绖之中，其以嘉服见，则丧礼未毕；其以丧服见，是重受吊也。大夫将若之何？皆无辞以退。今康王既以嘉服见诸侯，而又受乘黄玉帛之币，使周公在必不为此。然则，孔子何取此书也？曰，至矣，其父子君臣之间教戒深切著明，足以为后世法，孔子何为不取哉。然其失礼，则不可不辨。

10. 《尚书精义》卷四十七《周书·康王之诰》

（宋）黄伦撰

群公既皆听命，相揖趋出。王释冕，反丧服。

林氏曰，礼既成矣，揖而退之。其一进一退，或止或出，皆侯揖者，所以明为臣之义，必听命于君而不敢专也。

张氏曰，"王释冕，反丧服"者，以冕服而见群臣，所以致其为君之道也。反丧而居忧，所以致其为子之道也。君臣父子之道，人伦之大者，不可以独隆亦不可以偏废康王，于此两得之矣。

11. 《尚书详解》卷四十三《周书·康王之诰》

（宋）陈经撰

群公既皆听命，相揖趋出。王释冕，反丧服。

群公，自太保而下也，听命既毕，皆相揖而趋出。诸侯各归其国，朝臣各就其位。"王释冕，反丧服"，则群臣诸侯亦皆释冕反丧服可知。臣子之情一也。礼，臣为君，诸侯为天子，皆服斩衰。若夫考据古今，以证其非礼，则东坡之说为详。

12. 《融堂书解》卷十八《周书·康王之诰》

（宋）钱时撰

（归善斋按，见"王若曰，庶邦侯、甸、男、卫"）

13. 《尚书要义》卷十八

（宋）魏了翁撰

七十、群臣趋出。王释冕，反丧服。

群公，既皆听命，相揖趋出。"王释冕，反丧服"，脱去黼冕，反服丧服居倚庐。正义曰，群公，总谓朝臣与诸侯也。郑玄云，群公，主为诸侯与王之三公，诸臣亦在焉。"王释冕，反丧服"，朝臣、诸侯，亦反丧服。《礼·丧服》篇臣为君，诸侯为天子，皆斩衰。

14.《书集传或问》卷下

（宋）陈大猷撰

（归善斋按，无此篇）

15.《尚书详解》卷十一《周书·康王之诰第二十五》

（宋）胡士行撰

群公既皆听命，相（相礼者）揖（揖之出）趋出。王释冕，反丧服。冕服，非得已也。

16.《书纂言》卷四下《周书·顾命》

（元）吴澄撰

群公既皆听命，相揖趋出。

群公，谓大国诸公与王之三公、诸臣亦在焉，既皆听新天子诰命，相者推手揖之使出，遂皆趋而出也。

17.《书集传纂疏》卷六《朱子订定蔡氏集传·周书·康王之诰》

（元）陈栎撰

群公既皆听命，相揖趋出。王释冕，反丧服。

始"相揖"者，揖而进也；此"相揖"者揖而退也。苏氏曰，成王崩未葬，君臣皆冕服，礼欤？曰非礼也。谓之变礼可乎？曰不可。礼变于不得已。嫂非溺终不援也。三年之丧，既成服释之而即吉，无时而可者。曰成王顾命，不可以不传。既传不可以丧服受也。曰何为其不可也？孔子曰，"将冠子未及期日，而有齐衰大功之丧，则因丧服而冠"。冠，吉礼也。犹可以丧服行之，受顾命，见诸侯独不可以丧服乎？太保使太史奉册授王，于次诸侯入哭于路寝而见王，于次王丧服受教戒谏哭踊答拜，圣人复起不易斯言矣。《春秋传》曰，郑子皮如晋葬晋平公，将以币行。子产曰，丧安用币。子皮固请以行。既葬，诸侯之大夫欲因见新君，叔向辞之曰，大夫之事毕矣。而又命孤，孤，斩焉，在衰绖之中，其以嘉服见，则丧礼未毕；其以丧服见，是重受吊也。大夫将若之何？皆无辞以退。今康主既以嘉服见诸侯，而又受乘黄玉帛之币，使周公在必不为此。然则，孔子何取此书也？曰，至矣，其父子君臣之间教戒深切著明，足以为后世法，孔子何为不取哉。然其失礼，则不可不辨。

纂疏：

问，康王释丧服而被衮冕，且受黄朱圭币之献，诸家皆以为礼之变，独苏氏以为失礼，未知当此际合如何区处？先生曰，天子诸侯之礼，与士庶人不同。故《孟子》有"吾未之学"之语，盖谓此类耳，如《伊训》"元祀十有二月朔"，亦是新丧，伊尹已"奉嗣王祗见厥祖"，固不可用凶服矣。汉唐新主即位，皆行册礼，君臣亦皆吉服，追述先帝之命以告嗣君。《韩文外集·顺宗实录》中有此事可考。盖易世传授，国之大事，当严其礼，而王侯以国为家，虽先君之丧，犹以为己私服也。五代以来，此礼不讲，则始终之际，殊草草矣。答潘子善。康王释斩衰而服衮冕，于礼为非，孔子取之又不知如何？设使制礼作乐，当此之职只得除之。

王氏曰，相揖，摈相者揖之。

叶氏曰，天子即位之礼，后世无传。《春秋》犹有可考。君薨，世子嗣位于丧次，殡而未葬，葬而未逾年者，不敢死其君，故不敢践其正位，不敢朝庙，而主祭封内，三年称子，缘臣民之心不可一日无君，则不得已而嗣位，缘始终之义，一年不可以两君，则犹不敢当君位，故必至明年而后朝庙，正君位，改元。《春秋》始书公即位焉。然则，成王始殡，而康王即内朝，以见诸侯，礼欤？诸侯逾年而朝庙即位，以吉服乎？以凶服乎？不可知也。然古者，吉凶不同事。子曰"羔裘玄冠不以吊，吉服不可为凶事"，则凶服不可为吉事明矣。鲁庄未终桓丧，王命主王姬嫁。说者曰，衰麻不可以接弁冕，诸侯大夫葬晋平公云云，是重受吊也。古人谨于吉凶之服如此其严也。康王之事，必有不得已而然者。盖成王初即位，尚有四国淮夷之变，微周公，天下未可知，况不及成王、周公者乎？故召公权一时之宜，而遽正君臣之分。若曰三年之丧，天下之通丧也，继世以正大统，亦天下之大义也。通丧，上下之所同；而大义天子之所独，故不以通丧废大义。而吉凶不可相乱，则以冕服朝诸侯，以为常礼，则不可；以为非礼，亦不可。传及后世，率不能夺康王之为。然后知二书之录于经，非孔子不能权之于道，以尽万世之变也。

陈氏傅良曰，"释冕，反丧服"，东坡疑之。某尝以问之乡先生，乡先生曰，惜坡疑之而不加察也。召、毕皆盛德，又老于更事，岂不知礼？盖身见周公以叔父之亲，拥辅太子，而流言之变起于兄弟，非周公之忠诚，社稷岌岌乎殆哉矣。故于康王之立，特为非常之礼，迎之南门，卫之干戈，奉之册书，被之冕服，而又率诸侯北面朝之，以与天下共立新君，使晓然知定向而无疑，其意远矣。盖自秦汉而下，授受成于宫闱之暧昧，而拥立出于一人之予夺，祸天下国家不少，然后知二公老练坐镇，安危之机，送往事居，中外无间，未易以泥常论也。

愚谓，苏氏之论，主于守经；叶、陈之论出于达权。守经合理之正，而不可破；达权，亦当察事之宜，而不可胶。召公在当时，必有迫于不得已，惩创于往事，而不敢轻之。观其布置举措，重大周密，征召会集，翕合安徐，若临大敌，当大难。然诸侯咸在，或谓，问疾者尚留，而因受其朝，非也。观其言曰"庶邦侯、甸、男、卫"，曰率西方诸侯入左，东方诸侯入右，则征召于既崩之余，翕集于一旬之内可见，又观"张皇六师"一语，则当时事势亦可想矣。纪载始末，节节备具两篇之中，词繁不杀，前后五十六篇纪载，无似此之详者。证之朱子之说答潘时举一段，未尝必主苏氏意可见矣。今两存二说，以俟来哲择焉。若必非召公，东坡已尽之，尚何容喙。

18.《读书丛说》卷六《康王之诰》

（元）许谦撰

（归善斋按，未解）

19.《书传辑录纂注》卷六《周书·康王之诰》

（元）董鼎撰

群公既皆听命，相揖趋出。王释冕，反丧服。

始"相揖"者，揖而进也；此"相揖"者揖而退也。苏氏曰，成王崩未葬，君臣皆冕服，礼欤？曰非礼也。谓之变礼可乎？曰不可。礼变于不得已。嫂非溺终不援也。三年之丧，既成服释之而即吉，无时而可者。曰成王顾命，不可以不传。既传不可以丧服受也。曰何为其不可也？孔子曰，"将冠子未及期日，而有齐衰大功之丧，则因丧服而冠"。冠，吉礼也。犹可以丧服行之受顾命，见诸侯独不可以丧服乎？太保使太史奉册授王，于次诸侯入哭于路寝而见王，于次王丧服受教戒谏哭踊答拜，圣人复起不易斯言矣。《春秋传》曰，郑子皮如晋葬晋平公，将以币行。子产曰，丧安用币。子皮固请以行。既葬，诸侯之大夫欲因见新君，叔向辞之曰，大夫之事毕矣。而又命孤。孤，斩焉，在衰绖之中，其以嘉服见，则丧礼未毕；其以丧服见，是重受吊也。大夫将若之何？皆无辞以退。今康王既以嘉服见诸侯，而又受乘黄玉帛之币，使周公在必不为此。然则，孔子何取此书也？曰，至矣，其父子君臣之间教戒深切著明，足以为后世法，孔子何为不取哉。然其失礼，则不可不辨。

辑录：

问，康王释丧服，而被衮冕，受虎贲之逆于南门之外，且受黄朱圭币之献，诸家皆以为礼之变。独苏氏以为失礼，使周公在必不为此，未知当此际，合如何区处。先生曰，天子诸侯之礼，与士庶人不同。故《孟子》有"吾未之学"之语。盖谓此类耳。如《伊训》"元祀十有二月朔"，亦是新丧，伊尹已"奉嗣王祗见厥祖"，固不可用凶服矣。汉唐新主即位，皆行册礼，君臣亦皆吉服，追述先帝之命，以告嗣君。《韩文外集·顺宗实录》中有此事可考。盖易世传授，国之大事，当严其礼。而王侯以国为家，虽先君之丧，犹以为己私服也。五代以来，此礼不讲，则始终之际，殊草草矣。答潘子善。

康王释斩衰而服衮冕于礼为非，孔子取之，又不知如何？设使制礼作乐，当此之职，只得除之。

纂注：

复斋董氏曰，或疑君前不宜行私礼。前相揖而进戒，犹有说也。将趋出而相揖，成何礼哉？所以王氏以"相"为"摈相"之"相"，谓既进相者揖之乃拜；既受命，相者又揖之乃出，其说亦通。叶氏曰，天子即位之礼，后世无传焉。《春秋》犹有可考。君薨，世子嗣位于丧次，殡而未葬，葬而未逾年者，不敢死其君，故不敢践其正位，不敢朝庙，而主祭封内，三年称子。缘臣民之心，不可一日无君，则不得已而嗣位；缘始终之义，一年不可以两君，则犹不敢当君位。故必至明年而后朝庙，正君位，改元，《春秋》始书公即位焉。然则，成王始殡，而康王即内朝以见诸侯，礼与？诸侯逾年而朝庙即位，以吉服乎？以凶服乎？不可知也。然古者，吉凶不同事。子曰"羔裘玄冠不以吊，吉服不可为凶事"，则凶服不可为吉事，亦明矣。鲁庄未终桓丧，王命主王姬嫁。说者曰衰麻不可以接弁冕，诸侯大夫葬晋平公云云，是重受吊也。古人谨于吉凶之服如此其严也。康王之事，必有不得已而然者。盖成王初即位。犹有三监、淮夷、殷民之变，微周公，天下未可知。况不及成王、周公者乎？故召公权一时之宜，而遽正君臣之分。若曰三年之丧，天下之通丧也。继世以正大统，亦天下之大义也。通丧，上下之所同，而大义天子诸侯之所独。故不以通丧废大义。而吉凶不可相乱，则以冕服朝诸侯以为常礼，则不可；以为非礼，则亦不可。传及后世，卒不能夺康王之为。然后知二书之录于经，非孔子不能权之于道，以尽万世之变也。

吕氏曰，舜除尧丧，格庙而咨岳牧。成王除武王丧，朝庙而访群臣，皆百代之正礼。然成汤方殁，伊尹遽偕侯、甸群后，以训太甲，礼固有时而变也。说者不疑太甲受伊尹之训于居忧之时，乃疑康王受召毕诸侯之戒于宅恤之日，过矣。

复斋董氏曰，伊尹以冕服奉嗣王归于亳，乃在三祀之十有二月，是时，三年之丧毕，去凶即吉礼之常也。《伊训》所谓"唯元祀十有二月乙丑，伊尹祠于先王"，乃太甲居仲壬之丧，伊尹摄政，则祭于汤庙者，伊尹也。援此为证，恐未为安。

陈氏傅良曰，"释冕反丧服"，东坡尝疑之。某尝以问之乡先生。乡先生曰，惜乎，东坡疑之而不加察也。召公、毕公皆盛德，又老于更事者，岂不知礼。盖其身先见周公以叔父之亲，拥辅太子，而流言之变起于兄弟，非周公之忠诚，则社稷岌岌乎殆哉矣。故于康王之立，特为非常之礼，迎之南门，卫之干戈，奉之册书，被之冕服，而又率诸侯北面而朝之，以与天下共立新君，使之晓然知所定而无疑，其意远矣。盖自秦汉而下，授受成于宫闱之暧昧，而拥立出于一人之予夺，祸天下国家不少，然后知二公老练坐镇安危之机，送往事居，中外无间，未易以泥常论也。

新安陈氏曰，苏氏之论，主于守经；叶、吕、陈氏之论，出于达权。守经合理之正。而不可破；达权亦当察事之宜，而不可胶。召公在当时，必有迫于不得已，惩创于往事，而不敢轻者。观其布置举措，重大周密，征召会集，翕合安徐，若临大敌，当大难。然诸侯咸在，或谓问疾者尚留，而因受其朝，非也。观其言曰"庶邦侯、甸、男、卫"，曰率西方诸侯入左，率东方诸侯入右，则征召于既崩之余，翕集于一旬之内可见。又观"张皇六师"一语，则当时事势亦可想矣。纪载始末，节节备具两篇之中，辞繁不杀，前后五十六篇纪载，无似此之详者。

复斋援伊尹事，谓祠先王者，伊尹摄行固然矣。然"奉嗣王祗见厥祖"，即其下一句，不知伊尹奉太甲庙见成汤，其凶服乎？抑吉服乎？证之朱子之说，当制礼职一条，固主苏氏；答潘子善一条，未尝必主苏氏，但未知二说，孰先孰后耳，莫若两存之。

20.《尚书句解》卷十一《周书·康王之诰第二十五》

（元）朱祖义撰

群公既皆听命（群公，自太保而下，已皆听康王诰命），相揖趋出（相礼者揖之，而后趋出。盖进则必待揖而后拜，退则必待揖而后出）。

21.《尚书日记》卷十五《周书·康王之诰》

（明）王樵撰

群公既皆听命，相揖趋出。王释冕，反丧服。

正义曰，群公，总谓朝臣与诸侯。"王释冕，反丧服"，朝臣、诸侯亦反丧服。《礼》臣为君，诸侯为天子，皆斩衰。

苏氏曰，成王崩未葬，君臣皆冕服，礼与？曰，非礼也。谓之变礼可乎？曰不可。礼变于不得已。三年之丧既成，服释之而即吉，无时而可者。曰成王顾命，不可以不传，既传不可以丧服受也。曰，何为其不可也？孔子曰"将冠子未及期日，而有齐衰大功之丧，则因丧服而冠"。

冠，吉礼也，犹可以丧服行之受顾命，见诸侯独不可以丧服乎？太保使太史奉册授王，于次诸侯入哭于路寝而见王，于次王丧服受教戒哭踊而答拜，圣人复起不易斯言矣。郑子皮如晋葬晋平公，将以币。行子产曰，丧安用币。子皮固请以行。既葬，诸侯之大夫欲因见新君。叔向辞之曰大夫之事毕矣，而又命孤。孤斩焉，在衰绖之中，其以嘉服见，则丧礼未毕；其以丧服见，是重受吊也。大夫将若之何？皆无辞以退。今康王既以嘉服见诸侯，而又受乘黄玉帛之贽，使周公在必不为此。然则，孔子何取此书也？曰，至矣，其父子君臣之间，教戒深切著明，足以为后世法，孔子何为不取哉。

潘子善问，康王释丧服而被冕服，且受黄朱圭币之献，诸家皆以为礼之变，独苏氏以为礼之失。朱子曰，天子诸侯之礼，与士庶人不同。故《孟子》有"吾未学"之语。盖谓此类耳。如《伊训》"元祀十二月朔"，亦是新丧，伊尹已"奉嗣王祗见厥祖"，固不可用凶服矣。汉唐新主，即位皆行册礼，君臣亦皆吉服，追述先帝之命，以告嗣君。盖易世传授国之大事，当严其礼。而王侯以国为家，虽先君之丧，犹以为己私服也。五代之时，此礼不讲，则始终之际，殊草草矣。

又曰，麻冕乃是祭服，顾命用之者，以其立后继统，事于宗庙故也。受册用之者，以其在庙，而凶服不可入故也。旧说以庙门为殡宫之门，不知是否。若朝服，则古者，人君亮阴三年，自无变服视朝之礼。第不知百官总己，以听冢宰，冢宰、百官各以何服莅事尔。想不至便用玄冠黑带也。后世既无亮阴总己之事，人主不免视朝听政，则岂可不酌其轻重，而为之权制乎？又况古者，天子皮弁素积，以日视朝，衣冠皆白，不以为嫌。则今，在丧而白布衣冠以临朝恐未为不可，但入太庙则须吉服。而《韩文外集·顺宗实录》中有此事可考。

愚按，朱子折衷之论，乃苏氏所谓"圣人复起，不易其言"者也。

22.《日讲书经解义》卷十二《周书·康王之诰》

（清）库勒纳等撰

群公既皆听命，相揖趋出。王释冕，反丧服。

此一节书，是总记以结之也。史臣曰，太保、召公等既皆恭听王之报诰，遂相与揖让而趋出焉，所以尽人臣顺命之恭也。康王乃释去衮冕，复衣丧服。盖行吉礼已毕，仍行人子居丧之礼也。按《康王之诰》一篇，当嗣位之始，为之臣者即进言，而责难于君；为之君者即报诰，而责难于臣。君臣之相责，难如此可以法矣。至康王受黄朱圭币之献，及释丧服而被衮冕，诸家纷纷议论，以为非礼，不知易世传授，国之大事，当严其体统，而王侯以国为家，虽先君之丧，犹以为己私服也。故召公权一时之宜，而遽正君臣之分。盖三年之丧，天下之通丧，继世以正大统，天下之大义。通丧上下之所同，而大义天子之所独。故不以通丧废大义，而吉凶不可相乱，则不得不以冕服朝诸侯耳。以为常礼，固不可；以为非礼，则亦不可。孔子录之于经，盖权之于道，以立万世之准云。

王释冕，反丧服

1.《尚书注疏》卷十八《周书》

（汉）孔氏传，（唐）陆德明音义，（唐）孔颖达疏

王释冕，反丧服。

传，脱去黼冕，反服丧服，居倚庐。

音义，去，羌吕反。

疏，正义曰，王释冕，反丧服，朝臣、诸侯亦反丧服。《礼·丧服》篇，臣为君，诸侯为天子，皆斩衰。

2.《书传》卷十七《周书·康王之诰第二十五》

（宋）苏轼撰

（归善斋按，见"群公既皆听命，相揖趋出"）

3.《尚书全解》卷三十七《周书·康王之诰》

（宋）林之奇撰

（归善斋按，见"康王既尸天子"）

4.《尚书讲义》卷十九

（宋）史浩撰
（归善斋按，见"王出，在应门之内"）

5.《尚书详解》卷二十三《周书·康王之诰》

（宋）夏僎撰
（归善斋按，见"群公既皆听命，相揖趋出"）

6.《增修东莱书说》卷三十二《周书·康王之诰第二十五》

（宋）吕祖谦撰，（宋）石澜增修
（归善斋按，见"群公既皆听命，相揖趋出"）

7.《尚书说》卷七《周书·康王之诰》

（宋）黄度撰
（归善斋按，见"群公既皆听命，相揖趋出"）

8.《絜斋家塾书钞》

（宋）袁燮撰
（归善斋按，无）

9.《书经集传》卷六《周书·康王之诰》

（宋）蔡沈撰
（归善斋按，见"群公既皆听命，相揖趋出"）

10.《尚书精义》卷四十七《周书·康王之诰》

（宋）黄伦撰
（归善斋按，见"群公既皆听命，相揖趋出"）

11. 《尚书详解》卷四十三《周书·康王之诰》

(宋)陈经撰

(归善斋按,见"群公既皆听命,相揖趋出")

12. 《融堂书解》卷十八《周书·康王之诰》

(宋)钱时撰

(归善斋按,见"王若曰,庶邦侯、甸、男、卫")

13. 《尚书要义》卷十八

(宋)魏了翁撰

(归善斋按,见"群公既皆听命,相揖趋出")

14. 《书集传或问》卷下

(宋)陈大猷撰

(归善斋按,无此篇)

15. 《尚书详解》卷十一《周书·康王之诰第二十五》

(宋)胡士行撰

(归善斋按,见"群公既皆听命,相揖趋出")

16. 《书纂言》卷四下《周书·顾命》

(元)吴澄撰

王释冕,反丧服。

脱去冕,服反丧。次成服自是常服,斩衰居倚庐。朝臣反就其次。诸侯反归其国,亦服丧。服丧,《礼·丧服》篇,臣为君,诸侯为天子,皆斩衰。苏氏曰成王崩未葬,君臣皆冕服,礼欤?曰非礼也。谓之变礼可乎?曰不可。礼变于不得已。三年之丧而即吉,无时而可者。曰,成王顾命不可以不传;既传,不可以丧服受也。曰,何为其不可。孔子有曰"将冠子未及期日,而有齐衰大功之丧,则因丧服而冠"。冠,嘉礼也。犹可以丧服行之受顾命，见诸侯独不可以丧服乎？太保使太史奉册授王，于次诸侯入哭于路寝而见王，于次王丧服受教戒哭踊答拜，圣人复起不易斯言矣。《春秋传》，郑子皮如晋葬晋平公，将以币行。子产曰，丧安用币。子皮固请以行。既葬，诸侯之大夫，欲因见新君，叔向辞之曰大夫之事毕矣，而又命孤。孤，斩焉，在衰绖之中，其以嘉服见，则丧服未毕；其以丧服见，是重受吊也。大夫将若之何？皆无辞以退。今康王既以嘉服见诸侯，而又受乘黄玉帛之币，使周公在必不为此。然则，孔子何取于此书也？曰父子君臣之间，教戒深切著明，犹以为后世法。然其失礼，则不可不辩。

或问苏氏以此为失礼如何？朱子曰，天子诸侯之礼与士庶人不同，故《孟子》有"吾未之学"语。汉唐新主即位，皆行册礼。君臣亦皆吉服，追述先帝之意以告嗣君。《韩文外集顺宗实录》此事可考。盖易世传受国之大事，当严其礼，而王侯以国为家，虽先君之丧，犹以为己私服也。五代以来，此礼不讲，则始终之际，殊草草矣。

或问苏朱二说，孰当？澄曰，苏说据礼之经；朱说达事之权。举一而废一，皆不可。古者天子崩，世子听于冢宰，虽未正名嗣位，而群臣尊之为君，下无所觊觎，上无所疑忌，礼明而分定故也。武王丧，成王幼，周公以叔父，位冢宰，摄王事，致流言之谤。成王或因风雷之异，得周公代武死之说，而王之疑始释。及其将终，以此为监，欲嗣子正名定分于初丧之时，故有顾命。召、毕奉承其意，制为权宜之礼。盖前此所未尝有，后此亦不常行也。朱子见后世有继嗣不定，而致祸乱者，当宋氏光宁授受之际，又尝身亲其事，一时困心衡虑，故其言如此。然先王之礼，万世可行；或值事变不同，随时度宜而行。变礼亦圣人所许，所谓礼变于不得已也。若遂以后世册立新主，君臣吉服为是，改先王之礼，则恐未为通论。

17.《书集传纂疏》卷六《朱子订定蔡氏集传·周书·康王之诰》

（元）陈栎撰

（归善斋按，见"群公既皆听命，相揖趋出"）

18. 《读书丛说》卷六《康王之诰》

（元）许谦撰

（归善斋按，未解）

19. 《书传辑录纂注》卷六《周书·康王之诰》

（元）董鼎撰

（归善斋按，见"群公既皆听命，相揖趋出"）

20. 《尚书句解》卷十一《周书·康王之诰第二十五》

（元）朱祖义撰

王释冕（康王自受顾命，服麻冕黼裳，乃吉服也。今事既毕，故释去向所服黼冕之吉服），反丧服（反吉从凶，以服丧服）。

21. 《尚书日记》卷十五《周书·康王之诰》

（明）王樵撰

（归善斋按，见"群公既皆听命，相揖趋出"）

22. 《日讲书经解义》卷十二《周书·康王之诰》

（清）库勒纳等撰

（归善斋按，见"群公既皆听命，相揖趋出"）

《书蔡氏传旁通》卷六下《周书·康王之诰》

（元）陈师凯撰

孔子曰"将冠子未及期日，而有齐衰大功之丧，则因丧服而冠"。见曾子问，疏云，因丧服而冠者，因着丧之成服，而加丧冠也。

苏氏曰，成王崩未葬，君臣皆冕服，礼欤？曰非礼也。

《朱子语录》潘子善问，康王释丧服而被衮冕，诸家皆以为礼之变，独苏氏以为失礼，使周公在必不为此，未知当此际合，如何区处？先生曰，天子、诸侯之礼，与士、庶人不同。故《孟子》有"吾未之学"之语，盖谓此类耳。如《伊训》"元祀十有二月朔"，亦是新丧，伊尹已"奉嗣王祗见厥祖"，固不可用凶服矣。汉唐新主即位，皆行册礼，君臣亦皆吉服，追述先帝之命，以告嗣君（《韩文外集·顺宗实录》中有此事可考）。盖易世传授，国之大事，当严其礼，而王侯以国为家，虽先君之丧，犹以为己私服也。五代以来，此礼不讲，则始终之际，殊草草矣。

朱子又云，康王释斩衰，而服衮冕，于礼为非。孔子取之，又不知如何？设使制礼作乐，当此之职，只得除之。

《读书管见》卷下《康王之诰》

（元）王充耘撰

康王冕服。

成王初立，经三监之变，王室几危。召公、毕公故权一时之宜，即正君臣之分，使天下知所定而无疑，继世以正大统，天下之大义不可以更张，废吉凶不可乱。孔子曰"羔裘玄冠不以吊"，则凶服亦不可为吉事也。变服，变礼，传引苏氏之说，而叶、吕、陈氏之说，皆有可取。要之，召公酌礼之变而用之，所以惩前之祸也。